JONAS VERLAG

Die Drucklegung vorliegenden Tagungsbandes wurde ermöglicht durch finanzielle Zuschüsse

des Landes Hessen
der Friedrich-Ebert-Stiftung Bonn
sowie der Hans-Böckler-Stiftung Düsseldorf

Für diese Unterstützung dankt der Herausgeber namens der Kommission „Arbeiterkultur"
der Deutschen Gesellschaft für Volkskunde.

© 1986 Jonas Verlag
für Kunst und Literatur GmbH
Rosenstraße 12/13
D-3550 Marburg

Gestaltung Gabriele Rudolph
Druck Fuldaer Verlagsanstalt

ISBN 3-922561-59-4

Peter Assion (Hg.)

Transformationen der Arbeiterkultur

Beiträge der 3. Arbeitstagung
der Kommission „Arbeiterkultur" in
der Deutschen Gesellschaft für Volkskunde
in Marburg
vom 3. bis 6. Juni 1985

Jonas Verlag

Autorenverzeichnis

Assion, Peter, Prof. Dr., Institut für Europäische Ethnologie und Kulturforschung der Universität Marburg, Bahnhofstr. 5 a, 3550 Marburg/Lahn

Binder, Beate, Wilhelmstr. 80, 7400 Tübingen 1

Deppe, Frank, Prof. Dr., Institut für Politikwissenschaft der Universität Marburg, Wilhelm-Röpke-Str. 6, Block G, 3550 Marburg/Lahn

Erne, Andrea, Schweickhardtstr. 1, 7400 Tübingen

Fielhauer, Helmut Paul, Prof. Dr., Institut für Volkskunde der Universität Wien, Hanuschgasse 3, A-1010 Wien I

Föhl, Axel, Birkenstr. 21, 4000 Düsseldorf 1

Führ, Eduard, Dr., Torfstr. 28 a, 1000 Berlin 65

Fülberth, Georg, Prof. Dr., Institut für Politikwissenschaft der Universität Marburg, Wilhelm-Röpke-Str. 6, Block G, 3550 Marburg

Hemmersam, Flemming, M.A., Københavns Universitet, Institut for Folkemindevidenskab, Njalsgade 76, DK-2300 København S

Hempel-Küter, Christa, Gärtnerstr. 22 Hs. 6, 2000 Hamburg 20

Holthuis, Rainer E., Am Rain 14, 3550 Marburg/Lahn

Kaschuba, Wolfgang, Dr., Ludwig-Uhland-Institut für empirische Kulturwissenschaft der Universität Tübingen, Schloß, 7400 Tübingen

Kienitz, Sabine, Sofienstr. 5, 7400 Tübingen1

Knaab, Stefan, Herrmannstr. 8, 3550 Marburg/Lahn

Knieriem, Michael, Historisches Zentrum der Stadt Wuppertal, Engelsstr. 10, 5600 Wuppertal 2

Korff, Gottfried, Prof. Dr., Ludwig-Uhland-Institut für empirische Kulturwissenschaft der Universität Tübingen, Schloß, 7400 Tübingen

Kramer, Dieter, Dr., Bahnhofstr. 12, 3550 Marburg/Lahn

Kuntz-Stahl, Andreas, Dr., Seminar für Deutsche Altertums- und Volkskunde der Universität Hamburg, Holstenwall 24, 2000 Hamburg 36

Lipp, Carola, Dr., Ludwig-Uhland-Institut für empirische Kulturwissenschaft der Universität Tübingen, Schloß, 7400 Tübingen

Lixfeld, Gisela, Leiterin des Stadtmuseums Schramberg, Schloß, Bahnhofstr. 1, 7230 Schramberg

McElligott, Anthony, Humberside College of Higher Education, School of Humanities, Kennedy House, Inglemire Avenue Site, Hull/England

Stemmrich, Daniel, Dr., Im Walpurgistal 121, 4300 Essen 1

Warneken, Bernd Jürgen, Priv. Doz. Dr., Ludwig-Uhland-Institut für empirische Kulturwissenschaft der Universität Tübingen, Schloß, 7400 Tübingen

Inhalt

Vorwort 7
Grußwort zur Marburger Tagung 8

I. Zur Theorie

Dieter Kramer
Arbeiterkultur – ein kulturgeschichtliches oder ein sozialgeschichtliches Problem? 10

Flemming Hemmersam
Arbeiterfolklore 18

II. Protestverhalten und Proteststile

Wolfgang Kaschuba
Protest und Gewalt – Körpersprache und Gruppenrituale von Arbeitern im Vormärz und 1848 30

Carola Lipp, Sabine Kienitz, Beate Binder
Frauen bei Brotkrawallen, Straßentumulten und Katzenmusiken – Zum politischen Verhalten von
Frauen 1847 und in der Revolution 1848/49. 49

Bernd Jürgen Warneken
„Massentritt" – Zur Körpersprache von Demonstranten im Kaiserreich 64

Andrea Erne
„Mit einer Zigarre im Mund, die Frau oder Braut im Arme" – Frauen bei den
Wahlrechtsdemonstrationen 1910 80

Gottfried Korff
Rote Fahne und geballte Faust – Zur Symbolik der Arbeiterbewegung in der Weimarer Republik 86

III. Vom Protest zur Selbsthilfe

Anthony McElligott
Petty Complaints, Plunder and Police in Altona 1917-1920 – Towards an Interpretation of
Community and Conflict 110

Rainer E. Holthuis
Arbeiter helfen Arbeitern – Soziale Hilfstätigkeit in der sozialistischen Arbeiterbewegung
der Weimarer Republik 126

Christa Hempel-Küter
Arbeiter schreiben für „ihre" Zeitung – Eine Studie zur Organisation der Arbeiterkorrespondenten-
Bewegung in Hamburg während der Weimarer Republik 137

Andreas Kuntz-Stahl
Das Volkshaus in Düsseldorf – Annäherung an seine Biographie 149

IV. Kritische Fragen zum Arbeiterwohnen

Michael Knieriem
Zur Migration spezieller Berufsgruppen in das östliche Wuppertal 1740-1800 am Beispiel
der dezentralen Manufaktur der Gebrüder Engels in Barmen 168

Eduard Führ
Geschichte mit Hand und Fuß – Zur Notwendigkeit von Architekturwissenschaft im Rahmen der
Alltagsgeschichte 173

Daniel Stemmrich
Sackgassen, Stichstraßen, Wohnhöfe – „Arbeiterwohnen" als Gegenstand kritischer
Architekturwissenschaft 185

Axel Föhl
Werkssiedlungen des Rhein-Ruhr-Gebietes und die Denkmalpflege 191

V. Arbeiterkultur nach 1945

Frank Deppe, Georg Fülberth, Stefan Knaab
Lokales Milieu und große Politik zur Zeit des Kalten Krieges 1945-1960 am Beispiel ausgewählter
hessischer Arbeiterwohngemeinden 198

VI. Die subjektive Seite der Geschichte

Helmut Paul Fielhauer
„Und in Währing war überhaupt nix los ..." – Eine lokale Parteigeschichte in volkskundlicher Sicht .. 222

Peter Assion
„Ich seh das noch ewig vor mir". Zur mündlichen Überlieferung von Arbeitergeschichte –
Ein Erfahrungsbericht aus Groß-Zimmern / Südhessen 234

Gisela Lixfeld
Arbeiter und Arbeiterinnen im Umgang mit ihrer Geschichte – Erfahrungen aus
dem Stadtmuseum Schramberg 246

Vorwort

Die Arbeiterkulturforschung hat sich aus der Erkenntnis heraus belebt, daß Sozial- und Kulturwissenschaften dem seit lange größten Teil der Bevölkerung ein angemessenes Verständnis seiner Lebensbedingungen und seiner Kultur bis in jüngere Zeit schuldig geblieben waren. Heutige Arbeiterkulturforschung antwortet auf einen wissenschaftlichen Nachholbedarf, und indem sie sich bewußt ist, daß es dabei auch um Verantwortung geht, stellt sie sich den Erfordernissen demokratischer Gesellschaft wie demokratischer Wissenschaft. Die eine soll sich in der anderen wiedererkennen können, demokratisches Selbstverständnis soll auch wissenschaftlich zu verifizieren und mit Hilfe der Wissenschaft gesellschaftlich zu definieren sein. An diesem Prinzip gilt es festzuhalten: auch wenn sich erneut Disparitäten abzeichnen und Arbeiterstudien nur allzu leicht wieder unter Ideologieverdacht gestellt oder als bloße wissenschaftliche Zeitmode abgetan werden können. Ältere Fachtraditionen stehen dabei noch immer gegen das Neue, und auch wenn Teile der Geschichtswissenschaft ihr Forschungsspektrum verbreitert haben und ihrerseits Arbeiterkulturforschung betreiben, so ist das volle Ernstnehmen des Arbeiters und seiner Kultur doch noch in keinem Gesamtfach zur Selbstverständlichkeit geworden. Umso mehr ist kontinuierliche Weiterarbeit gefordert: ohne die Mißachtung von Kritik, die der Neuformulierung von Erkenntniszielen zuträglich sein kann, aber auch ohne die Aufgabe der Selbstsicherheit, die beim Vorstoß auf neue Forschungsfelder gewonnen wurde.

Volkskundler haben sich seit etwa zwei Jahrzehnten an der Arbeiterkulturforschung stärker beteiligt und dieser mit der Kommission „Arbeiterkultur" der Deutschen Gesellschaft für Volkskunde einen institutionellen Rahmen gegeben, der Weiterarbeit verbürgt. Ihren vierten Fachkongreß wird die Kommission 1987 in Steyr bei Linz in Oberösterreich veranstalten. Die vorhergehende Fachtagung fand 1985 an der Philipps-Universität Marburg statt und hatte das Rahmenthema „Arbeiterkultur und proletarisches Gruppenverhalten im 19. und 20. Jahrhundert". Aus laufenden Projekten wurden Arbeitsergebnisse vorgestellt und diskutiert, im Dialog mit Soziologen und Politologen. In z.T. überarbeiteter Form können nun alle Tagungsreferate gedruckt vorgelegt werden: für eine breitere Öffentlichkeit und zur Fortführung der Diskussion. Undokumentiert bleibt lediglich der Beitrag von Gernot Krankenhagen (Hamburg) zum Thema „Schichtarbeit und Wohnsituation", da es sich dabei um eine kommentierte Filmvorführung handelte, die in Aufsatzform nicht zu wiederholen war. Hinzugenommen wurde die Studie von Rainer E. Holthuis (Marburg), die wegen Verhinderung des Referenten 1985 nicht hatte vorgetragen werden können.

Vorherrschend war bei der Marburger Tagung das Bemühen, den Arbeiter über die Klassenlage hinaus in seiner Gruppenexistenz zu erfassen, im Spannungsfeld zwischen Arbeiteralltags- und Arbeiterbewegungskultur, in dem spontane Protestformen hinüberleiteten zum organisierten und aus der Integrationskraft von Symbolen Stärke gewinnenden politischen Kampf. Transparenter werden sollte das Sozialmilieu freizeitgebundener Kommunikation, in dem auch geschichtliche Erfahrung tradiert wurde, politische Sozialisation erfolgte und wirtschaftliche wie kulturelle Eigeninitiativen Raum griffen. Und es sollte nachvollzogen werden, wie desintegrierend auf dieses Milieu eingewirkt wurde: ansatzweise schon bei der Planung von Arbeiterwohnungen in der Gründerzeit, mit brutaler Gewalt später durch den Faschismus und auf subtilere Art nach 1945, als mit sozialpolitischem Kompetenz-Entzug und zerstreuender Freizeitindustrie durchgesetzt wurde, was man „die innere Landnahme des Kapitalismus" genannt hat. Die jeweiligen historischen Zugänge zur Arbeiterkultur hatten dabei immer auch Entwicklungen im Visier, reaktive Wandlungen, forcierte Kontinuitätsbrüche, selbsterzeugte Widersprüche, und als Erfolg der Marburger Tagung darf unter anderem vermerkt werden, daß eben nicht nur das „goldene Zeitalter" der Arbeiterkultur im Mittelpunkt stand, die reich entfaltete Arbeiterbewegungskultur bis 1933 im Verhältnis zu ihrer Transformation in der letzten Nachkriegszeit. Vielmehr sind – soweit durch Einzelbeiträge möglich – historische Linien gezogen worden, vom Vormärz bis in die Gegenwart, um daran Linienverschiebungen ablesen zu können und sich der qualitativen Veränderungen von Arbeiterkultur zu vergewissern. Darauf soll der vorliegende Tagungsband noch einmal aufmerksam machen, indem er mit dem Titel „Transformationen der Arbeiterkultur" herausgegeben wird.

Offen gebliebene Fragen und vernachlässigte Problemansätze können nur als Stimulans für die künftige Arbeit verstanden werden. Es wird nötig sein, den häuslichen Arbeiteralltag noch zentraler anzugehen, und was zeitliche Schwerpunkte betrifft, so wäre es gewiß wünschenswert, diese noch stärker an die Gegenwart heranzurücken, das „Dritte Reich" nicht länger als „terra ignota" der Arbeiteralltagskultur auszusparen und die Arbeiter und Arbeitslosen der Jetztzeit nicht allein der Soziologie zu überlassen. Wem es aber andererseits scheint, daß Arbeiterkulturforschung nur als Gegenwartsforschung Relevanz gewinnt, dem sei als Plädoyer für historische Forschung gesagt, daß nicht nur die Gegenwart Fragen an die Vergangenheit stellt, sondern auch die Vergangenheit an die Gegenwart.

Marburg, im Dezember 1986 — Peter Assion

Grußwort zur Marburger Tagung

Im Jahre 1979, während des Kieler Volkskunde-Kongresses „Heimat und Identität. Probleme regionaler Kultur" ging eine Liste herum, auf der die Interessenten für eine zu gründende Kommission für Arbeiterkulturforschung festgehalten werden sollten. Daß dies auf einer Tagung geschah, die regionalen Aspekten ihre Aufmerksamkeit zuwandte und dabei die sozialen Bezüge nicht immer im Auge behielt, mag, vordergründig jedenfalls, kein Zufall gewesen sein. Entscheidend freilich war an diesem Aufruf, daß mit ihm ein Forschungsinteresse institutionell eingeholt wurde, das sich im Fach Volkskunde – wenn auch nicht überall gleichmäßig – schon seit einiger Zeit artikuliert hatte.

Jedem Außenstehenden muß die innere Logik, die zur Arbeiterkulturforschung führt, dann evident sein, wenn das Forschungsinteresse in die jüngere Vergangenheit zielt und wenn als Eckpfeiler der Volkskunde die Tendenz zur großen Zahl und die damit verbundene Gravitation nach unten akzeptiert sind. Insofern versucht Arbeiterkulturforschung auch, ein Defizit zu begleichen, die Einäugigkeit für Ländliches zu relativieren. Ähnlich, wie in der Bauernvolkskunde lange die bunten, auffälligen und eindrucksvollen Formen bäuerlicher Kultur untersucht wurden, erfreut sich das goldene Zeitalter der Arbeiterkulturbewegung eines besonderen Interesses der Forschung. Bei der Analyse individueller und kollektiver Erfahrung, der Rolle sinnstiftender Symbole mündet die Sympathie für die Manifestationen vergangener Solidarität, für „Widerständigkeit" und „Eigensinn" gelegentlich in ein Verlustgefühl und in die Trauer darüber, daß an die Traditionen der Arbeiterkultur bald nach dem 2. Weltkrieg schon nicht mehr angeknüpft wurde. Das könnte dazu führen, daß ein bloßer Paradigmenwechsel vom Bauern zum Arbeiter die Volkskunde nicht von der Krux der „nostalgisch-retrospektiven Blickrichtung" erlöst, die Ina-Maria Greverus der Bauernvolkskunde angelastet hatte, sondern diese nur variiert. Auf der anderen Seite läßt sich gerade am Beispiel des gegenwärtigen Interesses für Arbeiterkultur zeigen, wie sehr die Wissenschaften, mehr manchmal als ihnen klar ist, an einem Tradierungsprozeß beteiligt sind, der einer gesellschaftlich-kulturellen Vergewisserung einer wachsenden Zahl von Menschen dienen kann.

Es wäre vermessen, Arbeiterkultur als Forschungsgegenstand vor allem für unser Fach reklamieren zu wollen. Das breite Interesse verlangt verschiedene Zugänge, deren Fachspezifik gar nicht immer so deutlich zutage tritt. Ich denke, daß der Zugang über „Kultur" als eigener gerechtfertigt ist, wenn die Alltagsperspektive als Kulturleistung ebenso wie die Setzung von kulturellen Zeichen als Sinnstiftung in ihm enthalten ist. Die Marburger Kolleginnen und Kollegen zeigen gegenwärtig im Rathaus ihrer Stadt die Ausstellung „Marburgerinnen erinnern sich an die Kriegszeit", die – wenn auch nicht am Beispiel Arbeiterkultur – diese Perspektive aufnimmt. Vor 20 Jahren begann in Marburg die Reihe der großen Volkskunde-Kongresse mit dem Thema „Arbeit als kulturanthropologisches Problem". Diese Thematisierung der Arbeit war, das läßt sich heute bereits sagen, ein entscheidender Schritt für das Fach. Daran darf angesichts der Selbstverständlichkeit, mit der heute die Arbeiterkulturforschung auch in unsere Disziplin integriert ist, erinnert werden.

Peter Assion und seinen Mitarbeitern, die die Last der Vorbereitungen auf sich genommen haben, ist zu danken. Daß diese 3. Arbeitstagung der Kommission so erfolgreich sein möge, daß die Staffette der Kommissionstagungen mit guten Gründen an einen nächsten Ausrichter weitergereicht werden kann, wünschen wir alle.

Konrad Köstlin
Vorsitzender der Deutschen Gesellschaft für Volkskunde

I. Zur Theorie

Dieter Kramer

Arbeiterkultur – ein kulturgeschichtliches oder ein sozialgeschichtliches Problem?[1]

1. Einleitung

Die Flitterwochen sind vorbei. Als die Sozialgeschichte die Liebe zu Volkskunde und Kulturwissenschaft entdeckte, da war auf beiden Seiten eitel Freude und Sonnenschein bei jeder Berührung, es gab vielsagende tiefe Blicke, inniges Kuscheln und Streicheln, und auch die ekstatischen Höhepunkte blieben nicht aus.

Eine Dauerbeziehung verlangt jedoch weitere Qualitäten. Die Solidität, Ehrlichkeit und Perspektive für die gemeinsamen Wegstrecken muß entwickelt werden. Die Berührung allein bringt's nicht mehr. Die Gemeinsamkeit muß sich auf Partner beziehen, die sich ihrer selbst und ihrer Identität bewußt sind.

Nach der Flitterwochenphase, in der für beide Wissenschaften allein die Beschäftigung mit der Arbeiterkultur schon etwas Neues, Besonderes, Herausragendes war, muß jetzt die Reflexion über Sinn und Zweck dieser Tätigkeit intensiviert werden. Und beide müssen darüber nachdenken, wo für jede das je spezifische Interesse an dem Gegenstand Arbeiterkultur besteht. Zwei Dinge sind mir daher heute für die kulturwissenschaftliche Arbeiterkultur-Forschung wichtig: Da ist zum ersten der schon häufiger nachgefragte Erkenntniswert, über den immer wieder nachzudenken lohnend ist – geht es doch nicht nur um möglichst originelle und neue Themen für akademisch-wissenschaftliche Profilierungsarbeiten, sondern um den Zusammenhang des eigenen Arbeitens mit dem Lebensprozeß von Kultur und Gesellschaft. Daß es innerhalb einer Disziplin, die sich (unbeschadet ihrer notwendigen wissenschaftlichen Freiheit) als begleitender Teil und als Instrument dieses Lebensprozesses versteht, *praxisnähere* Bereiche und *Grundlagen*forschung gibt, ist davon unabhängig. Auch für letztere ist die Reflexion der erkenntnisleitenden Fragen unentbehrlich.

Die zweite Frage, im Augenblick noch wichtiger (und gewiß auch nicht von der ersten zu trennen) ist diejenige nach der Fach-Spezifik des *kultur*wissenschaftlichen Zuganges. Kulturwissenschaft betrachtet zwar in der Regel ihren Gegenstand historisch (und das ist gut so), aber deswegen ist sie nicht identisch mit Geschichtswissenschaft oder Sozialgeschichte. Auch allein die Wahl des Themas – Kulturorganisationen, Kultur oder Lebensweise – macht nicht ihre Spezifik aus. Gerade da erleben wir ja die intensivsten Berührungen mit der Sozialgeschichte. Wenn Kultur- und Sozialwissenschaft die gleichen Themen wählen, so muß dies (ohne deswegen die Fachspezifik fetischisieren zu wollen) nicht unterschiedliche Zugänge verwischen oder überflüssig machen. Daß die Kombination der Ergebnisse der Forschungen nachher dann doch möglicherweise wieder ein einziges *angemessenes* Bild (keine Verdoppelung) des Forschungsgegenstandes produziert, steht auf einem anderen Blatt. Hier geht es zunächst darum, die Spezifik des eigenen, des kulturwissenschaftlichen Zuganges herauszuarbeiten. In diesem Sinne verstehe ich auch Helmut Fielhauer, wenn er meint, man werde die Sozialhistoriker „auf manche volkskundliche Erfahrung verweisen dürfen, weil sie sehr oft von Gesellschaft, aber zu wenig von Kultur sprechen".[2]

2. Das Theoriedefizit der gängigen Kulturforschung als Bresche für Dominanzansprüche der Sozialgeschichte.

Der starke Einfluß der Sozialgeschichte in der Kulturforschung hängt mit dem Theoriedefizit der Kulturwissenschaft zusammen. Verständlich ist, daß Dieter Langewiesche bei der Differenzierung von Kultur- und Sozialgeschichte mit einer Definition von Kultur als der „anderen Seite der Gesellschaft"[3] nicht zufrieden ist – zumal Hermann Bausinger, auf den er sich dabei bezieht, über die „emanzipatorischen Potentiale", die im Kulturbegriff enthalten sein sollen, nichts Näheres ausführt und auch keine qualitativen Aspekte einbezieht.[4] Für die Unterscheidung zur Sozialgeschichte bringt auch eine empiristische „Lebensweltanalyse"[5] oder ein konkretistisch verengter Kulturbegriff nicht weiter: Positionen wie „Kultur ist das, was die Menschen von der Gesellschaft haben"[6], oder Kultur sei die Form, „wie die Produktionsweise für die Leute selber sich realisiert"[7], bleiben im deskriptiven Ansatz stecken. Ebensowenig hilft der Theorieverzicht (der einer bleibt, auch wenn er nur salopp im Gespräch formuliert ist): „Wir lesen diese tiefsinnigen Überlegungen in den vielen Büchern, die dazu erscheinen, nach. Was wir dagegenhalten, sind konkrete Untersuchungen, das Ernstnehmen alltäglicher Lebensäußerungen".[8] Durch solche Theorie-Abstinenz ist die Rolle des Zulieferers vorgeprägt. Bernd Jürgen Warnekens Hinweise auf die „schweigende Mehrheit an Alltagsverhältnissen" und die „Resteküche"[9] bestätigen eine Theoriefeindschaft, die letztlich im Agnostizismus als der Selbstaufgabe der Wissenschaft enden muß.

Auch Wissenschaftler, die sich in den Fußstapfen der jüngeren französischen Sozialgeschichte als „Mentalitätskundler"[10] verstehen, betreten damit noch nicht die Regionen der eigentlichen Kulturforschung, handelt es sich dabei ja doch gerade um einen von der *Sozialgeschichte* angeregten Zugang (dem man zudem noch die Vernachlässigung *materieller* Strukturen vorwerfen kann). Fragen der Spezifik des *kulturwissenschaftlichen* Zuganges können so nicht gelöst werden. Auch „empirische Kulturwissenschaft" kann nicht im Empirismus beharren, auch sie muß sich um ihren Kulturbegriff Gedanken machen.

Nicht viel gewonnen ist allerdings auch mit „subjektbezogener Lebensweltanalyse" der Sozialgeschichte.[11] Mit ihr läßt sich lediglich erfahren, wie eine von Makrostrukturen wie Weltwirtschaftskrise usw. hervorgerufene Not *subjektiv* bewältigt wurde. Aber solche „Lebensweltanalyse" ergibt für die Kulturwissenschaft nur dann einen Sinn, wenn auch die wirkenden Faktoren für Gestaltung und Perspektive eben dieser subjektiven Lebenswelt reflektiert werden.

Das wichtigste Argument gegen die Dominanz der Sozialgeschichte aber ist, daß diese dazu verführt, Fragen kulturspezifischer Werte-Diskussion auszuklammern. Für die Analyse kultureller Phänomene ohne die Diskussion von Wertaspekten bleibt nur Deskription und empirisch erfaßter Nachvollzug objektivistisch interpretierter Prozesse.

Anthony McElligott versucht 1984 für die Arbeiterkulturforschung die Reduktion auf empirische Sozialgeschichte als wissenschaftsimmanent notwendig zu unterstellen. Er beharrt im Anschluß an Raymond Williams auf der von diesem mittlerweile selbst aufgegebenen[12] rigiden Unterscheidung zwischen Kultur als (wertspezifisch beschreibbarem) „Prozeß einer ästhetischen und intellektuellen Entwicklung"[13] und dem empirisch-deskriptiven Begriff, für den Kultur nur „eine spezifische Lebensweise" meint. Diese beiden Kulturbegriffe repräsentieren für ihn einerseits „eine formalistische", andererseits „eine flexiblere Definition, die historische Genauigkeit und Vielfalt zuläßt"[14] – womit also nur dem deskriptiven Kulturverständnis der „Lebensweise" „historische Genauigkeit und Vielfalt" zugebilligt wird. Dem Kulturverständnis der Kulturwissenschaft – mit der die Sozialgeschichte kooperieren will – wird so die Wissenschaftlichkeit abgestritten und damit ihre Identität zerstört. Das macht eine partnerschaftliche Beziehung unmöglich. Auf eine solche (zudem noch in sich Wertungen assoziierende) Einengung darf sich die Kulturwissenschaft nicht festlegen lassen. Auch ein wertspezifisches Kulturverständnis hat seine Legitimation, und es bedeutet keinesfalls zwangsläufig eine formalistische Einengung.

Verzichtete die Kulturwissenschaft darauf, die subjektive *und die objektivierte* Ebene der Wertungen zu diskutieren, so würde sie einen spezifischen und zentralen Aspekt von Kultur ausklammern und den Zugang zu ihr auf empirische Beschreibung reduzieren. Sie unterwürfe sich damit einem Universalitätsanspruch der Sozialhistoriker, die ihrerseits selbst Kulturgeschichte auf die narrative Geschichtsschreibung reduzieren. Hatte die Strukturgeschichte noch den Anspruch erheben können, etwas zur Erkenntnis der dominierenden Strukturen und ihrer Entstehung beigetragen zu haben, so wird die „Alltagsgeschichte" immer mehr zu einer bloßen Verdoppelung der Wirklichkeit – vor allem, wenn sie auch noch darauf verzichtet, die Frage nach den Ursachen und Prozessen des Wandels mit ihren Mitteln zu diskutieren.[15] Für McElligott löst die Arbeiterkultur sich unter der Hand in ihre Einzelbestandteile auf, wenn sie für ihn „nicht mehr darstellt als den verschwommenen Eindruck einer Reihe *verschiedener Subkulturen*... Vielleicht ist das, was wir Arbeiterkultur nennen, der Drehpunkt dieser verschiedenen Subkulturen".[16] Im

Vordergrund steht für McElligott „unser Wissen über dieses 'Leben' und diese 'Kultur'"[17] – aber aus solchem additiven *Wissen wächst keine Erkenntnis*.

Ein Dominanz-Anspruch der Sozialgeschichte ist umso fragwürdiger, als diese selbst sich ja in einer Krise ihrer Erkenntnisziele befindet. Bezüglich der Unfähigkeit, gesellschaftliche Ziele und Perspektiven thematisieren zu können, ist die Suche danach, „wie es wirklich gewesen ist", ist die „positivistische Geschichte à la Ranke nicht allzu weit von der 'science' der strukturalistischen Marxisten entfernt"[18]: Geschichte als Wiederholung des immer Gleichen zu verstehen, ist ähnlich erkenntnisarm wie das Insistieren auf der unwiederholbaren Einzigartigkeit und Unvergleichbarkeit der Geschichte.

Für die Kultur einer sozialen Gruppe oder Klasse bedeutet, sich dem „relativen Zwang" der „Lage"[19] zu stellen, eine bewußte, wertorientierte Auswahl aus den vorhandenen Möglichkeiten (sonst bliebe es nur ein Automatismus). Diese Auswahl muß, sofern sie „verschiedene Stufen des Willens und der Einsicht"[20] betrifft, bewertbar sein. Ob dies damit nicht eigentlich schon ein Problem der Sozialgeschichte ist, sei offen gelassen. Die kulturwissenschaftliche Forschung jedenfalls darf sich von der Sozialgeschichte nicht zum Verzicht auf die Erörterung dieser Wert-Frage verleiten lassen. Aber *wie* muß sie diese diskutieren?

3. Subjektive Wertorientierung sozialer Gruppen

Wertfragen können und müssen auf verschiedenen Ebenen diskutiert werden. Da ist zunächst die – auch von der Sozialgeschichte prinzipiell berücksichtigte – Ebene der subjektiven Wertung. Kaspar Maase spricht sie bei der Analyse von Wertorientierungen in der Strukturierung der freien Zeit an. „Die subjektiv verfolgten, für größere Gruppen gemeinsam und bewußt bei Entscheidungen als Richtungsweiser des eigenen Handelns angelegten Zielbestimmungen von Elementen sinnvollen Lebens bezeichnen wir als Wertorientierungen".[21] Sie verändern sich im Laufe der Geschichte: Die (von uns bisher leider kaum beachtete, aber höchst wichtige) „Lebensweiseforschung hat als eine Hauptaufgabe, subjektiv handlungsleitende Wertorientierungen als historisch entstandene, verfestigte und in gewissem Sinne verselbständigte spezifische Widerspiegelung objektiver Handlungsnotwendigkeiten und -rahmen zu erfassen".[22]

Solche subjektiven handlungsleitenden Wertorientierungen, die in Konflikt treten mit anderen Ansprüchen (etwa denjenigen des dominanten gesellschaftlichen Systems, wie dies bei den dialektischen Sozialgeschichtlern der britischen Schule analysiert wird)[23] sind uns wichtig als Einstieg für die Frage nach der Relevanz von Wertungen überhaupt. Die Wertorientierungen werden „in Bewältigung materiell determinierter Lebensbedingungen und Verhaltensnotwendigkeiten hervorgebracht..."[24], besitzen also eine starke Rückkoppelung zur materiellen Realität. Da aber für die Definition von Kultur die Wertorientierungen ein bestimmender Bestandteil sind, ist Kultur damit nicht mehr nur ein beliebiges System der Werte, Normen und Verhaltensweisen. Sie schließt vielmehr die (perspektivische) Antwort auf die je vorgefundenen Lebensbedingungen sowie den Versuch, aktiv auf ihre Gestaltung einzuwirken, mit ein.

Kultur bezieht sich auch auf die Ziele und Werte, welche die Menschen für ihre Lebenstätigkeit als wesentlich erachten. Die – zunächst auf die subjektive Empfindung der Individuen bezogene – „gelungene" Verarbeitung der Lebensumstände, die schöpferische und aktive Komponente spielen ebenso eine Rolle, wie die natürlich nicht automatisch daraus hervorgehenden „alternativen Ideen über die Natur der gesellschaftlichen Beziehungen", von denen Raymond Williams[25] spricht. Damit schon deutet sich an, daß subjektive Wertorientierungen sozialer Gruppen oder Klassen auch auf der gesellschaftlichen (Makro-)Ebene eine Rolle spielen – sie sind nicht nur subkultur-relevant.

4. Qualitativer und normativer Kulturbeitrag

Innerhalb der Arbeiterkultur zwischen unterschiedlich „gelungenen" bzw. entwickelten Formen zu unterscheiden ist legitim, bleibt aber immanent: Ein über die „gelungene" (d.h. den Angehörigen der jeweiligen Gruppe Befriedigung verschaffende) „Subkultur" der Klasse hinausgehender Anspruch braucht daraus noch nicht abgeleitet zu werden. Betont wird für die Arbeiterkultur von zahlreichen Interpreten jedoch auch der „Beitrag der Arbeiterschaft zum Kulturleben der modernen Industriegesellschaft", den z.B. Gerhard A. Ritter[26] zugesteht.

Dieser Beitrag kann bereits bestehen aus einem negativen passiven Abdruck, weil die Klasse mit ihrer Existenz und ihren Kämpfen andere zur Stellungnahme zwingt (oder zu Unterdrückungs-, Integrations- oder Neutralisierungsstrategien führt, die ihrerseits wieder die Lebenschancen der Menschen in einer Gesellschaft beeinträchtigen, wie im Faschismus). Dieser eigene Beitrag besteht aber auch aus der aktivgestaltenden eigenen Programmatik und kulturellen Praxis. In diesem Sinne fragt z.B. die materialistische Kulturgeschichtsforschung „danach, welche Leistungen eine Klasse, Schicht oder Persönlichkeit innerhalb einer konkreten Gesellschaftsformation, Epoche oder Periode den Leistungen vergangener Generationen hinzufügte, im Hinblick auf die Veränderung und Gestaltung der Natur, der Bereicherung und Vermenschlichung der gesellschaftlichen Beziehungen sowie der geistigen Reflexionen oder Vorwegnahme dieses Prozesses.[27] Dies bezieht sich auf einen „qualitativen" Aspekt, geht es doch um die Hinzufügung von etwas Neuem, das von der Kulturgemeinschaft aus den gleichen Gründen wie die anderen Kulturleistungen positiv gewertet wird, bzw. ihre Überlebensfähigkeit objektiv fördert.

Gesteht man die Existenz oder Möglichkeit solcher qualitativer Beiträge zu, so ist damit jedoch noch nichts über die Inhalte gesagt: Sie können sich auf das Begreifen, auf das kulturelle Durchdringen der aktuellen Situation beschränken und brauchen nichts über wünschenswerte oder notwendige Perspektiven auszusagen.

Notwendig ist bei der Wert-Diskussion eine Unterscheidung zwischen *qualitativen* und *normativen* Aspekten: Ein qualitativer Beitrag bzw. Aspekt liegt vor, wenn (in dem angedeuteten Sinne) einer Kultur ein neuer bereichernder, notwendiger oder funktional wichtiger Bestandteil (Aspekt) hinzugefügt wird (wenn z.B. die Arbeiter und ihre Organisationen von sich aus dafür sorgen, daß die neuen Formen der Reproduktion des „doppelt freien Lohnarbeiters" funktionieren, oder wenn neue ästhetische Ausdrucksformen durch sie oder durch ihren Einfluß entwickelt werden). Von einem *normativen* Aspekt läßt sich dagegen erst dann sprechen, wenn dieser für eine aktuelle Gegenwart verpflichtend bzw. als notwendige Zielperspektive gesetzt wird (und sei es im Sinne normativer „Staats-" oder „Verfassungs-Ziele" im Sinne des Verfassungsrechtes).[28] Auch das allerdings sind Aspekte, vor denen Kulturwissenschaft nicht auszuweichen braucht, ja nicht ausweichen darf.

Über qualitative Aspekte ließe sich vermutlich noch am ehesten ein Konsens erreichen: Daß Organisationen der Arbeiterkulturbewegung in den Künsten neue Ausdrucksformen, wie z.B. im Chorwesen den gemischten Gesang[29] oder im Sport nicht-wettbewerbsorientierte Formen[30], besonders gefördert haben, ist ebenso unbestritten wie die Wirkung der Existenz der Arbeiterbewegung auf das künstlerische Leben vor allem (aber nicht nur) in der Weimarer Republik.

Jedoch, auch „normative" Aussagen mit gesamtgesellschaftlichem Normierungs-Anspruch für die Arbeiterkultur sind weit verbreitet: Bei Hermann Glaser begegnen wir ihnen, wenn er sie als Wegbereiter der positiv gewerteten Traditionslinie „Industriekultur" und der demokratischen Gesellschaft der Gegenwart wertet.[31] Auch Gerhard A. Ritters (und anderer) positive Bilanzierung der Integration[32] ist eine eindeutige normative Wertung in diesem Sinne. Sind *solche* Optionen möglich, dann müssen auch andere diskutiert werden. Wir tun dies am Beispiel von Raymond Williams, der formulierte: „Kultur ist aber auch das Erbe der neuen sich bildenden Klasse, die die Menschlichkeit der Zukunft umfaßt".[33] Zu fragen ist: Wie verträgt sich ein solcher normativer Anspruch mit den Ansprüchen und Ergebnissen wissenschaftlicher Analyse? Entzieht er sich der kulturwissenschaftlichen Diskussion und Analyse und ist daher als unangemessen auszuscheiden, oder lassen sich die damit entwickelten Positionen wenigstens diskutieren? Entziehen sich solche von uns im Alltagsleben ständig angewandten Wertungen der Wissenschaft?

Zugrunde liegt bei Williams „die Wahrnehmung einer zunehmenden und notwendigen Annäherung zweier traditionell weit auseinanderliegender Begriffe und Analyseverfahren von Kultur, der anthropologisch-soziologischen Konzeption (Stichwort 'ganze Lebensweise') und ihrem geistig-künstlerischen Gegenpol (Stichwort 'Kunstwerk')"[34] (also gerade die Kluft, die McElligott aufreißen will, wird hier wieder geschlossen). Die Annäherung hängt nicht nur bei Williams zusammen mit der Bestimmung von Kultur im funktionalen Kontext der Gesellschaft: „Kultur wird ... bestimmt als ein '*Symbolsystem*, durch das eine

Gesellschaftsordnung notwendig (wenn auch nicht allein) vermittelt, reproduziert, erfahren, sondiert wird'".[35]

Lebensweise und Kultur stehen, wie bereits hervorgehoben, in Bezug zur Realität, d.h. zur umgebenden Natur und zu den materiellen gesellschaftlichen Beziehungen. Aber es gibt dabei keine absolute Determination, sondern, begünstigt (vielleicht auch begründet) durch die gesellschaftlichen Widersprüche im Kontext der inneren Entwicklung (d.h. der unterschiedlichen zeitlichen, quantitativen und qualitativen Entwicklung der Teilsysteme) gibt es Alternativen (und dies zu betonen ist Gegenstand der kulturalistischen Opposition gegen den reinen ökonomischen Determinismus). Wenn innerhalb einer Kultur verschiedene Teilsysteme miteinander konkurrieren, dann liegen dabei unterschiedliche Wertsysteme miteinander in Streit. Sie unterscheiden sich auch in der Perspektive, die sie für die gesellschaftliche Entwicklung setzen, und immer deutlicher wird uns im Zusammenhang von „Exterminismus" und ökologischer Krise, daß es im historischen Maßstab auch die Möglichkeit des Scheiterns, des Zusammenbruchs, der Krise und des Zerfalls gibt, nämlich, wenn aus dem Widerspruch keine neue Lösung hervorgeht.[36]

Bezüglich solcher Alternativen definieren Helmut Hanke und Dietrich Mühlberg als Erkenntnis des historischen Materialismus, „daß die Entwicklung der menschlichen Gesellschaft nicht nur ein von objektiven Gesetzmäßigkeiten bestimmter naturhistorischer Entwicklungsprozeß sozialer Systeme ist, sondern zugleich Resultat und Voraussetzung menschlicher Lebenstätigkeit – von den Menschen ... selbst hervorgebracht."[37] So ist „Kultur *alles das*, was vermittelt über die Individuen ... die Erhaltung und Weiterentwicklung der Gesellschaft sichert"[38] – vermittelt auch über die Wertungen der Menschen das betreffend, was ihnen wertvoll und als Sinn der Lebenstätigkeit wichtig ist, wie es in Wolfgang Fritz Haugs Kultur-Definition heißt: „Die Dimension der Ausbildung und des einverständigen Lebens von Gruppenidentität, Lebensformen, in denen Individuen, Gruppen oder Klassen das praktizieren, was ihnen lebenswert erscheint und worin sie sich selber als Sinn und Zweck ihrer Lebenstätigkeit fassen, können wir als die *kulturelle Dimension* bezeichnen".[39]

Im Prozeß der Herausbildung dieser Werte spielen (um ein Beispiel zu nennen) die Künste eine eigene Rolle: Sie sind nicht nur eine Form, in der sich das Leben selbst genießt (Th. Mann)[40], Instrument des Genusses und des Formierens „nach den Gesetzen der Schönheit" (Marx)[41], sie besitzen, wie zuletzt Silke Wenk[42] herausgearbeitet hat, auch „organisierende" Funktion für die Gesellschaft (und interessieren insofern die allgemeine Kulturwissenschaft). Auch sie sind in spezifischer Weise realitätshaltig und helfen mit spezifischen Erkenntnisleistungen die Realität begreifen: sie strukturieren soziale Beziehungen, und sie diskutieren, ja geben versuchsweise Antworten auf die Fragen nach dem Lebenswerten und nach der würdigen Form des Lebens (und Sterbens).

Da Kultur insgesamt so kein beliebiges System der Wertorientierung darstellt, sondern mit der Realität rückgekoppelt ist, beeinflussen ihre Lösungen und ihre Strukturen die Lebens- und Überlebensfähigkeit einer Gesellschaft. Also gibt es (und die jüngsten ökonomisch-ökologischen Krisen bestätigen dies in dramatischer Weise) kulturelle Lebensformen, die *mehr*, und solche, die *weniger* Chancen für Stabilität und Überleben bieten. Ein normativer Anspruch der Arbeiterkultur würde nüchtern und sachlich nicht mehr besagen, als daß die qualitativ in ihr auf der Grundlage der Lebensbedingungen der Arbeiter entwickelten Werte und Lebensformen bessere Überlebenschancen für die soziale Gruppe und die gesamte Gesellschaft bedeuten. Ob und inwiefern dies stimmt, das kann Gegenstand des Streites sein – die Berechtigung, solche normativen Aussagen überhaupt zu diskutieren, braucht indes für die Kulturwissenschaft nicht mehr in Frage gestellt zu werden. Und sie sind nicht notwendig an ein mystifizierendes, geschichtsteleologisches Konzept einer eschatologischen Erlöserrolle des Proletariats gekoppelt.

5. Fortschrittskrise und normativer Anspruch der Arbeiterkultur

Gefragt werden muß somit für jedes kulturelle (Teil-)System: Was leistet es, wie trägt es zur Überlebensfähigkeit der Menschen in seiner Gesellschaft bei? Wie bilden sich, muß auch die Kulturanthropologie fragen (zumal in einer Gesellschaft, die von sozialen Konflikten und Widersprüchen zerrissen ist), die organisierenden kulturellen Prinzipien und Werte heraus (das wäre der empirische Teil), und was leisten sie (das wäre der qualitative Teil)? Die Bewegungskräfte für kulturelle Veränderungen resultieren nicht nur aus der naturwüchsigen, gleichsam als Sachzwang sich durchsetzenden Dynamik von Ökonomie und Markt. Wäre das so, dann könnte als Ergebnis nur die Unterwerfung der Erde und ihre Konditionierung als „Megamaschine" oder „große Deponie" herauskommen. Veränderungen entspringen vielmehr auch aus der Gegenwehr der darunter leidenden Individuen – auch der Ost-West- und der Nord-Süd-Konflikt hängen damit zusammen. Dies kann auch bei der Kulturanalyse nicht unberücksichtigt bleiben.

Arbeiterbewegung und Industrialisierung – beide zusammen, keines ohne das andere – haben die Welt nachhaltig verändert. Heute meinen viele, sie hätten auch die tiefste Krise für die Existenz des Menschengeschlechtes produziert: Wenn der Kapitalismus diese Krise bedeutet, kann dann das von ihm erzeugte Gegenstück schuldlos sein? Oder: Wenn einst der Kapitalismus als notwendiger Schritt beim Fortschritt des Menschengeschlechtes interpretiert wurde, muß dann jetzt im Zeichen des Verschwindens dieser Fortschrittseuphorie in der Krise die durch ihn entstandene Arbeiterbewegung sich auch als ein Sargnagel für die Gattung verstehen? Dies wäre eine radikale Zuspitzung und Umkehrung der Frage nach dem normativen Anspruch – auch sie zu stellen muß erlaubt sein.

Die Kategorie „Fortschritt" läßt sich freilich auch relativieren, ohne ganz auf sie zu verzichten und ohne die in ihr enthaltenen Potenzen völlig zu entwerten. Schon die kulturelle Vermittlung der Fähigkeit der Anpassung an neue Realitäten ist wichtig genug, um sie (und die dazu führenden Mechanismen) als besonderen Wert hervorzuheben. Und nicht die Orientierung an einer Perspektive „Fortschritt", sondern an der in ihren relevanten Aspekten erkannten Realität (wie auch immer definiert) anstelle der Verdrängung dieser Realität oder der Unterwerfung unter „Sachzwänge" wäre eine heute wichtige kulturelle Fähigkeit: Der größte Fortschritt für die Menschheit scheint heute ihr Überleben.

6. Schluß

Qualitative *und* normative Aspekte sind so auch für die kulturwissenschaftliche Analyse der Arbeiterkultur legitim und können Beachtung verlangen. Sie der Analyse und Diskussion zugänglich zu machen, scheint mir wichtiger als vorschnell die Kulturanthropologie zu einer „nomothetischen" Wissenschaft zu machen.[43]

Durch solche qualitativen Fragen wird auch der Absolutheitsanspruch der quantitativen empirischen Forschung relativiert: Wollte sie Wissenschaftlichkeit auf repräsentative Werte reduzieren, so wird jetzt auch die Abweichung wieder interessant. Denn: Nicht allein, *was* die Menschen tun und wo die Ursachen für die Veränderungen ihres Tuns liegen, ist wichtig, sondern auch die Frage nach den *besonderen Qualitäten* ihres Tuns. Dabei kann es gehen um ästhetische Qualitäten (die, wie die ästhetische Diskussion zeigt, ihrerseits nicht unabhängig von sozialen und gesellschaftlichen Qualitäten sind). Es kann gehen um rezeptive Formen, um andere kulturelle Bereiche wie z.B. die Kultur der sozialen Beziehungen.

Zu letzterem gehört z.B. auch der Internationalismus, der für die Überlebensfähigkeit in einer Welt friedlichen Zusammenlebens heute besonders wichtig geworden ist: Im Internationalismus der Arbeiterbewegung sind Formen der Toleranz und Solidarität herausgebildet worden, auf deren Grundlage ein solches friedliches Zusammenleben denkbar ist.[44] Die Analyse kann sich auch beziehen auf Körperkultur, auf die Beziehungen zu Geschichte und Umwelt (wo z.B. die Naturfreunde mit Recht als „ökologisches Frühwarnsystem der Arbeiterbewegung" bezeichnet wurden).[45] Für diese Analyse können die Lebenstätigkeit der Arbeiter und die Leistungen ihrer Bewegung nicht voneinander getrennt werden: Das eine geht zwar nicht mit Automatik aus dem anderen hervor, hängt aber trotzdem mit ihm zusammen.

Natürlich hat die Beschäftigung mit solchen Fragen sich im Rahmen der formalen und qualitativen Merkmale der Wissenschaft zu bewegen. Mit Kategorien wie „gelungen", „angemessen" kommen wir dabei nicht aus. Aber worin der qualitative Beitrag besteht, ist Gegenstand wissenschaftlicher Diskussion und des Prozesses Wissenschaft – nicht eine Entscheidung der Dogmatik.

Mein Schluß-Plädoyer daher: Überlassen wir im wesentlichen der Sozialgeschichte die Erforschung der *Lage* der arbeitenden Bevölkerung. Sie hat ohnehin dafür die besseren Instrumente – das gilt für Statistiken, aber auch für die auf die „Lage" bezogenen Oral-History-Forschungen (natürlich ist dieses Instrument auch für kulturwissenschaftliche Forschungen zu verwenden).

Wir sollten uns konzentrieren auf die spezifischen Ausprägungen der Kultur der Arbeiter bzw. Lohnabhängigen als wertbesetztem System im sozialen und strukturellen Kontext: Die Herausbildung gruppen-(klassen-)interner Wertsysteme und ihre Praxis in der „Lebensweise"[46], ihre Position innerhalb des Kräfteverhältnisses konkurrierender Wertsysteme in einer Gesellschaft gehören dazu, ebenso ihr aktiver und passiver Beitrag zur gesamtgesellschaftlichen Kultur. Damit haben wir genügend zu tun, vor allem auch, wenn wir uns dazu durchringen, die Kultur der Lohnabhängigen nicht nur in der subkulturellen Isolation des „Lagers" zu untersuchen, sondern in der gesellschaftlichen Verflechtung mit anderen (privilegierteren oder noch weniger privilegierten) Gruppen und sie in der Abhängigkeit von Markt und Herrschaftssystem sehen. Zur freund- und partnerschaftlichen Gemeinsamkeit mit der Sozialgeschichte gibt es dann immer noch genügend Raum und Anlaß.

Anmerkungen

1 Teile des Referates beruhen auf einem Kapitel aus meiner demnächst erscheinenden Studie „Theorien zur historischen Arbeiterkultur" (Marburg 1986).
2 Helmut Fielhauer, Zwischen Landwirtschaft und Fabrik, unveröff. Ms., Wien 1984, S. 2.
3 Dieter Langwiesche, Politik – Gesellschaft – Kultur. Zur Problematik von Arbeiterkultur und kulturellen Arbeiterorganisationen in Deutschland nach dem 1. Weltkrieg. In: Archiv für Sozialgeschichte 22 (1982), S. 359-401, S. 360.
4 Man verzeihe mir, wenn ich hier auf Äußerungen aus einem leicht als wenig verbindlich zu bezeichnenden Gespräch (s. Anm. 6) zurückgreife – aber vergleichsweise deutliche und zugespitzte Aussagen sind sonst selten.
5 Rolf Lindner, Die unbekannte Sozialwissenschaft. Von der Gesellschaftsanalyse zur Lebensweltanalyse. In: Ästhetik und Kommunikation 42 (1980), S. 97-98, S. 97.
6 Eberhard Knödler-Bunte in: Zugangsweisen. Kultur und Gesellschaft. Diskussion zwischen Hermann Bausinger, Utz Jeggle, Martin Scharfe, Eberhard Knödler-Bunte, Rolf Lindner. In: Ästhetik und Kommunikation 42 (1980), S. 99-105, S. 99.
7 Rolf Lindner in: Zugangsweisen (s. Anm. 6), S. 100.
8 Utz Jeggle in: Zugangsweisen (s. Anm. 6), S. 101.
9 Bernd Jürgen Warneken, Nachsätze eines später Hinzugekommenen (zu der Diskussion „Zugangsweisen", s. Anm. 6.) In: Ästhetik und Kommunikation 42 (1980), S. 106-107.
10 Vgl. Gottfried Korff, Mentalität und Kommunikation in der Großstadt. In: Theodor Kohlmann/Hermann Bausinger (Hrsg.), Großstadt. Aspekte empirischer Kulturforschung. Berlin 1965, S. 343-361, S. 345.
11 Langewiesche (s. Anm. 3), S. 365.
12 S. u., vgl. Anm. 34.
13 Anthony McElligott, Volkskundliche Arbeiterkulturforschung. Ein Tagungsbericht. In: Tübinger Korrespondenzblatt Nr. 25 (Juni 1984), S. 6-14, S. 6.
14 A.a.O., S. 13.
15 Vgl. dazu auch Frank Deppe, Georg Fülberth und Jürgen Harrer, Aktuelle Probleme der Geschichtsschreibung der Arbeiter- und Gewerkschaftsbewegung. In: Blätter für deutsche und internationale Politik 1979, H. 4, S. 488-498; H. 5, S. 569-596.
16 McElligott (s. Anm. 13), S. 9.
17 A.a.O., S. 13.
18 Gregory S. Kealey, Geschichte der Arbeiterbewegung und der Arbeiterklasse. Perspektiven für die 80er Jahre. In: Gulliver 12 (1982), S. 36-53, S. 48.
19 Von dem z.B. Werner Conze spricht, s. Werner Conze/Ulrich Engelhardt (Hrsg.), Arbeiter im Industrialisierungsprozeß. Herkunft, Lage und Verhalten. Stuttgart 1979 (Industrielle Welt, 28), S. 15.
20 A.a.O.
21 Kaspar Maase, Lebensweise der Lohnarbeiter in der Freizeit. Empirische Materialien und theoretische Analyse, Frankfurt/M. 1984 (IMSF Informationsbericht Nr. 38), S. 31.
22 A.a.O., S. 33.

23 Vgl. Dieter Kramer, Kulturanalyse in der britischen Sozialgeschichtsforschung. In: Zeitschrift für Volkskunde 80 (1984), S. 272-277.
24 Maase (s. Anm. 21), S. 33.
25 Raymond Williams, Gesellschaftstheorie als Begriffsgeschichte. München 1972, S. 390.
26 Gerhard A. Ritter, Arbeiterkultur im deutschen Kaiserreich, Probleme und Forschungsansätze. In: Ders. (Hrsg.), Arbeiterkultur. Königstein/Ts. 1979 (Neue Wiss. Bibl. 104), S. 15-39, S. 29.
27 Peter Schuppan, Bemerkungen zum Gegenstand einer marxistischen Kulturgeschichte. In: Zeitschrift für Geschichtswissenschaft 22 (1974), S. 1359-1376, S. 1364.
28 Vgl. Peter Häberle, Kulturpolitik in der Stadt, ein Verfassungsauftrag. Karlsruhe, Heidelberg 1979, und ders. (Hrsg.), Kulturstaatlichkeit und Verfassungsrecht. Darmstadt 1982. – Dies wäre weitergehend als die folgenden Ausführungen, die sich im Sinne des Werturteils-Streites auch als „Ableitung verhaltensrelevanter Prognosen" aus informativen Aussagesystemen interpretieren lassen (sofern es um die normativen Aussagen geht – subjektive und qualitative Wertungen besitzen ohnehin bei unserem Thema „für die im Objektbereich vorkommenden Sachverhalte konstituierende Bedeutung" und sind deswegen einzubeziehen). Vgl. Hans Albert, Art. „Wertfreiheit" in: Wilhelm Bernsdorf (Hrsg.), Wörterbuch der Soziologie, 2. Aufl. Stuttgart 1969, S. 1279-1282, S. 1280/1281.
29 Vgl. z.B. Dieter Dowe, Die Arbeitersängerbewegung in Deutschland vor dem Ersten Weltkrieg – eine Kulturbewegung im Vorfeld der Sozialdemokratie. In Ritter (s. Anm. 26), S. 122-144, und Wilfried van der Will, Rob Burns, Arbeiterkulturbewegung in der Weimarer Republik. Frankfurt, Berlin, Wien 1982, S. 104 f.
30 A.a.O., S. 89.
31 Hermann Glaser, Wolfgang Ruppert, Norbert Neudecker (Hrsg.), Industriekultur in Nürnberg. München 1980, S. 7. Vgl. auch Hermann Glaser, Industriekultur und demokratische Identität. In: Aus Politik und Zeitgeschichte B 41-42/1981.
32 Vgl. Anm. 26.
33 Williams (s. Anm. 25), S. 382/383.
34 H. Gustav Klaus, Kultureller Materialismus. Neue Arbeiten von Raymond Williams. In: Das Argument 1983 (Nr. 139), S. 372-378, S. 375.
35 A.a.O.
36 Vgl. Jürgen Kuczynski, Gesellschaft im Untergang. Köln 1984.
37 Dietrich Mühlberg, Woher wir wissen, was Kultur ist. Gedanken zur geschichtlichen Ausbildung der aktuellen Kulturauffassung. Berlin (DDR) 1983, S. 55/56.
38 A.a.O., S. 58.
39 Wolfgang Fritz Haug in: Theorien über Ideologie. Projekt Ideologie-Theorie. Berlin (West) 1979 (Das Argument: Sonderband AS 40), S. 184.
40 Thomas Mann, Betrachtungen eines Unpolitischen. Frankfurt/M. 1983, S. 570/571. Vgl. zu den verschiedenen „Modi des Wirklichkeitsverhältnisses der Kunst" Thomas Metscher, Kunst, Kultur, Humanität. Fischerhude 1982, S. 209 f.
41 Vgl. Metscher, a.a.O. S. 155.
42 Silke Wenk, Zur gesellschaftlichen Funktion der Kunst. Köln 1982.
43 Vgl.: Kulturanthropologie und Europäische Ethnologie in Frankfurt. In: Notizen 20 (1984), S. 82, und meine Rezension: Empirische Kulturanthropologie – Chancen und Grenzen. In: Schweizerisches Archiv für Volkskunde 81 (1985), S. 86-93, S. 91.
44 Vgl. mein Referat „Kolonialismus, Fortschrittsidee, Kulturrelativismus und Arbeiterbewegung". 20. Linzer Konferenz der ITH 1984 (demnächst in Druck).
45 Hans Peter Schmitz, Naturschutz – Landschaftsschutz – Umweltschutz. Der Touristenverein „Die Naturfreunde" als ökologisches Frühwarnsystem der Arbeiterbewegung. In: Jochen Zimmer (Hrsg.), Mit uns zieht die neue Zeit. Köln 1984, S. 184-204.
46 Vgl. Maase (s. Anm. 21).

Flemming Hemmersam
Arbeiterfolklore

Einleitung

Eine Wissenschaft der Arbeiterfolklore könnte zum Ziel haben, die Keime zur Arbeiterbewegungskultur und -folklore (Labourlore) in der Arbeiter(alltags)kultur aufzuspüren und umgekehrt die Arbeiter(alltags-)kultur und -folklore (Workerlore) in der Arbeiterbewegung aufzudecken, indem dieses in einen gesamtgesellschaftlichen Zusammenhang gesetzt wird.

Die Disziplin „Arbeiterfolklore" wird in diesem Beitrag als ein Teil einer Wissenschaft von der Arbeitergeschichte aufgefaßt, welche wiederum zusammen mit anderen Wissenschaften den kulturellen Kreislauf und die Folklore der Beherrschten analysiert und beschreibt.

Es ist deshalb notwendig, in aller Kürze die Kulturtheorie darzustellen, die dieser umfassenden totalen Denkweise zugrunde liegt, ebenso wie die zwei kulturellen Kreisläufe in jeder Gesellschaft, in der auch der kulturelle Kreislauf und die Folklore der Herrschenden eine Realität sind, kurz dargestellt werden müssen, bevor sich die Aufmerksamkeit auf Ausführungen über das Verhältnis zwischen Arbeiterkultur und Arbeiterfolklore konzentrieren kann. Schließlich ist auf zwei Unterkategorien der Arbeiterfolklore, nämlich Workerlore und Labourlore mit älteren und neueren Beispielen für eine solche Forschung, vertiefend einzugehen, bevor mein heutiger Beitrag damit abschließt, einige Grundlinien für eine Wissenschaft der Arbeiterfolklore zu ziehen. Vor einem deutschen Publikum möchte ich gerne unterstreichen, daß meine Auffassung von Folklore zurückgeführt werden kann auf William John Thoms Definition von 1846[1], die 1924 von Arnold van Gennep[2] festgehalten und weiterentwickelt wurde. Außerdem bin ich inspiriert von Rudolf von Iherings systematischer Behandlung des Begriffes „Sitte" von 1883[3], William Graham Sumners[4] Buch über „mores" und „folkways" von 1906 sowie A. Niceforos Buch „Anthropologie der nichtbesitzenden Klassen" von 1910.[5]

Nachdem dieses gesagt ist, so wird doch aus meinem Vortrag hervorgehen, was ein dänisches Sprichwort sagt: Ich bin ich selbst, sagte die Katze.

Kulturtheorie

Eine heutige ethnologische und folkloristische Wissenschaft der Arbeiterkultur und Arbeiterfolklore muß aus einer Kulturtheorie heraus konstituiert werden. Ein Wertsystem oder eine Ideologie müssen zugrunde liegen, genauso wie es für ältere Generationen von bürgerlichen Ethnologen und Folkloristen der Fall war. Eine neue Generation muß auf andere Wertmaßstäbe und eine andere Ideologie bauen.

Im folgenden werden kurz die Grundzüge einer solchen *Kulturtheorie* aufgezeigt.

Die Entwicklung der Gesellschaft geht vor sich, indem gesellschaftsökonomische Formationen durch die zu einer gegebenen Zeit vorherrschenden Produktionsverhältnisse gebildet werden. Auf einer bestimmten Entwicklungsstufe entsteht ein Konflikt zwischen den bestehenden Produktionsverhältnissen und Produktivkräften. Durch soziale Revolutionen wird eine Gesellschaftsformation von einer anderen abgelöst. Der historische Materialismus ist auch eine Theorie darüber, auf welche Weise die materiellen Verhältnisse das gesellschaftliche Bewußtsein bestimmen.

Mit der Entstehung des Industrialismus im größten Teil Europas in den 50er Jahren des 19. Jahrhunderts konstituiert sich eine Arbeiterklasse im Gegensatz zur damaligen neuen Herrscherklasse, die um die Ausbeutung zu sichern, einen besonderen Machtapparat etablierte, den Staat, der gemeinsam mit den herrschenden Ideen und den politischen und rechtlichen Institutionen den gesellschaftlichen Überbau bildet. Das Charakteristische am Staat ist, daß kraft eines besonderen Systems von Normen eine Reihe von Organen eingesetzt wird, die gegenüber dem Kreis von Personen, der zur Gesellschaft gehört, eine Autorität ausüben. Die Befugnisse, die diesen Organen gegeben sind, bestehen darin, den Inhalt der in der

Gesellschaft geltenden Rechtsordnung festzusetzen und diese Rechtsordnung zur Anwendung zu bringen, wenn nötig unter erzwungener Aufrechterhaltung.

Die Reproduktion der Arbeitskraft wird mit Hilfe des Arbeitslohnes gesichert, welcher für die Wiederherstellung der Arbeitskraft der Lohnarbeiter notwendig ist, für Unterkunft, Bekleidung, Nahrung und kurz und gut, für alles, was notwendig ist, um sich am nächsten Morgen am Eingang zum Betrieb einzufinden und notwendig zum Zeugen und Aufziehen von Kindern, womit sich das Individuum als Arbeitskraft reproduziert. Aber darüberhinaus dreht es sich für den Arbeitgeber auch um die Reproduktion der Qualifikation der Arbeitskraft. Diese wird nicht am Arbeitsplatz (Schulung bei der Produktion selbst), sondern mehr und mehr außerhalb der Produktion durch das kapitalistische Schulsystem und andere Instanzen und Institutionen gesichert. Die Reproduktion der Arbeitskraft verlangt nicht nur eine Reproduktion seiner Qualifikation, sondern gleichzeitig eine Reproduktion der Unterwerfung unter die Regeln der etablierten Ordnung, das heißt, in Bezug auf die Arbeiter, eine Reproduktion der Unterwerfung unter die dominierende Ideologie. Diese Reproduktion der Unterwerfung unter die Regeln der etablierten Ordnung oder der Widerstand gegen jene findet auch in der Freizeit und im Familienleben statt.

Durch Hervorhebung der Steuerungs- und Kontrollmechanismen der Gesellschaft, wie hier geschehen, werden die Gegensätze in der Gesellschaft unterstrichen, auf die eine Kulturanalyse auch ihren Blick richten muß, wenn die Objekte für eine Kulturanalyse (Relationen zwischen Ideologie, Weltanschauung und common sense sowie Recht, Sitte und Brauch) auf Makro- und Mikroebene untersucht werden.

Es geht darum, die der Bewegung und der Arbeiterklasse eigene Ideologie, Weltanschauung und common sense aufzudecken, in Relation zu dem der Bewegung und der Arbeiterklasse eigenen Verständnis von Recht, Sitte und Brauch zu sehen, als in einem antagonistischen Verhältnis stehend zu den entsprechenden Relationen innerhalb der herrschenden Klasse.

Das bedeutet in diesem Fall: wo ein kultureller Materialismus und Determinismus[6] in die Theorie einer Wissenschaft der Arbeiterkultur und der Arbeiterfolklore eingeht, werden wirtschaftliche Faktoren als diejenigen angesehen, die einen entscheidenden Einfluß auf die kulturelle Formation[7] haben, und der Klassenkampf wird als die Triebkraft und die Energie als Hintergrund für die Erscheinungsformen der Kultur angesehen. Damit kommen wir zur letzten These der vorgelegten Kulturtheorie. Diese besagt, daß eine Gesellschaft aus zwei kulturellen Kreisläufen und deren Folklore besteht, und zwar dem der Beherrschten und dem der Herrschenden. Es liegt ein gegensätzliches Verhältnis zwischen den beiden Kreisläufen und Folkloren vor, weil die Gesellschaft in Klassen aufgeteilt ist.

Die Arbeiterfolklore gehört unter den Kreislauf der Beherrschten, und es muß unterstrichen werden, daß dieser Kreislauf und diese Folklore nicht nur lokal studiert werden sollten, sondern auch regional, national und international.

Kulturelle Kreisläufe und Arbeiterfolklore lokal zu studieren ist möglich aus den landesweiten, regionalen und lokalen Zusammenhängen heraus, wie es auch für kulturelle Requisiten und/oder kulturelle Erscheinungsformen gilt. Es ist jedoch einfacher, Kreislauf und Arbeiterfolklore lokal zu studieren und leichter, deren Bedeutung zu verstehen, wenn sie in einen Makrozusammenhang gesetzt und als ein Teil des kulturellen Kreislaufs der Beherrschten und der Arbeiterfolklore in einem Land betrachtet werden.

Die internationale Orientierung zeigt sich daran, daß sich der kulturelle Kreislauf der Beherrschten in einem Land deutlich davon inspirieren und beeinflussen läßt, wie der gleiche Kreislauf in anderen Ländern funktioniert und ob sich dort im kulturellen Kreislauf und der Folklore der Herrschenden etwas verändert. Als Beispiel hierfür kann der 1. Mai der Arbeiter genannt werden.

Wissenschaft der Arbeitergeschichte

Auf dem Hintergrund dieser Kulturtheorie der zwei hauptkulturellen Kreisläufe in einer Gesellschaft wollen wir uns nun kurz mit der Wissenschaft der Arbeitergeschichte befassen, wobei die Disziplin „Arbeiterfolklore" ein Teil davon ist.

Eine derartige Wissenschaft könnte vorläufig vier Disziplinen beinhalten, die sich mit 1) Geschichte der Arbeiterbewegung, 2) Arbeiterkultur, 3) Arbeiterethnographie und 4) Arbeiterfolklore beschäftigen.

Die Disziplinen 1) und 2) studieren die Arbeitergeschichte in der Hauptsache von oben herab und von außerhalb betrachtend, während die Disziplinen 3) und 4) diese von unten und von innen heraus sehen. Die Hauptaufgabe für eine fächerübergreifende Wissenschaft der Arbeitergeschichte wird damit, ein dialektisches Verhältnis zwischen diesen beiden Haupteinfallswinkeln zu etablieren.

Die Disziplin „Geschichte der Arbeiterbewegung" konzentriert sich auf die Beschreibung und Analyse von Organisationen, Vereinen und ideologischen Diskussionen in Parteien, Gewerkschaften, Genossenschaften, Aufklärungsbestrebungen und anderem.

Nach den vielen Diskussionen, auch international, über die Frage, was man unter dem Begriff „Arbeiterkultur" versteht, bin ich heute am meisten dazu geneigt, diesen synonym mit Arbeiterbewegungskultur vorzuschlagen und darin die Forschung zu plazieren, die sich mit Arbeiterkunst, Arbeitertheater, Arbeiterfilm, Arbeiterlied und -musik, Arbeiterliteratur und anderem sowie der dazugehörigen Organisationsgeschichte beschäftigt.

Die Disziplinen „Arbeiterethnographie" und „Arbeiterfolklore" sind enger mit der Arbeiter(alltags)kultur verbunden und werden daher aus dem Haupteinfallswinkel, die Dinge von unten und von innen heraus zu sehen, plaziert, obwohl dabei auch von arbeiterethnographischen Beschreibungen der Bewegung gesprochen werden kann, genauso wie diese auch eine eigene Folklore hat. Aber darauf komme ich noch zurück.

Die Disziplin „Arbeiterethnographie" umfaßt die Forschung in der Arbeitergeschichte, die ein „portrait of the working-class" auf der Arbeit, zuhause, in der Freizeit und in Verbindungen mit der Arbeiterbewegung gibt. Das Hauptgewicht wird dabei auf den beschreibenden und dokumentierenden Einfallswinkel gelegt und weniger auf die analytische und vergleichende Methode, welche die Disziplin „Arbeiterfolklore" charakterisiert. Darüberhinaus beschäftigt sich die Arbeiterethnographie auch mit den materiellen Dingen der Arbeiter(alltags)kultur.

Auf dem 1. Nordischen Seminar über Arbeiterkultur und Arbeiterfolklore im August 1983 an der Kopenhagener Universität[8] zeigte sich, daß die Arbeiterethnographie in der skandinavischen Ethnologie verhältnismäßig gut vertreten ist, mit der Gewichtung auf Beschreibungen von Kleinindustrie, Arbeiterwohnungen in ländlichen Gebieten und speziellen Arbeitsplätzen wie Automobilfabriken und Häfen, genauso wie von bemerkenswerten Sammlungen von Arbeitererinnerungen bereits seit den 50er Jahren gesprochen wurde und auch von Ansätzen zu einer Forschung, die ich elementare Arbeiterfolklore nennen möchte, die Rede sein konnte. Außerdem kann auf eine bemerkenswerte Arbeiterethnographieforschung in u.a. Polen[9], der Tschechoslowakei[10] und der DDR[11] hingewiesen werden.

Arbeiterkultur und Arbeiterfolklore

Da der Begriff „Arbeiterkultur" nicht ganz synonym mit dem der „Arbeiterbewegungskultur" ist und der Begriff „Arbeiterfolklore" nicht nur der Arbeiter(alltags)kultur zuzuordnen ist, wollen wir im folgenden versuchen, auf das Verhältnis zwischen ihnen tiefer einzugehen und es zu präzisieren.

Es ist zu unterscheiden zwischen den kulturellen Erscheinungsformen, die mit der eigentlichen Arbeiterklasse und den Arbeitern an sich verknüpft sind und denen, die mit der Arbeiterbewegung verknüpft sind.

Das Verhältnis zwischen Innovation und Tradition in der Kultur der Arbeiterklasse wird durch das Einführen von Begriffen wie „Arbeiterbewegungskultur" und „Arbeiteralltagskultur" beleuchtet, die gleichzeitig etwas über das Verhältnis von Innovationen zu Traditionen erzählen, während Begriffe wie „Labourlore" und „Workerlore" etwas über das Verhältnis von Traditionen zu Innovationen aussagen.

Arbeiterkultur wird hierbei als Überbegriff für die Alltagskultur der Arbeiter und die Kultur der Arbeiterbewegung aufgefaßt. Die Alltagskultur muß als Ausdruck für die Kultur des Arbeiters am Arbeitsplatz, zuhause oder in der Freizeit gesehen werden, auf welche die herrschende Klasse insbesondere versucht, zum Teil erfolgreich, Einfluß zu gewinnen. Die Kultur der Arbeiterbewegung ist dem ausgeprägten Vereinsleben zugehörig.

Arbeiterfolklore wird als Überbegriff für Workerlore und Labourlore aufgefaßt. Unter Workerlore wird die

Arbeitertradition außerhalb der Arbeiterbewegung oder in Verknüpfung mit ihr und mit den Impulsen daraus verstanden. Workerlore kann in weit größerem Ausmaß beeinflußt werden als Labourlore und wird faktisch in der Gegenwart von der herrschenden Kultur beeinflußt, aber Workerlore bezeichnet auch die echte, nicht von außen beeinflußten Formen, die nicht mit der Bewegung verknüpft sind. Der andere Traditionsaspekt sind die von der Arbeiterbewegung unter eigenen Prämissen geschaffenen Traditionen. Diese Kategorie von Arbeitertraditionen wird Labourlore genannt.

Der Unterschied zwischen Arbeiterkultur und Arbeiterfolklore ist, daß wir unter Arbeiterkultur das verstehen, was die Arbeiterklasse/Arbeiterbewegung kulturell nach außen, zur Gesellschaft hin vertritt, während man unter Arbeiterfolklore das versteht, was die Arbeiterklasse /-bewegung kulturell nach innen vertritt.

Damit ergibt sich die Möglichkeit, eine synchrone und diachrone Forschungsstrategie in Verbindung mit einer Wissenschaft der Arbeitergeschichte zu vereinen.

Zusammenfassend müssen unter Arbeiterkultur die antagonistischen Gegensätze der Arbeiterklasse und -bewegung zur Gesellschaft und der Auffassung anderer Klassen zu Recht, Sitte und Brauch, verstanden werden, so wie sie in kulturellen Erscheinungsformen in politischen, wirtschaftlichen, materiellen, sozialen, klassen- und arbeitsabhängigen oder künstlerischen Zusammenhängen vorkommen, als Ausdruck für die Ideologie und Weltanschauung der Klasse und der Bewegung.

Unter Arbeiterfolklore werden die Erfahrungen und Weltanschauungen der Bewegung und der Arbeiter verstanden, die in rhythmischer Form (Gedicht, Reime, Melodie, Sprichwort, Rätsel), Erzählform (Erzählung, Anekdote, Erinnerung, „Sage", „Mythen"), Spielen, Ritualen, Glaubensvorstellungen, Bräuchen und damit verbundenen materiellen Gegenständen weitergegeben werden. Im weiteren Sinne umfaßt dieses jegliche weitervererbte Vorgehensweise innerhalb des politischen sowie Arbeits- und Freizeitlebens als Ausdruck für die Weltanschauung und den common sense der Arbeiterklasse und -bewegung.

In einer Wissenschaft der Arbeiterkultur und Arbeiterfolklore muß zwischen einer elementaren und einer systematischen Forschung[12] unterschieden werden. Unter elementarer Forschung wird das Studium von einzelnen Kulturelementen oder Kulturprodukten verstanden, während man unter der systematischen Herangehensweise das Studium der Systeme von kulturellen und sozialen Einheiten versteht.

In diesem Abschnitt über das Verhältnis und den Unterschied zwischen Arbeiterkultur und Arbeiterfolklore muß unterstrichen werden, daß nicht von der Arbeiterkultur und der Arbeiterfolklore gesprochen werden kann, sondern daß es sich um Arbeiterkulturen und Arbeiterfolkloren handelt. In einer abschließenden Zusammenfassung für eine Wissenschaft der Arbeiterfolklore werden Beispiele für derartige Teilkulturen innerhalb der Klasse und der Arbeiterbewegung gegeben.

Workerlore und Labourlore

In meiner Systematik bin ich so weit gekommen, daß ich nun das Verhältnis von zwei Unterkategorien des Begriffes „Arbeiterfolklore", nämlich Workerlore und Labourlore illustriere. Dieses möchte ich tun, indem ich kurz bespreche, was Wolfgang Steinitz über das Arbeitervolkslied gesagt hat und was Archie Green, der den Begriff „Labourlore" einführte, selber über diesen meint.

Antonio Gramsci[13] unterscheidet verschiedene Schichten in der materiellen Folklore, und zwar „die versteinerten, die die Lebensbedingungen der Vergangenheit widerspiegeln und deshalb konservativ und reaktionär sind, und die, die aus einer Reihe oft schöpferischer und progressiver Erneuerungen bestehen. Diese Erneuerungen sind spontan durch Lebensformen und -bedingungen bestimmt, welche sich in einem Entwicklungsprozeß befinden, im Gegensatz zur Moral der führenden Schicht stehen oder sich auch nur von dieser unterscheiden."[14]

Diese erneuernden, häufig schöpferischen und progressiven Züge in der Folklore erkennt Steinitz 1954 mit Ausgangspunkt in der Volksliedforschung in den „Volkslieder(n) demokratischen Charakters".[15]

Er geht auch darauf ein, daß die Herrschenden die demokratischen und sozialistischen Elemente in der Folklore so sehr verdrehen können, daß die von „Werktätigen getragenen Lieder (...) objektiv die Interessen der Unterdrücker, nicht der Werktätigen widerspiegeln. Dies gilt besonders von Soldatenliedern und Bergarbeiterliedern."[16]

Die Bedeutung von Steinitz für die Entwicklung einer Forschung über Arbeiterfolklore liegt in seinen Überlegungen darüber, was er 1966 den folklorisierenden Prozeß nannte. Die theoretischen Ideen konkretisiert er im folklorisierenden und nicht folklorisierenden Arbeiterlied. Als Beispiel für den letzten Typus kann „die Internationale" genannt werden, die zur Kategorie „Kunstlieder" gehört, die „zwar vom Kollektiv aufgenommen, jedoch nicht folklorisiert werden"[17], während die Arbeitervolkslieder, „sich in der mündlichen Überlieferung ähnlich wie die echten Volkslieder verhalten."[18] Der entscheidende Unterschied zwischen einem folklorisierten und nichtfolklorisierten literarischen Zeugnis liegt nicht im „unmittelbaren Schöpfungsprozeß, sondern auf einer anderen Ebene, auf der Ebene der Tradierung".[19]

Für Steinitz, der von P. Bogatyrev und Roman Jakobson[20] inspiriert ist, existiert ein folkloristisches Werk nur, „wenn es von einer Gemeinschaft angenommen wurde; es existiert von ihm nur das, was diese Gemeinschaft anerkennt und wiedergibt... Dabei spielt es keine Rolle, ob das ganze Lied oder eine neue Strophe von einem einzelnen oder einem Kollektiv geschaffen sind. Das heißt: in der folkloristischen Tradition verschwindet ein Einzelwerk, das von der Gemeinschaft nicht anerkannt wird, vollständig; in der literarischen Tradition lebt es wenigstens potentiell unbegrenzt weiter. Die Kollektivität der Folklore besteht also in der Aneignung, schöpferischen Umformung und Tradierung durch die Gemeinschaft, nicht in der Frage des Autors oder der unmittelbaren Schöpfung."[21]

Nach meiner Systematik ist es Workerlore, wofür sich W. Steinitz interessiert. Hätte er sich auch für Labourlore interessiert, so wäre der Begriff „Arbeiterfolklore" vielleicht schon damals der zentrale Begriff im Studium von Tradierungsprozessen in der DDR geworden.

Der Begriff „Labourlore" wurde vom Amerikaner Archie Green 1965 eingeführt.[22] Er interessierte sich insbesondere für eine Lore in Verbindung mit Gewerkschaften.

Der Begriff „Labourlore" hat den Vorteil, daß er das Substantiv „Volk" ausschließt und einen Teil der Arbeiterbewegung einbezieht. Der Begriff „Arbeiterfolklore" in der Diskussion in den Ostblockländern in den 50er und 60er Jahren unseres Jahrhunderts war u.a. dadurch charakterisiert, daß er dieses nicht tat. Der Begriff „Labourlore", so wie er in meinen Beitrag aufgefaßt wird, könnte ausgeweitet werden, aber Archie Green tut es nicht, um Material mit Inhalt aus der Arbeiterbewegung, das heißt auch Partei, Genossenschaft und Aufklärungsbestrebung u.a. in einem gesamtgesellschaftlichen Zusammenhang gesetzt, mitabzudecken.

Der Begriff „Labourlore" umfaßt laut ihm „Material mit für Arbeitergewerkschaften speziellem Inhalt"[23], das herausgetrennt werden kann, weil „die Lore aller Gewerkschaften unter die Hauptmasse industrielle Lore fällt, aber viel industrielles Material keinerlei Gewerkschaftsinhalt hat".[24]

Laut Archie Green sind „Gewerkschaften und ähnliche Zusammenschlüsse oft feindlich eingestellt gegenüber etwas, das nur so aussieht oder so klingt wie Folklore. Aber glücklicherweise ist die Folklore beharrlich und konservativ. Wenn sie bedroht wird, kann sie unter die Erde gehen, um dann wieder in neuen Formen aufzutauchen und auf neuen Niveaus Gestalt anzunehmen".[25]

Folklore wird laut ihm nicht nur innerhalb von Gewerkschaften geschaffen, sondern „Material fließt konstant in sie hinein und aus ihr heraus. Gruppen, die sich für soziale Reformen einsetzen und in politischen Aktionen oder im Kampf für die Bürgerrechte engagiert sind, teilen Plattform und Traditionen mit der Arbeiterbewegung. In den letzten Jahren hat die neue Linke alte Gewerkschaftslieder aus ihrem ursprünglichen Zusammenhang herausgenommen, um sie in neuem zu verwenden."[26]

Archie Green nahm als ehemaliger Gewerkschaftler[26a], vielleicht naiv, an, wie er es selbst ausdrückt, daß die Quelle der Vitalität der Arbeiterbewegung in den Idealen der Mitglieder zu finden war. Sobald Mitglieder eine gemeinsame Vision davon hatten, daß ein gutes Leben durch einen Zusammenschluß in der Gewerkschaft erreicht werden konnte, konnten sie ihre Gesichtspunkte zu verschiedenen institutionellen Formen umsetzen: direkte Aktionen am Arbeitsplatz, Beschwerdeprozeduren, kollektive Verhandlungen, politische Aktion. Die Handlungsweise eines Gewerkschaftlers konnte nur beurteilt werden unter den Kriterien, die seinesgleichen (Genossen) erfüllten. Ein solches Verhalten, durch Überzeugung oder Standfestigkeit hervorgerufen, wurde in verbaler oder symbolischer Form herauskristallisiert, im Lied, in der Erzählung, in der Sage, im Brauch, im Ritual, im Erkennungszeichen alles zusammen – Folklore. Folglich ist Labourlore nicht die Lebenskraft der Gewerkschaft als solche, sondern eine Essenz, aus dieser Energie destilliert und raffiniert. Im Gegensatz zur Medizin kann Labourlore weder Krankheiten austreiben noch heilen. Ihre Anwendung scheint darauf beschränkt zu sein, die fundamentale Überzeugung des Gewerkschaftlers oder die Aktivitäten, die von seiner Version geprägt werden, zu dokumentieren. Labourlore kann die Vergangenheit in Ehren halten, aber nicht ihr Wesen wiedererschaffen. Das Studium von jeglicher wie auch gearteter Sammlung Tradition ist bedeutungsvoll, auf Grund eben der Unverfälschtheit des Materials. Labourlore fügt dem Gewerkschaftsleben eine Dimension von Verständnis hinzu".[27] Green behauptet weiter, daß „die industrielle Gesellschaft fortfahren wird, Folklore zu produzieren, und daß ein Teil von dieser aus den Visionen unter den Arbeitern hervorspringen wird, die vereint sind in einer Suche nach dem ersten Ziel der Gewerkschaftsbewegung."[28]

Er beklagt dafür andererseits, daß die Geschichte der Arbeiterbewegung in den USA normalerweise nicht aus folkloristischen Begriffen heraus erzählt wird, wenn sich parallel zur „wirtschaftlichen Praxis und Entwicklung der Gewerkschaftsbewegung ein Netz von Erzählung, Lied, Ritual und Glauben findet, das deren Tradition ausdrückt. Das Material kann 'folkwisdom', 'verbal art', 'debris of history' oder 'old fogey stuff' genannt werden, aber abgesehen vom Namen ist es von der gleichen Art wie ethnische, religiöse und geographische Folklore."[29]

Steinitz' Auffassung von Arbeiterfolklore hat ihren Hintergrund in der europäischen Forschungstradition, in der Folklore mit Volksdichtung (Bauern-/Landarbeiterdichtung) und der daraus folgenden eingegrenzten Auffassung von Folklore als ein Teil von einer Workerlore gleichgesetzt wird. Als Amerikaner hat Archie Green einen ganz anderen Hintergrund. Er nimmt seinen Ausgangspunkt im Industrialismus und darin, was er Industrial lore nennt und in der Lore von Gewerkschaften und damit dem Interesse für einen Teil der Bewegungslore. Green lanciert den Begriff „Labourlore" aus einer teilweise breiteren Auffassung der Folklore heraus und aus einem anderen Material als dem, für das Steinitz sich interessiert hat.

Hiermit ist der Unterschied und der Zusammenhang zwischen Workerlore und Labourlore veranschaulicht, die als Unterkategorien zum Begriff „Arbeiterfolklore" gehören.

Beispiele für Arbeiterfolklore

Lassen Sie mich auch einige Grundzüge von der heutigen folkloristischen Debatte und Forschung skizzieren, die etwas mit Arbeiterfolklore zu tun haben könnten.

Folkloristen, z.B. in Norwegen unterscheiden zwischen dem Selbsterlebten (eigene Erfahrung) und dem, was man von anderen gehört und was „tradiertes Material" genannt wird, während das Selbsterlebte als „Erinnerungen" kategorisiert wird.

Geschichte und Literaturwissenschaft sind nur am Erinnerungsaspekt interessiert, während die Wissenschaft der Folklore sich in genauso großem Maße für das tradierte Material interessiert, das der Norweger Bjarne Hodne[30] aufteilt in kommunizierte Erinnerungen und verschiedene Traditionsgenres sowie Erinnerungen, die als „nicht-kommunizierte Erinnerungen" kategorisiert werden. Das ist gleichzeitig auch eine Diskussion darüber, wie zwischen Arbeiter-life-stories, die u.a. thematisch systematisiert werden können, und Arbeiterstories, bei denen es besonders schwer ist, sie einer historischen Problemstellung zugänglich zu machen, zu unterscheiden ist.

Folkloristen, basierend auf Steinitz' Gedanken und den Grundlagen der Folkloristik, interessieren sich in erster Linie für die kommunizierten Erinnerungen der Arbeiter und für verschiedene Traditionsgenres und halten am Tradierungsprozess als dem Zentralen, aber nicht als dem Einzigen in einer folkloristischen Untersuchung fest. Die Debatte darüber, wie die kommunizierten Erinnerungen kategorisiert werden sollen, und über die Unzulänglichkeit der klassischen Traditionsgenres, ist noch nicht abgeschlossen, sondern wird fortgesetzt. Vorläufig aber könnte dieses Erzählmaterial der Arbeiter begrenzt werden auf Arbeiterstories, Glaubensvorstellungen der Arbeiter und schließlich deren Auffassung von Recht, Sitte und Brauch.

Proletarische Kompensationserzählungen[31] könnten definiert werden als etwas, woran Arbeiter glauben, und das im Klassenkampf angewandt wird. Es könnte sich um 1) den Mythos vom Proletarier als dem neuen Erlöser der Welt, 2) die Bedeutung der Masse, 3) die Erzählungen/Mythen von der Weltrevolution und 4) den Mythos vom sozialistischen Zukunftsreich handeln.[32]

Man könnte die Frage stellen, ob sich diese proletarischen kompensatorischen Erzählungen und Glaubensvorstellungen nicht im Nachhinein zu „Evangelien", das heißt unumgänglichen Schriftstellen in der sozialistischen und kommunistischen Tradition, entwickelt haben. Die zentralgeleitete Tätigkeit der Kirche könnte hier gleichgesetzt werden mit der Partei (d.h. den Etablierten und Machtvollen), in der die normale Traditionsentwicklung in Form von individuellen Änderungen, Berichtigungen und Hinzufügungen am mitgenommenen Stoff gestoppt ist. Dann passiert es allerdings, daß die apokryphen Evangelien („verdrängte" sozialistische Klassiker) von Kräften aufgegriffen werden, die gegen die kommunistische und sozialistische Dominanz sind.

Arbeiterfolklore handelt auch von proletarischer Symbolik[33] in Verbindung mit sozialistischen/marxistischen Heiligen, Märtyrern und Legenden, Gedenktagen und Heiligentagen, symbolischen Zeichen der Arbeiterklasse, Namensgebung in Arbeiterkreisen und der symbolischen Bedeutung alter Kampflieder.[34]

Als abschließendes Beispiel für Situationen, in die ein Arbeitererzählmaterial eingeht, kann der 1. Mai der Arbeiter genannt werden, denn es geschieht dort, daß man Jahr für Jahr die gleichen Stories füreinander und gegeneinander erzählt, je nachdem, wieviele 1. Mai-Arrangeure es gibt, gleichzeitig damit, daß die Bürgerschaft mit Varianten der gleichen Geschichte über den 1. Mai der Arbeiter aufwartet, mit Angst vor ihnen in den 90er Jahren des vorigen Jahrhunderts, in den 60er Jahren unseres Jahrhunderts dann mit der Rede von Waldausflügen und davon, daß die Arbeiter keine Lust mehr hätten zu demonstrieren, und in den letzten Jahren variiert in eine mehr aggressive Richtung, weil der Klassenkampf sich zuspitzt und die Gegensätze in der Gesellschaft noch deutlicher werden, z.B. in Kopenhagen.

Dieselbe Geschichte über z.B. die Unterdrückungen durch den Kapitalismus wird zur gleichen Zeit von verschiedenen Storytellern auf unterschiedliche Art und Weise erzählt, und das in einem Festrahmen, bei dem man sich nicht ein Interview mit einer Person vorstellen darf, sondern bei dem die Erzählung als konstruiert aufgefaßt werden muß und mit Hilfe von Plakaten, Slogans, Musik, Flugblättern, 1.Mai-Reden, anderem Material, Interviews mit Teilnehmern, Fotos usw. illustriert wird.

Würde man eine oder mehrere Arten von Erzählungen zum 1. Mai über eine Reihe von Jahren vergleichen, so könnte man z.B. den sozialdemokratischen und den kommunistischen 1.Mai-Storyteller und Variationen innerhalb derselben Erzählung herauskristallisieren, denn sobald man dieses kann, ist es möglich, etwas Allgemeines über Arbeiterbewußtsein und Glaubensvorstellungen, sowie die Auffassung der Arbeiter von Recht, Sitte und Brauch zu sagen, und das war ja genau das Objekt der Arbeiterfolklore.

Zusammenfassung

Abschließend wird für eine Wissenschaft der Arbeiterfolklore folgendes herausgehoben.

Sie hat zum Ziel, den Teil der Arbeiterkultur einzusammeln und zu studieren, der insbesondere in der Arbeiterbewegung und in den Erfahrungen und Weltanschauungen der Arbeiter in rhythmischer Form, erzählender Form, in Spielen, Ritualen, Glaubensvorstellungen, Bräuchen und den damit verknüpften materiellen Gegenständen zum Ausdruck kommt. Im weiterem Sinne umfassen diese jede weitervererbte Vorgehensweise innerhalb des politischen Lebens und des Arbeits- und Freizeitlebens als Ausdruck für die Weltanschauung und den common sense von Arbeitern und Bewegungen, die in einen gesamtgesellschaftlichen Zusammenhang gesetzt sind.

Ein Teil dieser Kulturelemente ist traditionsgebunden und kann deshalb am besten in ihrem historischen Verlauf studiert werden, während andere neuere Innovationen (Erneuerungen) sind, die eine besondere Bedeutung für das Verständnis der gegenwärtigen Arbeiterkultur haben.

Unter Arbeitertradition ist die Ausbreitung eines bestimmten Kulturelementes und seine Eingliederung in ein Arbeitsmilieu zu verstehen, in dem es unverändert aufgenommen oder angepaßt und von Generation zu Generation in Übereinstimmung mit der Kulturdynamik, die sich im betreffenden Arbeitsmilieu findet, weiterentwickelt wird.

Arbeitertraditionen können daher 1) ein Resultat eines historischen Prozesses sein und 2) einen nicht abgeschlossenen Prozeß ausdrücken, von dem die Arbeiterklasse und -bewegung wünscht, daß er fortgesetzt wird. Für beide Kategorien gilt, daß kommende Generationen Kenntnis über den Hintergrund und die Entwicklung dieser Arbeitertraditionen und Arbeitererinnerungen bekommen.

Hierbei wird zwischen den Arbeitererinnerungen unterschieden, die mit der Klasse und dem Arbeiter an sich verknüpft sind, und denen, die mit der Arbeiterbewegung, also den Organisationen, Institutionen und Führenden der Arbeiterbewegung verknüpft sind, um zu veranschaulichen und aufzuzeigen, welche Unterschiede sich in, und welche Variationen sich von den gleichen Arbeitererinnerungen und Arbeitertraditionen finden, die nur der einen oder der anderen Hauptkategorie zugehören, in der wiederum von Unterschieden und Variationen gesprochen werden kann.

Diese könnten ihre Ursache in einem geographischen Hintergrund haben, z.B. im Land- und Stadtmilieu, oder in unterschiedlichen Arbeitererinnerungen unter den gelernten und ungelernten Arbeitern, was wiederum damit zusammenhängen kann, ob die Facharbeiter Schmiede, Schriftsetzer oder Bäckergesellen sind. Oder der ganz spezielle Charakter des Arbeitsplatzes kann eine Rolle spielen, wie z.B. der Hafen als Arbeitsplatz, eine Bäckerei, ein Lager oder eine große Fabrik.

Die Unterschiede und Variationen in den Erinnerungen und Traditionen innerhalb der Arbeiterbewegung hängen davon ab, ob es sozialdemokratische, kommunistische, anarchistische, syndikalistische und/oder rätesozialistische Strömungen oder Milieus sind, die das Interesse der Arbeiterfolklore wecken.

Es geht nicht alleine darum, Arbeitererinnerungen und Arbeitertraditionen zu beschreiben, sondern auch darum, herauszufinden, wie und warum Arbeiter das weitererzählen und neu erzählen, was sie selbst erlebt haben und wo sie dabei gewesen sind, und das, was sie von anderen gehört haben, und in welchem Zusammenhang dieses Erzählmaterial und diese Erfahrungen z.B. in Arbeitskämpfe, am Arbeitsplatz, in die Freizeit, ins häusliche Leben und in die politische und gewerkschaftliche Arbeit eingegangen sind.

Da die Arbeiterbewegung zu jeder Zeit international orientiert ist, reicht es nicht aus, Arbeitererinnerungen auf lokaler Ebene mit denen auf der entsprechenden nationalen Ebene zu vergleichen, um Variationen von den gleichen Arbeitertraditionen aufzufinden. Sie müssen auch in einem internationalen Zusammenhang gesehen und analysiert werden, auf Grund der damit verbundenen Einflüsse. Hinzu kommt, daß die Arbeiterfolkloreforschung auch gegenüber dem Widerstand, den andere Klassen in der Gesellschaft entfaltet haben, um die Arbeiter und die Arbeiterbewegung zu bekämpfen, aufmerksam sein muß. Dieses hat und hatte indirekten Einfluß auf Form und Inhalt, und deshalb ist es eine unausweichliche Forderung, daß Arbeitererinnerungen und Arbeitertraditionen in einem gesamtgesellschaftlichen Zusammenhang zu analysieren sind.

Anmerkungen

1 Siehe, Athenäum, August 1846: „As the generic term under which are included traditional institutions, beliefs, art, custom, stories, songs, sayings, and the like current among backward peoples or retained by the less cultured classes of more advanced peoples".
2 La Folklore, Paris 1924.
3 Rudolf von Ihering, Der Zweck im Recht, 2. Bd. Leipzig 1883.
4 William Graham Sumner, Folkways. A Study of the Sociological Importance of Usages, Manners, Customs, Mores and Morals. Boston 1940 (1. Aufl. 1906).
5 A. Niceforo, Anthropologie der nichtbesitzenden Klassen, Leipzig 1910.
6 Recht, Sitte und Brauch determinieren die Arbeiterfolklore. Arbeiterkultur determiniert Recht, Sitte und Brauch. Gesellschaftsformationen determinieren Arbeiterkultur. Das Verhältnis zwischen den Erscheinungsformen von Arbeiterkultur/Arbeiterfolklore und den Produktionsweisen (Produktivkräfte/Produktionsverhältnis) wird durch den Klassenkampf determiniert.
7 Ideologie/Weltanschauung/Common Sense-Produktion, Recht/Sitte/Brauch-Verhältnis und Kultur/Kulturkontrolle machen zusammen Kulturinformation aus. Mit Ideologie/Weltanschauung/Common Sense-Produktion sind Träger/Schöpfer von Ideologie/Weltanschauung/Common Sense, Einsicht in den Wert der Ideologie/der Weltanschauung und des Common Sense und das Interesse an einer Ideologie, einer Weltanschauung und an Common Sense herbeizuführen.
8 Siehe Flemming Hemmersam (Hg.), Beitrag zum 1. Nordischen Seminar über Arbeiterkultur und Arbeiterfolklore 22.-24. Aug. 1983. Vol. I-IV. Københavns Universitet, Institut for Folkemindevidenskab 1983; ders., Working Class Culture and Folklore. A Nordic Seminar for Ethnologists and Folklorists held in Copenhagen August 22-24, 1983. In: NIF Newsletter 4/1983, S. 17-21.
9 U.A. Anna Zarnowska, Die Kultur der Arbeiterklasse und ihre historischen Tradition in Polen an der Wende des 19. und 20. Jahrhunderts. Ein Überblick. In: Archiv für Sozialgeschichte 23 (1983), S. 540-554.
10 U.a. Mirjam Moravcova, Die Herausbildung spezifischer Züge in der Lebensweise des Prager Proletariats. In: Jahrbuch für Volkskunde und Kulturgeschichte, Neue Folge 10 (1982), S. 159-167.
11 U.a. Hans-Jürgen Rach, Untersuchungen zur Geschichte von Lebensweise und Kultur der werktätigen Dorfbevölkerung in der Magdeburger Börde. In: Jahrbuch für Volkskunde und Kulturgeschichte. Neue Folge 9 (1981), S. 152-167.
12 Siehe John Granlund, Der gegenwärtige Stand der Schwedischen Volkskunde. In: Schwedische Volkskunde, Stockholm 1961, S. 38 ff.
13 U.a. Nordnytt, Nr. 9, 1981, redigiert von Flemming Hemmersam, S. 109-110; Sabine Kebir (Hg.), Antonio Gramsci. Marxismus und Literatur. VSA-Verlag. Hamburg 1983, besonders S. 237-240: Beobachtungen zur Folklore.
14 Ebd.
15 Wolfgang Steinitz, Deutsche Volkslieder demokratischen Charakters aus sechs Jahrhunderten. Band I-III, Berlin 1954/1962.
16 Ebd., Bd.I, 1954, S. xxvii.
17 Ebd., Bd. II, 1962, S. xxiv.
18 Wolfgang Steinitz, Arbeiterlied und Volkslied, in: Deutsches Jahrbuch für Volkskunde 1966, S. 1-14, hier S. 2.
19 Ebd.
20 R. Jakobson/P. Bogatyrev, Die Folklore als eine besondere Form des Schaffens (1929), in: R. Jakobson, Selected Writings. Vol. IV, Hague/Paris 1966, S. 1-15.
21 Siehe Anmerkung 18, S. 6.
22 Archie Green, American Labor Lore: Its Meanings and Uses, in: Industrial Relations 4 (1965), S. 51-68.
23 Ebd., S. 53.
24 Ebd.
25 Ebd., S. 54.
26 Ebd., S. 55.
26a Ebd., S. 68.
27 Ebd.
28 Ebd.

29 Tristram Coffin (Hg.), Our Living Tradition. London 1968, S. 251-262, hier S. 253.
30 Bjarne Hodne/Knut Kjeldstadli/Göran Rosander (Hg.), Muntlige kilder. Oslo-Bergen-Tromsø 1981, bes. Hodne, Overføring av muntlig stoff, S. 34-44.
31 Alf Ahlberg, Social Psykologi. Stockholm 1932, S. 206: „Mythen, deren Ziel es ist, das derzeitige Gefühl von Unterjochung, Not und Schwierigkeiten durch Vorstellungen von und Hoffnungen auf eine sonnigere Zukunft zu kompensieren. Der Kompensationsmythos entsteht dadurch, daß das menschliche Seelenleben sich ständig in Kontrasten bewegt. Wenn die Not am größten ist, ist die Hilfe nicht immer am nächsten, aber dementgegen der Traum von der Hilfe am glühendsten und intensivsten. Die Träume vom Glück, die Träume vom großen Messias, die Träume vom ewigen Welterlöser sind von Zeiten und Menschen geschaffen, die die Not am bittersten spürten und die Unterjochung am härtesten. Sie sind Kompensationsmythen".
32 Aufteilung und Kategorie von Alf Ahlberg.
33 Siehe u.a. Gottfried Korff, Politischer 'Heiligenkult' im 19. und 20. Jahrhundert, in: Zeitschrift für Volkskunde 71 (1975), S. 202-220; ders., Rote Fahnen und Tableaux vivants. Zum Symbolverständnis der deutschen Arbeiterbewegung im 19. Jahrhundert in: Albrecht Lehmann (Hg.), Studien zur Arbeiterkultur, Münster 1984, S. 103-140; Eric Hobsbawm, Man and Woman in Socialist Iconography, in: History Workshop, 1978, S. 121-138; ders. Worlds of Labour, London 1984, S. 66-82: The transformation of Labour Rituals; Christel Lane, The Rites of Rulers. Ritual in Industrial Society. The Soviet Case, Cambridge 1981.
34 Siehe u.a. Hendrik de Man, Socialismens Psykologi, København 1932, S. 108-135; Solidaritet, Eskatologi, Religiøs Symbolik; Robert Michels, Psychologie der antikapitalistischen Massenbewegung, in: Grundriß der Sozialökonomik. IX, Abteilung 1, Tübingen 1926, S. 241-359; ders., Einführung zu: A. Niceforo (Anmerkung 5), Das Proletariat in der Wissenschaft und die ökonomisch-anthropologische Synthese.

II. Protestverhalten und Proteststile

Wolfgang Kaschuba

Protest und Gewalt – Körpersprache und Gruppenrituale von Arbeitern im Vormärz und 1848 *

I.

Über frühe Arbeitergeschichte in Deutschland wissen wir inzwischen einiges – jedenfalls über wirtschaftliche Hintergründe und soziale Rekrutierungsprozesse, über materielle Lebensverhältnisse und Arbeitsbedingungen, über Rechtsstellungen und demographische Entwicklungen. Wie Mosaiksteine läßt sich dies alles trotz der starken sozialen und regionalen Heterogenität der damaligen Arbeitergruppen doch zu einem ungefähren Bild der ökonomischen und sozialen „Lage" zusammenfügen.

Und vieles, was in den letzten Jahren zum Thema „Arbeiterkultur" oder „Arbeiteralltag" der Frühindustrialisierung geschrieben wurde, begnügt sich im Grunde genommen auch mit den Facetten einer solchen Lagebeschreibung. Kultur geht da gewissermaßen in der Lebensweise auf, angereichert vielleicht noch durch Bruchstücke subjektiver Erfahrung oder durch Hinweise auf kleine Konflikte mit Fabrikbesitzern und Obrigkeiten.

Diese Tendenz zum nur sozialdokumentarischen Abbilden unter der falschen Etikette „Arbeiterkultur" ist mehrfach und sicherlich zurecht kritisiert worden.[1] Wenn jener Begriff schon in Anspruch genommen wird, dann muß er auch auf die Frage nach der „sozialen Identität" zielen; darauf, wie die sich verändernden gesellschaftlichen Verhältnisse von den ersten Arbeitergenerationen erlebt, wie sie als Erfahrung verfügbar gemacht und wie sie gelebt wurden. Es geht um die Vermittlungs- und Lernprozesse zwischen „Klassenlage" und „Klassenstellung", zwischen den gegebenen „ökonomischen Unterschieden" gesellschaftlicher Existenz und ihrer aktiven politischen und „symbolischen Unterscheidung" – um hier einmal diese Begriffspaare Pierre Bourdieus zu verwenden.[2] Und es geht vor allem auch um die Frage nach der historischen Identität der frühen Arbeiterkultur: Wie entstehen die Werte und Normen, die kulturellen Muster und sozialen Konfigurationen, die sich dann zu einem eigenen 'proletarischen Stil' habitualisieren? Inwieweit liegen dem ältere Erfahrungssedimente zugrunde, Elemente etwa der popularen und plebejischen Kultur, die in die Arbeiterkultur Eingang finden, die integriert und umgeformt werden?

Antworten darauf fallen uns offenbar schon erheblich schwerer. Einmal sicherlich als Spätfolge jener deutschen Arbeiterhistorik, die lange Zeit nur im engen Rahmen der politisch-institutionellen Arbeiterbewegungsgeschichte zwischen Kaiserreich und Faschismus geschrieben wurde. Zumal – und da in krassem Gegensatz etwa zur Tradition der englischen, französischen oder italienischen Geschichtsschreibung – wenn es um den spezifischen Aspekt der kulturellen Formung proletarischer Lebens- und Erfahrungsweisen ging. Da teilte man ja lange die Vorstellung jener organisierten „Klassenpraxis", die mindestens mit einem Liebknecht- und später Brecht-geschulten Auge auf die Vermittlung „ursprünglich bürgerlicher Bildung und Kultur"[3] schielen mußte, um „proletarisch" genannt zu werden.

Ein zweiter Grund liegt wohl in der 'Lücke', die in der sozialgeschichtlichen und volkskundlichen Perspektive zwischen den „Zeitaltern" der Volkskultur und der Arbeiterkultur klaffte. Beim Volk war man sich gewissermaßen unsicher, ob es noch, bei der Arbeiterklasse, ob sie schon existierte.

Jedenfalls sind deshalb in das unübersichtliche Terrain zwischen Volkskultur und Arbeiterkultur, in diese Geschichte der 'Tradition einer Tradition' bisher noch relativ wenige Schneisen gelegt.[4] Und das scheint mir mehr als nur ein historiographisches Desiderat. Denn wir haben es dabei ja keineswegs nur mit einer einfachen Übergangs- und Ablösungsphase zu tun. Vielmehr geht es um langfristige Transformationsprozesse zwischen popularer und proletarischer Kultur, die einerseits wie Schleusen die historischen Wandlungen und sozialen Übergänge abmildern und die andererseits in der Arbeiterkultur zum Teil dauerhaft nachwirken in kulturellen Mustern, in Mentalitäten und Dispositionen. Hans Medick hat schon vor geraumer Zeit danach gefragt, ob „plebejische Kultur also nicht nur der Vorgänger der proletarischen

Kultur war, sondern proletarische Kultur in wichtigen Hinsichten auch Nachfolger und Erbe der älteren plebejischen."[5]

Denkt man bei dieser Erbschaft an jene lange, ungebrochene Tradition der wirtschaftlichen, politischen und kulturellen Herrschaftserfahrung, so wird man solche Kontinuitätslinien vorrangig auch im Feld des vor- und frühindustriellen Sozialprotests vermuten müssen. Kaum etwas anderes dürfte das „kollektive historische Gedächtnis" der Unterschichtsgruppen über die Etappen der Neuzeitgeschichte hinweg stärker geprägt haben als jene Erfahrungskette von Unterdrückung, Anpassung und Widerständigkeit, die sich zwar immer wieder unterschiedlich straff spannte, jedoch nie abriß. Und in kaum einem anderen Bereich lassen sich wohl so komplexe Formen kollektiver Willensbekundung, eines gemeinschaftlichen Sich-Ausdrückens finden wie hier. Seitdem die neuere Forschung dieses Phänomen aus dem Schatten der Geschichte gerückt hat, steht dieses Stichwort „Protest" deshalb zurecht als ein ganz zentrales Motiv über der gesellschaftlichen Umbruchsphase gerade des mittleren 19. Jahrhunderts.

Erst kürzlich hat der englische Historiker Dick Geary für diesen Zeitraum eine ausführliche Untersuchung zum Zusammenhang von „Arbeiterprotest und Arbeiterbewegung in Europa" vorgelegt. Darin bestätigt er dem Sozialprotest ganz allgemein durchaus eine gewisse soziale Logik, innere Regelhaftigkeit und politische Wirksamkeit. Doch meint er mit dieser Beurteilung nur die Aktionen selbst und ihre gewissermaßen strategisch-politische Kosten-Nutzen-Bilanz: die beteiligten Gruppen und ihre Interessen, die eingesetzten Aktionsformen und Gewaltmittel, die sozialen Terraingewinne und -verluste. Die damit verbundene Frage nach den Kontinuitäten und Erfahrungen innerhalb dieser Bewegungen hingegen beurteilt er eher skeptisch: Die Protestaktionen seien „im allgemeinen lokal begrenzt, entbehrten einer längerfristigen formalen Organisation, brachen sporadisch aus und waren unter Umständen ebenso schnell wieder verschwunden, wie sie entstanden waren."[6] Natürlich ist die Argumentation so stark verkürzt wiedergegeben. Aber es kommt mir hier nur auf den Blickwinkel an, auf die selbstverständliche Gleichsetzung von Protest und Aktion und auf den Beurteilungsmaßstab, der unsere heutigen Vorstellungen von sozialer Bewegung, von Organisation, von Politik zugrunde legt. Und Dick Geary ist auch nur stellvertretend zitiert für viele ähnliche Positionen in der Protestforschung.[7]

Ich glaube nicht, daß diese Perspektive dem Phänomen „Sozialprotest" gerecht wird, daß sie uns wirklich hinreichend erklären kann, welche sozialen Konfliktlinien sich hier durch Geschichte ziehen, um immer wieder an ähnlichen Themen und in ähnlichen Formen aufzubrechen.

Gewiß ist der Begriff „Sozialprotest" ohnehin eine problematische, ja schwammige Kategorie, die immer breiter zu werden droht. Die intensiven Forschungen der letzten Jahre haben ja nicht nur die wellenförmig verlaufenden Linien vor allem des öffentlichen Marktprotests um Brotpreise, Lebensmittelversorgung, Verkaufsordnungen relativ ausführlich dokumentiert.[8] Sie haben auch gezeigt, wie wichtig dabei bereits das Vorfeld der Kleindelinquenz des Lebensmittel-, Holz- oder Felddiebstahls ist; und wie bruchlos andererseits die Übergänge sind zu explizit politischen Themen, etwa zu Auseinandersetzungen um lokale Polizeiordnungen, um sozialpolitische Fragen oder auch zu Konfliktthemen in der handwerklichen und industriellen Produktionssphäre.

Da liegt es nahe, den Begriff einzugrenzen, ihn handhabbarer machen und verhindern zu wollen, daß alles und jedes zur Protestgeste erklärt wird. Mit solchen nur begrifflichen Präzisierungsversuchen, die lediglich unser Blickfeld künstlich verengen, nicht aber den Gegenstand genauer identifizieren, scheint freilich wenig gewonnen. Ich fürchte, wir müssen uns da schon die Mühe machen, uns durch das weite und unebene empirische Gelände durchzukämpfen, um quasi vom historischen Boden aus Bestimmungsversuche zu unternehmen.

Protestforschung – betrieben als flächig angelegte Aktionsforschung – mag äußere Abläufe, thematische Häufigkeiten, regionale Verteilungen deutlich machen. Sie ist jedoch kaum in der Lage, die erfahrungsgeschichtliche Seite sozialen Handelns zu rekonstruieren und aufzudecken. Dazu bedarf es anderer Forschungsstrategien, die stärker ausgerichtet sind auf eine synchrone Geschichtsperspektive, also auf den unmittelbaren Wirkungszusammenhang von sozialen Erfahrungsräumen und gruppenspezifischen Erfahrungsprozessen.

Solche Zugänge sind wohl nur über die historische Mikroanalyse möglich. Ihr Zugriff auf konkrete Personen, Gruppen, Prozesse führt denn auch zu völlig anderen Bildern und Auffassungen, als wir sie bei

Geary und anderen finden. Protest, nicht auf die Figur der Aktionen reduziert, sondern als lebensweltliches Erfahrungsmodell und als variables Verhaltensmuster verstanden, erscheint dann als ein vielschichtiger, kontinuierlicher Prozeß der „Wortmeldung" und „Einmischung" der Unterschichten in gesellschaftliche Konfliktsituationen. Er steht dann für ganz bestimmte Haltungen und Traditionen, eben für spezifische historische Ausdrucksformen sozialer und kultureller Gruppenidentität.[9]

Wahrscheinlich ist es schon fast überflüssig, in diesem Zusammenhang an Edward Thompsons Studien zur „Moralischen Ökonomie" der vor- und frühindustriellen Unterschichten Englands zu erinnern.[10] In seinem Interpretationsrahmen bildet der Protest ja eine Art Demarkationslinie, auf der die plebejischen Gruppen ihre materiellen Existenzmöglichkeiten und ihre sozialkulturellen Reproduktionsstrategien hartnäckig verteidigen, soweit sie diese durch die Strukturkrise der ,alten' und durch die Strukturveränderungen der ,neuen', der industriekapitalistischen Ökonomie bedroht sehen. Ich will hier gar nicht näher eingehen auf die damit verbundenen Vorstellungen „gerechter" Preise, „fairer" Wirtschaftsbeziehungen und „gläserner", weil in ihrer lokalen Organisation und in ihrer Wertproduktion noch durchsichtiger Märkte.

Was mir wichtiger erscheint als der ökonomische Vordergrund – auch, weil es in der Thompson-Rezeption oft ein wenig untergeht – das sind die Hinweise auf den sozialen Erfahrungs- und Erwartungshorizont, in den diese „Moralische Ökonomie" eingebunden ist. Es sind die Ideen von „fairen" gesellschaftlichen Beziehungen insgesamt, also von wechselseitigen Loyalitäten zwischen Herrschenden und Beherrschten, von der Legitimität sozialen Handelns, von der Respektierung gruppenspezifischer Werte, Normen und Ehrbarkeitsstandards.

Thompson deutet immer wieder an, wie vehement sich gerade im Protest dieses Beharren auf populären und plebejischen Referenzsystemen, Bedürfnisstrategien, Mentalitäten artikuliert; wie in der kulturellen Sprache und Grammatik des Protests immer die Frage nach der eigenen Gruppen-/Schicht-/Klassenidentität mitschwingt. Er spricht von den „expressiven Funktionen" der Protestgesten[11], die der symbolischen Gruppendarstellung im gesellschaftlichen Raum dienen: Protest also auch im Sinne einer demonstrativen Inszenierung eigener kultureller Praxen, Traditionen, Autonomievorstellungen.

An dieser Fragestellung nach der „Innenseite" des Protests, nach seiner inneren Kontingenz und seinen kulturellen Regeln möchte ich anknüpfen. Wie wird Protest ‚gelernt', welchem „kognitiven System"[12] folgt er? – Wie begründet, wie legitimert er sich selbst? – Welche Rolle spielt dabei jene symbolische und rituelle Praxis der Gesten, der Körpersprache, der Bräuche, der Gewaltpraktiken? – Inwieweit benutzt er kulturelle Facetten aus der vorindustriellen Volkskultur?

Das ist so gewiß sehr allgemein formuliert. Und da ich oben schon so nachdrücklich für Mikrostudien plädiert habe, sei zunächst in einem sehr engen Untersuchungsfeld und an ganz konkreten Materialien etwas von dem verdeutlicht, was mir kennzeichnend zu sein scheint für die Symbolsprache und das affektive Profil des Protests. In einem zweiten Schritt geht es dann um die dahinterstehenden kollektiven Erfahrungs- und Handlungsstrukturen. Und zum dritten möchte ich schließlich versuchen, einige allgemeinere Überlegungen zur kulturellen Modellierung und Tradition des Protestgestus zwischen Volkskultur und Arbeiterkultur anzustellen.

II.

Zunächst also zwei historische Szenen, die ganz bewußt keine großen spektakulären und politischen Protestaktionen wiedergeben. Sie stehen vielmehr für eher alltägliche Vorfälle, für kleine Widerständigkeiten und Konflikte, wie sie in den Vormärz- und Revolutionsjahren fast überall vorkamen. Hier in der württembergischen Stadt Eßlingen, die unser engeres Beobachtungsfeld für diese Zeit sein soll. Der eine Vorfall spielt sich im Jahr 1844 ab, der andere im Revolutionsjahr 1849. Und ich zitiere beide ausführlich, weil es mir dabei auf die Gesamtsituation und den Gesamtkontext ankommt.

Bericht des Eßlinger Polizeikommissars:

„Der als Asote und Müßiggänger bekannte und schon bestrafte, auch durchaus schlecht prädicirte David Zeller, lediger Messerschmiedsgeselle von hier, hat sich in voriger Woche wieder entschlossen, in die Fremde zu gehen, wozu ihm ein Reisegeld von 3 fl verwilligt wurde; auch war dem Pfleger erlaubt, ihm ein Paar Stiefel und ein Hemd zu kaufen; er hat aber unvorsichtigerweise dem Zeller das Geld dafür gegeben, und dieser besitzt jetzt nur noch 3 fl 3 kr.

Am Samstagabend war der Polizeifourier Ortlieb auf der Maille am hölzernen Steeg, und es kam Zeller in einem stark betrunkenen Zustande am ihm vorüber und verhöhnte ihn dadurch, daß er im Vorübergehen seinen Mund auf die Seite zog. Als Zeller sah, daß Ortlieb nichts darüber machte, kehrte er nochmals um und wiederholte diese Manipulation, gieng dann auf den hölzernen Steeg und schlug mit seinem Stock auf die Planken des Steegs, kehrte abermals um und lief wieder an den Ortlieb hin und machte eine Grimasse auf ihn hinein.

Wegen dieser offenbaren Verhöhnung sowie wegen seiner Trunkenheit hat Ortlieb den Zeller arretirt, um ihn mit auf die Polizeiwache zu nehmen; allein Zeller ging erst nach längerem Sträuben, entsprang ..., stürzte aber auf das am Kirchplatz aufgehäufte Kies, und wurde sofort auf die Polizeiwache gebracht, auch daselbst behalten, weil er, so weit ist er bekannt, wenn er entlassen worden wäre, nicht nur am nehmlichen Abend noch mehr getrunken und in seiner Betrunkenheit Händel und Unruhen gestiftet hätte, sondern auch voraussichtlich am Sonntag wiederholten Spektakel angefangen hätte. (...)

Um nun zu erfahren, wie der Zeller in der letzten Zeit gelebt hat, hat man ihn vernommen, und er gibt an:

Am letzten Dienstag habe ich mein Wanderbuch unterschreiben lassen, konnte aber wegen Mangels an Reisegeld nicht abgehen. Am Freitag habe ich nun von meinem Pfleger ... erhalten: Reisegeld 3 fl und zu einem Paar Stiefel und einem Hemd 4 fl 30 kr ...

Am Feiertag Vormittags ging ich nach Stuttgart und erkaufte dort bei einem Vorkäufer unter dem Ochsen ein Paar Stiefel um 2 fl 54 kr und ein Hemd zu 1 fl 20 kr. Den Heimweg habe ich über Obertürkheim gemacht und habe in der Heuchelei einen Schoppen Bier getrunken. (...)

An dem Steg habe ich mich aufgehalten, weil ich auf Flößer paßte, bei denen ich noch etwas gut hatte; aber ich erinnere mich nicht, daß ich den Ortlieb ausgespottet habe, wegen dem Ortlieb bin ich nicht vorbeigelaufen und auch nicht stehengeblieben."[13]

Gleich die zweite Geschichte, wiederum ein Polizeibericht, diesmal aus dem Jahr 1849:

„Polizeifeldwebel Wager und Polizeiobermann Mattes machen folgende Meldung:

In der vergangenen Nacht 12 3/4 Uhr hat eine Parthie junger Leute, fünf an der Zahl, vom Gasthaus zum Wilden Mann hinweg, sich lärmend und johlen und schreyen und pfeifen dem St. Agnes zugezogen, und dabei das Lärmen so gesteigert, daß es einer Katzenmusik ganz ähnlich war.

Bei dem Hause des Badinhabers Irmler haben sie das Lärmen dadurch vergrößert, daß sie entweder an die Thüre oder an den Zäunen mit Stecken angeschlagen haben; von dort aus zogen sie unter lautem Schreyen von Exerzier-Commando-Wörtern ... dem Bahnhofe zu, woselbst wir sie mit Hülfe des Nachtwächters Zweigle eingeholt haben und sie sofort auf die Polizeiwache in Verwahrung brachten ... ."[14]

Soweit die Berichte. –

Rein äußerlich unterscheiden sich die beiden Vorfälle gewiß in vielerlei Hinsicht: einmal ein einzelner Akteur und ein scheinbar privater, auf den ersten Blick jedenfalls kaum unter politischen Vorzeichen stehender Konflikt; zum anderen eine Gruppensituation, geprägt durch kollektive Verhaltensweisen und offenbar nicht ohne Bezug zum politischen Zeitkontext des Jahres 1849. Doch da sind auch gewisse Ähnlichkeiten, vor allem was die affektive und gestische Situationsdramaturgie angeht. Selbst die trockene Polizeisprache läßt noch erkennen, wie stark beide Szenen emotional aufgeladen sind. Beide Male prägen Ausdrucksformen von Wut, Spott, Drohung, Herausforderung das Bild.

Im ersten Fall scheint es eine regelrecht inszenierte Provokation, die offenbar von Seiten des Gesellen ausgeht und von ihm immer weiter zugespitzt wird. Deutlich spürbar seine wachsende Aggressivität in Mimik und Blick – „Drohstarrblick" heißt der Fachausdruck –, verstärkt noch durch seine Stockschläge auf die Planken und durch sein mehrmaliges Zugehen auf den Polizisten. Geredet wird dabei nichts, alles Nötige teilt sich körpersprachlich klar und eindeutig mit.

Ähnlich beim zweiten Vorfall, auch da fallen sofort emotionalisierte und körpersprachliche Artikulationsmuster ins Auge: das Marschieren, die Rufe und Exerzierkommandos, der demonstrative Lärm, der den Bewohner eines bestimmten Hauses beschimpft, ihn quasi herausfordert; und auch hier die Schläge mit Stöcken, die die Dimension der Gewalt andeuten, ohne sie jedoch wirklich eintreten zu lassen.

Zur Erklärung dieser Verhaltensweisen lassen sich zunächst bestimmte traditionale Deutungsmuster heranziehen, die uns verständlich machen können, daß es sich dabei keineswegs um wirre und willkürliche Gesten handelt. Vielmehr schälen sich symbolische Figuren heraus, die wir als sozialkulturelle Repräsentanzmuster in vielfältigen Variationen aus der ländlichen Volkskultur und der plebejischen Unterschichtskultur kennen: duellähnliche Körperhaltungen und Attitüden als eine Art symbolisches Kräftemessen; rituelle Ehrenspiele um Selbstachtung und Gruppenachtung; Herausforderungen und Mutproben; – kurz: kulturell festgelegte Figurationen, in denen sich soziale Distanzen und Hierarchien, soziale Beziehungen und Bindungen bestimmen. Nicht als geplante, strategische Handlungen, sondern unmittelbar aus der Situation und ihrem kulturellen Umfeld heraus.

Es sind affektiv geprägte Handlungsprofile, in denen die affektiven Momente bis hin zur Gewaltanwendung freilich kein 'Ausflippen' verkörpern. Wir haben es im Gegenteil offenbar mit kulturellen Ausdrucksmitteln zu tun, die einem festen Kode und ganz bestimmten Regeln folgen.

Als Initiations- und Gewaltriten der Jugendkultur hat Natalie Zemon Davis solche Praktiken ausführlich für das vorindustrielle Frankreich beschrieben[15]; und ähnliche Muster finden sich in den Handwerks- und Gesellenritualen oder in anderen älteren Gruppenkulturen.[16] Entsprechend tauchen solche rituellen Formen auch in Eßlingen eigentlich bei all jenen Unterschichtsgruppen auf, in denen die jungen ledigen Männer dominieren: bei Gesellen wie Fabrikarbeitern, bei Taglöhnern im Weinbau wie bei gewerblichen Handarbeitern. Dabei sind auf dieser kulturellen Folie die Übergänge zwischen den einzelnen Gruppen fließend. Alle kennen die Spielregeln, und sie scheinen auch für alle ein wichtiges Medium der männlichen Persönlichkeitsdarstellung und -entfaltung.

Wie solche symbolischen Interaktionssysteme in ihrem Innern organisiert sind, dazu geben etwa Pierre Bourdieus ethnologische Studien oder Clifford Geertz Hinweise zum „Verstehen kultureller Systeme" und Repräsentanzmuster wertvolle Entzifferungshilfen.[17] Wenngleich sich deren Schlußfolgerungen sicherlich nicht einfach aus dem ethnologischen Feld auf die andere und stärker 'vergesellschafteten' Sozialbeziehungen der mitteleuropäischen Frühindustrialisierung übertragen lassen.

Und ich meine auch nicht, daß wir uns hier vorwiegend mit Erklärungsversuchen aus der symbolischen Interaktionstheorie oder der Sozialpsychologie beschäftigen sollten. Wir benötigen sie als Verständnis- und Übersetzungshilfe, um solche scheinbar 'sprachlosen' historischen Szenen besser zu verstehen. Entscheidend jedoch bleiben die Fragen und Erklärungen, die dem sozialgeschichtlichen Bedeutungshintergrund gelten. Nur dort zeigt sich, in welchem gesellschaftlichen Kontext solche Rituale und Bräuche überhaupt stehen, welcher soziale Konfliktstoff und Eigen-Sinn in ihnen transportiert wird.

Der soziale Hintergrund des Blickduells läßt sich bereits über die biographische Rekonstruktion etwas aufhellen. Der Geselle ist damals 24 Jahre alt, gerade ohne feste Arbeit, „schlecht prädiciert", wie es im Polizeiprotokoll heißt, „ein äußerst frecher, lügenhafter, arbeitsscheuer, dem Trunke und der Völlerey in hohem Grade ergebener Mensch". Das erste Mal als 12-jähriger vorbestraft – 6 Rutenstreiche wegen „Entwendung eines Stücks von einer Wagenkette" – folgen bis 1844 in regelmäßigen Abständen 13 weitere Arrest- und Geldstrafen wegen kleiner Nahrungsmitteldiebstähle, Trunkenheit, Ruhestörung; vor allem aber immer wieder wegen „Widersetzung" und wegen „Beleidigung der Amtsehre eines untergeordneten obrigkeitlichen Dieners". – Das halbe Dutzend Eßlinger Polizeidiener und der Messerschmiedsgeselle pflegen also einen ziemlich intensiven persönlichen Kontakt.

Und die letzte, oben geschilderte Begegnung stand wohl unter besonderen Vorzeichen: Vor dem Aufbruch zur Arbeitssuche hatte sich Zeller bei seinem Vormund Reisegeld erbitten und auf der Polizeiwache sein Wanderbuch ausstellen lassen müssen. Das Geld war inzwischen zu einem Teil „verputzt", wie es die Polizei formuliert, d.h. in Gesellschaft von Freunden und Bekannten in Wein und Bier umgesetzt. Ein Abschiedfeiern mit denjenigen, die – in der gleichen wirtschaftlichen und sozialen Lage wie er – Zellers alltäglichen Umgang bilden: Arbeitskollegen, Hausnachbarn, Bekannte aus dem Eßlinger Arbeitermilieu.

Auslösende Motive für das „schiefe Gesicht", das Zeller bei seiner Vernehmung zugibt, ließen sich also zur Genüge schon aus der lebensgeschichtlichen Disposition skizzieren: die Strafen und Verhaftungen durch eine keineswegs anonyme, sondern von immer denselben Polizeigesichtern repräsentierte Ordnungsmacht; die demütigende Abhängigkeit vom Vormund; die Suche nach Kontakt und sozialer Anerkennung in den Kollegen- und Kneipengruppen; das Bewußtsein, auch mit dem „Abschiedfeiern" bereits wieder gegen soziale Normen verstoßen zu haben: das Reisegeld war nicht zur „konsumtiven Verausgabung" bestimmt.

All diese Erfahrungssegmente verschränken sich offenbar an jenem Abend auf dem Neckarsteg, als Zeller auf den Polizisten trifft. Und wir müssen diese Szene gewissermaßen neu betrachten, nun nicht mehr als vermeintlich einseitige, grundlose Aggressionshandlung, sondern als regelrechtes Lehrstück sozialer Interaktion, an der beide Beteiligte tätig mitwirken. Denn nicht nur der Geselle agiert, auch der Polizist seinerseits steht ja da, schaut, und dies sicherlich in einer ganz bestimmten, bzw. sozial gesehen: 'bestimmenden' Weise. Diesen Teil der Interaktion läßt ein Polizeiprotokoll natürlich nur zwischen den Zeilen erahnen. Doch man kann es da aus anderen Quellen (und auch aus der eigenen sozialen Phantasie und Erfahrung) ein Stück weit ergänzen. Eine anonyme Zuschrift etwa an die Eßlinger Lokalzeitung spricht damals angesichts ähnlicher Vorfälle von der „bureaukratischen, Angst einflößensollenden Polizeistaats-Physiognomie", die man „auf 50 Schritte schon ansieht und riecht."[18]

Diesem kontrollierenden und überwachenden Blick des Polizisten, in dem sich Vorurteil und Respektforderung vermischen, mag Zeller nun einfach nicht mehr ausweichen, wie es den Alltagsregeln entspräche. Er verweigert dem Polizisten den obrigkeitlichen Respekt und nimmt ihn stattdessen als Person, als Gegner an, durch dessen bloßes Stehen und Beobachten er seine eigene Bewegungs- und Verhaltensfreiheit eingeengt sieht. Für ihn steht das Bedrohliche dieser Situation in denkbar schärfstem Kontrast zur Ausgelassenheit der Gruppen- und Kneipenatmosphäre, die er eben verlassen hat. So schaut auch er, beantwortet den obrigkeitlichen Blick auf seine Art; und in diesem Blickduell zieht der Tatbestand des „Verspottens der Obrigkeit" herauf, weil diese Haltung gegen die ungeschriebenen sozialen und politischen Alltagsgesetze verstößt. – Man wird die Haltung selbst kaum eine politische nennen können, im Situationskontext jedoch ist diese Dimension zumindest angedeutet.

Werfen wir noch einen Blick nach vorn: Nach der folgenden viertägigen Arreststrafe und einigen weiteren in den nächsten Jahren findet Zeller dann Arbeit in der örtlichen Maschinenfabrik, bis er im März 1848 als „Rädelsführer" einer Demonstration, einer „Katzenmusik" gegen den Stadtschultheißen verhaftet wird. Dieser muß zwar zurücktreten, wie damals Dutzende seiner württembergischen Kollegen nach ähnlichen Protestaktionen. Doch auch Zeller verliert seinen Arbeitsplatz, er will dann auswandern, bleibt schließlich doch im Lande und wird 1850 in eine staatliche Zwangsbeschäftigungsanstalt eingewiesen. – Auf kurze wie auf lange Sicht scheint immer die Obrigkeit diese „Duelle" zu gewinnen, die eben nie nur privater und unpolitischer Natur sind. Sie stehen auch in ihrer lebensgeschichtlichen Kontinuität für gesellschaftliche Konfliktstrukturen.

Wollte man nun im zweiten Fall die Verhaltensmotive der fünf Taglöhner und Arbeiter ebenfalls sozialbiographisch skizzieren, so käme man zu ähnlichen Erfahrungslinien und zu entsprechenden Konfliktdispositionen.[19] Stark verallgemeinert sind das Profile plebejischer Gruppenbiographien, die in ihren Grundlagen auf relativ große Abteilungen frühindustrieller Handarbeiter und Fabrikarbeiter zutreffen. Ich habe an anderer Stelle versucht, diesen ökonomischen und sozialstrukturellen Hintergrund etwas genauer auszuleuchten.[20] Doch bleiben wir beim Vorfall selbst. Der Polizeibericht beschreibt die nächtliche Szene als „einer Katzenmusik ganz ähnlich". Ob es sich tatsächlich um ein politisch gemeintes Charivari handelt, bleibt freilich offen. Die Polizei schließt das aus dem Kontext: Die fünf Ruhestörer kamen gerade aus dem „Wilden Mann", dem Stammlokal des „Bruderbundes", des radikaleren der beiden örtlichen Arbeitervereine; sie lärmen und drohen ausgerechnet vor dem Haus eines bekannt konservativen Bürgers; und da dieser zudem Offizier der örtlichen Bürgerwehr ist, müssen ihr demonstrativer Marschtritt und ihr Exerzieren wie eine Persiflage wirken auf das polizeiliche und militärische Disziplinzeremoniell. Auch ihr Verhalten orientiert sich also an einem direkten Gegenüber, an einem Gegner, der – wenngleich nicht physisch auf der Straße anwesend – gewissermaßen im Drehbuch der Szene mitspielt.

Sicherlich ist dieser dramaturgische Ablauf also kein Zufall. Doch inwieweit ist er damit schon Absicht, Plan im Sinne einer gezielten, vorsätzlichen Demonstration? Allgemeiner gefragt: Wo hört in solchen Szenen die spontan-übermütige Ruhestörung auf und wo fängt der politisch gemünzte Protest an?

Hier läßt sich offenbar kaum eine feste Grenze ziehen, weil die Übergänge fließend sind und sich Aktionsformen und -inhalte eng ineinander verzahnen. Fragt man nach den Motiven der Akteure, so akzeptieren die fünf Verhafteten im Verhör zwar einerseits den Vorwurf, mit der nächtlichen Ruhestörung eine Art politischer Demonstration verbunden zu haben; auch der Geselle steht im ersten Vorfall zu seinem „schiefen Blick" und damit zum Tatbestand der „Verhöhnung der Obrigkeit". Andererseits erklären alle Beteiligten diese Zuspitzung einhellig aus der Dynamik des Ablaufs und verneinen durchaus überzeugend eine ursprüngliche politische Absicht. Und als ähnlich doppeldeutig erweist sich auch die formale Handlungsebene: In beiden Verhaltensmustern kann man ebensogut die harmlose Ungehörigkeit sehen wie die politische Geste vermuten. Polizei und Stadtrat jedenfalls behandeln die Vorgänge jeweils als „Ordnungswidrigkeit" und stufen sie damit als disziplinarisches Delikt ein.

Bis zu einem gewissen Punkt läßt sich dieses schillernde Bild in der Tat verallgemeinern. Im 'subjektiven' Handlungshorizont solcher Vorfälle wie in ihrem 'objektiven' gesellschaftlich-politischen Bedeutungsrahmen bleiben stets Interpretationsspielräume offen, die nicht etwa auf die Lückenhaftigkeit der Quellen zurückzuführen sind, sondern auf die Doppelbödigkeit der historischen Situation. Viele Verhaltensweisen, die sich in einem weitergefaßten Sinn dem Bereich des Vormärz- und 48er-Protests zuordnen lassen, ähneln darin den beiden zitierten Szenen. Sie changieren zwischen vordergründiger „Unbotmäßigkeit" und hintersinniger „Widerständigkeit", beinhalten gleichzeitig spielerische wie ernsthafte, 'unpolitische' wie 'politische' Momente. Und dieses Doppelsinnige ist ja ein Grundcharakteristikum der Protesthaltungen insgesamt. Durch die Personalisierung der Konfliktthemen, durch die weitgehende Ritualisierung der Austragungsformen und durch die mehr symbolisch angedeutete als politisch formulierte Sozialkritik liegen sie gleichsam quer zu den klassischen Strukturen der bürgerlichen politischen Öffentlichkeit wie der offiziellen Politik.

Unserem kategoriengewohnten Denken behagt das sicherlich wenig. Ganz automatisch suchen wir nach eindeutigen Vorstellungen der politischen Reichweiten und qualitativen Stufen des Protests, nach Typologien und Modellen, die eine historische wie politische Skalierung ermöglichen. Und natürlich lassen sich einzelne Protestfelder umschreiben, in denen ganz direkt nach den Legalstrukturen sozialer Macht und politischer Herrschaft gefragt wird, die sich also durch den gesellschaftlichen Kontext in das unmittelbare politische Spannungsfeld einordnen. Schon der Marktprotest des Vormärz, soweit er sich etwa mit dem Vorwurf der „Spekulation" und des „Wuchers" gegen interregionale Marktstrategien und überhöhte Distributionsprofite wendet[21], überschreitet punktuell den lokalen Horizont und den vorpolitischen Raum. Noch deutlicher beziehen sich dann viele der kollektiven Protestaktionen 1848/49 auf das 'große' gesellschaftliche und politische Terrain: Demonstrationen und Charivaris beispielsweise gegen Sprecher des konservativen Lagers, gegen unpopuläre Reichstagsabgeordnete oder gegen die parlamentarische Blockierung der neuen Grundrechte im Rahmen der Reichsverfassung. Da stellt sich der Protest selbst explizit auf politischen Boden.

Dennoch müssen wir auch hier wohl unterscheiden zwischen der politisch-sozialen Konfliktdimension einerseits und dem Erfahrungs- und Handlungshorizont der Protestierenden andererseits. Die zweite Frage läßt sich nicht im gleichen Atemzug beantworten – es sei denn, wir begnügen uns mit retrospektiven und geschichtsteleologischen Pauschalurteilen und nehmen damit falsche Eindeutigkeit bewußt in Kauf.

Betrachten wir dazu ein letztes Beispiel: Für die Nacht des 13. März 1848 erwartet die Eßlinger Polizei auf Grund verschiedener Hinweise größere politische Demonstrationen, die dann jedoch ausbleiben bzw. erst einige Tage später stattfinden. Der Polizeibericht meldet lediglich: „Doch ging dieser Abend ziemlich ruhig vorüber mit Ausnahme eines Excesses, der von einem Arbeiter der Hartmannschen Fabrik durch Störung der nächtlichen Ruhe mittelst Ausrufen des Wortes 'Freiheit' im Zustande der Trunkenheit veranlaßt wurde."[22]

Das Problem ist wiederum dasselbe: Steht „Freiheit" da für die politische Parole, die jetzt zwar nur von einem Einzelnen gerufen, wenige Tage später jedoch in kollektive politische Praxis umgesetzt wird? Oder ist das hier noch die Ebene jener nächtlichen Bürgerschreck-Taktik, die mehr mit bürgerlichen Ängsten als mit politischer Opposition zu tun hat? Die Arbeiter spüren diese atmosphärische Unruhe ja und schüren sie fast spielerisch, ohne daß mit der Parole bereits eine konkrete politische Vorstellung verbunden sein muß.

Sicherlich können wir solche Fragen nicht einfach offen lassen. Aber wir sollten überlegen, ob sie so nicht in einer falschen Dichotomie gestellt sind. Ob nicht statt nach Bedeutungsgegensätzen und nach politischen Entwicklungsstufen vielmehr nach dialektischen Bedeutungszusammenhängen zu fragen ist, die der Protest gerade durch seine formale Mehrdimensionalität und seine inhaltliche Mehrdeutigkeit verknüpfen und in einer Haltung artikulieren kann. Er wäre dann als ein komplexer Ausdruck unterschiedlicher sozialer Bedürfnis- und Erfahrungssegmente zu verstehen, die gleichsam für die 'ganze' Lebenswirklichkeit stehen, nicht nur für partiale Konflikt- und Handlungsfelder.

III.

In diesem Verständnis läßt sich die „soziale Logik" von Protesthaltungen auch einordnen in den eingangs bereits angesprochenen Vermittlungsprozeß zwischen 'objektiver' sozialer Lage und 'subjektiver' sozialer Stellung.

Wenn man sich die Situation der Unterschichten in dieser ersten Hälfte des 19. Jahrhunderts vergegenwärtigt, so ist ihr Erfahrungsraum zweifellos vor allem von jenen ökonomischen Zumutungen und sozialen Verhaltensnormierungen geprägt, die sich in Gerhard Oestreichs Begriff der „Sozialdisziplinierung" zusammenfassen lassen: Staatliche und kommunale Programme von der „Polizeygesetzgebung" bis zum Strafrecht[23], von der Bevölkerungs- bis zur Gewerbepolitik – verstärkt durch die Strukturveränderungen des beginnenden Industriekapitalismus in der Markt- und Produktionssphäre.

Buchstäblich als „Vormärzverhältnisse" in unser Geschichtsbild eingeschrieben sind die strengen Kontrollen des öffentlichen Lebens durch das amtliche Meldewesen und die Paßpflicht, durch politische Versammlungs- und Vereinigungsverbote, durch private Gesinnungsüberwachung wie öffentliche Pressezensur. Was für ein ungeheurer Überwachungsaufwand dabei getrieben wird, zeigt ein Tätigkeitsbericht der Eßlinger Polizei aus dem Jahr 1839. Der für „Visirungen", also für die Überprüfung und Eintragung der Reisedokumente zuständige Polizeidiener kontrolliert 2718 Wanderbücher, 10961 Übernachtungsmeldungen in Gasthäusern wie bei Privaten und 829 Wohnungsveränderungen.[24]

Bei einer noch überschaubaren Bevölkerungszahl von knapp 12000 Personen, darunter rund 2000 Hand- und Fabrikarbeiter, läßt dieses Netz obrigkeitlicher Kontrolle kaum Lücken frei. Die Selbstverwaltung und Selbstkontrolle der Sozial- und Berufsgruppen wird in dieser Zeit endgültig durch staatliche Normen und Instanzen abgelöst – und das bedeutet im Hinblick auf die Alltagserfahrung vielfach: fremder Sozialkomment, fremde Rechtsgrundsätze, fremde Beamte und Autoritäten.

Nur drei Stichworte zum ökonomischen Hintergrund dieser Disziplinierungsprogramme[25]: verschärfte fiskalische Abschöpfung, neue Ordnung des Marktes (d.h. auch Steuerung des Faktors Arbeitskraft) und umfassende Organisation der Produktionssphäre (also auch industrielle Arbeits- und Zeitdisziplin, neue Arbeitsmoral). Betroffen sind davon primär die Unterschichten: „Stadtarme" und ältere plebejische Gruppen, weibliche und männliche Dienstboten, Handwerksgesellen in den Massengewerben, Fabrikarbeiter und Handarbeiter beiderlei Geschlechts. Unregelmäßiges Arbeiten, häufiger Wirtshausbesuch, Karten- und Würfelspiel, unmoralische Lebensführung werden zum Delikt. Darauf stehen Arrest- und Geldstrafen, im Wiederholungsfall Arbeitshaus, Gefängnis und Entmündigung. Wer das örtliche Bürgerrecht nicht besitzt, wird im Falle von Schulden, von „asotischem" Lebenswandel, von „Konkubinat" oder außerehelicher Schwangerschaft oft umstandslos aus der Stadt gewiesen. – Ein Arbeiter, dessen Lohn wegen Steuerrückständen rücksichtslos in der Fabrik gepfändet wird und der für sich und seine Familie den Stadtverweis drohen sieht, schreibt an den Stadtrat: „Es kommt mir vor, als wären die Zeiten des Fehmgerichts wieder eingetreten"[26], die Zeiten feudaler Willkür.

Hand in Hand damit – und in Württemberg noch verstärkt durch die protestantische Ethik der „Welt als Pflicht"[27] – gehen soziale Stigmatisierung und moralische Deprivation. Jener Steckbrief der „Arbeitsscheuen", der „Böswilligen", des „Pöbels" wird stilisiert und ideologisch gerastert. Zwar knüpft er an alte Normen des lebensweltlichen common sense an, der sich damit im Gemeindeverband gegen materielle Belastungen und Versorgungsansprüche wehrte. Doch entscheidend ist die Verstärkung durch die neue normative Moral und rechtliche Kodifizierung. Wer das Arbeitsethos, den sozialen Komment, die sittlichen Normen verletzt, wird ausgegrenzt *und* bestraft.

1849 wendet sich der Eßlinger Stadtrat vehement gegen die Absicht der württembergischen Regierung, die 10 Jahre zuvor eingerichteten Zwangsbeschäftigungsanstalten wieder abzuschaffen, indem er auf die „erschreckende Vermehrung des Pauperismus und des Proletariats" verweist. Bevor das Schreiben endgültig abgeht, wird die Formulierung noch verbessert in „Vermehrung arbeitsscheuer Menschen" – ein bezeichnendes Synonym.

Hier, meine ich, kann man in der Tat von „struktureller Gewalt" und Gewalterfahrung sprechen. Gewalt als offene wie als verdeckte Form von Herrschaft, verkörpert in deren „stählernem Gehäuse" aus Fabrik, Arbeitshaus und Gefängnis, um ein Bild von Max Weber zu gebrauchen. Zahllose gewaltsame Eingriffe in Lebensführung und Lebensperspektiven, in die Bedürfnisorganisation und in private Beziehungen prägen den Unterschichtsalltag[28]; sie zielen vor allem auf „die Abschaffung bzw. Abwertung 'kollektiver' sozialer Formen"[29] und auf das Überstülpen neuer, kulturell fremder Muster und Normen. Michel Foucault meint diese neue sozialmoralische „Rechtfertigung des Rechts zum Strafen", wenn er schreibt: „Die 'Aufklärung', welche die Freiheiten entdeckt hat, hat auch die Disziplinen erfunden".[30]

Was hier nur mit wenigen Strichen angedeutet ist, scheint mir der eigentliche Hintergrund, das atmosphärische Substrat des Vormärzprotests zu sein: Das kleine, individuelle Aufbegehren wie die großen kollektiven Aktionen werfen in erster Linie das Echo dieses polizeilichen und sozialmoralischen Peitschenknallens zurück. Es sind Versuche der Selbstbehauptung angesichts dieser gewaltsam erfahrenen Modellierung des Untertanen-Charakters. Jürgen Habermas spricht mit Blick gerade auf die kulturellen und kognitiven Aspekte dieses Prozesses ja von der „Kolonialisierung der Lebenswelten", in der ein grundsätzlicher Konflikt zwischen „lebensweltlicher" und „systemischer Logik" aufbricht.[31] Damit steht die eigene soziale Identität in Frage, die nun zugleich als lebensweltliches Konstrukt, als sozialer Habitus wie als kulturelle Tradition verteidigt wird. Der Protest wird zum Prüfstein für das Funktionieren von „Gesellschaft".

Optisch dominiert in dieser Auseinandersetzung natürlich die Sphäre des Marktes, wo sich die sozialen Konfliktstoffe besonders verdichten. Doch auch da sind konkrete Forderungen etwa nach niedrigeren Lebensmittelpreisen und gerechterer Versorgung nicht nur rein sachlicher Natur.[32] Sie stehen vielmehr auch für Gegenhaltungen, für symbolische Gesten, in denen sich verletzte Selbstwertgefühle und moralische Kränkungen artikulieren.

Hier können Zahlen vielleicht auch einmal etwas über Motive aussagen: 1847 werden in Eßlingen 5 Personen wegen „Feld- und Waldexcessen" bestraft, 1848 sind es 31 und 1849 gar 62.[33] – Nicht das „Hungerjahr" 1847, sondern die gesellschaftliche 'Beziehungskrise' 1848/49 bildet das Szenario der sogenannten „Krisendelinquenz", die von den Behörden vielfach und offenbar zurecht als „Rache", als symbolischer Denkzettel für die Privilegierten verstanden wird.

Eben um diese doppelte Perspektive und Bedeutung geht es: um Protestverhalten als „erfahrungskonstituiertes soziales Handeln"[34], in dem materielle Existenz und kulturelle Praxis unmittelbar ineinander veknüpft sind und in dem über den Erfahrungshorizont der Gruppe auch der gesellschaftliche Horizont einbezogen ist – jedenfalls in seinem lebensweltlichen Ausschnitt. Die Ebene der materiellen Lebensverhältnisse scheint da wie eine Spiegelwand zu wirken. Auf ihr beobachten die Unterschichtsgruppen sehr genau, wie sich auch der Hintergrund ihrer sozialen und kulturellen Lebensumstände gestaltet, inwieweit ihre Bedürfnisse und Haltungen auch im Sinne gesellschaftlicher Grundrechte anerkannt und respektiert werden.

Insofern signalisiert Protest zunächst immer noch die Bereitschaft zum sozialen Dialog. Er bedeutet einerseits den Versuch der Artikulation und Abgrenzung des Gruppenselbstverständnisses gegenüber der Gesellschaft, indem eigene Positionen eingenommen und eigene sprachliche und symbolische Formen benutzt werden. Darin drücken sich Gruppenethos, Gruppen-Common-Sense und Gruppenzugehörigkeit aus, die nur durch dieses demonstrative Beharren ihre Gültigkeit und ihre Autorität als „moralische Alltagsinstitutionen" (Habermas) behaupten können. Doch diese Darstellung der Gruppenidentität im Protest vollzieht sich nicht in Abwendung von der gesellschaftlichen Umgebung, sondern in Zuwendung zu ihr; als Suche nach sozialer Anerkennung und Bestätigung, die man dann seinerseits bereit ist zu honorieren. – Das ist offenbar ein Grund, weshalb Protestbewegungen, wie Dick Geary es ausdrückt, 'schnell wieder verschwinden können': Wenn auch vielleicht nicht alle Forderungen durchgesetzt sind, so wird doch das ebenso wichtige Bedürfnis nach öffentlicher Selbstdarstellung und Anerkennung befriedigt. Anderseits ist es natürlich auch ein Dialog, der um handfeste soziale und politische Inhalte geführt wird. Man könnte es eine Politik der „Besitzstandswahrung" nennen, der Verteidigung materieller, rechtlicher, politischer und kultureller Positionen, die zu den eigenen Ungunsten verändert werden sollen. Dabei bilden die großen kollektiven Aktionen lediglich die spektakulärste Stufe in einem breiten Spektrum individueller und kollektiver Verhaltensmuster, die, wie in einem Stufenmodell, mit leisen Botschaften beginnen und in lauten Tönen enden können. „Collective bargaining" bzw. „bargaining by riot", also „Verhandeln" in kollektiven und notfalls gewaltsamen Formen, hat Eric Hobsbawm diese Taktik genannt, deren Signale den herrschenden Gruppen die kollektive Entschlossenheit übermitteln sollen, als „ungerecht" empfundene Zustände nicht länger hinzunehmen.

Dieser Bedeutungshintergrund also scheint mir Haltungen und Aktionen zu verbinden, zwischen denen auf den ersten Blick wenig kausale Zusammenhänge bestehen: nächtliche Fensterwürfe bei Eßlinger Beamten in den 1830er Jahren, jenes Blickduell am Neckarsteg, die Brotkrawalle des Jahres 1847 und die politischen Charivaris der Revolutionszeit. Ursachen sind jedoch dieselben lebensweltlichen Konflikte, die zwischen obrigkeitlichen Disziplinierungsstrategien und populären Bedürfnispotentialen aufbrechen und in denen das Gewaltverhältnis schon systematisch enthalten ist. Und im lokalen Untersuchungsfeld zeigt sich, daß die Widerständigkeit als Antwort darauf stets aus denselben Unterschichtsgruppen und Kleinmilieus kommt. Das läßt sich – wie im Fall Zeller – vielfach sogar an Einzelpersonen festmachen, die zwischen Vormärz und Revolution immer wieder und mit regelrechter Sturheit gegen die von ihnen so empfundenen Zwangsnormen und Zwangsverhältnisse anrennen.

IV.

Kommen wir von dieser 'Struktur' des Protests nun wieder zurück zu seiner 'Kultur'. Ausgehend noch einmal von den zitierten Einzelfällen will ich versuchen, die Frage nach der populären Handschrift im Protest etwas zu verallgemeinern.

Beide Male spielten ja Wirtshaus und Alkohol im Vorfeld offenbar keine unwesentliche Rolle. Der Geselle kam gerade von seiner Abschiedstour durch drei seiner Stammlokale zurück; und die fünf Ruhestörer begannen ihren Marsch praktisch an der Wirtshausschwelle. Räumlich gesehen, gilt diese Ausgangskonstellation für nahezu alle ähnlichen Vorfälle, die sich aus den Eßlinger Quellen rekonstruieren lassen. In den Berichten heißt es immer wieder stereotyp: Die Wirtshäuser seien „mit Leuten von den verschiedensten Classen gefüllt", woraus man vor allem während der Revolutionsjahre folgerte, nun seien wieder „Demonstrationen" zu erwarten.[35] Kein Wunder, die Stadt verfügt damals über 108 Gastwirtschaften, überwiegend reine Schanklokale, so daß auf wenig mehr als 100 Einwohner eine Kneipe kommt.[36]

Fast überflüssig der Hinweis, daß das wohl die einzigen Orte sind, an denen sich Taglöhner oder Arbeiter wenigstens für einen Moment der Enge der Wohnungen und der obrigkeitlichen Aufsicht entziehen können, sei es zu geselligen und privaten Zwecken oder zu politischen Gesprächen. Das Wirtshaus ist ein zentraler populärer Geselligkeitsraum. Und es wird ja auch ein zunehmend wichtiges Territorium der Arbeiterkultur, jedenfalls ihres männlichen Teils. Ich erinnere nur an Kautskys schon klassische Laudatio über dessen Bedeutung für proletarische Politik und Geselligkeit.

Über die Bewertung mag man sich streiten. Doch diese spezifische Wirtshausgeselligkeit wirkt zweifellos wie eine naturwüchsige Sperre gegen herrschaftliche und bürgerliche Disziplinierungsbemühungen. Sie verteidigt die ihr eigenen, traditionellen Bedürfnisstrategien im permanenten Kleinkrieg gegen nächtliche Polizeistunden, gegen Mäßigkeitsgebote, für sonntägliches Trinken und Kartenspielen während der Gottesdienste und um andere Formen des physischen und psychischen Auslebens. Eine Zeitungszuschrift klagt 1837 darüber, „von gemeinen Arbeitern ein Toben, ein Geschrei und Unarten anhören zu müssen, ... die an einem Abend alles verprassen, was sie haben"[37], und fordert schärfere Strafen.

Die natürlich nicht ganz unparteiischen Eßlinger Wirte hingegen sprechen 1841 in einer gemeinsamen Eingabe gegen die sonntäglichen Schankbeschränkungen von einem allgemeinen Bedürfnis nach „Erholung ... bei einem Glas Wein und Bier."[38] Sieht man sich die Berichte in den Akten genauer an, so handelt

39

es sich bei diesem Glas Wein und Bier meist um ganz bestimmte Formen des „sozialen Trinkens", in denen das Einladen, das Zuprosten, das „Rundenschmeißen" eine dominante Rolle spielt. Es sind Männerrituale, vermischt oft mit spielerischen oder ernsthaften Rempeleien, in denen auf symbolische Weise Nähen und Distanzen, Freundschaften und Feindschaften bestätigt werden. Wie in einer sozialen Choreographie drücken sich die sozialen Beziehungen im räumlichen, körperlichen und gestischen Verhalten aus.

Im mittleren 19. Jahrhundert verstärkt sich der Charakter des Kneipenmilieus als männliche Sozietät natürlich wesentlich durch die rapide wachsende Zahl der ledigen Handwerksgesellen und Arbeiter. Sie, die außerhalb familiärer und haushaltlicher Strukturen leben, finden im Netzwerk der Gruppen und Kneipen soziale Ersatzbeziehungen. Aufbauend auf älteren Mustern entsteht so in der Tat eine neue, 'industrielle' Geselligkeitsform, die noch wesentlich umfassender als früher außerfamiliär und männeröffentlich organisiert ist. Lutz Niethammer und Franz Brüggemeier oder auch James Roberts beschreiben diese Entwicklung vor allem für die zweite Hälfte des 19. Jahrhunderts.[39] Und wie dort, so ist auch hier schon – ein, zwei Generationen früher – das zu beobachten, was man oft die „Symbiose von Alkohol und Politik" genannt hat: gesellige und politische Zwecke sind ineinander vermengt, weil auch die Besuchergruppen ihre Bedürfnisse, Erfahrungen und Konflikte quasi 'gemischt' in diese Kneipenöffentlichkeit einbringen und sie umgekehrt aus dieser dann in die 'große' Öffentlichkeit tragen. – Protest und Wirtshaus vertragen sich also nicht zufällig; sie sind alltagsfigurativ und alltagskulturell verbunden.

Spätestens seit Norbert Elias' Studien zur „Höfischen Gesellschaft„ wissen wir, wie wichtig solche Gruppenstrukturen nicht nur als Beziehungsform sind, sondern wie konstitutiv sie auch wirken für soziale Sinngebungen. Die individuellen „sozialen Normen und Wertungen" – schreibt Elias – hängen eng mit der „spezifischen Figuration" zusammen, „die die vielen Individuen miteinander bilden, und mit den Interdependenzen, die sie aneinander binden."[40]

Und wenn sich im Protest solche gemeinsamen Werte und Normen ausdrücken, dann formen sich die entsprechenden Haltungen dazu in diesen spezifischen Interaktions- und Gruppenstrukturen des vormärzlichen und revolutionären Alltagslebens. Stets kommen der Anstoß, die Mobilisierng, die Formierung zum Protest aus jenem Geflecht professioneller und geselliger Kleingruppen, in denen sich eben das herstellt, was wir „kollektive Sensibilitäten" und „Konfliktdispositionen" nennen[41]: die Gemeinsamkeit von Erfahrungen und Erwartungen, die Einmütigkeit von Zorn und Betroffenheit, die Synchronität von Haltungen und Gesten.

Es ist wichtig, das als Prozeß zu begreifen. Die Motive und Haltungen kommen kollektiv zustande, sie werden nicht erst kollektiv ausgedrückt; und sie sind daher auch nicht in eine Abfolge kommunikativer und organisatorischer, geselliger und politischer Abschnitte zu zerlegen, weil die Gruppe als Erfahrungs- wie als Handlungsrahmen immer erhalten bleibt. Niemand geht allein zu Straßenversammlungen oder Demonstrationen, immer geschieht das im sozialen, physischen und affektiven Kontext der Gruppe. Sie steht hier für das Prinzip „kommunikativer Erfahrung".[42]

Dieser Eindruck ist mit Sicherheit nicht nur ein Effekt der Polizei- und Behördenberichte, deren Blickwinkel die Unterschichten immer tendenziell anonymisiert und damit 'kollektiviert'. Er beruht vielmehr auf zum Teil sehr genauen Angaben über den Ablauf z.B. der Charivaris. Da nehmen die Teilnehmer in regelrechten „Klubbs" Aufstellung. Sie agieren als Kollegen-, Freundes-, Stammtischgruppen in betont kollektiver Weise, so daß die Polizei immer wieder ausdrücklich den Begriff „Organisation" gebraucht. Wenn verhaftete Teilnehmer überhaupt konkrete Aussagen zum Geschehen machen, dann bestätigen sie zumeist, daß sie bereits zusammen mit anderen zum Ort der Aktion hingegangen sind. – Das, was die fünf Ruhestörer aus dem „Wilden Mann" als „Marsch" inszenierten, war nur eine besonders theatralische Form dieses Gruppenstils.

All das soll nun nicht nach dem „Hohen Lied" naturwüchsiger, volkskulturell vorgeformter Solidarität klingen. Gruppenstrukturen stehen auch für schichtinterne Konflikte und Differenzen zwischen Berufsgruppen, Geschlechtern, Generationen; „soziales Trinken" meint oft auch einfach Besäufnis; die ritualisierten Handlungsmuster wirken nicht nur integrativ, sie schließen auch aus: Frauen vor allem, die an den großen Aktionen meist aktiv beteiligt sind, werden sonst über weite Strecken durch die Männersozietät ferngehalten. Auch der Protest ist insofern nie ein wirklich öffentlicher Raum. Eine geradlinige soziale

Emanzipationsschiene läßt sich aus diesen plebejischen und gruppenproletarischen Gruppenpraxen sicherlich nicht zusammensetzen.

Was als kollektive Orientierung und als solidarisches Handeln zu beschreiben ist, spiegelt vielmehr Verhaltensmodi wieder, die durch gemeinsame Arbeitsalltage, Wohnsituationen, Kommunikationsformen und Bedürfnisstrategien vorgegeben sind. Zunächst sind es Reflexe auf ökonomische und soziale Verhaltenszwänge. Die Gruppe ist quasi 'Notgemeinschaft', sie scheint eine Möglichkeit des Lebens nach eigenen, akzeptablen, zum Teil tradierten Normensystemen zu bieten. Oder allgemeiner gesprochen: die Möglichkeit eines kollektiven Erfahrungs- und Identitätsaufbaus unterhalb der herrschenden Normen und Konventionen oder auch gegen sie.

Über diese Funktion freilich kann die Gruppe dann auch der Raum sein, in dem sich politische Erfahrungen, Meinungen, Haltungen konstituieren. Und zwar bevor daraus „Politik" im engeren Sinne von politischer Aktion und Organisation wird. Zurecht haben Jürgen Kocka, Dieter Langewiesche und andere darauf hingewiesen, wie tragend und prägend diese Tradition später etwa auch über die „Arbeiter-Gruppen-Kulturen" im proletarischen Klassenbildungsprozeß und in der organisierten Arbeiterbewegung fortwirkt.[43]

Ein drittes, neben Kneipe und Gruppe besonders auffälliges Moment ist der „gewalthafte" Charakter von Haltungen und Aktionen. Der Protest scheint in seinem Territorium zwischen Wirtshaus und Straße vorwiegend mit physischen Äußerungsformen vom aggressiven Blick bis zu Fäusten, Stöcken und Steinen zu regieren.

Gewiß entsteht dieser Eindruck zu einem Teil durch den zeitgenössischen Blick der bürgerlichen Obrigkeit. Was an realen Handgreiflichkeiten passiert, wie das Fenstereinwerfen bei städtischen Beamten oder seltene tätliche Angriffe auf Polizeidiener, das erscheint in der bürgerlichen Optik überdimensioniert wieder in eher allegorischen als realistischen Gewaltszenarien. Während die Polizeiberichte selbst ein in dieser Hinsicht oft sehr nüchternes und sachliches Bild geben, liefert die bürgerlicher Wahrnehmung gleich das Interpretament mit. Noch bevor im März 1848 überhaupt etwas geschieht, sieht das bürgerliche Eßlingen die Zeit kommen, in der „die Faust in ihr Recht tritt", in der die jetzt „dreisten" und „trotzigen Blicke" vollends in Gewalt umschlagen. Klaus-Michael Bogdal hat in seinen Untersuchungen über den „Arbeiter im Blick des Bürgers" deutlich herausgearbeitet, wie sich diese Sehweise im Verlaufe des 19. Jahrhunderts als ästhetisch-politische Praxis formt und wie sie immer dann besonders hervortritt, wenn die unteren Schichten „ihre genuinen Ansprüche geltend machen."[44]

Auch darin verkörpert sich natürlich ein Versuch der sozialen Distanzierung und Disziplinierung. Bewußt wird der Mythos der plebejisch-proletarischen Gewalt aufgebaut, um etwas anderes zu treffen: die „Politik der Straße", die kollektiven Wortmeldungen und Auftritte, die in gewisser Weise ja auch als Bewegungen eines sozialen Körpers wahrgenommen werden. Es ist der „Pöbel" und dessen „Terrorismus", der nun domestiziert werden soll – mit ideologischen wie mit polizeilichen Maßnahmen: also Kontrolle und Lenkung der nicht-organisierten Öffentlichkeit, notfalls Verbot der spontanen Straßenversammlungen und Demonstrationen, Integration der Arbeiter in die Vereinsszene. Die Jahre 1848 und 1849 zeigen hier einen regelrechten Kampf zweier kultureller Praxismodelle bzw. zweier politischer Öffentlichkeitsformen.

Auf der anderen Seite sind Körperlichkeit und Gewalt in einer Welt der körperlichen Arbeit und des engen physischen Kontakts tatsächlich stets präsente Erfahrungen. Die Eßlinger Quellen verzeichnen hunderte solcher Alltagsszenen, in denen Konflikte bei der Arbeit, in der Familie, in geselligen Situationen, auf der Straße mit physischen Mitteln ausgetragen werden. Seien es obrigkeitliche Körperstrafen oder väterliche Schläge, Streitigkeiten zwischen Nachbarinnen oder Gewalt in jener besonderen „Mischung von Scherz und Grausamkeit"[45], wie sie in den volkskulturellen Jugendriten, in den Gesellenbräuchen oder im kollegialischen Kräftemessen der Arbeiter zum Ausdruck kommen kann.

Dabei wird freilich auch deutlich, wie sehr sich in solchen Mustern verschiedene Bedeutungsschichten überlagern. Ganz grob könnte man einerseits von den strukturellen Gewaltverhältnissen sprechen, legitimiert durch staatliche Normen, durch soziale Machtverhältnisse oder durch patriarchalisches Gewohnheitsrecht. Auf der anderen Seite stünden dann die quasi interaktionistischen Formen der Gewalt; jene symbolischen Muster der Ich- und Gruppenrepräsentanz, in denen die gewaltfreien und körpersprachlichen Elemente mehr mit einer bestimmten Vorstellung von „Haltung" zu tun haben als mit beabsichtigter physischer Aggression. Denken wir nur etwa an „Kraftproben" als Bestätigung der körperlosen Leistungs- und Arbeitsfähigkeit, der ja in den Unterschichten immer besondere Bedeutung zukam. Wie im Falle jenes Eßlinger Arbeiters, der nachts dabei überrascht wurde, wie er schwere Stämme für ein Baugerüst einfach quer über den Weg legte – „nur um seine Stärke zu probieren und in gar keiner bösen Absicht", wie er beim Verhör sagte.[46] Oder nehmen wir das weite Feld der sozialen „Ehre", in dem über Gruppenidentität und Gruppenkomment auch die Regeln der körperlichen Behauptung und Darstellung von Selbstachtung festgelegt sind – unter Umständen eben auch mit der Faust.

Hier, im Bereich der Gruppeninteraktion, entscheidet offenbar die Frage der situativen Ausdrucks- und Darstellungsmöglichkeit. Sich selbst einbringen und angemessen vertreten zu können, das ist das eigentliche Ziel. Wenn dabei Gewalt eingesetzt wird, dann wohl primär im Sinne eines Signals, eines symbolischen „Bedeutungsträgers" – wie es Alfred Lorenzer nennt[47] –, der das Anliegen nur verstärken und verdeutlichen soll und nicht Selbstzweck ist.

All diese unterschiedlichen Bedeutungsschichten überlagern sich auch im Protest. Deshalb mag das Kriterium „gewalthafter Protest" zwar etwas über die äußere, politische Dramatik einer Situation aussagen. Es sagt jedoch wenig über deren innere soziale und kulturelle Dramaturgie. Die Einzeluntersuchungen zeigen, daß der Einsatz gewaltfreier Mittel weder als sicheres Indiz für besonders harte soziale Konflikte dienen kann, noch läßt er sich als überwiegend taktisch-politisches Instrument erklären oder als bloße Gegengewalt gegen das Eingreifen polizeilicher und militärischer Macht. Es gibt da offensichtlich keinen einfachen Reaktionsautomatismus.

Die Erklärung ist vielmehr im Situationskontext zu suchen. Gewalt ist nur ein genereller Hinweis darauf, daß die Legitimität von Forderungen und Handlungsmustern besonders umstritten ist, daß die Akteure keine andere Möglichkeit sehen, ihre Überzeugungen und Haltungen öffentlich zu artikulieren. Auch da geht es zunächst um Haltung, um Selbstachtung, um ganz bestimmte Sensibilitäten, die im gesellschaftlichen Interaktionsfeld verletzt worden sind – sei es vor oder während der Protestaktion. Nur so erklärt sich auch das scheinbare Paradoxon, daß sich der Protest oft gerade dort besonders „derb" gibt, wo er ganz besondere soziale Sensibilität verrät, wo es scheinbar mehr um Stilfragen als um politische Machtfragen geht.

Mir scheint es daher naheliegend, den Zusammenhang von Protest und Gewalt nicht nur im üblichen Rahmen sozialer Konfliktstrategien erklären zu wollen, sondern ihn vor allem in der Logik kollektiver Bedürfnisstrategien zu sehen. Ohne nun die jeweilige politisch-historische Konstellation von Macht und Gegenmacht zu unterschätzen, formt sich das affektive Profil des Protests doch teilweise unabhängig davon. Gerade das macht ja seine „anomische" Dimension aus: die bewußten sozialen Regelverletzungen, die aktionistischen Formen, die Gewaltanwendung. Aber diese Dimension steht keineswegs für „Anarchie". Sie ist nicht einfach ein Ventil sozialer Aggressivität, sondern folgt den Regeln ritueller Gewalt. Wie schon die beiden eingangs zitierten 'kleinen' Protestgesten, so überschreiten auch die großen Protestaktionen 1848/49 nie bestimmte selbstgesetzte Schwellen. Stets werden nur jene Personen oder Häuser attackiert, die vorher als Protestanlaß und -ziel ausgemacht waren. Gewalt – so meine ich – erfüllt hier primär symbolische Bedürfnisse, ist buchstäblich „Körpersprache".

Eine Fortsetzung dieser symbolischen und affektiven Komponente von „Politik" zeigt sich auch in den damaligen Arbeitervereinen. Sei es in der Beteiligung ihrer Mitglieder an „Tumulten" und Charivaris oder in der übertragenen Form der provozierenden, Gewalt androhenden Geste. Beispielsweise laden Angehörige des „Bruderbundes", des linken Eßlinger Arbeitervereins, im September 1848 in der Lokalzeitung demonstrativ zur „Aufzeichnung der Volksfeinde" ein[48], oder sie stiften offensichtlich bewußt Verwirrung mit Gerüchten über bevorstehende Gewaltaktionen.

Auch da geht es offenbar weniger um taktisch-politisch kalkulierte Effekte als vielmehr darum, durch den Regelverstoß, durch die Geste selbst zu demonstrieren, daß man die Verhaltensregeln und -normen bürgerlicher Politik ablehnt. Im Beharren auf dem eigenen Stil und auf den eigenen affektiven Bedürfnissen scheint da ein Stück soziokultureller Autonomie gesehen und ausgelebt zu werden. Und man kann darin sicherlich mit einigem Recht eine Übernahme jener Haltung der „notorischen Unangepaßtheit" sehen, die Norbert Schindler unlängst noch einmal als ein Kennzeichen der neuzeitlichen Volkskultur skizziert hat[49] und die später dann auch noch im Betriebsprotest der Hochindustrialisierungsphase immer wieder aufschimmert. Alf Lüdtkes und Lothar Machtans Untersuchungen etwa über Materialdiebstahl, Kaffee- und Zigarettenpausen und viele andere kleine Formen der Verletzung der Fabrikdisziplin deuten jedenfalls in diese Richtung.[50]

Wo sich eine populäre Tradition der Körpersprache ebenfalls ganz deutlich widerspiegelt – wenngleich neu gefaßt in ästhetischen Modellierungen-, das ist die Ikonographie und Emblematik der Arbeiterbewegung. Um dies nur anzudeuten: Die verschränkten Hände der „Arbeiterverbrüderung" 1849 verweisen ebenso auf diesen Sinnzusamenhang wie die spätere geballte „proletarische Faust".[51] Oder nehmen wir den Arbeiterliederkranz „Vulkania" der Eßlinger Maschinenfabrik, dessen Mitglieder sich „Zyklopen" und „Schmiede" nennen aus „Vulkans Werkstatt", und die politisch gemünzten Allegorien der Maschinenfabrikarbeiter 1848: „Gesellen drauf, das Eisen ist warm!"[52] und werfen wir von da aus einen Blick nach vorn auf die Ikonographie der späteren sozialdemokratischen Arbeiterbewegung. Sie, die sozial gesehen doch eher den qualifizierten, gesetzten Arbeitertypus verkörpert, versammelt sich bis zum I. Weltkrieg immer wieder unter Maiplakaten mit dem Bild eines muskulösen halbnackten Arbeiters, der hammerschwingend Momente der alten Virilitätssymbolik in die würdevollen Maifeiern trägt.[53] – Mit aller Vorsicht lassen sich auch hier Identitätskonstrukte herausarbeiten, die – nochmals in einer Formulierung Alfred Lorenzers – auf den engen 'Zusammenhang von Symbolstrukturen mit Persönlichkeits- wie Sozialstrukturen' verweisen.[54]

Schließlich ein letztes Stichwort: die Verbindung von Protest und Brauch.

Am auffälligsten sind zweifellos die Charivaris – ein populärer Ritus, der sich in letzter Zeit ja auch ganz besonderer Aufmerksamkeit bei Historikern, Ethnohistorikern und Anthropologen erfreut. Mit Mythen und Mythologiefragen jedoch, mit der „Wilden Jagd" und dem „Werwolf" will ich mich hier nicht beschäftigen[55], weil ich mir dabei nie sicher bin, ob da Mythen der Volkskultur oder solche der Volkskunde zu entdecken sind. – Der Satz ist abgegriffen, aber dennoch: Brauch heißt Ge-Brauch, und er meint den Gebrauchswert traditionaler Muster in der kulturellen Praxis gesellschaftlicher Gruppen.

Gewiß sind die Charivaris der Jahre 1848 und 1849 spektakuläre Veranstaltungen: Die Szene spielt fast durchweg nachts, Gruppen vermummter und bemalter Personen, manche als Harlequine zurechtgemacht oder Männer in Frauenkleidern, ziehen zu einem bestimmten Platz oder Gebäude, wo sie mit Stimmen, Kochtöpfen, Pfeifen und allen möglichen anderen Instrumenten Lärm vollführen. Es gibt regelrechte dramaturgische Inszenierungen mit Schimpfritualen, Anklageschriften gegen die Opfer, Sprechchören, obszönen Witzen und Gesten. Und eben auch Sachbeschädigungen an Fenstern, Dächern, Haustüren, selten physische Gewaltanwendung gegen Personen.

Adressaten dieser Revolutions-Charavaris sind im März 1848 zunächst Repräsentanten der „alten Macht", die sich bei der disziplinarischen Formung ihrer „Untertanen" besonders hervorgetan hatten – Schultheiße, Verwaltungsbeamte, Stadträte, Polizisten. Später trifft es vorrangig die Vertreter des konservativen bürgerlichen Lagers[56] – wir haben oben ein harmloses Beispiel dafür gesehen.

Das Ziel ist in jedem Fall und allen Beteiligten klar: Charivari bedeutet Mißbilligung, „Volksjustiz", wie es in einer anonymen Zuschrift an die Lokalzeitung heißt. Symbolisch gesprochen: Exkommunizierung aus dem lokalen Common Sense. Oft hat das, wie gesagt, praktischen Erfolg: Amtsrücktritte wie in Eßlingen sind nach solchen Charivaris überall in Württemberg an der Tagesordnung – obschon nicht allein als Resultat des Straßenprotests, sondern manchmal auch als Ausdruck taktischer Differenzen zwischen bürgerlichen Gruppen.

In gewisser Weise verkörpert das ein Gegenöffentlichkeitsmodell: kollektiver Protest, der durch seine besondere äußere Form die Akteure schützt; der sich so in einer wohlgeordneten Volksversammlung, Stadtrats- oder Vereinssitzung nie äußern könnte; der den breitestmöglichen Mobilisierungsgrad nach unten erreicht – Teilnehmer sind Fabrikarbeiter wie Taglöhner, Handwerksgesellen wie Arbeiterinnen, Dienstboten beiderlei Geschlechts, auch viele Jugendliche.

Natürlich ist der kulturelle Nexus nicht unwichtig. Das Charivari verweist wiederum direkt auf die Tradition der Volkskultur und auf die Sprache der vorindustriellen Jugendkultur. Für viele Mitglieder der Unterschichten ist es jedenfalls kein unbekanntes kulturelles Muster, wenn auch mit einer ursprünglich anderen, gruppeninternen Funktion, eher als Instrument horizontaler sozialer Kontrolle eingesetzt.[57] Doch um das Wechselspiel von Einbindung und Ausgrenzung geht es ja auch jetzt im politischen Kontext: „Wir" gegen „den" oder „die da oben".

Zum andern zeigt die kulturelle Grammatik die enge Verwandtschaft der revoltischen Geste mit dem Fest, etwa mit Handwerksgesellen-Aufzügen oder – als Travestie – mit kirchlichen Prozessionen und Begräbnisritualen. Oder mit der Mischung aus Fest und Revolte: mit dem Karneval. Im Februar 1847 ziehen die Eßlinger Maschinenfabrikarbeiter beispielsweise „in Bauerntracht" kostümiert durch die Stadt – eine wohl inszenierte Mahnung an die Bauern und Getreidehändler, sich angesichts der Krise mit den Getreidepreisen zurückzuhalten.[58]

Das ist das symbolische Spiel mit der „verkehrten", aber noch nicht umgestürzten Welt.[59] Äußerlich ließen sich die beiden Szenen wohl kaum unterscheiden: eine karnevalistische Übernahme des Stadtregiments durch die Narren und die tatsächliche Absetzung des Eßlinger Bürgermeisters im Charivari des März 1848. Hier wie dort Masken und Spektakel, Ironie und Spott, gesprochenes Wort und Körpersprache.

Doch die Traditionskulisse darf sicherlich nicht täuschen. Was trägt, was bindet, sind die soziale Struktur und der politische Kontext, nicht die brauchtümliche Form. Die kulturelle Tradition stellt nur die Sprache bereit, die symbolischen Ausdrucksformen nach außen wie den Verständigungskode nach innen. Daß dies im Falle des Charivari zugleich soziale message und sozialen Schutz bedeutet, bestätigt nur die enge empirische Verzahnung von kultureller und politischer Praxis.

Ist das nun eine ungebrochene volkskulturelle Traditionslinie im Protest oder ein Beispiel für eine Neubelebung, eine „Entdeckung der Tradition"?[60] Es gibt Hinweise auf beide Möglichkeiten. Robert von Mohl bezeichnet die Charivaris bereits in seinem 1834 veröffentlichten Werk „System der Präventiv-Justiz" als „eine weitere verbreitete Art von Beleidigung, welche neuerdings immer mehr um sich zu greifen droht" und „in der Regel wegen abweichender politischer Ansichten gebracht" werde.[61] Und diese schon ältere politische Funktion würden vereinzelte Hinweise auf charivariähnliche Vorfälle im Eßlingen der 1830er Jahren belegen.

Aber das dokumentiert nur bestimmte Kontinuitäten, es erklärt sie nicht. Mir scheinen hier zwei ineinander verschränkte Prozesse eine Rolle zu spielen: Einmal existiert in den Unterschichten damals noch keine „Demonstrationserfahrung" im modernen Sinn. Sie wissen noch wenig darüber, wie sie als „Masse" in der Öffentlichkeit auf Gegner und bürgerliches Publikum wirken. An eine ästhetisch-ideologisch modellierte „Wortmeldung", wie sie die spätere Demonstration der Arbeiterbewegung bedeutet, ist noch gar nicht zu denken.

Insofern ist das Charivari noch ein Artikulationsmodell alten Stils, das den Vorteil hat, Elemente des populären Alltagshabitus und der Alltagskörpersprache mit ritualisierten Formen des Protests zu verbinden. Es ermöglicht die Handhabung vertrauter sozialer Werkzeuge und gewachsener kultureller Techniken. Und das verweist tatsächlich auf Erklärungsmöglichkeiten im Sinne kultureller „long terms" und auf die diachrone Perspektive. Oder anders gesagt: auf die lebensgeschichtliche wie auf die übergenerationelle Bedeutung tradierter Kultur.

Den zweiten Mechanismus könnte man mit „Selbstzitat" überschreiben: ein Spiel mit der Tradition. Zweifellos kommt die Welle der März-Charivaris 1848 zwar spontan zustande. Da wird dieses Aktionsmodell offensichtlich erst richtig ins Bewußtsein der bürgerlichen Öffentlichkeit gehoben. Doch dann taucht der Begriff ständig in Zeitungs- und Behördenberichten auf. So oft, daß man den Eindruck gewinnt, alles was lärmend, nächtlich, tumultuarisch erscheint, wird von den Beobachtern kurzerhand in die Schublade „Charivari" geschoben.

Hier machen sich die Protestierenden offenbar eine doppelte „Tradition der Form" zunutze. Einmal den kulturellen Irritationseffekt des brauchtümlichen Musters, durch den die Legitimität ihrer Erwartungen und Handlungen verstärkt wird. Die traditionale Form rechtfertigt gleichsam den Protest; sie pocht auf Gewohnheitsrechte und zitiert sich damit selbst als eigene kulturelle Tradition. Als Technik betrachtet, die aktuelle politische Stoffe durch diese traditionale Form gleichsam historisiert, ließen sich durchaus Parallelen ziehen zum Genre der politisch-literarischen Vormärz-Öffentlichkeit. Auch dort wird ja mit Historisierungstechniken als Verfremdungseffekt gearbeitet, um den Klippen der Zensur und der Justiz auszuweichen: Herrschaftskritik im harmlosen Märchen-, Sagen- oder 'Volkslied'-Gewand.

Jedenfalls scheint das bürgerliche Publikum oft unschlüssig, ob das nun politische Delikte sind, die polizeilich verfolgt werden müssen, oder ob der Brauch als Gewohnheitsrecht eben nicht in die Kompetenz der Gerichte fällt. Die oft große Zahl der Zuschauer bei den Charivaris und die dagegen auffallend kleine Zahl von Zeugen, die etwas gesehen bzw. einzelne Akteure erkannt haben, sprechen für den Erfolg dieser Taktik.

Andererseits gibt die bürgerliche Öffentlichkeit mit ihrer Erwartungshaltung quasi selbst das Stichwort. Mit ihren Zeitungsberichten und ihrem öffentlichen Nachdenken über die Charivaris entdeckt sie eine Art Protest-Folklorismus, der den Unterschichten eine eigene Tradition widerspiegelt und anbietet. Und das ist nun ein Erwartungsdruck, der – anders als die Disziplinierungsmodelle – bereitwillig als Norm akzeptiert werden kann.

Es ließe sich nun natürlich noch darüber nachdenken, inwieweit das Charivari als 'gewachsene' wie 'gemachte' Tradition ein Sonderfall ist. Nach 1850 scheint dieses spezifische Protest-Brauch-Modell seltener aufzutreten oder jedenfalls nur noch in sehr viel weniger ausgeprägter Ritualform. Doch es gibt andere Muster, die ähnliche, z.T. sogar längere Kontinuität aufweisen: etwa die Praxis des Boykotts und des öffentlichen „Verrufs", wie wir das aus der Handwerkstradition kennen; oder denken wir an Douglas Reids Studien zur Geschichte des „Blauen Montags", der besonders von den unteren Industriearbeiterschichten bis in unser Jahrhundert hinein so verbissen als Bedürfnis und „Brauch" verteidigt wird.[62] – Die brauchtümliche Tradition scheint also in das „kollektive Gedächtnis" des Protests keineswegs nur vereinzelt, oberflächlich und kurzzeitig eingeschrieben.

Freilich will ich weder damit noch mit den vorangestellten Überlegungen den kulturellen Kontinuitätsaspekt überbetonen. Auch das Feld des Sozialprotests taugt gewiß nicht als Paradigma eines volkskulturellen Traditionsmythos, der sich invariant und überzeitlich durch die Jahrhunderte zöge. Was die Hinweise auf bestimmte Muster des Raumverhaltens, der Gruppenfiguration, der Körpersprache, des Rituals anzudeuten versuchten, das zielt keineswegs in die Richtung einer anthropologisierenden Formen- und Sinnkonstanz. Es waren vielmehr Überlegungen zur empirischen Kontinuität von Bedürfnisstrategien, die sich durch eine eigene kulturelle Modellierung und eigene symbolische Expressivität auszeichnen. – Wenn man schon eine anthropologische Dimension bemühen will, dann meint das in der Tat jene des kollektiven Erfahrungs- und Identitätsaufbaus.

Nur in diesem engeren Rahmen der Erfahrungsorganisation scheint es sinnvoll, nach tradierten und verwandten Elementen in der 'Sprache' des popularen, plebejischen, proletarischen Protests zu fragen, nach Grundprinzipien sozialer Selbstachtung und kultureller Selbstdarstellung, die gerade das in Verbindung zu halten suchen, was der Vergesellschaftungsprozeß der Neuzeit auflöst: den Zusammenhang von materiellen und emotionalen, von physischen und psychischen Bedürfnissen; die Einheit von gesellschaftlich-politischer Praxis und gewachsener Gruppenkultur; die Balance von sozialen Autonomievorstellungen und Integrationswünschen.

Da, denke ich, wird die Folie „Kultur" für unser Geschichtsbild wichtig, weil sich auf ihr mehr als auf anderen Projektionsflächen von „Geschichte" etwas von der Selbstbestimmung und vom Eigen-Sinn der historischen Subjekte mitteilt – gerade jener Gruppen, die viel zur Geschichte zu sagen haben, aber in den Quellen wenig darüber reden.

Anmerkungen

*Vortrag und leicht veränderte Aufsatzfassung entstanden im Rahmen eines von der DFG am Ludwig-Uhland-Institut Tübingen geförderten Forschungsprojekts. Den Teilnehmern des Neuzeit-Kolloquiums der Fakultät für Geschichte in Bielefeld danke ich für ihre kritischen Hinweise und Kommentare zur Vortragsfassung.

1. So Detlev Peukert, Arbeiteralltag – Mode oder Methode? In: H. Haumann (Hg.), Arbeiteralltag in Stadt und Land. Berlin 1982, S. 8-39; Jürgen Kocka, Klassen und Kultur. Durchbrüche und Sackgassen in der Arbeitergeschichte. In: Merkur 10 (1982), S. 955-965.
2. Pierre Bourdieu, Zur Soziologie symbolischer Formen. Frankfurt 1974, S. 60.
3. Dieter Groh, Der gehorsame deutsche Untertan als Subjekt der Geschichte? In: Merkur 10 (1982), S. 941-955, hier S. 950.
4. Um nur einige zu nennen, etwa Klaus Tenfeldes Untersuchungen zur frühneuzeitlichen Bergarbeiterkultur, die neben der Ausformung „berufsspezifischer Kulturelemente" auch die besondere Konfliktdisposition dieser Arbeitergruppen freilegen (zuletzt: Streik als Fest. In: R.v. Dülmen/N. Schindler (Hg.), Volkskultur. Zur Wiederentdeckung des vergessenen Alltags. Frankfurt 1984, S. 177-202); Andreas Grießingers Arbeit über die Streikbewegungen deutscher Handwerksgesellen im 18. Jahrhundert, über ihre kollektiven Konfliktstrategien und ihren rituellen Gruppenkomment (Das symbolische Kapital der Ehre. Frankfurt, Berlin, Wien 1981); Rudolf Brauns fast schon klassische Analyse des Übergangs protoindustrieller Produzentengruppen in die 'neue Lebensform' der Fabrik (Sozialer und kultureller Wandel in einem ländlichen Industriegebiet (Zürcher Oberland) unter Entwicklung des Maschinen- und Fabrikwesens im 19. und 20. Jahrhundert. Zürich, Stuttgart 1965); Jürgen Kockas Problemaufriß der „Klassenbildung" im vor- und frühindustriellen Lohnarbeitsverhältnis (Lohnarbeit und Klassenbildung. Arbeiter und Arbeiterbewegung in Deutschland 1800-1875. Berlin, Bonn 1983); und schließlich – nicht nur pro domo – Gottfried Korffs Studien zum Zusammenhang von populären Maibräuchen und „rotem Arbeitermai" („Heraus zum 1. Mai." Maibrauch zwischen Volkskultur, bürgerlicher Folklore und Arbeiterbewegung. In: v. Dülmen/Schindler: Volkskultur, S. 246-281) sowie die Tübinger Mössingen-Studie, die etwas von den langen Lernprozessen ländlicher Arbeiterfamilien und ihrem Ausbalancieren bäuerlicher und proletarischer Erfahrungsmuster zeigt („Da ist nirgends nichts gewesen außer hier." Das 'rote Mössingen' im Generalstreik gegen Hitler. Geschichte eines schwäbischen Arbeiterdorfes. Berlin 1982).
5. Hans Medick, Plebejische Kultur, plebejische Öffentlichkeit, plebejische Ökonomie. Über Erfahrungen und Verhaltensweisen Besitzarmer und Besitzloser in der Übergangsphase zum Kapitalismus. In: R. Berdahl et al., Klassen und Kultur. Frankfurt 1982, S. 157-204, hier S. 164.
6. Dick Geary, Arbeiterprotest und Arbeiterbewegung in Europa 1848-1939. München 1983, S. 25, ebenso S. 32.
7. Das gilt für die Mehrzahl der älteren Protestuntersuchungen, zeigt sich als Tendenz aber auch noch bei Richard Tilly, Kapital, Staat und sozialer Protest in der deutschen Industrialisierung. Göttingen 1980, oder bei Hans Gerhard Husung, Protest und Repression im Vormärz. Norddeutschland zwischen Restauration und Revolution. Göttingen 1983, bes. S. 244 ff.
8. So etwa Heinrich Volkmann/Jürgen Bergmann (Hg.), Sozialer Protest. Studien zur traditionellen Resistenz und kollektiven Gewalt in Deutschland vom Vormärz bis zur Reichsgründung. Opladen 1984; Wolfgang J. Mommsen/Gerhard Hirschfeld (Hg.), Sozialprotest, Gewalt, Terror. Gewaltanwendung durch politische und gesellschaftliche Randgruppen im 19. und 20. Jahrhundert. Stuttgart 1982; Rainer Wirtz, „Widersetzlichkeiten, Excesse, Crawalle, Tumulte und Skandale". Soziale Bewegung und gewalthafter sozialer Protest in Baden 1815-1848. Frankfurt, Berlin, Wien 1981; Josef Mooser, Holzdiebstahl und sozialer Konflikt. In: Beiträge zur historischen Sozialkunde 11 (1981), S. 20-27.
9. Identität hier im anthropologischen Sinne von geschichtlich geprägter Erfahrung und Erwartung, von „gegenwärtiger Vergangenheit" und „vergegenwärtigter Zukunft", wie es Reinhart Koselleck formuliert (Vergangene Zukunft. Frankfurt 1985(4), S. 354 f.).
10. Edward P. Thompson, Die 'moralische Ökonomie' der englischen Unterschichten im 18. Jahrhundert. In: ders., Plebeische Kultur und moralische Ökonomie. Frankfurt, Berlin, Wien 1980, S. 67-130.
11. Ders., Volkskunde, Anthropologie und Sozialgeschichte. In: ebd. S. 290-318, hier S. 291.
12. Ebd., S. 307.
13. Stadtratsprotokoll (= SRP) Eßlingen, Beilage § 818, 1844.
14. SRP Eßlingen, Beilage 5 § 208, 1849.

15 Natalie Zemon Davis, Society and Culture in Early Modern France. Stanford 1975, bes. S.98-123 und 269-309.
16 S. etwa Grießinger, Das symbolische Kapital (s. Anm. 4). Als ältere sozialpsychologische Studien Erwin Kohn, Die Initationsriten der historischen Berufsstände. In: S. Bernfeld (Hg.), Vom Gemeinschaftsleben der Jugend. Wien, Leipzig, Zürich 1922, S. 188-271.
17 Pierre Bourdieu, Entwurf einer Theorie der Praxis auf der ethnologischen Grundlage der kabylischen Gesellschaft. Frankfurt 1979, bes. S. 139-202. Clifford Geertz, Dichte Beschreibung. Beiträge zum Verstehen kultureller Systeme. Frankfurt 1983.
18 Eßlinger Schnellpost Nr. 45, 6.6.1849.
19 Unsere noch nicht abgeschlossenen prosopographischen Untersuchungen deuten das jedenfalls an.
20 Wolfgang Kaschuba, Vom Gesellenkampf zum sozialen Protest. Zur Erfahrungs- und Konfliktdisposition von Gesellen-Arbeitern in den Vormärz- und Revolutionsjahren. In: U. Engelhardt (Hg.), Handwerker in der Industrialisierung. Stuttgart 1984, S. 381-406.
21 S. dazu Carola Lipp/Wolfgang Kaschuba, Wasser und Brot. Politische Kultur im Alltag der Vormärz- und Revolutionsjahre. In: Geschichte und Gesellschaft 10 (1984), S. 320-351, bes. S. 338 ff.
22 Staatsarchiv Ludwigsburg F 164 Bü 44.
23 Sehr ausführlich dargestellt vor allem für den preußischen Raum bei Alf Lüdtke, Gemeinwohl, Polizei und Festungspraxis. Staatliche Gewaltsamkeit und innere Verwaltung in Preußen, 1815-1850. Göttingen 1982.
24 SRP Eßlingen, Beilage § 1450, 1840.
25 Zum weiteren Zusammenhang s. Wolfgang Kaschuba/Carola Lipp, 1848 – Provinz und Revolution. Kultureller Wandel und soziale Bewegung im Königreich Württemberg. Tübingen 1978, S. 54-131.
26 SRP Eßlingen, Beilage 1849.
27 Bernd Weisbrod, Wohltätigkeit und „symbolische Gewalt" in der Frühindustrialisierung. Städtische Armut und Armenpolitik in Wuppertal. In: H. Mommsen/W. Schulze (Hg.), Vom Elend der Handarbeit. Stuttgart 1981, S. 334-357, hier S. 349.
28 Peter Blickle hat die erste Phase dieser 'Erziehung zum Untertanen' gerade auch für den württembergischen Raum des 17. und 18. Jahrhunderts eindrücklich beschrieben (Deutsche Untertanen. Ein Widerspruch. München 1982).
29 Dieses Teilresümee zieht Günther Lottes, Volkskultur im Absolutismus – Zerstörte oder eigenständige Lebensweise? In: Sozialwissenschaftliche Informationen für Unterricht und Studium 4, Jg. 12, 1983, S. 238-245, hier S. 241.
30 Michel Foucault, Überwachen und Strafen. Die Geburt des Gefängnisses. Frankfurt 1977, S. 14 und 285.
31 Jürgen Habermas, Theorie des kommunikativen Handelns. Frankfurt 1981.
32 Detaillierter bei Lipp/Kaschuba, Wasser und Brot (s. Anm. 21). Siehe dazu, und zum Zusammenhang von Frauen und Protest, auch den Beitrag von Beate Binder, Sabine Kienitz und Carola Lipp in diesem Band.
33 SRP Eßlingen 1847-1849.
34 Peukert, Arbeiteralltag (s. Anm. 1), S. 23.
35 Z.B. ein Oberamts-Bericht vom 21.3.1848 (Hauptstaatsarchiv Stuttgart E 146 Bü 1930).
36 SRP Eßlingen § 37, 10.1.1845.
37 Eßlinger Anzeiger Nr. 36, 6.9.1837.
38 SRP Eßlingen, Beilage § 785, 1841.
39 Franz Joseph Brüggemeier/Lutz Niethammer, Schlafgänger, Schnapskasinos und schwerindustrielle Kolonie. In: J. Reulecke/W. Weber (Hg.), Fabrik, Familie, Feierabend – Beiträge zur Sozialgeschichte des Alltags im Industriezeitalter. Wuppertal 1978, S. 135-175; James S. Roberts, Wirtshaus und Politik in der deutschen Arbeiterbewegung. In: G. Huck (Hg.), Sozialgeschichte der Freizeit. Wuppertal 1980, S. 123-139.
40 Norbert Elias, Die höfische Gesellschaft. Frankfurt 1983, S. 102.
41 Zur Präzisierung dieser Begriffe s. vor allem Michel Vovelle, Die französische Revolution. Soziale Bewegung und Umbruch der Mentalitäten. Frankfurt 1985, bes. S. 80 ff.
42 Ein Begriff von Jürgen Habermas, den dieser fortführt in seinen Überlegungen zu einer „Diskursethik – Notizen zu einem Begründungsprogramm" (Ders., Moralbewußtsein und kommunikatives Handeln. Frankfurt 1983, S. 53-125).
43 Kocka, Lohnarbeit (s. Anm. 1), bes. S. 137 ff; Dieter Langewiesche, Arbeiterkultur in Österreich: Aspekte, Tendenzen, Thesen. In: G. Ritter (Hg.), Arbeiterkultur. Königstein 1979, S. 40-57.

44 Klaus Michael Bogdal, Schaurige Bilder. Der Arbeiter im Blick des Bürgers. Frankfurt 1978, S. 50.
45 Kohn, Initiationsriten (s. Anm. 16), S. 189.
46 SRP Eßlingen Beilage § 558, 1840.
47 Alfred Lorenzer, Das Konzil der Buchhalter. Die Zerstörung der Sinnlichkeit. Frankfurt 1984, S. 23.
48 Eßlinger Schnellpost Nr. 78, 27.9.1848.
49 Norbert Schindler, Spuren in die Geschichte der 'anderen' Zivilisation. Probleme und Perspektiven in einer historischen Volkskulturforschung. In: v. Dülmen/Schindler, Volkskultur (s. Anm. 4), S. 13-77, hier S. 15.
50 Alf Lüdtke, Arbeitsbeginn, Arbeitspausen, Arbeitsende. In: Huck, Freizeit (s. Anm. 39), S. 95-122; Lothar Machtan, Zum Innenleben deutscher Fabriken im 19. Jahrhundert. In: Archiv für Sozialgeschichte 21 (1981), S. 179-236.
51 S. dazu Gottfried Korffs Beitrag in vorliegendem Band.
52 Eßlinger Schnellpost Nr. 56, 14.7.1849, und Nr. 30, 12.4.1848.
53 Vor allem Eric Hobsbawm hat sich mit dieser Frage nach sozialistischen Allegorie- und Ikonographietraditionen näher beschäftigt (Sexe, symboles, vetements et socialisme. In: Actes de la recherche en sciences sociales 23 (1978), S. 2-18).
54 Lorenzer, Konzil (s. Anm. 47), S. 44.
55 Eine Spur, der vor allem Carlo Ginzburg in jüngerer Zeit intensiv nachgeht (Charivari, Jugendbünde und Wilde Jagd. In: ders., Spurensicherung. Berlin 1983, S. 47-60). Zu diesen Mythologiefragen s. auch mehrere Beiträge im Tagungsband von J. le Goff/J.-C. Schmitt (Hg.), Le Charivari. Paris 1981.
56 Ausführlicher dazu Kaschuba/Lipp, 1848 (s. Anm. 25), und Kaschuba, Gesellenkampf (s. Anm. 20).
57 Vgl. Edward P. Thompson, „Rough Music" oder englische Katzenmusik. In: ders., Plebeische Kultur (s. Anm. 10), S. 131-168; Martin Scharfe, Zum Rügebrauch. In: Hessische Blätter für Volkskunde 61 (1970), S. 45-68.
58 Stuttgarter Tagblatt 19.2.1847.
59 Mit dieser Doppelbödigkeit des Karnevals beschäftigen sich besonders Emmanuel Le Roy Ladurie, Karneval in Romans. Stuttgart 1982, und Bob Scribner, Reformation, Karneval und die „verkehrte Welt". In: v. Dülmen/Schindler (Hg.), Volkskultur (s. Anm. 4), S. 117-152.
60 Eric Hobsbawm diskutiert diesen Begriff ausführlich in seiner Einleitung des Bandes „The Invention of Tradition" (E. Hobsbawm/T. Ranger (eds.), Cambridge 1983, S. 1-14).
61 Tübingen 1984, S. 301.
62 Douglas Reid, Der Kampf gegen den „Blauen Montag" 1766-1876. In: D. Puls et al., Wahrnehmungsformen und Protestverhalten. Studien zur Lage der Unterschichten im 18. und 19. Jahrhundert. Frankfurt 1979, S. 265-295.

Carola Lipp, Sabine Kienitz, Beate Binder

Frauen bei Brotkrawallen, Straßentumulten und Katzenmusiken – Zum politischen Verhalten von Frauen 1847 und in der Revolution 1848/49 *

1. Frauen und sozialer Protest

Frauen sind die „Wächterinnen des Marktes ... Bei übertriebener Teuerung ... rebellieren sie. Brotunruhen, noch im 19. Jahrhundert eine weit verbreitete Form von Volkserhebungen, werden fast immer von Frauen ausgelöst." Frauen führen die „aufrührerischen Horden" an, schreibt Michelle Perrot emphatisch.[1] Frauen bilden nach ihrer Schilderung den harten Kern der subsistenzorientierten Protestbewegungen des 18. und 19. Jahrhunderts, und englische und französische Untersuchungen zeigen, daß Frauen überdurchschnittlich zahlreich an Lebensmittelunruhen beteiligt waren und bei diesen Aktionen auch vor Gewaltanwendung nicht zurückschreckten. Angesichts der englischen Protestbewegung des 18. Jahrhunderts kommt Thompson zu der Ansicht, daß „Frauen wahrscheinlich am häufigsten spontane Aktionen (herbeiführten)".[2] Je höher der Organisationsgrad war und kollektive Absprachen das Protestverhalten lenkten, desto eher traten Frauen in den Hintergrund. Thompson berichtet von einem Fall, in dem Frauen und Lehrlinge von kollektiven Preisfestsetzungsaktionen ausgeschlossen wurden, weil „kleine Diebereien" unterbunden werden sollten.[3] Frauen beschränkten sich anscheinend nicht nur auf die Erzwingung eines reellen Preises, sondern neigten dazu, sich an den Waren bzw. den Händlern schadlos zu halten; – dies wurde ihnen zumindest von männlicher Seite unterstellt. Im Unterschied dazu stellt Perrot für Frankreich fest, daß Frauen durchaus zu organisiertem und diszipliniertem kollektivem Handeln fähig waren. Ihrer Ansicht nach „zerstören Frauen nicht, plündern nicht, sie verlangen nur den Verkauf zu Festpreisen."[4] Wenn sie Händler angriffen, dann lediglich um diese am Verkauf oder Marktbesuch zu hindern.

„Den Kampf ums Brot" betrachtet Perrot als das zentrale „Aktionsfeld der Frauen"[5], wie insgesamt die Protestforschung davon ausgeht, daß Frauen durch ihre gesellschaftliche Rolle als Konsumentin und als Versorgerin der Familie eine wichtige Funktion bei der Marktkontrolle zukam. Denn „sie waren natürlich auch diejenigen, die in der Regel direkt mit dem Händler auf dem Markt zu tun hatten, am empfindlichsten auf Preisunterschiede reagierten und bei der Aufdeckung von Untergewicht und schlechter Qualität die meiste Erfahrung hatten."[6] Damit ist vorerst allerdings nur ein alltäglicher Konflikt beschrieben, der jedoch in Krisenzeiten jederzeit politisch virulent werden konnte. Daß eine „Käuferin mit einer Verkäuferin thätlich wurde", hielt ein württembergischer Oberamtmann des 19. Jahrhunderts für eine alltägliche „Szene, welche nicht selten ist."[7] Die Arbeiten von Manfred Gailus[8] über Lebensmittelproteste in Deutschland 1847 wie auch unsere eigenen Untersuchungen zeigen, daß diese alltäglichen Interaktionen und Konflikte unter bestimmten äußeren ökonomischen und sozialen Bedingungen rasch eskalieren und zur Keimzelle tumultartiger Aktionen und Protestbewegungen werden konnten.

Auch in der deutschen Geschichtsforschung wird davon ausgegangen, daß Frauen in Lebensmittelunruhen eine „dominierende Rolle"[9] spielten. Über diese allgemeine Aussage hinaus ist jedoch erstaunlich wenig Konkretes über das Verhalten und die Motive protestierender Frauen bekannt; und es ist bisher auch nie problematisiert worden, ob es möglicherweise geschlechtsspezifische Unterschiede in Bezug auf das Protestziel und die Motive der Teilnahme gab. Stattdessen wurde von einem einheitlichen Protestziel ausgegangen. Selbst gruppenspezifische Untersuchungen des Protestverhaltens blenden Frauen weitgehend aus: Geschlecht wird als Kategorie historischer Untersuchung nicht wahrgenommen.[10] Die Gesichter der Frauen gehen in der Menge unter, ihre Herkunft oder gar ihre Biographie bleiben im Dunkel.

Diese Tendenz wird noch dadurch verstärkt, daß sich die Protestforschung lange Zeit – sicher zu recht – um eine Systematisierung und eine Einordnung in übergreifende Fragestellungen bemüht[11] und weniger nach den Beteiligten und dem komplexen Verhältnis „von Motivation, Verhalten und Funktion" des Protestes gefragt hat.[12]

Ob Funktion und Ziel des Protestes für Frauen und Männer wirklich dieselben waren, war deshalb eine der zentralen Fragen, als wir uns mit Frauen in den Brotunruhen des Jahres 1847 zu beschäftigen begannen. Uns ging es darum, die Frauen in der Masse der Protestierenden sichtbar zu machen, ihr Verhalten, ihre Beweggründe zu studieren. Wir suchten nach dem Zusammenhang zwischen ihrem politischen Handeln, ihrer Disposition zum Protest und ihren alltäglichen Lebens- und Arbeitsbedingungen. Uns interessierte das „'mehrschichtige Bündel' von Wünschen und Ängsten, Erinnerungen und Hoffnungen, Erfahrungen und Projektionen", wie es Alf Lüdtke nennt.[13] Wir wollten es aufschnüren und uns damit der „Innenwelt des Protestes"[14] und der Protestierenden nähern. Wir suchten nach dem individuellen und sozialen Eigensinn dieser Aktionen, nach dem Regelsystem im Verhalten der Protestierenden. Gegenstand unserer Untersuchung sind die Brotkrawalle in Ulm und Stuttgart Anfang Mai 1847. In einem weiteren Analyseschritt versuchen wir diese Ergebnisse in Bezug zu setzen zum Protestverhalten der Frauen in der Revolution 1848, wobei uns dabei vor allem die Kontinuität von Aktionsmustern sowie die spezifischen Formen politischen Denkens und Handelns von Frauen und deren Beziehung zur politischen Kultur der Revolutionsjahre beschäftigen wird.

2. Zum Zusammenhang von Protestverhalten und Alltagshandeln

Bevor wir uns dem Protestverhalten zuwenden, sei hier noch einmal kurz der ökonomische und soziale Hintergrund der Lebensmittelproteste des Jahres 1847 skizziert.[15] Die Krise 1847 gehörte zu einer der letzten großen Hungerkrisen des 19. Jahrhunderts. In ihr trafen die klassischen Bedingungen einer agrarischen Krise des Typ ancien régime, – also Mißernten, Lebensmittelteuerung, Nahrungsmittelknappung –, zusammen mit einer durch einen ersten Industrialisierungsschub ausgelösten gewerblichen Krise. Die strukturell bedingte Verarmung des Handwerks und die landesweite Arbeitslosigkeit spitzten sich durch raschen Preisanstieg bei Lebensmitteln existentiell zu. Die extreme Teuerung bei den Grundnahrungsmitteln Brot und Kartoffeln führte Ende April, Anfang Mai in ganz Deutschland zu Marktprotesten und Unruhen.[16] Die erste und damit auch zeichensetzende Aktion dieser Art in Württemberg war der Ulmer Brotkrawall[17] am 1. Mai 1847.

Was war in Ulm geschehen? Wie es im Bericht der Ulmer Zeitung[18] heißt, war schon „in den Vormittagsstunden ... der Viktualienmarkt außerordentlich belebt, Käufer und Verkäufer strömten in Massen herbei ...". Der Tumult begann um 10 Uhr, als ein Kunde sich über den Kartoffelpreis erregte und der Kartoffelhändler im Streit drohte, lieber seine Ware ins Wasser zu werfen, als sie billiger zu verkaufen. Daraufhin „riß den Umstehenden die Geduld und in zahlreicher Masse stürzten sie nun über die Verkäufer her: – Das Volk war zügellos", schrieb die Zeitung, „und wer nicht verkaufen wollte, der mußte der Gewalt weichen." Die Preisfestsetzungsaktion auf dem Kartoffelmarkt war nur der Anfang. Der einmal aufgerührte Zorn richtete sich bald gegen die Kornhändler, die verdächtigt wurden, mit dem Hunger der Leute zu spekulieren, schließlich war Brot das Hauptnahrungsmittel der damaligen Unterschichten. Ein Haufen zog zum Kornhaus und verprügelte dort den Müller Wieland. Das Geschehen verlagerte sich nun vom Markt weg vor die nahegelegene Wielandsche Langmühle, in der man Spekulationsvorräte vermutete. „Unter Wüthen und Schreien wurde gegen dieses Gebäude ein Bombardement gerichtet, das Alles zertrümmerte; im Sturm drang man in das Innere ein und unter wildem Frohlocken fielen die Exzedenten über das Eigenthum der Besitzer her ... Ungehindert wurden ... die größten Quantitäten Mehl weggeschleppt." Dies war der Zeitpunkt, an dem die Frauen als Handelnde in den Vordergrund traten. Denn, wie die Ulmer Schnellpost meinte, es war „hauptsächlich ... das weibliche Geschlecht, welches sich hervorthat." Die anrückende Cavallerie wurde mit Steinwürfen abgehalten, und die Menge stürmte schließlich noch ein in der Nähe gelegenes Wirtshaus. Soweit der Ereignisablauf.

Die Ergebnisse unserer Analyse des Protestverlaufs unterscheiden sich in einigen interessanten Punkten von den eingangs dargestellten Thesen. Wie sich zeigte, waren es z.B. nicht die Frauen, die den Tumult auslösten, sondern Handwerker und Handwerksgesellen, die sich die Kompetenz der Marktkontrolle aneigneten. Sie waren es, die als erste die Händler auf dem Kartoffelmarkt wegen ihrer hohen Preise angriffen. Daß die Initiative von dieser Gruppe – und nicht von Einzelkonsumentinnen – ausging, hat mehrere Gründe. Die Anwesenheit zahlreicher Männer auf dem Markt war sicher auch Ausdruck der gespannten Stimmung in der Stadt, die jederzeit mit Konflikten rechnen ließ. Zum zweiten waren Männer damals noch näher am Marktgeschehen. Auf dem Markt kauften nicht nur Hausfrauen für den aktuellen Tagesverbrauch ein, sondern Männer kümmerten sich ebenfalls um die häusliche Vorratshaltung, vor allem, wenn es um den Einkauf größerer Mengen ging. Handwerksmeister oder andere Gewerbetreibende hatten damals noch erweiterte Haushalte und verköstigten oft Lehrlinge und Gesellen mit. Daß es gerade Handwerker waren, die besonders sensibel auf die Preisspekulationen der Händler reagierten, erklärt sich aus dem handwerklichen Selbstverständnis und Habitus. Handwerker waren noch im geschlossenen Raum des zünftisch reglementierten Gewerbes aufgewachsen und fühlten sich von daher kollektiv definierten Regeln der Preisfestsetzung verpflichtet. Aus diesem Grund hegten sie ein tiefes Mißtrauen gegenüber dem sich ausbreitenden Handel[19] und dem sich immer mehr kapitalistisch organisierenden Markt, durch den sie die traditionale Marktordnung außer Kraft gesetzt sahen. Im Getreide- wie auch im Viktualienhandel galten Prinzipien einer obrigkeitlich geschützten Subsistenzökonomie, die den Kleinkonsumenten feste Preise und ein Vorkaufsrecht gegenüber den Zwischenhändlern einräumte.[20] Der Zorn der Handwerker richtete sich deshalb vor allem gegen die Großhändler und Müller wie Wieland, die Getreide aufkauften, um es zu horten und Spekulationsgewinne zu erzielen. Die Diskussionen, die sich vor Ausbruch des Konflikts auf dem Ulmer Markt entspannen, kreisten deshalb vor allem um den Schutz der traditionellen Marktordnung. Daß Handwerker schließlich als erste gewalttätig wurden und zu Strafaktionen übergingen, hängt zudem mit der kollektiven Konflikterfahrung dieser Gruppe zusammen. Die zünftisch Organisierten waren mit einem festen System der kollektiven Konfliktregulierung aufgewachsen, das trotz rechtlicher Einschränkungen im 19. Jahrhundert als politisches Verhaltensmuster noch lebendig war.

Was die Frauen betrifft, so beteiligten sie sich zwar ebenfalls an den verbalen Auseinandersetzungen mit Händlern und Vertretern der städtischen Obrigkeit, ihnen kam jedoch nach Polizei- und Augenzeugenberichten in dieser Situation keine Führungs- oder Initiativfunktion zu. Frauen traten erst dann in Erscheinung, als der Konflikt eskalierte und die Menge sozusagen in Bewegung geraten war.

Wie aus Zeitungsberichten und Gerichtsakten hervorgeht und wie später die Verhaftungen zeigten, schlossen sich viele Frauen dem Tumult erst vor der Mühle an. Sie sei, gab die 37jährige Witwe Dorothea Häusele zu Protokoll, „zufällig an die Langmühle gekommen, wo alles drunter und drüber gieng."[21] In der Stadt hatte sich zu diesem Zeitpunkt bereits in Windeseile verbreitet, daß es bei der Langmühle 'etwas zu holen gab'. Dieses Gerücht und die Neugier lockten viele zum Schauplatz des Krawalls. „Ich ging hin, um zu sehen, was es gab", meinte die Tagelöhnerin Juliane Daub später bei der Polizei, und „da sah ich, daß nicht Mehl verschenkt, sondern rebellt wird."[22] Dennoch griff auch sie zu. Die Frauen luden sich Mehl oder andere Dinge, derer sie habhaft werden konnten, in die Schürzen und trugen es nach Hause. Manche gingen sogar mehrere Male, und Ursula Striebel, eine Mutter von zwei Kindern, brachte es auf diese Weise immerhin auf 70 Pfund Mehl.[23]

Auch Männer plünderten, doch sie taten es – teilweise wenigstens – in organisierter und kollektiver Form. Während die Frauen ihre Beute einzeln in ihren Schürzen oder in Körben nach Hause schleppten, nahmen die Männer gemeinsam mehrere Säcke und teilten in aller Ruhe fern vom Schauplatz der Tat. Mitunter kam es auch zu Kooperationen und Arbeitsteilungen. Die Männer leerten z.B. vom Kornboden Getreide in die ausgebreiteten Schürzen der unter dem Fenster stehenden Frauen.[24]

Obwohl Frauen wie Männer gleichermaßen die Situation nützten und plünderten, gibt es doch wesentliche Momente, in denen sich ihr Verhalten bei der Protestaktion und auch nachher vor Gericht unterscheidet. Erkennen läßt sich dies bereits an den Motiven, die Frauen und Männer bewogen haben, sich an der Erstürmung der Mühle zu beteiligen. Wie aus den Verhörprotokollen deutlich wird, nutzten viele Männer die Situation, ihre Aggressionen gegen den Spekulanten Wieland durch Demolieren und gezieltes Zerstören auszuleben. „Ich ... gieng blos wegen dem Fenstereinwerfen hin", sagte so der Schneidermeister Matheus Messmann.[25] Sein Handeln folgt einer gewissen Rationalität, diese zum Teil wohl unkontrollierten Affekte hatten die Funktion, dem Müller Wieland stellvertretend für alle Spekulanten einen Denkzettel zu verpassen. Die Gewalt besitzt so eine symbolische Bedeutung, dient der Verstärkung des Protestziels.

In auffälliger Weise beriefen sich fast alle Männer vor Gericht auf ein „moralisch"[26] ihnen zustehendes Recht der Sanktion, betrachteten den Ausbruch der Gewalttätigkeiten quasi als Fortsetzung des auf dem Markt begonnenen 'Dialogs' über Marktrecht und legitimes Marktverhalten.[27] Schreinermeister Dafeldekker brachte mit seiner Aussage diese Haltung auf einen Nenner: Der „Unfug im Kornhaus (müßte) von der Obrigkeit gesteuert werden". Wenn diese „dabei nicht helfe", müßten die Bürger „selbst dafür sorgen, daß es anders werde."[28] Mit seinen Spekulationskäufen hatte der Müller die Regeln der traditionellen Schrannenordnung und damit das 'alte Recht' verletzt, und war so gesehen für den Tumult selbst verantwortlich. Betrachtet frau die Einstellung und das Handeln der Männer, so zielte der Protest darauf ab, das eigene gruppenspezifische Wertsystem zu bestätigen und Loyalität zu erzwingen. Die Vorstellung der Legitimität des eigenen Handelns wurde schließlich dadurch verstärkt, daß die meisten der am Krawall Beteiligten in Ulm das Bürgerrecht besaßen. Es waren also nicht „Ortsfremde" oder „Entwurzelte"[29], die die Gelegenheit zum Krawall wahrnahmen, sondern Stadtbürger, die die Respektierung lokaler Regelsysteme verlangten.

Die Legitimationsstrategien der Männer und Frauen laufen hier durchaus in eine unterschiedliche Richtung, obwohl diese wie die Männer vor Gericht im Rahmen einer „moralischen Ökonomie"[30] argumentierten. Keine einzige Frau äußerte sich zum Beispiel in ihrer Aussage zum Problem der Marktordnung und deren Verletzung durch die Spekulanten, noch stellten die Frauen ihr Tun als Bestrafungsaktion dar und leiteten von daher ihr Recht zum Protest ab. Entsprechend ihrem Arbeitsalltag war ihr Bezugssystem nicht der Markt und seine internen Regeln, sie kritisierten vor allem die vernachlässigte Fürsorgepflicht der Obrigkeit. Dies hatten einige Frauen bereits bei den dem Tumult vorangegangenen Diskussionen deutlich gemacht. „Auf dem Kartoffelmarkt", so berichtete ein Ulmer Stadtrat, „stellten sich mehr als 30 Personen, meistens ältere Weiber gegen mich auf und machten mir Vorwürfe, daß der Stadtrat für die armen Leute nicht genügend gesorgt hätte."[31] Auch die Frauen dachten und handelten also in den Kategorien des lokalen paternalistischen Systems. Ihr „Erfahrungsraum und Erwartungshorizont"[32] war aber ein anderer. Indem sie sich auf die Fürsorgepflicht der Stadtväter beriefen und an die Notstandsmaßnahmen in der Hungerkrise 1816/17 erinnerten, betonten sie einen Aspekt, der ihnen als Ehefrauen und Familienmüttern nahelag: die Sorge um die Angehörigen.

Auch in einem weiteren, sehr wesentlichen Punkt unterscheiden sich die Einstellung und das Verhalten der Frauen von dem der Männer. Im Vergleich zu deren aggressiven Entladungen verhielten sich die Frauen beim Sturm auf die Mühle und das Wirtshaus überlegt und pragmatisch. Sie machten nichts kaputt, sondern nahmen mit, was ihnen nutzen mochte. „Ich dachte, ich sei ein armes Weib", entschuldigte sich die bereits erwähnte Witwe Häusele, „ich wolle jetzt auch Mehl haben, daß ich einigemale davon kochen kann."[33] Das Verhalten der Frauen war gebrauchswertorientiert. Einzelne Frauen versuchten die Männer davon abzuhalten, alles kleinzuschlagen. Angelika Althammer riß einem Festungsarbeiter einen angeschlagenen Stuhl aus der Hand, denn lieber wollte sie diesen als Brennholz verheizen, als ihn aus dem Fenster fliegen sehen.[34] Interessanterweise trennten die Frauen in ihrer Wahrnehmung zwischen dem Mitnehmen von Gegenständen, die sie bei der Plünderung des Gasthauses „Hasen" erbeutet hatten, und dem Abtransport von Mehl aus der Wielandschen Mühle. Einige brachten am nächsten Tag das im „Hasen" mitgenommene Küchengeschirr und die Bettwäsche zurück, da diesen konkreten Gegenständen offenbar zu deutlich das Odium des Diebstahls anhaftete. Die Selbstbedienung beim Mehl dagegen wurde als weniger schuldbelastet erlebt, wenn nicht sogar angesichts des eigenen Bedürfnisses als rechtens empfunden. „Ich dachte eben, bei den schlechten Zeiten und bei meinen bedrängten Vermögensumständen könne ich das Mehl wohl gebrauchen", so die Taglöhnerin Regina Dauner, die daraus für ihre Familie Knöpfle gekocht hatte.[35] Gerade vor Gericht wiesen die Frauen sehr viel häufiger als die Männer auf ihre Bedürftigkeit hin. Möglicherweise war es auch der Gegensatz zwischen dem Wielandschen Überfluß und dem eigenen Mangel, der die Selbsthilfe als legitim erscheinen ließ. Hinzu kam, daß das Mehl von den Frauen sofort weiterverwendet wurde und durch diese Zusetzung von Arbeit ja auch seine Gestalt veränderte.

Daß die Frauen aus einer realen Notlage heraus handelten, und dies nicht nur eine Verteidigungsstrategie vor Gericht war, dafür spricht auch der soziale Hintergrund der gerichtlich belangten 57 Frauen. Es waren Frauen von Taglöhnern, Arbeitern und kleinen Handwerkern, die selbst oft von Taglohnarbeiten lebten. 17 % von ihnen waren verarmte Witwen und über 50 % verheiratete Frauen, die Kinder zu versorgen hatten. Die Notwendigkeit, eine Familie unterhalten zu müssen, war ihnen so Begründung genug. Ihr Verhalten stand in einem unmittelbaren Zusammenhang mit den Problemen ihres Alltags. Günstig zu Mehl zu kommen, war für manche ein entscheidendes Motiv für die Teilnahme an dieser Protestaktion. Ihr Handeln bezog sich auf kein übergeordnetes System sozialer und ökonomischer Moral, das Motto hieß eher Hilfe zur Selbsthilfe. Dieses individuelle Ziel der Protestaktion ist indessen nicht von der politisch-sozialen Dimension des Protests zu trennen, sondern beide zusammen ergeben den gemeinsamen inneren Sinnzusammenhang des Protests.

In der Protestforschung wird das entschlossene, oft pragmatische Handeln der Frauen gerne sozial abgewertet, ohne daß die innere Logik dieses Verhaltens wahrgenommen würde. Gerade im Hinblick auf Frauen ist die Forschung keineswegs frei von bürgerlichen Vorurteilen. Dies mag ein Zitat von Werner Blessing illustrieren, das unfreiwillig belegt, daß die Existenz eines spezifischen Männer- und Frauenblicks keineswegs eine böswillige Erfindung von Feministinnen ist. Während wir geneigt sind, plündernden Frauen eine gewisse Rationalität zuzugestehen, weil wir ihr Verhalten in einer bestimmten Situation als gebrauchswertorientiert verstehen, fährt Blessing bei seiner Darstellung eines Krawalls in Bayern die Geschütze bürgerlicher Massenpsychologie auf und unterstellt den Tumultanten ganz allgemein einen „hysterischen Ausbruch aus etablierten Interaktionsmustern".[36] Der Zusammenhang zwischen Tumult und Alltagshandeln, auch Alltagsnöten, wird weitgehend ignoriert, Protestverhalten wird zum 'abweichenden Verhalten'. Erscheint diese Form der Devianz bei Männern allerdings noch legitimiert durch die besondere soziale und sozioökonomische Situation der Krisenzeit, und zieht Blessing zur Erklärung männlichen Protestverhaltens auch weitergreifende politische und soziale Erklärungsmuster heran, macht er die Devianz der Frauen hauptsächlich an ihrer besonderen psychischen Konstitution fest, macht sie zu einem Problem des weiblichen Charakters.[37] „Vor allem Frauen", schreibt Werner Blessing, „durch ihre soziokulturelle Minderstellung uninformiert und folglich leichtgläubiger, psychisch verstörungsanfälliger und am unmittelbarsten mit der Nahrungssorge belastet, bemächtigten sich hektisch jedes greifbaren Sackes Getreide."[38]

3. Der Stuttgarter Brotkrawall: Interaktionsrituale und biographische Aspekte des Protestverhaltens[39]

Wirft der Ulmer Krawall ein Licht auf den Zusammenhang von alltäglichem Lebenshorizont und Verhalten in einer sozialen Ausnahmesituation, so gibt der Stuttgarter Krawall Einblick in ritualisierte Verhaltensformen bei Protestaktionen. Die Rekonstruktion des Lebenslaufes einer verurteilten Teilnehmerin erlaubt schließlich in einer exemplarischen Analyse, den individuellen Sinnzusammenhang politischen Handelns näher zu erschließen. An der Biographie dieser Frau läßt sich nachvollziehen, welche komplexen sozialen Beziehungen, Erfahrungen und emotionalen Eruptionen in eine Protestaktion eingehen. Die biographische Methode, – ansonsten eher in der Oral History[40] gebräuchlich, eröffnet damit neue Perspektiven für die Protestforschung.

Zum Ablauf des Geschehens: Der Stuttgarter Brotkrawall fand zwei Tage nach dem Ulmer statt, und im Unterschied zu diesem kam es hier nur zu einem Auflauf in den Straßen, nicht aber zu Plünderungen. Der Tumult begann auch nicht auf dem Stuttgarter Markt, der nach den Ulmer Erfahrungen streng überwacht wurde, sondern als nächtliche Veruf- und Strafaktion gegen einen wohlhabenden Bäcker, der seit Tagen kein Brot gebacken hatte. Angeblich war sein Ofen nicht funktionsfähig, Gerüchte allerdings wollten wissen, daß er auf die nächste Brotpreiserhöhung wartete.[41] In der Nacht vom 3. zum 4. Mai kam es zu einer Katzenmusik vor dem Haus des Bäckers, und „eine tobende und angreifende Menge" brachte ihr Mißfallen mit einem lauten Pfeifkonzert zum Ausdruck. Hier bereits sah der Stuttgarter Korrespondent der „Allgemeinen Zeitung" „im Hintergrund die Weiber, der Gelegenheit der Plünderung gewärtig".[42]

Als Militär die Menge zu vertreiben suchte, eskalierte der Konflikt und breitete sich schließlich über das ganze Viertel aus. Zwischen Tumultanten und Soldaten kam es zu regelrechten Straßenkämpfen. Es wurden Steine geworfen, und das Militär ging mit blankem Säbel vor. Was als eher brauchmäßige Rügeaktion[43] begonnen hatte, verwandelte sich in eine Auseinandersetzung zwischen Ordnungsmacht und protestierender Gegenmacht. Die Gewalt der Soldaten produzierte einen vehementen Widerstand.

Der Stuttgarter Tumult führt anschaulich vor Augen, daß auch Frauen angesichts von Gewalt zur Gewalt greifen. So bewaffneten sich einzelne Frauen mit Latten und versuchten nach den Soldaten und ihren Pferden zu schlagen. Andere warfen zusammen mit den Männern aus dem Schutz dunkler Hauseingänge Steine auf die vorbeireitenden Soldaten. Auch bei dieser Straßenschlacht waren die Schürzen – das Kennzeichen der arbeitenden Frau – unmittelbar von Nutzen. In ihnen schleppten die Frauen Steine von den nahegelegenen Baustellen und versorgten zusammen mit den Kindern die Werfenden mit Munition.

Bis zum Einsatz des Militärs verlief der Stuttgarter Protest in den traditionellen Formen einer Katzenmusik; Schreien, Lärmen, Pfeifen, Drohgebärden oder warnende Steinwürfe waren rituelle Akte des Spektakels, in dessen Dramaturgie den Frauen eine wesentliche Rolle zukam: Sie waren Stimmungsmacherinnen, deren „gemeines Schimpfen"[44] ein konstitutiver Teil der Verrufaktion war. Wenn sie den Bäcker Mayer, bei dem sie ihr Brot einkauften, einen Halunken nannten und jeden Fensterwurf bejubelten, dann sprachen sie nicht nur aus Erfahrung, sondern bestätigten die Tumultanten: „es ist recht, daß man dem Mayer ... die Fenster einwirft".[45] Trotz der Dunkelheit – die neu installierten Gaslaternen waren längst schon zerstört – fiel dem Feldjäger Humpfer unter rund 100 Leuten eine Frau auf, deren Namen er zwar nicht kannte, deren Verhalten er aber genauestens registriert hatte: „Diese schrie hauptsächlich und trieb sich lange in der Weberstraße herum; ich bemerkte sie die ganze Zeit, die ich dort auf dem Platze war, von 1/2 9 bis 10 Uhr. Ich hielt sie für betrunken, Thätlichkeiten beging sie keine, wie denn überhaupt die Masse, in der sie sich befand, nicht mit Steinen warf, noch sich thätlich widersetzte, sondern eben lärmte und schrie. Da war die Weibsperson nun eine der Ärgsten mit Schreien und Lärmen."[46]

Als das Militär durch die Straßen ritt, waren es Frauen, wie ein Polizeiobmann berichtete, die die „zügellosen Schaaren"[47] zum Widerstand aufhetzten. Ihre grellen Stimmen gellten den Polizisten offensichtlich besonders in den Ohren. „Drauf! Los! Reißt sie herunter!", schrie eine Frau angesichts der Reiter, die auf die Leute einschlugen.[48] „Revange, Revange, ich will doch sehen, ob es so fortgehen kann, ob keine Hülfe kommt", – tobte wild gestikulierend die Ehefrau des Holzspälters Eberhard.[49] „Sobald die Calwer aufstachelte, lärmten auch die Leute wieder, warfen Laternen ein unten und oben im Gäßchen", wurde später der verhafteten Beate Calwer vorgeworfen.[50]

Mit ihrer stimmlichen Gewalt kam den Frauen fraglos eine aktionstragende Funktion zu. Ihre verbale Aggressivität hielt die Wut wach, wirkte motivierend und „aufreizend". Diese aufstachelnde Funktion von Frauen wird in der Protestliteratur immer wieder erwähnt. Thompson z.B. berichtet von mehreren Fällen, in denen die „Frauen die Männer aufhetzten und ganz und gar Furien waren."[51]

Was die Frauen im einzelnen geschrien haben, ist nur von wenigen bekannt. Es handelt sich dabei meist um eher diffuse Drohungen, weniger um direkte politische Parolen. Friederike Eberhard soll gerufen haben: „Wenn wir auch heute nichts ausrichten, so wird es morgen abend noch ganz anders gehen."[52] Als der König, der die Vorgänge in Augenschein nehmen wollte, durch die Straßen der Stuttgarter Unterstadt ritt, skandierten nicht näher identifizierte Gruppen aus der Dunkelheit: „Hurrah, es lebe die Freiheit, es lebe die Republik".[53] Männer wie Frauen waren sich einig im Widerstand gegen die Soldaten.

Das in den Akten in zahlreichen Varianten auftretende Bild der „schimpfenden Weiber" lohnt eine nähere Betrachtung, denn es handelt sich dabei um einen Topos, dem wir auch sonst in den Rechtsquellen des 18. und 19. Jahrhunderts häufig begegnen. Bereits in Dorfordnungen früherer Jahrhunderte gibt es besondere Passus, die sich mit dem Schimpfen und Beleidigen allgemein und vor allem mit dem Gezänk der Frauen beschäftigten. Solche Rechts- und Verhaltensnormen beziehen sich auf das Schimpfen im Alltag ebenso wie auf rituelles Schimpfen, das drohende „Herausrufen aus dem Haus"[54], das zugleich eine Probe auf die Ehre des Beschimpften ist. Im kollektiven Protest wird das Schimpfen zur Waffe. In die rituellen Schimpfkanonaden bei Protestaktionen gehen so einerseits (mehr oder weniger bewußt) Elemente des traditionellen Brauchverhaltens ein, wie es auch zugleich eine Lebensrealität der Frauen spiegelt, die sich bei diesen verbalen Angriffen ja offensichtlich besonders hervortun.

Dabei ist zu bedenken, daß Schimpfen fraglos eine der lebendigsten und auch lautesten Äußerungsformen des Unterschichtslebens ist. Frauen der Unterschichten waren es im 19. Jahrhundert nicht gewohnt, ihre Stimme zu dämpfen oder ihre Konflikte in den vier Wänden zu halten. Haus und Straße, privater und öffentlicher Raum gingen ineinander über. Die Straße war Lebensraum, hier wurde ein Teil der häuslichen Arbeiten verrichtet, saßen Strickerinnen bei schönem Wetter auf den Haustreppen und die Näherinnen arbeiteten am Fenster. Die Straße war Kommunikationsort und Nachrichtenbörse. Über die Straße gelangten die lebenswichtigen Informationen zu den Betroffenen. Hier schellte der Büttel die nächste Brotpreiserhöhung aus. Dienstboten kamen vorbei und blieben auf ein kurzes Gespräch stehen, die professionellen Wasserträgerinnen gingen ihre regelmäßigen Routen.

Kommen und Gehen wurde kommentiert. Die Straße war ein Ort der sozialen Kontrolle, hier wurde beobachtet und begutachtet. Das Gerede[55] entschied über Ehre und Unehre ebenso wie über soziales Akzeptiertsein und sozialen Ausschluß.

Auf der Straße wurde schließlich geschimpft und gestritten. Wer einen Konfikt auszutragen hatte, tat dies öffentlich. Lokale Gerichtsakten wimmeln von Beschreibungen, nach denen Frauen die Gasse auf und ab springen (wie es heißt) und dabei Beleidigungen ausstoßen.[56] Es sind oft Schreie der Ohnmacht. Die Straße zum Zeugen zu machen war ein übliches Mittel bei Ehrenhändeln und Streitereien, vor allem dann, wenn aufgrund der Umstände keine Chance bestand, ruhig zu einer Lösung zu kommen.

Schimpfen und Insultieren gehörte so zum alltäglichen Verhaltensrepertoire von Frauen. Ihr Geschrei während der Katzenmusik und während des Tumults ist so nur der Intensität, nicht aber der Form nach ein Ausbruch aus diesen Verhaltensmustern. Es ist die politische „Inszenierung einer alltäglichen Praxis"[57], deren Theatralik durch die rituellen Brauchanteile verstärkt wird.

Auch auf anderen Ebenen läßt sich verfolgen, wie sich lebensweltliche Erfahrung und das Netz der Alltagsbeziehungen auf die Strukturen des Protestverhaltens auswirken. Dies gilt vor allem für die sich in der kollektiven Aktion herausbildende Identität und Solidarität der Protestierenden. Exponierten sich während des Tumults einzelne Frauen allzu sehr oder waren sie von der Verhaftung bedroht, wurden sie z.B. von Bekannten und Mitstreitern in Sicherheit gebracht, ins Dunkel der Hauseingänge zurückgezogen oder durch verstärkten Steinhagel gedeckt. Die durchs Viertel reitenden Soldaten erzeugten auch einen Solidarisierungseffekt zwischen aktiv Protestierenden auf der Straße und jenen, die es vorzogen, den Krawall von einem sicheren Standort aus zu verfolgen. Später beim Verhör litten solche passiv Beteiligten an auffälligen Gedächtnisstörungen, kannten Nachbarn ihre Nachbarn nicht oder gaben falsche Namen an. Die Verhaftungen, die die Polizei am nächsten Tag vornahm, waren so eher zufällig, und viele der Angeklagten mußten bald wieder entlassen werden.

Unter den rund 130 Personen, die in Stuttgart 1847 in eine gerichtliche Untersuchung gezogen wurden, waren schließlich auch vier Frauen, die alle nachträglich denunziert worden waren. Zweien von ihnen gelang es, durch entlastende Zeugenaussagen einer Strafe zu entgehen. Niemand konnte sich auf einmal an die Holzspälters Frau Friederike Eberhardt erinnern, plötzlich war es eine Unbekannte, die nach ihrem Hund gerufen hatte.[58] Auch die Coloristin Christine Wüst[59], die einen ordentlichen Beruf hatte und seit 6 Jahren bei derselben Vermieterin wohnte, bekam durch diese ein Alibi. Sie hatte laut glaubhafter Zeugenaussage an diesem Abend ihre erkrankte Wirtin gepflegt. Dabei hatte sich Christine Wüst selbst verraten, indem sie sich ausgerechnet gegenüber dem Bedienten eines Majors damit gebrüstet hatte, Steine auf die Soldaten geworfen zu haben. Doch ihr soziales Netz, ihr Ansehen im Viertel und auch zuhause im Dorf, wo ihr der Gemeinderat ein positives Prädikat ausstellte, waren stabil. Christine Wüst kam mit einer Ermahnung davon.

Die Beteiligung am Tumult zeitigte nur dann Konsequenzen, wenn die Frauen fremd oder ihr soziales Netz brüchig war. Die Dienstmagd Christine Werner aus Lauffen, die erst seit einigen Wochen in Stuttgart arbeitete, hatte sich ungeschickterweise gegenüber der Magd des angegriffenen Bäckers zur Bemerkung hinreißen lassen, „dem Bäcker Mayer sey es ganz recht geschehen, man hätte es ihm noch viel ärger machen sollen".[60] Die loyale Mayersche Dienstmagd zeigte die Werner, die sie nur oberflächlich kannte, daraufhin beim nächsten Polizeisoldaten an. Christine Werner war sozusagen 'auf frischer Tat' bei „beifallsbezeugenden Äußerungen über die Bäcker Mayer zugefügten Insulten und Eigenthumsbeschädigungen"[61] ertappt worden. Da niemand für sie bürgen konnte, und auch ihr Dienstherr, ein Canzleiaufwärter, ihr noch kein Zeugnis ausstellen wollte, wurde Christine Werner aus Stuttgart ausgewiesen.

Es ist kein Zufall, daß zwei dieser Denunziationen von Dienstboten ausgingen. Denn diese soziale

Gruppe tat sich schwer mit der eigenen sozialen Identität. Die Identifikation mit der Dienstherrschaft und der Ehrenkodex der Dienenden, der darin bestand, ihren Platz zu kennen und ihn nicht zu verlassen, kam vor der Solidarität mit der eigenen Gruppe.

Soziales Distanzierungsbedürfnis und Konflikte zwischen kleinbürgerlichen und eher pauperisierten Gruppen werden auch im Fall Beate Calwer deutlich.[62] Diese wurde als einzige der Frauen wegen „Amtsehrenbeleidigung" zu vier Wochen Kreisgefängnis verurteilt, weil sie einem Soldaten „Halbbatzen Reiter" nachgerufen hatte. Auch sie war denunziert worden, und zwar von ihrem Vermieter, Fuhrmann Knauer, mit dem sie wenige Wochen zuvor Streit wegen des ausstehenden Mietzinses hatte. Obwohl Beate Calwer behauptete, wie jeden Abend nur mit ihrem Krug zum Wasserholen beim Brunnen gewesen zu sein, konnte sie die Anschuldigungen Knauers nicht entkräften. Nach dessen Schilderungen „bewaffneten" sich Beate und ihre Schwester „mit Lattenstücken, sprangen dem Militär nach, schimpften und schrieen 'Halbbatzen Reiter', sie hetzten das Volk auf, indem sie immer demselben zuriefen 'ihr seyd keine Kerle, ihr Hosenscheißer'. Überhaupt machten sie einen abscheulichen Spektakel".[63]

Es fanden sich auch andere Zeugen und Zeuginnen, die diese Aussage bestätigten; darunter Louise Schmid, die schon so „manche rechte Schimpferei" mit Beate Calwer gehabt hatte.[64]

Uns beschäftigte an diesem Fall die Frage: Warum Beate Calwer so wenig Unterstützung bei ihren Nachbarn fand und warum sie zu den wenigen gehörte, die nach dem Stuttgarter Tumult bestraft worden sind. Eine Rekonstruktion der Calwerschen Biographie enthüllt milieubedingte und lebensgeschichtliche Zusammenhänge, denen unserer Ansicht nach exemplarischer Charakter zukommt. Bei aller Zufälligkeit des im folgenden dargestellten Lebenslaufs enthält er doch wesentliche Strukturen damaliger weiblicher Unterschichtenexistenz.

Das Schimpfen und Schlagen der Beate Calwer ist die gewalthafte Antwort einer Unterschichtsfrau auf die Gewalt der Verhältnisse, auf diese vorerst pauschal klingende Formel lassen sich die Erfahrungen der Beate C. bringen. Das Schimpfwort „Halbbatzen Reiter" ist dabei zugleich ein Schlüssel zum Verständnis ihres Lebens. Mit 19 Jahren hatte sich Beate Calwer, die Tochter eines verarmten Gipsers, mit dem Oberleutnant von Stahl eingelassen, von dem sie ein Jahr später ein Kind bekam.[65] Diesem ersten folgten noch zwei weitere Soldatenkinder, und mit jeder unehelichen Geburt verringerten sich Beates Aussichten auf eine ehrbare Existenz als Ehefrau. Im Stadtviertel galt die ledige Mutter, die sich und ihre Kinder mit Nähen und Waschen durchbrachte und zeitweise von Almosen lebte, als „Hure".[66] Die Uniform des am Abend des 3. Mai einschreitenden Militärs verkörperte für Beate Calwer also mehr oder weniger den Beginn ihres 'abweichenden' Lebenslaufs. Mit dem Schimpfwort „Halbbatzen Reiter" schrie sie aber auch ihren Zorn über den eigenen Sohn Karl Stahl heraus, der inzwischen ebenfalls zum Militär gegangen war und sich seiner Mutter schämte. Als Schützenobermann nahm er an der militärischen Niederschlagung des Krawalls selbst teil: Ihr eigener Sohn stand also mit dem Gewehr auf der 'anderen Seite', schoß womöglich auf Ihresgleichen. Stahl fürchtete so nach Beate Calwers Verhaftung um seine „Laufbahn" und schrieb ein Gnadengesuch für seine „arme verblendete Mutter", die „durch weiblichen Leichtsinn und blinden Unverstand in die traurige Szene des Tages gezogen wurde, ... Schmach und Schande auf sich geladen" hatte.[67]

In Beate Calwers Aggressivität gegen die Soldaten kamen aber auch ihre ständigen Konflikte mit dem obrigkeitlichen Gewaltapparat zum Ausdruck. 1824 war Beate Calwer wegen versuchter Erpressung und Widersetzlichkeit gegen einen Polizeidiener zu drei Monaten Polizeihausstrafe verurteilt worden. 1835 und 1839 wurde sie als unehelich Schwangere wegen Unzucht bestraft. 1841 geriet sie wieder mit einem Viertelsbüttel in Streit und erhielt diesmal drei Wochen Bezirksgefängnis. Ohnmacht gegenüber der am eigenen Leib erfahrenen strukturellen Gewalt ließ Beate Calwer so zornig werden. Genau damit aber stand sie zwischen allen Lagern. Im Viertel selbst wurde sehr wohl wahrgenommen, daß Beate an diesem Abend auch einen Privatkrieg führte, und einige wollten gehört haben, wie sie gerufen hatte, sie wolle „jetzt auch einmal ihr Müthle kühlen".[68] Da sie auch sonst als jähzornige Person bekannt war und fast mit allen Zeugen bereits einmal Streit gehabt hatte, wurde Beate Calwer herausgegriffen als es darum ging, Schuldige zu suchen. Sie, die ohnehin bereits stigmatisiert war, wurde damit auch das Opfer klasseninterner Gewaltverhältnisse und doppelt bestraft.

Die Darstellung des Stuttgarter und Ulmer Krawalls erfordert vielleicht eine methodische Nachbemerkung. Ganz bewußt haben wir uns dabei nur auf den groben Protestverlauf und die Details konzentriert, die Frauen betreffen und an denen Frauen beteiligt waren. Uns ging es darum, die Erfahrungen und Handlungsräume von Unterschichtsfrauen zu beschreiben. Diese radikale weibliche Perspektive hat bei einigen Zuhörern und Zuhörerinnen den Eindruck erweckt, es handelte sich hier um ausschließlich von Frauen durchgeführte oder dominierte Protestaktionen. Dies war keineswegs so. Die meisten Berichte über diese „Krawalle" erwähnen Frauen lediglich am Rande. Erst die genaue Analyse von Gerichtsakten und Verhörprotokollen hat die in diese Untersuchung eingegangenen Informationen über Frauen zutage gefördert. Vor allem die Rekonstruktion lebensgeschichtlicher Zusammenhänge, die Auswertung von Kirchenregistern und Gemeindeakten sowie die Identifikation und soziale Verortung der Personen haben dabei eine Vielzahl am Ergebnis kaum mehr ablesbarer mikroanalytischer Schritte erfordert. Daß unser radikal veränderter Blick auf die damaligen Ereignisse zu Irritationen in der Rezeption führen konnte, beleuchtet allerdings, wie groß die definitorische Macht von Geschichtsschreibung ist, dies gilt vor allem für die Geschichtsschreibung, die in der Regel aus der Perspektive der Männer von Männern für Männer geschrieben ist.

4. Weibliches Protestverhalten und Strukturwandel des Protests. Frauen in den Katzenmusiken der Jahre 1848/1849

Straßenproteste waren 1848/49 auch ein wesentlicher Teil des Revolutionsgeschehens. Die Revolution begann im März nicht nur mit Bürgerversammlungen, wohlgesetzten Reden und Forderungen des Bürgertums nach mehr politischer Freiheit. Auch nicht mit einsichtigen Zugeständnissen der Monarchen und wohlgemeinten Absichtserklärungen der neueingesetzten liberalen Kabinette. Sehr bald schon im März verlagerte sich das Geschehen auf die Straße. In den meisten württembergischen Städten wurde mit Tumulten und Katzenmusiken der Rücktritt der alten lokalen Obrigkeiten gefordert. Im September 1848 und dann wieder im Frühjahr 1849 kam es mehrfach zu Protesten, in denen eine kleinbürgerlich-proletarische Gegenöffentlichkeit ihren Unmut über den Gang der politischen Entwicklung zeigte.[69] An einigen dieser Proteste waren auch Frauen beteiligt, und uns interessierte deshalb, warum und in welcher Weise sich Frauen an diesen Protestdemonstrationen der Revolutionsjahre beteiligten, und ob es eine Kontinuität weiblicher Protestformen und Protestziele gab.

Daß wir die meisten Hinweise auf die Teilnahme von Frauen bei den Katzenmusiken im März 1848 finden, hat sowohl mit dem Charakter dieser Proteste zu tun wie auch mit dem Protestziel. Katzenmusiken stellten eine Aktionsform dar, in der Frauen, wie wir ja beim Stuttgarter Tumult bereits gezeigt haben, sozusagen rituelle Funktionen zukamen. Bei der Eßlinger Katzenmusik vom 19. März versammelte sich „eine Masse von mehreren hundert Personen", hauptsächlich Arbeiter der Eßlinger Fabriken, Handwerksgesellen und Lehrlinge, männliche und weibliche Dienstboten und wohl auch Arbeiterinnen, vor dem Haus mißliebiger städtischer Beamter und schrie und pfiff in rhythmischen Abständen. Ein Mann in Frauenkleidern las eine Schmährede bzw. ein Pamphlet vor und wurde von der Menge dafür des öfteren mit „Hochrufen" bedacht. Wie beim Stuttgarter Tumult 1847 flogen auch in Eßlingen 1848 Steine gegen Türen und Fenster und schlugen die Tumultanten mit Stangen gegen die Läden.[70] Die Aktionen der Frauen wurden im Bericht des Oberamts nicht besonders erwähnt. Der Beamte nennt sie in einem Atemzug mit „meist junge(n) Leuten" und Lehrlingen.[71] Ihre Teilnahme war für den Beamten eher ein Grund, die politische Bedeutung des Protestes herabzuspielen, die Akteure als „politisch Unmündige" abzuqualifizieren.[72]

Für die Tumultanten war die Teilnahme der Frauen kein Problem, schließlich entwickelte sich diese kollektive Aktion in einem in sich einheitlichen Milieu städtischer Unterschichtexistenz. Die Frauen fühlten sich nicht weniger als die Männer von einzelnen Entschlüssen der lokalen Behörden betroffen. In stärkerem Maße als die große griff die kommunale Politik z.B. durch Fleisch- und Brottaxerhöhungen unmittelbar in das Leben der Unterschichtsfamilien ein. Gleichzeitig besaßen städtische Unterschichten nur wenig Mitspracherechte. Wer nicht Eßlinger Bürger war und kein Geld hatte, sich ins Bürgerrecht einzukaufen, besaß ebensowenig bürgerliche Rechte wie jene, die wegen Bettels vorbestraft waren oder Armenunterstützung bezogen oder in abhängiger Stellung als Dienstboten arbeiteten. Die sporadische Auflehnung in rituellen und kollektiven Protestaktionen war neben der unterwürfigen Geste der Petition die einzige Möglichkeit dieser Gruppe, sich politisch zu artikulieren. Die Männer erfuhren also eine Rechtlosigkeit, die sonst nur Frauen aufgrund ihres Geschlechts eigen war. Bürgerliche wie Unterschichtsfrauen galten im 19. Jahrhundert nicht als eigenständige Personen mit bürgerlichen Rechten; bis 1828 standen sie in Württemberg sogar noch bei allen Rechtsgeschäften unter der Geschlechtsvormundschaft ihrer Väter und Ehemänner. Frauen waren damit in ihren politischen Partizipationschancen von vornherein auf die Form periodischer Unmutsäußerungen beschränkt.

Die politische Kompetenz zum Protest ergab sich im wesentlichen aus dem gemeinsamen Erfahrungs- und Lebenszusammenhang von Männern und Frauen. Daß Frauen sich gerade bei den Märzunruhen engagierten, spricht jedoch für eine partielle Identifikation mit den Zielen der Revolution oder dem, was dafür gehalten wurde. Wobei das Motiv der Teilnahme sicher nicht unabhängig zu sehen ist vom Protestziel und dem Objekt der Mißfallenskundgebung. Die Katzenmusiken richteten sich gegen einzelne, den meisten Bewohnern der Stadt bekannte Persönlichkeiten, gegen langjährige Stadträte, die als unfähig und korrupt galten, gegen unliebsame städtische Beamte und den über die Köpfe der Stadt hinweg eingesetzten Stadtschultheißen als lokale Obrigkeit. Gerügt wurde in diesem Fall das konkrete Verhalten und die Amtsführung einzelner Personen, mit denen die Frauen zum Teil ihre eigenen Erfahrungen gesammelt hatten. Die Heilbronner Katzenmusik am 10.3. galt z.B. dem Oberfeuerschauer Omeis, also dem Mann, der die Einrichtung der Kochstellen in den Häusern kontrollierte und der als besonders schikanöser Beamter verrufen war.[73] In Eßlingen traf es den städtischen Bauverwalter, der den Akkord der Handwerker und städtischen Taglöhner und Taglöhnerinnen drückte, und den Criminalcommissar als Repräsentanten der Polizeigewalt, einen Mann, der bei der Ausübung seines Amtes „zuviel Diensteifer gezeigt hatte".[74]

Welcher politische Stellenwert kommt der Beteiligung von Frauen an solchen Demonstrationen zu, und in welchem Zusammenhang steht die bei Protesten eingesetzte Geschlechtersymbolik zum politischen Ziel der Aktion? Fraglos erhöhte die Teilnahme politisch unmündiger Personen den schmähenden Charakter der Protestaktionen. Die Anwesenheit von „Weibs-Bildern" wurde deshalb von behördlicher Seite meist mißbilligend vermerkt. Aus bürgerlicher Perspektive gesehen verließen protestierende Frauen den ihnen gesellschaftlich zugewiesenen Platz.

Daß sich auch Männer als Frauen verkleideten – der Wortführer der Eßlinger Katzenmusik, der den Verrufsspruch verlas, trug z.B. Frauenkleider – konterkariert diese Situation: Frauen, die in der politischen Welt der Männer nichts zu sagen haben, nehmen es sich heraus, die Männer politisch zu kritisieren. Mit diesem sozialen Paradoxon wird signalisiert, daß die soziale Ordnung gestört ist. Durch den theatralischen Effekt der Verkleidung wird die Kritik szenisch verdichtet und agiert. Natürlich ist die Verkleidung als Frau auch ein Mittel, sich unkenntlich zu machen und sich hinter der Maske der strafrechtlich weniger streng verfolgten Frauen zu verstecken[75]; doch dieser Aspekt scheint eher peripher. Auf der Ebene der symbolischen Interaktion dient das Spiel der „verkehrten Geschlechterrollen"[76] dazu, klarzumachen, daß die kritisierten Personen die ihnen zugewiesene gesellschaftliche Aufgabe nicht oder in einer falschen Weise erfüllen. Die Anklänge an Fastnachtsbräuche sind bewußt – neben dem Frauenkostüm ist das Kleid des Narren ein beliebter Katzenmusikantenhabit – und dies weist wiederum auf den volksfesthaften Charakter dieser tumultuarischen Aktionen hin.

Im Unterschied aber zu den klassischen Rügebräuchen oder karnevalistischen Spielen der „verkehrten Welt" blieben die Protestaktionen des März 1848 nicht beim bloßen „Rebellionsritual"[77] stehen. Das Protestziel war nicht mehr darauf beschränkt, die Einhaltung bestimmter Spielregeln und allgemeinverbindlicher sittlicher Normen zu fordern. Die Aktionen des März zielten nicht ausschließlich auf Integration[78], sondern das Zerschlagen von Türen und Fenstern war zugleich ein symbolischer Akt der Exterritorialisierung und Ausbürgerung. Mit den Tritten gegen Türen wurde eine Öffnung des lokalen politischen Systems verlangt, die Einlösung der Versprechen auf politisch-revolutionäre Veränderung auch im kommunalen Bereich. Beim Feuerschauer Omeis zog die lärmende Menge erst ab, als er seinen Rücktritt versprach, und auch die Eßlinger Beamten sahen sich zu dieser Konsequenz gezwungen. Die Notwendigkeit einer lokalen Obrigkeit und die „wechselseitige Loyalität zwischen Beherrschten und Herrschenden" (Kaschuba) wurde mit diesen Protesten im März 1848 allerdings nicht grundsätzlich in Frage gestellt. Wie

Natalie Zemon Davis bemerkt, kann eine „verkehrte Welt" wieder zurechtgerückt, nicht aber in sich umstrukturiert werden.[79]

Im Unterschied zum Frühjahr 1848 trugen die Katzenmusiken im Sommer 1848 und Frühjahr 1849 sehr viel stärker den Charakter politischer Gesinnungsdemonstrationen, vor allem der demokratischen Linken gegen die Konservativen. Bei diesen eher parteipolitisch motivierten Aktionen waren Frauen auffällig seltener dabei als noch im März, oder sie wurden aufgrund der andersgestalteten politischen Zusammenhänge nicht mehr erwähnt. Es scheint so, als ob die zunehmende parteipolitische Differenzierung den Spielraum der politischen Partizipation von Unterschichten und hier vor allem von Frauen verengte. In Eßlingen war z.B. mit dem Bruderbund, einer radikaldemokratischen Untergliederung des demokratischen Vereins, eine Organisation entstanden, von deren Mitgliedern die meisten der 1848 und 1849 noch stattfindenden Straßenkrawalle ausgingen.[80] Die Absprachen für solche Aktionen fanden nun im Rahmen dieses (Männer-)Vereins statt, dem vor allem Fabrikarbeiter, Taglöhner und Handwerksgesellen angehörten. Frauen waren damit aus diesem Kommunikationskreis ausgeschlossen.

Wenn wir im September 1848, in der ersten politischen Krise der Revolution, als die Furcht vor republikanischen 'Umtrieben' grassierte, noch auf protestierende Frauen stoßen, dann interessanterweise bei Aktionen, die noch einen ausgeprägten brauchtümlichen Charakter bewahrt hatten. Die im folgenden geschilderte Heilbronner Katzenmusik kennt noch alle Elemente des traditionellen Charivaris, bei der Maskierung angefangen bis hin zum volksfesthaften Äußeren des Umzugs: „Ein Harlequin und einige andere Personen voraus, bewegte sich um 8 Uhr eine Masse junger Leute (meist Kinder, Lehrjungen, zum Theil selbst Weibs-Personen) unter Anschluß fremder und hiesiger Handwerksgehilfen durch die Stadt vor die Wohnungen einzelner, wo denn unter Toben und Schreien und vielerlei Gestikulieren das Wort 'Krebs' tausendfältig wiederholt wurde."[81]

Im Unterschied zu den Eßlinger Aktionen war bei dieser Katzenmusik noch immer das Gerücht mobilisierend, wirkte also nicht über die der alltägliche Lebenszusammenhang motivierend. Im Vergleich zur 'Modernisierung des Protestverhaltens' in Eßlingen, die sich ja zugleich als eine Anpassung an bürgerliche Formen politischer Kultur vollzog[82], bot also die traditionelle volkskulturelle Form des Protests noch Raum für die Beteiligung von Frauen.

Um allerdings Genaueres über das Protestverhalten von Frauen 1848 sagen zu können, reicht unser württembergisches Material nicht aus. Es fehlt vor allem an detaillierten Verhörprotokollen, da das inszenierte Chaos dieser volksfesthaften Aktionen meist eine Verhaftung einzelner Beteiligter erschwerte, und auch die Sympathie und Solidarität des Milieus wie auch die bürgerliche Toleranz gegenüber diesen populären Protestformen in den ersten Monaten der Revolution größere Strafverfolgungsaktionen verhinderten.

Obwohl Unterschichtsfrauen durch die Veränderung der politischen Kultur 1848/49 und die zunehmende Organisierung der politischen Gegenöffentlichkeit in eine größere Distanz zur Politik gerieten, bedeutete dies nicht, daß Frauen 1848 verstummten. Das „Neue Tagblatt für Stuttgart und Umgegend" berichtete amüsiert über eine rein „weibliche Katzenmusik", die im November 1848 in Stuttgart stattfand: „Das Jahr 1848 hat ein Genre von Musik in Schwung gebracht, das man zwar auch früher schon kannte, und das in Frankreich unter dem Namen Charivari, namentlich durch den Esel des Herrn Biennet, Pair von Frankreich, ein gewisse Berühmtheit erlangt hatte, dem es aber doch an der gehörigen Ausbildung und Anwendung gebrach. Die größeren deutschen Städte, besonders im Norden Deutschlands haben seither d.h. seit den Märztagen Treffliches in diesem Genre geleistet, und es gibt dort eigene Katzenmusik Direktoren, ohne deren Leitung nichts Gutes zustande kommt. Hier in Stuttgart kannte man bis jetzt diese Musik nur vom Hörensagen, denn einige projektierte Konzerte dieser Art gelangten nur bis zum entfernten Versuche oder es blieb gar beim guten Willen. Dem weiblichen Geschlecht blieb es in Stuttgart vorbehalten, eine solche Musik ... zur förmlichen wohlgelungenen Ausführung zu bringen. Doch war es keine Galanterie zartfühlender Seelen einem flatterhaften Liebhaber gegenüber, sondern die Anerkennung der Verdienste einer Dame. Am Freitagabend schaarten sich im obern Theil der Langestraße etwa dreißig Dienstmädchen zusammen und brachten einer Frau, welche dafür gilt, andern gerne aus Leibes- und Liebesnoethen zu helfen, in Folge einer Diskussion am Brunnen eine so vortrefflich durchgeführte Katzenmusik mit Hülfe von Deckeln und Pfannen, Kübeln, Häfen und dergleichen Instrumenten, daß vor lauter

Entzücken die ganze obere Stadt zusammenlief, die erste gelungene Aufführung dieser Art in Stuttgart zu bewundern."[83]

Wie diese Aktion der Stuttgarter Dienstbotinnen zeigt, hielten Frauen sehr viel länger am klassischen Protestmodell fest, das sehr viel mehr Raum für spontanes und kreatives Handeln ließ. Die Aktion kann sich bei der Katzenmusik ohne großen organisatorischen Aufwand aus dem Alltag entwickeln. Ausgangspunkt war nicht zufällig der Arbeitszusammenhang, das Treffen und die Gespräche am Brunnen. Das politische Handeln der Dienstbotinnen basierte wahrscheinlich auf eigener Erfahrung bzw. der Identifikation mit einer Kollegin, die vielleicht Opfer der Engelmacherin geworden war. Die Alltagsbezogenheit weiblichen Protestverhaltens ist so sicher deren wesentliches Merkmal.[84]

Daß die Dienstbotinnen bei ihrem Protest, der ja zugleich eine Verrufaktion war, ganz spontan zum Mittel der Katzenmusik griffen, wirft die Frage nach der Herkunft dieses kulturellen Musters auf. In der Protestliteratur[85] wird davon ausgegangen, daß es sich um eine politisierte Fortsetzung vorindustrieller Jugendkultur, vor allem ländlicher Rügebräuche handelt. Nun läßt sich aber in Württemberg – im Unterschied zu Franken und Bayern[86] – bis jetzt wenigstens keine lebendige Praxis der Katzenmusik feststellen. Konkrete Fälle von Charivari als sozialmoralische kollektive Strafe für Normverletzungen im innerfamiliaren oder sittlichen Bereich sind bisher nicht bekannt. Sexuelle Verfehlungen rituell zu rügen mag sich zum Zeitpunkt der Revolution auch als obsolet erwiesen haben, denn die in Württemberg seit 1833 bestehenden Verehelichungsbeschränkungen produzierten eine dermaßen große Zahl von unehelichen Geburten, daß z.B. ledige Kinder oder unverheiratet zusammenlebende Paare in den Unterschichten gang und gäbe waren.[87]

Wenn es eine Tradition gab, die 1848 weiterwirkte, dann die des politischen Tumults. Diese Form des Protests allerdings war ein eher städtisches Phänomen und bezog ihre Konfliktrituale und -strategien eher aus zünftischen Traditionen und dem interkulturellen Austausch, der sich gerade über die hochmobile Gruppe der Handwerksgesellen vermittelte. Der Bericht des Stuttgarter Tagblatts deutet diese Wechselwirkung an. Wobei gerade das Klima der 1848er Revolution stimulierend gewesen sein dürfte für inszenatorische Innovationen.

Wie der Artikel des demokratisch orientierten Tagblatts zeigt, goutierte die bürgerliche Linke diese volkstümlichen Formen der Meinungsäußerung. Zugleich bemühten sich bürgerliche Zeitungen um die historische Fundierung dieses neuentdeckten Brauchreliktes. Das Schorndorfer Blatt druckte so einen belehrenden Artikel über das Haberfeldtreiben ab[88], und für George Philipps[89] waren die Ereignisse 1848/49 der Anlaß, eine längere Abhandlung über den Ursprung der Katzenmusiken zu schreiben. Jeder lokale Krawall, jedes nächtliche Lärmen wurde von der Zeitungsberichterstattung in dieses Gewand gesteckt, egal ob es sich um randalierende männliche Betrunkene oder sich streitende Frauen einer ländlichen Spinnstube handelte. Es bleibt deshalb die Frage, inwieweit bei den Katzenmusiken 1848 ein bestehender Brauch politisiert wurde oder ob es sich eher um die Legitimation politischer Ansprüche durch traditionelle Etiketten handelt.

Unabhängig davon allerdings, ob die Dienstbotinnen nun einen alten Brauch wiederbelebten, den sie aus ihrer dörflichen Heimat mitgebracht hatten, oder ob sie eine 'politische Mode' der 'tollen Jahre' kopierten, ist doch festzuhalten, daß die rituellen Formen des Protests Frauen ein sehr viel größeres Handlungsfeld boten als die im späten 19. Jahrhundert üblichen Demonstrationen.[90]

Anmerkungen

* Der folgende Beitrag stellt Ergebnisse des ersten studentischen Frauenprojekts am Tübinger Ludwig-Uhland-Institut für Empirische Kulturwissenschaft vor, das sich mit weiblichen Formen politischen Verhaltens und weiblichen Verhaltensräumen im Vormärz und in der Revolution 1848 beschäftigt hat, und zwar sowohl mit Frauen der Unterschicht als auch mit bürgerlichen Frauen. Dies ist also nur ein kleiner Ausschnitt aus einer sehr breit angelegten Untersuchung, vgl. Carola Lipp (Hg.), Schimpfende Weiber und patriotische Jungfrauen. Frauen im Vormärz und in der Revolution 1848. Bühl/Moos 1986.

1. Michelle Perrot, Rebellische Weiber. Die Frau in der französischen Stadt des 19. Jahrhunderts. In: Bettina Heintz/Claudia Honegger (Hg.): Listen der Ohnmacht. Zur Sozialgeschichte weiblicher Widerstandsformen. Frankfurt/M. 1981, S. 71-98, hier S. 78 f.
2. Edward P. Thompson, Die 'sittliche Ökonomie' der englischen Unterschichten im 18. Jahrhundert. In: Detlev Puls et al: Wahrnehmungsformen und Protestverhalten. Studien zur Lage der Unterschichten im 18. und 19. Jahrhundert. Frankfurt/M. 1979, S. 13-80, hier S. 50. Vgl. Natalie Zemon Davis, Women on Top. In: Dieselbe: Society and Culture in Early Modern France. London 1975, S. 124-151, vor allem S. 148.
3. Thompson (s. Anm. 2), S. 45.
4. Perrot (s. Anm. 1), S. 79.
5. Ebd., S. 80.
6. Thompson (s. Anm. 2), S. 50.
7. HSTA Stuttgart E 146 Bü 1931, Oberamt Gmünd.
8. Manfred Gailus, Soziale Protestbewegungen in Deutschland 1847-1849. In: Heinrich Volkmann/Jürgen Bergmann (Hg.): Sozialer Protest. Opladen 1984, S. 76-106.
9. Ebd., S. 83.
10. Vgl. Gisela Bock, Historische Frauenforschung: Fragestellungen und Perspektiven. In: Karin Hausen (Hg.): Frauen suchen ihre Geschichte. München 1983, S. 22-62.
11. Vgl. Heinrich Volkmann, Kategorien des sozialen Protests im Vormärz. In: Geschichte und Gesellschaft (1977), S. 164-189, der Protest operational definiert und als wesentliche Strukturmerkmale die Ereignishaftigkeit, die kollektive Aktion, Illegalität als Mittel und einen durch die Träger gegebenen Lebenszusammenhang nennt (S. 167). Karin Hausen, Schwierigkeiten mit dem „sozialen Protest". In: Geschichte und Gesellschaft 3 (1977), S. 257-263.
12. Rainer Wirtz, „Widersetzlichkeiten, Excesse, Crawalle, Tumulte und Skandale." Soziale Bewegung und gewalthafter sozialer Protest in Baden 1815-1848. Frankfurt/M., Berlin, Wien 1981, S. 15.
13. Alf Lüdtke, Protest – oder: Die Faszination des Spektakulären. Zur Analyse alltäglicher Widersetzlichkeit. In: H. Volkmann/J. Bergmann, Sozialer Protest. Opladen 1984, S. 325-341, hier S. 332.
14. Wirtz (s. Anm. 12), S. 16.
15. Vgl. Jürgen Bergmann, Ökonomische Voraussetzungen der Revolution von 1848: Zur Krise von 1845 bis 1848 in Deutschland. In: Geschichte und Gesellschaft. Sonderheft 2. Göttingen 1976, S. 254-287; sowie Wolfgang von Hippel: Bevölkerungsentwicklung und Wirtschaftsstruktur im Königreich Württemberg 1815/65. Überlegungen zum Pauperismusproblem in Südwest-Deutschland. In: Ulrich Engelhardt/Volker Sellin/Horst Stuke (Hg.): Soziale Bewegung und politische Verfassung. Stuttgart 1976, S. 270-371; sowie Wolfgang Kaschuba/Carola Lipp: 1848 – Provinz und Revolution. Tübingen 1979.
16. Vgl. Gailus (s. Anm. 8).
17. Vgl. Beate Binder, „Dort sah ich, daß nicht Mehl verschenkt, sondern rebellt wird". Struktur und Ablauf des Ulmer Brotkrawalls 1847. In: Carola Lipp (Hg.), Schimpfende Weiber und patriotische Jungfrauen. Bühl/Moos 1986, S. 88-111.
18. Ulmer Schnellpost 2.5.1847, Nr. 101, S. 406, hier auch die folgenden Zeitungszitate.
19. Vgl. Carola Lipp, Württembergische Handwerker und Handwerkervereine im Vormärz und in der Revolution 1848/49. In: Ulrich Engelhardt (Hg.): Handwerker in der Industrialisierung. Stuttgart 1984, S. 347-380.
20. Vgl. Manfred Müller, Handel mit Brotfrüchten. MA. MS Tübingen 1983.
21. STA Ludwigsburg E 350, Bü 16, Ufsz A 55.
22. STAL E 350, Bü 15, Ufsz A 30.
23. STAL E 350, Bü 19, Ufsz A 138.
24. Vgl. STAL E 350, Bü 15, Ufsz A 33; und E 350, Bü 16, Ufsz A 42.
25. STAL E 350, Bü 17, Ufsz A 98.
26. Thompson (s. Anm. 2), S. 16.

27 Vgl. Wolfgang Kaschubas Beitrag: Protest und Gewalt – Körpersprache und Gruppenrituale der Arbeiter im Vormärz und 1848, im vorliegenden Band.
28 STAL E 350, Bü 15, Ufsz A 29.
29 Vgl. Wolfgang Kaschuba, Vom Gesellenkampf zum sozialen Protest. In: U. Engelhardt (Hg.): Handwerker in der Industrialisierung. Stuttgart 1984, S. 381-406.
30 Thompson (s. Anm. 2).
31 STAL E 350, Bü 9 a, Ufsz 95, S. 95.
32 Reinhart Koselleck, 'Erfahrungsraum' und 'Erwartungshorizont' – zwei historische Kategorien. In: U. Engelhardt/V. Sellin/H. Stuke (Hg.), Soziale Bewegung und politische Verfassung. Stuttgart 1976. S. 13-33.
33 STAL E 350, Bü 16, Ufsz A 55.
34 STAL E 350, Bü 15, Ufsz A 7.
35 STAL E 350, Bü 15, Ufsz A 31.
36 Werner K. Blessing, 'Theuerungsexzesse' im vorrevolutionären Kontext. In: Werner Conze/Ulrich Engelhardt (Hg.): Arbeiterexistenz im 19. Jahrhundert. Stuttgart 1981, S. 356-384, hier S. 368.
37 Dies ist übrigens ein gängiges Verfahren bei der Analyse devianten Verhaltens von Frauen und Männern, wie Cloward/Fox Piven zeigen. Vgl. Richard A. Cloward/Frances Fox Piven, Hidden Protest: The Channeling of Female Innovation and Resistance. In: Signs, vol.4, no.4, 1979, S. 651-669.
38 Blessing (s. Anm. 36), S. 368.
39 Vgl. Sabine Kienitz, „Da war die Weibsperson nun eine der Ärgsten mit Schreien und Lärmen". Der Stuttgarter Brotkrawall 1847. In: Carola Lipp (Hg.): Schimpfende Weiber und patriotische Jungfrauen. Bühl/Moos 1986, S. 76-87.
40 Lutz Niethammer (Hg.): Lebenserfahrung und kollektives Gedächtnis. Frankfurt/M. 1980. Werner Fuchs, Biographische Forschung. Opladen 1984.
41 Neues Tagblatt für Stuttgart und Umgegend Nr. 98, 29.4.1847; Beobachter 123, 5.5.1847, S. 489; HSTAS E 146 alt, Bü 2376, Bl. 27/2 sowie Allgemeine Zeitung Nr. 125, 5.5.1847, S. 996.
42 Allgemeine Zeitung Nr. 126, 5.5.1847, S. 1005.
43 Vgl. Wolfgang Kaschuba, Protest und Gewalt, im vorliegenden Band.
44 STAL E 319, Bü 99 b.
45 STAL E 319, Bü 99 a.
46 STAL E 319, Bü 99 b.
47 Schwäbische Kronik Nr. 122, 5.5.1847, S. 497.
48 STAL E 319, Bü 99 a, Fasz 600, und Bü 99 b.
49 STAL E 319, Bü 99 a.
50 STAL E 319, Bü 96.
51 Thompson (s. Anm. 2), S. 50.
52 STAL E 319, Bü 99 a, Fasz 600, und Bü 99 b.
53 HSTAS E 146 alt, Bü 2376, Bl. 2, und Der Beobachter Nr. 123, 5.5.1847, S. 489.
54 Vgl. Karl-Sigismund Kramer, Das Herausfordern aus dem Haus. Lebensbild eines Rechtsbrauches. In: Bayerisches Jahrbuch für Volkskunde 1956, S. 121 ff; und Hermann Heidrich, Grenzübergänge. Das Haus und die Volkskultur in der frühen Neuzeit. In: Richard van Dülmen (Hg.), Kultur der einfachen Leute. München 1983, S. 17-41.
55 Vgl. Regina Schulte, Bevor das Gerede zum Tratsch wird. Das Sagen der Frauen in der bäuerlichen dörflichen Welt Bayerns im 19. Jahrhundert. In: Journal für Geschichte 2 (1985), S. 16-21.
56 Vgl. Carola Lipp, Ledige Mütter, „Huren" und „Lumpenhunde". Rechtsnormen und ihre innere Repräsentanz am Beispiel von Ehrenhändeln im Fabrikarbeitermilieu des 19. Jahrhunderts. Erscheint in: Festschrift für Hermann Bausinger zum 60. Geburtstag. Tübingen 1986.
57 Vgl. W. Kaschuba, Protest und Gewalt, in vorliegendem Band.
58 STAL E 319, Bü 99 b.
59 STAL E 319, Bü 98.
60 HSTAS F 201, Bü 301, Bl. 15.
61 Ebd. Bl. 54.
62 Sämtliche Verhörprotokolle der Beate Calwer: STAL E 319, Bü 96.
63 STAL E 319, Bü 96, Fasz 6.
64 STAL E 319, Bü 98, Bl. 1.
65 Eintragung im Stuttgarter Familienregister.
66 STAL E 319, Bü 96.

67 STAL E 319, Bü 96, Bl. 4.
68 STAL E 319, Bü 96, Bl. 1.
69 Vgl. Wolfgang Kaschuba, Katzenmusiken. In: Ders./Carola Lipp, 1848 – Provinz und Revolution. Tübingen 1979, S. 189-201 und Carola Lipp, Katzenmusiken, Krawalle und „Weiberrevolution", in: Dieselbe (Hg.), Schimpfende Weiber und patriotische Jungfrauen. Moos/Bühl 1986, S. 112-130.
70 HSTAS E 146, Bü 1930, STAL F 164, Bü 44.
71 HSTAS E 146, Bü 1930, Bl. 181.
72 Kaschuba (s. Anm. 69), S. 192.
73 HSTAS E 146, Bü 1931, Bl. 3 f.
74 HSTAS E 146, Bü 1930.
75 Vgl. Natalie Zemon Davis, Women on Top. In: Dieselbe: Scoiety and Culture in Early Modern France. London 1975, S. 124-151, vor allem S. 149.
76 Ebd., S. 130.
77 Bob Scribner, Reformation, Karneval und die „verkehrte Welt". In: Richard von Dülmen/Nobert Schindler (Hg.): Volkskultur. Zur Wiederentdeckung des vergessenen Alltags. Frankfurt 1984, S. 117-152, hier S. 151.
78 Vgl. Martin Scharfe, Zum Rügebrauch. In: Hessische Blätter für Volkskunde 61 (1970), S. 45-68.
79 Davis (s. Anm. 75), S. 131.
80 Vgl. Carola Lipp/Wolfgang Kaschuba, Wasser und Brot. Politische Kultur im Alltag der Vormärz- und Revolutionsjahre. In: Geschichte und Gesellschaft 3(1984), S. 321-351.
81 HSTAS E 146, Bü 1959, Bl. 404, Bericht Oberamt Heilbronn vom 19.9.1848.
82 Vgl. Carola Lipp, Verein als politisches Handlungsmuster. Das Beispiel des württembergischen Vereinswesens von 1800-1849. Erscheint in: Maurice Agulhon (Hg.): Sociabilité et société bourgeoise. Paris 1985.
83 Neues Tagblatt für Stuttgart und Umgegend Nr. 259, 7.11.1848, S. 1033.
84 Dies bestätigt auch die von Manfred Gailus geschilderte „Weiberrevolution" von Gotha. Eine „Weiberdeputation von einem Haufen ihres Geschlechts begleitet" erwirkte durch ihre Protestversammlung vor dem herzoglichen Schloß im April 1848 vom Herzog die Rückgabe aller Leihpfänder im Wert von weniger als einem Taler, vgl. Gailus (s. Anm. 8), S. 92.
85 Vgl. E.P. Thompson, „Rough Music" oder englische Katzenmusik. In: Ders.: Plebeische Kultur und moralische Ökonomie. Frankfurt/M., Wien 1980, S. 130-167.
86 Die Fälle, die Hans Medick in „Spinnstuben" aufführt, beziehen sich interessanterweise nur auf Franken und Bayern. Für Württemberg existieren nur einzelne Erlasse, die das Nachtschwärmen der Burschen unterbinden, die aber keinen Hinweis auf rituelles Verhalten geben. Vgl. Hans Medick, Spinnstuben auf dem Dorf. Jugendliche Sexualkultur und Feierabendbrauch in der ländlichen Gesellschaft der Neuzeit. In: G. Huck (Hg.): Sozialgeschichte der Freizeit. Wuppertal 1980, S. 19-50.
87 Vgl. Carola Lipp, Dörfliche Formen generativer und sozialer Reproduktion. In: Wolfgang Kaschuba/Carola Lipp, Dörfliches Überleben. Tübingen 1982, S. 288-607, hier S. 363-448. Klaus-Jürgen Matz, Pauperismus und Bevölkerung. Die gesetzlichen Ehebeschränkungen in den süddeutschen Staaten während des 19. Jahrhunderts. Stuttgart 1980.
88 Amts- und Intelligenzblatt der Oberamtsstadt Schorndorf Nr. 20, 14.3.1848. Für diesen Hinweis danken wir Gertrud Schubert.
89 George Phillips, Über den Ursprung der Katzenmusiken. Freiburg 1849.
90 Vgl. den Vortrag von Andrea Erne auf dieser Tagung.

Bernd Jürgen Warneken

„Massentritt"
Zur Körpersprache von Demonstranten im Kaiserreich

„Wir werden uns mit diesem neuen Brauch abfinden müssen."
Volkszeitung Essen am 13.4.1910 über die Straßenkundgebung als Form der Politik.

Am Tübinger Ludwig-Uhland-Institut lief ein Projektseminar mit dem Titel „Als die Deutschen demonstrieren lernten", das im Wintersemester 1985/86 mit einer Ausstellung abgeschlossen wurde. Sein Gegenstand waren die Straßenkundgebungen gegen das preußische Dreiklassenwahlrecht, die 1908 einsetzen und zwischen Februar und April 1910 ihren Kulminationspunkt haben. Unser Untersuchungsinteresse war ein, um es traditionell-volkskundlich auszudrücken, brauchgeschichtliches: Wir wollten etwas über die Entwicklungsgeschichte des Kulturmusters „friedliche Straßendemonstration" erfahren. Uns interessierten die Bedeutungsgehalte dieser Ausdruckshandlung, ihre emotionalen und intellektuellen Wirkungen auf Protestpartei, Protestgegner und zunächst Indifferente; und wir untersuchten die Straßendemonstrationen als Schnittpunkt, als Begegnungs- und Konfliktfeld von Volkskultur und politischer Kultur.

Die preußischen Wahlrechtsdemonstrationen waren dabei, wie unser Projekttitel anzeigt, kein willkürlich herausgegriffenes Stück Demonstrationsgeschichte. Dieser Gegenstandswahl lag vielmehr die Entdeckung zugrunde, daß diese Wahlrechtskundgebungen – denen ähnliche, wenn auch begrenztere Demonstrationswellen gegen das ungleiche Wahlrecht in anderen Reichsländern vorausgehen – in der deutschen Demonstrationsgeschichte eine Schlüsselrolle spielen: Sie tragen wesentlich zur Durchsetzung und Habitualisierung der „friedlichen Straßendemonstrationen" in ihrer prinzipiell noch heute gebräuchlichen Form bei.[1] Es ist die Arbeiterbewegung, die diesen Umbruch in der politischen Kultur Deutschlands einleitet; aber auch das liberale Bürgertum beginnt damals die Straßendemonstration zu akzeptieren und sogar zu praktizieren. Theodor Heuss schreibt in seinen Erinnerungen über den preußischen Wahlrechtskampf: „Die 'Demonstration' wurde für Deutschland erfunden. Vielleicht hatten die Ereignisse in Rußland mit ihren Massenaufzügen aufmunternd gewirkt, vielleicht auch Österreichs massiver und zugleich geordneter Durchstoß zum gleichen Wahlrecht – wir gingen auf die Straße, nachdem wir in Versammlungen, die von der Sozialdemokratie einberufen waren, verabredungsgemäß unser Sprüchlein gesagt hatten."[2] Und Friedrich Naumann schreibt 1910: „Als diese Demonstrationen anfingen, waren innerhalb wie außerhalb der Sozialdemokratie die Stimmen über Wert und Nutzen solcher Aufzüge sehr geteilt. Bei den Freisinnigen überwog die Meinung dagegen und ist auch heute noch nicht ganz überwunden. Aber die ganze Debatte darüber, ob man Demonstrationen machen soll oder nicht, ist inzwischen gegenstandslos geworden. (...) Das Volk hat sich eine neue Art geschaffen, in der es sich mit den Herrschenden unterhält."[3]

Eine grobe Einteilung ergibt drei wesentliche Formen der damaligen Demonstrationen:

Viele Straßenkundgebungen entstehen als Beiprodukt von Massenversammlungen im Saal. Ein häufiges Modell ist dies: Tausende von Interessierten finden im Saal selbst keinen Platz und warten draußen; die nach der Veranstaltung aus dem Saal Strömenden vereinigen sich mit den Wartenden, und man geht in geschlossenem Zug nachhause, allerdings auf gewissen Umwegen z.B. über den Marktplatz, wo man dann die Wahlrechtsmarseillaise singt und Hochrufe auf das allgemeine Wahlrecht ausbringt.

Zum andern gibt es die verselbständigte Straßendemonstration. Da wird dann etwa eine Wahlrechtsversammlung im Saal angekündigt, aber die dort Versammelten beschließen alsbald, daß man doch besser gleich auf die Straße gehe. Oder man veranstaltet von Anfang an eine Demonstration, z.B. indem sich sonntags unter die promenierenden Bürger in der städtischen Hauptstraße mehr und mehr Demonstranten mischen, die sich immer wieder zu Gruppen und Zügen vereinigen und z.T. im Wortsinn Flagge zeigen. Die Polizei steht hier vor der unangenehmen Aufgabe, beim Wegdrängen oder gar Dreinhauen die meist im guten Anzug erschienenen Demonstranten von den Unbeteiligten unterscheiden zu müssen.

Und da dies oft mißlingt, steigert sich in diesen Wochen auch die Empörung der Unpolitischen, der 'unbescholtenen Bürger' über den preußischen Polizeistaat.

Die dritte wesentliche Form ist die der Kundgebung unter freiem Himmel. Diese Versammlungen finden meist außerhalb der Stadtzentren, z.B. in Erholungsparks oder auf Wiesengrundstücken statt. Auch hierbei kommt es jedoch oft zu demonstrationsähnlichen Umzügen durch die Innenstädte, insofern sich die Kundgebungsteilnehmer oft an den über die Stadt verteilten Zahlstellen der SPD treffen und gemeinsam zum Kundgebungsplatz und zurück ziehen. Die bedeutendste Wahlrechtskundgebung dieser Art wird am 10. April 1910 im Treptower Park abgehalten und hat laut Polizei 70000, nach SPD-Schätzungen 150000 Teilnehmer.

Sie ist die erste offizielle Volksversammlung dieser Art im Berliner Raum nach 1848, die behördlich genehmigt wird. Und während die beiden erstgenannten Demonstrationsformen auch nach 1910 vom preußischen Staat nur selten zugelassen werden, etabliert sich die Kundgebung unter freiem Himmel schon in den Folgejahren als legale Ausdrucksform von Massenprotest.

1 Wahlrechtskundgebung im Treptower Park, 10.4.1910

Ein sozialdemokratischer Augenzeuge schreibt über diese Treptower Kundgebung: „Der Riesenkörper des Proletariats liegt sichtbar vor mir ausgebreitet. Sein mächtiger Wille, seine feste Kampfentschlossenheit steht körperlich vor mir."[4] Er spricht damit einen zentralen Aspekt allen Demonstrierens an: Demonstrieren ist körperliche Politik in einem ganz spezifischen Sinne. Der Demonstrant 'steht' zu seiner Überzeugung. Er hilft durch körperliche Aktion mit, das – im Gelingensfall beeindruckende – Personenpotential, die Vielzahl und Entschlossenheit der Protestpartei vor Augen der Gegenpartei und der Öffentlichkeit zu führen; das impliziert, daß er mit seiner Meinung auch seine Haut zu Markte trägt, sich den Blicken und vielleicht auch Gewalthandlungen dieser Gegenpartei aussetzt. Das Muster Straßendemonstration selbst enthält dabei keine gewaltförmigen Momente: Demonstrieren ist eine körperliche Ausdruckshandlung, die zwischen nur verbaler Artikulation und physischem Körpereinsatz steht: Sie bedeutet den Gebrauch des Körpers als politisches Ausdrucksinstrument, sie benutzt Körpersprache gewissermaßen als Mundart der politischen Sprache. Um diesen Aspekt geht es in diesem Beitrag.

Der körpersprachlichen Ebene kommt in den damaligen Wahlrechtsdemonstrationen sogar besondere Bedeutung zu. Diese sind nämlich relativ arm an objektivierter Emblematik. Es werden oft keine, oft nur wenige Fahnen mitgeführt; auch gibt es nicht viele Plakate und meist keine auffälligen Abzeichen. Auch die Kundgebungsplätze sind äußerst schlicht hergerichtet. Der Grund hierfür ist doppelt: Die Wahlrechtsdemonstrationen sind entweder improvisiert und illegal; wer dennoch Embleme mit sich trägt, setzt sich und sein Feldzeichen dem polizeilichen Zugriff aus. Oder die Demonstrationen sind erlaubt, dies aber meist mit der Auflage, daß auf rote Fahnen, größere Abzeichen und Dekorieren des Treffplatzes verzichtet

werden müsse.⁵ Es bleibt also wenig mehr als „das Räsonieren durch Gebärden", das Ausdrucksmittel Körpersprache. Zitat aus dem „Wahren Jacob" zu den Hamburger Wahlrechtsdemonstrationen von 1906:
>„Kein bunt Gepräg, kein Fahnenschmuck,
>Still ziehn in dichten Reihn sie her,
>Und dumpf dröhnt nur der Massentritt,
>Wie Brandung dröhnt fernher vom Meer. (...)"⁶

Ich möchte nun einzelne Aspekte dieser Körpersprache vorstellen und dazu Interpretationsvorschläge machen.

Zunächst zum proxemischen, zum Raumverhaltensaspekt. Die Demonstration handelt wie die Glocke in Goethes schrecklich erzieherischem Gedicht: Sie ist es satt, die Säumigen, die, die nicht hören wollen, zu sich zu rufen; sie läuft ihnen hinterher. Die damaligen Demonstrationen sind von der Proxemik her umgekehrte Prozessionen: Diese begeben sich von einem heiligen Ort in die profane Welt hinaus. Die Wahlrechtsdemonstrationen aber ziehen von den Arbeitervierteln in die vornehmen Quartiere, an die Regierungssitze, an die Kultstätten der Nation. Zitat aus dem „Vorwärts" vom 14.1.1908: „Durch die sonst stillen Straßen, in denen die Bourgeoisie ihre luxuriösen Heimstätten hat, dröhnten anklagend und fordernd die lauten Schritte begeisterter Arbeiterbataillone." Und hier eine Szene vor dem preußischen Abgeordnetenhaus im selben Monat:

2

Im eingeschlossenen Wagen hinten rechts Ministerpräsident von Bülow, der die Hoffnungen auf eine entscheidende Wahlrechtsreform soeben enttäuscht hat. Das Nürnberger Parteitagsprotokoll der SPD vermerkt über diesen im Kaiserreich bisher 'unerhörten' Akt: „Als Bülow in seiner Karosse anfuhr, mußten seine gefürsteten Ohren den Wutschrei des Volkes vernehmen."⁷

Der Kampf wird aber nicht nur akustisch ausgetragen, sondern auch optisch. Von Angehörigen der Unterklassen ist man gewohnt, daß sie in den Prachtstraßen der Cities eher bescheiden auftreten, d.h. auch: daß sie den Blick gegebenenfalls niederschlagen. Von Demonstranten aber heißt es immer wieder, sie hätten bei ihrem Zug durch das Stadtinnere frei, ja frech umhergeblickt. Umgekehrt liest man: „Mancher satte Bürger schlug die Augen nieder."⁸ Und Ottilie Baader interpretiert das Blickverhalten Bülows in der eben erwähnten Szene so: „Er ging mit gesenktem Kopf wie ein Schuldbeladener durch unsere Reihen."⁹

Einen Kampf mit Blicken führen Demonstranten auch mit der Polizei.

3 Am Abgeordnetenhaus in Berlin, 1909

Hier am Abgeordnetenhaus. Wir treffen auf Szenen wechselseitigen Drohstarrens, wie der Fachausdruck hierfür heißt. Normalerweise geht dieser meist in physische Gewalt über, in diesen Szenen aber ersetzt das Drohstarren die Aggression. Es ersetzt auch die verbale Attacke, die vor Gericht zitiert werden könnte. Manche Demonstranten halten sich natürlich nicht an diese Zurückhaltungsregel. Ein Rixdorfer Arbeiter z.B. verbalisiert diesen Blick einmal so: „Komm nur ran, Du Strolch, du Verbrecher, mit Dir werde ich schon fertig werden" – und wird verurteilt.[10]

Der bildenden Kunst sind solche Szenen auch aufgefallen:

4

Das ist eine Zeichnung von 1898, Théophile Steinlens „Streik". Man könnte bei dieser Blickweise auch von einer Verwandlung einer bracchialen in eine moralische Drohung sprechen. Es wird signalisiert: Hier stehe und bleibe ich; ich tue dir nichts, aber ich sehe dich. Wenn du losschlägst, weiß ich, wer es war. Rudi Dutschke beherrschte diesen Blick übrigens auch:

5 Bei einer Demonstration in Berlin 1967

Die Zeitschrift „Tribüne" bringt 1910 eine Art Schnellkurs in Selbstverteidigung mit Blicken: Man solle, schreibt sie, einem zu Pferd vorpreschenden Polizisten nie den Rücken kehren, da ihm das die Benutzung des Säbels erleichtere, sondern ruhig stehenbleiben und den Verfolger freundlich anblicken.[11] Ob das wirklich hilft, wie die „Tribüne" meinte, hängt natürlich auch von anderen Signalen ab. Gehen wir zu diesen anderen Ebenen der Körpersprache über und diskutieren zunächst den Aspekt Kleidung.

1908 veröffentlicht der „Kladderadatsch" anläßlich der ersten Berliner Wahlrechtsdemonstrationen folgende Karikatur:

6

In Wirklichkeit sehen demonstrierende Sozialdemokraten so aus:

7 Wahlrechtsdemonstration in Frankfurt, 13.3.1910

Wie bei einem Sonntagsspaziergang, wie bei der Maifeier trägt man auch bei der Protestdemonstration möglichst das beste Kleid, den besten Anzug. Man ehrt die Ideale des Sozialismus durch das Festtagsgewand. Doch natürlich hat die Kleidung nicht nur einen Selbst-, sondern auch einen Außenbezug. Dieser ist zum einen ganz praktisch. Man weiß schon aus dem Straßenalltag, daß die Polizei gutangezogene Personen anders zu behandeln neigt als abgerissene Gestalten.[12] Der Sonntagsanzug und das Sonntagskleid mildern, so läßt sich hoffen, im Ernstfall die Form des polizeilichen Zugriffs. Freilich bleiben signifikante Standarddifferenzen bestehen, das Auge des Gesetzes kann demonstrierende Arbeiter in ihren oft bleiglänzigen Anzügen und mit ihren oft schlecht aufgebügelten Hüten sehr wohl noch vom gutbürgerlichen Straßenpublikum unterscheiden. Der „Vorwärts" schildert eine Szene aus Breslau: „Dann beginnt Polizeikommissar Simniok, die Bessergekleideten von den Proletariern zu trennen. Barsch jagt er Arbeiter vom Trottoir herunter und läßt zylinderbehaftete und pelzverbrämte Spaziergänger ruhig weitergehen."[13] Hier zwei – u.U. natürlich auch durch unterschiedliche „Vergehen" mitbegründete – Zugreifarten bei der Verhaftung unterschiedlich gekleideter Demonstranten in Berlin:

8 Am 6.3.1910 in Berlin

Besser als vor der Polizei schützt die Sonntagskleidung vor den Vorurteilen kritischer Beobachter der Demonstrationen. Die sozialdemokratische Presse zitiert immer wieder geschmeichelt bürgerliche Stimmen, die ihr Erstaunen über die solide aussehenden, sogar nicht zu den Ängsten vor dem Straßenmob passenden Arbeiterdemonstranten ausdrücken. Die Öffentlichkeit beginnt zunehmend zu akzeptieren, was die Generalkommission der deutschen Gewerkschaften am 18. März 1910 auf eine Kranzschleife für den Märzgefallenen-Friedhof setzen läßt: „Ihr habt es nicht zu tun mit Vagabunden,/ Mit meuterisch gedankenlosen Horden".[14] Nachdem in Frankfurt am Main Polizei rabiat gegen Demonstranten vorgegangen ist, macht die sozialdemokratische „Volksstimme" in ihrem Schaufenster eine kleine Ausstellung: Sie legt auf der Straße liegengebliebene Hüte und Spazierstöcke sowie eine blutige Unterhose ins Fenster. Die Ausstellung hat keinen Leittext, doch ihr Sinn ist klar: Heute sind die Arbeiter die Kulturmenschen, und die Polizisten haben den Part der unzivilisierten Horden übernommen.

9 Wahlrechtskundgebung in Brandenburg, 6.3.1910

Dennoch ist die Botschaft der Demonstrantenkleidung nicht ganz eindeutig. Für den Beobachter aus der Ferne nämlich ergeben die Tausende in dunklen Anzügen mit dunklem Hut den Eindruck einer kohärenten schwarzen Masse. Und dies Bild wird von bürgerlichen Augenzeugen immer wieder als ernst und düster beschrieben.[15] Vor allem wenn sich dieses dunkle Etwas in Bewegung setzt, wird es unter Umständen als unheimlich empfunden, als scheinbar einheitlicher Körper, der sich kraftvoll und unaufhaltsam vorwärtsbewegt – Versinnlichung dessen, was in Max Kegels damals im „Vorwärts" abgedrucktem Gedicht „Macht der Revolution" so heißt:
„Man kann ermorden ihre Streiter,
sie aber schreitet ruhig weiter".[16]

10 Demonstrationszug in Berlin, 13.2.1910

Das heißt also, die Sonntagskleidung der Demonstranten ist nicht nur ein Friedensinserat, sie kann auch den ambivalenten Charakter der Demonstration als 'noch friedliche Mahnung' mitausdrücken helfen.

Mit dem letzten Bild läßt sich nun überleiten zu einem anderen Aspekt der Körpersprache: zur Gehweise. Was damals von Beobachtern immer wieder hervorgehoben wird, ist die „musterhafte Ordnung" der Wahlrechtsdemonstrationen. Zumindest liberale und sozialdemokratische Presse sind sich in diesem Punkt einig. Dabei fällt auf, wie oft diese Ordnung als quasi-militärische beschrieben wird. Die SPD-Presse selbst spricht immer wieder von marschierenden „Arbeiterbataillonen", von sozialdemokratischen „Kompagnien", von „Heerschau" und „Manöver".

Daß militärische Marschformation und Gehweise auch im Habitus von Arbeitern zu finden ist und für den Ausdruck des Stolzes, der Kraft auch in der Arbeiterbewegung auf soldatische Ausdrucksformen zurückgegriffen wird, ist nicht zu leugnen. Hier spielt einmal der Einfluß der allgemeinen Wehrpflicht eine Rolle, zum andern der hohe Wert, der „strammer Haltung" auch von anderen Sozialisationsinstanzen im Kaiserreich beigemessen wurde. Man sehe sich diese Szene auf einem Berliner Schulhof um 1912 an:

11 Pausenturnen im Schulhof Esmarchstraße, Berlin, um 1912

Oder die Haltung dieser Arbeiterjungen in einer Berliner Mietskaserne:

12

Und auch im Asylantenheim – hier ein Bild von 1898 – heißt „Haltung haben" strammstehen:

13 Im Obdachlosenasyl „Wiesenburg" in Berlin, 1899

Dennoch: Daß diese Art von Körperkultur oder -unkultur auch die Wahlrechtsdemonstrationen präge, daß diese – wie es George L. Mosse von den Maifestzügen behauptet – „ihr militärisches Vorbild hatten"[17], ist bestenfalls halbwahr. Wenn in damaligen Berichten von der „gutpreußischen Disziplin" der Demonstranten oder von einer „fast militärischen Ordnung" die Rede ist, so sind darunter zunächst einmal solche Verhaltensweisen zu verstehen wie die, daß die Menge ein gemeinsames Tempo zu halten versteht, daß sie konsequent eine Fahrdammseite freiläßt, darauf achtet, daß die Straßenbahnschienen nicht begangen werden, und im übrigen den Winken ihrer Ordner gehorcht, die z.B. an Kreuzungen den Arm heben, um Anhalten der Menge und Durchlassen des Verkehrs zu gebieten.

14 Demonstrationszug am Stralauer Tor, Berlin, 10.4.1910

Richtig ist, daß die Demonstranten teilweise in geschlossenem Zug gingen – wobei Vierer- und Fünferreihen oder breitere Formationen gewählt werden –, doch gibt es insgesamt eine große Bandbreite der Gehweisen: vom Marschieren in Reih und Glied über „zwanglose Reihen" und „lose Gruppen" bis hin zum ungegliederten und nach außen offenen Strom.

Und auch dort, wo die Fotos 'Marschsäulen' und Reihenordnung zeigen, findet sich nicht einfach „preußischer Drill" wieder. Man könnte sagen: Der einzelne Körper wird hier insoweit reglementiert, wie seine Bewegungen den Gesamtablauf stören könnten. Aber er wird als einzelner keinem Stilisationsprinzip unterworfen.

Die Masse ist hier auch nicht im Kracauerschen Sinne Ornament: Sie ist nicht atomisiert und dann von einem Gesamtwillen wieder zusammengefügt, sondern – und dies, so scheint es, durchaus nicht gegen den Willen der Ordner – in wesentlichen Momenten molekular. Es gibt Gruppenbildung, dezentrale und paregische Aktivitäten sind erlaubt: Blickwendung zum Nachbarn, Reden mit dem andern, Zigarrenrauchen. Die britische „Morning Post" über die Berliner Wahlrechtsdemonstration am 13. Februar 1910: „Die meisten gingen ganz ruhig, mit einer Zigarre im Mund, manche hatten die Frau oder die Braut im Arme."[18]

15

Man vergleiche dieses Foto von einem preußischen Veteranenaufmarsch um 1910

16

mit diesem Bild von einer Mai- und Wahlrechtsdemonstration, die 1910 in Hanau stattfand: Der Fest- und Demonstrationszug marschiert zwar in einer quasimilitärischen Viererreihe, doch ein genauerer Blick zeigt, daß keineswegs Gleichschritt herrscht. Er wäre angesichts der mitlaufenden Frauen in langen Röcken und der miteinbezogenen Kinder auch schwerlich praktizierbar. Man beachte im übrigen auch den Mann ganz rechts, der – wahrscheinlich für einen Moment aus dem Zug herausgetreten – zu einem Fenster hochblickt und sich offenbar mit Zuschauern des Zuges unterhält. So, wie individueller und alltäglicher Habitus innerhalb des Zugs zugelassen bleibt, kapselt sich dieser auch nach außen nicht gegen den Alltagsraum ab.

Will man idealtypisch beschreiben, wie damals auf den Demonstrationen gegangen wurde, so kann man vielleicht folgende Charakeristika nennen:
– Es handelt sich nicht um „Marschtritt", sondern um „Massentritt"; nicht um das Unisono des Gleich-

schritts, sondern um Vielfalt in der Einheit, um ein Geräusch, das den Rhythmus von Frauen- und Kinderschritten einschließt.

– Dieser Massentritt ist nicht eilig, wie im Arbeitsalltag, und nicht schleppend wie nach diesem, sondern zügig, zielsicher, vorwärtsstrebend. Er ist nicht triebgehemmt, die Expression zurücknehmend, wie Elias Canetti es vom Prozessionsschritt sagt, aber auch nicht aggressiv losstürmend: Sondern besonnen und selbstsicher zugleich, bestärkt von der „Musik des Massentritts", die die genagelten Schuhsohlen auf dem Pflaster hervorrufen.

Auch die Gestik der Demonstranten, zu der ich nun komme, ist nicht durchstilisiert.

17 Abstimmung über die Wahlrechtsresolution im Treptower Park, 10.4.1910

Einen einheitlichen Charakter hat noch am ehesten das Handheben bei den Abstimmungen über die Wahlrechtsresolutionen – eine beeindruckende Vorwegnahme des allgemeinen und gleichen Wahlrechts, an der auch die nicht wahlberechtigten Frauen und die noch nicht wahlberechtigten Männer unter 25 Jahren teilnehmen.

Aber bei näherem Hinsehen merkt man sogar hier: Es gibt keine strikte Gleichförmigkeit dieser Bewegung. Wir sehen offene Hände, Fäuste, Schwurhände, die Streck-Hand aus der Schule. Volk, könnte man fast sagen, ist hier körpersprachlich nicht in Partei aufgegangen.

Daß bei den Wahlrechtskundgebungen Masse Macht ausstrahlt und nicht Macht die Masse strukturiert, indiziert auch die abstandslos umdrängte und niedrige Rednerbühne.[19] Die „musterhafte Ordnung" der Kundgebung bedeutet nicht 'Unterordnung'. Man vergleiche damit das Bild eines Feldgottesdienstes auf dem Tempelhofer Feld 1913: die viel höhere Tribüne, die Respektzone von mehreren Metern bis zu den angetretenen Militärs und die 'Welten', die diese wiederum von den Zivilisten im Hintergrund trennen.

18 Feldgottesdienst anläßlich des Kaiserjubiläums, 15.6.1913

Die feierlich-rituelle Szene des Handhebens geht über in die Geste des Hutschwenkens und Hochrufens:

19 Im Friedrichshain, 10.4.1910

Dabei gibt es auch in den Rufen individuelle und Gruppenvarianten. Man ruft z.B. ein Hoch auf das allgemeine Wahlrecht, ein Hoch auf die Sozialdemokratie, oder ein Nieder auf die Junker, ein Pfui auf Bethmann-Hollweg. Diese Ausrufe mit Hutschwenken werden auch während der Demonstrationszüge immer wieder benutzt. Der Anstoß hierzu kann vom Ordner, aber auch von Gruppen und Einzelnen ausgehen. Ruf und Geste pflanzen sich dann eventuell durch den ganzen Zug oder die ganze Menge fort - sie müssen es aber nicht, es gibt hier keine durchgängige Liturgie.

20 In der Gitschinerstraße in Berlin, 13.2.1910

Bilder wie dieses vom 13. Februar 1910 in Berlin sind selten – meist wirken die Demonstranten auf den Fotos wie ruhige Spaziergänger. Man muß jedoch bedenken, daß auch gestenarme Demonstrationszüge eine beträchtliche akustische Komponente haben können; was in sozialdemokratischen Zeitungen als gelegentliches Singen und Hochrufen erscheint, wird von gegnerischen Ohrenzeugen schon als „mißtönender Gesang" und „Höllenlärm" bezeichnet.[20] Hinzu kommt, daß die Fotografen, insofern sie nahe an die Demonstrationszüge herangehen, dies meist in Ruhemomenten und nicht in Erregungsmomenten tun, und daß die Fotografierten, sobald sie sich als solche wahrnehmen, sich um eine atelier-entsprechende Haltung bemühen: Sie beschränken die Körpersprache möglichst auf das als würdevoll Verstandene, das zur Verewigung geeignet Erscheinende. Aus den schriftlichen Quellen – und hier insbesondere aus konservativen Zeitungen und aus Polizeiakten – wissen wir aber, daß es immer wieder Züge mit expressiver Gestik und von durchgehend lärmendem Charakter gab, insbesondere, wenn sich kleinere Kolonnen nach offiziellem Kundgebungsschluß verselbständigten.

Dennoch kann man sagen, daß auch dort – falls es zu keinen Zusammenstößen mit der Polizei kommt – nicht eine Gestik und Mimik der Angriffslust oder finsteren Entschlossenheit vorherrschen. Die Faust reckt sich nicht, wie in den 20er Jahren bei KPD und später auch Eiserner Front, als Drohzeichen empor, sondern sie hebt beim Hochruf den Hut; und auch vom Gesichtsausdruck der Demonstranten heißt es immer wieder, er sei viel eher heiter als grimmig gewesen: Die „Times" sieht am 6. März 1910 in Berlin „glücklich aussehende Menschen" durch die Straßen ziehen[21], das „Echo de Paris" konstatiert eine „stolze Haltung, die einen gewissen guten Humor nicht ausschloß"[22], und die sozialdemokratische Presse berichtet fast stereotyp, aber doch – wie uns Fotos zeigen – nicht irrealistisch von den „leuchtenden Augen" der Demonstranten. Theodor Heuss schreibt nach dem 10. April in Berlin: „(...) es gehört zur Psychologie dieser großen Demonstrationen im Freien, daß die Menschen nicht zur dumpfen Wut und Leidenschaft erregt werden, wie etwa im geschlossenen Raum der Abendversammlung, sondern eine festliche, gehobene Stimmung lebendig wird."[23] Man könnte sagen: Die Gesichter verdoppeln nicht den Eindruck der Stärke, den die Massenformation hervorruft, sondern sie reagieren entspannt darauf als auf einen Sieg.

21 Demonstranten vor dem Abgeordnetenhaus, 1909

Hier ist sie: Die Freude über einen Akt der Antizipation von Freiheit, Gleichheit und sozialer Geltung, über den aufrechten Gang.

22 „Donnerwetter! Ein gut Stück Kultur haben diese Sozialdemokraten dem Pöbel doch beigebracht!"
„Das ist ja gerade das Gefährliche an dieser ganzen infamen Hetze!"

Edward Thompson hat in seiner Darstellung englischer Volksunruhen im 18. Jahrhundert gezeigt, wie bei diesen der zeremoniellen Feierlichkeit des „Theaters der Großen" in geradezu spiegelbildlicher Umkehrung eine Straßenkultur der Unordnung, des Tumults, des Handstreichs entgegengesetzt wurde.[24] Und diese Antithetik gilt gewiß auch für viele Straßentumulte in der deutschen Geschichte des 18. und 19. Jahrhunderts. Die Straßendemonstrationen jedoch, wie sie in den preußischen Wahlrechtskämpfen zu Anfang dieses Jahrhunderts praktiziert werden, führen den „Symbolkampf" – sofern er nicht durch das Eingreifen der Polizei in einen tatsächlichen Kampf übergeht – auf andere Weise. Diese zwischen Hierarchie und Anarchie hindurchgeführten Massenaufzüge sind Propaganda für die Möglichkeit des „Volksstaates", der Republik: Sie wollen neben Zahl und Entschlossenheit der Massen vor allem deren politische und kulturelle Hegemoniefähigkeit beweisen: „Mehr als ein taktisches Kunststück, etwas Neues und Wunderbares ist's, was die Massen hier, ohne Zwang und Kadavergehorsam, in der Kunst der Massenbeherrschung geleistet haben", schreibt die „Schwäbische Tagwacht" am 11. April 1910. „Damit haben sie den unwiderleglichen Beweis erbracht, daß sie längst aufgehört haben, 'Massen' im verächtlichen Sinn ihrer junkerlichen Gegner zu sein; so wie die preußischen Wahlrechtskämpfer am Sonntag es getan, so benehmen sich 'urteilslose', 'gedankenlose' Massen nicht, das ist kein 'Pöbel', sondern ein Volk innerlich freier, gleichgesinnter Menschen". Und der Braunschweiger „Volksfreund" meint am 2. März 1910: „Die Wahlrechtsdemonstrationen (bilden) ein bedeutendes Stück Selbsterziehung der Massen (...). Hier (...) wurde es den weitesten Bevölkerungskreisen handgreiflich vor Augen geführt, daß das arbeitende Volk das ordnende, organisierende, vernünftige Element ist, während die Polizei, jene Vorsehung des biederen Spießbürgers, als ein Haufen brutaler Draufgänger erschien, zu nichts anderem fähig, als die Ordnung des Volkes sinnlos zu stören. Diese Erfahrung wird zweifellos die Zuversicht der großen Volksmassen in ihre Fähigkeit, die Gesellschaft zu organisieren, stark erhöhen (...)".

Auch gegnerische Beobachter konstatieren durchaus die spezifische Verbindung, die massenhafte Begeisterung und Entschlossenheit hier mit Organisationsfähigkeit und individueller Selbstdisziplin eingegangen sind. Diese Qualität der damaligen Massenaktionen steigert dort, wo die Sozialdemokratie als revolutionsentschlossene Kraft gefürchtet wird, die Angst: Man sieht dann die Straßendemonstrationen als pseudofriedliche „Revolutionsexerzitien" und meint angesichts der mobilisierten Hunderttausende: „Die tiefernste Kehrseite dieser Vorgänge ist der Einblick in die straffe Organisation der Sozialdemokratie (...). Die menschliche Gesellschaft (hat) dieser Organisation nichts Ähnliches entgegenzustellen."[25] Bürgerliche Kommentatoren, die die sozialdemokratische Partei positiver, zum Teil gar als potentiellen Koalitionspartner einschätzen, werten dasselbe Phänomen ganz anders: „Die Disziplin, die von den sozialdemokratischen und demokratischen Massen an den Tag gelegt worden ist, ihre willenlose Nachgiebigkeit unter dem Zügel der Führer, ist auf der einen Seite eine ernst zu nehmende Sache. Denn Disziplin verbürgt Macht, wie das Musterbeispiel der deutschen Armee aller Welt oft gezeigt hat. Auf der anderen Seite ist aber diese Disziplin der Massen erfreulicher und für das Staatswesen weit weniger bedenklich als zuchtlose Leidenschaft. (...) Solange die Führer noch herrschen, hat man das Schlimmste nicht zu befürchten."[26]

Und vor allem steigern die Massenaufmärsche des preußischen Wahlrechtskampfs bei der anderen Seite die Begehrlichkeit nach dem 'Besitz' dieser begeisterungs- und disziplinfähigen Massen: „Wer die Volksmassen beherrscht und sie organisiert wie die Sozialdemokratie", schreibt der christlich-nationale „Reichsbote", der „hat die Macht"[27], und die „Leipziger Neuesten Nachrichten" meditieren: „Noch ein anderes Gefühl muß der Anblick dieser schweigsam dahinziehenden Massen erwecken: Das Gefühl des Bedauerns, daß der in einem großen Teil zweifellos vorhandene Idealismus, der selbst die bei allen Massenveranstaltungen so oft vorhandene Freude am Radau besiegt, keinem anderen Ziele zugelenkt wird. (...) Wieviel besser wäre es in Deutschland bestellt, wenn die Kräfte, die hier so falsch geleitet werden, dem nationalen Gedanken zurückgewonnen werden könnten!"[28]

Das heißt für die Straßendemonstration und die Massenkundgebung unter freiem Himmel, daß sie vom nationalen Lager zwar als gesetzwidriger Exzeß gebrandmarkt, aber gleichzeitig für die Übernahme in eigene Dienste vorgemerkt werden. So sind die Wahlrechtsdemonstrationen zu Anfang dieses Jahrhunderts nicht nur ein Durchbruch auf dem Weg zu einer Demokratisierung der politischen Kultur, sie fördern auch die Idee der populistischen Nutzung solcher Ausdruckshandlungen. Doch: Abusus non tollit usum. Die friedliche Straßendemonstration, wie die Sozialdemokratie sie damals praktizierte, ist eine unverzichtbare Bewegungsform der Demokratie geworden, und ihre Habitualisierung in Deutschland bleibt ein Verdienst. Deshalb versteht sich dies Referat, gehalten 75 Jahre nach dem Höhepunkt der preußischen Wahlrechtsdemonstrationen, auch ein bißchen als Festvortrag zu einem leider wenig beachteten Jubiläum.

Anmerkungen

1 Gewiß gibt es im Kaiserreich zahlreiche Formen von Aufzügen oppositioneller Gruppen – den Maifestzug, den demonstrativen Leichenzug, Massenspaziergänge ins Grüne usw.; aber durch die Stadtzentren ziehende, zugleich friedliche, geordnete und protestierende Massen, das ist ein vor den Wahlrechtskämpfen 1905 bis 1910 unübliches Bild.
2 Theodor Heuss, Erinnerungen 1905-1933, Tübingen 1963, S. 74 f.
3 Friedrich Naumann, Massenbewegungen. In: Die Hilfe, Jg. 1910, Nr. 10, S. 149.
4 Vorwärts, 11.4.1910.
5 So galt z.B. für den Hin- und Rückmarsch bei der Kundgebung im Treptower Park die Parole: „Kein Ruf. Kein Lied." (Vorwärts 11.4.1910) Nur unter dieser Voraussetzung hatte die Polizei die Veranstaltung genehmigt. George L. Mosse zitiert in seinem Buch „Die Nationalisierung der Massen" diese Parole in offenbarer Unkenntnis ihrer Entstehungssituation im Zusammenhang seiner These, die Maiumzüge im Kaiserreich seien „Schweigemärsche" gewesen. (Vgl. George L. Mosse, Die Nationalisierung der Massen. Politische Symbolik und Massenbewegungen in Deutschland von den Napoleonischen Kriegen bis zum Dritten Reich, Frankfurt/M., Berlin 1976, S. 196.)
6 Der Wahre Jacob, 23.1.1906.
7 Protokoll über die Verhandlungen des Parteitages der Sozialdemokratischen Partei Deutschlands. Abgehalten zu Nürnberg vom 13. bis 19. September 1908, Berlin 1908, S. 28.

8 Volkswacht Bielefeld, 28.11.1907.
9 Ottilie Baader, Ein steiniger Weg. Lebenserinnerungen, Stuttgart/Berlin 1921, S. 99.
10 Vorwärts, 20.3.1910.
11 Volksfreund Braunschweig, 15.3.1910.
12 Vgl. z.B. Vorwärts, 30.1.1910.
13 Vorwärts, 8.2.1910.
14 Vorwärts, 19.3.1910.
15 Z.B. Tägliche Rundschau, 11.4.1910.
16 Vorwärts, 19.3.1910.
17 Mosse (s. Anm. 5), S. 197.
18 Zit. nach Vorwärts, 16.2.1910.
19 Da es noch keine Lautsprecher gab, half man sich bei den großen Kundgebungen übrigens damit, daß man mehrere Redner gleichzeitig von verschiedenen Tribünen aus sprechen ließ. Schon aus diesem Grund stiften diese Veranstaltungen keine Identifikationsbeziehung zwischen „der Masse" und „dem Führer".
20 Vgl. Volkswille Hannover, 12.4.1910; Volkszeitung Essen, 19.3.1910.
21 Zit. nach Vorwärts, 9.3.1910.
22 Zit. nach Vorwärts, 10.3.1910.
23 Theodor Heuss, Jagows Bekehrung. In: Die Hilfe Jg. 1910, Nr. 15, S. 232.
24 Vgl. Edward P. Thompson, Die englische Gesellschaft im 18. Jahrhundert: Klassenkampf ohne Klasse? In: Ders., Plebeische Kultur und moralische Ökonomie. Frankfurt/Main, Berlin, Wien 1980, S. 247-289.
25 Reichsbote, zit. nach Vorwärts, 8.3.1910.
26 Kölnische Zeitung, zit. nach Tägliche Rundschau, 13.4.1910.
27 Zit. nach Vorwärts, 12.4.1910.
28 Zit. nach Tägliche Rundschau, 13.4.1910.

Bildnachweise
1 ADN Zentralbild, Berlin/DDR.
2 Aus: Eduard Bernstein, Geschichte der Berliner Arbeiterbewegung. Teil III, Berlin 1910, S. 192.
3 ADN Zentralbild, Berlin/DDR.
4 Aus: Beilage zur Zeitschrift „Arbeiterjugend", 24.9.1910.
5 Werkbund-Archiv, Berlin/West.
6 Kladderadatsch, 26.1.1908.
7 Stadtarchiv Frankfurt/Main.
8 Berliner Illustrierte Zeitung, 13.3.1910.
9 Archiv der sozialen Demokratie, Bonn.
10 Ebd.
11 Aus: Jochen Boberg, Tilman Fichter, Eckhart Gillen, Exerzierfeld der Moderne. Industriekultur in Berlin im 19. Jahrhundert. München 1984, Bild Nr. 301.
12 Aus: Dietrich Mühlberg (Hg.), Arbeiterleben um 1900, Berlin (DDR) 1983.
13 Aus: (wie Anm. 11), Bild Nr. 333.
14 Die Woche, 16.4.1910.
15 Landesbildstelle Berlin.
16 Stadtarchiv Hanau.
17 Archiv der sozialen Demokratie, Bonn.
18 Landesbildstelle Berlin.
19 ADN Zentralbild, Berlin (DDR).
20 Berliner Illustrierte Zeitung, 20.2.1910.
21 ADN Zentralbild, Berlin (DDR).
22 Der Wahre Jacob, 24.5.1910.

Andrea Erne

„Mit einer Zigarre im Mund, die Frau oder Braut im Arme" – Frauen bei den Wahlrechtsdemonstrationen 1910[1]

Nach dem großen „Wahlrechtsspaziergang" am 6. März 1910 in Berlin berichtet das sozialdemokratische Parteiorgan „Vorwärts": „Zu Zehntausenden sind unsere Frauen und Mädchen mit in Reih und Glied marschiert...". Eine große Frauenbeteiligung bei den preußischen Wahlrechtsdemonstrationen wird von der Presse aller politischen Richtungen als auffällige Erscheinung bestätigt. Da heißt es z.B.: „Viele Tausende von Männern und Frauen nahmen teil"[2], „das weibliche Element war zahlreich vertreten"[3], „die Beteiligung der Frauen war überall sehr stark"[4], „viele sozialdemokratische Frauen"[5], „Die Bräute, die zahlreich mitgeschleppt wurden"[6]; und Ottilie Baader schreibt in ihren Lebenserinnerungen: „Mit dem Beginn des Jahres 1908 setzten in Preußen die scharfen Wahlrechtskämpfe ein, an denen Frauen einen besonders regen Anteil nahmen".[7] Pressequellen und Zeitzeugnisse belegen also, daß viele Frauen teilgeommen haben, hingegen die Bilddokumente dieser Zeit vermitteln einen ganz anderen Eindruck. Da sind nur vereinzelt Frauenköpfe im endlosen Meer der Männer zu entdecken – also gewiß kein „Massenaufgebot", wie in der Presse behauptet. Bei der Betrachtung des Quellenmaterials entsteht also anscheinend ein Widerspruch: Waren es nun viele oder wenige Frauen bei den Wahlrechtsdemonstrationen?

Beides ist richtig. Absolut gesehen waren es wenige, wie es um 1910 in der SPD auch nur 12 % Frauenmitglieder gab, und bei Kundgebungen im Freien waren es den Quellen zufolge noch weniger Frauen als im Saal, wo sie in etwa den Mitgliederanteil repräsentierten. Nach Dortmunder Polizeiakten, die Schätzungen über die Frauenquote bei den dortigen Wahlrechtskundgebungen des Jahres 1910 enthalten, ergibt sich ein Frauenanteil von 3 - 8 % Frauen. Relativ gesehen aber sind es in der Tat viele Frauen, die teilnahmen. Denn erst seit 1906 etwa wurde ja eine größere Zahl Frauen in der SPD aktiv; erst „in diesen Jahren nimmt die Frauenbewegung", wie Richard Evans es ausdrückt, „die Dimension einer Massenbewegung an".[8]

Bei den Wahlrechtsdemonstrationen wird dieser „Aufbruch" der Frauen in die politische Männerdomäne zum ersten Mal sinnlich wahrnehmbar. Der geringen quantitativen Bedeutung der Frauenbeteiligung an den Kundgebungen steht eine große qualitative Bedeutung gegenüber.

Die Dialektik von 'Nicht mehr unterdrückt' und 'Noch nicht frei' zeigt sich nun auch in der Qualität weiblichen Demonstrierens. Zwei Zitate aus dem Jahre 1910 illustrieren zunächst einmal das Demonstrationsverhalten proletarischer Frauen. Die englische Zeitung „Morning Post" beschreibt die Berliner Februardemonstrationen so: „Die Demonstranten bestanden aus sehr anständigen Leuten, die zwar friedlich, aber entschlossen aussahen. Die meisten gingen ganz ruhig, mit einer Zigarre im Mund, (...) die Frau oder die Braut im Arme."[9] Das sozialdemokratische Frauenorgan „Die Gleichheit" schreibt über den Wahlrechtsspaziergang vom 6. März 1910: „Viele proletarische Frauen aber waren auch aktiv bei den Kundgebungen. Es sah sich fast idyllisch an, als bei unserem humorvollen Spaziergang im Berliner Tiergarten Mann und Frau Arm in Arm dahinschritten. Die hellen, bunten Kleider der Frauen, die aus den Alleen leuchteten, die hohen Stimmen beim Gesang der Arbeitermarseillaise: Wie hübsch, wie fröhlich machte sich das alles. Bürgerliche Blätter schrieben am anderen Tage, daß die Anwesenheit der vielen Frauen dem Heer der Demonstranten einen fast heiteren Zug verliehen hätte."[10]

„Die Frau oder Braut im Arme", diese Beobachtung trifft etwas Wesentliches. Sie ist ein wichtiger Hinweis darauf, daß Frauen bei den Wahlrechtsdemonstrationen in einem doppelten Sinne integriert waren: Sie waren sowohl *einbezogen,* als auch *eingeschlossen.*

Einbezogen insofern, als sie gleichrangig und vermischt mit den Männern in den Demonstrationszügen gehen, um nicht zu sagen: gehen dürfen. Historisch gesehen ist das für Frauen ein großer Qualitätszuwachs in ihrem politischen Handlungsspektrum, denn bis zur Aufhebung des Vereinsgesetzes im Jahre

1908 war es Frauen, Schülern und Lehrlingen verboten, an politischen Versammlungen teilzunehmen oder Mitglieder von politischen Vereinigungen zu werden. Das Vereinsrecht wurde 1902 etwas abgemildert durch die Möglichkeit, daß Frauen von einem abgesonderten Platz im Raum aus, dem sogenannten Segment, einer Versammlung beiwohnen konnten. Dieses Segment gab den Frauen aber natürlich nur einen beobachtenden Status und mußte jeweils neu beantragt werden. Auch auf Photographien von 1.Mai-Umzügen sind häufig Frauen und Kinder in separaten Abteilungen abgebildet, fast müßte man sagen: als Fußvolk oder Anhang. Nachdem Frauen bis 1908 in den Gewerkschaften keinen Mitgliedstatus hatten, wurden sie offenbar auch in den Festumzügen häufig nicht als gleichwertig behandelt. Ein Beleg für diese Geringschätzung findet sich in Presseäußerungen wie z.B. in der „Schwäbischen Tagwacht" (SPD) vom 7. Mai 1907, wo es heißt: „Bei einer Maifeier in Geislingen waren 200 Teilnehmer zugegen – Frauen und Kinder nicht mitgerechnet." Das ist durchaus kein Einzelfall, und verdeutlicht, daß gegenüber derartigen Verhältnissen das gemeinsame Demonstrieren von Männern und Frauen in einer Gruppe eine positive Entwicklung darstellt.

Nun zum negativen Integrationsaspekt oder, wie zuvor schon benannt, zum Eingeschlossensein der Frauen bei den Demonstrationen:
1. Es gab keine eigenständigen Straßendemonstrationen der proletarischen Frauen. Nur vereinzelte bürgerliche Demonstrationen sind bekannt, aber auch hier nur als spontane Aktion auf dem Heimweg von Versammlungen. Erst der 19. März 1911, der erste Internationale Frauentag in Deutschland, hatte Frauendemonstrationen vor allem für das Frauenwahlrecht zur Folge. Diese eigenständigen Demonstrationen eröffneten eine neue Dimension im politischen Handeln der Frauen, da sie nicht mehr allgemeine sozialistische Ziele propagierten, sondern kompromißlos die eigenen Forderungen voran stellten und Gleichberechtigung nicht nur postulierten, sondern in die Tat umsetzten.

Was Frauen bei den Wahlrechtsdemonstrationen ganz selbständig verrichteten, waren in den Alltag integrierte Aktionen im Vorfeld der Demonstrationen wie: beim Einkaufen Flugblätter und Extranummern des „Vorwärts" verteilen, Zäune, Masten und öffentliche Gebäude mit Plakaten gegen das Dreiklassenwahlrecht bekleben usw. Solche Praxisformen gehörten schon lange zum Repertoire der Arbeiterinnenbewegung, die mit ihrem Motto „können wir nicht wählen, so können wir doch wühlen" den Kampf um gleiche politische Rechte aufgenommen hatte.

2. Bei den Wahlrechtsdemonstrationen gab es, soweit bekannt ist, keine eigenen Frauenabteilungen, auch wenn sie vielleicht als eigene Gruppe am Versammlungsort erschienen, wie Ottilie Baader es für 1908 in ihren Lebenserinnerungen berichtet. Frauen gingen, umschlossen von den Genossen, als einzelne mit, sie stellten keine fordernde Front dar, sondern eine heitere, auflockernde Teilnehmerschaft, die auch bei vielen Bürgerlichen einen angenehmen Eindruck hinterließ.

Der sozialdemokratische Dichter Rudolf Lavant spricht solche Frauen-Funktionen in seinem Gedicht „An die Frauen!" an. In der zweiten Strophe heißt es:
> „Sie wissen wohl, es wächst der Männer Mut,
> Die Not des Zustands, den man schlau erklügelt,
> wenn der Beigeistrung wunderbare Glut
> Aus Frauenaugen blitzt, die Frau beflügelt;
> Wenn mit dem Mann, nicht gegen ihn sie sinnt
> in dem gewalt'gen schicksalsschweren Streite
> und wenn dem Ernst der Zeit sie abgewinnt
> Nach heit'rer Frauenart die lust'ge Seite."[11]

3. Bei den Wahlrechtsdemonstrationen durften (und wollten?) die teilnehmenden Frauen nicht einmal eigene Ausdrucksformen entwickeln. Sie traten weder mit eigenen Parolen, noch mit speziellen Rufen oder Liedern fürs Frauenwahlrecht auf.

Zusammenfassend läßt sich hier also feststellen, daß die Beteiligung der proletarischen Frauen an den Wahlrechtskämpfen eine Qualität mit negativen und positiven Vorzeichen darstellt. Historisch gesehen war es ein Fortschritt, daß sie gemeinsam mit Männern demonstrierten. Für ihre eigenen Interessen aber war es eher hemmend, daß sie keine gleichwertigen politischen Aktionsformen und Forderungen einbrachten bzw. einbringen konnten.

Zu fragen ist nun: Was stand einer wirklichen gleichberechtigten Rolle der sozialdemokratischen Frauen während der Wahlrechtskämpfe 1910 im Wege? Zunächst soll an dieser Stelle kurz auf die allgemeinen, gesellschaftlichen und politischen Partizipationshindernisse eingegangen werden, um dann die Hindernisse zu betrachten, die ganz unmittelbar für das Demonstrieren relevant waren.

1. Der Alltag der proletarischen Frauen war bekanntlich stark durch die Doppelbelastung der Arbeiterin, Hausfrau und Mutter gekennzeichnet. Zur Fabrik- oder Heimarbeit kam oft noch die Belastung einer großen Kinderzahl sowie eine ärmliche und arbeitsintensive Hauswirtschaft. Unter diesen Umständen hatten viele Frauen kaum Zeit, um sich politischen Fragen zu widmen, bzw. es fehlte ihnen abends an Energie und Motivation, noch zusätzlich Frauenversammlungen zu besuchen. Das häufig von Genossen und Genossinnen beklagte mangelnde politische Bewußtsein proletarischer Frauen ist unter anderem auf diesen Sachverhalt zurückzuführen.

Hulda Maurenbrecher, eine sozialdemokratische Aktivistin schrieb 1904 über die Arbeiterfrau: „Äußerlich betrachtet ist das Leben der proletarischen Frau das gleiche wie das des proletarischen Mannes: müheschwere Arbeit Tag um Tag. Aber tiefer gesehen ist ihr Leben meist doppelt belastet mit Plage und Sorge. Sie (...) bringt es tatsächlich in bewundernswert vielen Fällen fertig, nicht nur Lohnarbeiter zu sein wie der Mann, sondern noch Versorgerin des Haushalts und der Kinder."[12]

2. Die politische Sozialisation proletarischer Frauen hängt eng zusammen mit der Gesetzeslage im wilhelminischen Kaiserreich. Wie schon erwähnt, hatten Frauen lange mit einem repressiven Vereinsrecht zu kämpfen, das eine Partizipation am politischen Leben in den Bereich des Heimlichen, Illegalen, Listenreichen verlagerte.

Lily Braun beschrieb die sozialdemokratische Frauenbewegung zwischen 1890 und 1908 auf diesem Hintergrund folgendermaßen: „An der Frauenbewegung blieb (...) der Charakter revolutionären Geheimbündlertums, den die Partei als solche mehr und mehr abstreifte, noch lange haften. Für die Zusammenkünfte, die notwendig waren, bedurfte es der größten Vorsichtsmaßregeln, und nur ein kleiner Kreis vertrauenswürdiger Frauen wurde dazu eingeladen."[13]

3. Die sozialdemokratische Partei hatte nur einen 'halbemanzipatorischen Charakter'. Ihr Programm sah zwar eine Politisierung und Gleichberechtigung der proletarischen Frauen als Notwendigkeit vor, ausgedrückt in der Mitgliederwerbung oder in der Forderung nach dem Frauenstimmrecht, aber in Theorie und Praxis waren die Partei-Frauen dennoch vielen Repressionen ausgesetzt.

So waren Genossen sehr häufig gegen die Frauenmitgliedschaft. Im Privaten zeigte sich das z.B. daran, daß sie ihre Frauen nicht zu Versammlungen gehen ließen. Wollten sich proletarische Frauen trotz ihrer harten Arbeitsbedingungen in Partei und Gewerkschaft politisch bilden und organisieren, dann hatten sie „in der Regel zunächst einmal die Widerstände der eigenen Männer zu überwinden, die sich im familiären Bereich an bürgerlichen Vorbildern orientierten"[14] und um die Integrität der Familie fürchteten. Ottilie Baader beklagte sich 1908, „daß viele Männer sagen: Meine Frau hat keine Zeit, sie muß die Wirtschaft führen."[15]

Aber auch das programmatische Rollenbild der Sozialdemokraten war trotz vieler Einsichten noch sehr rückständig. August Bebel, der mit seinem Buch „Die Frau und der Sozialismus" eine breite Leserschaft unter den Arbeitern erreichte und großen Einfluß hatte, vertrat in vielem noch ein sehr traditionelles Rollenbild, das „von den Vorurteilen der Gesellschaft, in der er aufgewachsen war"[16], geprägt wurde. Für ihn gab es einen 'natürlichen' Unterschied zwischen den Geschlechtern, der unter anderem den 'zarten', 'selbstlosen', 'naiven' und 'aufopfernden' Frauen „die Sorge für Heimat und Herd"[17] zuwies und nur frauenspezifische Berufe wie Pflege, Erziehung und Verwaltung einräumte. Bebel beschreibt die Situation der Arbeiterfrau drastisch und richtig: „Die Frau des Arbeiters, die abends müde und abgehetzt nach Hause kommt, hat von neuem alle Hände voll zu tun"[18], aber es kam ihm nie der Gedanke, daß auch Männer Kinder aufziehen oder bei der Hausarbeit helfen könnten, statt ihre Zeit in den Wirtshäusern zu verbringen.

Wenn Frauen es dann doch schafften, sämtliche Hürden zu überspringen und in der Partei aktiv mitzuarbeiten, wurden sie oft von den männlichen Parteimitgliedern nicht anerkannt. Atmosphärisch drückte sich diese mangelnde Anerkennung manchmal sogar in offenem Spott aus. Klara Weyl, die bis in den Berliner Parteivorstand der SPD vorgedrungen war, schrieb über ihre Erfahrungen: „Man sah uns als Frauen unter den Männern nicht gern. Ich kam in die erste Sitzung, und meine Männer suchten ihre Courage zu zeigen, indem sie die niederträchtigsten Ausdrücke gebrauchten, sie suchten die häßlichsten und gemeinsten Worte, um mich zu ärgern."[19]

Noch schwerer wog, daß die SPD-Spitze durch die Aufhebung des Reichsvereinsgesetzes 1908 die „Notlösung" der politischen Sonderorganisation für Frauen für unnötig, ja sogar schädlich hielt. Die Parteiführung setzte sich gegen den Protest von seiten der proletarischen Frauenbewegung durch, löste das Netz der Vertrauenspersonen auf und untersagte jegliche politische Sonderorganisationen für Sozialdemokratinnen. Damit zerstörte sie die gutfunktionierende Organisationsstruktur der proletarischen Frauen und übte fortan eine intensive Kontrolle aus. Die Rolle der Frau in der Partei ergab sich auf dem Hintergrund eines Frauenbildes, das keine gleichwertigen Politikerinnen, sondern nur eine emotionale Bereicherung der 'rationalen' Männerpolitik vorsah – die „Heitere Gefährtin" also. Hierzu noch einmal eine Stelle aus Rudolf Lavants Gedicht „An die Frauen":

„Und viel ist lustig, viel ist lächerlich,
An dem Koloß mit dem die Männer ringen;
Sie nehmen alles leicht zu feierlich,
Zu ernst und schwer an den verhaßten Dingen.
Da springe scherzend die Genossin ein
Mit ihrem Scharfblick, den wir nie erreichen,
Und lust'ge Schalkheit soll ihr Helfer sein,
Dem Mann die Falten von der Stirn zu streichen!"[20]

Selbstbewußte und selbständige Frauen, die sich mit der Rolle der Sorgenbrecherin nicht begnügten und im Gegenteil der Politik der Männer eigene Vorstellungen entgegensetzten, hatten es in der Praxis besonders schwer. Von manchen Genossen mußten sie sich Titulierungen wie „Versammlungsbestien"[21] oder „langhaariges Zeug"[22] gefallen lassen.

Zusätzlich zu diesen allgemeinen, gesellschaftlichen und politischen Partizipationshindernissen für Frauen kommen nun die ganz unmittelbaren hinzu, die mit der Aktionsform Demonstrieren direkt zusammenhängen. Eine große Rolle spielt hier zunächst die Straßensozialisation der proletarischen Frauen. Obwohl der öffentliche Straßenraum für Arbeiterkinder weit weniger tabuisiert war als für bürgerliche, gab es auch für proletarische Mädchen gewisse Bewegungsschranken: „Im Bereich von Spiel und Bewegung werden die ersten geschlechtsspezifischen Unterschiede deutlich. Während für den Knaben – sofern er nicht in die Schule ging oder arbeitete – die Freizügigkeit der Straße bestand, die soziale Einbeziehung in die Spielgruppe erfolgte und körperliche Ertüchtigung und Entwicklung möglich waren, wuchs das kleine Mädchen stärker isoliert und restriktiver heran."[23]

Zum einen waren es häusliche Verpflichtungen, die Mädchen von der Straße fernhielten, zum anderen moralische Normen, denn Mädchen gehörten auch in einer 'ordentlichen Arbeiterfamilie' nicht auf die Straße, sondern ins Haus. Wenn Arbeitertöchter auf die Straße gehen, dann oft in Begleitung erwachsener Autoritätspersonen oder aber in eingegrenzten Funktionen: Sie kaufen z.B. ein oder beaufsichtigen jüngere Geschwister. Das freie Umherstreifen und Erkunden der Straßenumgebung war offenbar auch bei Arbeitermädchen weitaus seltener als bei Jungen.

Die Wahlrechtsdemonstrationen fanden also in einem für Frauen bislang ungewohnten Umfeld statt, das sie sich erst langsam erobern mußten. Die Sozialisationsphänomene kommen auch hier noch zum Ausdruck: Frauen tragen bei den Demonstrationen häufig etwas bei sich, oder haben die Kinder an der Hand. Das ebenfalls häufig zu beobachtende Einhaken bei der Autoritätsperson 'Bräutigam' oder 'Gatte' könnte damit erklärt werden, daß viele Frauen bei diesem wagemutigen Schritt, ihre Meinung öffentlich kund zu tun, jemanden brauchten, um sich festzuhalten, aber auch, um den Guten Ton wenigstens noch annähernd zu wahren.

Hinzu kommt, daß die Kleidung der Mädchen und Frauen in den Jahren der Wahlrechtskämpfe erst langsam reformiert wurde und noch nicht allzuviel Bewegungsfreiheit zuließ. Beengende und behindernde Kleidung war 1910 auch unter den proletarischen Frauen noch weitverbreitet, zumindest trifft das für den bei den Wahlrechtsdemonstrationen getragenen Sonntagsstaat zu. Außerdem mußte bei den Demonstrationen immer mit Situationen gerechnet werden, die eine gute körperliche Konstitution und behendes Reagieren verlangten. Frauen konnten bei Konfrontationen mit der Polizei auf Grund ihres mangelnden körperlichen Trainings, aber auch auf Grund ihrer Kleidung oft nicht schnell genug vor Pferden und Säbeln flüchten. Sie waren die ersten, neben Kindern und Älteren, die bei Verfolgungsjagden zu Fall kamen, und diese Jagden waren nicht selten, wie der zeitgenössischen Presse zu entnehmen ist. Im „Vorwärts" vom 19. März 1910 wird z.B. berichtet: „Frauen wurden umgerannt und zu Boden geworfen, Männer wurden blutig geschlagen. (...) Rennende Schutzleute sind für die Jungen spaßhafte Figuren. (...) Kamen die Schutzleute gerannt, brüllten die Jungen vor Freude und schrien Hurra (...). Für sie war es ein gefahrenloses Spiel, aber für erwachsene Leute, für Arbeiter, die ruhig nach Hause gehen wollen, und für Frauen, die nicht so schnell rennen konnten, wurde die Sache sehr ernst (...). Manche Frau wurde dabei mit roher Faust gepackt, geschoben und gestoßen, wenn nicht gar zu Boden geworfen."[24]

Mit besonderer Empörung prangerten die sozialdemokratische und die liberale Presse immer wieder das Vorgehen der Polizei gegen demonstrierende oder des Demonstrierens verdächtige Frauen an.[25] Problematisch ist allerdings das bei den entrüsteten Schilderung solcher Szenen oft herangezogene Bild der hilflosen, schutzbedürftigen Frau. Es hat zwar eine gewisse Grundlage, da Frauen – wie gesagt – auf Grund ihrer Kleidung und mangelnden Körpertrainings nicht so schnell flüchten konnten; wirkungsvolle Gegenwehr war aber auch den Männern nicht möglich. So hat das Mitleid mit dem nicht geschonten „schwachen Geschlecht" auch etwas Diskriminierendes. Es läßt vergessen, wie oft Frauen in der Geschichte schon handfeste Gegenwehr geleistet haben, und daß die hier zu „zarten Wesen" stilisierten Demonstrantinnen im Alltag oft die härtesten Arbeiten unter den härtesten Bedingungen verrichteten, wobei sie von Männern weit weniger bedauert wurden.

Ein weiteres Partizipationshindernis für Frauen war der Termin der meisten Wahlrechtsdemonstrationen. Sie fanden im allgemeinen Sonntags zwischen 11 und 15 Uhr statt. Der Sonntag war aber für die proletarische Frau der Haupthaushaltstag, an dem liegengebliebene Arbeiten erledigt werden mußten und die Familie mehr Beachtung erhalten konnte. Deshalb war es verheirateten Frauen nur möglich, an den Wahlrechtsdemonstrationen teilzunehmen, wenn sie von ihren Männern in der Hausarbeit und Kinderbetreuung unterstützt wurden, d.h., wenn die Männer bereit waren, auch einmal auf das (natürlich aus sehr verständlichen Gründen) geheiligte Sonntagsessen zu verzichten. Das war offenbar selbst für einen aktiven Sozialdemokraten keineswegs selbstverständlich. An praktische Maßnahmen wie z.B. Gemeinschaftsessen und Kinderbetreuung während der Demonstrationen dachte damals in der SPD-Leitung offenbar niemand. Gleichzeitig wurde aber in den Aufrufen der SPD auf die Frauen ein starker moralischer Druck ausgeübt, sich an Demonstrationen zu beteiligen. Die Nichtbeteiligung wurde als Beweis mangelnden politischen Bewußtseins ausgelegt – auch von Genossinnen. Luise Zietz, Mitglied des SPD-Parteivorstandes, schloß eine Rede zum Wahlrechtskampf der Frauen im Februar 1910 „mit der Mahnung an die Frauen, gemeinsam mit den Männern ihre ganze Kraft im Wahlrechtskampf einzusetzen (...). Wenn eine Frau am Sonntag nicht von ihren Kindern fort könne, so möge sie mit ihrer Nachbarin übereinkommen, daß wenigstens eine von beiden auf dem Plane erscheine. Es sei auch kein Entschuldigungsgrund, wenn eine Frau sage, sie müsse für das Essen sorgen. Man könne an einem solchen Tage ganz gut mit Brot auskommen."[26] Eine Teillösung des Problems findet die Partei auf salomonische, keineswegs feministische Weise im Dezember 1913. Der Aktionsausschuß der SPD beschließt, sonntägliche Demonstrationsversammlungen statt um 12 Uhr in Zukunft um 13 Uhr beginnen zu lassen, „damit den Genossen Gelegenheit gegeben wird, noch zu Hause vor der Versammlung Mittag essen zu können".[27]

Abschließend ist festzustellen, daß angesichts der geschilderten quantitativen und qualitativen Grenzen, die der Beteiligung von Frauen an den damaligen Demonstrationen gesetzt waren, Allegorien in SPD-Publikationen eher befremdlich wirken, in denen nach dem Muster der Marianne eine oder mehrere Frauen die Spitze eines Wahlrechtsdemonstrationszuges anführen. In Wirklichkeit durften die Frauen allenfalls mitlaufen. Dennoch muß man in diesen Kundgebungen erste „Gehversuche" für ausgeprägte eigene Aktionsformen sehen. Die Wahlrechtsdemonstrationen haben sicher dazu beigetragen, daß am I. Internationalen Frauentag 1911 auch die ersten Frauendemonstrationen in Deutschland stattfanden.

Proletarische Frauen wurden durch die Wahlrechtsdemonstrationen einerseits motiviert, sich in der Öffentlichkeit auszudrücken bzw. ihre Forderungen anzumelden, andererseits führte sicher auch die Enttäuschung darüber, daß in der SPD trotz programmatischer Forderungen so wenig frauenspezifische Thematik aufgegriffen und umgesetzt wurde, zu eigenen Initiativen wie dem Internationalen Frauentag, der ein neues internationales Agitationsmittel zur Erkämpfung des Frauenstimmrechts darstellte. Trotzdem hatten die Frauenrechtsdemonstrationen ab 1911, die Lebensmitteldemonstrationen ab 1912 und auch die Antikriegsdemonstrationen von Frauen im 1. Weltkrieg nicht dieselbe radikale expressive Demonstrationskultur wie z.B. die Aufzüge der englischen Suffragetten, deren Vorgehen und Ausdrucksweisen auch unter deutschen SPD-Anhängerinnen als für deutsche Frauen unpassend, wenngleich faszinierend, angesehen wurden.

Anmerkungen

1. Dieser Aufsatz entstand im Zusammenhang mit der Arbeit der Projektgruppe 'Straße' am Ludwig-Uhland-Institut für Empirische Kulturwissenschaft der Universität Tübingen unter der Leitung von Bernd Jürgen Warneken.
2. Vorwärts vom 1.3.1910.
3. Vorwärts vom 11.4.1910.
4. Kreuzzeitung vom 11.4.1910.
5. Berliner Tageblatt vom 14.2.1910.
6. Germania vom 8.3.1910.
7. Ottilie Baader, Ein steiniger Weg. Lebenserinnerungen, Stuttgart/Berlin 1921, S. 99.
8. Richard J. Evans, Sozialdemokratie und Frauenemanzipation im deutschen Kaiserreich, Berlin/Bonn 1979, S. 194.
9. Vorwärts vom 16.2.1910.
10. Die Gleichheit vom 25.4.1910.
11. Rudolf Lavant, Gedichte. Hg. von Hans Uhlig, Berlin (DDR) 1965, S. 78.
12. Hulda Maurenbrecher, Die Arbeiterfrau daheim (1904), in: Heinz Niggemann (Hg.), Frauenemanzipation und Sozialdemokratie, Frankfurt/Main 1981, S. 287-291, hier S. 287.
13. Antje Dertinger, Weiber und Gendarm. Vom Kampf staatsgefährdender Frauenspersonen um ihr Recht auf politische Arbeit, Köln 1981, S. 96.
14. Ebd., S. 56.
15. Evans (s. Anm. 8), S. 89.
16. Ebd., S. 51 f.
17. Ebd., S. 50.
18. Ebd., S. 88.
19. Ebd., S. 59.
20. Lavant (s. Anm. 11), S. 78.
21. Emil Unger-Winkelried, Ich bekenne! Lebenserinnerungen eines Sozialdemokraten, Berlin 1934, S. 59.
22. Ebd.
23. Sabine Richebächer, Uns fehlt nur eine Kleinigkeit. Deutsche proletarische Frauenbewegung 1890-1914, Frankfurt/Main 1982, S. 48.
24. Vorwärts vom 19.3.1910.
25. Vgl. zu diesem Phänomen Klaus Theweleit, Männerphantasien. 2 Bde., Frankfurt/Main 1977.
26. Vorwärts vom 14.2.1910.
27. StA Potsdam, Akten Polizeipräsidium Berlin, Tit. 94 lfd. Nr. 13 562, Bl. 67.

Gottfried Korff
Rote Fahnen und geballte Faust. Zur Symbolik der Arbeiterbewegung in der Weimarer Republik

I.

Zu dem beliebten Dekor-Schnick-Schnack der Intelligenz-Schickeria gehört seit einiger Zeit eine Spieluhr, die schrill-blechern die Internationale zum Klingen und Karl Marx zum Tanzen bringt. Der Plastik-Marx hält mit seinem linken Arm das Kapital umklammert und streckt die Rechte zur geballten Faust empor. Diese Spieluhr mag als eine Profan-Devotionalie, die nicht nur auf religiöse, sondern auch auf sozialistische Vorbilder verweisen kann[1], durchaus einfallsreich sein, aber sie ist falsch – historisch falsch. Und zwar aus mehreren Gründen. Niemals hätte Karl Marx sich zur Melodie der Internationale bewegen können, weil diese erst Jahre nach seinem Tod komponiert wurde und ihre „Uraufführung" im Juni 1888 hatte.[2] Und Marx hat sicher niemals die Hand zum proletarischen Gruß erhoben, weil sich dieser nicht früher als nach dem Ersten Weltkrieg in der deutschen Arbeiterbewegung, genauer: in Teilen der deutschen Arbeiterbewegung durchgesetzt hat. In der Zeit, als Karl Marx das Kapital schrieb und die frühe deutsche Arbeiterbewegung es las, wurde auf eine andere Handgeste gesetzt: auf die ineinander verflochtenen Hände – die Verbrüderungshände (Abb. 1), die im Zusammenhang mit der 1848er Revolution aufgekommen waren und die relativ schnell als eines der Symbole der organisierten Arbeiterschaft anerkannt worden waren.[3] Bis zum Ende des Kaiserreichs waren die Verbrüderungshände fester Bestandteil der proletarisch-sozialistischen, aber auch der christlich-sozialen Ikonographie. In der Zwischenkriegszeit erst ballte die deutsche Arbeiterbewegung die Hand zur Faust, ohne daß freilich die Verbrüderungshände völlig in Vergessenheit geraten wären; sie sind bis heute, wie man weiß, das offizielle Symbol der Naturfreunde geblieben.

Nun wäre es überzogen, von einem Kitsch-Gegenstand wie der Marx-Spieluhr geschichtliche Exaktheit zu erwarten, aber dennoch belegt das Spiel-Zeug und die Interpretation seiner einzelnen Ausdruckselemente die Historizität der Symbolsprache, wie sie sich in den anderthalb Jahrhunderten der europäischen Arbeiterbewegung herausgebildet hat – bis hin zu ihrer Mutation in modisch-spielerische Formen, die nur noch von einer ironischen Beziehung zum Erbe der Arbeiterkultur zeugen.

Trotz der in den letzten Jahren auch in der Bundesrepublik eindrucksvoll vermehrten Forschungen zum Aufbau und zur Entwicklung, zu Formen und Organisationen der Arbeiterkultur, gehört die Symbolik der sozialen Bewegungen weiterhin zu den unterbelichteten Randzonen der Arbeiterhistoriographie. Dies trifft insbesondere für die symbolischen Formen der Arbeiterbewegung in der Zeit der Weimarer Republik zu, die zwar in den letzten Jahren zunehmend das Interesse der sozialhistorischen Forschung gefunden hat, die aber in ihrem gesamten kulturellen Profil noch keineswegs ausreichend erkundet ist. Das klingt insofern paradox, als nichts griffiger und habhafter zu sein scheint als eben die Kultur der „Zwanziger Jahre", insbesondere auch was deren sozial-avantgardistische und proletkultische Tendenzen angeht. Doch bei genauerem Hinsehen erweist sich, daß die in die Arbeiterbewegung – oder besser: in die Arbeiterbewegungen – eingelagerten kulturellen Standardformeln der Verständigung nach Innen und Abgrenzung nach Außen nach wie vor unbekannt sind und noch nicht einmal den unterschiedlichen Parteien und Gruppierungen sicher zugeordnet werden können. Gerade die Faszination der Goldenen Zwanziger, wahrscheinlich als Eigenbild der Epoche ebenso unzutreffend wie als Beschreibungskategorie unbrauchbar, hat differenziertere Fragen verhindert.

Dazu kommt, daß sich die sozial- und kulturhistorische Forschung hierzulande lange Zeit, bis in die späten 60er hinein, mit den „linken" Kulturbewegungen der Weimarer Republik nicht beschäftigt und allein der DDR-Forschung das Feld überlassen hatte – mit der Folge, daß insbesondere Kunst, Literatur und Symbolik des kommunistischen, des proletarisch-revolutionären Teils der deutschen Arbeiterbewegung

1 Verbrüderungshände mit aufrechtem Schwert (oben Mitte) auf Mitgliedskarte des Arbeiter-Bildungs- und Unterstützungsvereins Nürnberg 1850. Katalog: Leben und Arbeiten im Industriezeitalter, Germanisches Nationalmuseum Nürnberg 1985, Kat. Nr. 13/5.

herausgearbeitet und herausgestellt wurden. Verständlicherweise blieben in der DDR-Forschung die sozialdemokratischen Formen der Kulturarbeit und der Bemühung um den Aufbau politisch-sozialer Symbole weitgehend ausgeklammert – und so auch in der Bundesrepublik unbeachtet. Erst in den letzten Jahren hat sich diese Situation durch die Arbeiten von Guttsman[4], Langewiesche[5] und Will/Burns[6] geändert.

Konsequent wurde dort der Blick nicht nur auf die Organisationen, sondern auch auf die Praxis der Arbeiterbewegung gerichtet, denn auch für die Zeit der Weimarer Republik gilt, daß von den programmatischen Bekenntnissen nicht ohne weiteres auf die Funktion und den Geltungsbereich der einzelnen Formen der Arbeiterkultur rückgeschlossen werden kann. Aufgrund dieser Arbeiten ist es jetzt erstmals möglich, differenzierten Zugang zu der Spezifik sozialistischer Symbole in der Weimarer Zeit zu gewinnen, und insbesondere die Frage nach ihrer Kontinuität und/oder ihrem Wandel von der Monarchie zur Republik zu stellen. Denn auch wenn diese neueren Untersuchungen zum Kultursozialismus nach dem Ersten Weltkrieg die Symbole im engeren Sinne nicht behandeln, so haben sie doch den sozialen und kulturellen Umkreis für die Ausbildung, den Einsatz und den Gebrauch von formal verdichteten und politisch wirkungsvollen Zeichen, Bildern und Gesten ausführlich dargelegt.

Am Beispiel dreier Symbole soll im Folgenden dem Problem der Kontinuität beziehungsweise Transformation ikonographischer und ästhetischer Traditionen in der deutschen Arbeiterbewegung nachgegangen werden. Besondere Beachtung verdient dabei tatsächlich die Frage, welche Bedeutung den Veränderungen der politischen Verhältnisse zwischen Kaiserreich und Weimarer Republik bei diesen Bild- und Symbolentwicklungen zukam. Was Dieter Langewiesche für die Arbeiterkulturgeschichte empfohlen hat, gilt in jedem Fall auch für die Symbolerkundungen, sie nämlich so anzulegen, „daß die internen Differenzierungen von Arbeiterkulturen (und der Plural ist wichtig!) und zugleich die Beziehung zu anderen Gruppenkulturen erfaßt werden können".[7]

Bei den Beispielen handelt es sich einmal um die formalisierten Bild- und ritualisierten Feiergestaltungen am 1. Mai, zweitens um die Geschichte der roten Fahne zwischen 1918 und 33 und schließlich um die geballte Faust als proletarisch-revolutionärem Zeremonial-Gruß. Maifeier, Fahne und Faust gehören alle drei zu den „expressiven Symbolen", die nach Talcott Parsons Definition, „kulturell kodifizierte Generalisierungen über emotionales Erleben" darstellen.[8] Die geballte Faust ist eine Geste, die in der Weimarer Republik entsteht, die Maifeiern weisen auf die Zweite Internationale 1889 zurück (und sie bestimmten nachdrücklich schon die proletarische Festkultur des Kaiserreichs), und die rote Fahne begleitet die deutsche Arbeiterbewegung als etabliertes Symbol seit 1848.

II.

Überblickt man den massenhaften Einsatz von Symbolen in der Arbeiterbewegung der 20er Jahre, und dahin gehören ungleich mehr Piktogramme, Bewegungsformen und Feierrituale als die genannten, dann kann man von einem „Pathos der Nüchternheit" als Kennzeichen der jungen Weimarer Republik nicht sprechen. „Pathos der Nüchternheit", mit diesem Begriff hatte Theodor Heuss die Forderungen Max Webers klassifiziert, die darauf aus waren, nur noch zweckgerichtete Überlegungen im sozialen und politischen System der Gegenwart zuzulassen.[9]

Der historische Rückblick indes erweist die Weimarer Republik reich an politischer Symbolik; reicher an politisch konkurrierenden Symbolen als andere Phasen der deutschen Geschichte – und dies heißt, reicher an Symbolen in allen politischen Lagern: auf der Rechten mit ihrer Sehnsucht nach politischer Romantik ist sie ebenso nachweisbar wie auf der Linken mit ihren alten und neuen Leitbildern, vor allem mit ihrem Streben nach dem neuen Menschen, der mit den Mitteln des Kultursozialismus verwirklicht werden sollte. Noch unter dem unmittelbaren Eindruck der Revolutionsereignisse hatte Hendrik de Man gefragt: „Und gibt es eine bezeichnendere Tatsache als die, daß dieselben deutschen Spartakisten, denen soviel an der Betonung des proletarischen Klassencharakters ihrer Bestrebungen lag, sich im romantischen Überschwang ihrer Revolutionspsychose ausgerechnet einen römischen Sklavenführer zum Symbol nahmen?"[10] Aus dem Jahre 1919 sind Abbildungen des erschossenen Spartakusführers Karl Liebknechts (Abb. 2) bezeugt, die deutlich einen Heiligenschein zeigen.[11] Und in der 1920 publizierten „Menschheitsdämmerung" hatte Johannes R. Becher auch Rosa Luxemburg als Heilige („Dir, Einzige! Dir, Heilige!! O Weib!!!") angerufen und ihre Ermordung mit dem Kreuzestod Christi verglichen.[12] Gegen Ende der 20er Jahre wurde in Leipzig das Massenspiel „Prometheus" aufgeführt, dessen allgemeiner Schlußgesang ein „Brüder, zur Sonne, zur Freiheit" war.[13] Und 1932 schließlich, um ein Beispiel auch aus der Endphase der Republik zu nennen, rief die Eiserne Front zum symbolischen Kampf ihrer drei Pfeile gegen das Hakenkreuz auf.[14] Max Webers Bild der deutschen Republik als einer Zeit ohne Ideologie und ohne Pathos muß sicher auch im Hinblick auf die Symbolik korrigiert werden, wie es Karl-Dietrich Bracher kürzlich für den Bereich der Ideologien getan hat.[15]

Es muß der Retrospektive unverständlich erscheinen, daß auch zeitgenössische Beobachter der Weimarer Republik eher ein Zuwenig als ein Zuviel an politischer Symbolik nachsagen. Aus der Zeit bekannt ist das Diktum, daß die Säle nicht füllen könne, wer die Seele nicht anspreche. Es stammt von Kurt Heilbut, einem sozialdemokratischen Kulturredakteur, der damit der Arbeiterbewegung vorwarf, daß sie dem Nationalsozialismus das Feld der Affekte und Emotionen, des Gefühls und des Gemüts überlassen habe.[16] Der gleiche Vorwurf, in unterschiedlicher Weise formuliert und an unterschiedlichem Material erläutert, findet sich auch in Ernst Blochs „Erbschaft dieser Zeit", der den propagandistischen Erfolg der Nazis auch darin begründet sah, daß „eine allzu abstrakte (nämlich zurückgebliebene) Linke die Massenphantasie unterernährt hat."[17] Solch eine Auffassung bemißt sich, sieht man einmal von der Bauhaus-Brille ab, an der formal und farbig reicheren Ikonographie der Bild- und Symbolsprache in der Vorkriegs-Arbeiterbewegung. In Gestaltung, Farbe und Anmutungsqualität machen die Bilder, Gebärden und

2 Der Arbeiterführer als Märtyrer mit Heiligenschein: Karl Liebknecht von Jakob Hirsch, 1919. Katalog: Revolution und Realismus. Revolutionäre Kunst in Deutschland 1917 bis 1933. Staatliche Museen zu Berlin 1978/79, Kat. Nr. 360 (S. 58).

3 Frans Masereel: Der 1. Mai 1927. Katalog: Wem gehört die Welt. Kunst und Gesellschaft in der Weimarer Republik, Neue Gesellschaft für Bildende Kunst Berlin 1977, Kat. Nr. 16, S. 231.

4 George Grosz: Über den Gräbern des März: Hütet Euch! Vorlage des Faust-Emblems von John Heartfield (siehe Anm. 34 – dort auch Abbildungsnachweis).

Rituale in den 20er Jahren tatsächlich einen ärmeren, im Vergleich zum Kaiserreich reduzierten Eindruck. So sind etwa die Maiplakate holzschnittartiger und dunkler (Abb. 3 und 4); ihre Gestaltung ist nicht mehr ornamental verspielt und im Ganzen zurückhaltender in der Allegorik; der fast naturmystisch aufgeladene Pleinairismus ist verschwunden, das Idealbild des Arbeiters ist „realistisch" verhärtet, die Sozialismus- und die Freiheitsmetaphern sind entfeminisiert, und die phrygische Mütze scheint verloren. Man hat für Transformationen dieser Art lange Zeit stilgeschichtliche Prozesse verantwortlich machen wollen – die Ablösung der Stilkunst um 1900 als bildprägender Folie durch den Expressionismus und die Neue Sachlichkeit: Käthe Kollwitz statt Fidus, Georg Grosz statt Böcklin als Impulsgeber für die neue „soziale Ikonographie".

In der Vorkriegszeit, so hatte Ernst Bloch 1935 auf dem Schriftstellerkongreß zur Verteidigung der Kultur in Paris angeführt, „hatte die Materie Weinlaub im Haar, das Diesseits war nicht nackt wie eine Tatsache, sondern 'nackt wie das Leben', von Fidus-Menschen bewohnt, von Sonne beschienen." „Die Revolution", so Bloch weiter, „verachtet die graeculi, die tänzerischen, die träumerischen, die schönen Poeten, hat römische Kälte. Kein Zweifel auch: der schmale Losungswille der Revolution hatte längere Zeit nur in einigen Exemplaren seine Männlichkeit übertrieben ..."[18] Für Bloch ist der Paradigmenwechsel in Ästhetik und Symbolik der Arbeiterbewegung also nicht nur ein stil- und kunstgeschichtliches Phänomen, sondern er sieht ihn – umfassender – im Zusammenhang mit dem historischen Ereignis der Revolution, mit den „nackten Tatsachen" einer neuen politischen und gesellschaftlichen Wirklichkeit.

Dies ist eine Erklärung, die auch in der neueren sozial- und organisationsgeschichtlichen Forschung unter dem Schlagwort „Utopieverlust" diskutiert wird. Helga Grebing spricht in ihrer 1966 erstmals erschienenen „Geschichte der deutschen Arbeiterbewegung" davon, daß „die Kluft zwischen der großen Utopie einer sozialistischen Zukunftsgesellschaft und der desillusionierenden Wirklichkeit eines geschlagenen, hungernden und zerrissenen Volkes ... offenbar jede über die unmittelbaren Anforderungen des Tages hinausgehende Aktivität (lähmte)"[19], und Willi L. Guttsman hat die Vorstellung von der Utopieerosion schon in der zeitgenössischen Parteitheorie nachgewiesen; die SPD, so zitiert er eine Stellungnahme von 1925, sei im Kaiserreich „gewiß utopischer, aber auch idealistischer und nicht so sehr mit Tagesfragen beschäftigt"[20] gewesen.

Die veränderte Gestalt und die neuen Formen der Arbeitersymbolik der Weimarer Republik sind also auch das Resultat einer veränderten Position und neuen Funktion der Arbeiterkulturorganisationen in Folge einerseits der Übernahme der Regierungsverantwortung durch die Sozialdemokratie in Kommunen, Ländern und auf Reichsebene und andererseits – damit zusammenhängend – der Spaltung der Arbeiterbewegung in sozialdemokratische und kommunistische Richtungen. Die „nackten Tatsachen" republikanischer Politik hatten die Phantasie und Imagerie, die Symbolik und Ästhetik in die Fessel genommen. War unter den besonderen Bedingungen der Wilhelminischen Sozialdemokratie ein theoretischer Utopismus entstanden, und, um eine Formulierung Hermann-August Winklers zu gebrauchen, ein „Volksmarxismus in Gestalt einer pseudoreligiösen Erlösungslehre"[21] bild- und symbolprägend gewesen, so war die Bild- und Symbolsprache der Arbeiterbewegung in der 20er Jahren von politischen Tagesfragen und von politischen Richtungskämpfen bestimmt.

An die Stelle absolut gesetzter, pseudoreligiöser Vorstellungen einer sozialistischen Zukunftsordnung als Endziel der Menschheitsentwicklung waren konkrete, realisierbare, auf die politische Praxis bezogene Programme getreten. Diese „Säkularisation des Sozialismus", wie Karl-Dietrich Bracher diesen Vorgang nennt[22], hat nachdrücklich auch auf die Bild- und Symbolwelt der sozialistischen Bewegungen eingewirkt: die leichtgewandte Freiheitsgöttin mit der Phrygenmütze wurde verabschiedet, und das Morgenrot war von den Tagesparolen überschattet.

Neben symbolischen Neuformen, die sich aus dem politischen Funktionswandel der Arbeiterbewegung im Übergang vom Kaiserreich zur Republik erklären lassen, standen auch Formen der symbolischen Traditionsbewahrung und Formen der partiellen Transformation.

III.

So sehr es sich empfiehlt, aus analytisch-historischen Gründen die neuen von tradierten Symbolen und diese wiederum von transformierten zu unterscheiden, so illusorisch ist ihre Scheidung in der historisch-konkreten Aktion: da bestimmt die Faust und die Fahne das Bild, da fügt sich Überliefertes und Neues zu einer Aktionsform zusammen. Graf Stenbock-Fermor hat in seinem berühmten Buch „Deutschland von unten" solch eine Situation aus dem Jahre 1930, eine Berliner Demonstration, geschildert: „Die Stiefel krachen auf das Pflaster im Rhythmus der Marschlieder. Es sind die Melodien der alten Soldatenlieder, nur mit einem neuen proletarischen Text ... Aus sehr vielen Fenstern hängt die rote Fahne. Die Faust hebt sich zum Gruß. Vor den Destillen steht der Wirt mit den Gästen. Kleine Kaufleute warten vor ihren Handlungen. Überall fliegt grüßend die rechte Faust hoch. Alle gehören zusammen, alle haben denselben Willen. Straße und Menschen zeigen ihre Solidarität."[23]

Als der rote Graf die Streikaktionen im Berliner Wedding beobachtete, gehörte die geballte Faust noch nicht lange ins Symbolrepertoire der kommunistischen Arbeiterbewegung. Sie war die Grußform des Rot-Front-Kämpferbundes, der 1924 als Wehrbund der KPD gegründet worden war. Woher der Faust-Gruß gekommen ist, ist ebenso schwierig zu ermitteln, wie die „Vorgeschichte" der roten Fahne als Zeichen der Arbeiterbewegung in den Revolutionen der Jahre 1848/49.[24] Das Lexikon politischer Symbole sieht die Anfänge der Faust als „kommunistischer Grußform, die auf drastisch-eingängige Weise die von Marx, besonders aber von Lenin geforderte 'Diktatur des Proletariats' nach der proletarischen Revolution versinnbildlichte"[25] in den Jahren nach der Oktoberrevolution, obwohl Belege dafür nicht angeführt werden und m.W. auch nicht angeführt werden können.[26] Denn die geballte Faust ist auf Fotos, Wahlplakaten und in Agitationsschriften oder Parteiperiodika regelmäßig erst ab der zweiten Hälfte 1924 nachweisbar und ab 1925 schließlich in vielfältiger und vielgestaltiger Weise in Bild- und Wortdokumenten bezeugt. Zwar gibt es auch vorher immer wieder Einzelhinweise auf die Faust, etwa auf Robert Köhlers 1885 entstandenem Gemälde „The Socialist"[27], in einer Karikatur aus dem „Wahren Jakob" von 1904[28], in einer Lithographie Hans Baluschecks aus dem Jahre 1920[29] oder in Oskar Maria Grafs autobiographischer Münchner Revolutionsdarstellung, in der er berichtet, daß „der später von den Nazis ermordete Felix Fechenbach die Faust (hob) und schrie 'Wer für die Revolution ist, uns nach! Mir nach, Marsch!'"[30] – aber ob es sich dabei jeweils um die zum proletarischen Gruß emporgereckte Faust oder um eine spontane Drohgeste handelt, ist ungewiß und weder den Bild- noch Textbelegen eindeutig abzulesen. Zur erinnern ist freilich daran, daß auch die Arbeiterbewegung des 19. Jahrhunderts schon ähnliche Vorstellungen kannte, etwa aus Georg Herweghs berühmten Bundeslied „Alle Räder stehen still, wenn Dein starker Arm es will"[31] oder die sprachliche Metapher von den „Arbeiterfäusten"[32], die in der Wilhelminischen Zeit nicht selten beschwo-

5 „Rot Front". Fotomontage von John Heartfield, die zum Muster für das Abzeichen des Rot-Front-Kämpferbundes wurde. Abb. in Eckhard Siepmann: Montage: John Heartfield vom Club Dada zur Arbeiter-Illustrierten Zeitung, Berlin 1977, S. 122.

6 Fotomontage von John Heartfield als Titelbild der „Roten Fahne" vom 27. Mai 1928 mit Darstellung eines Rot-Front-Kämpfers mit geballter Faust.

7 Fotomontage von John Heartfield als Titelbild der AIZ vom 4. Oktober 1934 (eingesetzt in der Kampagne für die Saarabstimmung 1935) mit emporgereckter Ideal-Faust.

8 Flugblatt des Rot-Front-Kämpfer-Bundes aus dem Jahre 1927 (Ausschnitt), Abb. in Günter Bers (Hg.): „Rote Tage" im Rheinland (s. Anm. 36).

ren werden – allerdings immer auf der sprachlich-metaphorischen Ebene und nie als real tradierte und als symbolisch-fixierte Gruß- oder Drohgebärde. Bevor sie Körpergeste wurde, war die Faust nur Redensart und Bildmotiv.

Eine Bedeutung als proletarische Grußform erhält sie mit Sicherheit erst im Zusammenhang mit dem Aufbau des Wehrbundes der KPD, dessen Zeremonial-Gruß und bildhaftes Abzeichen sie wird (Abb. 5-8). Von einem Zeremonial-Gruß, einem zugegeben nicht sehr treffenden Begriff, wird man bei der geballten Faust deshalb sprechen müssen, weil sie in erster Linie bei Aufmärschen, Demonstrationen und Feiern gezeigt wurde und keineswegs die normale Geste des Alltagsgrußes ersetzte. Als Abzeichen und Bildsymbol des Roten Frontkämpferbundes war die Faust auf Wahlplakaten, Armbinden und in Broschüren zu sehen; ihre bekannteste Gestaltung stammt von John Heartfield, der nicht nur den Vorentwurf des offiziellen Emblems des Kampfbundes geliefert hat (Abb. 5), sondern der die Faust immer wieder auch als zentrales Motiv für zahlreiche Fotomontagen benutzt hat.[33]

Wieland Herzfelde hat in seiner 1970 erschienenen Biographie John Heartfields an die Entwürfe seines Bruders erinnert: „Unter den Millionen, die in den letzten Jahrzehnten auf allen Kontinenten die Faust zum Gruß erhoben haben, den der 1924 gegründete 'Rote Frontkämpferbund' eingeführt hatte, wußten wohl nur wenige, daß ein Berliner, der sich John Heartfield nannte ... das Modell jener Faust geschaffen hat und einige Male leicht abgeändert hatte, ehe es die endgültige Form fand."[34]

Nach Kurt G.P. Schuster, der die Entstehung und Entwicklung des Rot-Front-Kämpferbundes nachgezeichnet hat, wurden der Gruß und die Uniform der Wehrorganisation in einem Kommandoreglement vom Juli 1924 exakt vorgeschrieben. Laut diesem Reglement verband der Gruß den „Ruf 'Rot Front'" mit der Gebärde der „geballten Faust (Handinnenfläche nach vorn) auf senkrecht erhobenen Unterarm".[35] Der Rot-Front-Gruß wurde bei lokalen Umzügen des militärisch straff organisierten Kampfbundes, bei Gau- und Reichstreffen, insbesondere aber auch bei der Agitation im Rahmen der großen politischen Kampagnen der KPD zwischen 1925 und 1928 (Präsidentschaftswahlkampf, Fürstenenteignung, Wahlkämpfe usw.) eingesetzt und popularisiert.[36] Hartmann Wunder spricht in seiner Kulturgeschichte der Arbeitervereine von dem „bekannten markanten 'Rot Front'"[37], und in der Tat war die geballte Faust als Kennzeichen dezidiert proletarisch-revolutionärer Gesinnung relativ schnell ein anerkanntes Symbol des neuen kommunistischen Teils der Arbeiterbewegung. Es war ein Symbol, das einerseits der Integration nach Innen diente, der in Bild und Gestik umgesetzten Kommunikation innerhalb der Gruppe, andererseits der Abgrenzung nach Außen – und zwar in Richtung Sozialdemokratie und in Richtung auf das bürgerlich-kleinbürgerliche Milieu, dem die geballte Faust als offensiv-militante Drohgebärde erscheinen mußte. Das Bedrohliche der Faust mußte umso stärker hervortreten, als sie vor allem im Rahmen militärisch-disziplinierter Aufzüge gezeigt wurde.

Auch innerhalb der Arbeiterbewegung wurde die Faust als gewissermaßen desintegratives Symbol eingesetzt – als Symbol zur Abgrenzung gegen die sozialdemokratischen Fraktionen der Arbeiterbewegung. Mit der Faust war der „große Klassenkampf" symbolisiert, auf den die Rot-Front-Soldaten, die „roten Pioniere einer neuen Zeit", wie sie sich selbst nannten, ihren Fahneneid leisten mußten. „Sieg oder Tod", so hieß es in der Eidesformel, „ein heiliger Schwur. Wir leben oder sterben für Dich, Du rote Fahne der Proletarier-Diktatur!".[38] Nicht ohne Bedeutung für das Faust-Symbol wird gewesen sein, daß Ernst Thälmann lange Zeit Vorsitzender des Roten-Front-Kämpferbundes war und sich bei öffentlichen Auftritten gerne mit der Rot-Front-Armbinde, auf der die Heartfield-Faust abgebildet war, zeigte. Als Kandidat für die Reichspräsidentschaft im Frühjahr 1925 war Thälmann selbst als „eiserne rote Faust, die die Feinde der Arbeiterklasse zerschmettern wird"[39], von der Parteipresse eingeführt worden.

Mit dem Rot-Front-Kämpferbund entstand nicht nur der Faust-Gruß, sondern auch ein neuer Demonstrationsstil, der zum erstenmal in der Arbeiterbewegung durch eine militärisch angeordnete Marschdisziplin und durch eine zentral reglementierte Uniformierung gekennzeichnet ist – Erscheinungen, die übrigens in der deutschen KP heftig umstritten waren. Das Bild, das sich der deutsche Bürger vom Proletarier machte und bis heute macht, ist in wesentlichen Zuschnittslinien vom Rot-Front-Arbeiter bestimmt. Auf den Demonstrationen des Kaiserreichs und der ersten Jahre der Republik trug der Arbeiter keineswegs den Proletarierlook, keineswegs die Schirmmütze, das offene blaue oder graue Hemd und die Breecheshose, sondern ein durch und durch bürgerliches Habit: Strohhut, Anzug und Krawatte. Erst Mitte der 20er

Jahre verdrängt die sogenannte Leninmütze, vor allem von Thälmann popularisiert, den Bürgerhut, und tritt der offene Kragen an Stelle der soignierten Krawatte.

Ein Grund für die Änderungen im Stil der Arbeiterkleidung werden sicher der Krieg und die Kriegsfolgen gewesen sein. Die Uniformen der 1918/19 kämpfenden Soldaten und Matrosen hatten das Bild der Berliner und Münchner Revolution bestimmt; darüberhinaus hatten sich Uniformen und Teile der Uniform, wegen der schlechten Versorgungslage in der Nachkriegszeit, auch noch in der Alltagskleidung zu Beginn der 20er Jahre gehalten.[40] Dennoch sind die frühen Demonstrationen des Spartakus, der USPD und der SPD durchgehend von einem bürgerlichen Habitus bestimmt. Es scheint, als habe sich Kleidung und Verhalten auf Demonstrationen erst ab Mitte der 20er Jahre geändert. Nicht ohne Einfluß werden die Kämpfe im Ruhrgebiet, in Thüringen und in Sachsen („Rote Armee") gewesen sein; bezüglich der Kleidung wird man jedoch auch eine Orientierung am Vorbild sowjetischer Revolutionäre annehmen können – ein Vorbild, welches vor allem von Funktionären und Intellektuellen[41] propagiert wurde. Eine Szene wie die, die die „Rote Fahne" zur Sportpalast-Veranstaltung Ernst Thälmanns im Rahmen der Präsidentschaftskampagne beschrieb, hätte im Kaiserreich oder in der frühen Republik so nicht beobachtet werden können: „Geschlossen marschieren zuerst die Frauen herein. Feuerrot glühen die Tücher auf den Köpfen dieser Proletarierinnen. Dann kommt der RFB mit den Fahnen, mit den Standarden, gemessen rhythmisch marschieren sie an ... Sie haben keine Waffen, aber sie sind Kämpfer. Jede ihrer Bewegungen verrät Disziplin, kündet Mut und Kampfwillen."[42]

Sicher wird man in den Symbol- und Verhaltensformen des Rot-Front-Kämpferbundes als aktivem Zentrum der kommunistischen Arbeiterbewegung ein forciertes Bekenntnis zu einer proletarisch-revolutionären Linie sehen können. Mit neuen und offensiven Zeichen sollte der Anspruch der jungen revolutionär-kommunistischen Richtung demonstrativ bekundet und der demokratisch-republikanische Reformkurs der SPD diskreditiert werden. Wesentliche Bedeutung bei der neuen Symbolbildung hat deshalb auch die Verflechtung der Arbeiterbewegung mit der staatlichen und internationalen Politik, also mit der „bürgerlichen" Republik auf Seiten der SPD und der 'Dritten Internationale' auf Seiten der KPD. Sie spaltete das linke Lager, so stabil seine Abgrenzung gegen das bürgerlich-kleinbürgerliche auch geblieben sein mag, in unvereinbare politische Alternativen und Leitbilder; sie stellte darüberhinaus die Parteien in einen gesamtpolitischen Handlungskontext, der von ihnen allein nicht zu bestimmen war.[43]

Die Faust verwies auf die „Internationale" und war so tatsächlich ein desintegratives Symbol, das die radikale Arbeiterbewegung aus der gemeinsamen Traditionslinie des Kaiserreichs absetzte. – Nach dem „Blutmai" 1929 wurde der Rot-Front-Kämpferbund verboten, was jedoch den Faustgruß in keiner Weise beeinträchtigte. Im Gegenteil: die Faust war mittlerweile ein internationales Kennzeichen der kommunistischen Arbeiterbewegung geworden, und diese Tatsache stützte und schützte den Gruß auch in der deutschen Republik. Kurz vor 1933 wird der Faust-Gruß von Teilen der SPD-Anhängerschaft übernommen und sogar von einer sozialdemokratischen Organisation propagiert: Im Dezember 1931 war als Reaktion auf die Harzburger Front unter Beteiligung der SPD, des Allgemeinen Deutschen Gewerkschaftsbundes und des Arbeitersportbundes die Eiserne Front gegründet worden, deren Kampfgruß ebenfalls die geballte Faust wurde – allerdings nicht in Verbindung mit dem Ruf „Rot Front", sondern in Verbindung mit dem Ruf „Freiheit".[44]

Ein halbes Jahr vor der Machtergreifung rief die Eiserne Front ihre einzelnen Gruppen und Formationen zu Symbol-Aktionen gegen die Nazis und deren Zeichen auf. In einem Rundschreiben vom 5. Juli 1932 heißt es: „Jetzt hat sich auch die Reichskampfleitung der 'Eisernen Front' für diesen Symbolkrieg entschieden, und es ist Aufgabe unserer Kameraden, den Symbolkampf mit allen uns zur Verfügung stehenden Mitteln zu führen. Die wichtigsten Ausdrucksmittel unserer Symbole sind: Kampfzeichen – Drei Pfeile, Gruß – Emporgereckte Faust, Ruf – Freiheit!"

Als wirkungsvolle Aktionsform in diesem Symbolkrieg wird unter anderem empfohlen: „Es sind eventuell auch 'Symbol-Bummel' zu organisieren. Hier sind an jedem Tag zu einer bestimmten Stunde unsere Kameraden mit Abzeichen auf den Hauptstraßen der Staedte zusammenzuziehen, um dort Spaziergänge durchzuführen. Dieses muß so organisiert werden, dass von zwei Richtungen der Strasse grössere Trupps unserer Kameraden sich entgegenkommen und dabei der Ruf und Gruß mit größter Intensität gewechselt wird."[45]

IV.

In Graf Stenbock-Fermors oben zitiertem Bericht über die Demonstration im roten Wedding war auch die Rede von den „Melodien der alten Soldatenlieder" mit „einem neuen proletarischen Text".[46] Als eine der bekanntesten dieser proletarischen Umdichtungen führt Wolfgang Steinitz das „Stolz weht die Fahne purpurrot im Kampfe uns voran" an.[47] Dabei handelt es sich gemäß der Angabe von Steinitz' Gewährsmann aus Berlin-Lichtenberg um ein Lied, welches 1918/19 von Berliner Arbeitern nach der Melodie „Stolz weht die Fahne Schwarz-Weiß-Rot" gesungen wurde. Steinitz kann nachweisen, daß die sozialistische Parodie des „Flaggenliedes" aus der Zeit vor dem 1. Weltkrieg bekannt war und in dieser Weise schon vor der Jahrhundertwende gesungen wurde. Und tatsächlich war die rote Fahne in der Vorkriegszeit ein über Jahrzehnte tradiertes und anerkanntes Symbol der sozialistischen Arbeiterbewegung, und sie blieb es auch in der Weimarer Republik, obwohl Strategien des Spartakus-Bundes und später der KPD die rote Fahne ebenfalls zu einem desintegrativen Zeichen machen wollten. Deutlich erweist sich an der roten Fahne, daß die Verflechtung der SPD mit der staatlichen Politik das Symbolverständnis und den Symbolgebrauch innerhalb der Arbeiterbewegung aufs Stärkste zu strapazieren in der Lage war.

„Die rote Fahne über Berlin", so lautete die Schlagzeile der Extraausgabe des sozialdemokratischen Vorwärts am 9. November 1918[48] – und damit war das Zeichen der wilhelminischen Arbeiterbewegung gemeint. Am gleichen Tag war aber auch die erste Nummer der „Roten Fahne", der Zeitung des Spartakus-Bundes – „Organ der Spartakus-Richtung" nannte sie sich in dieser Nummer selbst – erschienen.[49] Mit der Wahl dieses Titels hatte sich die Spartakus-Gruppe an die Tradition der roten Fahne als legitimiertem sozialistischem Symbol angehängt und dieses in gewisser Weise „besetzt". Doch die angestrebte Monopolisierung der Farbe und der Fahne konnte sich nicht durchsetzen, obwohl die intensive Agitation des Spartakusbundes und der KPD das Rot der Fahne als revolutionäres Zeichen propagierte. In den Paragraphen 1 und 2 der Richtlinien über Bedeutung, Aufgaben und Aufbau des Rot-Front-Kämpferbundes vom 25. April 1925 hieß es: „Bei der Gründung des Bundes wurde, um den Gegensatz zwischen den schon bestehenden bürgerlichen Frontkämpferorganisationen scharf zu kennzeichnen und um den proletarischen Klassencharakter unseres Bundes in den Vordergrund zu stellen, unsere Organisation 'Roter Frontkämpferbund' benannt. – Rot ist die historische Farbe des internationalen Klassenkampfes und der internationalen Solidarität. Rot sind deshalb die Fahnen und Farben des Roten Frontkämpferbundes."[50]

Nicht ohne Wirkung auf das Verständnis der roten Arbeiterfahne war der sogenannte Flaggenstreit gewesen. Im Frühjahr 1919 hatte die Nationalversammlung über die Flagge der neuen Republik debattiert, und auch in der Öffentlichkeit waren Farben und Fahne Gegenstand leidenschaftlicher Diskussionen gewesen. Man weiß: nach heftigen Auseinandersetzungen kam es zu einer Entscheidung für Schwarz/Rot/Gold, die demokratische Trikolore der Reichsverfassungskampagne aus den Jahren 1848/49. Rot als Reichsfarbe wurde gegen die Stimme der USPD mit großer Mehrheit abgelehnt – also auch von der SPD; konsequent wurde ihr deswegen Verrat an der Farbe des Sozialismus vorgeworfen. Auch hier zeigen sich deutlich die Schwierigkeiten, die sich aus der Doppelrolle der SPD als Regierungspartei, genauer: als an der Regierung beteiligter Partei und als traditioneller Arbeiterpartei ergaben und den daraus resultierenden Auswirkungen auf das „proletarische" Symbolverständnis.[51]

Als Staatsgründungspartei der Weimarer Republik konnte die Sozialdemokratie, so hat Heinrich August Winkler ihr Dilemma beschrieben, nicht in die Verhaltensmuster zurückfallen, die ihr aus dem Kaiserreich vertraut waren: sie konnte sich nicht politisch isolieren und sie konnte nicht geborene Oppositionspartei bleiben[52]; sie mußte politisch wie symbolisch eine doppelte Loyalität[53] entwickeln – eine Loyalität gegenüber dem Schwarz/Rot/Gold der neuen Republik und gegenüber dem Rot der alten Parteifahne. Dieses Lavieren zwischen dem Rot und der Trikolore führte keineswegs zu einer Distanz des sozialdemokratischen Parteivolks zur proletarischen Fahne, sondern eher zu einer pathetisch überhöhten Bindung an die Traditionsfarbe, und so entstand tatsächlich in der Weimarer Republik die seltsame Situation einer Rot-Konkurrenz von Anhängern der SPD und der KPD, die nicht selten auch zu hypertrophen Formen der Fahnen- und Farbenbekundung führte, wie es von Beobachtern immer wieder für Berlin, Hamburg, das rote Thüringen und das Ruhrgebiet registriert wurde.

In Einsatz gebracht wurden die roten Fahnen insbesondere an den proletarischen Feiertagen, vor allem am 1. Mai. „Darum rote Fahnen heraus, wo immer es möglich ist!", so lautete 1928 der Aufruf in einem sozialdemokratischen Zeitungsbericht am Maifeiertag, der expressis verbis als „Fest der roten Fahne" galt.[54] In erstaunlicher Fülle hat eine kürzlich veröffentlichte Tübinger Dissertation von Uwe Hornauer Belege dafür beigebracht, daß insbesondere die Kultursozialisten in der Fahne das Symbol ihrer Utopie sahen, ein Bekenntnis zum sozialistischen Auftrag, eine Mahnung, aus der „sozialen Republik" eine „sozialistische Gesellschaft" zu formen.[55] Genau diesen Gedanken hatte 1927 in der offiziellen Maizeitung des Parteivorstandes Wilhelm Sollmann geäußert: „So sind unsere Banner ein flammender Aufruf an alle, die nur diese Republik, der gewiß unser Schutz und unsere Liebe gehört, zu sehen vermögen und nicht über ihr schon den werdenden Bau eines sozialen Volksstaats mit dem Ziel der sozialistischen Gesellschaft. Unsere roten Feldzeichen aber sind auch eine Mahnung an uns: weder konservative Republikaner noch konservative Sozialisten zu werden".[56] Neben diesem Fahnen-Pathos, wie er von den Kultursozialisten beschworen und auch praktiziert wurde, ist in der SPD freilich auch eine nüchterne Haltung zu registrieren. Das aber ist übrigens in der Weimarer Zeit nicht anders als wie es schon im Wilhelminismus war. Robert Michels hat für das 19. Jahrhundert auf unterschiedliche Formen im Umgang mit der roten Fahne hingewiesen – etwa auf den funktionärshaft-zeremonialen und auf den wild-offensiven spontanen Fahnengebrauch.[57]

Durchmustert man die Bild- und Textbelege, die Auskunft über die rote Fahne in den zwanziger Jahren geben, dann fallen allerdings zwei „Gebrauchsweisen" auf, die bis dahin in der deutschen Arbeiterbewegung in dieser Deutlichkeit nicht hervorgetreten waren. Da ist einmal ein Umgang mit der Fahne, den man in Anlehnung an einen Kunststil der Zeit eine „pathetische Sachlichkeit" nennen könnte, und das ist zum anderen, ebenfalls analog zu einer Stilrichtung der Zeit, ein „fahnenagitatorischer Expressionismus" (Abb. 9 und 10). Beide Arten des Fahnengebrauchs sind möglicherweise kontrastiv aufeinander bezogen in der

9 „Fahnenagitatorischer Expressionismus". Peter Alma: Demonstration. Abb. im Katalog: Revolution und Realismus. Revolutionäre Kunst in Deutschland 1917-1933. Staatliche Museen zu Berlin, Berlin 1978/79, S. 184, Abb. 9.

10 Arthur Kampf: Wählt kommunistisch, 1918. Katalog: Weltstadt-Sinfonie. Berliner Realismus 1900-1950, München 1984, Kat. Nr. 77 (Abb. S. 35).

Weise, daß es sich bei der pathetischen Sachlichkeit um eine symbolische Widerrede, eine Gegengeste zum Fahnen-Expressionismus handelt. Was mit der pathetisch-sachlichen Minderform gemeint ist, erweist prägnant der Bildtext einer Mai-Broschüre aus dem Jahre 1928, welcher das Foto eines die rote Fahne tragenden Junggenossen folgendermaßen kommentiert: „Er trägt die Fahne wie sonst ein Arbeitsgerät – unpathetisch und lässig, ohne die Paradeallüren militärischer Verbände, aber bestimmt ist sein Schritt, der die Bürgerblöcklinge vor sich hertreibt."[58] Die „rote-Fahne-tragen-wie-sonst-ein-Arbeitsgerät", das ist der Denk- und Gestaltungsfunktionalismus jener Zeit; „die Fahne tragen-wie-ein-Arbeitsgerät", das ist der Bauhaus-Stil in der Arbeiterfestkultur – ein Ritual, das dem Weberschen Pathos der Nüchternheit durchaus entspricht.

Solch eine bewußt nüchtern-sachliche Attitüde, und das macht selbst dieser kleine Beleg deutlich, war gegen die Fahnenaufzüge der Wehrbünde, vor allem des Rot-Front-Kämpferbundes gerichtet. Und tatsächlich hatte sich in diesen Organisationen eine Fahnen-Ästhetik höchst suggestiver Art herausgebildet, deren Kennzeichen einmal das massenhafte Rot und zum anderen das Flutende der Fahnen war. Die Agitation qua Massenaufzug diente nicht nur der wirkungsvollen Demonstration einer quantitativen Stärke, sondern auch der Bekundung eines einheitlichen politischen Willens. Dazu kommt das „Flutende des roten Tuchs", möglich durch die Flatterfahne, die an die Stelle der Standarte getreten und bei weitem agitationsaktiver ist. Das Flutende der Flatterfahnen macht die Gruppe in den Augen ihrer Anhänger zu einer jungen, zu einer dynamischen Bewegung, die sich auf diese Weise „symbolisieren" und von den arbeiteraristokratischen Funktionärsstil der „großväterlich" anmutenden Sozialdemokratie absetzen kann. In den Augen des konservativen Lagers war es gerade das Flutende der Fahnen, welches Angst vor dem Unberechenbaren des Fließens provozierte. Das wissen wir aufgrund Klaus Theweleits subtiler Analyse ästhetischer Zusammenhänge der Weimarer Republik: die rote Flut ist für ihn eines der Schlüsselphänomene jener Verunsicherung, die zum weißen Terror und zur Faszination der braunen Macht führt. Die rote Flut des fahnenagitatorischen Expressionismus erregte die „Männerphantasie" in zweierlei Weise: einmal wirkt sie verängstigend auf die terrorbereite Kleinbürgerseele, zum anderen dynamisierend auf die Akteuren selbst. In den Fahnen, so Theweleit, „schaukelt ... das zur Ordnung gebrachte Fließen des Wunsches auf dem Bilde einer Welle".[59]

Es wird nicht falsch sein, diese Art des Fahneneinsatzes mit dem Begriff der „Ästhetisierung der Politik" zu belegen, obwohl Walter Benjamin damit allein den Massenkult des Faschismus bezeichnet sehen wollte.[60] Dennoch wird man den Begriff der Ästhetisierung des politischen Lebens weiter fassen müssen als Benjamin dies in dem kurzen Nachtrag zum Kunstwerk-Aufsatz aus dem Jahr 1935 getan hat. Die Formierung von Massen vermittels ästhetischer Techniken scheint kein Spezifikum faschistischer Organisationen zu sein, sondern scheint in toto auf die Organisierung von Massenbewegungen zuzutreffen. Wichtig scheint die Überlegung Walter Benjamins, daß im Faschismus die Massen zwar zu ihrem Ausdruck, aber nicht zu ihrem Recht kommen[61], weil die ästhetische Form von dem objektiven Interesse gelöst ist. Ästhetische Symbolbildungen sind nur dann identitätssichernd, wenn die Symbole der Organisationen kollektiven Lebensformen entsprechen, und, wie Alfred Lorenzer es dargelegt hat, die Symbolstruktur zwischen sozialer Struktur und Persönlichkeitsstruktur Verbindungen schafft, denn nur so fallen Identität und Kollektivität im Gegenzug zu gesellschaftlichem Zwang zusammen.[62] Walter Benjamin sah in der Politisierung der Kunst die einzig mögliche Antwort auf die faschistische Ästhetisierung der Politik. Dies ist eine These, die leichter aufgestellt als bewiesen ist; denn die Politisierung der Kunst weist auf eine andere Ebene als die Ästhetisierung der Politik. Nicht umsonst heißt es Politisierung der Kunst (und nicht Ästhetik), aber Ästhetisierung der Politik – denn mit Ästhetisierung ist das Feld der sinnlichen Erkenntnis allgemein angesprochen, das Feld diesseits der Kunst. Dazu gehören aber in der Tat die politischen Symbole, deren Wirkungen auf die Masse vermittels der Ästhetik verstärkt werden sollen. Eine Erfassung der proletarischen Symbolik in der Weimarer Republik wird an der Benjaminischen Frage, so schwierig sie sich wegen der Parallele rot-braun auch ausnehmen mag, nicht vorbeisehen können.

11 Titelillustration von Franz Stassen für die Maifest-Zeitung des „Vorwärts" 1904. Katalog: Leben und Arbeiten im Industriezeitalter; Germanisches Nationalmuseum Nürnberg 1985, Kat. Nr. 14/22.

12 Titelillustration von A.O. Hoffmann für die Maifeierzeitung von „Volk und Zeit" 1931. Abb. im Aufsatz von W.L. Guttsmann: Bildende Kunst und Arbeiterbewegung in der Weimarer Zeit (s. Anm. 4).

V.

Nicht anders als der Flaggenstreit zeigen auch die Kontroversen um die roten Maifeiern die politische Polarisierung der Arbeiterbewegung. Im April 1919 hatte die verfassungsgebende Nationalversammlung den 1. Mai erstmals in den Rang eines gesetzlichen Feiertags gehoben, aber die blutigen Unruhen im räterepublikanischen München hatten eine einheitliche Feier im gesamten Reichsgebiet unmöglich gemacht. „Was hätte näher gelegen", so schreibt der Stuttgarter SPD-Politiker Wilhelm Keil rückblickend in seinen Memoiren, „als die Maifeier, um die seit Jahrzehnten mit schweren Opfern gekämpft worden, und nun den Arbeitern als reife Frucht in den Schoß gefallen war, als große Errungenschaft mit dem Geist eines hohen Festtages zu erfüllen, zu verteidigen und sich nie mehr entwinden zu lassen. Der Bruderkampf unter den Arbeitern erlaubte das nicht. Es blieb infolgedessen bei der einmaligen Verkündigung des 1. Mai als Reichsfeiertag."[63]

Ebenfalls nicht ohne Pathos hatte der sozialdemokratische Reichsminister Dr. Eduard David am 17. April 1919 in der Debatte der Nationalversammlung die Tradition des 1. Mai als „uraltem Naturfesttag" beschworen und ihn als Symbol „aufquellender Lebenslust, der Wiederkehr von Licht und Sonne, des Wiedererwachens der im Blütenschmuck prangenden Natur" ausgedeutet.[64] Allerdings hatte er unmißverständlich auch auf das sozialistische Verständnis der Maifeierbewegung hingewiesen und so die Kontur des Maitages nicht nur als Feier- sondern auch als Kampftag akzentuiert. Denn stets waren die Mai-

13 Gedenkblatt zur Maifeier 1892. Katalog: Leben und Arbeiten im Industriezeitalter, Germanisches Nationalmuseum Nürnberg 1985, Kat. Nr. 14/16.

14 Maipostkarte 1931. Katalog: Leben und Arbeiten im Industriezeitalter, Germanisches Nationalmuseum Nürnberg 1985, Kat. Nr. 14/33.

Demonstrationen in ihrer damals dreißigjährigen Geschichte von dieser doppelten Ausrichtung – politischer Kampftag und Festtag – gekennzeichnet gewesen. Das Ineinander von politischer Agitation und gesellig-festtäglichem Stimmungsgehalt war charakteristisch für den 1. Mai – auch als er im Kaiserreich noch gegen Staat und Unternehmer erkämpft werden mußte. Gerade dieses Ineinander schien den Tag als nationalen Feiertag geeignet zu machen – in einer Republik, die über eigene politische Symboltraditionen noch nicht verfügte.

Unter den „Maitheoretikern" der Vorkriegszeit hatte niemand deutlicher den Festtagscharakter des 1. Mai hervorgehoben als Kurt Eisner. In der „Maifeier des Proletariats" sah er die Verbindung der „Wiedergeburt der Natur ... mit dem Frühlingswillen menschlichen Strebens"[65]; konsequent wollte er deswegen vom Maifest „den Geruch und den Druck des Werktags" abgestreift wissen, damit der politische und soziale Gehalt des Festes „in reinen, farbigen Formen" umso wirksamer zum Ausdruck kommen könne. Diese 1910 niedergeschriebene hoffnungsvolle Vision des Maifestes als „symbolischer Versinnlichung ernster Freudenfeier" konnte im ersten Jahr der Republik auch deshalb nicht Wirklichkeit werden, weil die Ermordung Eisners als erstem Ministerpräsidenten des Freistaates Bayern die Münchner Räterepublik ausgelöscht hatte, welche mit blutigen Kämpfen am 1./2. Mai 1919 endete. Die Münchner Ereignisse lagen wie ein Schatten auf der Maifeierbewegung in den ersten Jahren der Republik. Udo Achten hat in seiner „Illustrierten Geschichte des 1. Mai" die Aufsplitterung der Kundgebungen am Bremer Beispiel dokumentiert.[66] Auch Dieter Fricke belegt mit zahlreichen programmatischen Äußerungen die Polarisierung der Maifeierbewegung in den zwanziger Jahren.[67] Allenfalls bei bürgerlichen Initiativen zur Abschaffung des 1. Mai als gesetzlichem Feiertag traten die Linksparteien geschlossen auf und bekundeten ein gemeinsames Interesse an ihrem „Tag aus eigenem Recht".[68] Den 1. Mai als Reichsfeiertag hatte es ohnehin nur im Jahr 1919 gegeben, und bis auf wenige Ausnahmen (etwa Braunschweig, Hamburg, Sachsen, Schaumburg-Lippe) wurde die Feiertagsregelung nach und nach auch in den einzelnen Ländern abgeschafft – dann allerdings stets gegen den gemeinsamen Widerstand von KPD, USPD und SPD.

Die nach wie vor bestehende, schon im Kaiserreich zuweilen militant ausgebildete bürgerliche Opposition gegen den roten Mai und – neu hinzukommend – die Polarisierung der Maibewegung bildeten nicht gerade günstige Rahmenbedingungen für Idee und Praxis des wichtigsten sozialistischen Festtages. Von einer „gewaltigen Massendemonstration des einheitlichen revolutionären Willens des Proletariats", die Rosa Luxemburg 1910 in der Dortmunder Arbeiterzeitung als Aufgabe des 1. Mai gesehen hatte[69], konnte in der Weimarer Republik kaum die Rede sein. So wie sich die Arbeiterbewegung aufgespalten hatte, so war es auch deren Hauptfest ergangen, wobei in der KPD mehr und mehr die Züge des Kampftags und in der SPD die Charakteristika der Kulturfeiern betont wurden. Zuweisungen dieser Art haben immer etwas zwanghaft Idealtypisches an sich und lassen sich nie exakt mit dem empirischen Befund in Einklang bringen, aber dennoch geben sie tendenziell das Verständnis des 1. Mai in den verschiedenen Lagern der deutschen Arbeiterbewegung wieder. Allerdings wird man davon ausgehen müssen, daß in sozialdemokratischen Maidemonstrationen trotz aller Feiertagsattitüde auch politische Tagesforderungen bestimmend sein konnten, wie auch im kommunistischen Kampfmai trotz aller Agitationsrhetorik die „alte" Festttagsfreude und Natursehnsucht durchschlagen konnten.

Außerdem lassen sich schon zu Beginn der zwanziger Jahre Tendenzen beobachten, die darauf gerichtet waren, eine Mai-Einheit von der Basis her zu organisieren, über alle traditionellen und aktuellen Grenzen zwischen den Linksparteien hinweg. Bei allem Bemühen um Abgrenzungen kann auch Dieter Fricke nicht umhin, auf die „machtvollen Massenkundgebungen im Zeichen der Einheitsfront" hinzuweisen. Für das Jahr 1922 etwa schreibt er: „Ohne daß zentrale Vereinbarungen zwischen KPD, USPD und SPD getroffen worden waren, fanden an vielen Orten gemeinsame Mai-Kundgebungen statt. So marschierten in Dresden 100000 Arbeiter auf. In den in der Nähe der Elbestadt, im Plauenschen Grunde, gelegenen Industriedörfern nahmen 12000 Arbeiter an der einheitlichen Demonstration teil".[70] Und es folgen zahlreiche Angaben zu anderen Orten, deren Maikundgebungen einerseits durch beachtliche Teilnehmerzahlen, andererseits durch eine Vielzahl unterschiedlicher Maiparolen gekennzeichnet sind.

Man wird also gut daran tun, nicht mit allzu starren Vorstellungen an Idee und Wirklichkeit des 1. Mai in der Weimarer Republik heranzugehen, weil er, anders als in der Vorkriegszeit, seine Zuschnittslinien durch recht disparate Kräfte und Impulse erhält. Die durch Krieg und Revolution entstandene Polarisierung zwischen den Organisationsführungen und der Arbeiterschaft wirkte sich auf den roten Mai ebenso aus wie das Faktum der Regierungsbeteiligung der SPD. Darüber hinaus zehrten die republikanischen Maifeiern doch auch vom Elan der Maibegeisterung, wie er sich während des Kaiserreichs herausgebildet hatte. Die Realität des 1. Mai in der Weimarer Republik ist so durchaus auch durch traditionelle Merkmale bestimmt, auf die freilich, je nach politischer Lage, mehr oder weniger intensiv zurückgegriffen wurde. Das diffuse Bild, das die Weimarer Maifeiern solcher Art bieten, ist festgehalten in dem berühmten Gedicht von Kurt Tucholsky, das 1930 in der „Arbeiter Illustrierten Zeitung" erschien, und in dem die Erfahrungen und Erwartungen von „Zwei alten Leuten am 1. Mai" imaginiert werden[71]:

– „Weißt du noch, Alter, vor dem Kriege?
Wir haben manchen Mai erlebt.
Wir glaubten an die schnelle Siege –
du hast das Streikplakat geklebt ..."
– „Ja, Alte, das waren schöne Zeiten ...
Wir waren allemal dabei –
Ich seh uns noch im Zuge schreiten
am 1. Mai."

– „Und unser Jüngster war noch klein. Den ließ ich
zu Haus ... wir gingen los mit Hans.
Mitunter wars ja etwas spießig –
so ... Kriegerverein mit Kaffeekranz."
– „Na, laß man – du warst doch die Netteste!
Mir wars bloß zu viel Dudelei ...
Und anno 14 wars denn auch der letzte –
der 1. Mai."

– „Kein Wunder. Mußt mal denken, Alter:
Wer ist uns da voraufmarschiert!
Der Wels als roter Fahnenhalter,
der Löbe, prächtig ausstaffiert ..."

– „Ja, solche haben glatte Hände ...
Für die ist frisch, fromm, frech und frei
der Klassenkampf schon längst zu Ende –
Die und der 1. Mai!
Was wissen die vom Klassenkrieg ...!
Die schützen sich vor ihrer eigenen Republik–!"

In der vierten und letzten Strophe schließlich wird, trotz aller Brüche und Spaltungen in der deutschen Arbeiterbewegung, an die „proletarische Identität" appelliert: „Wir wissen, Alte, was wir lieben: / den Klassenkampf und die Partei. / Wir sind ja doch die Alten geblieben / am 1. Mai! Am 1. Mai!"

Das Bild des 1. Mai in der Weimarer Republik wäre nicht vollständig skizziert, wenn nicht auch auf die äußerst wirksamen Einflüsse des Kultursozialismus hingewiesen würde. In der Strategie der sozialdemokratischen Kulturorganisation kam gerade dem Maifeiertag eine zentrale Bedeutung als Fest gegen den Utopieverlust zu. „Der Kultursozialismus", so Dieter Langewiesche, „wollte den Verlust an Utopien, den die intensive Mitarbeit der SPD und der Gewerkschaften in Staat und Gesellschaft mit sich brachten, kompensieren durch die pädagogische Utopie des neuen Menschen".[72] Eine Vorahnung des „neuen Menschen" vermittelte die sozialistische Festkultur, vor allem der „höchste Feiertag des Proletariats", wie der 1. Mai in der Weimarer Republik immer wieder genannt wurde. Als selbstgeschaffener Feiertag, der zudem im Kaiserreich ein eigenes kulturelles Profil erhalten hatte, stellte der 1. Mai selbst die Revolutionsfeiern in den Schatten. „Er steht in keinem Kalender, aber er ist mit leuchtenden Lettern uns in die Seele geschrieben", hieß es voller Emphase in einem Mai-Artikel des Jahres 1931 – übrigens unter dem bezeichnenden Titel „Die Maifeier als Symbol des Massenwillens".[73]

Mit der sozialistischen Festkultur, dessen Exponent der 1. Mai war, sollten die „starken seelischen Kräfte, die der Sozialismus enthält" gekräftigt und die für das sozialistische Massenbewußtsein notwendigen ideologischen Stützen geschaffen werden, um den nach der „unvollendeten Revolution" beobachteten Desillusionierungsprozeß umzukehren.[74] Es ist deshalb kein Zufall, wenn ab Mitte der zwanziger Jahre neue – und das heißt massenwirksame – Formen der Maifeiergestaltung entwickelt werden, wie es sich insbesondere an den Massenchören und Massenweihespielen mit ihrem spezifischen Regie- und Choreographiestil nachweisen läßt. „Setzen wir das Maigelöbnis um in den Willen, mitzuarbeiten, um auch die Arbeiterklasse vorwärts zu führen".[75]

Von einem der wichtigsten kultursozialistischen Parteitheoretiker, von Hendrik de Man stammte der Text und die Dramaturgie der berühmten Frankfurter Maifeier aus dem Jahre 1932, bei der vor fast 20 000 Zuschauern das Festspiel „Wir!" aufgeführt wurde. Im Zentrum des Spiels, das Orchester- und Chormusik, aber auch Filmvorführungen einbezog, stand ein Massenchor, der so arrangiert war, „daß die Zuschauer sich sozusagen von selbst mit ihm identifizierten", um „den Gegensatz zwischen produzierenden Künstlern und konsumierendem Publikum" aufzuheben.[76]

Man interpretiert die von den Kultursozialisten am 1. Mai arrangierten Massenspiele und -chöre durchaus zutreffend, wenn man sie zum einen auf die militärischen Paraden und Aufzüge der Kampfbünde, zum andern auf die Einflüsse der neuen „Massenkultur" und der neuen „Medien" bezieht. Obwohl die Spielregie die Masse zu „Bewegung und Farbe"[77] machte, wurden jeder militärische Eindruck und jede Parallele zum Demonstrationstil etwa des RFB vermieden. Die direkte und suggestive Erlebnisform des Massenspiels bot zudem die Möglichkeit, die junge Arbeiter-Generation an die sozialdemokratische Arbeiterbewegung zu binden. Nicht ohne Grund wurde immer wieder gefordert, und damit erweist sich deutlich die pädagogische Absicht des Kultursozialismus, daß die „Maifeier als der größte Feiertag des Jahres, an dem der Vater nicht zur Arbeit geht, an dem die Kinder vom Schulunterricht ferngehalten werden" sollten, fester noch als bisher „in der Familie ... begründet werden müsse."[78]

So wie die Intention der Massenmaispiele aus der Konfrontation gegen die neuen Demonstrationsformen der Kampfbünde erklärt werden kann, so müssen ihre Absichten und Rituale auch auf die Opposition gegen die neuen Massenmedien bezogen werden. Die Abwehr der in ihrer Wirkung unkalkulierbaren und politisch nicht beeinflußbaren Medien und der in den zwanziger Jahren rasch wachsenden Unterhaltungs- und Zerstreuungsindustrie stellt ein wichtiges Motiv in der Erprobung der bis dahin unbekannten Massen-Kulturarbeit dar. Der „neue Mensch", den die Kultursozialisten durch die Festkultur schaffen wollten, sollte auch die Rettung vor der neuen Massenkultur bringen.[79] Der „außerordentliche Aufschwung der Publikationstechnik" stellte auch für Walter Benjamin eine der wesentlichen Herausforderungen für die Arbeiterbewegung dar; er sah darin allerdings einen positiven Impuls, indem er die Suche nach neuen Ausdrucksformen und -techniken als Chance für eine neue Kreativität interpretierte.[80] Freilich darf man nicht übersehen, daß Benjamin als Reaktion auf den fortgeschrittenen Stand der Technik eben auch die Ästhetisierung der Masse, der Politik und sogar des Krieges drohen sah.[81]

Durch die Regie- und Inszenierungskünste der Kultursozialisten in den letzten Jahren der Weimarer Republik – verstärkt freilich auch durch die Konkurrenz zu den Ritualen des RFB und durch die Opposition zu den neuen Massenmedien – gewinnt die Maifeierbewegung eine Suggestivkraft, die an die Bild- und symbolprägenden Motive der frühen Maibegeisterung im Kaiserreich erinnert. Wie diese ist aber auch das in der kultursozialistischen Bewegung sich artikulierende Maiverständnis durchwirkt von religiös-utopischen Stimmungslagen: Aus der Feier, aus dem Fest wird der Blick in den weiten Horizont einer fernen Zukunft gerichtet. Es ist ein Festtagsblick, der mit seiner utopischen Vision den immer mehr eingeengten Spielraum politischer Handlungsmöglichkeiten ausgleichen sollte.

VI.

Eine kurze Skizze wie diese kann nicht die gesamte Problematik des „proletarischen" Symbolverständnisses in der Weimarer Republik darstellen – sie kann noch nicht einmal alle wichtigen Bild-, Zeichen- und Verhaltensbereiche ansprechen. Völlig ausgeklammert bleiben mußte etwa der weite Bereich der „privaten Symbole", jener Zeichen und Gesten, die, zwar öffentlich vermittelt, ihren Platz im Umkreis der Wohnung, der Kleidung und der individuellen Orientierung haben. Daß ein Blick in diesen Verhaltenskomplex aufschlußreiche Erkenntnisse über politisch-ideologische Attitüden der Arbeiter erbringen kann, wissen wir aufgrund der von Erich Fromm geleiteten Untersuchung des Frankfurter Instituts für Sozialforschung am „Vorabend des Dritten Reiches".[82] Nur am Rande berücksichtigt werden konnte die Beziehung – sei es nun in Form des Kontakts oder des Kontrasts – zur überlieferten religiösen Symbolik, die in dem diffusen Stimmungsklima der Weimarer Zeit eine nicht unwesentliche Rolle auch in der Bild- und Zeichenwelt der Arbeiterbewegungen – selbst ihrer radikalen Gruppierungen – gespielt hat. Auch die „Novembristen" griffen auf das Repertoire der christlichen Ikonographie zurück.[83] Damit war eine Linie angelegt, die sich bis in die Bildmetaphern eines in seiner Symbolsprache äußerst wirksamen Films wie Fritz Langs „Metropolis" hineinziehen konnte. Nur am Rande behandelt wurde schließlich auch die Symbolkonkurrenz zu den rechten und faschistischen Bewegungen, deren Analyse aber wichtige Aufschlüsse über das mehrmals angedeutete Problem der von Benjamin beschriebenen Ästhetisierung der Politik geben könnte.[84]

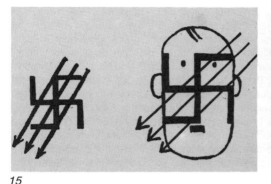
15

16

17

15 Entwurfsskizzen zum Symbolkampf der „Eisernen Front" von Serge Tchakhotine.

16 Kampfemblem der „Eisernen Front" von Serge Tchakhotine.

17 Symbolkampf der „Eisernen Front". Auf eine Hakenkreuzfahne sind die drei Pfeile der Eisernen Front genäht. Katalog: 1933 – Wege zur Diktatur. Staatliche Kunsthalle Berlin 1983, Abb. S. 94.

Als Resumeé des Überblicks über die in öffentlicher Aktion entwickelten und etablierten Zeichen und Symbole der Arbeiterbewegung in der Weimarer Republik können sechs Punkte markiert werden:

1. Einen prägenden Einfluß auf die Symbol-, Zeichen- und Gebärdensprache der Arbeiterbewegung der Weimarer Republik hatte die Desillusionierung und die Unsicherheit über ihren Weg und ihr Ziel nach der fundamentalen Veränderung durch Krieg und Revolution, also der Ereignisse, für die in den politischen Leitbildern der Vorkriegszeit kein Platz war.

2. Insbesondere die dadurch bewirkte Spaltung der Arbeiterbewegung blieb nicht ohne Folgen auf das Verständnis und den Gebrauch ihrer Symbole: es wurden neue gebildet, vor allem in desintegrativer Absicht, und es wurden überlieferte transformiert oder pathetisch überhöht.

3. Der durch Krieg, Kriegsarbeit (z.T. in gigantischen Fabriken), durch hohe Mobilität, durch Revolution und Inflation geprägte Arbeiter sah sich anders, sah sich in anderen Symbolen repräsentiert als dessen „roter Großvater" im Kaiserreich.

4. Damit hängt zusammen: Bei einem entwickelten Stand der Technik und Arbeitsorganisation ist es nicht verwunderlich, wenn sich ästhetische und symbolische Ausdrucksformen ändern. Die Rationalisierung der Arbeit hat Denkgewohnheiten, Konventionen und Arbeitsnormen gewandelt. Wer am Fließband steht oder wer am Schalthebel sitzt, für den hat das Bild des Werkmanns am Amboß nicht mehr die gleiche Plausibilität wie für den Krupp- oder Borsig-Arbeiter der Jahrhundertwende.

5. Für den Einfluß neuer Medien, neuer Bildmedien im umfassenden Sinn, gilt wahrscheinlich das Gleiche: sie haben die Imagerie und Bildsprache nachdrücklich verändert. Die Symbolik und Ästhetik der Arbeiterbewegung fristet weder eine Existenz im luftleeren Raum kultureller Eigendynamik noch im subkulturellen Milieu des von gesamtkulturellen Entwicklungen abgeschotteten Hinterhofs.

6. Das Weinlaub im Haar, die Phrygenmütze auf dem Kopf, die Freiheitsgöttin sind als bild- und symbolprägende Motive verschwunden. Von daher liegt der Schluß nahe, daß als generalisierbare Idee hinter der Symbolik der Arbeiterbewegung der Weimarer Republik die Erfahrung des Utopieverlusts oder besser: der Säkularisierung steht. Denn es scheint, als seien an die Stelle absolut gesetzter, pseudoreligiöser Vorstellungen konkrete, realisierbare, auf die politische Praxis bezogene Programme, Bilder, Zeichen und Rituale getreten. Diese Einschätzung erweist sich auch in Anbetracht der pathetischen Arbeiterkulturformen gegen Ende der Republik zutreffend, denn die vermehrt in der zweiten Hälfte der zwanziger Jahre auftretenden Pathosformeln stehen sicher in einer kompensatorischen, genauer kontrastiven Beziehung zu den Minderformen. – Von diesem Tatbestand her verdient schließlich auch die These Walter Benjamins von der Ästhetisierung der Politik neu überdacht zu werden, denn die Ästhetisierung stellt sich nicht nur als Problem einer faschistischen Herrschaftstechnik, sondern, wie übrigens auch bei Benjamin schon angesprochen, als Problem der Massenbildung und Massenorganisation.

Anmerkungen

1 Vgl. dazu die Glasbüsten von Karl Marx und Ferdinand Lassalle in der Preußen-Ausstellung Berlin 1981 (Kat.Nr. 22/421) in Gottfried Korff (Hg.), Preußen – Versuch einer Bilanz. Katalog Bd. 1, Reinbek bei Hamburg 1981, S. 460.
2 Der Text der Internationale wurde zwar unmittelbar nach dem Sturz der Pariser Commune im Juni 1871 von Eugene Poitier verfaßt, aber erst 17 Jahre später komponierte Pierre Degeyter, Dirigent eines Arbeitergesangvereins in Lille, eine Chorfassung, die im Juni 1888 erstmals vorgetragen wurde. Vgl. dazu Inge Lammel, Das Arbeiterlied, Frankfurt/M 1973, S. 223.
3 Zur Arbeiter-Verbrüderung vgl. Wolfgang Schieder, Brüderlichkeit. Bruderschaft, Brüderschaft, Verbrüderung, Bruderliebe, in: Geschichtliche Grundbegriffe. Historisches Lexikon zur politisch-sozialen Sprache in Deutschland, Bd. 1, Stuttgart 1972, S. 552-581, bes. S. 573-580.
4 W.L. Guttsman, Bildende Kunst und Arbeiterbewegung in der Weimarer Zeit: Erbe oder Tendenz, in: Archiv für Sozialgeschichte 22 (1982), S. 331-358.
5 Dieter Langewiesche, Politik-Gesellschaft-Kultur. Zur Problematik von Arbeiterkultur und kulturellen Organisationen in Deutschland nach dem 1. Weltkrieg, in: Archiv für Sozialgeschichte 22 (1982), S. 359-402; ders.: Die Arbeitswelt in den Zukunftsentwürfen des Weimarer Kultursozialismus, in: Albrecht Lehmann (Hg.), Studien zur Arbeiterkultur, Münster 1984, S. 41-58.
6 Wilfried van der Will/Rob Burns, Arbeiterkulturbewegung in der Weimarer Republik. Eine historisch-theoretische Analyse der kulturellen Bestrebungen der sozialdemokratisch organisierten Arbeiterschaft, Frankfurt/Berlin/Wien 1982; diess. (Hg.): Arbeiterkulturbewegung in der Weimarer Republik. Texte, Dokumente, Bilder, Frankfurt/Berlin/Wien 1982. – Unbedingt beachtet werden muß natürlich auch, weil es sich dabei um eine der wenigen deutschen historischen Symbolanalysen handelt, die materialreiche und deutungssichere Arbeit von Henning Eichberg, Thing-, Fest- und Weihespiele in Nationalsozialismus, Arbeiterkultur und Olympismus. Zur Geschichte des politischen Verhaltens in der Epoche des Faschismus, in: ders. u.a.: Massenspiele. NS-Thingspiel, Arbeiterweihespiel und olympisches Zeremoniell, Stuttgart-Bad Cannstatt 1977, S. 19-180; von besonderem Interesse für den hier angesprochenen Zusammenhang ist das Kapitel „Politische Verhaltensformen in der Zwischenkriegszeit", S. 103-142. Von volkskundlicher Seite verdient Beachtung die lokale Fallstudie von Ulrich Bauche, Bildliche und gegenständliche Zeugnisse der Arbeiterbewegung in Hamburg bis 1933, in: Arno Herzig/Dieter Langewiesche/Arnold Sywottek (Hg.): Arbeiter in Hamburg. Unterschichten, Arbeiter und Arbeiterbewegung seit dem ausgehenden 18. Jahrhundert, Hamburg 1983, S. 541-549.
7 Langewiesche, Politik-Gesellschaft-Kultur (s. Anm. 5), S. 372.
8 Vgl. dazu James L. Peacock, Expressiver Symbolismus, in: Jan J. Loubser u.a. (Hg.), Allgemeine Handlungstheorie, Frankfurt/M. 1981, S. 395-432, s. S. 402.
9 Vgl. dazu neuerdings Sven Papcke, Vernunft und Chaos. Essays zur sozialen Ideengeschichte, Frankfurt/M. 1985, S. 167.

10 Hendrik de Man, Zur Psychologie des Sozialismus, Jena 1926, S. 242.
11 Von K.J. Hirsch, vgl. Abb. 6 in Guttsman (s. Anm. 4).
12 Kurt Pinthus (Hg.), Menschheitsdämmerung. Ein Dokument des Expressionismus, Hamburg 1959, S. 285-287.
13 Langewiesche, Politik-Gesellschaft-Kultur (s. Anm. 5), S. 389.
14 1933 – Wege zur Diktatur. Ausstellungskatalog der Staatlichen Kunsthalle Berlin 1983, Berlin 1983, S. 89 ff.
15 Karl-Dietrich Bracher, Zeit der Ideologien. Eine Geschichte politischen Denkens im 20. Jahrhundert, Stuttgart 1982.
16 Kurt Heilbut, Neue Formen proletarischer Festkultur. Bericht von der Leipziger Arbeitswoche, in: Sozialistische Bildung 3 (1931), S. 205-210, s.S. 207. Vgl. dazu auch Uwe Hornauer, Laienspiel und Massenchor. Das Arbeitertheater der Kultursozialisten in der Weimarer Republik, Köln 1985 (=Schriften des Fritz-Hüser-Instituts für deutsche und ausländische Arbeiterliteratur der Stadt Dortmund, Reihe 2: Forschungen zur Arbeiterliteratur, Band 2). S. 43 f.
17 Ernst Bloch, Erbschaft dieser Zeit, Frankfurt/M. 1973, S. 149.
18 Paris 1935. Erster Internationaler Schriftstellerkongreß zur Verteidigung der Kultur. Reden und Dokumente, hg. von der Akademie der Wissenschaften der DDR, Berlin (DDR) 1982, S. 324.
19 Helga Grebing, Geschichte der deutschen Arbeiterbewegung. Ein Überblick, 3. Aufl. München 1972, S. 152.
20 Guttsman (s. Anm. 4), S. 346. Zitiert ist Heinrich Peus, Die Parteibuchhandlung, in: Sozialistische Monatshefte 1925, S. 87.
21 Heinrich August Winkler, Von der Revolution zur Stabilisierung. Arbeiter und Arbeiterbewegung in der Weimarer Republik 1918 bis 1924, Berlin/Bonn 1984, S. 148.
22 Bracher (s. Anm. 15), S. 114.
23 Alexander Graf Stenbock-Fermor, Deutschland von unten. Reise durch die proletarische Provinz, Stuttgart 1931, S. 156 f. Vgl. dazu auch die Schilderung einer ähnlichen Demonstration von Franz Hessel, Spazieren in Berlin, Berlin 1929, S. 98 f.
24 Vgl. dazu Gottfried Korff, Rote Fahnen und Tableaux Vivants. Zum Symbolverständnis der deutschen Arbeiterbewegung im 19. Jahrhundert, in: Albrecht Lehmann (Hg.): Studien zur Arbeiterkultur, Münster 1984, S. 103-140, s.S. 108-118.
25 Arnold Rabbow, dtv-Lexikon politischer Symbole, München 1970, S. 78 f.
26 Henning Eichberg, der den politischen Grußformen in der Weimarer Zeit ebenfalls am Rande nachgegangen ist, folgt unkritisch dem dtv-Lexikon, obwohl er deutlich die Verbindung zum RFB herausstellt. Vgl. Eichberg (s. Anm. 6), S. 119.
27 Abb. 77 in: Germans to America. 300 Years of Immigration 1683-1983, ed. by Günter Moltmann, Stuttgart 1982, S. 118.
28 „Der Wahre Jakob" vom 3. Mai 1904.
29 Abgebildet in „Kunst als Waffe. Die 'Asso' und die revolutionäre Bildende Kunst der 20er Jahre", Ausstellungskatalog Nürnberg 1971, S. 23. – Bekannt ist natürlich auch die Zille-Zeichnung „Familienglück", die in den „Lustigen Blättern" (24/1909, Nr. 4) abgebildet war: „Du, der Kleene hat die Woche wieder wat jelernt; er macht uff de Schutzleite schon ne Fauste". Vgl. Winfried Ranke, Vom Milljöh ins Milieu. Heinrich Zilles Aufstieg in der Berliner Gesellschaft, Hannover 1979, S. 200.
30 Oskar Maria Graf, Gelächter von außen. Aus meinem Leben 1918-1933, München 1983, S. 70.
31 Inge Lammel, Das Arbeiterlied, Frankfurt/M. 1973, S. 99.
32 Vgl. G. Mayer (Hg.), Ferdinand Lassalle. Nachgelassene Briefe und Schriften, Berlin/Stuttgart 1921-25, Bd. 5, S. 15.
33 Vgl. dazu: „1936 schreibt Serge Tretjakow über Heartfield: 'Wir entdecken bei Heartfield eine Besonderheit: in sehr vielen Photomontagen ist die Hand das beherrschende Element ... Sie ist ausdrucksvoller als das Gesicht. Selten ist es einem Künstler so gut gelungen, das soziale Wesen des Menschen nur durch die Darstellung seiner Hand wiederzugeben.'" Zit. nach Jacquelin Costa, Konstruieren mit Bildern, in: Paris-Berlin 1900-1933. Übereinstimmungen und Gegensätze Frankreich-Deutschland, München 1979, S. 394.
34 Wieland Herzfeld, John Heartfield. Leben und Werk, Dresden 1970. Wieland Herzfelde behauptet an der gleichen Stelle, John Heartfield habe sich bei der Gestaltung des Faust-Emblems von einer Zeichnung George Grosz' anregen lassen. Dabei handelt es sich um ein Blatt, welches erstmals in der Zeitschrift „Der Gegner" (3. Jg., Heft 1, März 1922, S. 3) abgebildet war, und zwar unter dem Titel „Ueber den Gräbern des März: Hütet Euch!". Das Blatt ist auch unter dem Titel „Abrechnung folgt!" bekannt. Vgl. dazu Alexander Dückers, George Grosz. Das druckgraphische Werk, Frankfurt/Berlin/Wien 1979, S. 65 (MV,9). Auf den Zusammenhang von Grosz-, Heartfield- und RFB-Faust hat hingewiesen, aber zu einseitig interpretiert Beth Irwin Lewis, George Grosz. Art and Politics in The Weimar Republic. The University of Wisconsin Press, Madison/Milwaukee/London 1971. Dort heißt es, unter Vernachlässigung des neuen politischen Demonstrationsstils des RFB und der anderen Kampfbünde der Weimarer Republik, auf S. 146 nach Erwähnung der Grosz-Zeichnung: "This last drawing had a curious aftermath. It was reprinted in

1923 in 'Abrechnung folgt!' When the Red Frontfighters League (Roter Frontkämpferbund) was formed, John Heartfield was searching for an insignia for it. He took the upraised clenched fist from this drawing in 'Abrechnung folgt!' und mounted it against a photograph of a massed worker's rally. This photomontage was first printed in the 'Arbeiter Illustrierte Zeitung'. A later variation – the fist viewed from the back, mounted on a photograph of the fourth Reichstreffen, or mass rally of the League, May 27, 1928 – became their official symbol. Wieland Herzfelde claimed that this Heartfield photomontage inspired the League to use the uplifted clenched fist as its symbolic gestue. This is a rare example of a drawing having concrete, if indirect, effect on a mass movement." – In seiner Autobiographie gibt George Grosz seinem Blatt erstaunlicherweise keine „proletarisch-revolutionäre" Deutung, sondern er interpretiert sie im Rahmen seiner Großstadt-Motive als Ausdruck einer allgemeinen Wut, als unbestimmte Drohgebärde. „Ich zeichnete Betrunkene, Kotzende, Männer, die mit geballter Faust den Mond verfluchten, Frauenmörder, die skatspielend auf einer Kiste sitzen, in der man die Ermordete sieht. Ich zeichnete Weintrinker, Biertrinker, Schnapstrinker und einen angstvoll guckenden Mann ..." George Grosz, Ein kleines Ja und ein großes Nein. Sein Leben von ihm selbst erzählt, Reinbek bei Hamburg 1974, S. 102.

35 Kurt G.P. Schuster, Der Rote Frontkämpferbund 1924-1929. Beiträge zur Geschichte und Organisationsstruktur eines politischen Kampfbundes, Düsseldorf 1975, S. 41.
36 Vgl. dazu die Regionalstudie von Günter Bers (Hg.), „Rote Tage" im Rheinland. Demonstrationen des Roten Frontkämpferbundes (RFB) im Gau Mittelrhein 1925-1928, Wentdorf/Hamburg 1980. Generell zum Problem der Wehrbünde siehe die ausgezeichnete Arbeit von Karl Rohe, Das Reichsbanner Schwarz Rot Gold. Ein Beitrag zur Geschichte und Struktur der politischen Kampfverbände zur Zeit der Weimarer Republik, Düsseldorf 1966.
37 Hartmann Wunder, Arbeitervereine und Arbeiterparteien. Kultur und Massenorganisationen in der Arbeiterbewegung (1890-1933), Frankfurt/New York 1980, S. 91.
38 Vgl. dazu Dokument 2 im Anhang von Schuster (s. Anm. 35), S. 260-263, S. 263.
39 Ebd. S. 57.
40 Vgl. dazu etwa die Schilderungen in den autobiographischen Schriften von Oskar Maria Graf, Wir sind Gefangene. Ein Bekenntnis, München 1982, S. 400; ders.: Gelächter von außen (wie Anm. 30), S. 467. Zur Bedeutung des „Militärischen" und „Soldatischen" in dieser Phase der deutschen Arbeiterbewegung vgl. Rohe (s. Anm. 36), S. 110-125.
41 Vgl. dazu die Beobachtungen zur „betont proletarischen" Kleidung etwa Bert Brechts in Oskar Maria Graf, Wir sind Gefangene (s. Anm. 40), S. 152.
42 Rote Fahne, Nr. 71 vom 28. März 1925.
43 Vgl. dazu Josef Mooser, Arbeiterleben in Deutschland 1900-1970. Klassenlagen, Kultur und Politik, Frankfurt/M 1984, S. 198.
44 Karin Steinweh, „Wir schaffen die Eiserne Front", in: 1933 – Wege zur Diktatur (s. Anm. 14), S. 86-94.
45 Ebd. S. 90 f. (Faksimilierte Wiedergabe der Flugblätter des Reichbanners Schwarz-Rot-Gold, Gau Hannover). Zur Symbolik der Eisernen Front vgl. auch Eichberg (s. Anm. 6), S. 118 f.; vgl. dazu auch Rohe (s. Anm. 36), S. 392-425.
46 Stenbock-Fermor (s. Anm. 23), S. 156.
47 Wolfgang Steinitz, Deutsche Volkslieder demokratischen Charakters aus sechs Jahrhunderten, Bd. II, Berlin (DDR) 1962, S. 580 f.
48 Faksimilierte Wiedergabe bei Hagen Schulze, Weimar. Deutschland 1917-1933, Berlin 1982, S. 161.
49 Vgl. dazu Manfred Brauneck, Die rote Fahne. Kritik, Theorie, Feuilleton 1918-1933, München 1973, S. 9. Faksimilierte Wiedergabe im Anhang I.
50 Schuster (s. Anm. 35), S. 263.
51 Zum Flaggenstreit vgl. Wolfgang Ribbe, Flaggenstreit und Heiliger Hain. Bemerkungen zur nationalen Symbolik in der Weimarer Republik, in: Dietrich Kurze (Hg.), Aus Theorie und Praxis der Geschichtswissenschaft. Festschrift für Hans Herzfeld zum 80. Geburtstag, Berlin/New York 1972, S. 175-188. Vgl. dazu auch die aufschlußreiche Interpretation von Rohe (s. Anm. 36), S. 244 f.
52 Heinrich August Winkler, Die Lektion von Weimar. Wie die deutsche Sozialdemokratie der Ersten Republik scheiterte, in: FAZ vom 12. November 1984, S. 7.
53 Zum Begriff der doppelten Loyalität vgl. Hermann Bausinger, Verbürgerlichung – Folgen eines Interpretaments, in: Günter Wiegelmann (Hg.), Kultureller Wandel im 19. Jahrhundert, Göttingen 1973, S. 24-49, s.S. 31 f.
54 Adolf Johannesson in: Arbeiter-Bildung. Monatsschrift des Reichsausschuß für sozialistische Bildungsarbeit 1928, S. 141.
55 Hornauer (s. Anm. 16).
56 Wilhelm Sollmann, Maitag und Republik, in: Maizeitung 1927, S. 4.
57 Robert Michels, Psychologie der antikapitalistischen Massenbewegungen, in: Grundriß der Sozialökonomik, Bd.

58 9, Teil VII, S. 241-359, s. S. 344.
58 Maifeier 1928, in: Kulturwille 5. Jg., Heft 5 (Mai 1928), S. 83.
59 Klaus Theweleit, Männerphantasien, Bd. 1 (Frauen, Fluten, Körper, Geschichte), Frankfurt/M. 1977, S. 289-297; Bd. 2 (Männerkörper. Zur Psychoanalyse des weißen Terrors), Frankfurt/M. 1978, S. 324-333, hier S. 330. Zum neuen jugendlich-dynamischen Aufmarschstil vgl. auch Eichberg (s. Anm. 6), S. 123-131 und S. 136 f. Zur „Modernität" des Symbolverständnisses der Kampfbünde vgl. auch Rohe (s. Anm. 36), S. 122-124.
60 Walter Benjamin, Das Kunstwerk im Zeitalter seiner technischen Reproduzierbarkeit, Frankfurt/M. 1963, S. 48-51.
61 Ebd., S. 48.
62 Alfred Lorenzer, Das Konzil der Buchhalter. Die Zerstörung der Sinnlichkeit. Eine Religionskritik, Frankfurt/M. 1981, S. 44.
63 Wilhelm Keil, Erlebnisse eines Sozialdemokraten, Stuttgart 1947, Bd. 2, S. 160.
64 Zitiert nach Udo Achten, Illustrierte Geschichte des 1. Mai, Oberhausen 1979, S. 185 f.
65 Kurt Eisner: Unter der Sonne (Zum 1. Mai 1910), in: ders.: Gesammelte Schriften, 2. Bd., Berlin 1919, S. 86-91.
66 Vgl. dazu Udo Achten, Illustrierte Geschichte des 1. Mai (wie Anm. 64), S. 202 f.
67 Dieter Fricke, Kleine Geschichte des Ersten Mai. Die Maifeier in der deutschen und internationalen Arbeiterbewegung, Berlin (DDR) 1980, S. 181-191.
68 Auch dabei handelt es sich um eine Formulierung Kurt Eisners; vgl. dazu Gottfried Korff, Volkskultur und Arbeiterkultur. Überlegungen am Beispiel der sozialistischen Maifesttradition, in: Geschichte und Gesellschaft 5 (1979), S. 83-102, s.S. 97 f.
69 Dortmunder Arbeiterzeitung vom 20. April 1910.
70 Fricke (s. Anm. 67), S. 188 f.
71 Kurt Tucholsky, Gesammelte Werke, Bd. 3, Reinbek bei Hamburg 1960, S. 435. Zuerst abgedruckt in der „Arbeiter Illustrierten Zeitung" (AIZ) 1930, Nr. 17, S. 329.
72 Dieter Langewiesche, „Arbeiterkultur". Kultur der Arbeiterbewegung im Kaiserreich und in der Weimarer Republik. Bemerkungen zum Forschungsstand, in: Ergebnisse. Zeitschrift für demokratische Geschichtswissenschaft, Nr. 26, Oktober 1984, S. 9-29, s.S. 21.
73 Georg Gastrock, Die Maifeier als Symbol des Massenwillens, in: Sozialistsche Bildung 3 (1931), S. 115-117, s.S. 116.
74 Vgl. dazu Hornauer (s. Anm. 16).
75 Ebd. S. 167.
76 Eichberg (s. Anm. 6), S. 91 f.
77 Zitiert nach Hornauer (s. Anm. 16).
78 Vgl. dazu Langewiesche (s. Anm. 72), S. 22.
79 Vgl. dazu Hendrik de Man, Zur Psychologie des Sozialismus (s. Anm. 10), S. 328-332.
80 Walter Benjamin, Neue Sachlichkeit, in: ders.: Der Autor als Produzent, Leipzig 1934, S. 361.
81 Benjamin (s. Anm. 60), S. 49 f.
82 Erich Fromm, Arbeiter und Angestellte am Vorabend des Dritten Reiches. Eine sozialpsychologische Untersuchung, Stuttgart 1980. Das amerikanische Originalmanuskript trägt den Titel „German Workers 1929 – A Survey, its Methods and Results".
83 Vgl. dazu Ursula Horn, Zur Ikonographie der deutschen revolutionären Kunst in Deutschland 1917 bis 1933, Staatliche Museen zu Berlin. Ausstellung im Alten Museum vom 8. November 1978 bis 25. Februar 1979, S. 53-69.
84 Vgl. dazu auch die Überlegungen von Eichberg (s. Anm. 6), S. 137 f.

III. Vom Protest zur Selbsthilfe

Anthony McElligott
Petty Complaints, Plunder and Police in Altona 1917-1920. Towards an Interpretation of Community and Conflict

Some years ago, the American sociologist, Albert Reiss, stated, „a community arises through sharing a limited territorial space for residence and for sustenance and functions to meet common needs generated in sharing this space by establishing characteristic forms of social action."[1] In the development of western society with its increasing specialisation of functions within the framework of a market economy, the most basic social action has been the exchange of goods and services through the medium of money.[2] However, this capitalist system of exchange has often met with resistance in the past as perceptions as to the social acceptability of the workings of the market have conflicted with the rationale of the Smithonian „hidden hand".[3] Because the act of exchange within the community is the most fundamental form of communication between its members and is therefore central to daily experience, it must also be counted as a cultural activity central to communal life.[4] It should follow from this that any conflicts arising from within the mode of exchange are not confined to economic dispute alone but also have to do with cultural perceptions relating to the nature of social organization. Therefore, the issue is that of control over social organization. At the same time, the shape of conflict is informed by the type of social organization from which it springs, that is, it is conditioned by ideas and values related to experiences rooted in daily life.[5]

It is in this context of conflict and community that I wish to consider the food riots which took place in Altona during the First World War and in the years immediately after. Such riots are generally treated against the background of a „grey economy" in the shape of illicit trading of essential goods purposely held back from the open market (Schleichhandel), thus forcing prices to rise because of the artificially imposed scarcity (Wucherpreise). This led to an increased exploitation of consumers and a widening in the gap between rich and poor. This inequality in the distribution of essential goods was at the root of grievances, defined either as expressions of frustration[6] or as evidence of surfacing class conflict, manifesting itself as „deprivation politics"[7], which led to roaming crowds looting food shops between 1915 and 1920. Such disturbances occurred frequently in Altona. For the purposes of this paper however, I wish to concentrate on two particular episodes: the Bread Riots 23-28 February 1917 and the Food Riots 26-28 June 1920. The discussion will not be limited to these two events alone but will also extend to material dealing with letters of complaint and denunciation which, to my mind, place both „Riots" into a specific historical context, while also considering the response of the police in the face of popular actions and how this contributed to the making of 'community'.

I

From January 1915 the authorities in Germany began to get to grips with the provision, rationing and distribution of goods designated essential to the physical well-being of the population. The various offices set up to deal with bread, flour, potatoes, dairy goods and prices were amalgamated in May 1916 in the Reich Nutritional Office (Reichsernährungsamt). The purpose of these offices and ultimately of the Reichsernährungsamt, was to ensure that the home front was sufficiently organised and provided with domestic supplies as part of the general war effort. The fair and equal distribution of food and essential consumer goods for all menbers of the national community involved in the maintenance of the German war machine, was an essential component of the Burgfrieden struck between organised labour and the authorities soon after the outbreak of war.[8] To lend a semblance of authenticity to this war-time Volksgemeinschaft[9] the authorities made provision for the participation of working-class men and women (the latter not as representatives of workers but of consumers!) on the special committees set-up to oversee distribution and deal with complaints. In Altona the Price control Board (Preisprüfungsstelle) operated with the cooperation of five housewives „aller Bevölkerungsschichten ..., der beratend sich betätigt."[10] And in the wake of the disturbance in February 1917, the Magistrat in Altona decided to heed the recommendation from central government to include on the committees members from the „poorer classes" as representatives.[11] At the same time, a stricter eye was to be kept upon miscreant traders and middlemen.

Despite such efforts to ensure fair and equal distribution of goods, sections of the population saw their living standards eroded as inflation, shortages, blackmarket operatives and a fall in currency value made conditions increasingly difficult.[12] Even the creation of municipal consumer outlets could not halt the deterioration in the provision of goods. In fact, these outlets added to the resentments felt by many small-traders against the interference of the authorities in their realm of power (they saw the outlets as an encroachment on their right to control the market and also as crippling competition[13]). By the same token, the municipal consumer outlets, by raising expectations among consumers that there would ensue a fair distribution of articles and that prices would be controlled, increased the likelihood of overt conflict as it became clear that the authorities were failing to keep a firm grip on the situation.[14] The result was a shift in attitude among consumers from placing faith and reliance in a system easily discredited to taking matters into their own hands. Underpinning this shift was the belief in a system allowing for collective and equal right of access to goods and services. When crowds took to the streets during so-called food disturbances it was to enforce the notion, legitimated by laws passed by the authorities, of proper distribution of food and other consumer articles thought essential to everyday life; such actions only ever occurred „in last resort", that is, whenever the law was being openly flouted, or whenever the authorities themselves were no longer able to guarantee the provision of articles. At such times a collective identity crystallized among consumers from a particular neighbourhood while the action itself sought to re-establish an equilibrium in the social relations of the local community.

Altona's local traders had from the early days of the war claimed a right to retain their position of local power in the market sphere. In petitions to the Magistrat they complained at the prospect of any diminution of their social position either through the creation of the municipal consumer outlets or boards of control (for the distribution, sale and pricing of articles). Instead, they suggested that the authorities leave the whole question of distribution and price-fixing to the most „competent" and „appropriate" agency: that is, themselves. For Germany's small-traders and petty property-owners there were obviously limits to the level of personal sacrifice demanded by the war-time Volksgemeinschaft, as the following conclusion to one of their petitions to Altona's Magistrat reveals:

„Noch anschliessend möchten wir nicht unerwähnt lassen, dass wir gegen jede Massnahmen unserer Behörden angehen werden, die eine Beschneidung unserer Rechte, mit anderen Worten, unserer Freiheit bedeuten."[15]

However, they were prepared to provide full cooperation with local government in the distribution of food and articles if this worked to their advantage. Thus with the issue of ration cards (Lebensmittelmarken) which could only be used at particular shops in a locality, so binding the consumer to a trader, shopkeepers no longer had to worry about currying their customers' favour; through the ration card they exercised an „absolute" power in the sphere of commodity exchange. The authorities noted in October 1917 that it had come to their attention that shopkeepers were forcing customers to buy „non-essential" articles by making the sale of rationed goods conditional on this: customers were thus „encouraged" „wenn Fliederbeeren gewünscht werden, Gurken, und wenn Zwiebeln ... Kürbis mitzukaufen."[16]

The authorities had also continually to remind small-traders to be polite to their customers and not to abuse their position as suppliers to the general public. Matters went so far that the Foods Commission took it upon itself to summon individual shopowners in order to give them a „ticking-off" and a warning of exemplary punishment (such as closure of shop premises) for bad behaviour towards customers.[17] The military General Command in Altona went so far as to instruct the Magistrat to publish a public notice in April 1917 exhorting shopkeepers to improve their attitude towards customers, one which would be more amenable to the ethos of Burgfrieden.[18] The notice which was finally published is instructive of how far tensions had probably reached: „Vielfachen Klagen aus allen Kreisen der Bevölkerung entnehmen wir, daß das kaufende Publikum in den Geschäften ... eine nicht nur unhöfliche, sondern geradezu verletzende

Behandlung erfährt. Weil die Preise vorgeschrieben sind und die Käufer durch Kundenlisten an bestimmte Geschäfte gebunden sind, glaubt man anscheinend, dem Publikum gegenüber ein Verhalten beobachten zu dürfen, daß man sich im Frieden niemals erlaubt haben würde. Wenn auch nicht verkannt wird, daß der Kleinhändler ... sein Geschäft gegenwärtig unter wesentlich schwierigeren Verhältnissen betreibt als zur Friedenszeit, so muß doch unbedingt verlangt werden, daß das Publikum freundlich, hilfsbereit und höflich behandelt wird... Wir erwarten, daß dieser Hinweis genügen und uns der Notwendigkeit weiterer Maßnahmen wie Bestrafungen und gegebenenfalls Schließung des Geschäftes, entheben wird."[19]

And only a month earlier, the Deutsche Städtetag had proposed the idea of elevating the status of shop assistants to that of state civil servants (Beamte).[20] This was not however, in order to improve their social and financial lot. „Es soll dadurch das Bewußtsein der Verantwortlichkeit gestärkt und den Gerichten die Möglichkeit strengerer Bestrafung gegeben werden."[21] Such a consideration of tougher measures in the case of a „breakdown" of discipline extended *de facto* to those persons who took it upon themselves to usurp the prerogative of the law in a display of popular social justice against traders either suspected of or caught engaged in malpractices.

Complaints from customers continued unabated despite the efforts of government agencies to supervise the open market. Many traders felt themselves to be above the law or blatantly oblivious to the discerning eye and sharp tongue of dissatisfied customers. In mid-1919, when state controls were still partly in force, the housewife Emilie Klose from Ottensen went to her local butcher, Otto Koll, and found herself at loggerheads with him over the quality of meat he was selling her. She had gone as usual on Friday to collect her weekly family ration of salted meat (Pökelfleisch) only to receive portions taken from the head of the pig, which, she complained, consisted only of rind (Schwarte). Her ration card (for meat) could only be used at Koll's shop and he was obviously conscious of his advantageous position. His response to Klose's complaint was that it was „ganz gleich" to him what she received as long as it was pork. Emilie Klose left the shop premises deeply dissatisfied with this answer. Her husband was left equally dissatisfied with Koll's attitude when he went to the shop the following day. The couple then decided to lodge a complaint with the Foods Commission. Koll was called upon to explain his behaviour but it soon became clear that he had not breached any laws. The officers of the Commission however, felt that he could be fairer in the way he distributed „Speck und Knochen".[22] At the back of their minds was the vivid imprint of the so-called Sülze Riots in Hamburg-Altona from June, when a popular protest against the dubious practices of a brawn manufacturer turned into a full-scale emergency with martial law being declared and the army called in.[23]

There were also numerous complaints relating to weights and measures wherein customers alleged they were cheated.[24] Complaints of over-pricing were being made daily and were also increasing.[25] In some instances the authorities did act against traders, but either as a demonstrative show of determination or only following popular response of discontent. A baker, Oskar Drohm, was caught at over-pricing his wares and thus was earmarked for example by the Foods Office in Altona as an expression of its disapprobation of such practices.[26] The normal policing agency had appeared not to show much enthusiasm in its efforts to enforce the law, so, „Zur Ausschaltung" of such activity Drohm's shop was closed down for a period of four weeks not so much as a measured punishment for his misdeeds but as a warning to others.[27] Official action however, was more likely to ensue when the integrity of the authorities themselves was challenged by the behaviour of traders, for instance, by meddling with ration cards, a wide practice at the time.[28] The flow of complaints, however, continued.

Many of these were expressions of dissatisfaction with what appeared as a deliberate manipulation of market. Traders were accused of adding to the difficulties of the consumer in acquiring certain goods by preferring to off-load articles onto middlemen who then purveyed the goods on the black-market. The following examples originating from the files of the section of the Foods Commission which dealt with fish-traders are particularly illustrative.

The fish-traders in Altona were only allowed to sell their wares at specified places or stands in the city. By this means it was hoped that a fair distribution would be achieved throughout the area. The Market Inspectorate was particularly keen to ensure that traders complied and it was not unusual for an inspector to „tail" a fish-trader from the fish auction halls at the harbour where they received their stock to the appointed place of sale.[29] More often, fish-traders found themselves the object of a more popular policing as members of the public duly reported whatever appeared to them as infringements of the law.

Thus was Paula Löwenhagen called to task.[30] She was observed by a female resident of the Palmaille, a large avenue joining Breitestraße and leading to the fish market, to have sold a „large creel filled with plaice to a middleman" at the juncture of Breitestraße and the market area at nine o'clock in the morning. The informant did not know Löwenhagen by name but obviously possessed some knowledge of her for she described Löwenhagen to the police as the person who normally traded at Am Teich in Othmarschen. The market police were waiting for Löwenhagen on her arrival at her stall two hours later. Confronted with the accusations made by Göpper, Löwenhagen claimed she had sold only a few pounds of fish to another trader but for his own consumption. The officers let her off with a warning. But about three weeks later Göpper returned to the authorities with „new" evidence: namely the identity of the man to whom Löwenhagen had sold the fish. It now transpired that both he and Löwenhagen were old familiars and supplied each other with fish whenever either had not managed to get any from the distributors at the auction halls. Löwenhagen still claimed that any such transfers of stock occurred not as intermediate selling (Zwischenverkauf) but was intended only for personal consumption. She was fined a nominal sum of three Reichsmark.

Similarly, Anna Westphalen, who lived in the neighbourhood of the fish market, was accused of selling-off her entire stock of 90 pounds of plaice to another trader who had been struck-off the city's list of approved vendors. Her excuse, perhaps legitimate, was that she had been feeling unwell that day and so had wanted to be rid of her stock as quickly as possible. The authorities responded by imposing a four-week ban on her trading.[31]

Seventy-one year old Dorothea Möller found herself in deep water after arranging private sales (Vorverkauf) to acquaintances on her way from the auction halls to her stall at Holstenplatz.[32] She was observed to have been approached by a man to whom she handed over some fish. On arriving at her stall a second man was seen to approach her und he too received a wrapped bundle of fish. When the person who had observed all this then approached Möller himself and demanded five pounds of fish, she refused, stating that to sell to him before reaching her stall would be contravening the law. He then duly reported her to the authorities. Möller claimed that she had not sold the fish to either of the men but had made gifts of it. Both were old acquaintances of hers. As in the case of Löwenhagen, the authorities levied a nominal fine of three Reichsmark against her.

Bertha Meyer promptly went to the Department of Trade (Gewerbekommissariat) and lodged a complaint against the fish-trader Martha Otte after being turned away empty-handed from her stall at Holstenbahnhof.[33] The reason why she had received no fish that morning was because Otte had sold 29 pounds to an unidentified trader „so daß sie selbst und noch viele andere Selbstverbraucher keine Fische erhalten hatten." After being questioned Otte admitted to an initial sale of that amount but added that in the end she had only sold ten pounds to the man who she described as „an old customer from Blankenese" who was „in desperate need" of fish. The reason for this was that the other customers gathered about her stall, were not prepared to tolerate this sort of preferential treatment. Otte told how „....auf Einspruch des Publikums" she was forced to take back nine pounds which she subsequently sold to another woman and a soldier. Frau Meyer, according to Otte, had not received any fish therefore, not because of Zwischenverkauf but because „diese ... stand überhaupt ganz hinten." This did not alter the fact that Otte had nonetheless engaged in this practice; she had thus broken point four of the undertaking (Verpflichtung) which all traders had to sign prohibiting them from supplying other dealers with any goods or articles originally distributed for sale by the municipal agencies. Otte received a severe warning and a relatively low fine of ten Reichsmark.

All these fines were low and reflect in part, a desire of the Magistrat not to further antagonise the Mittelstand of the city. However, the situation deteriorated and the authorities felt themselves compelled to at least heighten the threat of punishment. Before being accepted as a vendor of goods supplied or distributed by the city, traders were asked to sign an undertaking agreeing to sell only to the general public. If this contract was broken then they were liable to pay a maximum fine of 500 Reichsmark (which, as we have seen, does not appear to have been implemented). In April 1918 the Foods Office, obviously under pressure to act, doubled the fine to a thousand Reichsmark and reiterated its prerogative to withdraw licenses. But even this does not seem to have deterred recalcitrant traders: continuously throughout 1919 the Foods Office made the compulsory signing of such undertakings a precondition to receiving the right to tender such goods and articles.[34]

No less telling of the nature of petty grievances and community are the denunciations and complaints related to secret slaughtering (Geheimschlachtung), especially of young pigs. In Germany the pig is by tradition a symbol of luck but during the war years it also became a bone of contention. The government had brought under its control the rearing (fattening) and marketing of pigs in April 1916.[35] Private persons were allowed to keep pigs but had to register them with the Meat Inspections Board (Fleischbeschauungsamt) and could not kill an animal without the Board's prior permission and then only if the pig was full-grown. Thus the keeping of pigs and their eventual slaughter was kept under strict supervision. The authorities were worried about secret slaughterings since these mostly affected young pigs weighing between 80 and 100 pounds. By early 1917, in the midst of general food shortages and when weekly meat rations had been reduced to 200 gramms, it came to the attention of the authorities that the number of secret, and therefore illegal, slautherings in Altona and elsewhere was increasing.[36] In the city's Altstadt it even appears that a fairly well-organised syndicate of widows operated a killing-service for local inhabitants[37], and thus, no doubt, was able to supplement any meagre income they possessed.

Against the background of hardship characterising the winter of 1916/17 and continuing throughout 1918[38] the stream of complaints and denunciations against persons suspected of or known to be involved in such slaughterings flowed quickly. However, the motive which lay behind informing on a neighbour or any other person was not always born of a narrow desire for petty revenge against those „who have" by the „have nots". Rather, the key force was more likely to have been the knowledge that the procedure upon discovery of a secret slaughtering included the confiscation of the meat and subsequently, its availability to the community through public sale. A part of the proceeds of sale went to the guilty party, as did a part of the meat. Essentially, notions of communal egalitarianism were thus made tangible.[39]

In July 1918, at a time of acute shortages and when the Magistrat in Altona had renewed its efforts to tighten up on the distribution of meat[40], the Supply Office (Versorgungsamt) received a note from a member of the public claiming that a Herr Braun had hoarded ten pieces of bacon either in his attic or in the cellar. The informant complained that it was unfair that so much meat should accrue to only two persons, „Da es insgesamt inbegriffen besser wäre, wenn hiervon auch andere Menschen ... profitieren außer ihm und seiner Frau..."[41]

An anonymous writer accused the fifty-year old coachman, Friedrich Harbeck who lived in the Schauenburgerstraße, of having slaughtered two unregistered pigs on the 15th December and on the 6th January, although he and his wife received meat ration cards. The writer felt that the Harbecks had been especially mean towards their neighbours for not distributing any of the meat, „Das ist nicht in Ordnung" and what was worse, „lassen sie auch Fleisch Ratten geben."[42]

Of course the truth of such an accusation is not the issue here: of importance is the popular feeling from within the neighbourhood that its members were having to undergo deprivations while others in the community were wastefully enjoying an abundance of meat and unnecessarily drawing upon restricted resources (via the use of ration cards when one had a private supply). Examples such as these were not isolated cases. Rumour abounded and helped to inflate petty strategies for everyday survival into „crimes" against the community. The level of popular policing from within the community increased as it was placed under pressure from external forces; in this case from the situation arising out of war and the effects it had on the domestic consumer economy.[43] In a sense this policing was a mechanism against the negative effects of the war on the community. The aim of complaint and denunciation was to counter and redress individualist strategies which were concomitant to the conditions brought on by war in spite of the language of Burgfrieden and the myth of the greater community. In other words, the war, rather than cementing society's disparate parts into a cohesive and solidaristic unit[44], only served to further a process of disintegration into conflicting parts. The response to this from within certain vulnerable areas, notably the sort of communities one found in metropolitan areas such as in Altona where traditions of community self-help were inherent[45], was to confront displays of individualism wherever they appeared to conflict with the common good.

Working-class persons thus expressed both individually and collectively their hostility to a system and its protagonists which both exploited their already disadvantaged position and threatened the integrity of communal organization and identity. During the war years the working class felt that while it was making its sacrifices (in the form of losing loved ones, greater personal hardship, and greater exploitation at the workplaces) it was receiving too little in exchange. This „democratisation" of sacrifice without a corresponding „demoncratisation of rights and chances"[46] manifested itself at local level in the exploitation of the vulnerable sections of society (in this case the working-class community) by those in positions of petty economic power, such as shop-keepers and property-owners or persons holding intermediate or petty adminstrative office.

A certain Frau Rachelmann, it was claimed[47], kept swine and hens illegally (which, as it happened, was not so), and had already slaughtered a large pig. Moreover, „die Körner für das viele Vieh besorgt der Herr W., der ist wohl ihr Freund und dieser Herr hatt (sic!) so eine Stelle wo Körner verteilt (,) was geht durch sollche (sic!) Stehlerei der Allgemeinheit verloren." Rachelmann had received permission to kill the pig and did not know Herr W. The allegation of corn was also a fantasy: she fed her fourteen hens and two pigs on waste (Abfälle) she received from a local women's hospital. These details were possibly unknown to the informant; Rachelmann and her mysterious „friend" embodied the corrupt relationship of the well-off with those in authority who conspired to swindle the community.

War-profiteering was not limited to money alone at the popular level of German society. The accumulation of better health and life-conditions through selfish consumption, and so at the cost of the wider community, was also a part of the advantages to be wrung out of the war.[48]

The family of seventy-one year old Heinrich Rettmer was denounced by one (or a group) of his tenants towards the end of the war.[49] In a letter to the food office it was claimed that Rettmer had had a pig slaughtered each year during the war and so had managed to live comfortably throughout the years of general deprivation. Images of ostentatious living, petty power and a disregard for the lot of the community are contained in the letter. Rettmer's accuser(s) stated: „.... daß der Grundeigentümer Rettmer ... sich jedes Jahr ein Schwein schlachten ließ ... Das schanzt der Schwiegersohn alles hier, (der?) ist da in Position ... als Gefangener Aufseher. Wigger auch hat die Tochter von Rettmer, Frau Wigger, gesagt: 'Schade das der Krieg auf die Art und Weise zu Ende geht'. Ja das will sie wohl sagen wenn die so viel zu essen hat. Jeden Tag kommen große Schlachterkörbe voll..."

In a few confused sentences a welter of resentment issued forth against the war and its profiteers; against the petty class enemies who, while rooted in the community, proceeded to disregard a popular perception of communal solidarity.

II

In neither the rioting of February 1917 nor that of June 1920 is there much indication of either a directionless crowd „roaming" the streets or of wanton plundering. Neither does there appear to be much evidence to substantiate the thesis of spontaneous responses arising from frustration of having to queue for long hours only to be turned away empty-handed (this frustration did of course occur but rarely seems to have conflagrated into full-scale rioting).[50]

Rather, on closer examinaton, a picture of calculated and disciplined „visits" to particular shops emerges which lasted over a period of several days and involving many persons. A notable feature of events is that the rioting remained localised; the crowds who took to the streets appear to have only operated within the physical boundaries of the neighbourhoods.

The catalyst for action did not necessarily have to come from within the same neighbourhoods. In February 1917 rioting had begun in Hamburg on the 22nd and the entire conurbation of the Lower Elbe was affected.[51] A wave of protest developed against a background of chronic food shortages due to wheat and potato harvest failures and government inefficiency to organise proper distribution. When the authorities announced a cut in the level of rations and a change in the method of bread distribution, rioting finally broke out.[52]

And yet it was not so much the concern with actual shortages which ignited the troubles but the proposed change in the scheme of bread distribution and sales. In February 1917 crowds limited their actions to bakeries only, leaving other food shops untouched. Thus, they directed their protest against bakers and government interference alike and asserted their right to buy freely in the open market at prices they collectively thought were just.[53]

A detailed account of events is hardly possible since the necessary sources for this are no longer extant, and those which do survive only allow an impressionistic account. During the six days of „forced sales" somewhere in the region of two hundred bakers and bread-shop proprietors found themselves under siege.[54] The total number of loaves „taken" or „sold" is not known but total losses were estimated at between thirty-eight and thirty-nine thousand Reichsmark.[55] Although the primary aim of the crowd had been to force the sale of bread, there were a few cases when loaves were simply taken, and in some instances sales degenerated into a free-for-all scramble for whatever one could lay one's hands on.

However, the crowds did not go about their business in an haphazard manner. Eyewitness accounts, either from victims or police, allow the historian to reconstruct a pattern of behaviour which was repeated throughout the six days of troubles. Women, youth and men gathered together in front of shops either before or after shop hours when the shelves would be stocked for the day's trading. The crowds then placed their demand for „Brot ohne Marken" and only after the proprietor showed him or herself to be uncooperative would the threat of physical force be made. If the shop-keeper still resisted then bread was taken without payment. The theft of bread and the employment of violence was therefore used in last resort and as a means of lending force to the crowds' intentions[56] but also as punishment for recalcitrance.

In one incident a crowd of between sixty and seventy demanded that the shop-owner distribute the bread herself or they would demolish the premises. She complied.[57] Another lady, Frau Widder, had obviously demonstrated herself to be made of harder stuff when the crowd arrived at her shop in the Große Bergstraße. The door and window had to be broken to facilitate entry and thirty kilos of bread were taken without any payment being made.[58] Mathilde Strauß who managed a branch of the „Berg Company" (bakery) in Papenstraße, had heard that plundering was taking place in the vicinity. She telephoned the local police station in order to get advice on what to do if the crowd appeared. The officer who answered her call showed little understanding for her predicament: he instructed her to comply with the law[59] and to refuse to sell bread unless stamps (Marken) were produced. Finding herself in a quandary, she closed the shop and hoped the crowd would pass her by. Inevitably, the crowd arrived and began first to negotiate with her. This went on until the crowd finally lost its patience for, after „längeren Worten" it broke down the door and proceeded to clear the shelves of their stock. Not only bread was taken. Mathilde Strauß later recounted how her wrist watch, valued eight Reichsmark, vanished in the mêlée too.[60] Wilhelm Schlüter, a master baker from a nicer street in the city's Altstadt, also had to „pay" for his obstinacy towards the crowd when it turned up on his doorstep on Saturday evening around nine o'clock. It persistently demanded bread, employed threats and when Schlüter still proved recalcitrant, the „Pöbel", as he described the men, women and children confronting him, rushed the front of his shop and forced their way in through the door and windows. Having got what they wanted from the shop the people set about plundering Schlüter's belongings in the flat at the back.[61] The damage his personal property suffered was greater than the loss of stock he incurred.[62]

Essentially, the crowd showed restraint wherever a shop-keeper was compliant to its demands for bread.[63] In some instances local police officers were present but this did not deter the crowd. In fact, there is some indication that the crowd was even willing to accept the supervision of sales through police officers or some other person of local standing, thus legitimating such demonstrations of popular action.[64]

The cessation of hostilities in 1918 did not bring about an end to either government controls in the economy or to deprivations. The difficult conditions which had characterised the war years prevailed in the period following the ceasefire and the interaction between social discontent and political demands became much more pronounced than they had ever been during the previous years.[65]

This was nowhere more visible than in the question of provision and distribution of foods and essential articles for the population. Post-war conditions typically provided fertile soil for black-market activities and other forms of exploitation in the consumer sphere. The spectre of unrest arising from these conditions was never far from the view of the authorities, old and new.[66] Despite efforts in Hamburg and Altona to preempt any cause for discontent[67] the authorities could not stem the flow of unrest and the occasional burst of protest gainst chronic market conditions. Attempts by the Magistrat in Altona to combat shortages and to secure distribution often led to waves of unrest with people believing they would receive even less food. On two occasions at least, the Magistrat had to publish public declarations in order to counter rumours and allegations in the press that it was planning to reduce rations or that it had subordinated the welfare of the city to the interests of party politics.[68]

The disturbances of June 1920 differed from those of February 1917 in three respects: trouble was confined to the poorer slum districts bordering Hamburg-St. Pauli and, this time, not only bakers' shops but fish stalls, small general stores, department stores and shoe and clothing shops were popular targets. The third difference was the nature of policing, to which I will return in a later section of this essay. As in earlier disturbances the key moving factors for action were the continuing shortage of goods and rise in prices coupled by the apparent failure of the authorities to combat either evils.[69]

As in the case of February 1917, the initial catalyst for events came from outside Altona. A group of lads (or young men) came marching from Hamburg along the Reeperbahn into the Reichenstraße in Altona. In the Große Bergstraße, which was a continuation of the Reichenstraße, disturbances broke out as this group smashed the windows of a shoe shop and made off with the contents. Hangers-on or curious onlookers now entered the shop in order to help themselves to the shoes and boots. By this time however, the police had been alerted and officers from Revier 2 arrived, intervened and arrested fifteen persons. These were taken to the police post in the nearby Old Town Hall (Altes Rathaus).

This incident occurred at 3.30 in the afternoon. The actual wave of disturbances did not commence until an hour and a half later! Reports from three of the Altstadt's four Police Revier state how „suddenly" around 5 pm crowds appeared on the streets before several shops and fish factories and began looting them. Fighting then broke out as police and security forces moved in to quell the disturbances but failed to do so.[70] The plundering continued.

The rioting of the 26th lasted into the night. Earlier that afternoon, crowds of men, women and youth had gone to shoe and bread shops and demanded either a popular price for boots and other footwear or bread in exchange for money instead of stamps. Heinrich Schreiber, who ran a footwear business in the Große Mühlenstraße was thus forced to „give free" or sell at half price, seventy-two pairs of shoes.[71] According to the widow Annelie Landmann, about ten or twelve man and women had entered her shop „to buy boots", which they did, but at well below the market prices.[72] Alfred Wien was also forced to sell to the crowd: his shoes and boots went at thirty Reichsmark a pair.[73] At nearby Schulterblatt police officers noted how the corwd demanded that shoes and boots be sold at a „standard price" (Einheitspreis) of fifty Reichsmark.[74]

Those who managed to get shoes at these prices were doing very well. The price for various footwear sold at municipal-run outlets (Verkaufsstellen) was as follows: men's boots: 100 RM, ladies' boots: 190 RM, and chilren's boots ranged from 30 RM to 100 RM.[75] And these were down-market prices. For some traders who catered for the upper end of the market, losses were inevitable greater.

The business of L. Leinemann, Shoe Shop, had closed early that afternoon (possibly because of the news of plundering). However, this did not deter a crowd of men and women who „hatten Einlass in den von der Verkäuferin verschlossenen Laden verlangt, nahmen einen drohende Haltung an und einer von den Leuten schlug eine Türscheibe ein, während andere nach einem Beil riefen um die Tür einzuschlagen. Ein inzwischen... erschienener Polizeibeamter hat die Verkäuferin sodann veranlasst, die Ladentür zu öffnen. Dann drängten sich Aufrührer in den Laden, einige von ihnen stellten sich hinter den Ladentisch, verkauften zu billigen Preisen, ... Überhaupt nahm jeder von den Leuten, was er wollte. Nach Angabe der Verkäuferin erhielt diese nur etwa 421 M, während der Laden ausgeleert wurde." The 421 Reichsmark was certainly a paltry sum. Leinemann estimated his losses at over seventeen thousand Reichsmark for approximately one hundred and fifty shoes and slippers.[76]

Not only footwear interested the crowd. The smoked-fish factory of Tollgreve & Co., in the Kleine Freiheit had to part with large quantities of its fish.[77] Bread-shops were also „visited"[78] and the vegetable shops of H. Hamann and J. Lange in Schulterblatt were forced to sell their „Vorräte zu wesentlich niedrigeren Preisen".[79] Meanwhile a certain Herr Richter in Ottensen had his shop „cleared out" for him and had to watch helplessly as his stocks of fruit and vegetables were „an die draußen stehende Menge verteilt."[80] Max Bunz in the Langenfelderstraße was lucky. The police were able to intervene just in time „so dass der Verkauf zu den Tagespreisen festgesetzt werden konnte."[81] No doubt this did not trouble the crowd too much, there were plenty of other shops to choose from, and the weekend had just begun.

The following two days, Sunday and Monday, a number of other shops were targeted for popular „sales". Now the small businesses selling dairy goods and meats (Fettwarengeschäfte) came under scrutiny.[82] Wilhelmine Sellhorn, a widow, was forced by a crowd which visited her shop late Monday morning to sell ninety-five pounds of margarine at 5 RM a pound instead of the current 12 RM 29 Pf.[83] During the morning of the previous day, crowds had descended upon the smalltraders in the Kleine Elbstraße demanding „cheap" goods. One proprietor, Adalbert Wolf, who owned Butterhaus Roland (and no stranger to popular sales) was forced to sell thus, and allegedly „auch hier ist ... ein grosser Teil Waren gestohlen worden."[84]

Prior to visiting Wolf and his fellow tradesmen crowds had gathered around the Fischmarkt complaining about the high prices which traders were demanding for fruit and vegetables and fish. Predictably, the crowd began forcing cheaper sales.[85] According to two accounts, a noisy crowd forced its way into the fish market (Fischhalle) and „hat die Fischverkäufer aufgefordert, zur Hälfte der Einkaufspreise zu verkaufen."[86] Fish was then sold for 1 Reichsmark per pound, although some traders claimed they were made to give away their stocks.[87]

Shopkeepers and traders cannot always be trusted to give accurate accouns of events when making their claims for damages to the police or other investigating agencies. They had a vested interest in placing losses due to theft or forced sales at a higher level than that actually incurred, since this increased the probability of receiving a sizeable compensation.[88] In other words, local tradesman also knew how to exploit an otherwise damaging situation to their advantage. This does not mean that the experience was not traumatic, or that real loss did not occur and that plain theft was absent from the repertoire of the crowds.

The incidence of theft derived less from a criminal inclination of the inhabitants of the city's poorer districts than from a collective outrage at the blatant profiteering which was prevalent, and of which the residents of Altona's slum quarters were particularly vulnerable victims.[89] Some indication of this exploitation is given in the number of cases of petty profiteering which came to the attention of the Price Control Police (Wucherpolizei). In 1918, 2187 cases were dealt with; in 1919 this had risen to 3972; and in 1920 4988 cases were reported.[90] This was, no doubt, just the tip of a much larger iceberg.

Theft is of course a social construct and is thus open to various definitions. In the present context, seen as a means of acquiring (or reacquiring) goods or wealth, it represents a redistribution of wealth within the community as items are transferred from one person or group to another. Against a background of traders exploiting the local community by setting their prices too high (illegally); in a period of increasing inflation; and in the specific experience of petty conflicts arising from consumer-trader struggles for the control of the local market during and following the war, the collective theft and plundering which took place in 1917 and 1920 was both a legitimate means of redress and an articulation of collective identity within a community defined through its physical and functional structures.[91]

III

War conditions and political and social unrest had strained the capacity of the police in Altona to assert proper and effective control over the economic relations of the city.[92] The police force was also chronically undermanned[93] and this also meant that petty everyday crime (mostly against property) could be but poorly contained.[94] However, in its efforts to maintain „order", the police and military authorities had extended their surveillance over the local population, especially in the radicalised working-class quarters of the city. This resulted in heightened tensions between police and people. It also meant that local residents felt that the attention and energy of the state were being expended in the wrong sphere; and this was given credence by the failure of the state to apprehend the „true" mavericks, namely, war-profiteers and the like.

On the other hand, the readiness of the people to take to the streets in order to enforce popular justice against petty profiteers, and the ensuing disturbances or incidences of theft, only reinforced in the minds of those in power the prejudice of a base and rebellious Volk inhabiting the city's slum quarters; one which lived off the fruits of crime and related activities.[95] This, coupled with the paranoia the middle classes and those in government felt toward the working-class, explains a great deal of the violent repression of popular movements in these years. However, the violence of the state was responded to with the violence of the people. Thus, while profiteering may explain the demands for „just prices" and partly explains the readiness to simply take articles from shops, it cannot provide a full answer for the looting which developed in the course of the evening of Saturday 26 June 1920. The answer lies in the behaviour of the security forces towards the crowds on the streets.

The reaction of the authorities to popular disturbances was conditioned by a number of factors, not least political ones. But during confrontations between police and people the social composition and ideology of the security forces on the ground was of particular importance.[96] Since 1919 the police in Altona had been augmented by a contingent from the Hamburg Security Force (Sicherheitswehr, later Ordnungspolizei); and from the beginning of April 1919 the entire Unit IV of this force was sent to Altona. The Sicherheitswehr in Altona now numbered 645 men, some of whom were billeted at the Altes Rathaus.[97] Most of this force had previously served in the Free Corps.[98] From the end of June 1919 a local militia composed of mostly middle class men had been formed in order to protect property „threatened" by the working class of Hamburg and Altona. This was known as the Einwohnerwehr.[99]

In Altona the Einwohnerwehr, numbering three and a half thousand at its peak, was called upon during emergencies to combat crowds on the streets.[100] It was the presence of these security forces (Sicherheitswehr und Einwohnerwehr) in the streets which made up the territory of the working class slum districts which added to the tension and angered the local inhabitants. The policing of these areas by these forces contributed inadvertantly to a crystallization of collective identity which manifested itself on the streets as crowds assembled to „repulse" the invading force. The rioting from late Saturday afternoon reveals a dialogue independent of the initial causes for protest.

After the disturbance in the Reichenstraße and Große Bergstraße on Saturday (26th) afternoon, the police, supported by members of the Sicherheitswehr (posted at the Altes Rathaus) patrolled the streets of the Altstadt in armoured cars and in heavy numbers. They fired-off „warning" shots whenever knots of people materialised on the main streets.[101] This, no doubt, could not have helped much in easing tensions. Once the attacks upon shops started from five o'clock, the security forces made comprehensive use of their firearms. In Schulterblatt, for instance the Sicherheitswehr fired on a crowd which had gathered during the plundering of shops. In one particular case, when a crowd of about forty men and women began looting a shoe shop, the Sicherheitswehr opened up on the crowd with a machine gun in order to disperse it.[102] It was later admitted that the „crowd" was made up of both „Neugierige" and „plünderungssüchtige Elemente". However, the security forces had made no differentiation in handling the situation, firing on all present.

Crowds of angered protesters and hangers-on now spread to the Fischmarkt area and the neighbourhoods of St. Pauli. The department store of Rudolf Karstadt came under attack. Its display windows were utterly smashed and the contents to the value of more than seven thousand Reichsmark taken.[103] The large store and work-rooms of Isaacs & Co. Englische Laden in the Kleine Elbstraße were stormed by a particularly angry crowd which proceeded to take its stocks of material and clothing earmarked for transport workers (i.e. Reichswaren). Once these were taken the crowd turned its attention to the fittings and machines and what could not be carried off was „dirtied, damaged and destroyed."[104]

At this point in events members of a five-hundred strong mobilised contingent of Einwohnerwehr arrived. Participants in the crowd tried to disarm some of them, wereupon the militia fired into the crowd killing one man.[105]

The next reported wave of violence[106] occured in the Reeperbahn where the security forces near the Davidwache fired indiscriminately on large crowds which had assembled. Again, there were casualties as the crowd was driven into the Große Freiheit.[107] Once assembled in the street, however, the smoked fish factory, Tollgreve, became an easy target. Probably angered and excited, or even seeking shelter, the crowd broke into the building and proceeded to ransack it, making off with work-tools and other belongings of employees as well as smoked fish.[108] The police and Sicherheitswehr closed in on the crowd using a machine gun and thereby causing some very callous injuries.[109]

The crowd then seems to have dispersed only to regroup again in the Große Bergstraße, moving northwards towards the railway station. It paused outside the shoe shop, Salamander, and then broke into it, again looting whatever it could lay its hands on.[110] Police officers moved in, firing on the crowd[111], and thus managed to turn it back in the direction it had come, namely, the Reeperbahn.

By now it was a „thousands strong crowd" which had assumed a „threatening posture". The police and security force continued to make use of their firearms in attempts to disperse the masses. However, „Schreckschüsse genügten nicht mehr, sodaß zur Säuberung der Straßen einige scharfe Schüsse abgefeuert werden mussten, durch die leider einige Personen teils schwer, teils leichter verletzt wurden."[112]

Even this tactic could no longer deter the crowd. Indeed, it appears to have become more determined, for „... bald kehrten die einzelnen Trupps wieder zurück und bildeten Debattierklubs, in denen die Vorgänge eifrig besprochen und auf die Sicherheitsorgane weidlich geschimpft wurde."[113]

The crowd did not confine its energies to „debating" and „cursing" the security forces. It headed back towards Altona and the police post in the Altes Rathaus where the fifteen persons arrested that afternoon had in the meantime been joined by a further sixty-odd prisoners.[114] Apparently led by a number of youths or young men[115] the crowd laid siege to the building and although it would probably have been within its power to have stormed and taken the post, it chose not to do so. It is of course difficult to interpret actions for which no source evidence is available. This opens up the field to a number of possible answers, all of them equally convincing or unconvincing in the absence of hard evidence. However, one interpretation, located within the thesis of this essay, is that the siege was a symbolic display of popular control over these particular neighbourhoods. To have actually taken the police station would have been to invite consequences which would have transferred control onto another plane, as had happened only a year previously.[116] This would have endangered the integrity of the community and the physical well-being of its members even more. Also, the crowd had shown no desire to engage directly with the security forces. All through the afternoon and evening of the 26 th, apart from the failed attempt in the Kleine Elbstraße, the crowd made sure not to confront the better-armed opposing forces directly. It had no need to. Reports make quite clear that the crowd could keep the police occupied on a merry dance as it went from one location to another in the Altstadt and St. Pauli looting as it went. It thus knew where it was going and what it was doing. The ruthless behaviour of the police forces in dealing with the Altstadt's inhabitants and those in St. Pauli was certainly due to the social prejudices and political attitudes of the officers on the ground, but at the same time it reflected their poor ability to exert control and the ensuing frustration. They may have been better armed but they were clearly outmanoeuvred.

The crowd sustained its siege of the Altes Rathaus for a full half hour until the arrival of a contingent of heavily armed Sicherheitswehr forced it to retreat.[117] It then headed back along the route whence it had come, attacking the material's shop of Böhm & Co. in the Große Bergstraße (the display windows were emptied of their contents), and similarly that of Ferdinand Kohlmann's silk store Mignon in the Reichenstraße.[118] On reaching the Fischmarkt area bordering Hamburg, the crowd dispersed for the day.

On Sunday, as we have already noted, crowds returned to the Fischmarkt in order to regulate prices. A crowd also returned to Isaacs and tore down the protective shutters and chains, entered the building and commenced to demolish the premises. Of the fifty or so participants twenty were arrested.[119] By ten o'clock the police had restored order. Later that evening however, crowds once again assembled on the Hamburg-Altona border and clashed with security forces. Among the casualties at the hands of the police was a middle-aged woman who was killed by a gun-shot wound in the head whilst watching events from an upstairs window of her flat in the Große Freiheit.[120]

IV

Material grievances and dissatisfaction with the way the local market was being regulated and stocked provide the background to the disturbances of 1917 and 1920. Fear of shortages and anger at seemingly unnecessary high prices fuelled social tensions to the point where local residents felt they had to act in order to restore a sense of community based on the trust essential to the fair exchange of commodities.

During the war the public had suffered cuts in its weekly intake of foods and articles pertaining to daily life. This state of affairs was still prevailing in 1920. Basic foods such as fish and bread were restricted or becoming too expensive. In February 1920 for instance, the bread and flour ration was cut to 1900 gramms and 200 gramms respectively[121] and in May the authorities reported that bread prices had risen by one hundred percent.[122] Tensions were also revealed in an overall nervousness on the part of the public and in a tendency towards panic buying.[123]

There were also complaints concerning the distribution of cloth and linen. Only seven retailing outlets could distribute the material issued by the city agencies. These stocks (Reichswaren) were sold at lower prices than usual but there was never enough to satisfy everyone. The authorities had to concede that this situation „hat in Publikum und Presse Unwillen erregt, und es ist gegeißelt worden, daß durch die Verteilung erneut das Kettenstehen eingeführt worden sei."[124] The stores which were looted in 1920, Isaacs, Karstadt, Kohlmann und possibly Böhm, all carried stocks distributed by the city at the time of the disturbances.[125] Similar displays of anger had occurred only in March as crowds lost patience with queuing vainly in front of another linen store selling „Reichswaren".[126] It was the sense of being „cheated" which spurred the crowd into attacking the shop.[127]

The problem of shortages and prices might have been accepted as part of the exigencies of the time, but rumours circulating the city claiming that the authorities were contributing to the chronic shortages by either letting food rot or by purposely keeping rations at below a minimal level[128], only served to lower the level of tolerance and to justify more direct methods of self-reliance. Thus the behaviour of the local community had less to do with a „lust for plunder" or disorder than with an alternative strategy[129] rooted in the culture and traditions typical of poorer working-class or slum communities.[130]

Shopkeepers are of course an integral part of any community. They are therefore subject to its collective mores and values. But, in Altona at least, the common interest of community had been subordinated to a more narrow sectional and economic one. This is reflected clearly in the readiness of small traders to exploit the predicament of local consumers.[131]

There thus emerged a struggle for the control of the local market place, that is, for social and economic domination within the community. Devoid of satisfactory means of articulating grievances[132], working-class men and – especially – women, in their role as consumers, resorted to attacks on property in the shape of goods and profits in an attempt to break the shopkeepers' hold on the basic lever[133] of control over the community.

The role of the police in confronting the inhabitants of Altona's slum districts was also an important one in the crystallization of collective action, and through this, of a specifically working-class community identity. Firstly, the police and security forces intervened as part of the machinary of state power and at the same time, as protectors of petty capital (i.e. the small traders involved in the circulation of commodities); in both instances the police forces appear as representatives and protectors of bourgeois and petty bourgeois society.[134] Secondly, the fact that the members of the security forces who intervened in these events were themselves outsiders both in social (class) and geographical terms led the indigenous population to coalesce into community and reassert its collective identity by defending its „turf", that is to say, the cultural and physical space of the neighbourhood.[135]

The themes touched on in this paper cannot be confined to the events and period I have chosen for discussion here. Similar forms of behaviour and action can be located in other years too. Essentially, while petty complaints and plunder were means of implementing communal notions of „fairness" and „justice", it should be remembered that these notions were specific to a particular class and its traditions. As such, petty complaints, plunder and finally, policing, led to a deepening in the rift between two social and economic camps, a fact which was to have political repercussions in later years of the Weimar Republic.

Anmerkungen

1. Albert J. Reiss Jr., The Sociological Study of Communities, in: Rural Sociology, Vol. 24 June 1959, pp. 118-130.
2. Karl Marx, Capital Vol. 1 (English Transl.) Harmondsworth/London 1976, pp. 198-244.
3. This introduction is necessarily dense and alludes to a much more complex problematic of political economy than set out here. A general history of the development of capitalism in the English context is offered by Maurice Dobb, Studies in the Development of Capitalism, London 1963 and the most well known and complete depiction of the conflicts emitting from the struggle between capitalist and popular notions of market economy remain that of E.P. Thompson, The Moral Economy of the English Crowd in the Eighteenth Century, in: Past & Present 50, February 1971, pp. 76-136.
4. The present author is in agreement with the interpretations of „culture" as found in the writings of some of the associates of the Centre for Contemporary Cultural Studies, Birmingham. Cf. Paul Willis, Shop-floor culture, masculinity and the wage form, in: John Clarke, Chas Critcher and Richard Johnson, eds., Working Class Culture. Studies in History and Theory, London 1979 pp. 185-186.
5. This is an extrapolation of the ideas contained in the essay by Bronislaw Malinowski, „Culture", in: Encyclopaedia of the Social Sciences Vol. 1 iv, 1930, pp. 621-626.
6. Volker Ullrich, Kriegsalltag. Hamburg im ersten Weltkrieg, Köln 1982. Leo Lippmann, Mein Leben und meine amtliche Tätigkeit. Erinnerungen und ein Beitrag zur Finanzgeschichte Hamburgs. Aus dem Nachlaß hrsg. v. Werner Jochmann, Hamburg 1964, pp. 253 f. Erich Lüth, Heils politische Sülze, in: Hamburger Freie Presse, November 1950.
7. Jürgen Kocka, Klassengesellschaft im Krieg, Göttingen 1978^2 p. 34 (Kocka follows closely the thesis of Ted Gurr, Why Men Rebel, Princeton 1970).
8. Franz Osterroth/Dieter Schuster, Chronik der deutschen Sozialdemokratie, Band 1: Bis zum Ende des Ersten Weltkrieges, Berlin, Bonn-Bad Godesberg 1975^2, p. 164. Arno Klönne/Hartmut Reese, Die deutsche Gewerkschaftsbewegung. Von den Anfängen bis zur Gegenwart, Hamburg 1984, pp. 89-102.
9. Robert Scholz, Ein unruhiges Jahrzehnt: Lebensmittelunruhen, Massenstreiks und Arbeitslosenkrawalle in Berlin 1914-1923, in: Manfred Gailus, ed., Pöbelexzesse und Volkstumulte in Berlin. Zur Sozialgeschichte der Straße (1830-1980), Berlin 1984, p. 80.
10. Mitteilungen der Zentralstelle des Deutschen Städtetages, V, Nr. 10/11 (1915), p. 316.
11. Staatsarchiv Hamburg (STAHbg) 424-29 1BI/2, Auszug aus der Niederschrift über die Sitzung der Lebensmittel-Kommission 21. Mai 1917, (Seite 64). Cf. Preußischer Staatskommissar für Volksernährung, Gen. 234, 13. April 1917, in: Ibid.
12. Lippmann, Mein Leben, p. 205. Kocka, Klassengesellschaft, p. 33 and 44.
13. STAHbg., 424-29 1C II/7, Letter from Schutzverband des Altonaer gewerblichen privaten Grundeigentums to Lebensmittelkommission, 20. Mai 1915, and the following correspondence.
14. Ullrich, Kriegsalltag, contains an abundance of examples. See also, Scholz, Unruhiges Jahrzehnt, pp. 81-82.
15. STAHbg., 424-29 1C II/7, Letter from Schutzverband des Altonaer gew. priv. Grundeigentums to Magistrat, 19. Juni 1915. Kocka, Klassengesellschaft, pp. 91-92.
16. STAHbg., 424-29 1B IV/2, AL 67, 5. Oktober 1917.
17. STAHbg., 424-29 1B I/2a, Protokolle der Lebensmittelkommission Bd. 1, Bl. 29, Meeting of 7. März 1917.
18. Ibid.
19. STAHbg., 424-12/1. Der Magistrat an sämtliche Herren Geschäftsinhaber in Altona, „Verhalten der Verkäufer dem Publikum gegenüber", 10.April 1917.
20. STAHbg., 424-29 1B III/2, Deutsche Städtetag Zentralstelle, Nr. A 306/17, 23. März 1917.
21. Ibid.
22. STAHbg., 424-29 1G V/2 LA IV 763/19, 3. Mai 1919, & LA Beschwerdestelle 641, 7. Juli 1919.
23. Lüth, see note 6; Richard Comfort, Revolutionary Hamburg, Labor Politics in the Early Weimar Republic, California 1966, p. 73 f., A.P. McElligott, „Das Abruzzenviertel", Arbeiter in Altona 1918-1932, in: A. Herzig, D. Langewiesche, A. Sywottek (Hg.), Arbeiter in Hamburg. Unterschichten, Arbeiter und Arbeiterbewegung seit dem ausgehenden 18. Jahrhundert, Hamburg 1983, p. 499.
24. STAHbg., 424-29 1H I/1. Beschwerden 1917, for a selection of such allegations.
25. Ibid., 1G V/1 LA I 1385/18 20. Juli 1918; Cf. 424-30 4gen., 7gen., 232 (Einzelhändler).
26. STAHbg., 424-29 1G V/1 LA I 1385/18 op. cit. & letter from Drohm to the OB, 15. Juli 1918; Cf. 1G V 2 Todtberg/Schulz.

27 Ibid. & 1B I/2a, Protokolle der Sitzungen der Lebensmittelkommission v. 8.2.1917 bis 14.8.1918, here Bl. 13 22.2.1917.
28 Ibid., Bl. 114-121 25.7.1917. Cf. Altonaer Lebensmittelversorgung, Mitteilungen des Altonaer Lebensmittelamtes, Nr. 66 & 67.
29 STAHbg., 424-29 1G V/3 Markt Inspektorat JN/186 2. Februar 1918 for a report on six traders who had been under observation in this way.
30 Ibid., Pol. Rev. 737 19. November 1917 Markt Inspektorat, Marginalia. LA II 9848/17 26. November 1917 & 12. Dezember 1917; LA II 9848/17 20. Dezember 1917.
31 Ibid., LA II 486/18 10. Mai 1918 (report of Burmeister).
32 Ibid., LA II 9848/17 2. Januar 1918; & Pol. Rev. 4 Nr. 1820, GK (Gewerbekommission) 3906/17; Protokoll 17. Dezember 1917.
33 Ibid., LA II 21/18 12. Januar 1918.
34 Ibid., 1C II/8 Verpflichtungserklärungen der Kleinhändler für die Zuteilung von Lebensmitteln, Auszug LK 24.4.1918; (Entwurf) v. LA an sämtliche Kleinhändler (16.5.1918); J1/1 gm Schreiben des LA an sämtliche Abt. des Lebensmittelamtes 8.1.1919; LA I 873/19 2.4.1919, LA I 2089/19 27.8.1919, LA I 2089/19 4.11.1919.
35 Lippmann, Mein Leben, p. 218; STAHbg., 424-29 1 G V/2 Magistratsverordnung v. 30.9.1916; Ibid., LA III 645/18 10.5.1918 (Zweite Verfügung).
36 STAHbg., 424-29 1G V/2 königl. Provinzial Fleischstelle der Provinz Schleswig-Holstein Altona, an sämtliche Herren Landräte und Herren Oberbürgermeister, Tgb. 683/17 22. Mai 1917.
37 Ibid., Magistrat J No. LA IV 619/17.18. August 1917. Verzeichnis Geheimschlachtungen.
38 Lippmann, op. cit. pp. 223-227, p. 238.
39 See note 36; Ibid., Gesuch Frau Caroline Griem ... an ... Herrn Dr. v. Reitzenstein; Ibid., LA I IV 217/17. 5. April 1917.
40 See note 39.
41 Ibid., Letter of Krebs to Versorgungsamt, 15. Juli 1918.
42 Ibid., LA III 46/18 (n.d.).
43 Lippmann, op. cit. p. 226.
44 Georg Simmel, Soziologie: Untersuchungen über die Formen der Vergesellschaftung, Zweiter Band, „Der Streit", Leipzig 1908.
45 Ellen Ross, Women's Neighbourhood Sharing in London Before World War One, in: History Workshop Journal 15 (Spring) 1983, pp. 4-27; Jerry White, Campbell Bunk, A Lumpen Community in London Between the Wars, in Ibid., 8 (Autumn) 1979, pp. 1-49.
46 Kocka, Klassengesellschaft, p. 37.
47 STAHbg., 424-29 1G V/2 Letter to the Arbeiter und Soldatenrat Groß-Hamburg (Altona) 12. November 1918; Ibid., LA III 1386/18 14. November 1918.
48 Kocka, op. cit. p. 33, p. 35; Lippman, Mein Leben, p. 237.
49 STAHbg., 424-29 1G V/2 LA III 1520/18.
50 Ullrich, Kriegsalltag, p. 56; Scholz, Unruhiges Jahrzehnt, p. 81.
51 Ullrich, Kriegsalltag, p. 69.
52 Ibid.; Lippmann, Mein Leben, pp. 223-229.
53 Ullrich, op. cit.; STAHbg., 424-29 1B I/2a Bd. 1 Niederschriften der LA-Kommission, reports from 25 February and 1 March, Bl. 17, & 20-25; 424-16 (Ungeordnetes Material), Entscheidungen anläßlich der Lebensmittelunruhen (1917).
54 Ibid., Entscheidungen, Zusammenstellung der ... entstandenen Schäden, 12. Juni 1917 (for the 23/24th February). Also, unmarked Zusammenstellung, in Ibid. There are also two other attached lists of 170 and 32 persons which contain some duplication. The lists are almost certainly imcomplete. They show that over 65 % of plundering took place in the Altstadt and that most of the incidents occured in „clusters", i.e. took place in close proximity of each other within particular neighbourhoods.
55 Ibid., and Magistratsbeschluss 29. Juni 1917. In a note to the Deutsche Städtetag the Magistrat claimed it paid out a total of 4478,96 Reichsmark in compensation.
56 Lewis A. Coser, Continuities in the Study of Social Conflict, Glencoe 1962, p. 107, states „The actual demonstration of violence must occur from time to time in order to give credibility to its threatened outbreak, thereby gaining efficacy for the threat as an instrument of social and political change."
57 STAHbg., 424-16 Entscheidungen op. cit. Belege 21.
58 Ibid., Belege 35 and 65.

59　424-29 1B I/2a Bd. 1 Niederschriften LAK 25. Februar 1917.
60　424-26 Entscheidungen op. cit. Belege - (Strauß).
61　Ibid., Belege 45/68.
62　Schlüter's bread losses came to 66 RM whereas damages to property totalled 82,60 RM, Ibid., Zusammenstellung (large sample) Lfd. Nr. 35.
63　Ibid., Report: Pol.Rev. Bahrenfeld 25.Feb.1917, Betrifft Plünderungen von Brotläden. A possible sign of restraint might be culled from the lists of damages compiled by the authorities which displayed money losses incurred by theft and sales, and by violence to property. The latter, I assume, indicates instances of violence in last resort.
64　Ibid., Belege 13 & 61; Cf. letter from Richard Galster to the Oberbürgermeister Schnackenburg, 25.2.1917 in Ibid. The police were conspicuous either by their total absence or their lukewarm response to calls for assistance, Ibid., Belege 65, 48/68, 46/76.
65　Kocka, Klassengesellschaft, pp. 40-49.
66　Lippmann, Mein Leben, p. 275.
67　Ibid., p. 276.
68　Nachrichtenblatt des Lebensmittelamtes der Stadt Altona, Nr. 180 29. November 1919 and Idem., Nr. 210 3.-9.Juli 1920.
69　The monthly price index between March and July 1920 was as follows (1913=100): 867, 1013, 927, 878 & 1020. Although high, these levels were below those for the Reich, Statistische Jahresübersichten der Stadt Altona 1923, (Altona n.d.), p. 49.
70　See section III.
71　STAHbg., 424-12/6 Bd. 2 Nr. 47.
72　Ibid., Nr. 44; 424-12/11 Nr. 83.
73　Ibid., Nr. 84.
74　424-12/1 Polizeirevier 4, Bericht über die Unruhen am 26. Juni 1920.
75　Nachrichtenblatt der Stadt Altona, Nr. 207 v. 5. bis 11.Juni 1920.
76　424-12/11 Nr. 85; 424-12/6 Bd. 2 Nr. 45.
77　Landesarchiv Schleswig-Holstein (LAS) 309/22855 Polizeiamt Altona, Report 29. Juni 1920 Betr. Unruhen am 26., 27. und 28. Juni 1920.
78　424-12/11 Nr. 14, Nr. 16; Altonaer Nachrichten (AN) 295 27. Juni 1920.
79　See note 74.
80　See note 78 (AN).
81　See note 74.
82　424-12/6 Bd. 8 Nr. 303; 424-12/11 Nr. 27, Nr. 51.
83　Ibid., Nr. 57.
84　424-12/3 Nr. 67 Report of Revier 2, 3930 27. Juni 1920 Betr. Unruhen im 2. Polizeirevier; 424-12/6 Bd. 1 Nr. 31 Report of the Harbour police, Nr. 663 27. Juni 1920.
85　424-12/3 Nr. 67 Report, op. cit.
86　424-12/6 Bd. 3 Nr. 68; 424-12/11 Nr. 15.
87　424-12/6 Bd. 1 Nr. 31, Nr. 69; 424-12/11 Nr. 15 op. cit.
88　Protokoll der Fremdenpolizei, 18.Nov. 1921, idem., 107/21, 18. Nov. 1921, Kämmerreiverwaltung to Syndikat (Fa.Isaacs) 21.1.1921 Kriminalpolizei Abt. II 15. Sept. 1920, in: 424-12/6 Bd. 1 Nr. 31 op. cit.; 424-12/11 Nr. 15 op. cit. also 424-12/6.Bd. 3 Nr. 71 and 424-16 (Ungeordn. Mat.). Entschädigungen anläßlich der Lebensmittelunruhen (1917), LA II 9793/17 17. Nov. 1917 for reports.
89　It is not my intention here to provide an „apologia" for the occurance of theft per se in lumpen communities. Cf. Richard J. Evans, „Red Wednesday" in Hamburg: Social Democrats, police and Lumpenproletariat in the suffrage disturbances of 17 January 1906, in: Social History IV (1979), pp. 1-31.
90　P.Th. Hoffmann, Neues Altona 1919-1929. Zehn Jahre Aufbau einer Deutschen Grosstadt, Jena 1929, p. 370.
91　Peter Mann, An Approach to Urban Sociology, London 1965.
92　STAHbg., 424-16 (Ungeordn.Mat.). Das Polizeiamt, Der Oberpol.inspekt. I 127 11. Februar 1919; Chronik der Polizei Hamburg, Bd. I PD West, Altona 1959 (Ms); 424-29 1G V/1 LA 1385/18 20. Juli 1918.
93　424-16 (Ungeordn.Mat.) Polizeiamt 1900-1926 Denkschrift: 3 a Die Polizeireviere; Polizei Chronik, Abschnitt VI, Hamburg n.d. (Ms.) pp. 9-12; Hoffmann, Neues Altona, p. 364.
94　Hoffmann, op. cit. p. 366
95　The popular literature with such portrayals is vast. For Altona and Hamburg the following title is a good example:

Robert Warnecke, „Razzia! Grenzlokale", in Altonaer Tageblatt 98, 25.10.24; more sympathetic is: Bruno Nelissen-Haken, Der Fall Bundhund, Jena 1930.

96 This is brilliantly captured in the novel Ruhe und Ordnung, by Ernst Ottwalt, Verlag Klaus Guhl, Berlin n.d. (reprint Verlag Europäische Ideen, Berlin n.d.); essential reading is also Emil Julius Gumbel, Vier Jahre Politischer Mord, Berlin 1922 (Heidelberg 1980).
97 STAHbg., 424-16 (Ungeordn.Mat.) Polizeiamt 1900-26 op. cit.
98 Polizei Chronik Bd. 1 PD West, op. cit. The commander of the Sicherheitswehr, Lothar Danner, had himself been a member of the Free Corps division which had brought „order" to Bremen in 1919; Lippmann, Mein Leben, p. 281.
99 A. Kettels, Mein Militärdienst, in STAHbg, 622-1 (Zeise)V-16; Lippmann, op. cit. p. 280; Chronik Polizei Hamburg (16. Feb. 1953) Ms. p. 1.
100 424-16 Polizeiamt, op. cit. section „C" Einwohnerwehr; Kettels, Militärdienst, op. cit.
101 AN 295, 27. Juni 1920.
102 424-12/6 Bd. 2 Nr. 43; 424-12/1 Pol.Rev. Bericht 27. Juni 1920.
103 424-12/6 Bd. 1 Nr. 32; AN 295, 27.6.1920.
104 Ibid., Nr. 31; 424-12/11 Nr. 76; 424-12/1 Bd. 1 Mag. Syndikus 1292/20 to Reg.präs. Schleswig, 28. Okt. 1920 Bl. 200; LAS 309/22855 Pol.amt. Altona, report 27. Juni 1920.
105 LAS 309/22855, op. cit.; AN 295 27. Juni 1920, op. cit.
106 There is a time lapse of between 1-2 hours for which reports are lacking.
107 424-12/6 Bd. 1 Nr. 17.
108 424-12/11 Nr. 7, Nr. 30, Nr. 48, Nr. 53.
109 Ibid., Nr. 61; 424-12/6 Bd. 3 Nr. 70; LAS 309/22855 Pol.amt Altona, op. cit. One woman who lived in the Große Freiheit received gunshot wounds to the stomach and a 14 year old boy had his right leg smashed by a bullet. It was later amputated. He had been sent out by his mother to obtain „cheap bread".
110 Staff claimed their lockers had been broken into and the contents taken, 424-12/11 Nr. 48.
111 424-12/6 Bd. 1 Nr. 18.
112 AN 295 27. Juni 1920 op. cit.
113 Ibid.
114 LAS 309/22855 Pol.amt Altona, op. cit.
115 Ibid.; AN 295 27. Juni 1920 op. cit.
116 Lüth, note 6; Richard Comfort, Revolutionary Hamburg, Labor Politics in the Early Weimar Republic, California 1966, p. 73 ff.
117 LAS 309/22855 Pol.amt Altona, op. cit.; AN 295 27.6.1920.
118 424-12/6 Bd. 1 Nr. 33, Nr. 34; 424-12/11 Nr. 107; 424-12/3, Nr. 6.
119 As note 117.
120 Ibid.; STAHbg., 424-12/6 Bd. 3 Nr. 67.
121 424-29 1B IV/3, Nachrichtenblatt der Stadt Altona (NbA) 190, v. 7.-13. Februar 1920.
122 NbA 202, v. 1.-7. Mai 1920.
123 NbA 195, v. 12.-19. März 1920.
124 NbA 194, v. 6.-12. März 1920.
125 NbA 207, v. 5.-11.Juni 1920.
126 424-12/11 Nr. 11.
127 Ibid.
128 NbA 210, 3.-9. Juli 1920.
129 J.B. Mays, Crime and Social Structure, London 1967, p. 89.
130 See note 45; Ross McKibbin, Working-Class Gambling in Britain 1880-1939, in: Past & Present 82, February 1979, pp. 147-178.
131 Of course not all shopkeepers/traders can be tarred with the same brush, 424-16 (Ungeordn.Mat.) Entschädigungen, letter of Frau Kluge to Magistrat, 13. März 1917.
132 Coser, Continuities, op. cit., pp. 106-107.
133 David Smith, Tonypandy 1910: Definitions of Community, in: Past & Present 87, May 1980, p. 179.
134 This is an argument which applies itself to the rise of fascism, N. Poulantzas, Fascism and Dictatorship, (New Left Books), London 1974, pp. 237-268.
135 Coser, op. cit., pp. 103-104; 424-16, Entschädigungen, op. cit. Richard Galster to Oberbürgermeister Schnakkenburg, 25.2.1917.

Rainer E. Holthuis
Arbeiter helfen Arbeitern. Soziale Hilfstätigkeit in der sozialistischen Arbeiterbewegung der Weimarer Republik

Daß man sich der historischen Arbeiterkultur unter dem generalisierenden Gesichtspunkt gegenseitiger Hilfe und Unterstützung nähert, bedarf eigentlich keiner Begründung. „Was dem Bürger sein Goethe, ist dem Arbeiter seine Solidarität". Mit solch griffiger Formulierung hat Michael Vester das in der Arbeiterbewegung ausgeprägte und motivierende Ethos der Solidarität als wichtiges Strukturmoment proletarischer Gegenkultur benannt.[1] Tatsächlich sind von den ersten Versuchen des 19. Jahrhunderts bis zum weitverzweigten Organisationsnetz der Arbeiterklasse in der Weimarer Republik vielfältige solidarische Formen der Bewältigung materieller, sozialer und kultureller Not entstanden. Kranken-, Sterbe-, Streik- und Arbeitslosenkassen, genossenschaftliche Konsumvereinigungen und Produktivassoziationen sowie zahlreiche Arbeiterkulturvereine bildeten die Antwort auf kollektive Lebenslagerisiken und waren zugleich Synonym einer auf Selbsthilfe angelegten eigenen Kulturbewegung. Getragen von der Eigeninitiative der Betoffenen ist die solidarische Selbsthilfe durch prinzipielle Wechselseitigkeit und eine kongruente Situationsdeutung gekennzeichnet: indem man hilft, vergewissert man sich der Hilfe der anderen. Im Kontext fortschreitender Integration der Arbeiterklasse in die kapitalistische Industriegesellschaft und unter den Bedingungen eines sich ausdifferenzierenden Sozialstaats hat die solidarische Selbsthilfe aber auch die Form einer subsidiären sozialen Hilfstätigkeit der Arbeiterschaft für die Arbeiterschaft angenommen. Mit der sozialdemokratischen Arbeiterwohlfahrt entstand eine wohlfahrtspflegerische Organisation, deren Mitglieder ihr soziales Engagement in den Dienst aller notleidenden und bedürftigen Angehörigen des Proletariats stellten. Für diese soziale Hilfstätigkeit fehlt es bislang an einer systematischen Aufarbeitung ihrer typischen Aktionsmodelle, der Inhalte und Formen ihrer solidarischen Praxis, ihrer zentralen Voraussetzungen und Erfolge. Dies muß umso mehr verwundern, als die Arbeiterwohlfahrt zu den wenigen Arbeitervereinigungen gehört, die eine bis in unsere Gegenwart reichende historische Kontinuität vorweisen können. Der folgende Beitrag kann dieses Desiderat freilich nicht beseitigen. Es geht vielmehr um einen orientierenden Überblick, der einzelne Facetten der Entwicklungsgeschichte und schwerpunktmäßige Aktivitäten der Arbeiterwohlfahrt beleuchtet.

Als originärer Gegenstand praktischer Solidarität haben wohlfahrtspflegerische Betätigung und sozialfürsorgerisches Engagement in der organisierten Arbeiterbewegung lange Zeit keine Beachtung gefunden. Der Grund dafür liegt u.a. darin, daß die Sozialdemokratie vorerst jegliche Armenpflege aus politischer Überzeugung ablehnte. Armut, Verelendung, Deklassierung und Verwahrlosung galten als Sozialprobleme, die mit der Überwindung der Gesellschaftsordnung von selbst verschwinden würden. Die staatlich-kommunale Armenpflege des 19. Jahrhunderts wurde deshalb als völlig unzureichendes Palliativmittel interpretiert, das unter der helfenden Geste diskriminierend und antiemanzipativ als Instrument der Klassenherrschaft diente. So bot sie vor allem Anlaß zur Agitation und interessierte, weil mit dem Bezug öffentlicher Unterstützung der Verlust des Wahlrechts verbunden war.

Nach der Jahrhundertwende reflektierte die Sozialdemokratie jedoch verstärkt Probleme der Armenpflege, forderte jetzt sozialpolitische Interventionen des Staats zur Aufhebung ihrer repressiven Arbeitsformen und kritisierte die am Existenzminimum orientierten Unterstützungen. Eindeutig negativ fiel dagegen das Urteil über die bürgerliche Privatmildtätigkeit vaterländischer Frauenvereine, der philantropischen Hilfsorganisationen und der christlichen Liebestätigkeit der Inneren Mission und des Caritasverbandes aus, die mit konsequent antisozialistischer Stoßrichtung in der sozialen Frage aktiv geworden waren. Für sie hatten die Sozialdemokraten nur beißenden Spott übrig. Das „Schwenken des Bettelsacks" und die Wohltätigkeitsfeste ebenso wie die Launigkeit einer planlosen, oft auf die jeweiligen Glaubensgenossen beschränkten almosenhaft-autoritären Hilfeleistung war ihnen zutiefst zuwider.[2] Der damit verbundenen mentalen Beeinflussung – einer Förderung 'positiver' Verhaltensweisen 'proletarischer Sittlichkeit', in der sich die Selbstdarstellung des Bürgertums widerspiegelte – suchten sich viele Arbeiter aus wachsendem Klassenbewußtsein zu entziehen. Obwohl das Lohnniveau niedrig und die Arbeiterfamilien vielfach in äußerster Dürftigkeit lebten, wußten die bürgerlichen Vereine immer häufiger zu berichten, daß ihre Unterstützung zurückgewiesen wurde oder die Arbeiterfrauen zwar Geld und Nahrungsmittel annahmen, dies aber geheimhielten.[3] Unter diesen Umständen konnte schwerlich eine eigene soziale Hilfstätigkeit der sozialdemokratischen Arbeiterschaft entstehen. Erst das völlig veränderte gesellschaftliche Bedingungsgefüge und die quantitativ wie qualitativ neuartigen Massennotstände der frühen Weimarer Republik markierten hier den entscheidenden Wendepunkt.

Die Hoffnung der Arbeiterschaft, daß sich mit der Beendigung des ersten Weltkrieges und der Novemberrevolution von 1918 auch die Lebensverhältnisse rasch und dauerhaft verbessern, blieb unerfüllt. Im Gegenteil: die ersten Jahre der Republik waren von einer kriegs- und zunehmend inflationsbedingten Massenverelendung begleitet. Sie reichte bis weit in die gehobenen Mittelschichten hinein, und Zeitgenossen meinten, man müsse mindestens ein Jahrhundert zurückgehen, um ähnliche Zustände vorzufinden.[4] Der Konsum von Hundefleisch stieg gegenüber 1913 um 282 %[5], es fehlte an Gütern des täglichen Bedarfs, Kleidung, Heizmaterial etc. Krasse soziale Not, das unbeschreibliche Elend der Kinder, Kriegerwitwen, kleinen Sozialrentner, Heimkehrer und Erwerbslosen sowie der Hunger in den Arbeiterfamilien prägten den alltäglichen Erfahrungszusammenhang der Arbeiterklasse. Marie Juchacz, Mitbegründerin und spätere Vorsitzende der Arbeiterwohlfahrt schreibt über die Nachkriegszeit: „Der Krieg hatte große psychologische Änderungen und solche der äußeren Lebensgewohnheiten und Anschauungen verursacht. Nahrungsmittelmangel, Teuerung, Massenerkrankungen von Kindern und Erwachsenen als Folgen vorhergehender Unterernährung und Überanstrengung, bestimmte Demoralisierungserscheinungen, vornehmlich auch bei der Jugend, zerrüttete Ehen, Verwilderung der Sitten, Inflation und allgemeine politische Verwirrung beherrschten das Bild des sozialen Lebens."[6]

Vor diesem Hintergrund erfolgte der Gründungsprozeß der Arbeiterwohlfahrt. Im auffallenden Unterschied zu verschiedensten Arbeitervereinen im Umfeld der Sozialdemokratie ging allerdings die Initiative in diesem Fall nicht von der Basis aus. Ausgangspunkt war der im Dezember 1919 auf zentraler Ebene und unter Mitwirkung der Parteiführung konstituierte Hauptausschuß für Arbeiterwohlfahrt. Er formulierte als Ziele der neuen Organisation: die Heranziehung, Zusammenfassung und dauernde Schulung sozialdemokratischer Kräfte, um die „soziale Auffassung der Arbeiterschaft" in der Wohlfahrtspflege durchzusetzen. Das hieß konkret: planmäßige Einflußnahme auf die staatlich-kommunale Fürsorgepolitik durch fachliche Stellungnahmen, Vertretung der Arbeiterschaft bei den Sozialbehörden, bei der Besetzung von Stellen und der Vermittlung ehrenamtlicher Hilfskräfte in den Gremien, Organen und Sozialeinrichtungen der öffentlichen Wohlfahrtspflege.[7] Diese im Sinne einer sozialen Ausgestaltung innovativ zu fördern, sollte das primäre Anliegen der Arbeiterwohlfahrt sein. Zur Realisierung des Programms war beabsichtigt, nach dem Muster des Hauptausschusses auch auf lokaler Ebene entsprechende Ausschüsse zu bilden. Dabei dachte man nicht an eine straffe Verbandsstruktur, sondern lediglich an lose miteinander verbundene Arbeitsgemeinschaften.

Ein solches Konzept bedeutete natürlich zuallererst die Etablierung einer sozialpolitischen Interessenvertretung. Es war daher nur folgerichtig, daß eine selbstorganisierte praktische Hilfstätigkeit darin nicht vorkam. In dieser Form war die Entstehung der Arbeiterwohlfahrt und ihre die öffentliche Wohlfahrtspflege stützende Zielperspektive möglich geworden, weil mit dem neuen Selbstverständnis der SPD als tragender Partei der Weimarer Republik die alte Frontstellung gegenüber staatlichen Instanzen vollständig entfiel. Hinzu kam, daß sich die öffentliche Wohlfahrt unter dem Druck der anfallenden Sozialprobleme sowie verschärfter gesellschaftlicher Auseinandersetzungen zunehmend ausdifferenzierte und einem seit Kriegsbeginn einsetzenden Funktionswandel unterlag, der die repressive Armenpflege des alten Regimes abzulösen begann. Die Republik verankerte die fürsorgerische Verpflichtung gegenüber der Bevölkerung in ihrer Verfassung. Die entehrende Wahlrechtsbeschränkung wurde aufgegeben. Es entstanden Sozialministerien und kommunale Wohlfahrts- und Jugendämter, die Armut und Verwahrlosung als pädagogisch-psychologisches Problem behandeln wollten und ihre Hilfe als „Versöhnungsarbeit" zwischen den Klassen deklarierten.[8]

Der bewußte Verzicht auf eine sozialfürsorgerische Praxis diente in diesem Zusammenhang zugleich der deutlichen Abgrenzung gegenüber der verpönten bürgerlichen Privatwohltätigkeit. Mit dem dort dominierenden Klima patriarchalischer Hilfeleistung sollte man die sozialistischen Ausschüsse nicht gleichsetzen können. Die Arbeiterwohlfahrt, so wurde ausdrücklich betont, sei kein Wohltätigkeits- und Unterstützungsverein, „sprieße nicht aus dem Boden der landläufigen Caritas"[9], habe keine Almosen zu vergeben, sondern soziale Rechtsansprüche einzufordern. Dazu gehörte auch, daß die sofortige Kommunalisierung und Sozialisierung aller Einrichtungen der bürgerlichen Vereine verlangt wurde. Und um den Gegensatz noch zu vertiefen, bestimmte der Hauptausschuß die Losung „Arbeiterwohlfahrt ist die Selbsthilfe der Arbeiterschaft" zum zentralen Motto.[10]

Von der Gründung der Arbeiterwohlfahrt zeigten sich insbesondere diejenigen sozialdemokratischen Arbeiterfrauen angesprochen, die – zum erstenmal gesellschaftlich anerkannt – schon in den kommunalen Unterstützungskommissionen der Kriegsfürsorge mitgearbeitet hatten. Sie kamen damit einem Aufruf zur Mitarbeit in der öffentlichen Wohlfahrtspflege nach, den SPD, Gewerkschaften und sozialistische Frauenbewegung im Zuge anfänglicher Kriegsbegeisterung und „Burgfriedenspolitik" erließen.[11] Mit Beendigung des Krieges setzten die Frauen dieses soziale Engagement im Rahmen der Arbeiterwohlfahrt verstärkt fort und begründeten ihren gleichbleibend hohen Anteil weiblicher Mitglieder. Die neue Organisation konnte sich daher vergleichsweise rasch ausdehnen. Besonders dort, wo mitgliederstarke Ortsvereine der SPD vorhanden und die Partei in den Gemeindeparlamenten vertreten war, fand sie günstige Voraussetzungen: Mitte 1921 existierten bereits 28 Bezirks- und 300 Ortsausschüsse.[12]

Unter dem tiefen Eindruck des sozialen Elends begannen die Mitglieder jedoch, nicht nur politischen Einfluß auf die kommunalen Behörden zu nehmen, wirkten nicht nur in den städtischen Wohlfahrtskommissionen und -beiräten mit, sondern darüber hinaus stand die Herausbildung der lokalen Gruppen in den Jahren 1920-1923 durchgängig im Zusammenhang mit Sozialaktionen, die als praktische Selbsthilfe in eigener Regie wahrgenommen wurden. In den Lokalen der Arbeiterviertel, in großen Betrieben, in Bahnhöfen, auf öffentlichen Plätzen und anläßlich der verschiedensten Feierlichkeiten sozialistischer Arbeitervereine arrangierten die entstehenden Ortsausschüsse zahlreiche Spenden- und Sammelveranstaltungen. Der Erlös wurde anschließend in Form kleiner Geldbeträge, von Lebensmitteln und Heizmaterialien an notleidende Familien des Bezirks verteilt. Man errichtete eigene Volksküchen zur Massen- und Kinderspeisung, organisierte Mittagsfreitische und brachte verarmte, invalide oder kranke Genossen in Haushalten unter, denen es relativ besser ging. Entsprechende Gastgeber wurden mit Ansprachen an Arbeiter, kleine Angestellte und Beamte gewonnen. Sie mußten sich verpflichten, den bedürftigen Genossen mindestens einmal wöchentlich ein gut bürgerliches Mittagessen zukommen zu lassen. Während dies der Bekämpfung des Hungers diente, begegneten die Ausschüsse gleichzeitig dem akuten Bekleidungsmangel, indem sie in großem Umfang Näh- und Flickstuben einrichteten. Und da besonders Kinder von Krankheit und Unterernährung gezeichnet waren, führten sie auf breiter Front Ferienverschickungen, Wanderungen, Strandfahrten und Ausflüge in Licht- und Sonnenbäder durch. Aktionen, die mancherorts auch in Arbeitskämpfe einbezogen wurden und mithalfen, Streik und Aussperrung durchzuhalten. Schließlich initiierten vereinzelte Ortsausschüsse sogar eigene Erholungsstätten und Heime oder übernahmen sie von den Gewerkschaften, den Naturfreunden und anderen Arbeiterorganisationen.[13]

Für diese vom ursprünglichen Konzept drastisch abweichende Handlungsorientierung war in erster Linie die spezifische Problemperspektive der sozialdemokratischen Helferinnen und Helfer vor Ort maßgebend. Die Mitglieder thematisierten die Bewältigung der verheerenden Notstände als Betroffene und begriffen sie von hier aus als Konfrontation mit den „Schwierigkeiten des Tages", die vorrangig in praktischer Selbsthilfe zu beheben seien.[14] Wie bestimmend solche Sichtweise war, demonstrierten die Delegierten der örtlichen Gruppen während der ersten Reichskonferenz der Arbeiterwohlfahrt 1921. In aller Deutlichkeit wird die Diskussion sozialistischer Prinzipien und theoretischer Ansätze der Wohlfahrtspflege abgelehnt. Manche Redner verwerfen sie in „Bausch und Bogen" und drängen stattdessen auf konkrete solidarische Selbsthilfeaktionen.[15] Die Initiative des Hauptausschusses war in weiten Teilen als Aufforderung zu praktischer sozialer Hilfstätigkeit verstanden worden und dessen Eigeninterpretation als Selbsthilfeorganisation dürfte dabei ohne Zweifel motivierend gewirkt haben. Abgesehen davon ließ sich in der Auseinandersetzung mit den drückenden Notlagen die eigene Leistung wesentlich besser mit kollektiven Hilfsaktionen als mit dem bloßen Verweis auf Mitwirkung in der öffentlichen Wohlfahrtspflege belegen. Selbst dort, wo es nach der Zielsetzung der Arbeiterwohlfahrt und aufgrund der kommunalpolitischen Konstellation absolut unnötig gewesen wäre, erfolgte die Gründung von Ortsausschüssen. Als im Januar 1920 die Richtlinien des Hauptausschusses bei den Königsberger Sozialdemokraten eintrafen, antworteten sie, daß die Bildung einer lokalen Gruppe für sie nicht in Frage käme, weil man bereits über ausreichenden politischen Einfluß verfüge: „Wir möchten die Gründe wissen, weshalb wir eine eigene Wohlfahrtspflege einrichten sollen ... Wir werden zu jeder Sitzung des Hauptwohlfahrtsamtes, der Tuberkulosefürsorge, der Armendirektion, der Mütter- und Säuglingsfürsorge eingeladen. Wir dringen mit unseren Vorschlägen durch. Wir glauben wie bisher gut zu fahren ohne eigene Wohlfahrtsorganisation."[16] Aber schon zwei Monate später wurde dieses Urteil korrigiert, ein Ortsausschuß ins Leben gerufen, Spendensammlungen und andere Hilfsmaßnahmen durchgeführt und mit Stolz über eine Opferwilligkeit und Leistungsbereitschaft des Proletariats berichtet, welche bürgerliche Kreise in Staunen versetze.[17]

Gegenüber der sozialen Hilfstätigkeit reagierte der Hauptausschuß mit gemischten Gefühlen. In den Beiträgen und Mitteilungen der Gleichheit, die mangels einer eigenen Zeitschrift bis 1923 als Publikationsorgan zur Verfügung stand, wurde diese zwar durchaus wohlwollend registriert. Doch sah man sich immer wieder veranlaßt, die eigentliche Zielsetzung in den Vordergrund zu rücken. Wiederholt wurden die Arbeitsrichtlinien abgedruckt oder auch unmißverständlich formuliert: „Arbeiterwohlfahrtsausschüsse sind keine Wohltätigkeitsvereine".[18] Als die katastrophalen Lebensbedingungen im Winter 1923 den dramatischen Auslöser für eine weitere Intensivierung der örtlichen Hilfsmaßnahmen bildeten, entschloß sich der Hauptausschuß jedoch zu einer organisatorischen Zusammenfassung und propagandistischen Förderung der Aktionen. So ergingen im Rahmen der „Nothilfe der Arbeiterwohlfahrt" eine Reihe emotional attraktiver Appelle an die proletarische Solidarität der Arbeiterschaft des In- und Auslands. Die Rettung der Arbeiterklasse könne nicht der bürgerlichen Mildtätigkeit überlassen bleiben, die bereits hier und da „Brosamen vom Tische der Reichen für die Ärmsten der Armen" sammle. Ungeachtet der eigenen Not sei es vielmehr die moralische Pflicht jedes Klassengenossen, die Spendensammlungen der proletarischen Selbsthilfe zu unterstützen. Dabei blieb kein Zweifel, daß es um mehr ging als den Hunger zu stillen. „Jedoch über diese Leistungen hinaus, gilt es Kulturgüter zu wahren, gilt es Häuslichkeit, Familienleben, Gesundheit der Frauen und Kinder zu erhalten."[19] Wenigstens ansatzweise war damit die soziale Hilfstätigkeit aufgegriffen und legitimiert. Der entscheidende und für die weitere Entwicklung der Organisation wohl folgenreichste Impuls kam dann allerdings im Frühjahr 1924 aus einer ganz anderen Richtung. Den Vereinen der bürgerlichen Wohltätigkeit – allen voran Innere Mission und Caritasverband – war es nämlich im Verlauf der raschen Restauration der gesellschaftlichen Machtverhältnisse gelungen, eine Fürsorgegesetzgebung durchzusetzen, die quer zu den politischen Optionen der Arbeiterwohlfahrt lag. Bis zum Ende des Krieges hatten die konfessionellen Vereine die sozialdisziplinierende Beeinflussung der ökonomisch ungesicherten Arbeiterbevölkerung zu ihrer angestammten Domäne gemacht und waren darüber zu einem dominanten politischen Faktor geworden. Staatsumwälzung, Inflation und eine starke Arbeiterbewegung schienen diese Position zunächst zu brechen; aber sowohl die Fürsorgepflichtverordnung als auch das Reichsjugendwohlfahrtsgesetz lieferte ihnen erneut ein stabiles Fundament. Beide enthielten weitreichende Bestimmungen, welche die gerade erst erweiterte staatlich-kommunale Wohlfahrtspflege wieder einschränkten. Nicht sie, sondern die von privaten Vereinen geleistete Mildtätigkeit sollte durch umfassende Einbeziehung in die neu geschaffenen Wohlfahrtsbeiräte der Jugendämter, durch Subventionierung und Delegation ganzer Arbeitsbereiche in Zukunft den Vorrang erhalten.[20] Es war klar, daß in der Folge dieser Regelungen Intention und Leitvorstellung der Arbeiterwohlfahrt als weitgehend gescheitert betrachtet werden mußten; zugleich war aber auch eine Chance deutlich geworden, die eigene Organisation stärker auszubauen. Fest auf dem Boden der Republik stehend, war dies – sollte die Arbeiterwohlfahrt gegenüber den bürgerlichen Wohltätigkeitsvereinen nicht zu einer mehr oder minder belanglosen Organisation werden – freilich nur noch durch eine eigene soziale Praxis möglich, wobei an die Selbsthilfeaktionen der örtlichen Gruppen angeknüpft werden konnte. So löste die Frage der sozialen Hilfstätigkeit auf der zweiten Reichskonferenz der Arbeiterwohlfahrt im September 1924 zwar noch kontroverse Diskussionen aus, aber man entschied sich, einem Vorschlag Marie Juchacz' folgend, die praktische Hilfeleistung endgültig zu akzeptieren und den Ortsausschüssen bei der Auswahl und Gestaltung ihrer Arbeit hinfort freie Hand zu lassen.[21]

In den darauffolgenden Jahren stellte die Arbeiterwohlfahrt die gesetzliche Heranziehung und Subventionierung der Wohltätigkeitsvereine als geradezu strukturellen Konkurrenzdruck dar, der ihre weitere Entwicklung vorherbestimmte.[22] Und genauso empfanden dies die Mitglieder der lokalen Gruppen. So wurde mancherorts bemerkt: „Der Caritasverband bezieht hier einen großen Teil seiner Mittel aus öffentlichen Fonds und übt damit seine private Wohlfahrtsarbeit aus. Dann steht er mit seiner Leistung an der Spitze sämtlicher Wohlfahrtsvereine. Es bleibt uns nur übrig den gleichen Weg zu gehen."[23]

Über die anfängliche Programmatik hinaus vertrat die Arbeiterwohlfahrt nun auch das Ziel, für die Bedürftigen der Arbeiterklasse eine vorbeugende Hilfe zu leisten, „damit nicht erst die Existenzen wanken oder vernichtet werden und eine nachgehende, um den so oft üblichen Weg der nur augenblicklichen Hilfe (zu) meiden, durch den das Ehrgefühl der Menschen nur abgestumpft wird, die Selbständigkeit und das Verantwortungsgefühl verloren geht."[24] Das war eine Aufgabenstellung, die als solidarische Hilfs- und Erziehungsarbeit zunächst allen Sozialisten und freien Gewerkschaftern, darüber hinaus aber auch der politisch indifferenten, nicht organisierten Arbeiterschaft zugute kommen und bezüglich der letzteren Gruppierung selbstverständlich im agitatorischen Dienst der sozialdemokratischen Bewegung stehen sollte. Wenn der republikanische Staat schon die private Wohltätigkeit fördere – so lautete die Argumentation – müsse wenigstens der Einfluß bürgerlicher Hegemonie zurückgedrängt werden. Gegen die korrumpierende und desorientierende Wirkung der konfessionellen Vereine[25] gelte es, die notleidenden Proletarier „zur Selbsterkenntnis ihrer Klassenlage zu führen" und ihnen „die großen Bewegungen der klassenbewußten Selbsthilfe zu weisen."[26] Diese Aufgabe hätte die Arbeiterwohlfahrt zu übernehmen, weil weder die Partei noch die Kulturorganisationen das Elendsproletariat, „jene Bevölkerungsschichten, die notgelähmt oder verkommen nicht über den Tag hinausblicken"[27], wirklich erreichen könnten. Derartige Begründungsrepertoires wurden besonders hinsichtlich der Errichtung und Trägerschaft von Sozialanstalten beansprucht, die aufgrund der Fürsorgegesetze verstärkt einsetzten. Hier sollte der Primat bürgerlich-konfessioneller Einrichtungen gebrochen werden, weil sie massive Stützen antisozialistischer Weltanschauung waren, in ihrer Funktion als Arbeitgeber und Ausbildungsstätten die Behörden beeinflußten, und als Sozialisationsinstanzen in unerträglicher Weise auf die Insassen einwirkten.[28]

Die Arbeiterwohlfahrt sah sich damit als Pionier einer edleren Kultur, dessen soziale Hilfstätigkeit nicht nur der Verhütung von Armut und Verwahrlosung im Interesse der Bedürftigen nütze, sondern mit der Entfaltung von Solidarität und Kameradschaftlichkeit die gesamte Klasse hebe – alles in allem ein weiterer Schritt auf dem Weg zur sozialistischen Zukunftsgesellschaft.[29]

Diese knappen Bemerkungen skizzieren das Selbstverständnis, unter dem die Arbeiterwohlfahrt in der Folgezeit, wenngleich mit gewissen regionalen Verzögerungen, stetig expandierte. Existierten 1924 noch 1 260 Ortsausschüsse mit etwa 25 000 aktiven Helferinnen und Helfern[30], so konnte ihre Anzahl bis 1933 auf 2 600 über die gesamte Republik verteilte Gruppen gesteigert werden.[31] Dem entsprach, daß schon der Tätigkeitsbericht von 1926 150 000 Mitglieder errechnete.[32] Allerdings ging die Mitgliederzahl danach wieder auf 135 000 zurück.[33] Durch die allmähliche ökonomische Konsolidierung zusätzlich begünstigt, traten die unmittelbaren Hilfsaktionen der Anfangsjahre zwangsläufig in den Hintergrund, während sich das im engeren Sinne wohlfahrtspflegerische Aufgabenspektrum mehr und mehr erweiterte. In zunehmendem Ausmaß wirkte die Arbeiterwohlfahrt in den Bereichen der allgemeinen, der Kinder-, Jugend- und Altenfürsorge, unterhielt Erziehungs- und Erholungsheime sowie Kindergärten und betätigte sich außerdem in der ambulanten Hauspflege. Stellungnahmen, Gutachten, Denkschriften und Eingaben an die zuständigen Behörden und Ministerien, Sitz und Stimme in städtischen Wohlfahrts- und Jugendpflegekommissionen sicherten den angestrebten Einfluß auf die gesetzliche Regelung der Fürsorge und ihre Ausführung. Allerdings verfügten die Mitglieder, da die Arbeiterwohlfahrt eine noch junge Organisation war, kaum über ausreichende praktische Erfahrungen und theoretische Kenntnisse, die sie befähigten, die soziale Hilfstätigkeit in erfolgreicher Konkurrenz zu den bürgerlichen Vereinen auszuüben oder um deren Mitgliedern etwa im Rahmen ehrenamtlicher Mitarbeit in der öffentlichen Wohlfahrtspflege argumentativ gewachsen zu sein. Die Schulungsarbeit fand deshalb große Aufmerksamkeit. Zu diesem Zweck versorgte der Hauptausschuß die örtlichen Gruppen der Arbeiterwohlfahrt mit Ausbildungsmaterial, vertrieb ab 1926 eine gleichnamige Fachzeitschrift, die zugleich Mitteilungsorgan war, gab mehrere Lehrbücher und Ratgeber heraus, organisierte Kurse und Tagungen und gründete 1929 sogar eine Schule, die bis zur staatlichen Abschlußprüfung als Wohlfahrtspfleger führen konnte. Nach Ansicht der führenden Repräsentanten brachten die sozialdemokratischen Helferinnen und Helfer jedoch entscheidende Voraussetzungen von vornherein mit. Ihnen traute man daher alles, den Angehörigen bürgerlicher Vereine so gut wie garnichts zu. Man hielt die Sozialisten für besonders geeignet, weil sie selbst zur Klasse der Besitzlosen gehörten und in den allermeisten Fällen soziale Not persönlich erfahren hatten. Dies mache sich bei der Beurteilung und Bekämpfung der Not geltend und führe zu positiven Auswirkungen auf seiten der Betroffenen, wüßten letztere doch, „daß die Hilfe dem tiefen Verstehen der Dinge entspringt und im solidarischen Denken und Handeln des Pflegers wurzelt ... der Gleiche kommt zum Gleichen."[34]

Ein ganz anderes, aber mindestens ebenso dringliches Problem war die Aufbringung der finanziellen Mittel. Wie erwartet erhielt die Arbeiterwohlfahrt zwar Beihilfen von staatlich-kommunalen Instanzen, aber diese blieben bis zum Ende der Weimarer Republik vergleichsweise bescheiden. In aller Regel wurden sie über einen komplizierten Verteilungsschlüssel vergeben, der die konfessionellen Vereine außerordentlich begünstigte. Die Arbeiterwohlfahrt brachte daher den weitaus überwiegenden Teil der notwendigen Mittel aus den Reihen der sozialistischen Bewegung auf. Dazu verkauften die Mitglieder bei jeder Gelegenheit Arbeiter-Wohlfahrtsmarken und veranstalteten ab 1925 jährlich eine mit hohem Hauptgewinn ausgestattete Lotterie. Beides ließ sich vortrefflich mit einer regen Werbetätigkeit verbinden, die auch bei Spendensammlungen ausreichend zum Zuge kam. Obgleich die Sammlungen nach den Hilfsaktionen während der Inflation nicht mehr regelmäßig durchgeführt wurden, maß man ihnen nach wie vor eine sehr hohe und keinesfalls rein finanzielle Bedeutung bei. Vom „Schwenken des Bettelsacks" war nicht länger die Rede. Die Sammlungen sollten vielmehr den Spender und den Empfänger in ein „enges menschliches Verhältnis" zueinander bringen" oder doch wenigstens „ein persönliches Verhältnis des Gebers zu der Aufgabe" herstellen, Opfersinn" und den Willen zur helfenden Tat wecken.[35] Darüber hinaus war wegen der von vielen Zufällen eingeschränkten Reichweite der Sammlungen schon früh eine angemessene Alternative entstanden. Bereits auf der Kasseler Frauenkonferenz von 1920 waren die Genossen des Waldenburger Reviers, die Bielefelder, Paderborner und die Arbeiter anderer Ortschaften als Vorbilder dafür begrüßt worden, „wie man den Sozialismus durchzuführen hat."[36] Um der sozialen Hilfstätigkeit eine solide Grundlage zu verschaffen, hatten sie teils einmalig, teils durchgängig Überstunden- und Schichtlöhne in eigens dazu gegründete Fonds eingezahlt. Diese freiwillige Arbeitsleistung galt als sozialistisches Ideal, das Arbeiter und Arbeit gleichermaßen adele, und wurde zu einer wichtigen Einnahmequelle.[37] Dort, wo sich die Ortsausschüsse in der Folge der Fürsorgegesetzgebung einen Vereinsstatus gegeben hatten[38], kannte man außerdem feste Mitgliedsbeiträge. Sie spielten aber ebenso wie gelegentliche Zuschüsse von seiten der Partei oder der Gewerkschaften eine geringe Rolle.

Trotz fortschreitender Organisationsentwicklung und obwohl der Arbeiterwohlfahrt 1926 nicht einmal die staatliche Anerkennung als Reichsspitzenverband freier Wohlfahrtspflege versagt blieb, gelang es im Ergebnis nie, auch nur annähernd die Stärke der konkurrierenden bürgerlich-konfessionellen Vereine zu erreichen, wie ein flüchtiger Blick auf deren Mitgliederstatistik bestätigt. Allein die von der Inneren Mission erfaßten sozialen Frauenvereine besaßen 1929 nahezu 1 Million Mitglieder, und der Caritasverband konnte sich 1928 der Unterstützung von 800000 ehrenamtlichen Helfern erfreuen.[39] Im Unterschied zu diesen Organisationen war die Arbeiterwohlfahrt allerdings auch nie ein reiner Wohlfahrtsverband. Sowohl von der Zielsetzung und dem inneren Aufbau als auch von den sozialstrukturellen Trägerschichten und Adressaten her war sie nicht ohne weiteres mit den bürgerlichen Parallelorganisationen gleichzusetzen. Die bürgerlichen Verbände waren Honoratiorenvereinigungen, in denen dieselben Schichten dominierten wie in Staat und Gesellschaft generell. Während diese die große Zahl ehrenamtlicher Helfer von oben dirigierten, besaß die Arbeiterwohlfahrt ein demokratisches Innenleben, richtete ihre Tätigkeit an den Bedürfnis- und Interessenlagen der Arbeiterschaft aus und blieb eindeutig ein integraler Bestandteil der sozialistischen Arbeiterbewegung. Das typische Erscheinungsbild der Arbeiterwohlfahrt entsprach immer jener eigentümlich ambivalenten Kombination von sozialpolitischer Interessenvertretung und allgemeiner Wohlfahrtspflege einerseits und praktischer Arbeiterselbsthilfe andererseits, wie sie sich bis zur Mitte der zwanziger Jahre herausgebildet hatte. Die Arbeiterwohlfahrt versuchte damit, den bürgerlichen Verbänden ein Aktionsmodell zu kontrastieren, das solidarische, tendenziell egalitäre und auf Selbstbetroffenheit rekurrierende Züge trug; indem also bewußt gehalten wurde, daß der Helfende immer auch in die Rolle des Hilfsbedürftigen geraten konnte.

Im Rahmen ihrer sozialen Hilfstätigkeit leisteten die örtlichen Gruppen einen wichtigen Beitrag zur Stabilisierung proletarischer Sozialmilieus, zur inneren Festigung der sozialdemokratischen Arbeiterbewegung und zur Erweiterung ihrer Massenbasis. Daß sie dabei weit in die Privatsphären notleidender Arbeiter eingriffen und wohl auch ein bestimmtes Arbeiterideal zu vermitteln suchten, darauf deutet folgende Äußerung einer Helferin hin: „In so manchem Haushalt sahen wir mit kühlem Blick, daß hier das Elend aus Mangel an gegenseitigem Verständnis, aus Unkenntnis der Haushaltsführung, Unfähigkeit der Kindererziehung, Mißbrauch des Alkohols und anderen Dingen herrührte. In vorsichtiger liebevoller Bemühung ist es uns gelungen, wieder den Weg zu Frieden und Ordnung in den Familien zu bahnen, ist es uns gelungen, Männer und Frauen die arbeitsscheu waren oder durch lange Arbeitslosigkeit vom Wege der Tätigkeit abgekommen waren, wieder zu nützlichen Gliedern der Gesellschaft zu machen."[40] In dieselbe Richtung, nämlich auf die Vermeidung „gesellschaftsfeindlicher Handlungen", zielte die Kinder- und Jugendpflege der Arbeiterwohlfahrt, die zu den unbestrittenen Schwerpunkten ihrer sozialen Praxis zählte. Durch ehrenamtliche Mitwirkung in der öffentlichen Fürsorge, dem Vormundschaftswesen und der Jugendgerichtshilfe bemühten sich die lokalen Gruppen um gefährdete Jugendliche, leiteten sie zu sinnvoller Freizeitbeschäftigung an, versorgten sie mit Lektüre und versuchten besonders eifrig, sie wenn irgendmöglich in den Jugendorganisationen, Sport- oder Turnvereinen unterzubringen. Aufgefangen werden sollten dadurch biographische Einbrüche wie sozialisatorische Defizite, die in Wohnungsverhältnissen wurzelten, unter denen die Arbeiterkinder in sonnen- und luftlosen, oftmals durch das Schlafgängerwesen zusätzlich beengten Räumlichkeiten aufwuchsen, die für zerrüttete Familien verantwortlich waren, die Jugendliche auf den Rummelplatz, in das Kino oder in die schlechte Gesellschaft der Straße trieben.[41] Weitaus wichtiger waren jedoch jene fürsorgerischen Erholungsmaßnahmen, die als Ferienverschickungen, Wanderungen und Kindertreffen mit Lieder- und Theaternachmittagen schon in den Notjahren 1920-1923 breite Anwendung gefunden hatten. Sie gehörten zum unerläßlichen Pflichtprogramm eines jeden Ortsausschusses. Nicht selten waren dies Massenveranstaltungen, an denen 800 Kinder beteiligt waren. Es wurde gespielt, getanzt, geruht, gegessen und getrunken, und man rechnete es sich als Erfolg an, wenn die Kinder braungebrannt waren und Gewichtszunahmen zu verzeichnen hatten. Die außerordentliche Beliebtheit der Veranstaltungen, mit der die Arbeiterhaushalte wenigstens zeitweise von der Sorge um die Kinder entlastet wurden, ist schon daran abzulesen, daß allein die 29 lokalen Gruppen des Bezirks Schleswig-Holstein während der Sommermonate eines einzigen Jahres fast 42000 Kinder betreuen konnten.[42] Dazu trug sicher bei, daß diese Art der Kinderfürsorge ohne viel Organisationsaufwand und mit geringen Kosten durchführbar war.

Hier wirkte aber auch eine bereits seit längerem vorhandene Tradition. Im Gefolge des Kinderarbeitsschutzgesetzes von 1903 hatten die sozialdemokratischen Frauengruppen vielfach sogenannte Kinderschutzkommissionen gegründet. Sie hatten sich nicht nur auf die Kontrolle der kindlichen Erwerbsarbeit beschränkt, sondern waren erstmals 1909 darangegangen, die Arbeiterkinder mit Ferienausflügen vor dem verhaltensschädigenden Einfluß der Straße zu bewahren, ihre guten Eigenschaften und 'schlummernden Kräfte' zu wecken. Seitdem behandelten die Sozialdemokratinnen diese Tätigkeit als ihr gutes Vorrecht. Nach eigener Einschätzung waren sie „durch ihr mütterliches Empfinden" besonders prädestiniert.[43] An die Praxis der Kommissionen knüpfte die Arbeiterwohlfahrt an, und wo nach dem ersten Weltkrieg noch Kommssonen bestanden, gingen diese größtenteils organisatorisch in ihr auf.

Das starke Interesse an der Kinderpflege fand schließlich noch in der Gründung einer weiteren Fürsorgeorganisation Ausdruck, die an dieser Stelle zu erwähnen ist. Unter Mitwirkung der Arbeiterwohlfahrt wurde 1924 anläßlich der sozialistischen Kulturwoche in Leipzig die Reichsarbeitsgemeinschaft der Kinderfreunde ins Leben gerufen. Mit der Zusammenfassung der jungen deutschen Kinderfreundebewegung wurde die Tätigkeit der Arbeiterwohlfahrt durch eine spezifisch pädagogische Zielsetzung ergänzt, die vor allem in den alljährlichen Ferienrepubliken der Kinderfreunde Bedeutung erlangte. Zwischen beiden Vereinigungen entstand ein enges Kooperationsverhältnis, das außer in einer gewissen Aufgabenteilung, dauernden Absprachen und gegenseitigen Vertretungen dadurch dokumentiert wurde, daß die meisten Mitglieder der Arbeiterwohlfahrt gleichzeitig bei den Kinderfreunden eingeschrieben und aktiv waren.[44]

Zu einem weiteren Schwerpunkt der sozialen Hilfstätigkeit entwickelte sich die Nähstubenarbeit. Auf diesem Gebiet konnten die sozialdemokratischen Frauen ähnlich wie in der Kinderfürsorge bereits vorhandene Kenntnisse mit dem sozialen Engagement in der Freizeit verknüpfen. Aus den Hilfsaktionen der Nachkriegszeit hervorgegangen, bildeten die Nähstuben gleichsam die organisatorischen Zentren der Arbeitwohlfahrt. In der Regel kamen die Arbeiterfrauen mehrmals wöchentlich zusammen, um teils neue, teils aus alten abgetragenen Stücken zusammengesetzte Bekleidungsgegenstände sowohl für Bedürftige, als auch für den Eigenbedarf herzustellen. Die Nähstuben waren dabei zugleich Schulungsorte und kommunikative Begegnungsstätten, die dem allgemeinen Erfahrungsaustausch dienten. „Oft", so Käthe Buchrucker über die vorherrschende Atmosphäre, „wird die fleißige Arbeit der Hände, das Surren der Nähmaschine vom Sang der alten Volkslieder, vom Rhythmus unserer Kampflieder begleitet. Kleine Gruppen finden sich zusammen, die abwechselnd aus Aufsätzen der Zeitschrift 'Arbeiterwohlfahrt' vorlesen, sie von Sachkennern erläutern lassen und gemeinsam gründlich durchsprechen. Politische Tagesfragen, Wirtschaftsprobleme, das bunte Allerlei des Haushaltes wird besprochen. Kochrezepte und besondere Erfahrungen in der Wirtschaftsführung werden ausgetauscht."[45] Als eine Art Dienstleistungsbetrieb hielten die Nähstuben ein breitgefächertes Angebot bereit. Die Helferinnen fertigten nicht nur Fahnen und Wimpel für Partei und Gewerkschaften an oder verhalfen den Kinderfreunden zu ihren obligatorischen blauen Kitteln. Schulentlassung und die von den sozialistischen Freidenkern eifrig propagierte Jugendweihe boten den Arbeiterfamilien hinreichenden Anlaß, sich an die Nähstuben zu wenden. Sei es, weil der Nachwuchs aus der Kleidung herausgewachsen oder diese einfach unbrauchbar geworden war. Neu anzuschaffende Berufskleidung bedeutete ebenso wie das Festkleid zur Jugendweihe in vielen Fällen ein ernsthaftes finanzielles Problem. Die Hilfe der Nähstube konnte dann so manchesmal den unangenehmen Gang zum städtischen Bekleidungsamt ersparen. Über solche Leistungen ging das Angebot für verlobte und jungverheiratete Arbeiterfrauen noch hinaus. Ihnen war es möglich, sich in relativ kurzer Zeit die gesamte Aussteuer selbst herzustellen. Interessant war das schon deshalb, weil man nicht nur Gelegenheit hatte, in Tages- und Abendkursen unter fachkundiger Anleitung das Nähen zu erlernen, sondern weil die benötigten Materialien aus einer gemeinsamen Aussteuersparkasse finanziert wurden und der Großeinkauf bei der Konsumgenossenschaft die Kosten beträchtlich reduzierte. Auch der Verleih von Säuglingskörben mit entsprechender Wäscheausstattung – für den proletarischen Haushalt oft unerschwinglich – wurde häufig in Anspruch genommen. Parallel dazu fungierten die Nähstuben als Anlauf- und Beratungsstellen, waren der Ort, an dem notleidende Angehörige der Arbeiterschaft nicht nur mit Kleidung versorgt wurden, sondern in Fragen der Erziehung, der Haushaltsführung und der Durchsetzung von Unterstützungsansprüchen gegenüber den Sozialbehörden umfangreiche Hilfestellung erwarten durften.[46] Gerade darin sah die Arbeiterwohlfahrt übrigens eine nicht zu unterschätzende Möglichkeit, „auch politisch indifferente Menschen zur Erkenntnis der politischen Bedeutung sozialer Arbeit zu bringen. Sei es, daß der Hilfsbedürftige selbst erkennt, durch wen ihm sachkundiger Rat erteilt wurde, sei es, daß die nicht organisierten Proletarier in einer vollkommen unauffälligen Weise auf die politische Organisation aufmerksam werden, die, wie überall erkennbar wird, hinter der Arbeiterwohlfahrt steht."[47]

Neben diesen Bereichen ließ die soziale Hilfstätigkeit außerdem die gesellige Unterhaltung nicht zu kurz kommen – ein Aspekt, dem sich die Ortsausschüsse mit erstaunlicher Vehemenz annahmen. Sommerfeste, Konzerte, Filmnachmittage, Altenabende und andere Veranstaltungen waren dazu ausersehen, solidaritätsbildende Effekte auszulösen und von den belastenden Sorgen des Alltags abzulenken. Die Vergabe wirtschaftlicher Unterstützungsleistungen verband sich dabei mit einem unterhaltenden Rahmenprogramm, bei dem es weder an gesellschafts- und sozialpolitischen Vorträgen noch an kulturellen Vorführungen befreundeter Arbeitervereine fehlte. Im Rhythmus solcher Aktivitäten war die alljährliche Weihnachtsfeier jedesmal das zentrale Ereignis. Es kümmerte die Mitglieder bei dieser Gelegenheit wenig, daß die „wahrhaft sozialistische Form Weihnachtsgaben darzubieten" nicht darin bestehen sollte, nützliche und erfreuliche Dinge auf pomphaften Tafeln aufzubauen, sondern daß sie – mit der Absicht, den Unterschied zwischen Gebern und Bedürftigen zu nivellieren – in die Haushalte gebracht werden sollten.[48] Den typischen Verlauf der meistens zu Familienfesten ausgestalteten Weihnachtsfeiern gibt ein Bericht aus der sozialdemokratischen Tagespresse zutreffend wieder: „Viel Mühe und Plage der Mitarbeiterinnen hatten das Volkshaus zum Familienfest geschmückt, den Saal mit den Tannenbäumen als Festraum, das Cafe zur Ausgabe der Liebesgaben. Gegen 5 Uhr füllten sich schnell die Räume in fast beängstigender Fülle ... In der Mitte waren die Ehrentafeln für unsere Alten ... Es war ein rührender Anblick, all diese Männer und Frauen ... und dazwischen all die blonden und braunen Köpfchen der Buben und Mädels... dazu unsere Genossinnen und Genossen. Unsere Frauen schenkten den Alten den dampfenden Kaffee ein und versahen sie reichlich mit Butterkuchen aus dem Konsum... Nun folgten in bunter Reihenfolge auf der Bühne Darbietungen aller Art, Tänze, Lieder, Rezitationen von Kindern der weltlichen Schulen und der Arbeiterjugend. Musikalisch wurde unser Fest verschönt durch Vorträge des Mandolinenorchesters... Die Ansprache hielt Genossin Funck. Sie sprach über die doch so inhaltsleeren Worte des Friedens, die seit undenklichen Zeiten zur Weihnachtsfeier erklingen... Die Gabenverteilung, zu der Kärtchen ausgegeben worden waren und 200 Personen jeglichen Alters berücksichtigt werden konnten, soll nicht als Almosen betrachtet werden, sondern als Beweis der Treue und Liebe, der Solidarität... Gegen 1/2 8 Uhr begann im Cafe die Gabenverteilung. Kleidungsstücke waren ebenso wie Wäsche von lieben Genossinnen angefertigt worden, reichlich warme Strümpfe waren vorhanden und Tüten voll Leckeres... Zu jedem Päckchen konnte Seife oder Seifenpulver von der genossenschaftlichen Seifenfabrik ausgegeben werden."[49]

Bilanziert man von hier aus die fürsorgerische Praxis der Arbeiterwohlfahrt, so ist zu konstatieren, daß sie sich trotz anderslautender Bekundungen in weiten Bereichen an die bürgerlichen Vereine anlehnte und deren Arbeitsformen imitierte. Sie bekam damit zumindest partiell einen ungewollt almosenhaften Charakter, der kaum zu verleugnen war. Teile der sozialdemokratischen Arbeiterschaft, in deren Bewußtsein die sozialen Erfahrungen mit den Diskriminierungsstrategien bürgerlicher Mildtätigkeit weiterhin präsent waren, sahen darin Grund genug, auch der sozialistischen Arbeiterwohlfahrt reserviert gegenüber zu stehen. Diese Parteigenossen bezogen ihre Kritik dann aber nicht nur auf bestimmte Ausschnitte der sozialen Hilfstätigkeit, sondern stellten die Arbeiterwohlfahrt oftmals generell in Frage. Sie warfen ihr Überorganisation und eine unnötige Verzettelung der Schlagkraft in nebensächlichen Randgebieten der politischen Auseinandersetzung vor. Klagen über Vorurteile, mangelnde Mitwirkungsbereitschaft und ihre offenkundige Unterbewertung bei manchen Sozialdemokraten waren deshalb auf seiten der Arbeiterwohlfahrt an der Tagesordnung.[50] Man verteidigte sich mit dem Nachweis von Mobilisierungserfolgen unter den Arbeiterfrauen, von denen tatsächlich viele erst über die soziale Hilfstätigkeit zur Sozialdemokratie gestoßen waren, und betonte energisch die Anbindungsmechanismen und übrigen Vorfeldfunktionen der Organisation. Marie Juchacz beschwerte sich 1926 darüber, daß die Agitationsmöglichkeiten der sozialen Hilfstätigkeit zuweilen völlig ignoriert würden, und wandte dagegen ein: „Die begeisterten Briefe der in unseren Heimen untergebrachten Kinder, die leuchtenden Augen der Tausende, denen wir etwas Freude in ihre Ferien gebracht haben, die Hunderte von erwerbstätigen Frauen und Erwerbslosen, denen wir während der Ferien eine schwere Sorge abnahmen, sie sind und werden gute Werber für unsere Sache sein."[51]

Weltwirtschaftskrise, anhaltender Sozialabbau über Notverordnungen und politische Krise bekräftigten gegen Ende der ersten Republik die Unentbehrlichkeit einer sozialen Hilfstätigkeit der Arbeiterschaft. 1930 zählte man in Deutschland 20 Millionen Personen, die in irgendeiner Weise mit der Wohlfahrtspflege in Berührung kamen.[52] In dieser Situation kämpfte die Arbeiterwohlfahrt gegen eine Sozialpolitik, die dem Zuwachs des Massenelends Vorschub leistete, rief erneut zur Solidarität auf und kehrte zu den Hilfsaktionen der Anfangsjahre zurück. Ab 1930 gab es wieder eine Winterhilfe, die sich besonders dem Problem der Arbeitslosigkeit zuwandte, wurden abermals in großem Maßstab Lebensmittel- und Kleidersammlungen durchgeführt, um „die moralische Kraft der arbeitslosen Klassengenossen zu erhalten".[53] Die Arbeiterjugend stand im Zentrum der Bemühungen. So reagierten beispielsweise die Nähstuben mit ausgedehnten Lehrgängen zur Verbesserung beruflicher Fertigkeiten und psychischen Stabilisierung erwerbsloser Mädchen, und den Jungen standen Werkstätten offen, in denen Gegenstände des täglichen Bedarfs hergestellt wurden. Daß damit politische und mentale Einflußmöglichkeiten einhergingen, hatten – im Gegensatz zu manchem Sozialdemokraten – die Protagonisten des erstarkenden Nationalsozialismus prompt begriffen. Sie starteten 1932 den Versuch, im Preußischen Landtag ein Verbot der Arbeiterwohlfahrtslotterie zu erwirken, was den Verlust einer fundamentalen Einnahmequelle zur Folge gehabt hätte.[54] Das war freilich nur ein Vorspiel: die faschistische 'Machtergreifung' setzte 1933 allen Ansätzen einer sozialen Hilfstätigkeit der Arbeiterklasse ein brutales Ende.

Anmerkungen

1. Michael Vester, Was dem Bürger sein Goethe, ist dem Arbeiter seine Solidarität. Zur Diskussion der „Arbeiterkultur", in: Ästhetik und Kommunikation H. 24, 1976, S. 62 ff.
2. Anneliese Monat, Sozialdemokratie und Wohlfahrtspflege. Ein Beitrag zur Entstehungsgeschichte der Arbeiterwohlfahrt, Stuttgart 1961.
3. Vgl. Dora Peyser, Alice Salomon. Ein Lebensbild, in: Hans Muthesius (Hg.), Alice Salomon. Die Begründerin des sozialen Frauenberufs in Deutschland, Köln und Berlin 1958, S. 23.
4. So beispielsweise der preußische Minister für Volkswohlfahrt Heinrich Hirtsiefer, Die staatliche Wohlfahrtspflege in Preußen 1919-1923, Berlin 1924, S. 1.
5. Georg Dünninghaus, 10 Jahre Internationale Arbeiterhilfe - Deutschland, o.O., o.J., S. 11.
6. Marie Juchacz, Werden und Entwicklung der Arbeiter-Wohlfahrt, in: Die Arbeiterwohlfahrt 1919-1949, hg. vom Hauptausschuß für Arbeiterwohlfahrt, Hannover o.J., S. 7.
7. Vgl. Marie Juchacz/Johanna Heymann, Die Arbeiterwohlfahrt. Voraussetzungen und Entwicklung, Berlin o.J., S. 22.
8. Vgl. Rolf Landwehr, Funktionswandel der Fürsorge vom Ersten Weltkrieg bis zum Ende der Weimarer Republik, in: Ders./Rüdiger Baron (Hg.), Geschichte der Sozialarbeit. Hauptlinien ihrer Entwicklung im 19. und 20. Jahrhundert, Weinheim und Basel 1983, S. 73 ff.
9. Monat (s. Anm. 2), S. 58.
10. Juchacz (s. Anm. 6), S. 8.
11. Dazu ausführlich Luise Zietz, Die sozialdemokratischen Frauen und der Krieg (Ergänzungsband zur Neuen Zeit), Berlin 1915.
12. Gottlob Binder, Arbeiter und Wohlfahrtspflege, in: Soziale Praxis und Archiv für Volkswohlfahrt, Heft 36, 1923, S. 213, Anm. 2.
13. Juchacz/Heymann (s. Anm. 7), S. 83-232.
14. Juchacz (s. Anm. 6).
15. Lotte Lemke, Marie Juchacz und die Arbeiterwohlfahrt, in: Marie Juchacz. Gründerin der Arbeiterwohlfahrt. Leben und Werk, Bonn 1979, S. 93.
16. Juchacz/Heymann (s. Anm. 7), S. 86.
17. Ebd.
18. Für die Ortsausschüsse der Arbeiterwohlfahrt, in: Die Gleichheit. Zeitschrift für die Interessen der Arbeiterinnen, Heft 5, 1923, S. 40.
19. Aufruf zur Bergarbeiterhilfe, abgedruckt bei: Juchacz/Heymann (s. Anm. 7), S. 79.
20. Die Regelungen im Einzelnen sind: Das Jugendamt hat die freie Wohlfahrtspflege heranzuziehen und zu unterstützen (§ 6 RJWG) sowie bei der Besetzung der anzugliedernden Ausschüsse zu beachten (§ 9 RJWG); der freien Wohlfahrtspflege können von Ländern, Kreisen und Gemeinden Aufgaben zur selbständigen Erledigung übertragen werden (§ 5 Abs. 1,2 RFV und § 11 RJWG); wo Einrichtungen der privaten Vereine existieren, sollen Staat und Kommunen auf die Errichtung eigener Anstalten etc. verzichten (§ 5 Abs. 3 RFV).
21. Lotte Lemke, 50 Jahre Arbeiterwohlfahrt, in: Die Arbeiterwohlfahrt. Jahrbuch 1969, Bonn 1969, S. 8.
22. Vgl. etwa Hedwig Wachenheim, Kommentar zu den kommunalpolitischen Richtlinien der SPD, Berlin 1929, S. 182.
23. Juchacz/Heymann (s. Anm. 7), S. 229.
24. Gottlob Binder, Die Arbeiterwohlfahrtspflege, ihre Entwicklung, Motive und Ziele, Münster 1926, S. 24.
25. Hans Wingender, Was muß jeder freie Gewerkschaftler von der AW wissen? Denkschrift unter besonderer Berücksichtigung Kölner Verhältnisse, Köln 1924; Meta Kraus-Fessel, Fürsorgewesen und Arbeiterklasse, in: Sozialistische Monatshefte, Heft 29, 1923, S. 67 ff.
26. Paula Kurgaß, Gegen die Isolierung der Wohlfahrtspflege, in: Arbeiterwohlfahrt, Heft 5, 1926, S. 135.
27. Helene Simon, Sozialismus und Wohlfahrtspflege, in: Arbeiterwohlfahrt, Heft 1, 1926, S. 6.
28. Hans Wingender, Die Aufgaben der Arbeiterwohlfahrt auf dem Gebiete des Anstaltswesens, hg. vom Hauptausschuß für Arbeiterwohlfahrt, Berlin 1925.

29 Vgl. Karl Bopp, Die Wohlfahrtspflege des modernen deutschen Sozialismus, Freiburg i. Br. 1930, S. 88 ff., Friedrich Ulrich, Die weltanschaulichen Grundlagen der Wohlfahrtspflege, Berlin 1932, S. 61 ff. und 87 f.
30 Binder (s. Anm. 24), S. 20.
31 Arbeiterwohlfahrt Bundesverband e.V. (Hrsg.), 50 Jahre Arbeiterwohlfahrt, Bonn 1969, S. 159.
32 Der Hauptausschuß für Arbeiterwohlfahrt im Geschäftsjahr 1926, hg. vom Hauptausschuß für Arbeiterwohlfahrt o.O., o.J., S. 2.
33 Arbeiterwohlfahrt Bundesverband (s. Anm. 31), ebd.
34 Gottlob Binder, Ehrenamtliche Mitarbeit der Arbeiterschaft in der Wohlfahrtspflege, in: Arbeiterwohlfahrt, Heft 4, 1926, S. 110.
35 Binder (s. Anm. 12), S. 815.
36 Ebd., S. 816.
37 Vgl. Heinrich Auer, Die neuere Entwicklung der sozialistischen Arbeiterwohlfahrt, Freiburg i. Br. 1929, S. 11.
38 So beispielsweise in Düsseldorf, vgl. D. Niemann/F.-J. Göbel, Die Düsseldorfer Arbeiterwohlfahrt von ihren Ursprüngen bis zur Gegenwart. Ein Beitrag zur Sozialgeschichte der Stadt Düsseldorf, Düsseldorf 1981.
39 Vgl. J. Steinweg, Innere Mission der deutschen evangelischen Kirche, in: J. Dünner (Hg.), Handwörterbuch der Wohlfahrtspflege, Berlin 1929, S. 342 ff., und B. Krenk, Caritas, in: J. Dünner (Hg.), Handwörterbuch der Wohlfahrtspflege, Berlin 1929, S. 151 ff.
40 Das Arbeitsgebiet der soz. Arbeiterwohlfahrt in Düsseldorf, in: Volkszeitung, Freie Presse vom 15.5.1923.
41 Vgl. Hanna Hellinger, Ratgeber für unsere Helfer in der öffentlichen Wohlfahrtspflege. Das kleine Lehrbuch Bd. 2, o.O., o.J., S. 41 ff.
42 Der Hauptausschuß für Arbeiterwohlfahrt im Geschäftsjahr, hg. vom Hauptausschuß für Arbeiterwohlfahrt, o.O., o.J., S. 17.
43 Vgl. Luise Zietz, Kinderarbeit, Kinderschutz und Kinderschutzkommissionen, Berlin 1912.
44 N. Richartz, Die Pädagogik der „Kinderfreunde", Theorie und Praxis sozialdemokratischer Erziehungsarbeit in Österreich und in der Weimarer Republik, Weinheim 1981.
45 Käthe Buchrucker, Jahreskreislauf in unseren Nähstuben, in: Arbeiterwohlfahrt, Heft 13, 1928, S. 407.
46 Zur Nähstubenarbeit auch Fritz Schreiber, Arbeiterwohlfahrt und Nähstubenarbeit, in: Arbeiterwohlfahrt, Heft 3, 1931, S. 87 ff.
47 Der Hauptausschuß für Arbeiterwohlfahrt im Geschäftsjahr 1928, hg. vom Hauptausschuß für Arbeiterwohlfahrt, o.O., o.J., S. 9.
48 Der Hauptausschuß für Arbeiterwohlfahrt im Geschäftsjahr 1926, hg. vom Hauptausschuß für Arbeiterwohlfahrt, o.O., o.J., S. 22.
49 Vom Familienfest der Arbeiterwohlfahrt, in: Düsseldorfer Volkszeitung v. 21.12.1924.
50 Vgl. Clara Henriques, Psychologische Schwierigkeiten und Möglichkeiten sozialistischer Wohlfahrtsarbeit, in: Arbeiterwohlfahrt, Heft 2, 1927, S. 454 ff.; Der Hauptausschuß für Arbeiterwohlfahrt im Geschäftsjahr 1927, hg. vom Hauptausschuß für Arbeiterwohlfahrt, o.O., o.J., S. 27, 48 f.
51 Marie Juchacz im Karlsruher Volksfreund, Nr. 205, v. 6.9. 1926, hier zit. nach: Auer (s. Anm. 37), S. 8f.
52 Dünninghaus (s. Anm. 5), S. 51.
53 Aufruf zur Solidarität, in: Arbeiterwohlfahrt, Heft 19, 1931, S. 577.
54 Arbeiterwohlfahrt Bundesverband e.V. (s. Anm. 31), S. 157.

Christa Hempel-Küter

Arbeiter schreiben für „ihre" Zeitung – Eine Studie zur Organisation der Arbeiterkorrespondentenbewegung in Hamburg während der Weimarer Republik*

I. Einleitung

„An die Redaktion der Hamburger Volkszeitung
Ich erlaube mir anzufragen warum mein Schreiben welches der Lokalredakteur bearbeiten sollte, bis heute nicht erschienen ist!?? Soll denn alles im Papierkorb verschwinden? (...) Also krempelt Euren Laden auf und bringt es bald. (...) Erwarte umgehend bejahenden Bescheid."[1]

Diese Zeilen schrieb im November 1930 ein Arbeiter an die Redaktion einer der größten kommunistischen Tageszeitungen der Weimarer Republik[2], der Hamburger Volkszeitung[3], und er beschwerte sich darüber, daß sein Bericht über die brutalen Umgangsmethoden eines „faschistischen" Schlachters seines Wohnbezirks nicht in der Zeitung veröffentlicht worden war. Handelt es sich hier um einen der üblichen Beschwerde-Briefe eines Querulanten, der nichts anderes zu tun hatte, als die geplagten Redakteure mit überspannten Leserbriefen zu belästigen? Orthographie und Syntax des Briefes weisen auf einen im Schreiben ungeübten Verfasser hin; Ton und Tenor des Briefes indes lassen auf ein ausgeprägtes Selbstbewußtsein des Autors schließen.

Überliefert wurde dieser Brief in einer Akte des Hamburger Staatsarchivs mit dem Titel: „Korrespondenz der Redaktion der Hamburger Volkszeitung mit Mitarbeitern aus Arbeiterkreisen (Arbeiterkorrespondenten) und mit Parteidienststellen der KPD usw. betr. Veröffentlichungen von Berichten und Gedichten."[4] Ein solcher Aktentitel, der zunächst Erstaunen erwecken mag – Mitarbeiter aus Arbeiterkreisen? Gedichte von Arbeitern in der Parteipresse? – ist dann nicht mehr verwunderlich, wenn man sich einmal eine kommunistische Tageszeitung näher anschaut: Die regionale und betriebliche Berichterstattung der Hamburger Volkszeitung beispielsweise wurde ab 1926 zunehmend bis zu etwa 90% aus diesen Arbeiterbriefen und Berichten zusammengestellt. Es waren die Themen des proletarischen Alltags, zu denen die Arbeiter dort Stellung nahmen und ihre Erfahrungen mitteilten; es waren die Themen, die ihnen vertraut und nahe waren: Berichte aus den Betrieben, dem Wohnblock, über Arbeitsunfälle, Erlebnisse im Behördengestrüpp. Ein Blick in die Zeitung zeugt von dem breiten Spektrum. Aufschlüsse über die Verfasser zu bekommen, ist dagegen schwerer. Die Redaktion der Hamburger Volkszeitung meldete 1932: „Die Arbeiterkorrespondenten sind durchweg Betriebsarbeiter bzw. erwerbslose Betriebsarbeiter. In der letzten Zeit sind einige regelmäßige Korrespondenten des Mittelstandes hinzugekommen. Die wenigen Frauen, die Arbeiterinnenkorrespondenzen schreiben, sind zur Hälfte Fabrikarbeiterinnen, zur anderen Hälfte Hausfrauen. (...) Korrespondenzen aus Intellektuellenkreisen sind sehr gering. (...) Mit dem ständigen Wachsen der Erwerbslosenzahl sind begreiflich auch die Zuschriften aus diesem Kreis stark gestiegen."[5]

Nicht nur die geringe Beteiligung der Frauen, sondern auch der Jugendlichen wurde wiederholt beklagt. Von den 230 regelmäßigen Korrespondenten, die für das Jahr 1932 bei der Volkszeitung registriert waren, stammten etwa 65% aller Einsendungen; etwa 30% von ihnen waren keine KPD-Mitglieder.[6]

Die Mitarbeit aus Arbeiterkreisen an der Presse hatte die KPD von Anfang an zu organisieren versucht. Ich werde mich im folgenden auf die für die kommunistische Tagespresse schreibenden Arbeiter beschränken, die Arbeiterkorrespondenten, wie der zeitgenössische Terminus für sie lautet. Auch die proletarischen Nebenorganisationen der KPD, wie die „Rote Hilfe"[7] beispielsweise, verfügten über ein eigenes Netz von Korrespondenten für ihre Verbandspresse.[8] Und die kommunistischen Betriebszellenzeitungen wurden nahezu ausschließlich von Arbeiterkorrespondenten erstellt.[9]

Die folgenden Ausführungen stellen einen kleinen Teil der Ergebnisse vor, zu denen ich während des Archivstudiums für ein umfangreicheres Projekt gelangt bin.[10] Die grundlegende Quelle dieser Arbeit stellt eine Auswertung der Hamburger Volkszeitung über den gesamten Zeitraum 1918-1933 dar[11]; hinzukommen Unterlagen aus der Redaktion der Zeitung; dort sind auch mehrere Akten des Schriftwechsels der Redakteure mit den Korrespondenten erhalten.

Eine solche Quellenlage schafft die Voraussetzung, nicht nur über die organisatorischen Rahmenbedingungen der Arbeiterkorrespondentenbewegung und über die an sie gestellten Anforderungen etwas zu erfahren, sondern gleichzeitig scheint es mir möglich, erste vorsichtige generelle Aussagen über die Kommunikationsstrukturen einer kleinen Teilgruppe innerhalb der Arbeiterbewegung zu treffen. Typische Strukturmerkmale dieser Teilgruppe sind u.a. der regional begrenzte Einzugsbereich, das Gefühl der Klassenzugehörigkeit, bei etwa 75% die Parteimitgliedschaft, die überwiegend proletarische Herkunft, die Dominanz der Männer und ein klares politisches Feindbild. Im Gegensatz zu weiteren Teilgruppen der Arbeiterbewegung – wie verschiedene Parteigliederungen oder kommunistische Nebenorganisationen – zeichnet sich diese Gruppe zudem durch ein sehr schwaches Organisationsgefüge und damit durch ihren überwiegend informellen Charakter aus. Signifikant ist dabei die doppelte Funktion der Arbeiterkorrespondenten: Zum einen Lieferanten der Informationen, die der Redaktion der Zeitung ansonsten nicht zugänglich waren, zum anderen stellten sie das Bindeglied zwischen Zeitung und Leser und damit auch zwischen Partei und Wähler dar. Ein weiteres Charakteristikum ist, daß die Arbeiterkorrespondentenbewegung nicht direkt der Partei unterstand (also auch keine Parteigliederung war), sondern daß die Redaktion der Zeitung die Brückenfunktion zur Partei innehatte. Die Beziehung zwischen Redakteuren und Arbeiterkorrespondenten war keine symmetrische, keine gleichberechtigte, denn nur die Redakteure hatten Entscheidungskompetenzen und Machtbefugnisse. Wann welche Korrespondenz in welcher Form und unter welchem Titel in der Zeitung erschien und ob überhaupt, lag ausschließlich im Ermessen der Redakteure. Diese gingen dabei nach Entscheidungsregeln und -mustern vor, deren Kriterien für den Arbeiterkorrespondenten nur schwer nachvollziehbar waren und die nur selten begründet wurden. Daß die Einsender nicht immer mit der getroffenen Entscheidung einverstanden waren, verdeutlicht u.a. treffend das Eingangszitat.

Die Verwendung des Arbeiterkorrespondenten als Informationslieferanten, als einen – letztlich billigen und beliebig ersetzbaren – Bestandteil der Redaktionsarbeit der Zeitung entsprach einem konsequenten Effizienzdenken der Partei: dem Bestreben nach dem bestmöglichen Einsatz aller verfügbaren Kräfte im Interesse der gemeinsamen Sache. Doch diese Finalisierung griff offenbar zu kurz: zunehmend „funktionierte" auch der Informationslieferant nicht mehr problem- und verlustlos. Davon zeugt nicht nur die rückläufige Zahl der eingereichten Korrespondenzen von über 50% vom Höhepunkt der Bewegung um 1928 bis 1932, dem Höhepunkt der Reglementierung der Bewegung. Auch die Verlagerung der Inhalte der Korrespondenzen auf immer mehr 'Literarisches' und 'Lyrisches', auf deren Inhalte die präskribierten Regeln und Normen nicht mehr anwendbar schienen, und die offenbar viel eher dem ursprünglich spontanen Artikulationsbedürfnis klassenspezifischer Erfahrungen entsprachen, weist auf einen strukturellen Konflikt hin, dem ich im folgenden am empirischen Material nachgehen werde.

Doch zunächst werden zum allgemeinen Verständnis der Bewegung kurz die Tradition der Mitarbeiter der Arbeiter an der Presse, die Anfänge und einige Strukturmerkmale der kommunistischen Presse skizziert werden. Daran anschließen wird sich der Versuch, nachzuzeichnen, welche Entwicklung die Arbeiterkorrespondentenbewegung der Hamburger Volkszeitung genommen hat; besonders gewichtet werden dabei die Strategien der professionellen Redakteure, aus den vielen „schreibenden Arbeitern" *die* Arbeiterkorrespondentenbewegung zu formieren.

II. Zur Tradition der „schreibenden Arbeiter"

In ihrer eigenen Traditionsdeutung knüpft die Arbeiterkorrespondentenbewegung nicht, wie zunächst zu vermuten wäre, an Leserbriefe allgemein an, sondern bewußt an die Leserbriefe der Arbeiter an die Zeitungen während der Pariser Kommune; diese Briefe und Mitteilungen wurden in der kommunistischen Presse während der Weimarer Republik explizit als die „ersten Arbeiterkorrespondenzen"[12] bezeichnet. In der Tat unterscheiden sich diese frühen Arbeiterkorrespondenzen in Stil und Inhalt, aber auch in der sozialen Zugehörigkeit ihrer Autoren erheblich von dem, was von den frühen Leserbriefen an die bürgerlichen Zeitungen bekannt ist.[13] Doch die Zeit der Pariser Kommune war zu begrenzt, als daß sich in ihr bereits nachhaltig eine eigene Gattung „Arbeiterkorrespondenz" hätte ausbilden können.

Eine weitere „Quelle" der Arbeiterkorrespondentenbewegung ist gewiß in der Mitarbeit „schreibender Arbeiter" an den Zeitungen der frühen sozialistischen Arbeiterbewegung zu sehen, die allerdings am Anfang im wesentlichen auf literarische oder lyrische Produkte aus Arbeiterkreisen begrenzt war.[14] „Das Gedicht, geschrieben entweder für Arbeiterfeste oder direkt für die Arbeiterpresse, war die erste poetische Form der proletarischen Literatur"[15], stellt Ursula Münchow in diesem Kontext fest. Nachdem sich aber die SPD zunehmend zu einer „proletarischen Partei" mit einem durchaus „bürgerlichen Literaturverständnis"[16] etabliert hatte, um Georg Fülberth etwas abgewandelt zu zitieren, wurden nun auch die lyrischen Produkte der Arbeiter an den großen bürgerlichen Vorbildern gemessen und wanderten nicht mehr in die Spalten der Zeitungen, sondern in den Papierkorb – eine 1983 von dem Bremer Sozialhistoriker Hans-Josef Steinberg herausgegebene Anthologie von 65 gleichsam aus dem Papierkorb gefischten Gedichten legt Zeugnis ab für die impliziten ästhetischen Bewertungsnormen der „Arbeiterpartei".[17] Als Betätigungsfeld an den sozialistischen Zeitungen blieb nur noch für die gewählten Berichterstatter und Schriftführer das Verfassen von Versammlungsberichten und die traditionellen Leserbriefe.

Weitere Impulse für die Arbeiterkorrespondentenbewegungen der deutschen kommunistischen Presse, die aber erst nach 1921, nach Aufnahme der KPD als Sektion der Kommunistischen Internationale, der Dachorganisation aller kommunistischen Parteien, wirksam wurden, gingen von der russischen Arbeiterkorrespondentenbewegung aus.[18] Ihre Anfänge reichen in die Zeit vor der Oktoberrevolution zurück und resultierten aus der Notwendigkeit, trotz der Bedingungen der Emigration bzw. Verbannung oder der illegalen Arbeit der sozialistischen Führer eine aktuelle und wirksame „Gegenöffentlichkeit" zur Organisierung der revolutionären Strömungen zu schaffen. Als politische Bewegung war die Arbeiterkorrespondentenbewegung von vornherein ein genuiner Bestandteil der nach-revolutionären russischen Presse. Erst nach der Liquidierung der Proletkulturorganisationen um 1923 hatte die Arbeiterkorrespondentenbewegung dann einen Teil deren literarischen Auftrages mit zu übernehmen und galt fortan auch als eine literarische Bewegung.

Die deutsche kommunistische Presse, deren erste legale Tageszeitungen in den Tagen der Novemberrevolution 1918 gegründet worden waren, versuchte von Beginn an, diese Tradition der aktiven Lesermitarbeit aufzunehmen. Dem hektischen revolutionären Tagesgeschehen der Nachkriegsphase entsprechend wurde allerdings literarischen oder gar lyrischen Produkten kein großes Gewicht beigemessen; das Feuilleton der kommunistischen Presse beschränkte sich im wesentlichen auf den Fortsetzungsroman. Von den ehrenamtlichen Mitarbeitern wurden vor allem Berichte aus den Betrieben verlangt. So ermahnten im Dezember 1918 die Redakteure der Hamburger Zeitung ihre Mitarbeiter: „Es ist jetzt nicht an der Zeit, Gedichte zu machen, sondern praktische Organisationsarbeit zu leisten."[19] Gleichzeitig wurden in der Zeitung mehrfach umfassende Regeln mit Titeln wie „Zur Beachtung für alle, die an die Presse schreiben"[20] veröffentlicht, die detaillierte Schreibanweisungen enthielten.

Allmählich versuchte die KPD, diese Bewegung der „schreibenden Arbeiter", die bis dahin im wesentlichen von der Initiative und dem Engagement einzelner Redakteure abgehangen hatte, bei allen Tageszeitungen systematisch auszubauen. So wurde auf dem 7. Parteitag der KPD im August 1921 nicht nur eine verstärkte Mitarbeit von Parteifunktionären an der Presse gefordert, sondern vor allem auch der Arbeiter aus den Betrieben.[21] „Bringt Leben in Eure Zeitung!"[22] lautete das Motto dieses Konzepts.

Durch einen Zirkularbrief des Exekutivkomitees der Kommunistischen Internationale, der allen Sektionen zuging, wurde erstmals die Idee des organisierten Aufbaus einer breiten Bewegung schreibender

Arbeiter und deren kontinuierliche Schulung als Pflicht aller kommunistischer Parteien propagiert.[23] Nicht nur beim Zentralorgan der KPD, der Berliner Roten Fahne, wurde unmittelbar nach Bekanntwerden des Briefes versucht, diese Aufforderung umzusetzen, sondern auch bei anderen Zeitungen.[24] Für Hamburg läßt sich dies allerdings nur vermuten, da die Zeitung aus jenem Zeitraum nicht überliefert ist.[25] Konsequent realisiert wurde diese Konzeption aber zunächst nirgends. Die Gründe dafür mögen hauptsächlich in den politischen Wirren der revolutionären Nachkriegsphase und in der systematischen Behinderung der Pressearbeit der KPD gelegen haben.[26] Zudem verfügte die KPD in dieser frühen Phase noch über keine effektive Pressekonzeption. Nachhaltige Impulse für sie gingen im wesentlichen erst von der im Herbst 1923 gegründeten Abteilung Agitprop (Agitation und Propaganda) beim Zentralkomitee aus.

So wurde erst um 1925, in einer nun politisch relativ ruhigen Phase, der erneute Versuch unternommen, um die lokalen Tageszeitungen herum Arbeiterkorrespondentenbewegungen aufzubauen. Das Bekanntwerden der großen Erfolge der russischen Arbeiterkorrespondentenbewegung[27] und der erneute Abdruck des Zirkularbriefes „Über die Aufgaben einer proletarischen Zeitung"[28] werden zusätzliche Anstöße gegeben haben.

Energischer als 1921 wurde diese Konzeption jetzt vermutlich auch deshalb verfolgt, weil die Partei im Rahmen des Auf- bzw. Ausbaus eines Zellenzeitungssystems nun entscheidend auf die Mitarbeit der „schreibenden Arbeiter" angewiesen war.

Als erste wurde am 28.12.1924 die Arbeiterkorrespondentenbewegung der Berliner Roten Fahne offiziell gegründet.[29] Im Jahre 1925 folgten andere Tageszeitungen diesem Beispiel. Eine der ersten war die Hamburger Volkszeitung.[30] Auf der Berliner Konferenz wurde eine „Resolution über die Aufgaben der Arbeiterkorrespondenten der Roten Fahne"[31] verabschiedet; ähnliche Erklärungen gaben auch die nachfolgenden Versammlungen ab.[32] In dieser Resolution wurden der Arbeiterkorrespondent „als das beste Verbindungsglied zwischen der Zeitung und der Masse der Werktätigen"[33] und seine Tätigkeit als „Parteiarbeit"[34] bezeichnet. Der Arbeiterkorrespondent selbst galt als ein „klassenbewußter Kämpfer, der sich auch mit seiner Feder in den Dienst des Proletariats stellt".[35] Die Verbindung mit den Arbeiterkorrespondentenbewegungen des Auslandes, vor allem mit der Sowjetunion wurde gefordert.[36] Neben der Mitarbeit an der Parteizeitung wurde der Arbeiterkorrespondent auch zur Mitgestaltung der Zellen- und Betriebszeitungen verpflichtet.[37] Zum Inhalt seiner Arbeit hieß es: „Die Tätigkeit des Arbeiterkorrespondenten besteht überwiegend in der Berichterstattung über die Zustände im Betrieb, im Arbeiterleben und im bürgerlichen Staat, doch soll natürlich der literarischen Betätigung des Arbeiters überhaupt keine Schranke gesetzt werden. Im Gegenteil: der proletarische Journalist und proletarische Schriftsteller kann nur auf dem Boden der kommunistischen Presse entstehen."[38]

Obgleich die Arbeiterkorrespondenten organisatorisch an das jeweilige regionale Parteiorgan der KPD gebunden waren, beschränkte sich die Arbeiterkorrespondententätigkeit nicht nur auf Parteimitglieder. Im Gegenteil: Im Rahmen der Konzeption der „Einheitsfront von unten" wurden ausdrücklich auch SPD-Mitglieder und Unorganisierte zur Mitarbeit aufgefordert.[39] Die Leitung der Bewegung sollte allerdings, so hieß es in reichsverbindlichen „Richtlinien zur Frage der Arbeiterkorrespondentenbewegung", „ausschließlich in den Händen der Kommunisten liegen."[40] Im folgenden wird am Beispiel der Arbeiterkorrespondentenbewegung der Hamburger Volkszeitung die Realisierung dieser Konzeption betrachtet werden. Dabei wird zuerst nach der Einbindung der Arbeiterkorrespondentenbewegung in die Pressekonzeption der KPD allgemein zu fragen sein.

III. Einbindung der Arbeiterkorrespondentenbewegung in die Pressekonzeption der KPD

Als Reaktion auf den gescheiterten Umsturzversuch der KPD im Herbst 1923, den sogenannten „Hamburger Aufstand"[41], war die KPD einschließlich ihrer gesamten Presse am 23.11.1923 unbefristet verboten worden. Während dieser Phase der Illegalität, die bis zum 1.3.1924 dauerte, bekam die Partei zu spüren, daß sie weder mit ihrer Organisationsform noch in der Produktions- und Vertriebsweise ihrer Presse auf illegale Arbeitsbedingungen eingestellt war. So nutzte die KPD die Verbotsphase auch, sich neu zu formieren. Die Reorganisation auf Zellenebene, die bereits Anfang 1923 von der Kommunistischen Internationale vorgezeichnetes Programm für alle kommunistischen Parteien war, konnte nun stringenter verfolgt werden.[42] Ziel der Reorganisation war u.a., den sozialen Zusammenhalt in der Partei zu verbessern. Dies konnte am ehesten in der untersten Parteieinheit, der Zelle geleistet werden, in der die Mitglieder in ihrem Bezugsraum, dem Arbeitsplatz bzw. dem Wohngebiet zusammengefaßt waren. Als das wichtigste politische Agitationsinstrument der neuen Institution Zelle galt die Zellenzeitung, in der Regel also die Betriebszellenzeitung. Diese Betriebszellenzeitungen sollten sich nicht nur an Parteimitglieder, sondern an die gesamte Belegschaft wenden. Zu dieser Konzeption wurde in einer Parteibroschüre ausgeführt: „Das bestimmt auch ihren Inhalt. Da sie sich an sozialdemokratische, parteilose, christliche, oft auch an indifferente Arbeiter richtet, die sie für den Klassenkampf gewinnen und kontinuierlich beeinflussen soll, darf sie weder theoretisch und politisch abstrakt, noch politisch farblos geschrieben sein."[43]

Verfaßt und gestaltet werden sollten die Betriebszeitungen nicht von hauptberuflichen Parteifunktionären und nur „zum kleinsten Teil vom Redakteur", sondern „zum größten Teil von den Betriebsarbeitern"[44] selbst. Diese Aufgabe sollten die Arbeiterkorrespondenten übernehmen. Die Tätigkeit eines Arbeiterkorrespondenten als „Betriebskorrespondent" stellte dabei aber nur einen von vielen möglichen Aufgabenbereichen für einen Korrespondenten dar; andere waren z.B.: „Gewerkschaftskorrespondent", „Versammlungs- und Demonstrationskorrespondent" oder „Gerichtskorrespondent".[45] Offenbar um eine sporadische Berichterstattung an die Presse in eine systematische zu überführen und um das Moment der Zufälligkeit dabei gänzlich auszuschalten, wurde gefordert, den Arbeiterkorrespondenten nach persönlicher Eignung und nach Vereinbarung mit der Redaktion zu einem Spezialberichterstatter in einem dieser Betätigungsbereiche auszubilden. „Eingearbeitet in einen festumrissenen Aufgabenkreis lernt der Arbeiterkorrespondent Sache und Personen kennen und beherrschen. Er kommt nicht in die Lage, über Dinge zu schreiben, von denen er nichts versteht"[46], lautete die Begründung für diese angestrebte Spezialisierung.

Für jedes Aufgabengebiet waren zentrale Fragestellungen vorgegeben, die es beim Verfassen der Korrespondenzen zu beachten galt: So sollte ein Betriebskorrespondent beispielsweise periodisch über Besitzverhältnisse im Betrieb, über die Gewinne des Unternehmens, über dessen Auftragslage etc. berichten; zur regelmäßigen Berichterstattung gehörten Fragen der „Arbeitszeit- und Lohnkämpfe, Einstellungen und Entlassungen, Arbeitsmethoden und Betriebsunfälle".[47] Auch über Vorgänge im Betriebsrat, über die Tätigkeit gegnerischer Organisationen und über die hygienischen Zustände im Betrieb sollte geschrieben werden.

IV. Das Beispiel Hamburger Volkszeitung
a) Die Umsetzung der Konzeption in Hamburg

Aufgrund der fehlenden Überlieferung des Jahrgangs 1925 der Hamburger Volkszeitung läßt sich nicht rekonstruieren, welche Entwicklung die Arbeiterkorrespondentenbewegung dort nach ihrer Gründung Anfang 1925 nahm. Zu vermuten ist allerdings, daß sie wie die anderer Zeitungen nach der ersten Gründungseuphorie zunächst wieder ins Stocken geriet; die spärlichen Korrespondenzen in den ersten Monaten des Jahres 1926[48] und eine Konferenz der Hamburger Arbeiterkorrespondenten im Oktober 1926, die in der Zeitung selbst als „die erste Arbeiterkorrespondentenkonferenz"[49] bezeichnet wird, weisen darauf hin.

Erst ab Ende 1926 nahm die Mitarbeit der Arbeiter an der Volkszeitung erheblich zu. Waren im 4. Quartal 1926 der Zeitung 546[50] Korrespondenzen zugesandt worden, so hatte sich der Zugang im 1. Quartal 1927 mit 1164[51] mehr als verdoppelt. 1927 erhielt die Redaktion insgesamt 4455[52] Zuschriften, 1928 5815[53]; ab 1929 scheinen die Zahlen rückläufig gewesen zu sein; bis 1932 lag die Anzahl der eingereichten Korrespondenzen aber immer noch bei einem Jahresdurchschnitt von etwa 2500[54]. In der Regel wurden mindestens 75 % der Berichte veröffentlicht.[55]

Es setzte schon ein großes Geschick in der Organisation der Redaktionsarbeit voraus, diese Flut von Einsendungen zu bewältigen. Jede eingesandte Korrespondenz wurde mit einer „Arbeiterkorrespondenzennummer" versehen; in einer Kartei wurden Absender, Thema, die Arbeiterkorrespondenzennummer und bei Veröffentlichung Datum und Nummer der Ausgabe eingetragen; die Korrespondenzen wurden den jeweiligen Ressorts zugeordnet und dort abschließend bearbeitet. Diese Bearbeitung sah so aus, daß geringfügige stilistische Änderungen ohne Rücksprache mit dem Korrespondenten vorgenommen wurden[56]; bei brisanten Inhalten wurden bei der jeweiligen KPD-Stadtteilleitung oder bei den proletarischen Nebenorganisationen Erkundigungen über den Sachverhalt und über die politische Zuverlässigkeit des Korrespondenten eingeholt[57]; manchmal wurde vor der Publikation eine eidesstattliche Erklärung über den Wahrheitsgehalt des Berichtes gefordert[58]; wenn ein Bericht in seiner Wertung von der politischen Linie abwich, wurde der Verfasser auch schon mal in die Redaktion bestellt.[59] In der Zeitung erschienen die Korrespondenzen dann entweder als Einzelartikel mit einer eigenen Überschrift wie „Verhöhnung der Wohlfahrtsempfänger. Ak-Nr. 1600"[60] oder „Hamburgs Bäcker fordern Kampfmaßnahmen. AK.-Nr. 1993"[61], oder sie wurden von den Redakteuren mit anderen Berichten zu längeren Artikeln montiert mit Titeln ähnlicher Thematik wie „(...). Unsere Arbeiterkorrespondenten erzählen vom Krieg."[62] Andere Korrespondenzen wurden in redaktionellen Artikeln mitverwertet, oder sie dienten der Bezirksleitung der Partei als Information über die Zustände in einzelnen Betrieben und über die Stimmung unter den Werktätigen.[63]

In Hamburg übernahmen die Korrespondenten hauptsächlich die betriebliche, sozialpolitische und lokale Berichterstattung. Zur Illustration sei als Beispiel eine Arbeiterkorrespondenz ungekürzt zitiert:

„Sie gehen betteln vor Hunger
Arbeiterkorrespondenz 401

Vor einigen Monaten wurde das 300. bzw. 75jährige Jubiläumsfest der Versorgungsheime Barmbeck und Farmsen gefeiert. Hierzu waren auch einige Filmonkels bestellt, und es wurde dann auch fleißig gedreht. Am 24. Januar 1929 wurden die Aufnahmen auch in der Anstalt zum ersten Mal gezeigt, sogar Eintrittskarten wurden hierzu verausgabt.

Aber beim Auftakt konnte man schon merken, daß es für die Herrschaften nur als Reklame, nur als Propaganda dienen sollte, damit sie in der Öffentlichkeit protzen und sagen können: seht her, so sorgen wir im hamburgischen Staat für unsere alten und armen Leute, so sieht es in unseren Versorgungsheimen aus; die Leutchen leben hier wie im Paradies, sie leben ja hier wie die Fürsten!

Und wirklich, wenn die Uneingeweihten dieses hören, lesen und sehen, dann glauben sie das auch so ziemlich und sagen dann selbst: 'Wollt ihr es noch besser haben?' – Aber daß dieses alles nur zur Verblendung bestimmt ist, wissen nur die Insassen selber. Wie sieht es nun in Wirklichkeit aus?

Daß es immer noch verschiedene Insassen in der Anstalt gibt, die in der Stadt betteln gehen, um wenigstens ab und zu einmal ein etwas schmackhafteres Essen sich zu beschaffen, weil das Essen in den Versorgungsheimen dermaßen geschmacklos ist, daß fast ebensoviel wieder zurück in die Drangtonnen wandern, wie es von der Küche nach den Sälen gebracht worden ist. Geht dann aber ein Insasse zu den Herrschaften hin und beschwert sich darüber, dann heißt es immer, die Einrichtung und die Dampfkocherei haben die Schuld. Aber daß es auch anders geht, hat sich am Jubiläumstag sowie Weihnachten gezeigt.

Die Wohlfahrtsbehörde will die Insassen jetzt scheinbar mit Fisch totfüttern. Das minderwertigste und billigste, das, was der Lieferant in den Geschäften der Stadt nicht los wird, ist gerade gut genug für die Versorgungsheime, und wenn dann noch die wunderbar zubereitete Senfsoße dazu kommt, dann ist das Galaessen fertig, und viele Insassen sind denn auch schon von dem Geruch satt und haben übergenug davon.

Für Reklame und Propaganda ist immer Geld in Hülle und Fülle da, hierfür sorgen schon der hamburgische Staat und seine Lakaien. Kommen aber einmal die Insassen und stellen durch die Bürgerschaft ihre Anträge auf Unterstützung, Renten, Arbeitsprämien oder Erhöhung des Taschengeldes, dann ist immer nichts da, dann sind die Kassen immer leer."[64]

Typisch für eine Arbeiterkorrespondenz sind hier die genauen Orts- und Zeitangaben; herausgegriffen wird ein besonderes Ereignis, das mit dem Anstaltsalltag konfrontiert wird. Aus diesem Kontrast wird das politische Fazit entwickelt: „Für Reklame und Propaganda ist immer Geld in Hülle und Fülle da (...). Kommen aber einmal die Insassen (...), dann sind die Kassen immer leer."

b) Umgang mit den Arbeiterkorrespondenten

Um die Arbeiterkorrespondenten inhaltlich und politisch auf eine solche Art des Kommentierens und Bewertens von politischem Tagesgeschehen vorzubereiten, mußten sie nicht nur im Schreiben, sondern auch im politischen Denken und selbständigen Einordnen von Beobachtungen geschult werden. In der Roten Fahne wurden die Maßnahmen, die zur Qualifizierung der Korrespondenten eingesetzt werden, folgendermaßen beschrieben: „Zur Förderung und Politisierung der Bewegung und Mobilisierung der Arbeiterkorrespondenten dienen die Arbeiterkorrespondentenversammlungen, Artikel und Anweisungen (...), Rundschreiben und individueller Briefwechsel."[65]

Die Arbeiterkorrespondenten-Konferenzen fanden in Hamburg etwa alle vier bis sechs Wochen im Parteihaus, in dem auch der Verlag der Zeitung untergebracht war, statt. Zu ihnen wurde über die Zeitung eingeladen, und auch Nicht-Parteimitglieder hatten Zugang.[66] Kernstück der Konferenzen bildete stets ein politisches Referat, das in einem unmittelbaren Zusammenhang zum politischen Tagesgeschehen oder zu den politischen Kampagnen der Partei stand und den Korrespondenten das notwendige Hintergrundwissen für die politische Kommentierung bieten sollte. Diese nur sporadischen Zusammenkünfte wurden von den Redakteuren beklagt, weil so keine „feste organisatorische Zusammenfassung" bzw. keine „systematische Organisierung" der Arbeiterkorrespondenten, die als Voraussetzung für ein „pünktlicheres und oft gewissenhafteres Berichten"[67] gesehen wurde, zu erreichen sei. Deshalb wurde versucht, die fehlende Organisation durch eine zumindest starke Anbindung der Korrespondenten an die Zeitung und an die Partei zu ersetzen; dies sollte mit verschiedenen Richtlinien, Anweisungen, Rundbriefen etc. erzielt werden. Die so vermittelten Hinweise reichten über „nicht mit dem Bleistift schreiben"[68], „nur eine Seite des Blattes beschreiben"[69] bis hin zu „präzise, schnell und sachlich zu berichten".[70] Sogar ein methodischer „Dreischritt" zum inhaltlichen und formalen Aufbau einer Korrespondenz wurde vorgegeben: „An die Spitze der Korrespondenz in einigen Zeilen 1. die Tatsachen; in einigen weiteren Zeilen 2. die kritische Würdigung, und zum Schluß 3. unser Ausweg und Vorschläge zur Beseitigung der ausgeführten Tatsachen."[71]

Inhaltlich verlangten die Redakteure, daß nicht nur vom individuellen Leiden und Erleben erzählt werden solle, sondern gleichzeitig müsse „an Hand von praktischen, realen Tagesforderungen zum Kampf"[72] aufgefordert werden. Generell sollten die Berichte „kurz, klar, einfach und wahr"[73] geschrieben sein, „kurz und scharf die Tatsachen aufzeigend, ohne viele lyrische Worte usw".[74] Erklärtes Ziel dieser Maßnahmen war, die Berichte der Arbeiter möglichst nahtlos in die Redaktionsarbeit und in die politische Praxis der Zeitung einzupassen. Da so der inhaltliche und der formale Aufbau einer Arbeiterkorrespondenz im Detail vorgegeben war, wurde aus der ursprünglich interessengeleiteten Mitarbeit der Arbeiter an der Zeitung zunehmend ein Stück Zeitungsalltag.

Die lockere Organisationsform der Arbeiterkorrespondentenbewegung erschwerte aber nicht nur die politische Anbindung an die Zeitung und die Einbindung in die Strategie der Partei, gleichzeitig boten sich aus dem gleichen Grund nur wenig Möglichkeiten, daß sich die Korrespondenten untereinander näher kennenlernten, ein Gemeinschaftsgefühl entwickeln konnten. Denn neben der räumlichen Isolation – es galt als Faustregel: pro Betrieb ein Korrespondent – fehlte den Korrespondenten jede Art gemeinsamer Erfahrung, eine gemeinsame Geschichte. Denn nur ansatzweise konnten vermutlich auf den monatlichen oder zweimonatlichen Zusammenkünften individuelle Erlebnisse und Erfahrungen ausgetauscht und in kollektive Erfahrungen überführt werden. Meistens saß der Arbeiterkorrespondent mit seinen Ansprüchen und den an ihn gestellten Erforderungen allein vor dem Papier.

So erforderte es schon große Mühe und viel Phantasie von den Redakteuren, diese Vereinzelung der Korrespondenten aufzufangen und auf den individuellen Schreibprozeß einzuwirken. Über vorgedruckte Briefbögen[75] und Berichterstatterausweise[76] sollte an die Verbindung mit der Gesamtbewegung und an die Verantwortung für sie erinnert werden. Bei der Einführung des Berichterstatterausweises für die kommunistische Jugendpresse wurde erklärt: „Die Organisation schenkt Dir das Vertrauen, daß Du ihr über für sie wichtige Tatsachen berichtest. Du mußt deshalb das größte Verantwortungsgefühl haben und (...) sofort berichten. (...) Die Berichterstatterkarte berechtigt Dich als Funktionär alle unsere Versammlungen, die wichtig für die Berichterstattung sind, zu besuchen. (...) Dieses Vorrecht wirst Du ausüben, indem Du die Karte nicht in der Tasche trägst, sondern sie fleißig benutzt im Dienst der Bewegung."[77]

Außer den regelmäßigen Zusammenkünften der Arbeiterkorrespondenten auf den Konferenzen und außer den brieflichen Kontakten fand vor allem über die Spalten der Zeitung eine rege Kommunikation mit ihnen statt. So wurden dort häufig kleine Mitteilungen eingerückt mit einem Inhalt wie: „Wegen Platzmangels mußten viele Arbeiterkorrespondenzen und Artikel zurückbleiben. Wir bitten die Zwangslage des beschränkten Raumes zu berücksichtigen. Alle Berichte werden in den nächsten Tagen erscheinen."[78]

Häufig waren diese Notizen, die zum Teil den Einsendern auch über die Post mitgeteilt wurden[79], verbunden mit der Aufforderung, trotzdem weiterhin an die Zeitung zu berichten:

„An unsere Arbeiterkorrespondenten!
Zur Bürgerschaftswahl erhielten wir von unseren Arbeiterkorrespondenten eine sehr große Anzahl von Artikeln. Wegen des beschränkten Umfangs unserer Zeitung und des ungeheuren Materialandranges zur Wahl sind wir leider nicht in der Lage, diese vielen Korrespondenzen zu bringen. Wir ersuchen unsere Arbeiterkorrespondenten, trotz allem in der Arbeit für ihre Zeitung nicht zu erlahmen, sondern weiter zu berichten."[80]

Eine solche Mitteilung ist aus mehreren Gründen typisch für den Umgang der Redakteure mit den Korrespondenten: Die Ablehnung bzw. der Nichtabdruck der Berichte wird mit äußeren Ursachen (Platzmangel, Verbot der Zeitung etc.) begründet, die die Redaktion nicht zu verantworten hat. Offensichtlich in der Einsicht, daß der Abdruck einer Korrespondenz, das „Sich-Gedruckt-Sehen", quasi die Entlohnung für die ansonsten arbeitsaufwendige, honorarfreie Mitarbeit der Arbeiter darstellte, verknüpften die Redakteure mit einer Ablehnung stets den Appell „trotz allem" weiterhin zu berichten.

Der Gebrauch des proletarischen „Du" auf den Konferenzen und in den Briefen, das solidarische „Wir" und die ständige Verwendung des Possessivpronomens – „unsere" Zeitung, „unsere" Arbeiterkorrespondenten – in den Zeitungsartikeln, aber auch Initiativen wie Grußadressen der Arbeiterkorrespondenten-Konferenzen untereinander, auch im internationalen Rahmen[81], die kollektive Teilnahme an „revolutionären Wettbewerben", die gemeinsamen Redaktionsbesichtigungen[82] oder die Beteiligung der Hamburger Korrespondenten an einer von dem 'Bund der Freunde der Sowjetunion'[83] veranstalteten Ausstellung über die Sowjetunion[84] zielten vermutlich darauf, auch unter den Arbeiterkorrespondenten ein Gefühl der Zusammengehörigkeit zu erzeugen und so die informelle Organisation zu stärken.

Offensichtlich aber wurden diese Einbindungsversuche und Vorgaben von vielen Korrespondenten eher als Beeinträchtigung denn als Hilfestellung empfunden; denn viele scheinen für sich nicht nur das Schreiben als Artikulationsmöglichkeit, sondern auch die Presse als Publikationsforum entdeckt zu haben. Aus eingesandten, aber nicht veröffentlichten Korrespondenzen und aus dem Briefwechsel der Redakteure mit den Korrespondenten geht hervor, daß viele Schreiber begannen, ihre Berichte auszuschmücken, oder sogar gänzlich feuilletonistische oder lyrische Beiträge einschickten. In diesen „Phantasie-Produkten" konnten die Schreiber frei von Gestaltungs- und Belegzwängen im Gegensatz zur starren inhaltlichen und formalen Begrenzung einer Arbeiterkorrespondenz Träume und Zukunftsvorstellungen entwickeln, gerade ohne an den Ballast des Alltags denken zu müssen.[85] Ihre Begleitbriefe, mit denen sie ihre „Werke" an die Redaktion sandten, zeigen deutlich, daß sie ihre lyrische Betätigung nicht als Entfremdung vom Klassenkampf ansahen, sondern sich auch mit ihren Gedichten in den Dienst der proletarischen Bewegung stellen wollten und daß sie sehr selbstbewußt zu ihren Produkten standen. „Der Verfasser bittet die Redaktion der Hamburger Volkszeitung um Veröffentlichung des kleinen Satzes; die Meinung des Proletariats!"[86], hieß es in einem dieser Briefe. In ihrem Bemühen, mit der Ablehnung von Gedichten nicht potentielle „echte" Arbeiterkorrespondenten oder gar angehende Arbeiterschriftsteller zu verprellen, formulierten die Redakteure die Absagen meist sehr vorsichtig und begründeten sie: „Mit Dank senden wir das Gedicht 'Bergmannslos' zurück, da uns eine Veröffentlichung infolge Verbots unserer Zeitung nicht möglich ist."[87] Manchmal wurden auch inhaltliche oder politische Gründe gegen eine Publikation geltend gemacht: „Trotz stark entwickelter literarischer Fähigkeit fehlen dem Artikel und den beiden Gedichten noch die für eine kommunistische Tageszeitung erforderliche ideologische Klarheit und Konsequenz"[88], hieß es dann beispielsweise.

Häufig versuchten die Redakteure in diesen Briefen direkt, die Einsender von Gedichten auf eine

„echte" Korrespondententätigkeit hin anzusprechen; es hieß dann: „Wenn Sie uns Korrespondenzen in Prosa aus dem Leben der Werktätigen einsenden würden, wären wir gerne bereit, sie zu veröffentlichen."[89]

V. Zusammenfassung

Ziel der Darstellung war aufzuzeigen, daß von Seiten der professionellen Redakteure Ansätze einer Einbindung der Korrespondenten in die Parteipresse und damit an die Partei auf mehreren Ebenen erfolgten. So sollte die eher lockere, informelle Organisationsform der Arbeiterkorrespondentenbewegung ausgeglichen werden. Ich fasse kurz zusammen:

Die informelle Organisation der Arbeiterkorrespondentenbewegung und die mangelnden Zeitkapazitäten der Redakteure zur intensiven individuellen Betreuung der Korrespondenten wurde von den Redakteuren beklagt. Zwar bemühten sie sich, wenn irgend möglich, einen schriftlichen Kontakt zu den Einsendern zu halten; kurze Bestätigungen des Eingangs einer Korrespondenz zeugen davon; doch die regelmäßige Verbindung zwischen Redakteuren und Einsendern erfolgte über die Zeitung in Form von kleinen Mitteilungen, Berichten und Aufforderungen. Über bestimmte formelle Anerkennungs- und Zugehörigkeitssymbole wie Arbeiterkorrespondentenausweise und Berichterstatterbögen sollte eine Gruppenidentität und eine äußere Bindung an die Arbeiterkorrespondentenbewegung hergestellt werden; gleichzeitig wurde so der Korrespondent stets an seine Pflichten der Zeitung und der Bewegung gegenüber erinnert.

Festzustellen bleibt aber auch, daß die Arbeiterkorrespondentenbewegung auch ohne eine feste Organisationsform eine recht konforme Bewegung war und ihre Produkte, die Arbeiterkorrespondenzen, meistens der Norm entsprachen. Ein Verstoßen gegen diese Normen, z.B. das Verfassen von Korrespondenzen, die inhaltlich nicht der Parteilinie entsprachen, oder von unpolitischer Lyrik zog „Sanktionen" nach sich, wie z.B. den Nichtabdruck der Korrespondenz. Wie dieser eher feuilletonistisch schreibende Arbeiter später von den KPD-Literaturorganisationen wie der „Proletarischen Feuilletonkorrespondenz"[90] oder dem „Bund Proletarisch-Revolutionärer Schriftsteller Deutschlands"[91] aufgefangen und so doch noch für die kommunistische Bewegung finalisiert wurde[92], das ist einer der vielen Aspekte, die hier ausgeklammert bleiben mußten.

Anmerkungen

* Für Anregungen, Diskussionen und Kritik danke ich Helga Stachow und Christian Führer, vor allem aber Hans-Harald Müller

1 Brief, 19.11.1930 (Holler), in: Staatsarchiv Hamburg (im folgenden StaHH), Bestand Hamburger Volkszeitung (im folgenden HVZ) 621-5.
2 Die KPD verfügte während der Weimarer Republik über etwa 38 Tageszeitungen (einschließlich der Kopfblätter) mit einer Gesamtauflage von etwa 500000 Exemplaren. Nach dem Jahrbuch der Tagespresse, hrsg. von Kurt Kornfeld, Berlin, Jg. 2, 1929 und Jg. 3, 1930, hatte das Zentralorgan der KPD, die 'Rote Fahne', Berlin, eine Auflage von 70000 Exemplaren, der 'Klassenkampf', Halle, 50600 Exemplare, 'Das Ruhrecho', Essen, 48600 Exemplare, 'Der Kämpfer', Chemnitz, 48000 Exemplare und die 'Hamburger Volkszeitung', Hamburg, 45000 Exemplare.
3 Hamburger Volkszeitung. Organ der KPD/Sektion der KI für den Bezirk Wasserkante, Jg. 4, 3.1.1921 - 16, 27.2.1933 (ill. fortgesetzt); Vorgängerin: 'Die Rote Fahne', Hamburg.
4 Sta HH, HVZ 621-5.
5 Stand der Arbeiterkorrespondenten-Bewegung im Jahre 1932, in: Sta HH, HVZ 621-3.
6 Vgl. Bericht über den Stand der Arbeiterkorrespondenten-Bewegung und ihre Schulung (1932), in StaHH HVZ 621-3.
7 Proletarische Hilfsorganisation zur Unterstützung politischer Gefangener und ihrer Familien. Vgl. dazu vor allem: Hartmann Wunderer, Arbeitervereine und Arbeiterparteien. Kultur- und Massenorganisationen in der Arbeiterbewegung (1890-1933). Frankfurt/M., New York 1980, S. 98-105.

8 Vgl. Bundesarchiv Koblenz (im folgenden BAK) R 134/77-80.
9 Vgl. dazu: Die Betriebszeitung, die jüngste Waffe im Klassenkampf. Berlin, o.J. (1926) und Paul Böttcher, Der Arbeiterkorrespondent. Winke und Aufgaben für Berichterstatter der proletarischen Presse. Berlin o.J. (1927).
10 Christa Hempel-Küter, Die Arbeiterkorrespondentenbewegung. Ein Vergleich ihrer Darstellung in ausgewählten literaturwissenschaftlichen Texten mit eigenen Untersuchungen am Beispiel der 'Hamburger Volkszeitung'. (unveröffentl.) literaturwiss. Magisterarbeit, Universität Hamburg, 1982 (ms) (in der Handschriftenabteilung des Staatsarchivs Hamburg) und dies.: Die kommunistische Presse und die Arbeiterkorrespondentenbewegung. Das Beispiel Hamburg (Arbeitstitel) Phil. Diss. Universität Hamburg, in Vorbereitung.
11 Es liegen vor: Jg. 1, 2, 3 (bis Juni), 5 (Jan.-März), 9-16, (1918-1933)
12 Die ersten Arbeiterkorrespondenzen. Proletarierbriefe aus der Zeit der Pariser Kommune. In: HVZ 86, 12.4.1930; Arbeiterkorrespondenten der Pariser Kommune, in: HVZ 122, 6.5.1930; Arbeiterkorrespondenzen der Pariser Kommune, in: Internationale Pressekorrespondenz (im folgenden Inprekorr) 22, 9.3.1931, S. 602 f. Im Handbuch für schreibende Arbeiter, hrsg. von Z. Steinhaußen, D. Faulseit, J. Bonk, Berlin, 1969; S. 15 wird diese Position übernommen.
13 Zur Geschichte des Leserbriefs vgl. Johannes Böttcher, Der Leserbrief in der Presse der Bundesrepublik Deutschland. Wiso. Diss. Erlangen, Nürnberg, 1961.
14 Vgl. dazu Werner Feudel, Proletarische Presse und künstlerische Literatur während der Revolution von 1848/49, in: Literatur und proletarische Kultur. Beiträge zur Kulturgeschichte der deutschen Arbeiterklasse im 19. Jahrhundert. Berlin 1983, S. 136-162. Tanja Bürgel, Das Problem der Unterhaltungsliteratur in der deutschen Arbeiterpresse vor dem Sozialistengesetz, ebenda, S. 163-200.
15 Ursula Münchow, Arbeiterbewegung und Literatur 1860-1914. Berlin und Weimar 1981, S. 24.
16 Vgl. Georg Fülberth, Proletarische Partei und bürgerliche Literatur. Auseinandersetzungen in der deutschen Sozialdemokratie der II. Internationale über Möglichkeiten und Grenzen einer sozialistischen Literaturpolitik. Neuwied und Berlin 1972.
17 Hans-Josef Steinberg (Hrsg.), Mahnruf einer deutschen Mutter an die gemißhandelten deutschen Soldaten sowie andere Gedichte, die Arbeiterinnen und Arbeiter unter dem Sozialistengesetz an die Redaktion des illegal vertriebenen „Sozialdemokrat" geschickt haben und die nicht abgedruckt wurden. Mit einem Nachwort von Wolfgang Emmerich. Bremen 1983.
18 Zur russischen Arbeiterkorrespondentenbewegung vgl. vor allem: Steffi Müller, Die sowjetische Arbeiter- und Bauernkorrespondentenbewegung. Phil. Diss. Wien, 1961 (ms) und Andreas Guski, Zur Entwicklung der sowjetischen Arbeiter- und Bauernkorrespondentenbewegung 1917-1932. In: E. Knödler-Bunte, G. Erler, Kultur und Kulturrevolution in der Sowjetunion. Kronsberg/Ts. 1978, S. 94-104.
19 Briefkasten, in: Rote Fahne, Hamburg, 5.12.1918.
20 In HVZ 4.3.1919.
21 Vgl. Bericht über die Verhandlungen des 2. (7.) Parteitages der KPD (Sektion der KI), Jena, 22.-26.8.1921, hrsg. von der Zentrale der KPD, Berlin 1922, S. 50 ff.
22 Vgl. W. Koenen, Bringt Leben in Eure Zeitung, in: Inprekorr 5, 4.10.1921, S. 47.
23 G. Sinowjew, Die Aufgaben einer kommunistischen Zeitung. Was mußt Du für Dein Blatt tun? in: Rote Fahne 492, 27.10.1921.
24 Am 28.10.1921 (Rote Fahne, Nr. 494) hieß es zum Beispiel: „Leser der 'Roten Fahne'! Habt Ihr den gestrigen Artikel über die Aufgabe Eurer Zeitung gelesen? Schreibt der 'Roten Fahne': Was wollt Ihr gegen die drohende Stinneskoalition tun?"
25 Im Rahmen einer Redaktionsbesichtigung führte ein Redakteur der Volkszeitung beispielsweise Ende 1921 aus, daß eine Arbeiterzeitung nur dann lebensfähig sei, wenn ihr jeder einzelne Vorgang sofort gemeldet werde. Vgl. Zentralpolizeistelle, Bericht Nr. 118, 21.12.1921, in: Sta Bremen: 4,65/1587/259.
26 So war die Rote Fahne z.B. 1919 für 290 Tage, 1920 für 9 Tage, 1921 für 4 Tage, 1922 für 26 Tage, 1923 für 120 Tage und 1924 für 136 Tage verboten. Zudem wirkte sich die Papierkontingentierung negativ aus. „Während das offizielle Parteiblatt der SPD, der 'Vorwärts', mit 16 Seiten täglich erscheinen konnte, desgleichen die bürgerlichen Blätter (...), wurde die 'Rote Fahne' lange noch mit einem Umgang von vier Seiten niedergehalten." Manfred Brauneck, Revolutionäre Presse und Feuilleton. „Die Rote Fahne" – das Zentralorgan der Kommunistischen Partei Deutschlands (1918-1933), in: Ders. (Hrsg.): Die Rote Fahne. Kritik. Theorie. Feuilleton 1918-1933. München 1973, S. 19.
27 Vor allem über Berichte und regelmäßige Rubriken in der Inprekorr und durch die Zeitschrift „Arbeiterliteratur", Jg. 1, 1924, Nr. 1-12 und Sonderheft, Wien, 1924, die in einem Komintern-Verlag erschien.

28 In: Arbeiterliteratur, Nr. 12, Dez. 1924, S. 942 ff.
29 Vgl. Rote Fahne 190, 24.12.1924 und Inprekorr 5, 5.Jg., 10.1.1925 (Sondernummer). Für die Kopie danke ich W. Guttsman, Norwich.
30 'Sächsische Arbeiterzeitung', Leipzig: 22.1.1925; 'Kommunist', Danzig: 22.2.1925; im 1. Quartal 1925 wurden weiterhin folgende Arbeiterkorespondentenbewegungen gegründet: 'Hamburger Volkszeitung', Hamburg; 'Kämpfer', Chemnitz; 'Sozialistische Republik', Köln; 'Bergische Arbeiterzeitung', Solingen; bis Ende 1925: 'Ruhrecho', Essen; 'Klassenkampf', Halle.
31 In: Rote Fahne, 30.12.1924: wieder abgedruckt in: Alfred Klein, Im Auftrag ihrer Klasse. Weg und Leistung der deutschen Arbeiterschriftsteller 1918-1933. Berlin und Weimar 1976, S. 628-30.
32 Vgl.: Die Bewegung der Arbeiterkorrespondenten schreitet voran, in: Rote Fahne 37, 13.2.1925.
33 Resolution (vgl. Anm. 31), Punkt 3.
34 Ebenda, Punkt 4.
35 Ebenda.
36 Ebenda, Punkt 11 und 12.
37 Ebenda, Punkt 9.
38 Ebenda, Punkt 4.
39 Vgl. Einladungen zu den Konferenzen in der HVZ ab 1927.
40 Beschluß der ersten Reichsagitpropkonferenz, 8.7.1925, in: Bericht über die Verhandlungen des 10. Parteitages der KPD, Berlin, 12.-17.7.1925, hrsg. vom ZK der KPD, Berlin 1926.
41 Vgl. vor allem H. Habedank, Zur Geschichte des Hamburger Aufstandes 1923. Berlin 1958, und W.D. Hund, Der Aufstand in Hamburg 1923, in: Jahrbuch für Sozialökonomie und Gesellschaftstheorie, Opladen 1983. Siehe dort die neuesten Literaturhinweise.
42 Vgl. Hermann Weber, Die Wandlung des deutschen Kommunismus. Die Stalinisierung der KPD in der Weimarer Republik. Bd. 1, Frankfurt/M. 1969, S. 252-293.
43 Die Betriebszeitung (s. Anm. 9), S. 6.
44 Ebenda, S. 12.
45 Böttcher (s. Anm. 9), S. 21.
46 Ebenda, S. 22.
47 Ebenda.
48 Vgl. die Auszählung in Hempel-Küter, Die Arbeiterkorrespondentenbewegung (s. Anm. 10).
49 Vgl. das Referat des Vertreters des Zentralagitprop: Die kommunistische Presse als Massenorganisator, in: HVZ 11.11.1926. Diese „erste Konferenz" fand am 17.10.1926 statt. Vgl. den Hinweis in: Arbeiterkorrespondenten und Werbewochen, in: HVZ, 14.10.1926.
50 Vgl.: Achtung! Hamburgs rote Reporter formieren sich, in: HVZ 175, 28.7.1928.
51 Ebenda.
52 Vgl.: Schreibt: kurz, klar, einfach, wahr. In: HVZ 3./4.12.1932.
53 Ebenda.
54 Vgl. die Übersichten in: Sta HH, HVZ 621-3.
55 Ebenda.
56 Brief, o. Datum (Morgenstern), in: Sta HH, HVZ 621-5.
57 Vgl. Brief (Asso), 7.3.1931, ebenda oder Brief (Stadtteilleitung Hammerbrook), 3.8.1931, ebenda.
58 Vgl. Brief (Böhner), 5.1.1931, ebenda.
59 Ebenda.
60 In: HVZ 27.5.1927.
61 In: HVZ 30.6.1927.
62 In: HVZ 1.8.1927
63 Vgl. Brief in Sta HH, HVZ 621-4 oder : An alle Arbeiterkorrespondenten, in: HVZ 26.2.1932.
64 In: HVZ 24, 2.9.1929
65 Die Arbeiterkorrespondentenbewegung der Roten Fahne, Teil II, in: Rote Fahne 10, 13.1.1931.
66 Vgl. z.B. die Einladungen, die in der Regel über die HVZ erfolgten, z.B. in: HVZ 14.10.1926; 14.11.1926; 11.11.1926.
67 Stand der Arbeiterkorrespondenten-Bewegung. (s. Anm. 5).
68 Vgl.: Arbeiterkorrespondenten, in: HVZ 13.1.1927.
69 Ebenda.
70 Ebenda.

71 An alle Arbeiterkorrespondenten! (1932), in: Sta HH, HVZ 621-3.
72 Ebenda.
73 In: HVZ 3./4.12.1932.
74 Brief in Sta HH, HVZ 621-4.
75 Vgl. Sta HH, HVZ 621-5.
76 Vgl. Sta HH, HVZ 621-7.1.
77 Was heißt kommunistischer Berichterstatter zu sein?, in: Junge Garde 10, 5. Jg., 5.7.1923, S. 239.
78 In: HVZ 3.10.1927.
79 Vgl. Briefwechsel in Sta HH, HVZ 621-8.
80 In: HVZ 18.2.1928.
81 Z.B. wurde auf Beschluß der Konferenz am 16.4.1930 ein Grußtelegramm an die russischen Arbeiterkorrespondenten gesandt. Vgl. Arbeiterkorrespondenten mobilisieren, in HVZ 19.4.1930.
82 Z.B. nach der Konferenz am 11.9.1926. Vgl.: Arbeiterkorrespondenten, in: HVZ 5.9.1927.
83 Vgl. vor allem: Gerda Koch, Die Arbeit des Bund der Freunde der Sowjetunion in den Jahren 1928-1930. In: Hände weg von Sowjetrußland. Über deutsch-sowjetische Beziehungen in den Jahren 1917-1945. Berlin 1957, S. 132-143.
84 Vgl. vor allem: Ausstellung der Arbeiterkorrespondenten, in: HVZ 30.8.1930.
85 Vgl. dazu: „Zum Kampfe ruf ich Euch!" Nichtveröffentlichte Gedichte aus dem Proletariat an die kommunistische Presse Hamburgs. Herausgegeben und mit einer Einleitung versehen von Christa Hempel-Küter, in Vorbereitung.
86 Brief (Sellmann), 9.5.1931 in: Sta HH, HVZ 621-8.
87 Brief (Mikuzeit), 8.4.1931, ebenda.
88 Brief (Eickert), 4.10.1930, in: Sta HH, HVZ 621-8.
89 Brief (Duschinski), 22.6.1931, in: Sta HH, HVZ 621-8.
90 Auf Beschluß der KPD im Jahre 1927 von der KPD herausgegeben mit dem Ziel, das Feuilleton der kommunistischen Presse mit proletarisch-revolutionären Kleinformen zu versorgen und proletarisch-revolutionären Autoren ein erstes Publikationsforum zu stellen. Vgl. dazu: Lexikon sozialistischer deutscher Literatur. Von den Anfängen bis 1945. Monographisch-biographische Darstellungen. s'Gravenshage 1973, S. 407 ff.
91 Kommunistische Schriftstellerorganisation, die am 19.10.1928 in Berlin gegründet wurde. Vorsitzender war Johannes R. Becher. Vgl. ebenda, S. 130-135 und Helga Gallas, Marxistische Literaturtheorie. Kontroversen im Bund proletarisch-revolutionärer Schriftsteller. Neuwied und Berlin 1974.
92 Vgl. dazu vor allem Gerhard Friedrich, Proletarische Literatur und politische Organisation. Die Literaturpolitik der KPD in der Weimarer Republik und die proletarisch-revolutionäre Literatur. Frankfurt/M., Bern 1981, und Hanno Möbius, Progressive Massenliteratur? Revolutionäre Arbeiterromane 1927-1932. Stuttgart 1977.

Andreas Kuntz-Stahl

Das Volkshaus in Düsseldorf – Annäherung an seine Biographie

Unter Volkshäusern werden in der Literatur zum einen freigewerkschaftlich-sozialdemokratische Gründungen verstanden und zwar meist synonym mit 'Gewerkschaftshaus'. Diese Häuser sollen auch nur dann als Volkshäuser bezeichnet werden, wenn sie im „Volks"-Besitz sind, d.h. gepachtete Gewerkschafts- und Parteihäuser sind keine Volkshäuser. Aber auch die Häuser der gelben Gewerkschaften werden zuweilen Volkshäuser, meist jedoch Volksheim benannt.

Erste Vorläufer der Volkshäuser waren die Kolping-Hospize und Gesellenherbergen, z.B. das Kolping-Hospiz des Vereins für Sonntagssäle für Arbeiter, Lehrlinge und Knaben in Basel von 1832 (Niess, 1984, 144).

Die bürgerliche Volksbildungsbewegung hatte sich der Gründung und Propagierung von Volkshäusern und Volksheimen angenommen, so schrieb etwa W. Wetekamp unter dem Motto „Man lernt nur zu arbeiten; man muß auch lernen, wie die freie Zeit zu genießen sei" über „Volksbildung – Volkserholung – Volksheime. Neue Wege zu ihrer Förderung" (Wetekamp, 1900). Erwartungsgemäß hebt diese Propaganda für Volksheime mehr auf die Erziehung zum „Kunstgenuß" ab, doch zeigt das Raumprogramm durchaus Ähnlichkeit mit den späteren freigewerkschaftlichen Volkshäusern. Im Volksheim soll enthalten sein: eine Bücher- und Lesehalle, ein Unterrichtsraum auch für Geselligkeit, „Säle für Volksunterhaltungsabende, Konzert, Theater, Vorträge, Kunst- und Kunstgewerbeausstellungen" und doch soll auch für „Beköstigung und Erfrischung ohne Verzehrzwang" gesorgt sein, ebenso für einen Garten, Spiel und Sportplätze, „politische und religiöse Tendenz sollte ferngehalten werden." (Wetekamp, 1900, 10) Aber eine kostenfreie Rechtsberatung, wie er sie vorschlägt und die Möglichkeit, bei Tanzvergnügungen zarte Bande anzuknüpfen, haben schon eine politische Qualität. Der große Unterschied in der Konzeption liegt in der Hoffnung auf Klassenharmonisierung durch Begegnung, wie sie im Volkspalast zu London (1887) möglich sei und ebenso im Amsterdamer Volkshaus „Ons Huis", das von einem Industriellen gestiftet wurde. Wetekamp nennt als weiteres, gelungenes Beispiel das Volksheim des Vereins „Volkswohl" in Dresden und dessen „Paulinenheim", im Besitz der Stadt und ausgestattet mit Küche, Restauration, Bibliothek, Lesezimmer, kleinem Saal, mit Piano, Garten, Spielplatz (Wetekamp, 1900, 14)

Die bürgerlichen Häuser waren zeitlich vor den Häusern der Arbeiterbewegung eröffnet worden, in Dresden schon vor 1895. In Leipzig war schon 1848 die Gründungsabsicht für das Volkshaus in den Statutenentwurf geschrieben worden, und 1849 war schon ein Lokal als Bildungsstätte und für Kurse angemietet worden. Neben der Harmonisierung war die Absicht ein „Gefühl der Selbsthilfe zu wecken und zu fördern", weshalb man auch einen Eintritt verlangte. Dieses künstlich herbeizuführende Gefühl der Selbsthilfe brauchten die Volkshäuser der Arbeiterbewegung nicht erst erzeugen, lebten sie doch von der finanziellen Hilfe der Partei- und Gewerkschaftsmitglieder. Meist hatten die örtlichen Verbände Probleme mit der Raumbeschaffung (Militärboykott) und als noch dringlicher erwies es sich meist ein Gebäude für die Unterbringung einer eigenen Druckerei zu finden; ein Punkt, der in den bisherigen Beschreibungen übrigens meist unterbewertet wird. Stärker als am Kampf um eine politische Kneipenöffentlichkeit waren die Genossen nämlich – zumindest gilt dies für Düsseldorf – am Kampf um eine eigene Presseöffentlichkeit interessiert. Voraussetzung dafür war eine eigene Druckerei und ihre Unterbringung in eigenen Räumen. Parallelen zwischen dem Düsseldorfer Volkshaus und anderen Volkshäusern und auch reformistischen Volksheimen finden sich häufig. Sie bestehen beim gelben Gewerkschaftshaus in Altendorf bei Essen in der Finanzierungsweise. Hier finanzierte die „Alters- und Invaliden-Versicherungsanstalt das fehlende Kapital" (Niess, 1984, 17), in Düsseldorf war es die gewerkschaftliche Versicherungsanstalt „Volksfürsorge". Das Essener Volksheim sollte „besonders junge Leute der arbeitenden Klassen dem Kneipenle-

1 „Entwurf zu einem Volkshaus Düsseldorf – Ansicht Flingerstrasse, Januar 1907" (nicht realisiert)

2 „Entwurf zu einem Volkshaus Düsseldorf – Ansicht Wallstrasse, Januar 1907" (nicht realisiert)

3 Lageplan

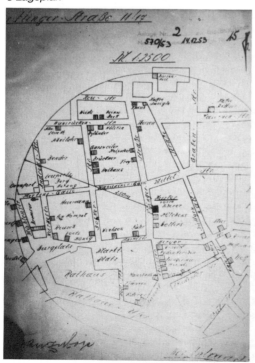

4 Das Volkshaus um 1933

ben und dem Kostgängerwesen entziehen" (Niess, 1984, 17) Neben der Gründung von Genossenschaften forderte Wetekamp (1900) auch kommunale Mittel, über deren Bereitstellung ich in Düsseldorf nach vieltägigen Archivuntersuchungen keine bleibende Auskunft geben kann.

Aus der Schwierigkeit, Lokale für Versammlungen zu bekommen, ergab sich auch eine besondere Bedeutung des Wirts-Berufes in der Sozialdemokratie. Eine Anzahl von Sozialdemokraten, wie z.B. der Genosse Friedrich Ebert, waren Wirt, und besaßen Parteilokale. Allerdings übernahmen auch viele, die arbeitslos waren oder auf schwarzen Listen standen, Gaststätten mit Unterstützung der Partei. Innerhalb der Partei spielte nicht nur der Bier- und Schnapskonsum eine Rolle, sondern die Wirte hatten in der Partei auch eine recht starke Lobby ausgebildet, was sich u.a. in der Zeitschrift „Der freie Gastwirt" (erschienen seit 1913 mit immerhin 11 000 Exemplaren) nachvollziehen läßt.

Neben den diversen Festschriften über die Volkshäuser, sie sind z.T. reich bebildert und prächtig aufgemacht, sind als informative Lektüre die Aufsätze zur Architektur zu empfehlen. Beides sind wichtige zeitgenössische Quellen (z.B. Hans Kampfmeyer: Volkshäuser als Kriegsdenkmäler, in: Die Bauwelt, 8/1917, H. 38, 9-11), die Arbeit von Niess bietet zu den freigewerkschaftlichen Volkshäusern eine knappe Zusammenfassung, und das ist leider weniger, als man bei dem Titel erwarten darf.

Volkshäuser stehen fast immer in der Tradition der Gesellenherberge, sind aber auch von der Idee der Konsumgenossenschaften geprägt – was beides für Düsseldorf zutrifft. Geplant wurden die meisten Volkshäuser mit dem Ende des Sozialistengesetzes, frühe Gründungen von Volkshausgesellschaften „gab es in Berlin 1897, Frankfurt 1897, Leipzig 1900 und Hamburg 1900." (Niess, 1984, 145) Viele der Häuser wurden beim Kapp-Putsch zerschossen, besonders dramatisch ist der Bericht über das Leipziger Volkshaus zu lesen, welches sicherlich eines der prächtigsten war. Es war mit vielerlei Sälen, Sitzungsräumen und mit Büros ausgestattet. Eine Bibliothek, eine Buchhandlung, „ein Cafe mit eigener Bäckerei, Bierstube, Restaurant und Volksküche mit eigener Fleischerei, eine Herberge, ein Wäschereibetrieb, eine Sparkasse und eine Weinkelterei" (Niess, 1984, 145) gehörten zu dem genossenschaftlich aufgezogenen Betrieb.

Die Volkshäuser versuchten sich 1909 „auf einem Kongress der Gewerkschaftshäuser" in einer Zentralstelle zu organisieren, da aber diese Zentralstelle keine Befugnisse hatte und die Organisationsformen der Volkshäuser zu unterschiedlich waren, blieb diese Zentralstelle wirkungslos. Sie wurde 1922 durch eine „Arbeitsgemeinschaft deutscher Gewerkschafts- und Volkshäuser" (70 Einrichtungen waren Mitglied) ersetzt. Diese Arbeitsgemeinschaft brachte seit 1926 ein Mitteilungsblatt „Das Gewerkschaftshaus" bis Ende 1929 in Hamburg und ab 1930 in Leipzig heraus.

Die sozialistischen Volkshausgründer scheinen gegen die reformistischen Volksheime in Konkurrenz getreten zu sein und versucht zu haben, diese zu übertrumpfen. In Hannover nannten die Arbeiter 1909 ihr Volkshaus das Rathaus der Arbeiter, und das erste Hamburger Volkshaus stellte eine architektonische Herausforderung an das Rathaus dar. Nach 1918 wurden in anpasslerischem Begriffsopportunismus auch die Volksheime zu Volkshäusern umbenannt.

Die frühe und bestehenbleibende Ähnlichkeit der Volksheime und Volkshäuser in ihrer Architektur reizte Clara Zetkin zu der Aussage, die „Gewerkschafts-, Volks- und Geschäftshäuser unterscheiden sich in ihrem Stil – Stil als äußere Form inneren Lebens gefaßt – in nichts von irgendwelchen bürgerlichen Geschäfts- oder Verkehrshäusern ... Kurz, das geistige Leben der Arbeiterklasse hat bis jetzt noch nicht den geringsten Ausdruck in der architektonischen Formensprache gefunden." (nach Niess, 1984, 165)

In den zahlreichen Festschriften blätternd gewinnt man zwar leicht den Eindruck übermäßigen Pompes, aber gegen Luxus ist ja kaum etwas zu sagen und die Arbeiter wollten es eben besonders gut haben, wie in den Vorworten immer wieder versichert wird. Zetkins Auffassung von 1911 galt übrigens in den zwanziger Jahren schon nicht mehr, wenn man etwa an die Gestaltung des neu aufgebauten Volkshauses in Dresden denkt.

Karl Odenthal berichtet im Internationalen Handwörterbuch des Gewerkschaftswesens von 1930 über die meist sehr teueren Innenstadtgrundstücke bei den meisten Volkshausgründungen. Die Gewerkschaftskartelle ließen es sich in aller Regel nicht nehmen, im absoluten Stadtzentrum zu bauen, um Präsenz zu demonstrieren. Anders als Clara Zetkin schrieb Odenthal: „Schließlich aber wollte der Arbeiter auch etwas Gutes haben. Schon damals standen viele, und glücklicherweise gerade die, auf die es ankam, auf dem Standpunkt, daß 'für den Arbeiter das Beste gerade gut genug sei.'" (Odenthal, 1930, 671)

Über Leipzig berichtet er weiter: „Prächtig ist der neu entstandene Gesellschaftssaal in seiner eigenartigen Architektur mit der mit Silber belegten und mit modernen Lichteffekten ausgestatteten Decke, der künstlerischen Ausgestaltung durch wandgroße Mosaikgemälde. Überall zeigt sich Fortschritt aus zielsicherem und gewolltem Prinzip." (Odenthal, 1930, 674)

Der Zuschußbedarf der Häuser war sehr erheblich, er wird von 40000 bis 100000 Mk. mtl. angegeben, die Mitglieder wurden mit z.T. erheblichen Beiträgen belastet. Dem Bauboom nach dem 1. Weltkrieg versuchte die Gewerkschaftsleitung Einhalt zu gebieten, da auch kleinere Gewerkschaftskartelle nun versuchten, ein Volkshaus zu bauen.

Odenthal schränkte seine Ausführungen auf solche Häuser ein, „die Eigentum der Arbeiterschaft oder mindestens von den Organisationen als ganzes gepachtet sind." (Odenthal, 1930, 672)

Mit der Düsseldorfer Lösung, bei der die Volksfürsorge ja der Hauptschuldner wurde, scheint das dortige Kartell einen seltenen Weg gegangen zu sein, denn in aller Regel wurden die Häuser von den Ortsvereinen der sozialdemokratischen Partei, von Konsumvereinen, Arbeitersportvereinen und Parteiverlagen gemeinsam finanziert. Um 1925 gab es etwa 130 solcher Volkshäuser im Deutschen Reich, die meisten davon mit Büroräumen und Versammlungssälen, diese Häuser waren also nicht auf Geselligkeit beschränkt. Nur 15 der Häuser hatten zu diesem Zeitpunkt Hotelbetrieb und nur in 36 Häusern gab es Herbergen. Die christlich-nationalen Gewerkschaften hatten nur wenig mehr solcher Häuser, einige führten sogar „Volkshäuser im Ausland, in Paris, London, New York, Chikago und Barcelona", wie Bernhard Otte (Otte, 1930, 669) berichtet. Außerdem gab es Erholungsheime, Kurhäuser, Kinderheime, Jugendsanatorien und sogar ein einzelnes Altersheim bei den „Gelben".

Auch die freigewerkschaftlichen Vertreter sehen die Stiftung von Gemeinschaftsgefühl durch die Volkshäuser gegeben; es sei dies „zwar nicht spezifisch deutsch, wurzelt aber am stärksten in Deutschland und deutschsprechenden Ländern." (Odenthal, 1930, 677) Im nächsten Abschnitt werde ich nun versuchen, anhand von völlig neu ausgewerteten Akten die spezifische Entwicklung des Düsseldorfer Volkshauses darzustellen, die insbesondere durch ihre Lage in der Düsseldorfer Altstadt und durch den Zwang zur Profitmaximierung seitens der Betreiber – der GmbH – gekennzeichnet ist.

Chronik des Düsseldorfer Volkshauses nach den Akten – Vorgeschichte

Als Gewerkschaftshaus diente bis zum Einzug in das Volkshaus in der Flingerstr. 11-17 neben vielen Lokalen in den Stadtbezirken das Lokal „Kaufhaus" (Besitzer Hansen) in der Bergerstr. 8, also in unmittelbarer Nähe des späteren Volkshauses.

Aus den Hausakten für die Bergerstr. 8 ist wenig zu entnehmen. Der Besitzer hat in den 150 Jahren vor 1906 dreimal gewechselt, es findet sich ein Antrag auf Fassadenschmuck (28.5.1864, Akte STAD VI 12469), dann am 26.2.1890 ein Antrag wegen der Einrichtung von Sälen. Ab 1902 wird das Gehäuse als Versammlungslokal geführt und wegen baulicher Monita finden sich unzählige Zwangsgeld-Aufforderungen der Baupolizei, eine damals übliche Praxis, um sozialdemokratischen Wirten das Leben schwer zu machen. Ob diese Gelder gezahlt wurden, konnte ich nicht feststellen.

Das erst 1900 in verrechtlicher Form exisitierende Düsseldorfer Gewerkschaftskartell tagt nachweislich der Akte STAD III 6225 am 2.10.1900 im Lokal von Prevor in der Geroldstr. 34, aber am 11.12.1900 im Gewerkschaftshaus Bergerstr. 8 (in der gleichen Akte wird vom Paulushaus, dem Gewerkschaftshaus der Gelben, berichtet).

In den Lebenserinnerungen des Düsseldorfer Arbeiterführers Peter Berten wird als Beginn der Arbeit in der Bergerstr. 8 das Jahr 1899 genannt, was auf informeller Ebene wahrscheinlich richtig ist. Laut Akte STAD III 6225 bestand das Gewerkschafts-Kartell aber erst seit dem 1.7.1900. Berten berichtet: „Partei und Gewerkschaft vesuchten gemeinsam ein Etablissement zu finden. Da ergab sich die Gelegenheit, an der Berger Straße in der Altstadt das „Kaufhaus" genannte Wirtschaftsunternehmen zu pachten. Es hatte

Restaurant und zwei Säle; im oberen Saal war Sonntags Tanz, im unteren Variete. Dieses Etablissement wurde das erste Gewerkschaftshaus in Düsseldorf. Die Inbetriebnahme erfolgte 1899. Ludwig Schmid wurde als Ökonom angestellt." (Berten, in: Kuntz, 1984, 29)

Nach Berichten der sozialdemokratischen Zeitung „Niederrheinische Volkstribüne" (No. 36 vom 12.2.1901) wurden auf einer Versammlung am 9.2.1901 „heftige Anklagen gegen die Geschäftskommission des Gerkschaftshauses erhoben." Ob diese Kommission nur das Lokal Bergerstr. 8 verwaltete, oder auch schon den Bau des Volkshauses plante, ist bisher nicht zu ermitteln gewesen. Nach der gleichen Akte (eingeklebter Zeitungsbericht) ergibt sich als Eröffnungstermin der 15.10.1900: „Besonders wohltätig wirkte auf die Gewerkschaftsbewegung die Konstituierung eines Gewerkschaftshauses, wodurch eine Centrale für den Verkehr und Gelegenheit zum engeren Zusammenschluß der Genossen geboten wurden. Am 15. Oktober eröffnet, trat mit demselben Zeitpunkt die Herberge für die organisierten Arbeiter in Thätigkeit." Es ist weiter von einem Herbergsverwalter die Rede und von der Tätigkeit eines „Rechtsbureaus". Die Herbergszimmer und die Funktion von Zimmern in der Bergerstr. 8 als Übernachtungsräume konnte ich in den Bauakten nicht bestätigt finden. Die Polizeiakten berichten, oft anhand von Zeitungsausschnitten aus der sozialdemokratischen Volkszeitung, über die Vorgänge um das Gewerkschaftshaus. So wurde z.B. in der Düsseldorfer Volkszeitung No. 140 vom 18.6.1901 unter der Rubrik „Vereine und Versammlungen" von einem Ausflug berichtet, den das „Düsseldorfer Gewerkschaftskartell" für alle Gewerkschaften organisiert habe, „damit die große Masse der Arbeiterschaft Düsseldorfs und die Mitglieder der einzelnen Gewerkschaften mehr kollegialisch und freundschaftlich miteinander verkehren, was bis heute nicht der Fall in Düsseldorf ist." Weiter ist die Rede davon, ein Fest zu feiern, wozu eine Festkommission einberufen wird.

Für das Geschäftsjahr 1900/1901 findet sich ein gedruckter „Geschäftsbericht des Gewerkschaftshauses Düsseldorf pro Oktober 1900 bis Oktober 1901", aus dem u.a. hervorgeht, daß 100.799,57 GM an Ausgaben getätigt wurden, u.a. 15.405,72 GM für Gehälter und 12.876,10 GM für Steuern und Miete. Einnahmen wurden u.a. für Bier 56.186,60 GM, für Likör 4.722,00 GM und für Zigarren 5.633,87 GM erzielt, wobei auffällt, daß bei Bier mehr als 100 % aufgeschlagen wurde, bei den Zigarren aber nur etwa 25 %.

Es gab ein Billard, das 818,71 GM einbrachte und insgesamt mußte zur Herstellung einer ausgeglichenen Bilanz ein „Miethszuschuß" von 1.337,09 GM und ein gewerkschaftlicher Zuschuß von 136,90 Mark für die Herberge eingezahlt werden. Außerdem wurde die Bilanz mit Hilfe eines „Vergnügungskontos" um 5119,38 GM geschönt. Ein „Automatenwaaren-Conto, Vorrath" schlägt mit 74,23 GM zu Buche.

Das Gewerkschaftskartell Düsseldorf hat sich vermutlich im Dezember 1903 aufgelöst, weil den Frauen seitens der Polizeibehörden die Mitgliedschaft verweigert wurde. Die Volkszeitung meldet am 9.1.1904 (No. 6) die Gründung eines neuen Kartells. Am 24.9.1904 berät das Kartell die Einrichtung einer Centralbibliothek und schließlich findet sich ein gedrucktes Reglement des Kartells. Erst mit der Änderung des preußischen Vereinsrechtes war es Frauen möglich, Mitglied in politischen Organisationen zu werden.

Nach Bertens Lebenserinnerungen hatte die Stadtverwaltung am Volkshausbau mitgewirkt:

„Um 1904 herum wurde von den Gewerkschaften und Parteigenossen die Suche nach einem ausreichenden Etablissement aufgenommen. Daß es in der Altstadt sein müsse, war bei den damaligen Größenverhältnissen der Stadt selbstverständlich. Es gelang dann, an der Flinger Straße einige Häuser in die Hand zu bekommen, deren Grundstücke bis zur Wallstr. durchstießen. ... Da auch die Stadtverwaltung mit Oberbürgermeister Wilhelm Marx sich für das Projekt sehr interessierte, kamen die Kaufverhandlungen bald zu einem tragbaren Abschluß. Die Stadtverwaltung gab ein Darlehen von 600000.- Mark, und der Baumeister der Stadt machte die Baupläne und überwachte die Ausführung." (Berten, in: Kuntz, 1984, 30)

Die Geschichte des Volkshauses in der Flingerstr./Wallstr. beginnt den Akten zufolge mit einem Baugesuch vom 19.2.1907. Es gab Probleme wegen der Bebauungsdichte der zusammengelegten Grundstücke und wegen des Abbruchs der alten Gebäude, außerdem gewerberechtliche Schwierigkeiten wegen der geplanten Druckerei und der Nähe zur evangelischen Kirche. Die Tatsache, daß die Wallstr. ein jüdisches Ghetto, besonders für Kleider- und Althändler, war, scheint keine Rolle gespielt zu haben. Aus der eingereichten Baubeschreibung geht hervor: „Der Neubau sieht an der Flingerstraße eine würdige Frontausbildung in Haustein und an der Wallstraße eine solche in hellen Verblendsteinen vor. Die gesammten Baukosten betragen 450000 Mark." (STAD VI 13165, Bl. 49) Für die Druckerei waren insgesamt 32 Personen vorgesehen (mit Setzerei und Buchbinderei), im Keller der Flingerstr. waren zwei Kegelbahnen geplant. Aus Blatt 70 dieser Akte geht hervor, daß die vom ersten Architekten geplante Fassadengestaltung mit zwei Türmen in der Art wilhelminischer Bahnhofsarchitektur vorgesehen war. Architekt dieses Entwurfs war Radke (Januar 1907 nach Akte STAD VI 13166), der Entwurf der später auch ausgeführten Fassade findet sich in Akte STAD VI 13170 und ist gezeichnet von Stahl (Architekten Carl Moritz und Werner Stahl).

Am 12.8.1907 erwirbt die „Volkshaus GmbH" die Grundstücke, es folgt eine Baugenehmigung für Säle, Herberge, Restaurant, Druckerei und Büroräume. Die Pläne sahen für das Erdgeschoß zwei Gaststätten vor, einen Saal mit Bühne (690 Personen) und Büroräume, für das 1. OG einen Saal mit Bühne und Galerie für 578 Personen. Insgesamt sollten 1232 Personen als gleichzeitige Besucher des Gebäudes genehmigt werden. Dazu gehörten die Mitarbeiter in den 25 Büroräumen und die Bewohner von 7 Herbergszimmern sowie eine Wohnung für den Hausverwalter. Das Gebäude verfügte über fünf Speiseaufzüge und 3 Lastenaufzüge – laut Planung und TÜV-Abnahme – und war auch von der sonstigen Haustechnik her äußerst modern konzipiert. Es finden sich häufiger Dispensanträge für Kinovorführungen und dann später Umbauten wegen abgelehnter Genehmigungen (Vgl. STAD VI 13171, Bl. 39/1).

Allerdings fehlte es auch an Materiallagern für die Druckerei, und aus Raumnot wurde die Küche in das Kellergeschoß verlegt (STAD VI 13171, am 15.5.1917). Die Fassade in der Wallstraße trug ebenso wie die in der Flingerstraße die Aufschrift „Volkshaus".

Die GMBH wurde nach den Handelsgerichtsakten (HSTA, Kalkum, Amtsgerichtsakten 65/200, Handelsgerichtsblatt 482) am 21.6.1907 eingetragen mit dem Titel „Firma Volkshaus Düsseldorf GmbH, Erwerb, Bebauung, Ausnützung von Grundstücken".

Das Geschäftslokal der GmbH war in der Kasernenstr. 67 a, was den Schluß nahe legt, daß sich dort gemietete Gewerkschaftsbüros befanden. Im September 1909 finden sich verschiedene Mängelrügen am Neubau, der ausführende Architekt, Regierungsbaumeister Carl Moritz, Breite Str. 7, Düsseldorf, stellt am 18.11.1909 ein Ersuchen auf Bauabnahme für die Wallstr. 10. (STAD VI 13171) Die Gründung der GmbH wurde am 6.6.1907 vor dem Notar Justizrat Josef Burghartz II (Urkunde Nr. 998) durchgeführt. Es zeichnen 47 Personen das Gründungskapital von 100000 M., wobei zwei Personen als Beaufragte des „Allgemeinen Consumvereins für Düsseldorf und Umgebung, GmbH, Ackerstr. 15" handeln. Peter Berten zeichnet z.B. 1500 M. – für die damalige Zeit ein Vermögen. Die geringste Summe liegt bei 500.- M., die größte bei 31500.- M. pro Person. In den Aufsichtsrat der GmbH werden u.a. Peter Berten und J. Frank gewählt.

In Wilhelm Kiebers Buch über „Stadtentwicklung und Wohnungsfrage in Düsseldorf" (Münster, 1922) findet sich ein eindeutig zu interpretierender Hinweis auf eine nicht erfolgte Bezuschussung der Gesellenherberge im Volkshaus: „Zu erwähnen ist noch das mit städtischer Unterstützung vom Verein 'Volksheim' 1911 errichtete Ledigenheim, welches bezweckt, die Wohnungverhältnisse der alleinstehenden ledigen Arbeiter, Gesellen, Angestellten usw. zu heben und den Mißständen entgegenzuwirken, die mit dem Schlaf- und Kostgängerwesen verbunden sind." (Kieber, 1922, 174 a) Gemeint ist hier eine bürgerliche Einrichtung. Aus den Handelsregisterakten geht hervor, wie häufig der Geschäftsführer der GmbH wechselte. Zuerst war es nach Wilhelm Schmidt Julius Leyser, gefolgt von Heinrich Pfeiffer. Am 1.3.1914, also nach gut vier Jahren, folgt Ludwig Schmidt. Die Geschäftsführung wurde nun wieder und wieder abgelöst, was auf einen schlechten Geschäftsgang hindeutet.

Um das zu überprüfen, hätten erneut die Akten STAD III 4589 bis 4604, und 6224 bis 6 (Bericht des Gewerkschaftskartells Düsseldorf 1902-6, 1911-12) ausgewertet werden können, wobei aber Mary Nolan schon keine Ergebnisse erzielte.

Am 1.2.1917 werden 50 Gesellschafter eingetragen für die neu geforderte Reichsmarksbilanz vom 1.1.1926. Es werden als Passiva 100000,- M. Hypotheken und 67800,- M. Obligationen ausgewiesen. Nach meinem Kenntnisstand handelt es sich um eine Grundschuld an die Hamburger „Volksfürsorge" und die Obligationen wurden von den Genossen gezeichnet – eine erhebliche Summe, angesichts eines Mitgliederstandes von ca. 23000 für 1912. Als Aktiva werden 303021,- M. Gebäudewert ausgewiesen. Am 26.4.1926 werden im jährlichen Bericht an das Amtsgericht nur noch 24 Gesellschafter aufgeführt.

Neben anderen Veränderungen ist bedeutsam am 5.9.1929 die Änderung der Geschäftsausgaben der GmbH.

Es heißt nun: „Gegenstand des Unternehmens ist die Verwaltung des Vermögens der dem Ortsausschuss Düsseldorf des Allgemeinen Deutschen Gewerkschaftsbundes angeschlossenen Verbände." Es werden 31 Gesellschafter aufgeführt.

Es sei noch einmal auf Bertens 'falsche' Lebenserinnerungen hingewiesen:

„Es gelang dann, an der Flinger Str. einige Häuser in die Hand zu bekommen, deren Grundstücke bis zur Wallstr. durchstießen. ... Da auch die Stadtverwaltung mit Oberbürgermeister Wilhelm Marx sich für das Projekt sehr interessierte, kamen die Kaufverhandlungen bald zu einem tragbaren Abschluß. Die Stadtverwaltung gab ein Darlehen von 600000,- Mark, und der Baumeister der Stadt machte die Baupläne und überwachte die Ausführung." (Berten, in: Kuntz, 1984, 34)

Die Geschäfts- und Haushaltsberichte der Stadtverwaltung haben in den betreffenden Jahren keinen solchen Zuschuß ausgewiesen, so daß auch ohne Prüfung der Grundbücher davon ausgegangen werden kann, daß Peter Berten keine Tatsachen berichtet, wenn er von einem städtischen Zuschuß von 600000 M. spricht.

Sollte die Stadt wirklich etwas zum Bau des Volkshauses beigesteuert haben, so hätte auch im Generalanzeiger, dem damaligen Amtsblatt der Verwaltung, etwas berichtet werden müssen, aber von Mitte 1909 bis Mitte 1910 fand ich nur in Nr. 138 vom 21.5.1910 die Bemerkung: „Deutscher Freidenker-Bundeskongreß. Im 'Volkshaus' begann heute der deutsche Freidenkerbund seinen Kongress." (Düsseldorfer Generalanzeiger, Nr. 138 vom 21.5.1910, im STAD). Die Ratsprotokolle waren alle abgedruckt, aber aus ihnen ging keine Debatte über den Zuschuß hervor.

Die Einweihung des Volkshauses soll nach Bertens Erinnerungen Ende 1909 erfolgt sein. Es ließ sich merkwürdigerweise kein Festakt oder ähnliches ausfindig machen. Nach Akte III 6933 STAD wird das Volkshaus in der Flingerstraße am 6.7.1909 zum erstenmal als Veranstaltungsort genannt.

Das ehemalige Gewerkschaftshaus in der Bergerstr. 8, das Lokal „Kaufhaus" wird laut den Polizeiakten und Akten des Regierungspräsidiums (HSTAD, Regierung Düsseldorf, 42802) zum Versammlungslokal der „Anarchistischen Förderation". So wird ausführlich über einen „Anarchisten Kongreß" am 4. und 5. Juni 1911 im Düsseldorfer „Restaurant Kaufhaus" berichtet. Der Polizeikommissar Geuer, Nachfolger des in der Düsseldorfer Arbeiterbewegung berüchtigten Hentze, berichtet am 13.5.1911 dem Regierungspräsidenten: „Der obere Saal des alten Gewerkschaftshauses (Kaufhauses) war mit Lorbeerbäumen, Tannen und Birken geschmückt, die Bühne mit rotem Stoff ausgeschlagen und mit Tannen, roten und schwarzen Papierrosen drapiert ... rohe Kreideskizzen, Most und Kropotkin darstellend" rundeten die Ausschmückung des Saales ab und der Gesangverein „Freie Sänger Düsseldorf" brachten einige Lieder zur Eröffnung des Kongresses vor.

Doch scheint auch die freie Gewerkschaftsbewegung das alte Lokal bei Engpässen weiterhin genutzt zu haben, so etwa am 30.5.1910, als die „Bildungs-Ausschuß-Konferenz" ab „10 Uhr früh im alten Düsseldorfer Gewerkschaftshause, Bergerstr. 8" (Düsseldorfer Volkszeitung Nr. 124 vom 30.5.1910, auch: STAD 6933) zusammengerufen wurde.

Die Volkszeitung – inzwischen das Blatt der USPD – berichtete über das alte Gewerkschaftshaus, das inzwischen „Arkadia" hieß, am 10.11.1923, daß es abgebrannt sei. „Das Lokal, früher 'Kaufhaus' geheißen, ist den organisierten Arbeitern Düsseldorfs aus der Zeit, als es uns als Gewerkschaftshaus diente (1899-1919) sehr gut bekannt." (Düsseldorfer Volkszeitung, Nr. 263, 34. Jg., 10.11.1923). Es hat das 'Kaufhaus' also offensichtlich bis 1919 den 'Linksradikalen' als Versammlungsort gedient.

In den 20iger Jahren warb das Volkshaus jeden Freitag in der Volkszeitung mit einer Annonce: „Gemütlichen Aufenthalt bietet das Volkshaus in seinen renovierten Räumen. Samstags: Abend-Konzert, teils unter Mitwirkung von Arbeiter-Gesangvereinen. Sonntags: Matine, Nachmittags- und Abend-Konzerte. In den oberen Räumen: Tanz. Die Verwaltung." Es gibt Hinweise auf Gewalt, die vom Volkshaus ausging, auf Waffen, die dort aufbewahrt worden seien, aber dieser Aspekt wurde weder erinnert, noch halte ich ihn für typisch für die Gesamtgeschichte des Gebäudes, da die Jahre 1919-1924 einen Sonderfall in der Geschichte der Arbeiterbewegung und des Voplkshauses in Düsseldorf darstellen.

Die USPD, und Verbände wie der Deutsche Baugewerksbund, der Konsumverein, der Zentralverband der Zimmerer und der Deutsche Metallarbeiterverband hielten ihre Versammlungen hier ab.

Auch der Allgemeine freie Angestelltenbund AfA, Ortskartell Düsseldorf, veranstaltete Vorträge und Kurse hier: z.B. am 5.10.1923 über „Die Not der Industrieangestellten". Der Zentralverband der Bäcker und Konditoren in der Wallstr. 10 untergebracht, was aus der weiter unten aufgeführten Liste von 1929 nicht mehr hervorgeht. Es heißt in der Volkszeitung vom 10.10.1923: „Einbruch im Volkshaus. Montag den 8.10. zwischen zwei und drei Uhr nachmittags ist im Bureau des Zentralverbandes der Bäcker und Konditoren, Wallstr. 10 IV, Zi. 38 ein Einbruch verübt worden. Gestohlen wurden: 40 Millarden, ein Fahrrad ..". Für die Wiederbeschaffung wurden 10 Millarden Mark ausgesetzt. 1917 waren die Bäckerei Ziel plötzlicher Plünderung gewesen, und gelegentlich Übergriffe gab es bei 1923/24. (vgl. Kuntz/Schwarze, 1983, 26)

Wie das Volkshaus in der Flingerstr. 11-17 gestaltet war, läßt sich schwer rekonstruieren, da mir bislang keine Fotos von Innenansichten bekannt geworden sind. Das Haus ist allerdings im Mauerwerk fast unverändert erhalten.

Am 3.2.1929 wurde ein Gesuch wegen Umbau von den Architekten Schloenbach und Jacobi gestellt, der Umbau wurde durch die Firma „Gemeinnütziger Arbeiter-Bauverein 'Freiheit' e.G.m.b.H." ausgeführt. Ein Gesuch auf die Dauergenehmigung für die Vorführung von Filmen wird nicht positiv beschieden. Gezeigt wurden den Einzel-Anträgen zufolge Filme wie z.B. „Kreuzzug der Weiber" durch die „Liga für Mutterschutz und soziale Familienhygiene/Bund für bewußte Geburtenregelung, e.V. Reichsgeschäftsstelle: Berlin SW 19, Fiederichsgrach 50" – laut Antrag vom 21.3.1931.

In den Büroräumen in der Wallstr. 10 waren nach dem Adressenverzeichnis für 1929 folgende Gewerkschaften untergebracht:
– ZENTRALBIBLIOTHEK DER FREIEN GEWERKSCHAFTEN UND DER SOZIALDEMOKRATISCHEN PARTEI
– Ortsausschuß des Allgemeinen Deutschen Gewerkschaftsbundes Düsseldorf
– Arbeitersekretariat des Ortsausschusses
– Betriebssekretariat des Ortsausschusses
– Jugendkartell der freien Gewerkschaften
– Jugendheim der freien Gewerkschaften
– Baugewerksbund
– Bekleidungarbeiterverband
– Buchbinderverband
– Buchdruckerverband
– Fabrikarbeiterverband
– Gemeinde- und Staatsarbeiterverband
– Hotelangestelltenverband
– Malerverband
– Maschinisten- und Heizerverband
– Nahrungsmittel- und Getränkearbeiterverband
– Sattlerverband
– Verkehrsbund
– Zimmererverband
– Bezirkssekretariat des ADGB, Rheinland-Westfalen-Lippe
– Holzarbeiterverband, Bezirksleitung
– Nahrungsmittel- und Getränkearbeiterverband, Bezirksleitung
– Verkehrsbund, Bezirksleitung
– Zimmererverband, Bezirksleitung
– Allgemeine Deutsche Postgewerkschaft
– Reichsbund der Beamten und Angestellten in den öffentlichen Betrieben
– Verkehrslokal
– Parteisekretariat der SPD
– Band der Arbeiter, Angestellten und Beamten

– Einheitsverband Handel- und Gewerbetreibender und der freien Berufe
– HERBERGE.

Es waren also insgesamt 34 Organisationen oder Funktionen in dem Gebäude untergebracht, die Druckerei scheint 1929 schon ausgelagert gewesen zu sein. Dazu Peter Berten, der zur USPD gewechselt war: „In der Druckerei an der Klosterstraße wurde nun unsere Volkszeitung gedruckt und hatte sehr bald ihre alte Beliebtheit wieder erreicht. ... In der Druckerei an der Wallstraße, die ja nun der Mehrheitspartei gehörte, wurde auch eine sozialistische Zeitung herausgegeben: 'Freie Presse' Redaktuer Paul Gerlach, Geschäftsführer Heinrich Born." (Berten, in: Kuntz, 1984, 48)

Die dramatische Phase 1931 bis 1933

In den Hausakten des Grundstückes Flingerstr. 11-13 und Wallstr. 10 findet sich für den 17.5.1933 die grundbuchliche Übertragung für die „Volksfürsorge, gewerkschaftlich-genossenschaftliche Versicherungs-Aktiengesellschaft Hamburg" und zwar „aufgrund Zuschlagbeschlusses vom 19. Januar 1932, eingetragen am 12.5.1933." (STAD VI 13172)

Hinter dieser Mitteilung verbirgt sich keine Nazifizierung, wie man vielleicht zunächst erwartet hätte. Vielmehr war es zu einer Zwangsversteigerung gekommen und die Volksfürsorge hatte das Volkshaus, als Hauptgläubiger der Volkshaus GmbH, ersteigert.

In Peter Bertens Lebenserinnerungen liest sich das folgendermaßen: „Die Stadtverwaltung gab ein Darlehen von 600000,- Mark und der Baumeister der Stadt machte die Baupläne und überwachte die Ausführung. Die weitere Finanzierung des Baues wurde teils durch Extrabeiträge der Gewerkschafts- und Parteimitglieder, 5 Pf. pro Woche, hereingeholt. Außerdem wurden Obligationen, lautend auf 100.- Mark ausgegeben. Aber auch das reichte noch nicht aus. ... Da trat dann die 'Volksfürsorge Hamburg' für die Finanzierung ein; sie übernahm später auch die ganze Hypothek der Stadtverwaltung." (Berten, in: Kuntz, 1984, 30)

In der Akte STAD III VI 13172 findet sich der einzige mir bekannte Hinweis auf eine mögliche städtische Beteiligung an der Finanzierung des Volkshauses. Es heißt: „Die seiner Zeit von der Stadtkämmerei verwaltete Aufwertungshypothek von 149999,01 GM ist bereits am 31.12.1930 zurückgezahlt und am 5.1.31 gelöscht worden." Aufwertungshypotheken wurden als Maßnahme gegen die Inflationsfolgen in den 20iger Jahren durchgeführt.

Der 'Zuschuß' der Stadt war also 'nur' 149999,01 M. und nicht 600000,- M., und es war dies die städtische Bürgschaft für die Aufwertungshypothek. Die 'Volksfürsorge' wird als Alleineigentümer eingetragen, nachdem das Amtsgericht folgende Hypotheken als gelöscht bestätigt: 400000 RM, 100000 GM, 10000 GM, 40000 GM, 20000 RM."

Da die Volksfürsorge als Hauptgläubiger genannt wurde, muß es sich um deren Hypothek in Höhe von 400000 RM handeln.

Nach den Akten des Handelsregisters spielte sich die Aufhebung der Volkshaus GmbH folgendermaßen ab: Im Januar 1931 wurde noch einmal investiert in Umbauten und es findet sich ein neuer Briefkopf mit Hotelwerbung. Die Gesellenherberge ist also einem Hotel gewichen. Am 27.11.31 wird von der Industrie- und Handelskammer zu Düsseldorf ein Konkursantrag mangels Masse abgelehnt. Am 29.12.1931 legt der Geschäftsführer Paul Helbig sein Amt nieder.

Helbig beantragt die Löschung der GmbH, da am 23.9.31 Herr Amon auf Antrag der Volksfürsorge zum Zwangsverwalter des GmbH-Vermögens bestellt worden sei und die Volksfürsorge auf der Zwangsversteigerung den Zuschlag erhalten habe. Am 1.8.1933 wird die Volkshaus GmbH gelöscht.

Die Übernahme des Volkshauses durch die Volksfürsorge behinderte aber zunächst in keiner Weise die freigewerkschaftliche Arbeit im Volkshaus, glaubt man der Akten-und Antragslage.

Ein Heinz Lewandowski, Bankstr. 45, beantragt z.B. die Erlaubnis, den Film „Jugend in Palestina" im Volkshaus Ende Februar 1932 aufzuführen, es folgt am 2.3.1932 ein Antrag von Karl Koch, für die Sozialistische Arbeiterjugend, Ortsgruppe Düsseldorf. Das Kartell für Arbeitersport und Körperpflege (Arbeitersportkartell, Düsseldorf e.V.) beantragt am 18.11.1932 die Erlaubnis zur Vorführung des Filmes „Die Frau im Arbeitersport". Am 10.1.1933 möchte der Zentralbildungsausschuß den Film „Die Brüder" zeigen, am 13.2.1933 dann die Filme „Die Eifel, Anglerfreuden, Das brennende Schiff, Lasst euch nicht mit Mädels ein!" (Filme der städtischen Bild- und Filmstelle) (STAD VI 13172). Ein betontes Unterhaltungsprogramm nach dem sogenannten Machtantritt. Der Zentralbildungsausschuß erhält diese Genehmigungen mit Datum vom 16.2.1933, 19. und 20.2.1933. Bis zum 2. Mai 1933 gibt es nun keine in den Akten zu findende Nachrichten. Am 2.5.33 meldet die Abend-Ausgabe der Düsseldorfer Nachrichten: „Aktion gegen die Freien Gewerkschaften – Sämtliche Gebäude des Allgemeinen Deutschen Gewerkschaftsbundes besetzt – Gewerkschafter verhaftet." Und im Lokalteil unter der Überschrift „Aus Stadt und Land" ist zu lesen: „Die Aktion gegen die Freien Gewerkschaften in Düsseldorf – Besetzung des Werkmeister-Verbandshauses... Stromstraße... Dr. Kurt Wilden verhaftet."

Erst am folgenden Tag werden dann die weiteren Informationen dieser reichsweiten Überfallaktion nachgeliefert: „Metallarbeiterheim besetzt (Ecke Duisburger/Sternstr.), ... ferner die Geschäftsräume des Afa-Bundes in der Schadowstr. und die Räume des ADGB im Volkshaus... Es wurden eine große Anzahl marxistischer Schriften sowie Parteifahnen beschlagnahmt, die auf dem Marktplatz öffentlich verbrannt wurden."

Am 4.5.33 melden die „Düsseldorfer Nachrichten" schließlich: „Besetzung des Gewerkschaftshauses – Gewerkschaftsführer Arnold und Böckler verhaftet" und zwar wegen angeblicher „bedeutender Unterschlagungen", „die den Einlagen der Arbeiter entnommen worden sind."

Kommentar der NS-Journaille: „Auch im Düsseldorfer Volkshaus bestätigte es sich wieder, daß die Büros der Gewerkschaftsführer in ihrer übermäßig prunkvollen Aufmachung ihrer eigentlichen Bestimmung, schlichte Arbeitsräume für Arbeiterführer zu sein, nicht entsprachen...".

Wilhelm Frank von der Gewerkschaft „Verband der Nahrungsmittel- und Getränkearbeiter" schildert in einem sog. „Testament", welches im Zentralarchiv des DGB aufbewahrt wird, die „Besetzung der Gewerkschaftsbüros am 2. Mai 1933 durch die Nazis."

Er schreibt: „Vormittags 9 Uhr drangen die Nazis stark bewaffnet ins Volkshaus ein und belegten die gesamten Büros. Unten im Raum wurden die Angestellten durch eine Rede des Amtswalters Schneider verpflichtet, den Dienst weiter zu verrichten. Eine Weigerung habe strenge Strafen zur Folge. Im Volkshaus wurden den dortigen Angestellten Passierscheine ausgestellt. Die Tätigkeit der Gauleiter wurde kurz nach dem Einbruch aufgehoben, durch die Nazis. Das Personal wurde durch die Nazis ausgetauscht und unten am Eingang wurde eine ständige Wache von vier SA-Männern aufgestellt, die strenge Kontrolle zu üben hatten."

Die von den Nazis eingesetzten neuen Mitarbeiter bestellten auch einen neuen Wirt für die Schankbetriebe. Er hieß Heinz Schlinger. Offensichtlich hat er den Schriftzug „Volkshaus" unmittelbar nach Antritt seiner neuen Funktion ersetzen lassen durch ein Transparent „Haus der Deutschen Stände". Die Baupolizei drohte ihm wegen unerlaubter Fassadenveränderung ein Zwangsgeld an, und er antwortete darauf folgendermaßen: „Da die Übernahme des Volkshauses durch mich ganz plötzlich kam und die damit verbundenen Umstände mich sehr belasteten, andererseits ich auf dem Standpunkt gestanden habe, dass sich in diesem Falle wo es sich um ein Parteihaus handelt und ich verpflichtet war die Bezeichnung Volkshaus sofort zu entfernen, habe ich angenommen, daß ...". (STAD VI 13172)

Dieses Schreiben vom 18.8.1933 ist ein Beispiel für die Gebrochenheit, mit der sich die Gleichschaltung durchzusetzen begann.

In den Akten findet sich die Bezeichnung „Haus der Deutschen Stände" zum erstenmal am 20.7.1933, erst am 2.12.1933 hat sich in den Hausakten das „Heil Hitler" durchsetzen können.

Die Hausakten geben nur noch wenig über die Biografie des Volkshauses preis. Am 1.2.1933 wurde der Antrag auf Vorführung der Filme „Wie bleibe ich gesund?" und „Grippe" gestellt, am 27.9.1938 stellte der „Völkische Schwimm- und Wassersportverein, Schwimm-Abteilung (VSWS)" den Antrag, seinen „großen Kameradschaftsabend" mit „Varieteschau" im großen Saal durchführen zu können.

Am 25.1.1940 wird die Errichtung eines „öffentlichen Schutzraumes" für die Wallstr. 10 beantragt. Am 14.5.1940 wird das Lokal im „Haus der Deutschen Stände" in „Das Haus der Altstadt" umbenannt – ob wegen der Verballhornung in „Haus der Deutschen Stenze", läßt sich nicht sagen.

In den folgenden Jahren finden sich Beschwerden über Störung der Nachtruhe (STD VI 13172). Von meinen Gesprächspartnern wurde mir bestätigt, daß das 'Haus der Deutschen Stenze' während des Krieges ein richtiges Amüsierlokal gewesen sei, und in der Wallstraße 10 sei ein Bordell für die SS gewesen. Diese mündlich tradierten Informationen haben sich nicht in den Archivalien nachweisen lassen.

Am 7.7.44 wird die Einrichtung eines Kinos beantragt, der Antrag wird aber abgelehnt.

Nach 1945

Unter dem Stichwort „Theater" findet sich im Schlagwortverzeichnis des STAD folgende Eintragung: „29.9.1945: Eröffnung eines neuen Theaters in Düsseldorf, Flingerstr. 11-17 im ehemaligen 'Haus der Stände', jetzt 'Haus Altstadt'. Gründer des Theaters sind Müller-Schlösser und Kurt Brück, Köln, die dem Theater den Namen 'Kleines Theater' gaben. Eröffnung mit der Komödie von Hans Müller-Schlösser 'Der Schutzmann'."

Am 8.2.1946 wird das Werbezeichen „Kleines Theater" für die Fassade beantragt.

Der Schriftzug „Haus der Altstadt" und „Kleines Theater" werden angebracht.

Mit dem 6.12.48 wird eine Kinokonzession erteilt für die „Düsseldorfer Filmtheaterbetriebe GmbH", die bis zum 31.12.51 Gültigkeit hat. Das „Kleine Theater" wird am 26.1.50 an den Wirt des Schankbetriebes für Tanzvergnügungen übergeben, das Theater muß seinen Betrieb endgültig einstellen.

Der Pächter der Gastronomie, Keßler, betrieb die Gaststätte unter der Bezeichnung „Haus Vaterland" (in den Akten auch Vaterlands-Betriebe, die es während des Krieges in vielen Großstädten gegeben hatte), ein Foto von 1953 zeigt ein Transparent mit folgendem Text: „Haus Vaterland-Betriebe: Oberbayern, St. Pauli mit Bar-Bierschenke, Billardsaal, 2 Bundekegelbahnen, Kino, Hotel, 25 Betten. Auf Wunsch Dauerzimmer mit voller Pension, Merkur Polstermöbel Ausstellung, Jan-Wellem-Stübchen."

Ein weiteres, den Hausakten beigeheftetes Foto, datiert auf den 22.2.1954 zeigt in der Flingerstr. 11-17 den Schriftzug „Haus der Altstadt".

In der Erinnerung eines Gewährsmannes gab es das Volkshaus als „Haus der Altstadt" seit 1949 mit dem „Theater in der Altstadt". Mit Müller-Schlösser sei dort aufgeführt worden: „Schneider Wibbel, Der Etappenhase, Über den Dächern der Altstadt."

Er selbst habe auf einem Vereinsfest in dem Stück „Othellos Erfolg", einer Persiflage, mitgespielt.

„Haus der Altstadt" und „Kleines Theater" verschmelzen miteinander in der Erinnerung zu „Theater in der Altstadt". Vermutlich würden die meisten Düsseldorfer sich an dieses Theater in der Altstadt erinnern, aber nicht an das 'Kleine Theater'. Das ist funktional, jeder Betroffene weiß, wovon gesprochen wird, und in der Tat sind das Volkshaus und die ihm untergebrachten Betriebe seit dem 2.5.1933 zu oft umbenannt worden, als daß diese Bezeichnungen alle erinnert werden könnten.

Im Bewußtsein der von mir befragten Personen war das Volkshaus auch meist gar nicht als Volkshaus bekannt. Eine Gewährsperson erinnerte sich in der Weise: „Volkshaus? Ach, der Möbel-Berges in der Flingerstraße, das war doch das 'Haus der deutschen Stände', da haben wir oft getanzt, wegen der vielen aufgeblasenen Uniformträger haben die Leute auch gesagt 'Haus der deutschen Stenze'. Aber daß das von der Gewerkschaft ein Haus war, das haben wir gar nicht gewußt."

Die aus den Akten herausgelesenen Bewegungen meines Untersuchungsgegenstandes sind sicher richtig, aber sie lassen kaum auf mehreren Ebenen gleichzeitig Schlüsse zu. Die Lektüre der Sekundärliteratur und der Arbeiterbiographien würde den Schluß nahelegen, das Volkshaus sei ein mächtiges Bollwerk im Sinne der Arbeiterbewegung gewesen, ganz im Gegensatz zur zeitgenössischen Zeitungslektüre. Offensichtlich wurde mit der ja auch irreführenden Bezeichnung „Volkshaus" vom Volk, also der dort tanzenden Bevölkerung, nur der Zusammenhang 'öffentliches Haus' assoziiert. Andererseits hätte sich ein Tanzlokal mit der Bezeichnung „Partei- und Gewerkschaftshaus" wohl schlecht gemacht. Mit der Bezeichnung „Volkshaus" scheint die Arbeiterbewegung Anspruch auf das ganze „Volk" erhoben zu haben. Diese versuchte Integration einer Mehrheit durch eine Minderheit integrierte schließlich diese Minderheit zur Unkenntlichkeit.

Und genauso sieht dann auch die Erinnerung der Bevölkerung an „ihr" Volkshaus aus.

Auch Stadtgeschichtler, die ich über das Volkshaus befragte, wußten wenig über seine vielseitigen

Funktionen, etwa darüber, daß dort auch eine Partei-Druckerei etabliert gewesen ist.

Für mich war es merkwürdig festzustellen, wie richtig das zu sein scheint, was in den Köpfen der Leute vom Volkshaus übriggeblieben war. Es stellt sich heraus, daß das Erinnerungsvermögen der Gewährsleute qualifiziert. Würde es quantifizieren, bestünde eine Vernachlässigung der politischen Funktionen des Volkshauses zu recht, denn ich bin sicher, daß eine – nicht realisierbare – rechnerische Überprüfung aller Verweildauern im Volkshaus ein nur geringes politisches Quantum ergeben würde, und die Mehrzahl der Verweildauern der Vergnügung zuzuschlagen sei.

Da ich andererseits natürlich nicht annehme, daß das „Alltagsbewußtsein" unbewußt solchen Quantifizierungen folgt, muß es einen anderen Grund für die Erinnerungsweisen geben.

Diesen Grund sehe ich in gesellschaftlich prästabilisierten Mentalitätsprägungen bzw. kollektiven Bewußtseins-Orientierungen.

Für das Volkshaus heißt diese Bewußtseinsorientierung „Vergnügen", und nur für Personen, die selbst der Arbeiterbewegung angehörten heißt diese Orientierung „Agitation" und später „Kampf dem Faschismus". So lassen sich hypothetisch die so unterschiedlichen Qualifizierungen in den Erinnerungsweisen erklären. (Vgl. dazu A. Lehmann zu Hans Dieter Schäfers Buch „Das gespaltene Bewußtsein", in: A. Lehmann, 1982, 239/240) Das 'Volk' von Düsseldorf erinnert sich nur an die Vorderseite des Gebäudes, an die neobarocke Kaufhausfassade mit den Vergnügungslokalen. Die Büros der Partei und der Gewerkschaften, die in dem ehemals jüdischen Straßenzug 'Wallstraße' lagen, wurden nicht erinnert. Das Stichwort hätte 'Agitation' geheißen.

Versuch einer Bewertung

Über die politischen Auswirkungen des Volkshauses konnte ich wenig ausfindig machen.

Das Volkshaus werte ich aber als ein Produkt der Arbeiterbewegungskultur.

Es enthält alle jene ambivalenten Züge dieser Arbeiterkultur in der sozialdemokratisch-freigewerkschaftlichen Bewegung: der Versuch, eine eigenständige Kultur aufzubauen und im Widerspruch dazu das Bemühen um Integration anderer Gruppen (und zugleich noch Integration der eigenen Gruppenkultur in die nationale Gesamtkultur).

Tatsächlich glaube ich, daß die Forderung nach Stil seitens Clara Zetkin ihre eigenen bürgerliche-intellektuellen Maßstäbe preis gibt. Das Volkshaus in Düsseldorf war ein nobler Büro- und Veranstaltungsbau. Er wurde sicherlich nur von den Aktivisten der Bewegung als eine Art „Vaterland" begriffen, für die meisten Düsseldorfer war er ein Saalbau zum Feiern – die Trägerschaft war den meisten sicher gleichgültig oder sogar unbekannt. Die Düsseldorfer freigewerkschaftlich und sozialistisch organisierten Arbeiter suchten schließlich das Volkshaus gar nicht mehr auf, sondern frequentierten ihre Kneipe im Wohnquartier.

Friedemann stellte mit W. Schieder fest, für die deutsche Arbeiterbewegung sei „die Verbindung mit der bürgerlichen Gesellschaft, dem bürgerlich-nationalen Staat und der bürgerlichen Kultur charakteristisch." (Friedemann, 1982, 128)

Wie diese Verbindung aber aussieht, erläuterte er nicht näher. Mary Nolan nennt diese Verbindung in ihrer Arbeit über die Düsseldorfer SPD ambivalent: „the worker's culture that was created had an ambigous relationship to both, the dominant society and the political work of the party." (Nolan, 1981, 127)

Diese Einschätzung bestätigt sich u.a. in der Bildungsarbeit der Partei: einerseits sozialistische Theorie, andererseits Theater- und Opernbesuch.

Das Biertrinken im Volkshaus war wohl, gegen alle Erwartungen, nicht politischer als das Biertrinken in einer anderen Kneipe, und so ist es m.E. bezeichnend, daß das Volkshaus zwei Fassaden hatte: in der Flingerstraße die bürgerlich-repräsentative fürs Vergnügen und für die Integrationskultur und in der Wallstraße die nüchterne Fassade des Bürohauses, wo die Bewegung verwaltet wurde. Der Niedergang des 'Volkshauses Düsseldorf', das in der zeitgenössischen Literatur immer als architektonisch besonders schön beschrieben wird (neo-barocke Fassade, viel Ähnlichkeit mit der Kaufhausarchitektur der Zeit), ist in seiner Konzeption begründet. Es war als auf Wirtschaftlichkeit angewiesener Großbetrieb angelegt. Peter Berten schreibt zu diesem Punkt: „In den ersten Jahren entwickelte sich das Geschäft sehr gut.

Ostern 1910 wurden an den beiden Feiertagen 220 hl Bier umgesetzt, was den Grundstückexperten Thalheimer zu der Prophezeiung veranlaßte, das Volkshaus würde mit der alten bekannten Wirtschaft Fischl (Blumenstraße) wohl den größten Bierumsatz erreichen. Es ist allerdings nicht so gekommen, das Volkshaus als Wirtschaftslokal ging nach ein paar Jahren immer mehr zurück." Anscheinend wurde innerhalb der organisierten Arbeiterschaft sehr viel Ungereimtes über den Rückgang der Wirtschaftlichkeit kolportiert (wohl nicht nur in Bezug auf den häufigen Wechsel der Geschäftsführer), so daß Berten fortfährt: „Wenn auch im Volkshaus die Büros der Gewerkschaften und der Sozialdemokraten konzentriert waren, so ergaben die Bezirksversammlungen im neuen Stadtgebiet doch eine gewisse Ablenkung von der Altstadt. Dann hatte aber auch die Lokalfrage für Versammlungen in der Stadt – wohl infolge der Pläne zum Bau eines eigenen großen Gebäudes – in den Kreisen der Saalbesitzer eine Umstellung in ihrer Abneigung gegen die Partei und Gewerkschaften bewirkt." (Berten, in: Kuntz, 1984, 30) Im Klartext heißt das, die Versammlungen fanden meistens in Stadtteil-Lokalen statt, das Haus wurde als „politisch-vergnügliches Zentrum" von den eigenen Leuten nicht im ausreichenden Maße anerkannt, man wollte lieber im Stadtteil bleiben. Es bleibt für mich auch dies ein Beleg für das Integrationsbedürfnis der „Nach-Lager-Phase".

Langewiesche berichtet aus Österreich, ein „Arbeiter-Trachtenverein" klage 1932, „daß eine große Anzahl 'bürgerlicher' Trachtenvereine 'ganz oder teilweise aus sozialdemokratisch gesinnten Arbeitern bestünden'". (Langewiesche, 1977, 382)

Er zieht aus dieser Ambivalenz den Schluß, „daß der Versuch, eine sozialistische Gegenkultur zu schaffen, scheitern mußte." (Langewiesche, 1977, 390)

Und so sehe ich die freigewerkschaftlich-sozialistische Volkshausbewegung nicht nur als einen Ausdruck spezifischer Arbeiterkultur, sondern schon in der Bezogenheit der Gründungswelle auf die historisch früher liegende bürgerlich-reformistische Volksheim-Bewegung erkenne ich die Integrationswünsche und Integriertheit der Volkshäuser.

Denn auch für die Gegenöffentlichkeit, die mit Druckerei, Bibliothek, Buchladen und der Rechtsberatung sich im Volkshaus Düsseldorf bildete, stellte eine tendenzielle Wirkungslosigkeit her. Solange die Lagerphase des Sozialistengesetzes andauerte, hielt sich der Radikalismus. Sobald sich die Bewegung einrichten konnte, richtete sie sich eben Volkshäuser ein, in dem Wunsch, dort das 'Volk' zu Gast zu haben. Daß die Arbeiter sich damals in Volkshäusern wohlfühlten („für den Arbeiter nur das Beste"), die den wilheminischen Bahnhofswartesälen 1. Klasse zum verwechseln ähnlich sahen, zeigt m.E., wie wenig Arbeiterkultur-Kultur als eine Oppositionskultur verstanden wurde und heute von uns verstanden werden sollte.

Der komplette kulturelle Set, den die Arbeiterbewegung ihren Mitgliedern anzubieten hatte und z.T. mit einem sozialistischen Quartiers-Beobachter (von den Nazis als „Blockwart" kopiert), der sozialdemokratische Kontrolle auszuüben hatte und wohl auch aufzwang (nach dem Motto von der Wiege bis zur Bahre), wurde durch die Volkshäuser zwar noch abgerundet, aber da gerade in Düsseldorf beispielsweise das Volkshaus auch für die nicht organisierten Arbeiter eine Attraktion zum Vergnügen war, verlor diese Arbeiterkultur jeden ausgrenzenden und damit binnenstabilisierenden Charakter, zumal das Volkshaus auf profitablen Betrieb angewiesen war: ein Paradoxon.

Die Zeit war vorbei, in der Kautsky sagen konnte, es sei „das Wirtshaus das einzige Lokal, in welchem die Arbeiter zusammenkommen und ihre Angelegenheiten besprechen können. Ohne Wirtshaus gibt es für den Proletarier nicht bloß kein geselliges, sondern auch kein politisches Leben." (Kautsky, nach Söder, 1980, 55 – das war 1890). Wie wir sahen, war diese Zeit vorbei, und eine Blüte nahmen die Volkshäuser erst in den 1918er bis 20iger Jahren.

Die Manager des Volkshauses, das bemerkt Peter Berten in seiner Autobiographie, sind später alle etwas geworden im bürgerlichen Leben, Jaker wurde z.B. Beigeordneter der Stadt Düsseldorf. Ich erwähne dies, weil das Volkshaus offensichtlich auch als Übungsfeld gedient hat für das Erlernen wirtschaftlich-strategischen Verhaltens – ein Erlernen, dessen Scheitern auf Kosten der Arbeiterbewegung einen an die aktuellen Skandale gemahnt.

Nach der Auffassung von Mary Nolan war das Volkshaus „the pride of the Social Democrats. It was an impressive symbol of their visible presence und growing power in Düsseldorf. Of equal importance, it was in the word's of Volkszeitung editor Berten „a home ... a fatherland..." (Nolan, 1981, 136)

Die Volkshäuser wurden, um die Aktivisten der Arbeiterbewegung in Panik zu versetzen und deren

Operationsbasis zu zerstören, von den Freikorps und den Nazis angegriffen – und so wurden sie als Symbol der Arbeiterbewegung erst richtig etabliert.

Die Anarchisten haben es schon damals nicht so gesehen, und seit der Bewilligung der Kriegskredite war das Volkshaus sicher vielen Symbol der verhaßten Mehrheits-Sozis, die sich an der Kriegstreiberei beteiligt hatten.

In Düsseldorf war das freigewerkschaftliche Volkshaus kein „Rathaus der Arbeiter" sondern eine GmbH, die versuchte, soviel zu erwirtschaften, daß die sehr hohen Hypotheken-Zinsen bezahlt werden konnten.

Forschungsgang und Motive

Wie es so manches andere Thema auch mit sich bringt, so entwickelte sich das Material bzw. die Materialsuche sehr autonom. Es war zunächst meine Aufgabe gewesen, zu analysieren, wie im Volkshaus Politik gemacht wurde, gefeiert und Bildungsarbeit getrieben wurde.

Mit dem festen Vorsatz, solche Aspekte des Themas besonders herauszustreichen, ging ich an die Arbeit, und verstrickte mich fast augenblicklich in ganz andere Fragestellungen, die ich hier in ihrer Entstehungsreihenfolge kurz schildern möchte.

Die Literatur über die Düsseldorfer Arbeiterbewegung war mir von früheren Arbeiten bekannt, und mir war der Widerspruch in Erinnerung geblieben, daß in der eindrucksvollen Autobiographie des Düsseldorfer Arbeiterführer Peter Berten (Berten, 1958, 64; Matull, 1980, 63; Kuntz, 1984) von einer namhaften städtischen Unterstützung für den Volkshausbau (600000 GM) die Rede war, nicht aber in einer sehr gründlichen Dissertation über die Düsseldorfer Sozialdemokratie. Meine Archivforschungen setzten bei dieser Frage an, weil mein Interesse für qualitative empirische Methoden und Feldforschung in anderem Zusammenhang geweckt worden war und mich die voraussichtliche Inkompatibilität von verschiedenen Quellengruppen faszinierte.

Mit anderen Worten, ich wollte nicht beweisen, daß ein alter Arbeiterführer in seinen Memoiren sich geirrt hatte, sondern, daß sein Bericht mit der aus den Akten zu entnehmendn Wahrheit keinerlei Gemeinsamkeit hat, aus ganz anderen Gründen, als der mangelnden Erinnerungsfähigkeit.

Ich vermutete – und diese Vermutung hat sich im Laufe der Untersuchung bestätigt –, daß die Quellengruppe selbst eben den Wahrheitsrahmen, den sie auszuleuchten vermag, vor Beginn der Untersuchung schon abgesteckt hat, und daß das Abgleichen verschiedener Quellengruppen, das ich früher für absolut notwendig gehalten habe (Kuntz, 1982/3), damit vielleicht einen viel geringeren Stellenwert erhalten würde.

Drei Fragen bewegten mich also: 1.) warum lockt das Thema an mit einem Set von Fragen, 2.) sind die Wahrheitsebenen verschiedener Quellengruppen miteinander vermittelbar (Abgleichen der Quellen), und 3.) lockte der Versuch, die spezielle Geschichte des Düsseldorfer Volkshauses im Unterschied zu anderen Volkshäusern, zu bürgerlichen Volksheimen und den Häusern der gelben Gewerkschaften, darzustellen nicht aus der Perspektive der damaligen Aktivisten, sondern zu versuchen, herauszufinden, wie die Allgemeinheit, wie die nicht Organisierten das Volkshaus erlebt hatten.

Neben der Frage also, ob die Stadt Düsseldorf 1907 600000 Goldmark zum Bau des Volkshauses beisteuerte, sollte die Frage geklärt werden, ob meine Quellen überhaupt kompatibel seien, und ob das Volkshaus wirklich so politisch war, wie es für die Aktivisten sich immer dargestellt hatte. Um das Bild nicht zu verzerren, habe ich hier auf die Darstellung der Zeit zwischen 1919 und 1924 weitgehend verzichtet.

Das Leben im Volkshaus sollte anhand von Akten und vor allem Zeitungen rekonstruiert werden. Alle möglichen Programme und Annoncen wurden von mir in mehrtägiger Arbeit aus den Tageszeitungen abgeschrieben, eine vollständige Rekonstruktion aller Veranstaltungen hätte viele Wochen Zeit in Anspruch genommen. Bewiesen wäre damit auch nur gewesen, daß die und jene Häufung von Veranstaltungen angekündigt worden waren – ob, in welcher Qualität und bei welchem Zuspruch, welcher Stimmung usw. sie auch tatsächlich stattgefunden hatten, wäre aus den Zeitungen nicht zu beweisen gewesen. Deren Studium ergab ganz andere Ergebnisse. Z.B. der „Düsseldorfer Generalanzeiger", das damalige Amtsblatt bringt in den drei Jahrgängen 1909, 1910 und 1911 nur eine Erwähnung des Volkshauses: als dort die Freisinnigen eine Veranstaltung abhalten.

Da auch in der Volkszeitung nicht mehr zu finden war als Sätze wie, „bei gutem Besuch" oder ähnliches, versuchte ich es mit den Polizeiakten. Doch die Polizeiberichte über die Partei- und Gewerkschaftsversammlungen präzisierten nur den Begriff von „gutem Besuch", den der Zeitungsschreiber seinerzeit hatte, mit polizeilich geschätzten Zahlen.

Der gesuchte Bericht über eine Debatte wegen der Gründung der „Volkshaus GmbH" fand sich auch nach langem Suchen nicht in der erträumten Farbigkeit, ebensowenig wie die Festberichte zur Eröffnung: Das deutet aber darauf hin, daß die Gewerkschaft und die Partei in aller Stille ihre Verwaltungsräume bezog, und für Kneipen und Säle die Arbeit ganz den wohl überforderten Managern überließ. Diese dachten eventuell ein wenig gemeinwirtschaftlich, und hofften auf die kollektive Zwangsautomatik sozialistischen Bierkonsums.

Mein Ergebnis hieß: weder läßt sich das Leben in diesem Partei- und Gewerkschaftshaus realistisch und unter Einschluß von Stimmungen („a home, a fatherland") rekonstruieren, noch ist der Zeitaufwand angemessen, das Veranstaltungsprogramm nachzeichnen zu wollen.

Aus der Archivarbeit erwuchsen neue Quellengruppen. Erstens empfahl man mir, doch nicht nur das Stadtarchiv und die UB, sondern auch das Hauptstaatsarchiv, das DGB-Archiv und auch die Außenstellen Schloß Kalkum und Geldern des HSAD zu besuchen, und zweitens gerieten die Mitarbeiter und Arbeiter des Stadtarchivs ins Erzählen über das Volkshaus – leider hatte ich keinen Cassettenrecorder dabei.

Der Besuch des Volkshausgebäudes gab weitere Kontakte und Erinnerungserzählungen über das Gebäude: jetziger Besitzer, frühere Nutzung, Geschichte des Baus während der NS-Zeit und anderes mehr wurden mir berichtet.

Das Gebäude, seine Architektur, sein „Schicksal" traten in den Vordergrund meines Interesses.

Wie ein Kunsthistoriker oder Denkmalpfleger wühlte ich mich durch die Hausakten, erfreute mich an Plänen und Entwurfsänderungen, Umbauten u.a. mehr. Ergebnisse dieser Phase: die Stadt hatte zumindest nicht den Architekten gestellt, wie Peter Berten sich erinnert hatte.

Im DGB-Archiv schließlich gab es Festschriften anderer Volkshäuser: es entstand ein vergleichendes und auch ein architektur- und stilgeschichtlich-vergleichendes Interesse.

Strukturen der überall ähnlichen Entstehungsgeschichte der Volkshäuser kristallisierten sich heraus, wodurch sich das Interesse am Speziellen verdichtete: so entstand schließlich das Thema 'Biografie des Volkshauses', zumal sich die Nutzung als Partei- und Gewerkschaftshaus nur von Ende Dezember 1909 bis 2.5.1933 erstreckte.

Damit wechselte aber das Interesse, welches sich ursprünglich an der vorhandenen Forschungslage – viel über Parteigeschichte, wenig oder nur falsches zur Bedeutung des Volkshauses und seiner Geschichte – entzündet hatte, zu einem Interesse jenseits von Arbeiterbewegungskultur.

Das Volkshaus Düsseldorf, das lernte ich, ist nicht als Denkmal der aktivsten Phase der Düsseldorfer Arbeiterbewegung zu reklamieren, sondern zugleich als Mahnmal ihres schändlichen Untergangs schon bevor die Deutschen Hitler zum Kanzler machten.

Das Gebäude, das nahezu unverändert stehenblieb, ist auch als ein Dokument für die Gleichgültigkeit einer starren Gewerkschaftsbewegung zu verstehen, denn ein gewerkschaftseigenes Unternehmen verkaufte das Gebäude 1954 an ein Möbelhaus.

Ich spürte als mich antreibendes Interesse schließlich so etwas wie den Forscherdrang des Heimatliebhabers, den alles an der heimatlichen Vergangenheit wie selbstverständlich interessiert. Stundenlang las ich über Streitigkeiten mit der Stadt wegen einer eigenen Wasserversorgung, und schließlich bemerkte ich bei mir selbst so etwas wie Mitleid mit dem Gebäude als eine Art Subjekt, ich wollte die Wiedergutmachung leisten, die die Gewerkschaft bisher nicht betrieben hatte.

Ich hoffe, diese Bemerkungen werden als das verstanden, was sie sind: der Versuch der Selbsterkenntnis in Konfrontation mit dem Forschungsgegenstand.

Ich merke mir meine eigene Parteilichkeit für die Biographie und Würde des Gebäudes während der Materialbearbeitung an, aber das mag an der schlechten Architektur der neuen DGB-Zentrale in Düsseldorf ebenso gelegen haben wie an dem geringen Interesse Düsseldorfs für die Arbeiterbewegung oder für den Widerstand gegen den Nationalsozialismus. Doch mag darüberhinaus die Interesselosigkeit der Gewerkschaft für ihre eigene Vergangenheit motiviert haben.

Schließlich interessierte mich nach all der oft tagelang fruchtlosen Archivarbeit besonders das Abbild des Volkshauses in den Köpfen der Düsseldorfer, also die Erzählungen und ihre Vielfalt – dies allerdings doch wieder nur auf der Grundlage extremer Quellenkenntnis.

Mit der Untersuchung hoffe ich aber vor allem auch einen Beitrag zur Quellenkritik erbracht zu haben. Die Lebenserinnerungen Peter Bertens erwiesen sich, abgeglichen mit der Aktenlage, als in mehreren Punkten unstimmig. Diese Tatsache weist aber im wesentlichen auf die relative Gültigkeit aller Quellengattungen hin (auch in den Akten sind spezifische Verzeichnungen festzustellen, auch dann, wenn man sie gegen den Strich liest). Selbst das Abgleichen aller Quellengattungen hat im hier vorgelegten Beispiel kein eindeutiges und endgültiges Ergebnis erbracht.

Mich ermutigt diese Erfahrung aber dazu, im Fach Volkskunde auch den bisher für marginär gehaltenen Quellengruppen wie „Gespräch", „Beobachtung" und „Diskussion mit Betroffenen" trotz ihrer meist problematischen Erhebungssituation einen erheblichen Stellenwert einzuräumen.

Arbeiterkultur ist nicht monolithisch strukturiert, wie auch 'Volkskultur' ist sie gegliedert, gebrochen, verworfen. Auch in ihr finden sich widersprüchliche Entwicklungen, und zu einer einheitlichen Symbolbildung kann es schon aus diesem Grund nicht gekommen sein. Eine Vereinnahmung des Architektur-Reliktes „Düsseldorfer Volkshaus" durch eine Parteinahme und Verklärung (so sehr ich mich anfangs der Forschung selbst von ihr betroffen sah) hoffe ich mit diesem Beitrag verhindern zu können.

Literatur

ADGB, 1928, Jahresbericht für 1928, Ortsausschuß Düsseldorf. Seine Einrichtungen und angeschlossenen Organisationen – Adressenverzeichnis, Düsseldorf
Adolphs, L., 1974, Industrielle Kinderarbeit im 19. Jahrhundert unter Berücksichtigung des Duisburger Raumes, Duisburg
Berger, M., 1971, Arbeiterbewegung und Demokratisierung. Die wirtschaftliche, politische und gesellschaftliche Gleichberechtigung der Arbeiter im Verständnis der katholischen Arbeiterbewegung im Wilheminischen Deutschland zwischen 1890 und 1914, Diss. Freiburg
Berndt, H., 1978, Biographische Skizzen von Leipziger Arbeiterfunktionären, Berlin
Bertlen, P., 1958, Lebenslauf eines einfachen Menschen, Privatdruck, Düsseldorf (teilweise wiederabgedruckt in: Kuntz, Andreas, Hg., Düsseldorf – Texte und Fotos, Düsseldorf)
Christlicher Metallarbeiterverband Deutschlands, Ortsverwaltung Düsseldorf, Jahresbericht vom Jahre 1912
Das Hamburger Gewerkschaftshaus, Hamburg 1974
Führ, E./Stemmrich, D., 1985, nach gethaner Arbeit verbleibt im Kreise der Eurigen – Arbeiterwohnen im 19. Jahrhundert, Wuppertal
Fricke, D., 1976, Die deutsche Arbeiterbewegung 1869-1914, Berlin
Friedemann, P., 1982, Feste und Feiern im rheinisch-westfälischen Industriegebiet 1890-1914, in: Huck, G., Hg., 1982[2], Sozialgeschichte der Freizeit. Untersuchungen zum Wandel der Alltagskultur in Deutschland, Wuppertal, 161-186
Fritz, G., 1920, Volksbildungswesen, Bücher- und Lesehallen, Volkshochschulen und verwandte Bildungseinrichtungen, Leipzig
Gewerkschaftshaus in Frankfurt/Main 1929-49, Frankfurt
Groh, D., 1973, Negative Integration und revolutionärer Attentismus, Frankfurt
Gumpert, F., 1923, Die Bildungsbestrebungen der Freien Gewerkschaften, Jena
Herzig, A., 1971, Die Entwicklung der Sozialdemokratie in Westfalen bis 1894, in: Westfälische Zeitschrift, Nr. 121/1971, 97 ff.
Hopfgarten, H., 1965, Volkshäuser in der Geschichte der deutschen Arbeiterbewegung, Leipzig
Jahresbericht 1912 des Bezirksverbandes katholischer Arbeitervereine von Düsseldorf Stadt und Land für das Jahr, Düsseldorf
Jantke, K., 1955, Der vierte Stand. Die gestaltenden Kräfte der deutschen Arbeiterbewegung im 19. Jahrhundert, Freiburg
Kosczok, D., 1979, Die sozialistische Arbeiterbewegung 1914-1918, Masch.Mskpt. STAD

Kampfmenger, Hans, 1917, Volksbücher als Kriegsdenkmäler, in: Die Bauwelt, 8/1917, H. 38, 9 ff.
Kautsky, K., 1890, Der Alkoholismus und seine Bekämpfung, in: Die Neue Zeit, 9. Jg., 2 Bde., 1890-1, Nr. 27, 28, 29, 30
Kieber, W., 1922, Stadtentwicklung und Wohnungsfrage in Düsseldorf, Masch.Diss., Münster (UB Düsseldorf)
Köstlin, K., 1984, Die Wiederkehr der Volkskultur – Der neue Umgang mit einem alten Begriff, in: Ethnologia Europaea, XIV, 25 ff.
Korff, G., 1974, Arbeiterkultur als Forschungsgegenstand. Ein wissenschaftshistorischer Exkurs am Beispiel der Arbeitervolkskunde, in: Attempto, H. 49/50, 16 ff.
Korff, G., 1979, Volkskultur und Arbeiterkultur. Überlegungen am Beispiel der sozialistischen Maifesttradition, in: Geschichte und Gesellschaft, 5/1979, 83 ff.
Kuntz, A./Schwarze, M., 1983, Bäckerhandwerk in Düsseldorf, Düsseldorf
Kuntz, A., 1982/83, Tendenzen volkskundlicher Handwerks- und Geräteforschung, in: Hess. Bl. f. Volks- und Kulturforschung, NF 14/15, 150 ff.
Kuntz, A., 1984 a, Zwischen traditionellem und revolutionärem Radikalismus – Zur sozialdemokratischen Arbeiterbewegungskultur in Düsseldorf zwischen 1900 und 1914, in: Kunstmuseum Düsseldorf, Wolfgang Schepers/Stephan von Wiese, Hgg., 1984, Düsseldorf, eine Großstadt auf dem Weg in die Moderne – Der Westdeutsche Impuls 1900-1914. Kunst und Umweltgestaltung im Industriegebiet, Düsseldorf 1984, 247 ff.
Kuntz, A., 1984 b, Düsseldorfs Sozialdemokratie zwischen traditionellem und revolutionärem Radikalismus. Zur Arbeiterbewegungskultur Düsseldorfs von 1900 bis 1914, in: ders., Hg., 1984, Düsseldorf, Texte und Fotos, Düsseldorf, 95 ff.
Kuntz, A., 1984 c, Aporetisches zur Arbeiterkulturforschung, oder: Anstiftung zur Selbstethnographie, in: Albrecht Lehmann, Hg., 1984, Studien zur Arbeiterkultur, Münster, 225 ff.
Kuntz, A., Hg., 1984 d, Düsseldorf. Texte und Fotos, Düsseldorf (darin: Peter Berten: Lebenslauf eines einfachen Menschen, Auszüge)
Kuntz-Stahl, A., 1985, Zur Problematik der Kategorie 'Großstadt' am Beispiel gebundener und offener Freizeitbewältigung (II), in: Großstadt. Aspekte empirischer Kulturforschung. 24. Deutscher Volkskundekongreß in Berlin 1983. Berlin 1985 (Schriften des Museums für Deutsche Volkskunde Bd. 13); 111 ff.
Langewiesche, D., 1977, Wanderungsbewegungen in der Hochindustrialisierungsperiode. Regionale, interstädtische und innerstädtische Mobilität in Deutschland, 1880-1914, in: VfSW, 64/1977, 1-40
Langewiesche, D., 1980, Zur Freizeit des Arbeiters, Stuttgart
Lehmann, A., 1982, Militär als Forschungsproblem der Volkskunde, in Zsch. f. Vkde., II/1982, 230 ff.
Lehnert, D., 1983, Sozialdemokratie zwischen Protestbewegung und Regierungspartei, 1848-1983, Frankfurt
Lessing, T., 1969, Einmal und nie wieder, Lebenserinnerungen, Gütersloh
Matull, W., 1980, Der Freiheit eine Gasse – Geschichte der Düsseldorfer Arbeiterbewegung, Bonn
Mevissen, W., 1973, Bücherei-Bau von den Anfängen bis 1945, in: Handbuch des Büchereiwesens, Bd. 1, Wiesbaden
Monat, A., 1961, Sozialdemokratie und Wohlfahrtspflege, Stuttgart
Niederrheinisches Agitationskommitee, Hg., 1910, Sozialdemokratische Parteitage für die Rheinprovinz und den Niederrhein von 1889-1909, mit einem Anhang: Statistisches von der Landtagswahl 1908, Bez. Niederrhein, hg. v. Niederrheinischen Agitationskomitee, Elberfeld
Niess, W., 1984, Volkshäuser, Freizeitheime, Kommunikationszentren. Zum Wandel kultureller Infrastruktur sozialer Bewegung. Beispiele aus deutschen Städten von 1848-1984, Hagen
Nolan, M., 1981, Social democracy and society – Working-class radicalism in Düsseldorf 1890-1920, Cambridge
Odenthal, K., 1931, Gewerkschaftshäuser (Freie Gewerkschaften), in: Internationales Handwörterbuch des Gewerkschaftswesens, 1. Bd., Berlin, 669 ff.
Otte, B., 1931, Gewerkschaftshäuser (Deutscher Gewerkschaftsbund), in: Internationales Handwörterbuch des Gewerkschaftswesens, Abe-Koalition, 1. Bd., Berlin, 668 ff.
Reck, S., 1977, Arbeiter nach der Arbeit, Gießen
Ritter, A., Hg. 1979, Arbeiterkultur, Königstein
Roth, K., 1977, Die 'andere' Arbeiterbewegung, München
Sauermann, D., 1985, Zur Problematik der Kategorie „Großstadt" am Beispiel gebundener und offener Freizeitbewältigung (I), in: Kohlmann, T./Bausinger, H., Hrg., 1985, Großstadt-Aspekte empirischer Kulturforschung, 103-112
Schäfer, H.D., 1981, Das gespaltene Bewußtsein. Über deutsche Kultur und Lebenswirklichkeit 1933-1945, München/Wien
Scharfe, M., 1979, Arbeiterkultur – gibt es das?, in: Köstlin/Bausinger, H., Hgg., 1979, Heimat und Identität, Kiel, 177 ff.
Söder, M., 1980, Hausarbeit und Stammtischsozialismus, Gießen
Speier, H., 1977, Die Angestellten vor dem Nationalsozialismus, Göttingen

Steinberg, H.J., 1979, Die sozialdemokratische Arbeiterbewegung bis 1914. Eine bibliographische Einführung, Frankfurt/New York
Trotz alledem – Das Volkshaus Leipzig im Wandel der Zeit, 1904-1929
Unser Haus, 1957, 50 Jahre Kieler Gewerkschaftshaus, Kiel
Volkshaus Leipzig 1909 GmbH, 6. Geschäftsbericht 1909, Leipzig
Volkshaus Leipzig, Geschäftsbericht 1929, Leipzig
Wanderer, H., 1977, Der Touristenverein „Die Naturfreunde", eine sozialdemokratische Arbeiterkulturorganisation (1895-1933), in: Internationale wissenschaftliche Korrespondenz zur Geschichte der deutschen Arbeiterbewegung, 13/1977, 506 ff.
Warneken, Bernd Jürgen, 1985, Populare Autobiografik – Empirische Studien zu einer Quellengattung der Alltagsgeschichtsforschung, Tübingen
Wetekamp, W., 1900, Volksbildung – Volkserholung – Volksheime. Neue Wege zu ihrer Förderung, Berlin
Will, W.v.d./Burns, R., 1982, Arbeiterkulturbewegung in der Weimarer Republik, Bd. 1 und 2, Frankfurt/Berlin/Wien
Zensen, W., 1969, Politische Unruhen in Düsseldorf 1919/20, ungedr. Examensarbeit PH Neuß

Akten

STAD – Stadtarchiv Düsseldorf
III 5939 Verein christlicher Arbeiter und Handwerker Sektion Düsseldorf-Nord
III 5942 Allg. Arbeitergesangsverein
III 5934 Arbeitervertreterverein
III 6788 Statut Textilindustriearbeiter
VI 13170, 1, 2, 3
VI 13164-9
III 4589-604 Zeitungsberichte 1886-1918
III 6224-6 Gewerkschafts-Kartell 1892-1904, 1902-6, 1911-12
III 7168 Konsumverein

HSAD – Hauptstaatsarchiv Düsseldorf, Regierung Düsseldorf:
33002, 1587, 1614, 39848, 15373, 16011, 9060, 42802, 17269, 15849, 15688, 16980, 14925, 17219, 17223, 15642, 15857, 15858, 26, 28, 25
Amtsgericht Düsseldorf 65/200 (HRB 482)

Das Grundbuch ist nach Geldern ausgelagert und konnte leider nicht eingesehen werden.

Sonstiges:
Adressbücher der Stadt Düsseldorf 1907-1954
Düsseldorfer Generalanzeiger
Düsseldorfer Volkszeitung
Düsseldorfer Nachrichten
Ratsprotokolle
Jahresberichte des statistischen Amtes

Mündliche Befragungen von 8 Personen zum Stichwort 'Volkshaus' (befragt wurden nur Nichtorganisierte).

IV. Kritische Fragen zum Arbeiterwohnen

Michael Knieriem

Zur Migration spezieller Berufsgruppen in das östliche Wuppertal 1740-1800 am Beispiel der dezentralen Manufaktur der Gebrüder Engels in Barmen

Die Anregung zu dieser Untersuchung ergab sich aus der musealen Arbeit. Das Museum für Frühindustrialisierung in Wuppertal-Barmen hat es sich zur Augabe gemacht, weniger die technischen Innovationen, als vielmehr den damit verbundenen sozialen Wandel, wenn irgend möglich, am konkreten Beispiel unserer Stadt oder Region darzustellen. Es ist ein Prinzip des Museums, das bewußt als demokratisches Museum geplant wurde, dem Besucher nicht deduktiv Aussagen zu einzelnen historischen Phänomenen gleichsam vorzusetzen, sondern ihn statt dessen fähig zu machen, durch Anschauung, Vergleiche und Reflexionen seine eigenen Schlüsse zu ziehen. Dies verlangt jedenfalls mein Respekt vor unseren Besuchern.

So ist das, was wir darstellen, nicht jedem auf den ersten Blick hin verständlich. Ein Modell einer dezentralen Manufaktur mit Bezug zur Örtlichkeit ist ganz bewußt um Sozialdaten angereichert worden, die an diesem Beispiel die Phänomene der Migration, der Wohnverhältnisse und der Integration von Zuwanderern zeigen sollen.[1]

Die Zeit der Wuppertaler Garnbleicherei und des Garnhandels erstreckte sich ungefähr vom 15. bis zum 19. Jahrhundert. Seit 1527 standen Bleicherei und Handel mit Garnen unter dem Schutz obrigkeitlicher Privilegierung. Der große Markt, der im 16. Jahrhundert für Leinwand, Zwirn und Lint bestand, gab in Verbindung mit dem gekauften Erzeugungsmonopol der Garnnahrung einen kräftigen Aufschwung. Er rief darüber hinaus auch weitere Gewerbezweige ins Leben. Früh schon, fast gleichzeitig mit der Bleicherei, hatte sich das Zwirngewebe entwickelt. Nach dem Jahre 1500 wurde die Verarbeitung von Garn zu Leinwand und Lint rentabel. Damit konnte auch die Weberei ihren Einzug in das Wuppertal halten.

Beide Gewerbezweige wuchsen auf der Grundlage der bäuerlichen Hauswirtschaft. Doch es war vor allem die Schicht der Kleinbauern, die im Rahmen des sich ausdehnenden Verlagssystems mit der Nebenarbeit des Bleichens und Webens ihren Unterhalt bestritt.

Nach 1650 brach eine Periode allgemeinen Wachstums und gewerblicher Neugründungen an, gesteigert noch durch die merkantilistische Wirtschaftspolitik Frankreichs, die die Märkte des Landes für verarbeitungsfähige Exportartikel des Auslandes offenhielt. Die Weberei griff bald schon auf die Verarbeitung von Seide und Baumwolle über. Die Palette der Textilprodukte des Wuppertals weist nach 1700 Spitzen, Bänder, Litzen, Tücher, Laken u.a. aus. Träger der Manufakturen, die die neuen Artikel produzierten, waren häufig zugewanderte Kaufleute, die mit dem protestantischen Glaubensbekenntnis zugleich den frühkapitalistischen Erwerbssinn im Lande verstärkten. Der wachsende Bedarf an Stoffen und Bändern machte alsbald auch die Gründung von Färbereien rentabel. Im 18. Jahrhundert kamen ferner Flechtereibetriebe („Riemendrehereien") hinzu, um Schnürriemen, Kordeln und Litzen aller Art zu erzeugen. Gegen Mitte des Jahrhunderts entstanden mit dem Aufkommen der Türkischrotfärbereien die ersten Unternehmungen moderner kapitalistischer Prägung. Einkaufen, Produzieren, Verkaufen ruhten zum ersten Mal ungeschieden in ein- und derselben Hand. Als die ersten Spinnereien zu produzieren begannen, repräsentierte die Wuppertaler Region sämtliche Zweige der modernen Textilindustrie.[2]

Für die ehemals zu Preußen gehörenden märkischen Dörfer Langerfeld und Nächstebreck im Osten des Wuppertals läßt sich für das Jahr 1735 eindeutig nachweisen, daß bereits 46 % der im Textilgewerbe Tätigen expropriiert waren. Sie lebten losgelöst von der bäuerlichen Scholle als Mieter. Ihr Einkommen basierte primär nur noch auf der Heimarbeit. Es gibt zweifellos einen Nexus zwischen den rigider werdenden Eingriffen der Unternehmer und der damit verbundenen höheren Arbeitsleistung der Heimgewerbetreibenden sowie dem vermehrten Arbeitseinsatz der in der Familie lebenden Kinder.

Trotz des fehlenden Zahlenmaterials ist anzunehmen, daß in den urbanen Zentren Elberfeld und den Barmer Orten Gemarke, Wupperfeld, Wichlinghausen und Rittershausen die Verhältnisse ähnlich waren. Wegen der höheren Bevölkerungsdichte ist sogar zu vermuten, daß dort die Entwicklung weiter vorangeschritten und damit auch die Bedingungen schlechter geworden waren.

Dieses Material ist in jedem Fall ein schöner Beweis für den seinerzeit noch provozierenden Titel: „Industrialisierung vor der Industrialisierung."[3]

Das Textilgewerbe hat auch die Wirtschaftsstruktur des Unterbarmer Bruchs bis zum Beginn des 19. Jahrhunderts geprägt und somit die Voraussetzungen für eine frühindustrielle Textilwirtschaft geschaffen. Allerdings lassen sich noch in der Mitte des 17. Jahrhunderts 22 Bauernhöfe und Kotten im Bruch nachweisen.

Seit mindestens 1642 war die Bezeichnung „Bruch" nicht mehr nur noch reiner Siedlungskernname, sondern umfaßte eine der ursprünglich auf 12 Rotten begrenzten Verwaltungseinheiten Barmens. Mit zunehmender Besiedlung wurde die Zahl der Rotten auf insgesamt 21 erhöht, ohne daß dabei aber die Brucher Rotte von einer Teilung betroffen wurde. Diese Rotte umfaßte nach wie vor eine Fläche von rund 176 ha. Die Bevölkerungsentwicklung vollzog sich hier bis gegen Mitte des 18. Jahrhunderts in durchaus ruhigen Bahnen. In den folgenden Jahrzehnten änderte sich dies: Zwischen 1747 und 1803 hat sich die hier ansässige Bevölkerung im Zuge der gewerblich-industriellen Entwicklung von 177 auf 1040 Bewohner nahezu versechsfacht. Oder anders ausgedrückt: Die durchschnittliche Belegung der meist nur einstöckigen Häuser lag für die Jahre 1642, 1698 und 1747 noch konstant bei 5 Personen, stieg aber 1775 auf 9 Personen
1803 auf 10 Personen
1816 auf 11 Personen
1820 auf 15 Personen
1834 auf 22 Personen
und 1849 auf 32 Personen an.

Selbstverständlich sind alle Neubauten innerhalb der Brucher Rotte dabei berücksichtigt. Das heißt also, in der Periode zwischen 1750 und 1850 hatten sich die Wohnverhältnisse eklatant verschlechtert: Im statistischen Mittel sank die Wohnfläche pro Einwohner von 8 qm auf rund 1,6 qm, also in etwa auf die Fläche eines Bettes. Die durchschnittliche Belegung der Häuser in Gesamtbarmen blieb seit Beginn des 19. Jahrhunderts weit unter diesem Ergebnis. In der Talsohle stieg durch die Errichtung von größeren Neubauten die mittlere Belegungsquote nicht über 18 Personen an.

Betrachten wir also zunächst die Bevölkerungssituation in Barmen. Um der Einwanderung gerade in der Phase der frühen Industrialisierung auf die Spur zu kommen, läßt sich ein relativ einfaches – wenn auch sehr zeitaufwendiges Verfahren – anwenden. Auf Grund des Code Napoléon sind wir auch in Wuppertal in der glücklichen Lage, seit 1810 kontinuierlich über standesamtliche Register zu verfügen. Wir haben nun folgendes Verfahren angewandt: Alle Sterbefälle in Barmen wurden nach einem bestimmten Schema aufgenommen, d.h. von 1810 bis 1850 haben wir jeden einzelnen Sterbefall registriert. Aus den Sterbeurkunden lassen sich Geschlecht, Alter, Beruf, die regionale und soziale Herkunft, sowie – und dies scheint mir besonders wichtig – durch die mitangegebene Hausnummer auch der Wohnsitz genau angeben.

Daraus ergibt sich folgendes Bild: Zwischen 1810 und 1850 starben in Barmen insgesamt 31 389 Personen, davon waren allein 18 005 registrierte Totgeborene oder Kinder unter 18 Jahren. Das heißt also – und auch diese Zahl ist eindringlich genug – daß rund 57,4 % der Verstorbenen in dieser Zeit Kinder bzw. Totgeborene waren.

Lassen wir für den weiteren Fortgang unserer Untersuchung diese Kinder außer acht und wenden wir uns den verbleibenden 13 384 Erwachsenen zu. Nicht einmal die Hälfte, sondern nur knapp 40 % dieser in Barmen Verstorbenen stammten auch aus Barmen selbst. Rund 22 % waren aus Elberfeld und dem übrigen Bergischen Land (in den Grenzen vor 1806) zugewandert. Etwas mehr als 17 % stammten aus der preußischen Grafschaft Mark; die restlichen 16 % waren aus dem übrigen Deutschland zugewandert.

Zu dieser Zeit ist die Einwanderung aus Hessen und dem Waldeck mit 4 % noch relativ unbedeutend.

Hierzu mögen zwei Anmerkungen gestattet sein:

1. Wer also aus einem unmittelbaren Nahwanderungsbereich- etwa aus Köln – stammte, wird unter der Rubrik „Übriges Deutschland" zu suchen sein. Dasselbe muß für denjenigen Teil Westfalens gelten, der östlich der Grafschaft Mark lag. Hierin liegt also eine gewisse Unschärfe, obwohl das Gesamtbild dadurch nicht wesentlich geändert wird.

2. Nimmt man die Einwanderung zwischen dem 19. und 25. Lebensjahr an, dem Lebensalter also, um nach damaligen Verhältnissen eine neue berufliche Existenz in einer fremden Gemeinde aufbauen zu können, erhalten wir ein exaktes Bild für die Zeit des Beginns der sogenannten Vorindustrialisierung, also etwa für den Zeitraum zwischen 1770 und 1810.

Die Zahlen der Brucher Rotte decken sich im wesentlichen mit denen Gesamtbarmens. Aber schon die Betrachtung der Einwanderungsquote macht erhebliche Differenzen zwischen der Brucher Rotte und dem übrigen Barmen deutlich. Im gleichen Zeitraum wanderten mehr als 62 %, bezogen auf alle Verstorbenen, in die Brucher Rotte ein, davon stammten allein 30 % aus der Grafschaft Mark. Wir erinnern uns, in Gesamtbarmen lag diese Zahl bei rund 17 %, d.h. also, der Anteil der märkischen Einwanderer in die Brucher Rotte lag fast doppelt so hoch wie im übrigen Barmen. Die Frage ist nun, ob sich solche auffälligen Abweichungen stimmig erklären lassen. Um es gleich vorweg zu sagen, ich meine ja.

Die Firma Engels erhielt im Jahre 1748 eine Konzession für ein an der Wupper gelegenes Streich- oder Kalanderrad. Damit läßt sich in gewisser Weise der Beginn der gewerblichen Unternehmungen der Firma Engels datieren. Das Engels'sche Unternehmen begann kontinuierlich zu expandieren. Der Arbeitskräftebedarf für die Engelssche Manufaktur schlug sich innerhalb der Brucher Rotte kräftig nieder. Bei einem mittleren errechneten Einwanderungsjahr betrug die Zuwandererquote aus Westfalen:

    1765 30,4 %
    1775 29,6 %
    1785 25,0 %
    1795 20,8 %
    1805 17,7 %

Hierzu sei mir gestattet, einen Bericht des jungdeutschen Schriftstellers Ferdinand Gustav Kühne aus dem Jahre 1847 zu zitieren, wobei der besondere Reiz für mich darin besteht, Dichtung und Wahrheit, bzw. Aussage und Absicht voneinander zu trennen. Kühne schreibt: „In ähnlicher Weise und noch bestimmter systematisiert fand ich eine Fabrikkolonie im sogenannten Bruch in Barmen. Diesen Namen führt mitten in dieser Stadt eine Gesamtheit von Häusern und Gehöften, welche zur Stärke einer besonderen Dorfschaft und Gemeinde angewachsen sind. Die Bewohner dieser kleinen, ebenfalls zerstreut liegenden Familienhäuser stehen zum Fabrikherrn in stetiger Beziehung, obschon es ihnen freigestellt ist, Eigentümer ihrer Behausung zu sein. Es war der Großvater der jetzigen Fabrikherren, der alte Herr Engels im Bruch, der auf den Gedanken kam den herumziehenden, heimat- und besitzlosen Fabrikpöbel seßhaft zu machen und ihn nach dem Maße seines Fleißes und seiner Führung zu Hauseigentümern mit Land und Gartenstück heranzubilden. Er berief zu seinem Geschäft gern frische kräftige Leute aus Westfalen, setzte sie in ein Gehöft und stellte ihren Lohn so, daß sie sich allmählich Haus und Hof verdienten. Der Wochenlohn wurde auf diese Art nicht vergeudet, indem ein Abzug als Ersparnis zur Erwerbung des Hauses zurückbehalten wurde. Die Lust am Erwerbe wurde gestachelt und der Hang zum Besitzen machte sich als eine moralische Triebkraft geltend, die hier ein solides Ziel vor Augen hatte. Dies System, herumziehendes Arbeitervolk zu Insassen und Bürgern zu machen, ist um vieles menschlich klüger und menschlich edler als die schieflaufenden Pläne des Kommunismus, der bei der tatsächlich gegebenen Ungleichheit der Fähigkeiten von gleicher Verteilung des Gewinns faselt und damit die sittliche Triebfeder im Menschen zerstört. Ein junger Mann dieser Familie Engels war vor Jahr und Tag in Elberfeld kommunistischer Umtriebe verdächtig. Er hatte zur Zeit als Moses Heß dort den Gesellschaftsspiegel schrieb, einem Haufen müßiger Arbeiter sozusagen einige Gedankenflöhe ins Ohr gesetzt, war in Untersuchung gezogen und dann nach England gewandert. In den Plänen seines Herrn Ältervaters war vielleicht mehr Sorgfalt für den Ausgleich der Unbill zwischen Reich und Arm als in den Reden des jungen Herrn Engels von heute ... Ich glaube, der alte Großvater ehrsamen und ruhmwürdigen Angedenkens hat die 'durch die Macht des Kapitals hervorgerufene Not' weder verschuldet noch befördert. Diese geriebene Kategorie von pfiffigem Müßiggang und schicksalvollem Notstand hätte der Alte in der Perücke vielleicht gar nicht verstanden, sintemal und alldieweil es ihm natürlich schien, sein Kapital, da ihm nun einmal Gott das Seinige gesegnet, dergestalt anzulegen, daß auch armen Schelmen die Möglichkeit zum Gewinn eröffnet werde. Er seinerseits ertrug das große Unglück, volle Beutel zu haben, mit Heiterkeit und mit jenem Gottvertrauen, es werde ihm glücken, sein Pfund zum Besten der Menschheit wuchern zu lassen."

Seitdem Kühne diesen Artikel im Jahre 1847 publiziert hatte, wurde dieser Aussage nicht widersprochen. Im Gegenteil, sein Bericht wurde in der Literatur stets getreulich bis heute wiederholt.

Johann Caspar Engels I (1715 bis 1787) – der Alte mit der Perücke – sei also zuerst auf den Gedanken gekommen, „den herumziehenden heimat- und besitzlosen Fabrikpöbel seßhaft zu machen und ihn nach Maß seines Fleißes und seiner Führung zu Hauseigentümern mit Land- und Gartenstück dadurch heranzubilden, daß er ihnen als Ersparnis zum Erwerb des Hauses vom Wochenlohn einen Betrag abzog."

Zunächst mag auffallen, daß Kühne rund 60 Jahre nach dem Tode von Caspar Engels I Barmen besuchte. Ganz offensichtlich ist er im Hause Engels gewesen und hat das noch heute überlieferte Porträt des „Perückenmannes" dort gesehen. Seine Kenntnisse von den sozialen Leistungen und Einrichtungen Engels' bezog Kühne vermutlich nur vom Hörensagen, stellte diese aber in seinem Bericht, offenbar mit einem Seitenhieb auf Friedrich Engels verbunden, heraus. Tatsächlich aber läßt sich in keinem Falle nachweisen, daß die Familie Engels irgendeinem Barmer – geschweige denn einem ihrer Arbeiter – je ein Haus übertragen oder verkauft hätte. Die Engels besaßen zwar 38 Häuser allein im Bruch, davon eine große Anzahl reiner Arbeiterhäuser, allein sie alle blieben im Besitz der Familie. Dies habe ich an anderer Stelle publiziert.[4] Richtig hingegen scheint in Kühnes Bericht zu sein, daß Caspar Engels I frische und kräftige Leute aus Westfalen hier seßhaft gemacht hatte und daß man in der Tat von einer Fabrikkolonie sprechen konnte.

Was hatte es nun mit dem Engelsschen Unternehmen auf sich? Keiner der klassischen Autoren, die seit etwa 1770 Reise- oder Wirtschaftsberichte über Barmen geschrieben haben, verzichtet auf eine Aussage über die Fabriken der Herren Engels im Bruch. Sei es, daß sie die Technologie der Maschinen bewundern, seien es die 300 Facharbeiter, für damalige Verhältnisse eine unglaublich hohe Zahl, oder sei es die Höhe der getätigten Umsätze. Was die Reiseschriftsteller allerdings nicht wissen konnten, waren die anderen Unternehmungen der alten Firma Caspar Engels Söhne. Es gab damals schon Beteiligungen an Kohlenzechen im Haßlinghauser und Bochumer Raum. Dazu besaßen die Engels eine Dampfziegelei und ein Mineralbad in Barmen, eine Pottaschefabrik im Bruch, eine 50 %-Beteiligung an der Bank und dem Seidenhandelshaus Belabio, Besana und Compagnia in Mailand, eine ebensolche Beteiligung an der Goldlitzenfabrik Thomas Wilson in London, lange bevor der Vater von Friedrich Engels sich finanziell auch in Manchester engagierte.

Die Karte über die Bebauung der Grundstücke in der Brucher Rotte macht deutlich, daß ein zentrales Manufaktur- oder Fabrikgebäude der Firma Engels fehlt. Jedoch zeigt sich, daß der gesamte untere Bruch aus einem weiten Platz besteht, der – von der im Norden gelegenen Wupper ausgehend – mit einer hufeisenförmig angeordneten Häuserzeile umspannt wird. Dieser Eindruck wird auch durch die zeitgenössischen Beobachtungen Nemnichs und Kunths aus den Jahren 1809 und 1816 bestätigt. Gustav Kühne und vorher schon Kunth sprechen in diesem Zusammenhang ja sogar von einer Fabrikkolonie.

Die Arbeiter der Fa. Caspar Engels Söhne waren rund um den Brucher Platz in den der Familie gehörenden – und auch weiteren – Häusern untergebracht. Wohnen und Arbeiten in einem Raum waren bei der damaligen Betriebsform durchaus noch selbstverständlich und üblich. Die Webstühle, Bandmühlen und Riementische standen in den Wohnungen der Arbeiter und wurden offensichtlich von einer ganzen Familie betrieben. Rund 50 % aller in der Brucher Rotte um 1820 wohnenden Gewerbetreibenden waren in der Textilindustrie beschäftigt. Davon waren knapp 90 % von der Gewerbesteuer überhaupt befreit, was auf die Zugehörigkeit zur damals niedrigsten Einkommensklasse und eine entsprechende abhängige Stellung schließen läßt.

Die restlichen 50 % der Gewerbetreibenden im Bruch dienten der unmittelbaren Versorgung der ortsansässigen Bevölkerung. Sie lebten also sozusagen aus dem Konsumtionsfonds der übrigen direkt an der Produktion Beteiligten. Der von Kunth und Kühne konstatierte Fabrikstadt- bzw. Koloniecharakter des

Bruchs dürfte diese Aussage bestätigen. Auch die Errichtung der eigenen Schule im Jahre 1796 trug dazu bei, der Selbstversorgung und Geschlossenheit dieser Siedlung Ausdruck zu geben.

Schließlich sei noch auf die soziale Herkunft der in die Brucher Rotte zwischen 1770 und 1810 Eingewanderten hingewiesen. Etwas mehr als zwei Drittel der Einwanderer stammte aus dem bäuerlichen Milieu, als Väter werden Bauern und Tagelöhner genannt; der Rest ist im Bereich der dörflichen Handwerker zu suchen. Es scheint aber, daß die Bezeichnung „Tagelöhner" im frühen 19. Jahrhundert mehr als unscharf ist: darunter verstand man offensichtlich Kleinbauern, Landarbeiter, aber auch schon dezentral arbeitende Heimgewerbetreibende.[5] Etwa 70 % der in Barmen selbst Geborenen stellten den Stamm der hochspezialisierten Textilarbeiter. Jedoch fanden nur 40 % der männlichen Einwanderer in diesem Industriezweig ihr Auskommen. Die restlichen 50 % der Einwanderer suchten als übrige – d.h. zum Nicht-Textilbereich gehörende – Handwerker, als Tagelöhner und Karrenbinder ihr Auskommen, und die restlichen 10 % ergriffen sonstige Berufe.

Das von Herrn Boch für die Solinger Fabriken für das 20. Jahrhundert konstatierte Ergebnis, nachdem die Facharbeiter sich aus der einheimischen Bevölkerung rekrutierten[6], läßt sich offenbar auch schon seit der zweiten Hälfte des 18. und im 19. Jahrhundert anwenden, wie die ersten Ergebnisse für Gesamtbarmen, aber auch für Elberfeld aufzeigen.

So kann man als Resultat dieser Überlegungen davon sprechen, daß vor dem Hintergrund der frühindustriellen Entwicklung in der bergischen Region die „Brucher Rotte" in ihrer Bevölkerungs- und Siedlungsstruktur gradezu als Paradigma von historischen Vorgängen erscheint, die mit dem Aufbruch in das Industriezeitalter verbunden waren.

Es sind dies neben den typischen demografischen Tendenzen vor allem die spezifischen Wanderungstrends und auch deutlich die persönlichen Abhängigkeitsverhältnisse der Arbeiter zum Fabrikanten. Man wird bei weiterer Bearbeitung der Quellen sicher auch in der Lage sein, die beiden Phasen der Stadtmigration, einerseits aufgrund der Überbevölkerung des flachen Landes (Druckeffekt), andererseits durch wachsenden Arbeitskräftebedarf der Industrie (Sogeffekt) genauer zeitlich zu bestimmen.

Anmerkungen

1 Vgl. hierzu: Katalog (Lose-Blatt-Sammlung) des Museums für Frühindustrialisierung, Wuppertal 1984, sowie Michael Knieriem und Herbert Pogt, Historisches Zentrum Wuppertal – Museum für Frühindustrialisierung, Wuppertal 1984.
2 Vgl. hierzu: Walter Diez, Die Wuppertaler Garnnahrung. Geschichte der Industrie und des Handels von Elberfeld und Barmen 1400-1800, in: Bergische Forschungen IV, Neustadt/Aisch 1957, und Heinrich Haacke, Die Entwicklung und Besiedlung Barmens bis zum Beginn des 19. Jahrhunderts, in: Zeitschrift des Bergischen Geschichtsvereins 52(1921), S. 94-133, und vor allem Wolfgang Köllmann, Sozialgeschichte der Stadt Barmen im 19. Jahrhundert, Tübingen 1960.
3 Michael Knieriem, Die Band- und Posamentenweberei des Wuppertals, in: „Mein Feld ist die Welt". Musterbücher und Kataloge 1784-1914, hrsg. für die Stiftung Westfälisches Wirtschaftsarchiv von Ottfried Dascher, Dortmund 1984, S. 133-138.
4 Michael Knieriem, Die Entwicklung der Firma Caspar Engels Söhne. Zugleich Beitrag zum sozialen Umfeld des jungen Engels (= Nachrichten aus dem Engels-Haus), Heft 1, Wuppertal 1978.
5 Michael Knieriem, Cromford – Vorabend der Industrialisierung?, in: Die Macht der Maschine. Eine Ausstellung zur Frühzeit des Fabrikwesens, Ratingen 1985, S. 63-77.
6 Rudolf Boch und Manfred Krause, Historisches Lesebuch zur Geschichte der Arbeiterschaft im Bergischen Land, Köln 1983.

Eduard Führ

Geschichte mit Hand und Fuß* – Zur Notwendigkeit von Architekturwissenschaft im Rahmen der Alltagsgeschichte

Architekturgeschichte und Volkskunde sind beide als Geschichte marginalisierte Wissenschaften gewesen; sie hatten die Bebilderungen der Geschichtsbücher zu liefern, wenn auch die einen für die Sonntags-, die anderen für die Alltagsbilder zuständig waren. Die Geschichte der Architektur war als Kunstgeschichte im Verhältnis des 'ganz oben' zum 'ganz unten' der Volkskunde; das Überpolitische stand zum Unpolitischen. Seit geraumer Zeit zwar kämpfen wir beide im Sinne einer Alltagsgeschichte gegen die Klischees – wir tragen sie uns aber auch gegenseitig zu.

1. Alltagsgeschichte und Werkgeschichte

Die Architekturgeschichte ist als Kunstgeschichte im 18. Jahrhundert entstanden; sie hatte dort die Antike als Qualitätsmaßstab, alltägliche Architektur wurde in die Volkskunde abgetan.

Mit der modernen Kunstproduktion (Bauhaus; in der Malerei vor allem der Surrealismus, Aktionskunst etc.) hat sich das Verständnis von Kunst verändert, und auch die Architekturgeschichte begann, in diesem Sinne ihren Wissenschaftsbereich auszudehnen auf die kulturelle Produktion des Alltags und auf die gesellschaftlichen Zusammenhänge von Kultur und Kunst. Zum Wissenschaftsgegenstand 'Architektur' zählen nun nicht mehr allein die Bauten der Herrschaftsträger (Burgen, Schlösser, Kirchen, Paläste etc.), sondern auch die Wohnungen und die Arbeitsstätten der Beherrschten.

a. Sozialgeschichte

Die traditionelle Architekturgeschichte hat ihre Analyse am Werk betrieben, sie hat vor allem dessen ästhetische Qualitäten benannt. Mit der Wendung zur Unterschichtsarchitektur ist jedoch eine Abwendung von der Werkanalyse einhergegangen. Gegenstände der Wissenschaft sind jetzt Ökonomie, Ideologie und soziale Konfigurationen, die Werke sind nur noch Schnittstellen dieser Bedingungen. Mit der Inauguration eines neuen Wissenschaftsgegenstandes hat man einen umfangreichen Quellenbestand aufgegeben, und man weicht der Weiterentwicklung der vorgegebenen analytischen Methode aus.

Geht schon die sozialgeschichtliche Architekturwissenschaft wenig auf die Architekturwerke ein, so kennt die aus der Geschichtswissenschaft abgeleitete Alltagsgeschichte die materielle Welt, soweit sie nicht Symbol und Zeichen ist, als Quelle kaum.

b. Baugeschichte

Wenn man Werke als Quelle der Alltagsgeschichte nehmen will, muß klar sein, ob, wieweit und in welcher Weise sie überhaupt mit dem (historischen) Geschehen zu tun haben.

So könnten Dinge und Werke im Alltag als Zeichen (im weitesten Sinne) benutzt worden sein. Dabei wäre der Träger der geschichtlichen Bedeutung das Signifikat, den Signifikanten zu analysieren ist Eulenspiegelei. Denn das Signifikat wirkt konventional, also kognitiv und kaum aus der Materialität der Dinge. Bei der Alltagsarchitektur gibt es diese Zeichenhaftigkeit auch, bei den Arbeitersiedlungen vor allem als Anspielung oder Verweis auf bäuerliche Architektur (siehe z.B. die Kolonie Funkenburg in Gelsenkirchen); generell jedoch unterscheiden sie sich darin von der bürgerlichen Architektur, die in ihren Haustypen und Baustilen eine konventionale Sprache anwendet (so steht z.B. der neogotische Stil als Signifikant des bürgerlichen Nationalstaates). Die Arbeiterhäuser und -siedlungen im 19. Jahrhundert entbehren weitgehend einer konventionalen Signifikation. Ihre geschichtliche Bedeutung liegt in ihrer Materialität, die also in einer Werkanalyse untersucht werden kann.

Wie oben bereits angesprochen, war die Dinglichkeit der Architektur zu interpretieren schon Ziel der traditionellen Kunstgeschichte. In der Beschäftigung mit der Alltagsarchitektur haben einige Wissenschaftler in den unterschiedlichsten Weisen diesen Ansatz kontinuiert. (Sie sind zum größten Teil von Hause aus Architekten, die Zuwendung zum Werk ist auch von daher zu verstehen). Die Gebäude der Beherrschten werden nun dabei einmal nach ästhetischen Kriterien bewertet, die traditionsgemäß der Herrschaftsarchitektur zugetragen wurden. Man untersucht sie innerhalb einer 'Baugeschichte' sowohl auf die Herstellungstechniken und -verfahren im Sinne einer Technikgeschichte oder einer Produktionsweisengeschichte, wie auf Bauherren- und Architektenintentionen oder im Rahmen einer Typologie im Sinne einer dingimmanenten Entwicklungslogik. Teilweise betrieb man allerdings zusätzlich parallel zur Baugeschichte noch Sozialgeschichte.

Es besteht also ein Dilemma zwischen Beschäftigung mit der (sozialen) Alltagsgeschichte der Menschen unter Aufgabe des Quellenbereichs der Architektur und der Beschäftigung mit der Architektur unter Aufgabe einer Alltagsgeschichte. Dieses Dilemma beruht jedoch in der implizierten Trennung des sozialen vom materialen Handeln.

Hinzu kommt eine weitere, wissenschaftsexterne Belastung in der Beschäftigung mit Unterschichtsarchitektur und insbesondere mit Arbeitersiedlungen: in starker Weise fixieren sich die sozialen Träume nach dem 'Ganzen Haus' und nach Geborgenheit auf die Architektur und das Leben in den Siedlungen. Kommunalpolitiker vor allem im Ruhrgebiet haben erkannt, daß die Nobilitierung der Lebensweise der Unterschichten im 19. Jahrhundert zur Beschaffung einer tagespolitischen Klientel nutzbar ist. Daraus resultiert dann allerdings, daß die Arbeiter ein überhistorisches 'Natur'wesen erhalten und man Arkadien als Utopie verspricht. Der Fortschritt in der gegenwärtigen Wohnungs- und Städtebaupolitik etwa (so begründet die Kritik am heutigen Zustand ist) ist ein Rückschritt ins 19. Jahrhundert. Die Arbeitersiedlungen sind natürlich auch ein Feld ökonomischer Verteilungskämpfe von Bauherren und Architekten. Eine historische Werkanalyse wird diese Zumutungen der aktuellen Verwertungsinteressen kritisch zu bedenken haben.

2. Soziales und materiales Handeln

Die Alltagsgeschichte ist angetreten mit der Frage: 'sind die Menschen bloß Objekte übermächtiger gesellschaftlicher Verhältnisse, sprachlose Statisten, oder sind sie nicht vielmehr die Subjekte der Geschichte?' Doch was ist das Subjekt im Alltag, was ist der Wissenschaftsgegenstand der Alltagsgeschichte?

a. Subjekte der Geschichte: die Personen
Natürlich ist *der* Mensch das Subjekt von Geschichte. Die Beantwortung obiger Frage wird jedoch komplex, wenn man über diese transzendentale Bestimmung hinausgeht und nicht nur die Art der Beziehung zwischen geschichtlichen Gesetzmäßigkeiten und einzelnen Menschen untersucht (etwa als Relation Mikro- und Makrogeschichte, oder als gesetzmäßige Regel und menschlicher Fall, als individueller Lebenswelt und gesellschaftlichem System), sondern wenn man gleichermaßen die Verankerung der Menschen in der materiellen und materialen Umwelt mitbedenkt, wenn man also der Dimension Sozialität (Interaktion und Gesellschaft) die Dimension Materialität (der Umwelt und der Menschen) hinzugesellt.

Subjektivität meint ja in dieser Frage nicht Individualität als Kontingenz oder als Fall allgemein geschichtlicher Gesetze, Persönlichkeit als elementare Einheit der Geschichte, Erkenntnissubjektivität im Gegensatz zur objektiven Welt, sondern die Autonomie, die Selbstbestimmtheit des Seins und Tuns, Handlungssubjektivität. Die Frage ist also präziser: Individuen und soziale Gruppen *in* der Geschichte, sind sie Subjekte *der* Geschichte? Bestimmen die menschlichen Personen das Geschehen? Wie vollzieht sich die Bestimmung?

Die Alltagsgeschichtsschreibung hat nicht immer diesen Inhalt des Begriffs 'Subjekt' im Blick; sie versucht teilweise „die Restitution historischer Subjektivität" durch die „Orientierung auf eine Geschichte ... der Beherrschten" (Peukert 1984, S. 60), setzt also Individuum und Subjekt gleich. Dies ermöglicht es dann, jedes persönliche Tun und Erleben schon als geschichtsrelevant aufzufassen.

Eine weitere Differenzierung muß jedoch noch vorgenommen werden: Die Frage nach dem Subjekt des Handelns und Tuns fragt nach dem 'actor als auctor' (Brand 1978, S. 207); selber tätig zu werden, heißt noch nicht, das Selbst zu verwirklichen. Die Frage nach den Aktoren differenziert die Handlung in den Urheber der Handlungsordnung und in die Handlungsdurchführung.

Wie z.B. die U-Bahn-Türen (wie auf einem Schild über ihnen angezeigt) sich selbsttätig schließen und somit die mechanische Durchführung eines Programms sind, können die Menschen im Alltag die Programme, Handlungsvorstellungen und -ordnungen anderer vollziehen und somit realisieren; in diesem Sinne wäre die Person des Tuns nicht Subjekt des Programms, sie wäre actor, aber nicht auctor, also Person im Geschehen, aber nicht Subjekt des Geschehens.

Soziologisch ausgedrückt: so realisieren die Beherrschten in ihrem Tun die 'Herrschung'. Das Herrschen ist also Organisation der sozialen und materialen Konfigurationen des Alltags. Durch körperlichen Vollzug und Realisierung fremder Ordnung passiert eine Selbstunterdrückung. Das Selbst meint hier einen Referenzbezug zweier Seinsbereiche der Person aufeinander, nämlich der körperlichen Existenz und der kognitiven Kompetenz, also von Leib und Intellekt. Diese beiden Bereiche wirken im Handeln aufeinander. Die 'Activität' führt zu einer kognitiven Verarbeitung, die in der Regel vorerst eher unbewußt bleibt, aber dennoch Alltagsleben ordnet, regelt, normiert.

b. Subjekte der Geschichte: die Dinge

Durchführung und Realisierung geschichtlicher Subjektivität ist immer Handlungssubjektivität. Handeln ist aber dabei in der Regel nicht allein persönliches Tun, nicht allein soziale Interaktion (von dessen ausführlichem Einbezug ich hier einmal absehe), sondern immer auch gleichermaßen instrumentales Tun; Gegenstände sind unabdingbar erforderliche Werkzeuge der Lebensführung.

Die Notwendigkeit der Benutzung von Gegenständen bindet den Benutzer an das Programm der Gegenstände. Ich kann als Fahrgast die U-Bahn-Tür nutzen, ich kann durch leichten Druck gegen die Klinke den Öffnungsmechanismus ingangsetzen; ich bin aber an dessen Ablauf und dessen Auslösebedingungen gebunden. Durch die Konstitution des Objekts, durch dessen programmierte Möglichkeiten wird ein Handlungsfeld fundiert. Es ist bestimmt und begrenzt. Das Handlungsfeld U-Bahn-Tür ist rigoros determiniert, es bindet somit den Benutzer an die Durchführung des Programms, obwohl sogar hier noch die Möglichkeit besteht, das Werkzeug anders zu nutzen, also etwa die Scheibe einzuschlagen und durch die so geschaffene Öffnung auszusteigen. Ältere Türen sind weitaus offener für Alternativen und lassen so auch persönlichen Programmprojektionen größere Verwirklichungsmöglichkeiten: man kann diese Türen etwa zuknallen und somit seine Wut äußern. Die einfache deterministische Vorstellung vieler Funktionalisten, daß ein Instrument exakt nur eine Funktion haben muß, hat das sicherlich übersehen.

Die Benutzung eines Instruments ist bestimmt durch dessen Programm, dieses gibt sozusagen die Umgrenzung und die Ordnung des Handlungsfeldes. Tradiertes Verhalten und persönliche Handlungsprogramme spielen – um im Bild zu bleiben – auf diesem offenen Feld immer das gleiche Spiel; sie interpretieren es somit. Die Interpretation des Handlungsangebots geschieht natürlich weiterhin noch durch soziale, optische, schriftliche und mündliche Anweisungen. Insofern ist nun aber die Subjektivität des Handelnden, seine 'auctoritas' relativ; die Instrumente haben eine eigene Subjektivität, sie bestimmen, begrenzen und ermöglichen Tun. Sie sind gefrorene Subjektivität. Um ein architektonisches Beispiel zu geben, etwa die Lage einer Arbeitersiedlung zur Fabrik und zur Stadt:

Die Arbeitersiedlung Stahlhausen (in Abb.1 Kreis Nr. 3) wurde seit 1868 vom Gußstahlwerk 'Bochumer Verein' (in Abb. 1 Kreis Nr. 2) gebaut. Die Firma war schon 1842 gegründet und 1854 in eine Aktiengesellschaft umgewandelt worden. Die Belegschaft bestand anfangs aus 60 bis 70 Arbeitern, 1870 waren 2106 Arbeiter beschäftigt. Schon 1856 hatte der 'Bochumer Verein' erste, heute nicht mehr erhaltene Arbeiterhäuser gebaut. Sie lagen an der heutigen Gußstahlstraße zwischen Fabrik und Stadt (in Abb. 1 liegt die

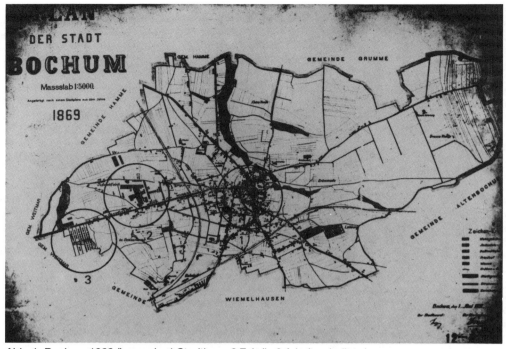

Abb. 1 Bochum 1869 (Legende: 1 Stadtkern, 2 Fabrik, 3 Arbeitersiedlung).

Straße etwa zwischen Kreis 1 und 2). Seit etwa 1865 befaßte man sich mit der Planung einer großen Siedlung. Im Januar 1868 wurden die ersten Häuser ausgeschrieben (zur genauen Baugeschichte und zur Analyse der Häuser siehe Führ/Stemmrich 1982). Die Siedlung wurde nun auf freies Feld an der Straße nach Essen (heute Alleestraße) gebaut und war von einer hohen Hecke umgeben.

Man kann also herausstellen, daß es bei der Firma 'Bochumer Verein' drei Konzepte zur Befriedigung der Wohnbedürfnisse der Arbeiter gegeben hat:

— Zuerst hat man teilweise mit einheimischer und teilweise mit 'schwimmender' Bevölkerung produziert ('schwimmend' war die Arbeiterschaft, da die Männer ohne Familie nach Bochum gekommen waren und zeitweilig Fabrik und Stadt wieder verließen, um zur Familie zurückzukehren).

— Dann hat man Häuser am Rand der Stadt gebaut, sicherlich primär mit der Intention, kontinuierliche Arbeit zu ermöglichen und deshalb die Familien mit zur Fabrik zu ziehen. Die Arbeiterwohnungen wurden baulich quasi der Stadt und damit der alten Bevölkerung angeschlossen; der soziale Bezug von Arbeitern und Stadtbevölkerung war möglich.

— Mit dem Bau der Siedlung ging man von diesem Prinzip ab, man konzentrierte die Arbeiterschaft und isolierte sie von der Stadt: die Siedlung ist topografisch distanziert, erhält eine Grenzmarkierung und Sichtschutz (Hecke), die Fabrik schiebt sich zwischen Siedlung und Stadt. Zu diesen städtebaulichen Ausgrenzungen kommen institutionelle hinzu. Die Siedlung erhält eine eigene Versorgung und später sogar eine eigene Kirche. Mit dieser Anordnung wurde ein soziales Proramm materialisiert – ob es dem Unternehmen bewußt war, ob es dessen Intention war, ist dabei unerheblich; ob der Arbeiter es wahrnimmt oder reflektiert, ändert am Faktum nichts, das den Alltag der Arbeiter und ihrer Familie organisiert: Denn in die Stadt zu gehen, ist nicht mehr nur ein Akt der Notwendigkeit, sondern eine zusätzliche Anstrengung. Aus der negativen Ausgrenzung von der sozial heterogenen Stadt resultiert eine innere

Homogenität der Siedlung, die positiv gefüllt wird durch das gleiche Reproduktionsziel (für den 'Bochumer Verein' arbeitsfähig zu bleiben). Der Kontakt der Siedlungsbewohner mit der Stadt ist also quantitativ und qualitativ stark reduziert, ein Austausch ist erschwert. Die soziale Heterogenität der Stadt mit all ihren Wirkungen: Anregung im weitesten Sinne (Produktion von Bedürfnissen und von Phantasie, Entdeckung anderer Lebensweisen, Bewußtwerden der eigenen Lebenslage durch Vergleich der Lebensweisen etc.), Anonymität als Möglichkeit zu personalem Identitäts- und interaktivem Rollenwechsel, als Möglichkeit zu schwer kontrollierbarem politischen Handeln usw. wird aus den Siedlungen ausgeschlossen, der Weg zu ihr erschwert. (Das Handlungsgefüge Stadt und seine gesellschaftspolitischen Bewertungen können hier nicht annähernd angesprochen werden. D. Stemmrich geht in seinem Aufsatz am Beispiel der Kruppschen Siedlung 'Nordhof' in Essen ausführlicher auf die Relation von Siedlungsöffentlichkeit und Stadtöffentlichkeit ein).

Was ist jetzt das Subjekt der Geschichte?

Die Siedlungsbewohner handeln nach Motivationen und Intentionen, die gerichtet sind auf Arbeit, auf Lebenserhalt, auf Lust und auf Freude, geprägt von Not, Sorge, Angst usw. Bei der Realisierung dieser vitalen Interessen nutzen sie vorliegende Konzepte und Programme und verwirklichen dabei die darin implizierten sozialen und gesellschaftlichen Ordnungen. (Sie können sich sicherlich auch gegen sie stellen.) Die Menschen sind also Subjekte als Handelnde, nur teilweise jedoch Subjekte als Gesetzgebende. Sie handeln zur Erreichung des subjektiven Ziels nach fremden Plänen; sie handeln lebensweltlich in einer vorgegebenen Ordnung.

Diese Ambiguität hat noch eine weitere Konsequenz für das Selbstbewußtsein der Handelnden: das Handeln ist ja eher ein körperlicher Vorgang, das Aufstellen des Programms ein kognitiver Akt. Da also die Realisierung des fremden Programms ein Vorgang ist, den ich mit meinem eigenen Körper vollziehe, liegt es nahe zu vermeinen, auch das Programm sei das Jemeinige. Insofern ich auctor meiner körperlichen activitas bin, kann ich mich leicht auch für den auctor des Programms halten.

3. Alltagswelt

a. deus ex machina

Sicherlich gibt es bisweilen Personen, die ihr Tun weitgehend reflektieren; ein gut zu belegender Fall, bei dem ein Unternehmer zumindest in weiten Bereichen sowohl den Alltag wie die alltagsrelevante Werkzeugfunktion seiner Arbeiterhäuser und -siedlungen bedacht hat, war Alfred Krupp. Er hat sich von der Anlage der Siedlungen, über die Treppenführung in den Häusern bis hin zu den Kochdünsten und dem Schmalz auf dem Brot und der Kleidung seiner Arbeiter Gedanken gemacht (siehe hierzu Führ/Stemmrich 1985). Hier sei auf Krupps Entwürfe zu der Arbeitersiedlung Nordhof in Essen von 1871 verwiesen. (ausführlich dazu s.u.D. Stemmrich). Die Zeichnungen und Texte anbei (Abb. 2-5) stammen aus der Hand von Alfred Krupp.

Gleichwohl haben sich natürlich viele andere programmatische Architekturteile und Alltagsverläufe etc. hinter Krupps Rücken durchgesetzt. Gerade insofern Subjektivität eine Konfigurierung der äußeren Welt ist, kann Planen und Handeln unmöglich voll reflektiert und bewußt geschehen. Die programmierte Subjektivität der Instrumente verweist also nicht unbedingt auf einen 'deus ex machina', auf einen in ihnen oder hinter ihnen stehenden planenden Kopf.

Instrumente werden benutzt, da sie ein Ziel erreichen lassen. Ist es ein tagtägliches Ziel, ist nicht mal es selbst im Zentrum des Bewußtseins, geschweige denn seine Mittel. Wie man als Kind heranwächst, lernt man sie, macht sie zur Gewohnheit und hält sie für selbstverständlich, für naturnotwendig. So auch gibt man sie weiter. Erst die Konfrontation mit anderen Handlungs- und Produktionsweisen, mit anderen Kulturen, mit anderem tagtäglichem Verhalten bietet Relativierung. Im traditionalen Handeln gibt man durch die Instrumente Programme weiter, ohne sie einer bewußten Reflexion zu unterziehen. Die Programme müssen nicht intentional und bewußt auf Formierung des Adressaten gerichtet sein. Aber auch beim Entwickeln neuer Programme ist es fraglich, ob der Architekt oder der Bauherr – auch wenn er sich selbst so einschätzt – prinzipiell kompetent ist, zu erkennen und zu verbalisieren, welches Handlungsfeld ein Instrument bietet. Der Erkenntnishorizont der Produzenten ist in der Regel von Faktoren der Produktion bestimmt; er ist befangen in designtheoretischen Positionen und Klischees; wieviel Wohnhäuser sind entworfen nach formalästhetischen Prinzipien (Klassizismus, Neogotik) in vollkommenem Verkennen der tagtäglichen praktischen Aneignung. Wieviele funktionalistische Gebäude sind entworfen unter völliger Verkennung der tatsächlichen Wohnweise. Die Befragung der Produzenten bietet mit wissenschaftlicher Gewißheit Einblick allein in ihren Geisteszustand.

Instrumente können darüber hinaus aus der Natur übernommen werden (landschaftliche Formationen, Seen, Bäume, Steine...); sie sind oft ohne weiteres in individuelles und soziales Handeln einbezogen und beeinflussen Aktionen und Interaktionen. Instrumente können zufällig entstanden sein aus einem Umbau oder aus einer ungeplanten Umnutzung hervorgehen.

Es gibt also nicht notwendig eine Person oder Personen, die das Programm bewußt entworfen haben. Die Analyse der Arbeitersiedlungen ist nicht durch Rekurs auf die Intentionen und Äußerungen der Bauherren und Unternehmer zu ersetzen.

b. Alltag und Gedächtnis

Die Befragung der Benutzer ist ebenfalls problematisch. Und zwar auch dann, wenn man von der historischen Einschränkung des Forschungsumfangs auf ein Lebensalter absieht. Denn die möglichen Aussagen Befragter sind von deren Gedächtnis und dessen prinzipiellem Leistungsvermögen und Verarbeitungsmechanismus abhängig. Das Gedächtnis rekonstruiert als Erinnerung jeweils aufs neue Vergangenheit. Es wird dabei von Rechtfertigungen, aktuellen Zuordnungen und Wissen und nicht zuletzt von den Fragen, Interessen und Unterstellungen der Forscher beeinflußt (siehe dazu von Plato 1985). Ich möchte hier darauf (die Frage der Widerspiegelung eines vergangenen Erlebnisses in der heutigen Erinnerung) nicht weiter eingehen, sondern untersuchen, wieweit das Gedächtnis überhaupt Geschehen fassen kann.

Aus dem Gedächtnis reproduzierbar, erzählbar sind in der Regel Ereignisse, die die Aufmerksamkeit erregten, die sich aus dem Geschehen vereinzelten, herausragten, die insofern im alltäglichen Geschehen Bedeutung erlangten und bewußt verarbeitet werden mußten. Streiks und Unfälle sind erlebbarer, merkbarer und narrativer als Entfremdungstendenzen und langfristige Vergiftungen, Hochzeiten und Feste werden eher erinnert als die banalen ehelichen Interaktionen und haushälterischen Speisezubereitungen. Distinkte Erlebnisse werden als explizites Gedächtnis verarbeitet. Alltagsgeschichte – beschränkte sie sich auf deren Erfassung – wäre die Fortführung der Geschichte der geformten Einheiten.

Zusammenhänge distinkter Ereignisse sind nur zum geringen Teil erlebbar; wenn sie eine gewisse Einfachheit übersteigen, sind sie faktisch oder gar prinzipiell nicht mehr erlebbar. Die Kausalitätskette muß unmittelbar sein oder nur wenige Glieder haben, sie darf kein komplexes Bedingungsgefüge sein, sie muß räumliche und zeitliche Nähe haben.

Bestünde die Alltagsgeschichte aus Erfassen von Erlebtem dann wäre in der Tat die Verbindung zwischen persönlichem Erlebnisbereich und objektiver Geschichte, zwischen einer Quantität authentischer Erlebnisse und der Authentizität des Geschehens nicht zu fassen. Es wäre zudem unmöglich, den auctor der Geschichte zu finden, denn Wissenschaft, die nach den Subjekten der Geschichte fragt, kann sich nicht allein auf Erfassung der Rezeption des Geschehens beziehen. Sie muß sich mit der Produktion des Geschehens und seiner Ordnung, mit dem Handlungsgefüge und dessen kognitiver Präsentation befassen.

Das führt jedoch zu einer zweiten Art von Gedächtnisorganisation, zur Erfahrung. Sie entsteht durch Handeln und leitet Handeln an. Erfahrung ist begründet in der Körperlichkeit des Tuns, sie ist eine nichtbegriffliche und nichtsprachliche Präsentation. Dies zeigt sich in der Schwierigkeit der Vermittlung von Können und praktischen Fähigkeiten (vom Treppensteigen- und Türöffnenlernen bei Kleinkindern bis hin zu Rad-, Auto- und Flugzeugfahren), die begründet ist im Engagement der gesamten Person und der Verflochtenheit des Handelns in die Ding- und Mitwelt. (Man kann nicht Radfahrenlernen, indem man einerseits Gleichgewichthalten und andererseits Vorwärtsfahren lernt; richtig Radfahren lernt man erst im realen Straßenverkehr, wenn man in der Welt von Autoverkehr, Fußgänger, Polizei, Fahrraddieben, Wetter, Landschaft usw. handelt). „... So gibt es auch Einzelne, die ohne wissenschaftliches Wissen zum prakti-

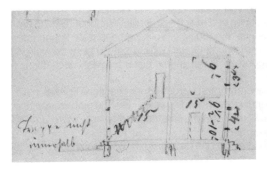 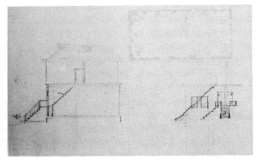

Abb. 2/3 Skizzen A. Krupps zur Siedlung Nordhorn in Essen.

 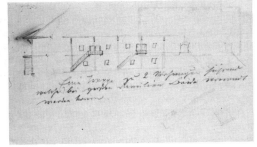

Abb. 4/5 Skizzen A. Krupps zur Siedlung Nordhorn in Essen.

schen Handeln in verschiedenen Dingen geeigneter sind als die Wissenden, nämlich die Erfahrenen. Wenn man nämlich weiß, daß leichtes Fleisch gut verdaulich und gesund ist, nicht aber weiß, welches Fleisch leicht ist, so wird er nicht die Gesundheit schaffen können; das wird eher jener können, der weiß, daß das Geflügelfleisch leicht ist." (Aristoteles 1975, S. 189, 1141 b 15). Die Erfahrung geht aufs Handeln, sie ist umsichtig und voraussichtig, sie betrifft nicht nur die Rezeption, sondern auch die Produktion des Handelns. (Der Radfahrer macht Erfahrung, indem er fährt; Erfahrung führt zu sicherem Fahren; indem der Fahrer Gefahren voraus'ahnt', stellt er sein Handeln darauf ein). Erfahrung repräsentiert kulturelle Haltungen und soziale Beziehungen. Das wird beim Radfahren schon deutlich, zeigt sich aber genauso in der Architektur. (Vgl. etwa die Tür- und Treppenanlagen, also die Instrumente zur Erschließung eines Gebäudes als Gestaltung und Definition der ersten sozialen Kontakte, als Ouvertüre, die einstellen soll auf die Regeln des ganzen Spiels).

Als Beispiel für die Relevanz von Erfahrung im Alltagshandeln verstehe ich auch die 'Brotunruhen' (z.B. E.P. Thompson 1979). Sie sind einmal natürlich wichtig, weil sie selbst als 'Unruhen' geschichtliche Ereignisse waren. Aber zum anderen erscheint durch sie ein geschichtlich sehr lange wirksames alltägliches Verhalten (Paternalistische Marktordnung), das auch vor den Unruhen historisch interessant ist. Den Handelnden selbst wird das Verhalten erst durch die Konfrontation mit dem neuen ganz andersartigen Gefüge (Markt als Spiel von Angebot und Nachfrage) deutlich geworden sein, erst dadurch wurde Erfahrung explizit. Der Alltag ist das gewöhnliche Geschehen; er besteht zum großen Teil aus Banalem und Trivialem, aus den Marginalien, aus dem wenige Vorgänge als Ereignisse ausgeschieden sind.

Eine dritte Art der Gedächtnisorganisation sind explizite Erkenntnisse und Wissen. Sie sind notwendige Fundamente der Alltagsbewältigung.

Als 'Um-zu-Wissen' ist es die kognitive Generierung von Handlungsprämissen, die Umsetzung der Erfahrungs- und Erlebnisregelmäßigkeiten in gesetzliche Prognosen. (Ich weiß als Radfahrer, daß an dieser nächsten Ecke häufig ein Polizist steht und ich deshalb ordentlich fahren muß). Es ist ein Wissen des Alltags, es basiert in Erlebnissen und Erfahrung, aber eine erste Stufe der Lösung von der Unmittelbarkeit.

Als 'Weil-Wissen' ist es theoretische Einsicht in Zusammenhänge und enthält persönliche Weltdeutungen wie die Verarbeitung öffentlicher Wissensangebote (Zeitungen, Reden, Diskussionen etc.). Es ist alltagsrelevant, weil es das Handlungsgefüge als ganzes betrifft. (Ich fahre Rad, weil ich sportlich leben will, weil ich für Umweltschutz bin, weil ich wenig Geld habe). Die Trennung dieser drei Organisationen von Gedächtnis und möglicher Erinnerung ist natürlich künstlich; Erlebnisse, Erfahrungen und Wissen sind eng miteinander verknüpft. Sie sind dabei nicht einheitlich, d.h. ergänzen sich nicht, sondern sind wegen der diachronen und synchronen Komplexität des Geschehens (s.u.) heterogen; der persönliche Standpunkt kritisiert das angebotene Wissen, das allgemeine Wissen relativiert die singulären Erlebnisse und die egozentrischen Erfahrungen. Die Wissenschaft vom Alltag wäre selektiv, wenn sie allein auf Erfahrung und Erlebnisse rekurrierte.

c. Lebenswelt und Wissenschaft
Intellektuelle Analyse ohne Erfahrung des Analysebereichs muß notwendig scheitern, insofern muß Wissenschaft auf Erfahrung basieren. Sonst wäre sie Deduktionsgeschichte. Wieweit ist jedoch der Alltagshistoriker auf Erlebnisse, Erfahrung und Wissen des Alltags beschränkt? Ist nicht das Beharren auf der Grundlegung der Erfahrung eine Verunmöglichung der Erkenntnis von geschichtlicher Wahrheit? Ist es z.B. nur einem ehemaligen Bergarbeiter möglich, eine Alltagsgeschichte der Bergarbeiter zu schreiben? Besteht in diesem Fall nicht gerade die Gefahr der Unaufmerksamkeit auf die Banalität und Gewöhnlichkeit des Geschehens, so daß die beschränkte Bewußtheit in die Wissenschaft aufgehoben wird?

Selbst im Alltäglichen ist eine Relativierung der je eigenen Erlebnisse und Erfahrungen und des eigenen Handlungsprogramms möglich und erforderlich; subjektives und erfolgreiches Handeln kann nur polyzentrisch stattfinden, indem ich fremde soziale und materiale Ordnung, die sich synchron und diachron erstellt haben, nutze. (Ich glaube, theoretische Diskussionen über 'Ungleichzeitigkeit' erübrigen sich, wenn man sich ein bißchen umschaut: als Beispiel sei hier vielleicht die Oranienstraße in Berlin-Kreuzberg erwähnt, die am Springerhochhaus beginnt, an der die ebenfalls hochgesicherte Bundesdruckerei, die Musterwohnanlagen der 'Internationalen Bauausstellung', Mietskasernen der Jahrhundertwende liegen und in der inzwischen Berlins Schickeria zum Essen, Avantgardekünstler zum Malen und türkische Jugendliche zur Beschneidung gehen. Gerade die Architektur ist eine permanente Kumulation unterschiedlichster Wohn- und Lebensweisen aus vielen Jahrhunderten und aus vielen Kulturen).

So wie im alltäglichen Geschehen – eben weil es verflochten ist in soziale Konfigurationen und in materiale Werke und Werkzeuge und in die leibliche Körperlichkeit – das Tun und das Verstehen des Tuns Distanz zu einem einzelnen Zentrum voraussetzt, so ist Alltags-, aber insbesondere Architekturgeschichte monozentrisch nicht möglich. Die Wissenschaft vom Alltag ist reduktiv, wenn sie die lebensweltliche Beweglichkeit zu einem Standpunkt kristallisiert.

Aus der Polyzentralität der sozialen Mitwelt und der materialen Umwelt resultiert im Alltag Distanziertheit, wie schon gesagt. Ich nutze andere Handlungsgefüge allein, um mit dem Handlungsergebnis mein Gefüge zu prolongieren. Da ich mich jedoch auf das Fremde einlassen muß, um mein Ziel zu erreichen, eigne ich mir – wenn auch nur vorläufig – eine Fremdwelt an und lasse meine Eigenwelt als fremd gegenüberstehen. Dazu kommen im Alltagshandeln immense Bereiche des sozialen und materialen Unvertrauten und Unerfaßten, das Un-heimliche (Mitscherlich), wodurch Fremdheit vermittelt und Distanz fundiert wird (siehe dazu Führ 1985).

Darf Alltagsgeschichte diese Distanziertheit vernichten in der Hinnahme der Authentizitätsbehauptung von Berichten? Alltagsgeschichte muß – wie der Alltag – auch von 'oben' (wenn der Ausdruck als Gegensatz zu Unmittelbarkeit und Erlebnishaftigkeit erlaubt ist) betrieben werden, als Versuch, Distanziertheit zu behalten, um zu begreifen und zu verallgemeinern.

Die Polyzentralität besteht jedoch im Alltagsverhalten. Sie ist nicht Distanz zur Lebenswelt, sondern

Distanziertheit in der Lebenswelt. Sie ist gerade die Voraussetzung breiter lebensweltlicher Existenz, da sie Akkomodation und Assimilation (Piaget) zugleich ist: der Eigenbrötler, der Autist, der Macho, der Rationalist findet durch mangelnde Akkomodation nur noch geringen Halt in der Lebenswelt.

Die Lebenswelt ist also auch nicht der Steinbruch, aus dem die Wissenschaft die unförmigen Steinblöcke erhält, aus denen sie Begriffsskulpturen fertigt. Die Lebenswelt ist nicht allein wichtig als Basis der Kommunikation, als Basis für Rationalität, sie selbst ist rational. Entwickelt man das Begreifen nicht aus der Lebenswelt, schafft man einen neuen Bereich der ideellen Wirklichkeit, dessen Verbindung zur Lebenswelt hypothetisch bleiben muß. Wenn man Alltag als lebensweltliches Handlungsgefüge konkret betrachtet, dann wird man feststellen, daß er – vielleicht weil es das Individuum, das Ungeteilte, ist, das handelt – komplett und individuell ist, daß sich in ihm materiale, soziale und kognitive Ordnungen zugleich verwirklichen. Man kann also nicht autonome Seinsbereiche von äußerer Natur, von innerer Natur, von Sozialität (siehe Eingangsfragestellung), von Gesellschaft, von Rationalität vorfinden und deren Fachgeschichte jeweils schreiben.

d. Quellenkritik

Architektur wird 'verstanden' in der Aneignung im Handeln, im Umgang mit ihr und erzeugt Erfahrung, als die Personifizierung der dinglichen Ordnung. Die kognitive Bewußtmachung auch schon im Alltag verlangt eine Distanziertheit. Sie ist Interpretation der dinglichen Ordnung und der Handlungsgefüge in ihren umweltlichen Verflechtungen und gesellschaftlichen Auswirkungen. Sie fragt, was mache ich hier eigentlich, indem ich hier so wohne. Die historische Architekturwissenschaft versucht, aus geschichtlichem Abstand die gleiche Zuwendung zur Architektur zu simulieren oder einzunehmen. Sie versucht aufgrund der Dinglichkeit der Ordnung, das Handlungsgefüge zu rekonstruieren und in seinen sozialen Verflechtungen und gesellschaftlichen Auswirkungen zu interpretieren.

Erfahrungs- und Erlebnisberichte sind unhinterfragbar. Die historische Validität liegt allein in der Autorität der befragten Person. Berichte müssen vertrauensvoll (von der befragten Person und vom berichtenden Historiker) hingenommen werden. Die Rekonstruktion der Architektur hingegen beruht auf Dingen (Stadtbau, Siedlungsanlage, Haus, Einrichtungen) und auf traditionellen Quellen (Pläne, Zeichnungen), die man kritisch untersuchen kann und die allen Forschern gleichermaßen zur Verfügung stehen; die Rekonstruktion kann verfolgt, kritisiert und korrigiert werden. Die Interpretation der rekonstruierten Architektur kann auf Legitimität und Angemessenheit geprüft werden, da sie den körperlichen Umgang aller Menschen mit der Architektur zur Basis hat. Körperlichkeit der Menschen und Körperlichkeit der Architektur sind die Konstanten, die eine zwischenmenschliche und zwischenhistorische Kommunikationsbasis begründen. Sie bieten Fakten, zu denen alle gleichen Zugang haben können, die es somit erlauben, Angemessenheit von Interpretation wissenschaftlich zu diskutieren.

Architekturen bieten der Skepsis gegenüber Erlebnisberichten und deren Anspruch auf das Authentische einen Standort.

4. Wissensmacht und Körperlichkeit

Die Architekturwissenschaft, d.h. die Betreibung einer Geschichte, die sich festmacht an den alltäglichen Instrumenten des Tuns, relativiert 1. die Spaltung in Subjekt und Objekt, 2. die Spaltung in Herrschende und Beherrschte und 3. die Fundierung der Alltagsgeschichte auf Erlebnishaftigkeit und Bewußtheit. Insofern hat sie Ähnlichkeit mit Foucaults 'Mikrophysik der Macht'. Architektur ist zu verstehen als 'Raumordnung der Macht' (Foucault). Sie ist ein „Instrument zur Transformation der Individuen... die auf diejenigen, die sie verwahrt, einwirkt, ihr Verhalten beeinflußbar macht, die Wirkungen der Macht bis zu ihnen vordringen läßt, sie einer Erkenntnis aussetzt und sie verändert. Die Steine können sehr wohl gelehrig und erkennbar machen." (Foucault 1977, S. 222)

In der praktischen, geschichtsanalytischen Anwendung von Foucaults Thesen gibt es jedoch Schwierigkeiten, die auf Probleme in seiner Theorie verweisen. So haben Treiber und Steiner (1980) im Sinne Foucaults die Arbeitersiedlung der Firma Staub in Kuchen untersucht. Sie vergleichen dabei die Fabrikdisziplin mit der Klosterordnung und gehen besonders auf unmittelbare Sozialdisziplinierung vermittels räumlicher Isolierung, optischer Kontrolle, Zeitdiktat im Produktions- wie im Reproduktionsbereich ein. Eine Analyse der Architektur wird jedoch nicht durchgeführt und kann nicht durchgeführt werden, da die körperliche Machtbeziehung (Panopticum und Disziplin) bei Foucault letztlich formale bzw. physikalische Begriffe sind, die den Kontext zum Wissenssystem nicht zu bilden vermögen. Der Körper ist bei Foucault ein mechanischer Apparat, dessen Kräfte man diszipliniert und überwacht, dadurch aber nicht erzeugt oder gestaltet. Dies, – also inhaltliche Herrschaft – vermittelt sich allein in den Wissensstrukturen.

Das Problem in der Theorie bei Foucault, aus der die Schwierigkeit der Umsetzung in eine Interpretationsmethode resultiert, ist die Frage, wie aus der Handlungsordnung Wissen wird, wie die Beziehung zwischen Körper und Geist ist.

5. Leib und Welt

Wie also über den Körper das Wissen produziert wird, muß man noch genauer fassen; nur so ist eine differenzierte Analyse der dinglichen Werke möglich.

(In der Kürze dieses Aufsatzes möchte ich mich eng an Merleau-Ponty halten und zur Verdeutlichung nur auf ein Beispiel eingehen:) Merleau-Ponty hat in historischer Auseinandersetzung mit Descartes und Kant und in aktueller Konfrontation zu Sartre versucht, um es modern zu sagen, die Spaltung in Körperlichkeit und Wissensmacht, in res extensa und res cogitans aufzuheben. Seine Erkenntnisse ebnen eigentlich besonders klar den Weg für eine Alltagsgeschichte. In der 'Phänomenologie der Wahrnehmung' (1945) und den aktuellen Schriften von Waldenfels (1980, 1985) dazu wird die Vermitteltheit von Subjekt und Objekt, von Dingwelt, Ich und Mitwelt deutlich und sogar eine 'Geschichte mit Hand und Fuß' angedeutet.

Was ist der Körper des Menschen, wie steht er zur Subjektivität, wo beginnt er, wo endet er? Was und wo ist Hand und Fuß? Was bedeutet also zum Beispiel der Verlust eines Armes oder das 'Gefühl' eines Phantomarmes, was der Blindenstock?

Der 'Phantomarm' ist ein Phänomen, das nach der Amputation auftritt. Es besagt, daß der Amputierte weiterhin das Gefühl der Anwesenheit des Armes hat, daß er sensorische Erlebnisse hat und sich in seinem Handeln darauf verläßt. Die Benutzung eines Stockes durch einen Blinden zur Ertastung der Umwelt hat den Effekt, daß nach einer Zeit der Gewöhnung der Blinde mit der Spitze des Stockes fühlt; er fühlt nicht die Beschaffenheit des Untergrunds an seiner Handfläche, die den Stock erfaßt. Er hat seine Sensorik weiter nach außen verlegt, er hat seine Körpergrenzen in die Dinge ausgeweitet.

Beides sind nun extreme Vorgänge, die jedoch die Verstärkung alltäglichen Verhaltens sind: jede kleine Verletzung verweist einen – wenn man etwas tut und sich schon wieder damit stößt oder wenn man schon wieder das behinderte Glied einsetzen will – auf diesen Vorgang; man läuft nicht auf dem Schuh, sondern auf der Straße, im Dunkeln kann man durch die eigene Wohnung gehen, ohne anzustoßen.

Offensichtlich ist der Vorgang nur zu erklären, wenn man den Körper als 'Vehikel' des zur-Welt-seins versteht und er damit nicht in ein cogito, eine Muskel- und Knochenmaschine und in die Welt als reines Schauspiel elementarisiert, sondern ein Funktionsgefüge ist. Nur wenn „Bewußtsein...Sein beim Ding durch das Mittel des Leibes" (Merleau-Ponty 1966, S. 168) ist, ist zu verstehen, wie das dingliche Sein in der leiblichen Aneignung Bewußtsein fundiert. Der Blindenstock ist nicht nur ein Wahrnehmungsmittel, sondern ein Mittel der Prolongierung des eigenen Körpers, er ist Prothese des Handelns. Der 'Phantomarm' bedeutet die Bewahrung des vor der Verstümmelung besessenen Handlungsfeldes und damit der Körpergrenzen. „Der Körper ist es, wie man häufig genug schon bemerkt hat, der die Bewegung 'erfaßt' und 'versteht'. Der Erwerb einer Gewohnheit ist die Erfassung einer Bedeutung, über die motorische Erfassung einer Bewegungsbedeutung ... Die Orte des Raumes bestimmen sich nicht als objektive Positionen im Verhältnis zur objektiven Stelle unseres Leibes, sondern zeichnen um uns her die wandelbare Reichweite unserer Gesten und Abzweckungen in unsere Umgebung ein. Sich an einen Hut, an ein Automobil oder an einen Stock gewöhnen heißt, sich in ihnen einzurichten oder umgekehrt, sie an der Voluminosität des eigenen Leibes teilhaben lassen. Die Gewohnheit ist der Ausdruck unseres Vermögens, unser Sein zur Welt zu erweitern oder unsere Existenz durch Einbeziehung neuer Werkzeuge in sie zu verwandeln." (Merleau-Ponty 1966, S. 172/173) Die topografische Definition des Verhältnisses von Subjekt und Objekt: ich bin hier und die Welt ist dort, ist damit aufgehoben. Ich ist eine Weise des Dortseins.

Durch Ausweitung seines Körpers ist der Blinde an den Stock gebunden, der Stock fundiert vom materialen und sozialen Feld den Erfahrungs- (er leitet keine Wärme, zeigt kein Aussehen, gibt bestimmten Klang usw.) und somit auch den Handlungsspielraum. Er ist prinzipiell nicht anders als eine Zimmerwand, eine Tür usw.

Handeln (und Arbeit) ist somit nicht nur eine Bedingung des menschlichen Seins, sondern Form der Selbstbetätigung.

Wie ich hier gerade den Blindenstock analysierte, also als Konstitution eines Erfahrungs- und Handlungsspielraumes, und damit als Bestimmung des Subjekts, so ist dies über dieses einzelne Beispiel hinaus generell möglich: „So wie die Natur mein personales Leben bis in sein Zentrum durchdringt und mit ihm sich verflicht, so steigen meine Verhaltungen in die Natur wieder herab und schlagen in ihr sich nieder in Gestalt einer Kulturwelt. Ich habe nicht nur eine physische Welt, lebe nicht nur in einer Umwelt von Erde, Luft und Wasser, mich umgeben Wege, Forste, Dörfer, Straßen, Kirchen, Werkzeuge, eine Klingel, ein Löffel, eine Pfeife. Jeder dieser Gegenstände ist in sich gezeichnet von dem menschlichen Tun, zu dem er bestimmt ist. Jeder umgibt sich mit einer menschlichen Atmosphäre, einer bisweilen sehr wenig bestimmten, wie etwa bei Spuren im Sand, oder einer sehr ausgeprägten, wie etwa bei genauer Besichtigung eines erst kürzlich von seinen Bewohnern verlassenen Hauses. Wenn es aber nun nicht überrascht, daß sinnliche und perzeptive Funktionen eine natürliche Welt gleichsam vor sich niederlegen, da sie schließlich vorpersonaler Akt sind, so kann es doch erstaunlich scheinen, daß spontane Akte durch die Menschen ihrem Leben Gestalt geben, sich äußerlich sedimentieren und alsdann die anonyme Existenzweise der Dinge sich zueignen. Die Zivilisation, an der ich teilhabe, hat ihr evidentes Dasein für mich in den Werkzeugen, die sie sich selbst gegeben hat. Im Falle einer mir unbekannten oder fremden Zivilisation können sich an den Ruinen, den zerbrochenen Werkzeugen, die ich finde, oder der Landschaft, die ich durchstreife, verschiedene mögliche Seins- oder Lebensweisen abzeichnen. Die Kulturwelt ist zweideutig, aber schon gegenwärtig. Offenbar ist das Dasein einer Gesellschaft zu erkennen." (Merleau-Ponty 1966, S. 398/399).

---

* Der Vortrag auf der Arbeitstagung der Kommission 'Arbeiterkultur' der DGV war eine kurze Zusammenfassung der von Daniel Stemmrich und mir verfaßten Untersuchung 'Nach gethaner Arbeit verbleibt im Kreise der Eurigen'; hier eine noch kürzere Zusammenfassung der Zusammenfassung zu geben, würde dem Ziel der oben genannten Untersuchung, nämlich konkret und differenziert auf die Architektur einzugehen, gerade entgegengesetzt sein. Es folgen deshalb zwei inhaltlich eigenständige Aufsätze, die von der Methode und dem Gegenstand die vorhergehende Untersuchung fortführen. Ich will vor allem auf die Frage der Notwendigkeit von Architekturwissenschaft eingehen und deren Funktion in einer Alltagsgeschichte diskutieren.

Literatur:

Aristoteles: Die Nikomachische Ethik, München 1972
G. Brand: Entwurf einer Phänomenologie des Handelns. In: H. Lenk (Hg.): Handlungstheorien interdisziplinär. Bd 2,1, München 1978.
M. Foucault: Überwachen und Strafen. Die Geburt des Gefängnisses, Frankfurt 1976.
E. Führ, D. Stemmrich: Die Dinglichkeit sozialer Konfigurationen. In: Kl. Bergmann, R. Schörken (Hg.): Geschichte im Alltag – Alltag in der Geschichte, Düsseldorf 1982.
Dieselben: Nach gethaner Arbeit verbleibt im Kreise der Eurigen, Wuppertal 1985.
E. Führ: Wieviel Engel passen auf die Spitze einer Nadel? In: ders. (Hg.): Worin noch niemand war: Heimat, Wiesbaden 1985.
M. Merleau-Ponty: Phänomenologie der Wahrnehmung, Berlin 1966.

D. Peukert: Neuere Alltagsgeschichte und Historische Anthropologie, Göttingen 1984.
A. von Plato: Wer schoß auf Robert R., oder: Was kann Oral History leisten? In: H. Heer, V. Ullrich (Hg.): Geschichte entdecken. Erfahrungen und Projekte der neuen Geschichtsbewegung, Reinbek 1985.
D. Stemmrich: Die Siedlung als Programm, Hildesheim/New York 1981.
E.P. Thompson: Die 'sittliche Ökonomie' der englischen Unterschicht im 18. Jahrhundert. In: D. Puls, E.P. Thompson u.a.: Wahrnehmungsformen und Protestverhalten. Studien zur Lage der Unterschichten im 18. und 19. Jahrhundert, Frankfurt 1979.
H. Treiber, H. Steiner: Die Fabrikation des zuverlässigen Menschen. Über die Wahlverwandschaft von Kloster- und Fabrikdisziplin, München 1980.
B. Waldenfels: Der Spielraum des Verhaltens, Frankfurt 1980.
Ders.: In den Netzen der Lebenswelt, Frankfurt 1985.

Abbildungen:
Alle Abb. aus Führ/Stemmrich 1985 (s. Literatur)

Daniel Stemmrich

Sackgassen, Stichstraßen, Wohnhöfe – „Arbeiterwohnen" als Gegenstand kritischer Architekturwissenschaft

Ein großer Teil der Arbeitersiedlungen der zweiten Phase des Siedlungsbaus im Ruhrgebiet wurde städtebaulich als einfache Reihung von Häusern entlang einer Stichstraße gebaut. Wenn die Straßen einen Ausgang hatten, so häufig nur einen solchen, der eine benachbarte Siedlungsstraße anschloß, die sich selbst wiederum an die erste oder eine andere weitere Siedlungsstraße so anband, daß derjenige, der sich im gleichmäßigen Einerlei der Häuser eines Typs nicht auskannte, sich entweder verlief oder aber nach kurzem feststellte, daß er im Kreis gelaufen war. Auch ein Siedlungsgrundriß, der ein geschlossenes Geviert oder ein Dreieck oder eine Reihe von Parallelstraßen in einem Rechteck bildete, hatte insofern Stichstraßencharakter, als er den zufälligen Passanten, der sich auf ihn einließ, in der Hoffnung, zu seinem Ziel vielleicht durch die Siedlung hindurch abkürzen zu können, nach kurzem wieder ausspuckte, ohne ihn irgend etwas nähergebracht zu haben als der Einsicht, daß es sich nicht lohne, die Siedlung – und vielleicht überhaupt eine – zu betreten, wenn man – und das wörtlich – nichts in ihr zu suchen habe.

Auch Siedlungen, die wie Stahlhausen in Bochum zwischen mehreren Straßen wie aufgespannt lagen, boten sich nicht dem eiligen Passanten als Durchgangsquartier an, da sie, abseits der Stadt (in diesem Fall Bochum), fast wie in einem Niemandsland lagen, alle anderen möglichen Ziele, die ein Durchqueren der Siedlung gefordert hätten, bei weitem überspielend. (Vgl. den Aufsatz von E. Führ).

In aller Regel waren die Siedlungen nicht durchlässig, sondern waren selbst immer und ausschließlich der eine Ziel- und Endpunkt eines Weges, dessen anderen Endpunkt die Fabrik oder Zeche bildete, die den Bau der Wohnungen veranlaßt hatte. Dabei waren die Siedlungen nicht etwa hermetisch (mit wenigen Ausnahmen wie z.B. dem Kruppschen Nordhof oder dem Wohnhof der Firma Funcke und Hueck in Hagen); es waren offene Quartiere, die allerdings aufgrund ihrer gleichförmige Möblierung mit ein oder zwei Haustypen unmittelbar jedermann deutlich machten, daß er sich einer zentral geplanten, nicht mehr mehreren Einzeleigentümern gehörenden Wohnanlage gegenübersah.

Zur städtebaulichen Eigenart von Siedlungen gehörte weiter ihr vollkommen ungeordneter Bezug zum älteren landschaftlichen oder städtebaulichen Bestand der Gegend, in der sie gebaut wurden. Der Anlaß für ihr Bestehen gibt sich in aller Regel schnell durch seine außergewöhnlichen Baumassen und -formen bekannt. Zeche, Stahlwerk, Maschinenfabrik o.ä. stehen selten so weit von den Wohnungen weg, daß man sie nicht aufeinander beziehen könnte, zumal in vielen Fällen die Standorte von Industrie und Siedlung nur wenig ältere, neue Gebäude einbindende Bebauung aufwiesen. (Erst mit dem langsamen Zuwachsen der Zwischenräume zwischen Zechen, Stahlwerken, alten Ortskernen und Siedlungen wurde die Zuordnung zunehmend schwieriger, da sich zunehmend vielfältigere Nachbarschaften erstellten). Der sichtbare Anlaß zum Bau einer Siedlung ergab aber nicht gleichzeitig auch eine materielle Ordnung; die Zufälligkeiten von Grundstücksbesitz und Nicht-Besitz, der Zwang zu relativer Nähe von Produktionsstätte und Wohnviertel, der gleichzeitig „die Erweiterung der Fabrik in alle Zeiten nicht genieren" (Krupp) dürfe, das Vorhandensein von älteren Strukturen, die angesichts der Dynamik der Neugründungen dann ihre Bedeutung verloren und überwuchert wurden von neuen Nachfragen und wirtschaftlichen (später vielfach als 'sachlich' umschriebenen) Erfordernissen und Wünschen, führte an sich schon zu einem städtebaulichen Durcheinander; unter der Regie eines auf das bloß Geschäftliche und, soweit es dazu gehörte, auch das Politische konzentrierten Gestaltungswillen der Geschäftsleute und Unternehmer wurde dieses Durcheinander zusehends zu einer gefestigten Struktur, die immer weniger Eingriffe zuließ, als sich schließlich öffentliche Mächte zu Planungsversuchen entschließen wollten.

Für das Ansehen (auch im Sinne von Verstanden-werden) der Siedlungen spielt diese räumliche Unordnung des Zusammenhangs von Siedlung, Fabrik/Zeche und alter Landschafts- bzw. Stadtstruktur inso-

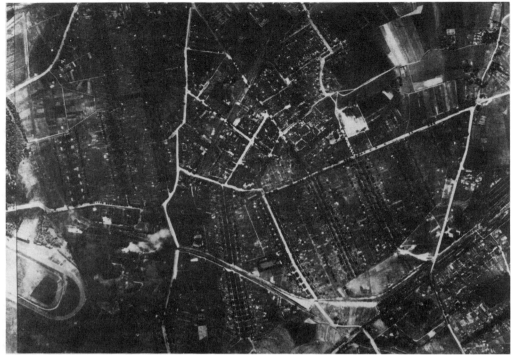
Siedlung Hegemannshof der Zeche Zollverein in Essen-Katernberg, 1926

fern eine wichtige Rolle, als sie die Siedlungsbewohner von vornherein sozial einzuordnen erlaubte. Die Einheitlichkeit der Bebauung ließ im Zusammenhang mit der sichtbaren Zugehörigkeit zur Fabrik/Zeche kein Entkommen aus der Zuordnung 'Arbeiter' zu. Dabei verstärkte sich diese Zuordnung eben noch unter den Bedingungen einer als architektonische Einheitlichkeit manifesten Mikro-Ordnung der Siedlung im allgemeinen städtebaulichen Durcheinander. Der Unzusammenhang von altem Ort, alter Landschaft/ Landwirtschaft und neuer Wirtschaft und neuem Wohnquartier machte letzteres zu einem Bezeichneten – wobei nur ein wenig fehlte um aus der Bezeichnung ein Stigma werden zu lassen. Siedlungsqualitäten als Qualitäten eines baulichen Befundes lassen im Zusammenhang mit den angedeuteten städtebaulichen Qualitäten des Ortszusammenhangs die Erwartung angemessen werden, daß der Bezeichnungscharakter der Siedlungswohnung für die dort Wohnenden und die um diese herum 'anders Wohnenden' kaum ohne Anstrengung zu überspielen gewesen sein wird.

Im Zusammenhang mit der oben geschilderten Erfahrung der Unmöglichkeit, die Siedlungen zu durchqueren wie beliebige Stadtstraßen, erhält die Annahme, daß Siedlungen zu Gettos wurden, eine hohe Wahrscheinlichkeit. Nicht nur die Gleichartigkeit des Broterwerbs der Familien, ihrer Abhängigkeit von einem 'Arbeitgeber' und ihrer Zugriffsmöglichkeit auf mancherlei daraus hervorgehender 'Vorteile' (Konsum, billige Miete, Gartenland u.a.m.) weisen die Siedlungsbewohner als besondere Gruppe aus, sondern auch und gerade die baulichen und städtebaulichen Eingrenzungen der Siedlungen, die immer auch Ausgrenzungen sind.

Ein Prozeß wechselseitiger Wahrnehmung von Siedlungsbewohner sowie Umwohnenden als jeweils solche im Unterschied zum jeweils Anderen machte das Wohnen zum Identifikationskriterium voreinander.

Es ergab sich eine – aus nachbarlicher Nähe, gemeinsamer Arbeit, gemeinsamer Inanspruchnahme der kleinen Vorteile von 'Werkszugehörigkeit' und gemeinsamer Unterschiedenheit von den 'Pohlbürgern' gespeiste, der Siedlung spezifische Öffentlichkeit, d.i. nicht etwa per se Vertrautheit, sondern eher Ungezwungenheit im Umgang miteinander, die sich aus dem Wissen um die Ähnlichkeit der Lebenslage und der täglichen Probleme ergibt, und nur, soweit diese vorausgesetzt wurde, trug. (Dafür spielen sicher auch die Vorgänge um den Bezug der Siedlungen eine Rolle, d.h. gemeinsame Zuwanderung, gemeinsame landschaftliche Herkunft usw.). Eine solche, sich im Laufe der Gewöhnung aneinander verstärkende siedlungsspezifische Öffentlichkeit wurde ihrerseits in allen ihren Ausdrucksformen wie z.B. der Inanspruchnahme von Freiflächen vor, zwischen und hinter den Häusern für alltägliches Wohnen/Arbeiten/Spielen usw. zum neuen Identifikationskriterium für die Siedlung und gleichermaßen für die Nichtsiedlung, sei es alter dörflicher Ortskern, landwirtschaftliche Streusiedlung oder Stadt.

Die Äußerungsformen dieser siedlungsspezifischen Öffentlichkeit wurden für den zufälligen Besucher, der die Siedlung nicht kannte, zu einer 'Eigenschaft' ihrer Bewohner, die ihm ein unbefangenes Durchwandern der Wege, auf denen gewohnt wurde, kaum gestattete. Ein 'Eindringen' in die siedlungsspezifische Öffentlichkeit kommt dem Fremden wie ein Eindringen in eine Siedlungs-Privatheit vor, ohne daß es die Möglichkeit gäbe, vorne anzuklopfen und somit sich anzukündigen. Derjenige, der eine Siedlung betritt, ohne etwas (oder jemand) in ihr zu suchen, spürt sehr schnell, daß er in ihr nichts zu suchen hat – nicht nur die Stichstraße/Sackgasse spuckt ihn wieder aus (siehe oben).

Öffentlichkeit und Privatheit sind nicht zu verstehen als einander entgegengesetzte gesellschaftliche 'Zustände', sondern als aus verschiedenen Hinsichten auf die Qualitäten einer Zusammengehörigkeit gespeiste Wahrnehmung der eigenen oder fremder Stellung zu dieser Zusammengehörigkeit – gleich ob diese Zusammengehörigkeit gewußt, gefühlt, fraglos selbstverständlich ist, – gleich auch, wie sie sich ergab. Sie sind Erfahrungsstrukturen: Wer zusammen handelt, hat gemeinsame Erfahrungen, ist sich vertraut und versteht sich in seinem Tun; aus gemeinsam Handelnden entsteht so eine bestimmte Öffentlichkeit als bestimmende Qualität einer Gruppe. Gleichzeitig ist diese jedoch auch ausschließend: Andere, die nicht gemeinsam mithandeln, andere Erfahrungen ihrem Handeln zugrunde legen, haben an ihr nicht teil und verstehen nicht die Ratio des Handelns der Gruppe. Die Zusammengehörigkeit hat zur Qualität eine interne Öffentlichkeit, die zugleich von den nicht ihr Zugehörenden als Privatheit erfahren wird. Öffentlichkeit ist die Vergemeinschaftung von Erfahrung, Privatheit deren Isolierung.

Mag in vielen Fällen eine aus zufälligen Besitzverhältnissen an Bauland herrührende Gleichgültigkeit gegenüber der Lage der Siedlungen einer Zeche oder Fabrik sowie eine Geringschätzung der Möglichkeiten gespeiste Vernachlässigung der Anlagepläne Pate gestanden zu haben für ein städtebauliches Durcheinander von eintöniger Siedlung, Fabrik, Zeche, Landschaft und alten Ortskernen, so zeigen doch einige Beispiele, daß es durchaus Versuche gab, Baupläne zum Instrument von Sozialplanung zu machen:

Die ersten 1861/62 im Auftrag Alfred Krupps errichteten Wohnungsbauten in Essen waren für Meister vorgesehen. Sie lagen an der Hügelstraße, in Fabriknähe, da die Meister mit ihrem Erfahrungswissen angesichts der noch geringen wissenschaftlichen Rationalität der Produktionsverfahren in unmittelbarer Nähe wohnen sollten, um bei Schwierigkeiten schnell erreichbar zu sein. Den beiden Hausreihen war ein schmaler, ca. 1 Meter über dem Straßenniveau liegender und ca. 2 Meter breiter Weg vorgelagert, von dem aus kleine Treppen zu den Eingangstüren hochführten. Die Anhebung dieses Ganges stellte die Reihe in einen ihr eigenen Bereich; dabei trennte er die Häuser von der Straße, regelte aber in bestimmter Weise ihre Zugänglichkeit: Er wurde an seinen Enden durch kleine Treppen erstiegen, d.h. er war nicht mehr allgemein zugänglich, denn die Treppe erforderte eine Anstrengung, die nur sinnvoll und akzeptabel war, wenn man zu den Häusern wollte; dies konnte jedermann aufgrund seiner alltäglichen Handlungskompetenz erkennen. Das Handlungsziel einer bestimmten Anzahl von Leuten – nämlich der Bewohner und ihrer Besucher – machte es notwendig, die Treppe zu benutzen, sie hatten eine Handlungsbeziehung zu den Häusern. Sie unterschieden sich insofern von den Leuten, die nur auf der Straße vorbeigingen und nicht die Treppe benutzten, weil sie keine Beziehung zu den Häusern und ihren Bewohnern hatten. Durch diese Abgrenzung wurden die Bewohner sich selbst und anderen erfahrbar als Gruppe.

Der Gang konstituierte also eine mehr oder weniger lockere Verbindung zwischen den Bewohnern; er war gegenüber der Straßenöffentlichkeit privat, jedoch immer noch offen einsehbar und also potentiell

Meisterhäuser der Firma Krupp in Essen. Unten links: Grundriß der Hausreihe. Rechts: Ansicht, Schnitt und Wohnungsgrundriß.

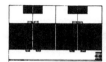  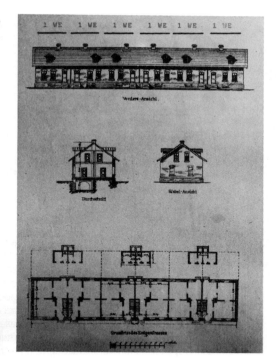

kontrolliert. Er stellte einen Übergangsbereich zwischen der allgemeinen Zugänglichkeit der Straße und der speziellen Zugänglichkeit der Häuser dar. Der besondere Zusammenhang in der Erscheinung der Häuser und ihre Anhebung über Straßenniveau schafften also eine neue Qualität der Reihe, ihren Siedlungscharakter. Der auf der Vorderseite der Hausreihe hauptsächlich durch Abgrenzung entstandene Gruppenzusammenhang wurde durch die besondere Qualität des Hofraumes inhaltlich erweitert: die Stellung der Klos und Ställe bildete einen allen Häusern gemeinsamen Hofweg, der durch die Häuser von der Straße getrennt und uneinsehbar wurde. Die Funktionen des täglichen häuslichen Lebens, denen er diente – Kinderspiel, Wäschetrocknen, Küchenarbeit, Gang zum Stall, zum Klo usw. – ließen ihn zum Begegnungsraum der Siedlungsbewohner untereinander werden, er diente der Entstehung der wichtigsten siedlungsspezifischen Qualität, nämlich einer auf die Wohngruppe allein beschränkten Öffentlichkeit, die die Vorgänge des täglichen Lebens zum ersten Bereich der Erlebnisidentität der Gruppenmitglieder werden ließ und so eine gemeinsame Erfahrungsebene konstituierte, die alle weiteren Interaktionen fundierte.

In der Phase der Werksentwicklung, in der die Meisterhäuser gebaut wurden, stand bei Krupp die Bildung eines gut ausgebildeten und kontinuierlich zur Verfügung stehenden Stammes von Arbeitern im Vordergrund, und dementsprechend war die architektonische Fassung von Siedlungsgruppen mit spezifischer Öffentlichkeit ein Hauptziel der Bautätigkeit.

Die Siedlung Nordhof wurde 1871 gebaut. Sie umfaßte 36 Wohnungen für Beamte und 126 Wohnungen für Arbeiter; dazu einige Versorgungseinrichtungen wie Konsumfiliale, Schuhmacherei, Feuerwache, Kohlenverkaufsstelle und eine 'Arbeiterkaserne' mit Speisesaal und 'Kochanstalt' für ledige Arbeiter.

Der Nordhof war eine der ungewöhnlichsten industriellen Siedlungen überhaupt. Die städtebauliche Anlage, die Zugangslösung und der Wohnungsgrundriß waren im wesentlichen von Alfred Krupp selbst entworfen und die außergewöhnlichen Baulösungen zeigen eindrucksvoll die Versuche, auch in beengten

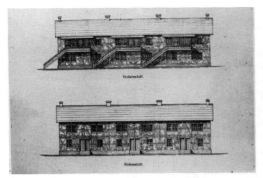 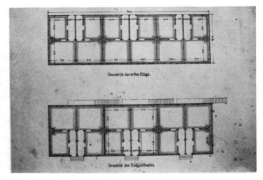

Siedlung Nordhof der Firma Krupp in Essen. Ansicht und Grundriß.

Verhältnissen ganz bestimmte Lebensvorstellungen zu ermöglichen, von denen der Urheber annahm, daß sie denen der Arbeiter entsprachen oder doch die richtigen für sie seien.

Diese Lösungen sollten aber zugleich auch in besonderer Weise die Lebensvorstellungen demonstrieren und so im Bewußtsein der Bewohner verankern. Besonders deutlich wurde dies bei der speziellen Form des Wohnungszugangs. Die Arbeiterwohnungen waren im zweigeschossigen Reihenhäusern untergebracht. Die Wohnungen im Erdgeschoß und im Obergeschoß wurden von verschiedenen Hausseiten betreten; die Erdgeschoßwohnungen überwiegend von der dem Hof mit seinen Geschäften und der Menage abgewandten Seite, die Obergeschoßwohnungen über außen freiliegende Treppen von der Hofseite. Die Treppen sollten dabei auf der dem Wetter abgeneigten Seite liegen. Die überwiegende Zahl der Wohnungen, deren Reihe den Hauptweg und den zentralen Platz der Siedlung markierte, war also so angeordnet, daß sich die Bewohner der Obergeschoßwohnungen im Besteigen der Treppen demonstrativ aus der Menge der im Hof Beschäftigten entfernten, um in die privaten Wohnungen einzutreten. Sie inszenierten den Übergang von der Zugänglichkeit des Hofes in die ausgegrenzte Privatheit der Wohnungen und stellten diese als Rückzugsbereich dar, der keiner öffentlichen Kontrolle zugänglich war.

Die aufwendige Erschließung im Nordhof wurde von A. Krupp in mehreren Zeichnungen entworfen (siehe den Beitrag von E. Führ in diesem Band, die folgenden Abbildungsnummern beziehen sich ebenfalls auf diesen Beitrag). Die Abbildungen 1-5 machen dies deutlich: in Abb. 1, die im wesentlichen von der Nutzung einer Art Menage handelt, sind Schnitt und Grundriß einer 2-Raum-Wohnung enthalten, in die jeweils eine Treppe eingezeichnet, aber durchgestrichen ist mit dem schriftlichen Zusatz 'Treppe nicht innerhalb'. Eine Alternativlösung ist nicht angegeben, ebensowenig ist eine Begründung für die Abwendung von der üblichen Anordnung der Treppe erkennbar.

In Abb. 2 sind mehrere alternative Planungsversuche gezeichnet. Einer davon ist die außerhalb des Hauses zum 1. Obergeschoß hochführende Treppe, ohne daß aber angegeben wäre, wie der Übergang in die Wohnungen aussehen sollte. Abb. 3 ist die aufschlußreichste. Sie enthält wiederum Schnitt und Ansicht einer Hausreihe. Die Zugänge zu den Wohnungen im Obergeschoß sind als längs der Hauswand verlaufende Freitreppen angegeben und zwar für jede Wohnung eine eigene Treppe! Gleichzeitig ist im Schnitt festgelegt, daß die Eingänge zum Erd- bzw. Obergeschoß auf je verschiedenen Hausseiten liegen sollten. Bemerkenswert ist zudem, daß das Obergeschoß mit der Vokabel 'Bel étage' bezeichnet ist, einem Begriff, der die vornehme und bevorzugte großbürgerliche 1. Wohnetage bezeichnet. Die Verwendung dieses Begriffes zeigt, daß der Autor Alfred Krupp bei seinen Planungsüberlegungen in bürgerlichen Wohnvorstellunen dachte, deren Unangemessenheit anscheinend überhaupt nicht zu Bewußtsein kam. In Abb. 4 ist als endgültige Variante zur Zeichnung eine Treppe für je zwei Wohnungen mit einem gemeinsamen Podest eingezeichnet, wobei als Begründung für diese Zurücknahme striktester Privatisierung im Wohnungszugang angegeben ist: 'Eine Treppe zu zwei Wohnungen führend, welche bei großen Familien beide verwandt werden können.'

Mit dieser Zugangslösung waren sowohl Bewohner von Erdgeschoß und Obergeschoß voneinander separiert, als auch die Bewohner der Obergeschoßwohnungen selbst. Zudem hatten die Treppen den beschriebenen demonstrativen Charakter.

Die Lage der Eingänge der oben angesprochenen Versorgungseinrichtungen und der Häuser insgesamt bildete nun einen für die 70er Jahre sehr ungewöhnlichen städtebaulichen Gesamtgrundriß: einen in sich geschlossenen Hof (Abb. 5). Er wurde von den Hausreihen eingefriedet und belebt durch die Benutzer der verschiedenen Läden, der Menage mit Küche und Speisesaal und im Besonderen durch die Bewohner der Häuser. Dabei entwickelt sich ein eigenartiges, die Grundüberlegungen unternehmerischen Wohnungsbaus in Szene setzendes Verhältnis von einzelner Wohnung und Gesamtsiedlung: Der Hof wurde wegen seiner Läden, der Menage und des Speisesaals nicht nur von Bewohnern der Siedlung betreten, sondern auch von Werksangehörigen, die z.B. dort einkaufen wollten. Allerdings hatte A. Krupp schon in einem früheren Stadium der Überlegungen zur städtebaulichen Anlage in Zeichnungen die schriftliche Anmerkung zu den Eingängen angefügt 'Entrée unter Kontrolle' oder 'Für Fremde keine Passage durch das Terrain'. Außerdem war ausdrücklich Anweisung erteilt, daß 'Fremder Besitz durch Wand zu trennen' sei.

A. Krupp projektierte also eine bestimmte architektonische Form als Sinnbild der Werksgemeinschaft, den Hof. Er war ausgegrenzt aus der Stadtöffentlichkeit, belebt nur, und das ganz bewußt, von den Werksangehörigen und getragen von Einrichtungen, die der Kruppsche Wohlfahrtsgedanke hervorbrachte. Hofform und Gemeinschaft waren der Rahmen des Alltagslebens, den der industrielle Unternehmer der Kleinfamilie setzte, der er aber gleichzeitig im Wohnungsbau den Bereich der privaten, zurückgezogenen Lebensführung in der Wohnung als Bereich bürgerlicher Freiheit vorstellte und – wie gezeigt – in der Architektur selbst nahelegte. Dies wurde nirgends so deutlich wie hier.

Die Homogenität der Bewohnerschaft mancher Vororte des späten 19. Jahrhunderts, deren Häuser aus spekulativen Gründen von Bauunternehmern, Financiers usw. gebaut wurden, unterschied sich weniger durch den Grad ihrer Vollkommenheit von derjenigen einer Arbeitersiedlung, als vielmehr dadurch, daß ihr ein Medium der Darstellung fehlte. Architektur war hier geplant als Medium der Darstellung von Heterogenität. Soweit Wohnungen in derartigen Quartieren bewußt gesucht und bezogen wurden, entsprach ihnen ein Wohnen, das stärker als in Siedlungen ausschließlich auf eine Familienprivatheit bezogen war, wo sich neben dieser eine Siedlungsprivatheit aufbauen konnte. Soweit Wohnungen in heterogenen Vorstädten eher zufällig bezogen wurden, bewirkte die Ähnlichkeit der Alltagsnöte und -abläufe eher eine Nachbarschafts-Privatheit – wenn sie auch sicherlich schwieriger einzurichten war als in Siedlungen, wo dieses Wissen um die Ähnlichkeit der Lebenslage als gebaute Umgebung unausweichlich materialisiert war – hier drängte es sich auf, während es dort erstellt werden mußte.

So war und ist Architektur der Wohnung, des Hauses und vor allem auch der Stadt nicht nur Widerspiegelung irgendwelcher Verhältnisse, sondern ruft sie auch mit hervor, macht sie vorstellbar, erfahrbar und kritisierbar – auch und gerade im Nachhinein, da sie dauert.

Axel Föhl

Werkssiedlungen des Rhein-Ruhr-Gebietes und die Denkmalpflege

Die Wirkung eines Denkmals ergibt sich, sagt Max Dvorak im Jahre 1918, „aus einer Verbindung allgemeiner Kunstformen mit lokaler und persönlicher Eigenart, mit der ganzen Umgebung und mit all dem, wodurch die geschichtliche Entwicklung das Denkmal zum Wahrzeichen dieser Umgebung erhoben hat." Ein Satz, wie er trotz seines ehrwürdigen Alters von fast siebzig Jahren ohne Einschränkung und unmittelbar auf das mehr als einhundertvierzig Jahre alte Phänomen der Arbeitersiedlung in Deutschland angewandt werden kann. „Allgemeine Kunstformen" – das sind die Stil- und Gestaltungsmittel der Architekten und Baumeister vor dem Hintergrund der jeweiligen architektonisch-ökonomischen Gegebenheiten. „Lokale persönliche Eigenart" sind etwa das zur Verfügung stehende örtliche Material, die bodenständige Bautradition, die spezifische Qualität des Einzelfalles.

„Die ganze Umgebung" und „die geschichtliche Entwicklung" – das ist im hier behandelten konkreten Fall die technisch-wirtschaftliche und soziologische Partikularsituation des rheinisch-westfälischen Industriegebietes. Binnen eines halben Jahrhunderts hatte sich dieser Raum vom agrarisch strukturierten zum industriell organisierten gewandelt mit einem entsprechenden, nahezu unersättlichen Bedarf nach wachstumsbedingtem Wohnraum.

Daß das Denkmal – hier der Typus Arbeitersiedlung – so zum „Wahrzeichen dieser Umgebung erhoben" wird, ergibt sich aus der Anwendungsmöglichkeit aller geforderten Kriterien. Wir können statt „zum Wahrzeichen erhoben" in einer gegenwartsbezogeneren Diktion auch sagen: Zur Chiffre geworden, um ein Wort Martin Schumachers zu verwenden, der sich hierzulande als einer der ersten mit dem Themenkomplex des historischen Industriebaues beschäftigt hat – in seinem 1970 erschienen Aufsatz „Zweckbau und Industrieschloß".

Auch der dem Bereich der historischen Wissenschaft entlehnte Begriff „Urkunde" deckt sich mit dem bezeichneten Sachverhalt, mit Implikationen, auf die an anderer Stelle noch einzugehen sein wird.

Der Denkmalpfleger ist an dieser Stelle vielleicht eine Genese seiner Zuwendung zu dem Komplex Arbeitersiedlung schuldig, einer Zuwendung, der er sich – angesichts der häufig an seiner Institution, der Denkmalpflege, geäußerten Kritik der esoterischen Eigenbrötelei im Elfenbeinturm der reinen Kontemplation – offensichtlich fast erstaunlicherweise – fähig gezeigt hat. Es ist nicht zu bestreiten, daß die ersten siebzig Jahre einer in festeren Bahnen institutionalisierten Denkmalpflege ganz eindeutig im Zeichen der Bauten monarchisch-feudaler, bürgerlicher und sakraler Artefakte standen. Die gelegentlichen Ausflüge in Richtung auf bäuerliche oder gar gewerblich-industrielle Hervorbringungen blieben eher modegebundene oder volkstümlich-romantisierende Unternehmungen.

Ansatzweise unternommene Versuche, den Bereich der Technik und Industrie in den Rang des historisch Relevanten und Bewahrenswerten zu erheben, wie sie vor dem Hintergrund der sich sozialen und wirtschaftlichen Fragen zuwendenden Geschichtswissenschaft nach 1900 und noch einmal Anfang der 30er Jahre unternommen wurden, fanden bei der Denkmalpflege, wie im übrigen auch bei einer breiteren Öffentlichkeit überhaupt, keine Resonanz. Erst die in Großbritannien sich entwickelnde Disziplin der Industriearchäologie – deren Entstehungsgeschichte hier zu referieren zu weit führen würde – schärfte den Blick für die Bedrohung des Bestandes an Zeugnissen der Wirtschafts- und Sozialgeschichte im eigenen Lande mit einem ersten Höhepunkt in der – freilich von einer Gruppe engagierter Bürger initiierten – Diskussion um das Schicksal der hervorragenden Maschinenhalle der Zeche Zollern in Dortmund-Bövinghausen.

Sensibilisierend hatte allerdings schon zuvor die Erkenntnis gewirkt, daß mit der massiven Umstrukturierung – sprich allzu häufig Flächensanierung – unserer Städte der Denkmalschutz die bisherige Position der Behandlung von Einzeldenkmalen zugunsten einer umgreifenden Ensembleperspektive verlassen mußte. Daß dieser veränderte Erkenntnisstand und die damit verbundene enorme Aufgabenerweiterung nahezu keine Entsprechung in der personellen und finanziellen Situation der Denkmalpflege hatte, ist hinlänglich bekannt und braucht hier nicht weiter ausgeführt zu werden, auch nicht, daß trotz der ausdrücklichen Erwähnung der Notwendigkeit des Schutzes der Zeugen der technischen und wirtschaftlichen Vergangenheit im 1970 erstellten Nordrhein-Westfalen-Programm, dieser Notwendigkeit nicht in hinreichendem Maße institutionell und vor allem finanziell Rechnung getragen worden ist. Daraus ergibt sich die Forderung nach einem Entwicklungsprogramm zur Erhaltung der Bauten und Anlagen der Technik- und Sozialgeschichte auf der jeweiligen Landesebene: Eine Forderung, die ich an dieser Stelle mit allem Nachdruck wiederholen möchte. Wenn es nicht dahin kommen soll, daß wir in absehbarer Zukunft Informationen über die Entwicklung dieses Landes zu einem der hochindustrialisiertesten Länder überhaupt, einer Entwiclung, die unser Leben in einem welthistorisch noch nie dagewesenen Maße verändert und beeinflußt hat, wenn wir diese Informationen nicht allenfalls einigen spärlich existierenden bildlichen Sekundärquellen entnehmen wollen, dann ist es allerhöchste Zeit, etwas gegen die rasante Vernichtung und das Verschwinden der Zeugnisse dieses Prozesses zu unternehmen.

Wenn wir uns eine Industrienation nennen und dieselbe Industrienation sich in einer eklatanten Krise der Zieldefinitionen und Entwicklungstendenzen befindet, können wir es uns dann leisten, den Überblick über Genese und Verlauf des bisherigen historischen Prozesses in Bezug auf seine Ausprägungen und Problemstellungen zu verlieren? Die Antwort ist: Nein, wir können es uns nicht leisten! Und wenn diese Antwort für die Bewahrung der technisch-wirtschaftlichen Urkunden der Industrialisierungsperiode gilt, um wieviel mehr hat sie ihre Berechtigung für den damit eng und untrennbar verbundenen Bereich des Wohnbaues im wirtschaftlichen Ballungsraum z.B. des Rhein-Ruhr-Gebietes, der sozialgeschichtlichen Entwicklung der Wohn- und Lebenssphäre von Millionen im industriellen Arbeitsprozeß beschäftigten Menschen.

Ich bin sogar so optimistisch, davon auszugehen, daß in dem Unternehmen der bewahrenden Erhaltung exemplarischen Wohnbaubestandes im Ruhrgebiet einiges Potential maßstabbildender Art enthalten ist für die Planung und Verwirklichung der viel zitierten „humanen Umwelt".

Nachdem seit 1969 in den Denkmalinventaren des Landeskonservators Rheinland Wohnsiedlungen in Mülheim und Oberhausen inventarisch aufgeführt waren, ist man seit 1971 dazu übergegangen, eine schnellere und allgemein zugänglichere Art der Publikation der Arbeitsergebnisse zu verwenden. Mit den seit diesem Zeitpunkt erscheinenden „Arbeitsheften" ist die Möglichkeit gegeben, effizienter und direkter wirksam auf eine breitere Bewußtseinsbildung hinzuwirken, was zum überwiegenden Teil für die Zeugnisse aus dem Bereich der Technik- und Sozialgeschichte genutzt wurde. Band 1 und 3 bildeten eine erste Bestandsaufnahme für den Typus der Arbeitersiedlung und gaben ein Raster für Kategorisierungskriterien. Weitere Hefte exemplifizierten den Ensemble-Begriff anhand von Beispielen verschiedener Größenordnungen, Band 12 behandelte vier Siedlungen der 20er Jahre in Duisburg.

Die hierbei gewonnenen theoretischen Erkenntnisse sind Grundlagen für die tägliche Praxis bei der Teilnahme an Planungsprozessen, an denen die Denkmalpflege als Träger öffentlicher Belange im Verein mit anderen „öffentlich Belangten" von der Bundesbahn bis zum Wasserwerk – allzu häufig zu sehr spätem Zeitpunkt der Planungsüberlegungen – teilnimmt.

Zwar hat sich die Situation mit dem Inkrafttreten des (letzten bundesdeutschen) nordrheinwestfälischen Denkmalschutzgesetzes im Jahre 1980 grundlegend verändert, aber man muß sich klarmachen, daß die verwaltungsmäßige Durchführung dieses Gesetzes kein punktueller, sondern ein recht ausgedehnter Prozeß ist, in dessen Verlauf Bauten, die nach Meinung der Denkmalpflege erhaltenswert sind, keineswegs automatisch geschützt sind.

So richtete sich im Rheinischen Denkmalamt für den Bereich der Wohnsiedlungen die Bearbeitung prinzipiell nach folgendem systematischen Ansatz:
1) Der Aspekt der baugeschichtlich-kunsthistorischen sowie ortsgeschichtlichen Wertung und Einordnung
2) Der zugehörige Aspekt der Untersuchung anhand historischer Methoden unter wirtschafts-, technik- und sozialgeschichtlicher Fragestellung.

Düsseldorf, Siedlung Glashütte *Essen, Siedlung Gottfried Wilhelm*

3) Die sozial-politischen Implikationen bei Entscheidungen über Abriß, Sanierung und Erhaltung von Siedlungen.

Zu Punkt 1):
Die denkmalpflegerische Praxis erfordert in allen ihren Tätigkeitsbereichen Aussagen zur baugeschichtlich-ästhetischen Bedeutung als den Denkmalwert konstituierendes Kriterium eines Bauwerkes. Mit der Rezeption des Ensembleschutzgedankens gemäß den Kategorien städtebaulicher Entwicklungsgeschichte ist der Denkmalpfleger in der Lage, objektive und kompetente Aussagen zum Stellenwert eines bestimmten Siedlungskomplexes zu machen; allerdings leidet der praktische Denkmalpfleger oft genug unter einem Informationsdefizit, das die dazu personell bei weitem nicht hinreichend ausgestattete Institution der Inventarisation nicht zu beheben imstande ist. Wenn man darüber hinaus bedenkt, daß man allein für das Rheinland von einem Bestand von mindestens 500 Siedlungskomplexen ausgehen kann – und diese Schätzung ist niedrig angesetzt –, und daß der Denkmalpfleger in seinem Bereich die gesamte Bandbreite des Bestandes vom barocken Rathaus bis hin zum Hagelkreuz zu bearbeiten hat, so ist nicht leicht zu sehen, woher die Zeit für die notwendige Auseinandersetzung mit dem jeweiligen Objekt zu nehmen ist. Eine nicht einmal aus der jüngsten Zeit stammende Schätzung des gesamten Denkmälerbestandes im Rheinland lautet auf 45 000 Objekte, was in etwa die Dimensionen klarmacht.

Ich stelle dies alles nicht fest, um ein großes Lamento in Richtung auf Herrn Parkinson ertönen zu lassen, wir müssen uns nur darüber im klaren sein und das auch der Öffentlichkeit in aller Deutlichkeit mitteilen, daß angesichts der Erweiterung des Denkmalbegriffes – und diese Erweiterung war und ist notwendig – keine wundertätigen Heilungen von der Denkmalpflege zu erwarten sind. Ein 14-Stunden-Tag bietet keine allzu großen Expansionsmöglichkeiten mehr.

Doch kommen wir zu Punkt 2) der Kriterienliste zur Bewertung der Siedlungskomplexe: die historische Untersuchung unter den Fragestellungen der Technik-, Wirtschafts- und Sozialgeschichte: Sie erinnern sich an das eingangs angeführte Zitat Max Dvoraks „und mit all dem, wodurch die geschichtliche Entwicklung das Denkmal zum Wahrzeichen dieser Umgebung erhoben hat." Es sind dies Elemente der geschichtlichen Entwicklung, die einer ausschließlich kunsthistorischen Analyse des baulichen Erscheinungsbildes nicht zugänglich wären.

Ein Beispiel: Ein Teil der Bauten der ab 1864 errichteten Wohnsiedlung der im gleichen Jahr gegründeten Glashütte des Ferdinand Heye in Düsseldorf-Gerresheim wies eine merkwürdige konstruktive Eigenheit auf: Das in der Mitte der Wohnung von vier fensterlosen Wänden umgebene sogenannte „Dunkelzimmer". Zur korrekten Interpretation verhilft hier nur die Kenntnis des historischen Funktionsprozesses: Die frühe Glas-Schmelztechnik ermöglichte keine Voraussagen über den Zeitpunkt des Flüssigwerdens des Gemenges und damit über den Arbeitsbeginn. Der Glasbläser mußte daher auch tagsüber in der Lage sein, möglichst ungestört ruhen zu können, was durch den unbelichteten Raum erleichtert wurde. Aus dem gleichen Grund des nicht voraussagbaren Zeitpunktes der Arbeitsaufnahme waren auch die Türen nicht verschließbar, damit der Bote, der die Glasbläser zusammenholte, wenn das Gemenge die Schmelztemperatur erreicht hatte, eintreten konnte, ohne die übrige Familie zu wecken.

Aus einem anderen Grunde wiesen die Keller der Siedlungshäuser der Eisenfabrik Arnold in Kempen am Niederrhein festeingebaute Vorrichtungen zur Krautbereitung auf: Arnold hatte bei der Verlegung des Produktionsstandortes aus dem Schwäbischen den eingesessenen Arbeiterstamm mit ins Rheinland genommen. Deren gewohnter Eigenversorgung mit Sauerkraut diente die bauliche Besonderheit. Diese Beispiele, willkürlich herausgegriffen, zeigen, daß soziologisch-geographische, wie auch technikhistorische Bedingungen einen erweiterten Ansatz bei der Interpretation erforderlich machen. Ein späterer Teil der Glashüttensiedlung wies, um diesen Punkt noch einmal zu betonen, eine gänzlich andere Baugestalt ohne die Verwendung eines Dunkelzimmers auf, was die rein baugeschichtliche Betrachtungsweise vor Rätsel stellen könnte, der Technikhistoriker aber unter Hinweis auf die – geregelte Arbeitszeiten ermöglichenden – Regenerativöfen erklären kann. Die umgreifendere Fragestellung unter Einbeziehung technik- und sozialhistorischer Erkenntnisse liefert so konstituierende Bestandteile des Denkmalbegriffes gerade für den Bereich der Arbeitersiedlungen und somit wesentliche Argumentationshilfen zur Darstellung der historischen Bedeutung und Erhaltungswürdigkeit solcher Siedlungen.

Hier liegt allerdings zugleich auch einer der wesentlichen Problempunkte bei der Diskussion über die Frage der Sanierungs- und Erhaltungspolitik für den Bereich des Wohnsiedlungsbaues: Wenn die Denkmalpflege eine Vielzahl von Erkenntnissen aus den Mosaiksteinen einer vielfältig aufgegliederten Untersuchungstechnik zusammenfügt, und die Erfahrung zeigt, daß gerade die Vielfalt der Kriterien und Begründungen für die Erhaltung eine wichtige Voraussetzung bildet, kann sie dann, wenn sich nicht zuletzt aufgrund ihrer Argumentation die Erhaltungsmöglichkeit durchsetzen läßt, wieder auf einen Großteil der eigenen Argumente verzichten und eine Form der Erhaltung gutheißen, die der Öffentlichkeit so gut wie ihr selbst die konstituierende historische Komponente wieder entreißt und aus dem Geschichtlich-Exemplarischen eine beliebiger Verwertbarkeit unterworfene „Charaktermaske", um diesen Marx'schen Begriff in abgewandelter Form zu zitieren, produziert?

Um auf den eingangs benutzten Begriff der „Urkunde" zurückzukommen: Wenn die Denkmalpflege sich der Verpflichtung unterwirft, Bewahrer und Anwalt des Urkundenwertes eines historischen Zeugnisses zu sein (und das ist doch ganz offensichtlich die Rolle, die eine Gesellschaft, die, soweit sie Kontinuität und Historizität im Katalog ihrer Zieldefinitionen führt, der Denkmalpflege zuweist), wenn wir uns also in diese Pflicht genommen sehen, ist es dann nicht unsere Aufgabe, unbedingter Sachwalter dieser Kontinuität zu sein, auch wenn das – und dies ist, glaube ich, möglich – quasi die Pflicht zum Umgehorsam allzu hemmungslosen Verwertungsvorstellungen gegenüber bedeutet?

Die Situation in Bezug auf die Interaktion Gesellschaft-Denkmalpflegeinstitutionen ist komplizierter geworden, seit die wechselseitige Beeinflussung größere Ausmaße angenommen hat. War es vor Zeiten noch verhältnismäßig einfach, die Denkmalpflege als Kulturfluchtagentur eines auf Wahrung des Bildungsprivilegs bedachten Teils der Gesellschaft zu denunzieren, so ist die Lage insofern heute komplexer, als in einigen Bereichen, so z.B. neben der Erhaltung gründerzeitlicher Wohnviertel, vor allem der Großstädte, eben im Bereich der Wohnsiedlungen des Industriegebietes, die Argumentationsrichtung einen höheren Grad von Übereinstimmung aufweist. Eine wechselseitige Beeinflussung hat insofern stattgefunden, als die Denkmalpflege, die nicht unbedingt zu den Trägern innovatorisch-vorwärtsdrängender Anschauungsweisen gehörte, zumindest in Teilen sich rasch der neuen Problematiken angenommen hat und in bis dahin ungewohnten Allianzen, ich denke hier z.B. an Kooperationen mit Bürgerinitiativen, Zielprojektionen vorgenommen hat, bei denen alle Beteiligten in die gleiche Richtung strebten. Eine Gefahr, bzw. ein Mißverständnis, gilt es hier allerdings scharf im Auge zu behalten: Nostalgie-Tendenzen im Sinne von auch in Marktwert umzuschlagenden Modeströmungen Vorschub zu leisten, ist mit Sicherheit nicht Aufgabe der Denkmalpflege.

Um das auf den Bereich der historischen Wohnsiedlungen anzuwenden: Eine Art Paradieses-Diskussion als Suche nach der verlorenen heilen Welt findet auf Seiten der Denkmalpflege nicht statt. Noch einmal deutlich: Wir befinden uns einerseits nicht im Lager der Flächensanierer von abbruchverdächtiger Alt-

Oberhausen, Siedlung Eisenheim

bausubstanz, ebensowenig aber auf der Seite derer, die hoffen, sich mit unserer Argumentationshilfe einen aus Konjunkturgründen sich anbietenden Bereich lukrativ ausschlachtbarer Durchbauobjekte zu sichern.

Natürlich müssen hygienische und sanitäre Ausstattung verbessert werden, Trockenlegungen und Isolierungen bei einer Vielzahl von Bauten erfolgen. Es müssen angemessene Heiztechniken eingeführt und das Raumprogramm im Rahmen der Möglichkeiten angepaßt werden. Aber das, was den maßstabgebenden Charakter ausmacht, die identifikationstragenden Charakteristika – und das können die Voluten und Kartuschen der individualisierenden Bauweise aus der Zeit nach 1900 im Gefolge der Gartenstadtidee mit ihren komplexen Architekturräumen genauso sein, wie die dem Neuen Bauen entnommenen Tendenzen der kubisch-strengen Zusammenfassung und rhythmischen Reihenbildung der 20er Jahre – all diese, das Siegel der historischen Urkunde bildenden und für die Bewohner visuelle Identifikation ermöglichenden Merkmale sind der Kernbestand des jeweiligen Erscheinungsbildes und damit unverzichtbarer Bestandteil der erneuernden Erhaltung. Uns ist bewußt, was noch nicht an erkenntnisleistender Aufklärungsarbeit getan ist, welch langwierigen Prozeß die emanzipatorische Teilhabe an Strukturen darstellt, von deren sicherem Besitz aus erst Ortsbestimmung im gesellschaftlichen Kontext zu leisten wäre. Die dingliche, sinnlich erfahrbare Seite dieses Kontextes muß erfahrbar werden in der Kontinuität des materiellen Angebotes und seiner Aneignung mit dem Ziel der bewußt werdenden Identifizierung über das beharrende Festhalten am Überkommenen hinaus; dieser Kontext muß aber auch erfahrbar bleiben durch das Fernhalten unverständlicher und nicht aus der existierenden Vorgabe abzuleitender Brüche in Dimension, Element und Detail. Gelingt das, so entsteht eine Situation mit pädagogischen Momenten, die die Voraussetzung dafür schafft, daß in einem dialogartigen, partizipatorischen Prozeß Bürger, Planer und Denkmalpfleger ihre Zielvorstellungen in einer gemeinsamen Richtung zusammenbringen können.

Der Part, den die Denkmalpflege hier zu übernehmen in der Lage und willens ist, ist nicht mehr und nicht

Wauheimerort, Dickelsbachsiedlung

weniger als die Aufgabe, in einem offenen, überprüfbaren und kommunikablen Prozeß ihre mit den oben angedeuteten Methoden erarbeiteten Kriterien einzubringen, mit dem Ziel des Angebotes von Strukturen, die erkennbare Identifikation mit den akzeptierten materiellen Gegebenheiten ermöglichen.

Die sich daraus ergebende und nicht mehr weiter zu reduzierende Minimalforderung ist diese: In jeder der industrialisierten Städte des Rhein-Ruhr-Raumes, gleich ob sie ihre historische Prägung dem Bergbau, der Hüttenindustrie oder anderen Beschäftigungszweigen verdankt, muß für jede der wellenartig aufeinanderfolgenden Epochen der technisch-wirtschaftlichen Entwicklung und damit des Siedlungsbaues gemäß den architektonisch-städtebaulichen Vorstellungen der jeweiligen Zeit ein exemplarischer Vertreter des industriebedingten Siedlungsbaues erhalten werden. Darüber hinaus sollte es möglich sein, in jeder der zu erneuernden oder zu ergänzenden Siedlungskomplexe ein maßstabgebendes, den historischen Prozeß in seiner sozialgeschichtlichen Dimension transparent machendes Einzelobjekt als Urkunde zu sichern. Bei jeder einzelnen über diesen Bereich hinausgehenden Anlage muß Fall für Fall im integrierten Zusammenwirken von Planer, Denkmalpfleger und Kommunalpolitik eine Lösung gefunden werden.

Die Denkmalpflege im industriellen Ballungsraum hat so dafür zu sorgen, daß neben der selbstverständlichen Bewahrung des traditionellen Kulturgutes der Kirchen, Schlösser, Kunstdenkmale, ein städtebauliches Gesamtgefüge überlebt, das nicht den Wiese-Bach-Forellenangler-Farbanzeigen in unseren Illustrierten entspricht. Denn dieses versucht, unter Vorspiegelung zumindest nicht vollständiger Tatsachen ein Ruhrgebiet zu zeigen, das so nie existiert hat und im Namen der spezifischen Geschichte einer Region und ihrer Bewohner auch nie existieren darf.

V. Arbeiterkultur nach 1945

Frank Deppe, Georg Fülberth, Stefan Knaab

Lokales Milieu und große Politik zur Zeit des Kalten Krieges 1945-1960 am Beispiel ausgewählter hessischer Arbeiterwohngemeinden

I. Milieu und Vergesellschaftung: Paradigmen-Wechsel in der Erforschung von Arbeiterkultur

1) „Formeller" und „informeller" Sektor

Wer die Entwicklung von Arbeiterkultur nach 1945 untersuchen will, wird Methode und Begrifflichkeit auf diesen spezifischen Gegenstand einstellen müssen und dabei zu dem Ergebnis kommen, daß die Kriterien, welche für die Arbeiterkulturbewegung vor 1933 bislang entwickelt wurden, ebensowenig brauchbar sind wie etwa die Übertragung der Kategorien zur Beurteilung der „Großen Politik" nach 1945: „Kalter Krieg", „Restauration" aufs Lokale. Der Terminus „Wirtschaftswunder" ist dagegen weit weniger falsifizierbar – nicht weil er etwa zuträfe, sondern weil er vorwissenschaftlich-mystifizierend ist. Wir schlagen vor, als zentralen Begriff den der „Vergesellschaftung der Reproduktion der Arbeitskraft" zu wählen. Unsere These lautet: der Vollzug dieser Reproduktion erfolgte vor 1933 im wesentlichen in der Familie sowie innerhalb eines Milieus der Selbsthilfe. Letzteres wurde konstituierend auch für die Arbeiterkulturbewegung. Es überwog die Funktionen des Marktes bei der Organisierung von Reproduktion, wurde nach 1945 aber durch zwei neue Momente ersetzt: a) Eindringen des Marktes auch in die Alltagsgestaltung bis hin zur Auflösung des selbstorganisierten Milieus; b) Ersetzung des selbstorganisierten Milieus durch die soziale und ökonomische Tätigkeit des Staates, in diesem Fall vor allem der Bundesländer. Vor 1933 hatte der „traditionelle" Sektor in der organisierten Reproduktion der Arbeitskraft: Familie, Vereine, Genossenschaften, ein höheres Gewicht als Markt und Staat.[1] In der Folgezeit dringt der „formelle" Sektor immer mehr in den bislang informellen vor und löst ihn auf. Dieser Prozeß ist seit den fünfziger Jahren evident. Eine spannende Frage ist, wann er denn begonnen hat. Wir werden ihr hier nicht nachgehen, verweisen aber auf sie. Dabei wäre insbesondere zu untersuchen, welche Funktion hier der Faschismus hatte, dem bereits in den sechziger Jahren Dahrendorf eine „Modernisierungs"-Leistung zuschrieb.[2]

Arbeiterkultur vor 1933 war Segment. In den fünfziger Jahren wird offensichtlich, daß sie ihren partikularen Charakter aufgegeben hat. Eine weitere These von uns lautet, daß sie damit nicht zu existieren aufhörte, sondern daß sie sich transformierte. Das Medium ihrer Transformation nennen wir „Vergesellschaftung" – einen Prozeß, der seit Beginn des Kapitalismus voranschreitet, in den fünfziger Jahren eine andere Qualität gewinnt, allerdings gegenwärtig vielleicht eine Phase neuer Segmentierung durchläuft.

2) Milieu und Selbsthilfe als Kategorien zur Analyse der „alten" Arbeiterkultur

An der Alltagsgeschichtsschreibung über die Arbeiterbewegung, welche die Zeit bis 1933 behandelt, fällt auf, daß sie sich sehr stark auf den Bereich des selbstorganisierten örtlichen Milieus konzentriert, die Kommunalpolitik und den Markt, soweit er Freizeitverhalten von Arbeitern beeinflussen könnte, weitgehend ausspart. Ein klassisches Beispiel dafür ist Erhard Lucas' Buch „Zwei Formen von Radikalismus in der deutschen Arbeiterbewegung" von 1976.[3] Ausnahmen stellen Klaus Tenfeldes Studie über Penzberg[4] und eine Veröffentlichung über Mössingen[5] dar. Die untergeordnete Rolle von Markt und Kommunalpolitik in der Darstellung des Arbeiteralltags vor 1933 ist nicht Ergebnis einer verzerrten Wahrnehmung, sondern der historischen Realität selbst. Staat, Kommunalpolitik, Markt einerseits, Selbsthilfe und Milieu andererseits fallen deutlich auseinander. Arbeiterkultur der Zeit vor 1933 schöpft ihre Kraft und Attraktivität gerade daraus, daß sie sich behauptet gegen einen kapitalistisch organisierten Markt und gegen eine Staats- und Kommunalorganisation, die nach wie vor gegen die Arbeiterbewegung gerichtet ist. Soweit Arbeiterbewegung sich zum Beispiel mit dem Wohnungsproblem befaßt, geschah dies auf dem Weg der Selbsthilfe: in Mietervereinen und Baugenossenschaften. Kein Mitglied der Arbeiterbewegung wäre auf die Idee gekommen, die Lösung seiner/ihrer Wohnungsprobleme etwa vom freien Wohnungsmarkt zu erwarten, der im übrigen von 1917 bis 1957 nur eingeschränkt bestand. Auch der kommunale Wohnungsbau spielte eine vergleichsweise untergeordnete Rolle – anders als im „Roten Wien". In Deutschland ist er nur in einigen wenigen Großstädten erwähnenswert und prägt auf keinen Fall den Arbeiteralltag. Markt, Staat und Kommune spielen erst recht eine untergeordnete Rolle bei der Reproduktion der Arbeitskraft in der Freizeit. Über den Markt war sie angesichts niedriger Löhne und weitverbreiteter Arbeitslosigkeit überhaupt nicht zu bewerkstelligen. Dies erklärt die große Bedeutung genossenschaftlicher Formen der Freizeitgestaltung, insbesondere in Vereinen. Die Kommune tritt allenfalls einmal mit marginalen Zuschüssen, während einer sehr kurzen Zeit – 1924-1928 – auch mit freizeitrelevanten öffentlichen Bauten (z.B. Schwimmbädern) in Erscheinung. Am Ende der Weimarer Republik ist sie in Ausführung der Brüningschen Sparpolitik vor allem ein Prellbock zwischen Staat und Alltagselend. Die Arbeiterbewegung ist entgegen verbreitetem Vorurteil in jener Zeit in den Kommunalverwaltungen vergleichsweise schlecht verankert. Der starken Stellung sozialdemokratischer Gemeindevertreter- und Stadtverordnetenfraktionen entspricht keineswegs eine gleich hohe Repräsentation in den hauptamtlichen Teilen der Magistrate und Gemeindevorstände. Die Ausnahmen: Altona, Magdeburg, Michelstadt im Odenwald, täuschen.[6]

Als Gründe hierfür dürfen genannt werden: a) Durch Funktionsverbote im Öffentlichen Dienst für Sozialdemokraten vor 1914 verfügte ihre Partei ab 1918 nicht über eine ausreichend große Zahl von Personen, welche den formellen Voraussetzungen für die Besetzung von Magistratsposten gerecht wurden. (Für einzelne Ämter wurde eine nachgewiesene Verwaltungserfahrung verlangt.); b) Die örtlichen Räte 1918/19 und dann auch die sozialdemokratischen Stadtverordnetenfraktionen waren in der Nachkriegskrise oft an einem Fortamtieren der alten Verwaltungen interessiert: ihr Respekt vor den „Fachleuten" sah hier eine Garantie für eine korrekte Abwicklung z.B. der Versorgungsaufgaben der Gemeinden; c) Die scharfe Spaltung der parteipolitischen Arbeiterbewegung in SPD und KPD und die harte Gegnerschaft der beiden Parteien führte oft dazu, daß sie eine gemeinsame Mehrheit in den Kommunalparlamenten nicht zur Wahl eines gemeinsamen Kandidaten für das Amt des Oberbürgermeisters etc. ausnutzten. So wählte die SPD häufig einen bürgerlichen Bewerber mit, wenn die bürgerlichen Parteien nicht bereit waren, ihr als der Partei mit der oft relativ stärksten Fraktion dieses Amt zuzugestehen.[7]

Kurzum: wenn die Arbeiterkulturforschung für die Zeit vor 1933 sich auf den informellen Bereich konzentriert, so tut sie recht daran.

3) Arbeiterkultur nach 1945 – terra incognita

Die gleiche Fragestellung wäre für die Zeit nach 1945 aber unfruchtbar. Allerdings ist an ihrer Stelle bislang auch keine andere entwickelt worden. Lokalgeschichtsschreibung der Arbeiterkultur konzentrierte sich bislang vor allem auf die Jahre vor 1945. Zwar gibt es seit ungefähr zehn Jahren zahlreiche Untersuchungen zur lokalen und regionalen Arbeiterbewegung in der unmittelbaren Nachkriegszeit[8], doch sie sind ausschließlich an den großen politischen Fragen dieser Periode – „Neuordnung", „Restauration", Antikommunismus, Einheitsgewerkschaft – interessiert. Wiederum abgespalten von der Geschichte der Arbeiterbewegung sind die Untersuchungen von Popitz, Bahrdt u.a. über Arbeiterbewußtsein in den fünfziger Jahren.[9] Auch die Überblicksdarstellungen zur Geschichte der Arbeiterbewegung in der Bundesrepublik[10] behandeln nicht die Transformation des Arbeiteralltags im lokalen Bereich. Diesem Gegenstand widmet sich bislang für das Ruhrgebiet immerhin Lutz Niethammer.[11] Gerade weil das Selbsthilfe-Milieu im Vergleich zu staatlichen Instanzen nach 1945 eine weit geringere Rolle spielt, sollten Untersuchungen der Arbeiterkultur für diesen Zeitraum sich nicht auf Biographie- und Milieu-Forschungen beschränken. Eine wichtige Voraussetzung wäre eine kontinuierlich arbeitende Lokal- und Kommunalgeschichtsschreibung für den Zeitraum 1945-1986. Anders als für die Weimarer Zeit ist dieser Gegenstand bislang vor allem von Soziologie und Politikwissenschaft[12] behandelt worden, während die Geschichtswissenschaft sich da vorerst sehr zurückhielt.

Erst die relativ junge Bewegung der Geschichtswerkstätten verspricht da Wandel. Der denkbare Einwand, die Archive seien erst bis 1956 offen, greift nicht. Erstens erklärt er nicht, warum die Kommunalgeschichtsschreibung auch für die ersten zehn Nachkriegsjahre weitgehend schweigt, und zweitens hat die Archivlage auch nicht gehindert, daß gerade jetzt eine fünfbändige Gesamtgeschichte der Bundesrepublik erscheint.[13]

Bei derart ungenügender Forschungssituation hat die These, die alte Arbeiterkultur sei heute verschwunden, zwar ein hohes Maß an Evidenz, ist aber vorwissenschaftlich und deckt wichtige Fragen zu. Zum Beispiel: Handelte es sich um einen plötzlichen Bruch oder um einen Prozeß? Falls es ein Bruch war – wann ist er anzusetzen (1933, 1945, fünfziger Jahre)? Wenn es aber ein Prozeß war: wie ist er zu periodisieren?

Wichtiger noch aber ist die inhaltliche Seite: handelt es sich um eine Zerstörung oder um Transformation von Arbeiterkultur? Unsere These lautet: es war eine Transformation, bedingt durch die weitgehende Ablösung des von Selbsthilfe bestimmten, oft genossenschaftlich organisierten Sektors durch Staat, Kommune und Markt, wobei in den ersten beiden Systemen (Staat, Kommune) die Arbeiterklasse, wenngleich zunehmend ausschließlich vertreten durch den reformistischen Flügel der Arbeiterbewegung, parteipolitisch repräsentiert von der SPD und Minderheiten der CDU, auch aktiv beteiligt ist.

II. Ein Projekt: Hessische Arbeiterwohngemeinden im Kalten Krieg

1) Fragestellung und allgemeine Ergebnisse

Auf solche Fragen und Thesen stießen wir innerhalb eines Arbeitsvorhabens, das zu anderen Ergebnissen führte, als unsere ursprüngliche Hypothesenbildung annahm. Es trug den Titel: „Hessische Arbeiterwohngemeinden im Kalten Krieg" und hatte zum Ziel, auf der lokalen Ebene zu untersuchen, wie sich dort nach 1947 der Kalte Krieg auswirkte. Setzte sich da, so lautete die Frage, die außenpolitische Konfrontation als Gegensatz zwischen Kommunisten und anderen Parteien fort, so wie es ja 1949-1953 noch im Bundestag erlebt werden konnte? Wie verhielten sich die lokalen sozialdemokratischen Organisationen zur programmatischen und faktischen Entwicklung der Gesamtpartei, die schließlich 1959 im Godesberger Programm auch formell zum Ausdruck kam? Wenn wir auf Bundesebene ständigen Einflußgewinn der CDU/CSU feststellen, auf Landesebene in Hessen den Ausbau der Position der SPD – was bedeutet das in den Gemeinden? Bezogen auf den lokalen Niederschlag der Systemkonfrontation kamen wir zu folgendem Resultat: Der Kalte Krieg fand in den hessischen Arbeiterwohngemeinden, die wir untersuchten, entweder gar nicht oder in ganz anderer Weise als in der großen Politik statt. Die politischen Fragen der nationalen und internationalen Ebene werden nicht mehr durch die lokale Kultur vermittelt, sondern durch die überregionalen, bald vor allem auch durch die audiovisuellen Medien. Ein überregionales Medium sind auch die Mantelseiten der Lokalzeitungen. Das deutliche Auseinanderfallen von örtlicher und großer Politik schafft einen Unterschied zum Ende der Weimarer Republik, wo die proletarischen Vorfeld- und Selbsthilfeorganisationen – Sportvereine, Mietervereine, Freidenker – völlig unabhängig von dem, was sie in ihrer konkreten Alltagsarbeit taten, den Spaltungs- und Differenzierungsprozessen des offiziellen politischen Geschehens folgten. Die Ursache dafür, daß organisierter Arbeiteralltag in der Weimarer Republik einerseits relativ abgekoppelt von Markt, Kommune und Staat sich vollzog, dennoch aber proklamierend auf diese reagierte, läßt sich gerade aus dem Gegensatz zwischen den beiden Sektoren erklären: über die Gemeinden umgesetzte staatliche Entscheidungen, etwa die Brüningschen Notverordnungen, sowie der ökonomische Krisenprozeß, vor allem der Einbruch ab 1929, erschienen als eine Bedrohung der lokalen proletarischen Lebenswelt, welche sich gerade im Widerstand gegen Marktanarchie und staatliche Restriktion organisierte. Ganz anders dann in der Bundesrepublik: die großen Auseinandersetzungen der Adenauerzeit blieben gegenüber dem lokalen Geschehen jenseitig, tangierten es nicht. Keineswegs aber war die Lokalentwicklung unpolitisch. Sie hatte eben nur andere Themen und einen anderen Rhythmus als die große Politik. Staatliche Intervention spielte seit Mitte der fünfziger Jahre eine zunehmende Rolle in den Gemeinden, aber das war die Landes-, nicht die Bundespolitik.

Bis in die Mitte der fünfziger Jahre ist die Entwicklung der Gemeinden im wesentlichen durch Rekonstruktion gekennzeichnet. Das meint nicht nur die Beseitigung von Bombenschäden, sondern vor allem das Instandsetzen von Infrastruktureinrichtungen, in welche seit Ende der zwanziger Jahre nichts mehr investiert worden war. Stets wiederkehrendes Thema ist die Wiederherstellung der Wasserversorgung und Kanalisation. Bei diesen Arbeiten spielt Selbsthilfe eine große Rolle, jetzt aber nicht mehr über die Arbeiterselbsthilfeorganisationen, also klassenspezifisch organisiert, sondern über die Kommune. Die Jahre 1945-1955 können als Rekonstruktionsperiode der Gemeinden gelten, die Jahre 1955-1960 als Modernisierungperiode, die Jahre 1960-1974 als die Expansionsperiode, ab 1974 haben wir eine Art „Sanierungsperiode" im Doppelsinn des Wortes. Für den Zusammenhang, der hier behandelt wird, sind ausschließlich die Jahre 1945-1960 wichtig, also die Rekonstruktions- und die Modernisierungsperiode. Rekonstruktion bedeutet: Wiederherstellung bereits vorhandener, inzwischen aber weithin betriebsuntüchtig gewordener kommunaler Infrastruktur, Einweisung von Flüchtlingen, Entnazifizierung, lokale Wohnungsverwaltung über die Wohnungsämter. Modernisierung ist: bessere Ausstattung bereits vorhandener Infrastruktur (Beispiel: die Straßen bekommen Asphalt statt Pflaster). Die Expansionsphase bringt die Errichtung völlig neuer Einrichtungen: neue Wohngebiete, Dorfgemeinschaftshäuser, Mehrzweckhallen, Stadien, wieder Schwimmbäder. Quer zu dieser Einteilung liegt der Wohnungsbau als nicht in erster Linie kommunales, sondern privates Projekt.

Im Übergang von der Rekonstruktions- zur Modernisierungsperiode wird Selbsthilfe durch Intervention der Landespolitik abgelöst. Gemeinden entwickeln sich, indem sie sich Landesprogramme zunutze machen. Dies ist dann besonders gut möglich, wenn die im Land führende Partei, in Hessen: die SPD, zugleich auch lokal dominiert. Während der gesamten Rekonstruktions-, der Modernisierungs-, ja auch während des größten Teils der Expansionsperiode besteht Kompatibilität zwischen Magistratsämtern und Landtagsmandaten, die häufig ausgenutzt wird. Dies führt in Hessen zur kommunalen Hegemonie der SPD bis in die zweite Hälfte der siebziger Jahre hinein. Administrative Grundlage hierfür war die kommunale Investiturpolitik der US-amerikanischen Besatzungsmacht 1945: in der Regel wurden unbelastete Kommunalpolitiker aus der Weimarer Zeit zu kommissarischen Bürgermeistern etc. bestellt. Da die Bürgerlichen oft diskreditiert waren, Kommunisten unliebsam waren, oft auch vor 1933 nicht genügend kommunalpolitisches Profil erworben hatten, wurden häufig Sozialdemokraten an der Spitze von Kommunen durch die Besatzungsmacht eingesetzt, die vorher niemals einen sozialdemokratischen Oberbürgermeister, Bürgermeister o.ä. gehabt hatten. Anders als vor 1933 war die SPD jetzt auch in den Magistraten eine dominante Kraft. In den Arbeiterwohngemeinden ging dieser Ausbau der sozialdemokratischen Hegemonialstellung zu Lasten der KPD. Diese war bekanntlich Repressionen ausgesetzt: 1956 Parteiverbot, 1960 Verbot Unabhängiger Wählergemeinschaften durch den Innenminister Heinrich Schneider (SPD) – noch wichtiger aber war die Aufsaugung des ehemals starken Selbsthilfesektors durch Kommunal- und Landespolitik.

Der zweite Prozeß, welcher für die Transformation der Arbeiterkultur in Arbeiterwohngemeinden wichtig wurde, ist das Vordringen des Marktes in Reproduktionsbereiche, die bislang durch die Familie oder genossenschaftlich organisiert wurden: die „innere Landnahme" des westdeutschen Kapitalismus.[14] Dies gilt für die Mechanisierung innerfamiliärer Versorgungsvorgänge (Kleiderwaschen, Kochen z.B.) sowie für die Reproduktion in der Freizeit (Rundfunk, Fernsehen) sowie das Verkehrswesen (individuelle Motorisierung). Dem widerspricht nicht, daß bis heute die Vereine eine große Bedeutung in der lokalen Politik spielen. Hier wäre zu untersuchen, wann nach 1945 ihre Bedeutung geringer, wann sie größer gewesen ist. Mit der Senkung der Arbeitszeit seit Mitte der fünfziger Jahre nimmt derjenige Teil der Freizeit relativ zu, der nur noch individuell konsumiert wird. Selbst eine absolut gleichbleibende Stundenzahl der in Vereinen etc. verbrachten Zeit bedeutet somit Anteilsverlust dieses Freizeitsektors im Gesamtprozeß der Reproduktion der Arbeitskraft. Insgesamt führt dies aber nicht zu einem Ende von Arbeiterkultur, sondern es ist Gestaltwandel, der durch einen höheren Grad der Vergesellschaftung gekennzeichnet ist. An die Stelle von Genossenschaften und Vereinen als Reproduktionszentren treten jetzt Kommune und Landesverwaltung einerseits, der national organisierte Verbrauchermarkt andererseits. Vergesellschaftung als Schlüsselbegriff kann durchaus beibehalten werden im Gegensatz zum bloßen Augenschein, der auf der Ebene der Individuen nicht Kooperation in der Reproduktionstätigkeit wahrnimmt, sondern Vereinzelung.

2) Die Auswahl der Gemeinden. Technische Fragen.

Unser Vorgehen war zunächst durch eine Fragestellung bestimmt, die sich im Laufe der Arbeit als wenig tragfähig erwies. Wir suchten vornehmlich Arbeiterwohngemeinden aus, in denen aufgrund traditionell starker Stellung der Arbeiterparteien SPD und KPD deutliches Durchschlagen der Problematik des Kalten Krieges auf die lokale Ebene vermutet werden mußte: Walldorf (SPD-Dominanz), Neustadt im Odenwald und Überau (KPD-Dominanz), Langenselbold (vor 1933: KPD-Dominanz; nach 1950: SPD-Dominanz). Unsere Hypothese, daß vor 1933 vorhandene Dominanzen der Arbeiterbewegung ab 1945 durch Zuzug von Vertriebenen und Flüchtlingen gebrochen wurden, bewahrheitete sich mehrheitlich nicht. Die Neuankömmlinge fügten sich erstaunlich bruchlos in eine zunächst vorgefundene politische Dominanz ein. Mehrmals konnte beobachtet werden, wie Flüchtlings-Arbeiter zur Gründung lokaler Arbeiterbewegung an Orten beitragen, an denen diese bislang nicht oder kaum vorhanden war.

Natürlich war eines unserer technischen Mittel die Lektüre der Lokal- und/oder Regional-Zeitungen mit dem Ergebnis, daß der Kalte Krieg dort eben nur auf den Mantelseiten stattfand, während die Lokal- und Regionalseiten durch Rekonstruktions- und Modernisierungsprobleme bestimmt waren. Zum gleichen Ergebnis führten zahlreiche Interviews. Die Benutzung der lokalen Archive stieß auf folgende technische Probleme: a) die Akten sind unter rechtlichen Gesichtspunkten nur bis Mitte der fünfziger Jahre offen; b) meist sind sie selbst bis dahin archivarisch noch nicht erschlossen und somit nicht zugänglich; c) verheerend wirkte die Regionalreform. Bei der Zusammenlegung von Gemeinden wurden die Ablagen der kleinen Gemeinden oft an beliebige Orte verbracht. In zwei Fällen: Reinheim i.O. (Überau gehört seit 1974 dazu) und Neustadt i.O. führte unsere Nachfrage immerhin dazu, daß eine Neuordnung dieser Teile der Gemeindearchive in Angriff genommen wurde, wozu durch die Beratungsstelle für Gemeindearchivpflege des Hessischen Landkreistages gute Voraussetzungen bestehen. Erschließung von Familientradition durch Eigenarbeit von Schulkindern stieß an die Schwelle, daß in den Mittelpunkt- und Gesamtschulen Kinder aus ganz verschiedenen Ortschaften zusammengefaßt sind.

Unser Auswahlgesichtspunkt: vor allem solche Arbeiterwohngemeinden zu untersuchen, in denen traditionell starke Arbeiterbewegungsdominanz bestand (Überau, Walldorf, Neustadt, Langenselbold), wurde durch einen zweiten mehr zufälligen Aspekt modifiziert: Affinitäten der Studierenden zu ihren jeweiligen Heimatorten, soweit es sich dabei um Arbeiterwohngemeinden handelte. Dieser Zufall erwies sich als ein gutes Korrektiv: hier bekamen wir Gemeinden in den Blick, in denen zwar vor 1933 keine Arbeiterbewegungsdominanz bestand, in denen sich aber spätestens seit Anfang der 60er Jahre SPD-Hegemonie herausbildete, so z.B. im mittelhessischen Obereisenhausen.

III. Ergebnisse in einzelnen Gemeinden

1) Neustadt im Odenwald[15]

Neustadt liegt 38 km ost-südöstlich von Darmstadt, war mittelalterlicher Burgsitz und Verwaltungsmittelpunkt sowie Marktort, verlor diese Funktionen seit dem 19. Jahrhundert kontinuierlich, geriet durch den Bau der Main-Neckarbahn, die durch ein anderes Tal führt, ins Abseits der Industrialisierung und wurde zum Arbeitskräftelieferanten für die benachbarten Zentren Mannheim, Frankfurt, Darmstadt. Seine Arbeiterbevölkerung bestand vor allem aus Bauarbeitern, die auspendelten: Montagfrüh über den Eisenbahnknotenpunkt Höchst (seit 1912 durch eine Bahn-Nebenstrecke, die durch Neustadt führt, erreichbar), Samstagabend zurück. Rekrutierung der Arbeiter erfolgte durch einen ortsansässigen Polier. Seit Ende des 19. Jahrhunderts vollzog sich die politische Vereinheitlichung der Arbeiterschaft durch die Sozialdemokratie, die aber nicht die Mehrheit im Ort gewann: daneben bestand noch das alte, Kleingewerbe treibende Bürgertum. Deshalb kam es um 1900 zur Spaltung der örtlichen Kultur: aus dem 1884 gegründeten Verein der Deutschen Turnerschaft löste sich eine Mehrheit, die einen Arbeiterturnverein bildete. Der Gesangverein spaltete sich, so daß daneben ein Arbeitergesangverein entstand. Ab 1922 hatte die KPD die relative Mehrheit der Stimmen bei allen Wahlen. Dies änderte sich erst 1932: Die NSDAP wurde stärkste Partei (durch Vereinheitlichung des bürgerlichen Wahlverhaltens), die KPD kam auf den zweiten Platz. Während der gesamten Weimarer Periode hatte Neustadt einen bürgerlichen Bürgermeister. Mitte der zwanziger Jahre zogen zwei neue Sportarten im Ort ein: Radfahren (zunächst in einem bürgerlichen Radfahrverein betrieben, dann auch von einer örtlichen Gruppe des ARB Solidarität), vor allem aber Fußball, der von einer Sparte des Arbeitersportvereins betrieben wurde und zum Niedergang des Turnens führte: die Deutsche Turnerschaft war in der Jugend sehr schwach, die Arbeiterjugend gab das Turnen auf und spielte fast nur noch Fußball.[16] Ende der zwanziger Jahre schloß sich der Arbeiterturnverein dem „Rotsport" an. Die Neustädter Pendler kamen Samstagsabends nach Hause, gingen sofort zum Singen, am Sonntagvormittag zum Turnen, nur der Sonntagnachmittag und -abend wurden in der Familie verbracht. 1933 ist der Arbeiterturnverein verboten worden, die Fußballer spielten in einem bürgerlichen Verein weiter, ab 1939 kam der Sport im Ort insgesamt zum Erliegen. 1935 wurde eine Widerstandsgruppe zerschlagen.

1945 setzte die US-Besatzungsmacht als Bürgermeister einen Kommunisten ein, der als Ultralinker und kommunalpolitisch Uninteressierter sich aber im Ort so isolierte, daß ihn seine eigene Partei durch einen Genossen (Jahrgang 1902) ersetzte, der von 1947 bis 1960 die dominierende Figur in der Kommunalpolitik wurde. Bei der Kommunalwahl 1948 erhielt die KPD die absolute Mehrheit (anders als vor 1933!). Das Gemeindewahlergebnis von 1952 sah so aus: KPD: 4 Sitze, SPD: 1 Sitz. Parteilose Wählerliste: 4 Sitze. Im August 1956 wurde die KPD durch das Bundesverfassungsgericht in Karlsruhe verboten. Ein kurzfristig gegründeter Überparteilicher Wählerblock mit dem Bürgermeister an der Spitze erhielt bei der Kommunalwahl im Herbst desselben Jahres zwei Drittel der Sitze. 1960 wurde dieselbe Liste zwei Tage vor der Kommunalwahl durch den Innenminister verboten. Dadurch verlor der bisherige Bürgermeister sein Amt. Sein Nachfolger war ebenfalls Arbeiter, Jahrgang 1930, er stützte sich auf eine bürgerlich dominierte Wählergemeinschaft. Damit endete die kommunistische Dominanz im Ort, dessen Kommunalpolitik nun von CDU-nahen Kräften bestimmt wurde. Als Neustadt im Zug der Regionalreform 1971 mit anderen Arbeiterwohngemeinden zusammengelegt wurde, trat von dorther sozialdemokratische Dominanz ein. Inzwischen haben sich im Mümlingstal, in dem Neustadt liegt, zwei große Gummifabriken ausgedehnt (heute: Veith seit 1906, Metzeler seit 1921).[17] Beide gehören zur Nachbargemeinde Sandbach, die dadurch Steuervorteile hatte. Die Neustädter Arbeiter pendeln deshalb nicht mehr aus, sondern können am Ort arbeiten. Ab 1945 ergoß sich ein Flüchtlingsstrom in den Ort. Von ca. 1960 an kamen ausländische Arbeitskräfte. Die Industrieansiedlung veränderte den Reproduktionstypus, der nunmehr nicht mehr durch Auspendeln und Konzentration der Freizeitaktivität auf Arbeiterturn- und Gesangverein bestimmt ist. Wer in Darmstadt, Mannheim oder Frankfurt/M. arbeitet, ist mit dem Auto jeden Abend wieder zu Hause. Natürlich kommt der auch andernorts wirksame Vergesellschaftungsprozeß von Freizeit über den Markt mit seiner individualisierenden Konsequenz hier ebenfalls zum Tragen. Die Spaltung des Vereinswesens aus der Zeit vor 1933 setzte sich nach 1945 nicht fort: die Besatzungsmacht verfügte, daß ein einziger Sport-und Kulturverein gegründet wurde, der die bürgerliche und die proletarische Komponente in sich vereinigte. In ihm herrschten in den fünfziger Jahren starke Spannungen – offensichtlich zwischen Kommunisten und Nichtkommunisten. 1962 kam es zur Spaltung – jetzt aber nicht mehr zwischen bürgerlichen und proletarischen Elementen, sondern zwischen Sängern und Fußballern.

Ein weiteres Spannungsthema in den fünfziger Jahren war die Kommunalpolitik. Diese war bis Anfang der fünfziger Jahre durch Rekonstruktion unter Selbsthilfegesichtspunkten gekennzeichnet: Erneuerung der Wasserversorgung, Aufforstung des städtischen Waldes, Neubau der Leichenhalle. Die Modernisierung aber ging am Ort vorüber: die Hauptstraße blieb gepflastert, während andernorts schon asphaltiert wurde. Eine Mehrzweckhalle sollte aus dem Erlös von Vereinsfesten finanziert werden, was mißlang: die etwa 2000 DM pro Fest, welche übrigblieben, reichten nicht aus. Diese Stagnation wurde unterschiedlich interpretiert: die kommunalpolitischen Gegner des Bürgermeisters warfen diesem vor, sich absichtlich nicht um Landesgelder zu bemühen, da eine Belebung der lokalen Wirtschaft auch einen Zustrom neuer

Einwohner brächte, während die gegenwärtige rückläufige Entwicklung (1950: 1254 Einwohner; 1961: 1189)[18] ihm die bisherige Mehrheit sichere. Ihm wohlwollende Beobachter behaupten heute, er habe aus politischen Gründen von der SPD-geführten Landesregierung keine finanzielle Förderung erfahren und in Antizipation dieses sicheren Ergebnisses sich auch nicht darum bemüht. Er selbst bemerkt im Interview, keine der beiden Interpretationen sei richtig, er sei aus Wiesbaden nicht benachteiligt worden. In einem Flugblattkrieg, der bei den Kommunalwahlen 1956 und 1960 stattfand, machten seine Gegner die kommunale Stagnation zum Thema, ohne daß ihnen dies 1956 einen Wahlerfolg gebracht hätte. Nach dem Eingriff des Innenministers 1960 brach aber die kommunistische Dominanz schnell zusammen. Der neue Bürgermeister verband die lokale Entwicklung mit Landesprogrammen. Die Straße wird asphaltiert. Mit Landeshilfe wurde die lang gewünschte Mehrzweckhalle gebaut. Neues Baugelände wird erschlossen. Die Einwohnerzahl wächst innerhalb eines Jahrzehnts (1961-1971) um 400 (= 34 Prozent). Eine große Rolle spielen die Metzeler-Werke des Nachbarorts Sandbach. Bei einer Mümlingregulierung, die im Interesse des Werks erfolgt, arbeiten Gemeinde und Unternehmen, das einen hohen Zuschuß gibt, eng zusammen. Der Betrieb kauft Land in Neustadt. Der Besitzer der Metzelerwerke wird Ehrenbürger von Neustadt. Als der Bürgermeister von Neustadt 1971 bei der Wahl des Bürgermeisters der neuen Gesamtgemeinde Breuberg unterliegt, findet er einen Arbeitsplatz in den Metzeler-Werken. Sein kommunistischer Vorgänger war 1960 Arbeiter in den Veith-Werken geworden. Seit 1971 ist allerdings Neustadts zwischenzeitlicher Aufschwung vorbei. Es wird Teil der neuen Großgemeinde Breuberg und in der Folgezeit Opfer eines Segmentierungsprozesses innerhalb der neuen Großgemeinde. Eine neue Perspektive sieht es als eine Art Fachwerk-Freilichtmuseum im Rahmen des Dorferneuerungsprogramms.

2) Ueberau im Odenwald[19]

Die Geschichte der Gemeinde Ueberau weist gegenüber den anderen im Rahmen des Projekts untersuchten Gemeinden einige Besonderheiten auf. Hervorstechend ist vor allem, daß hier die „große Politik" kein Schattendasein gegenüber der Kommunalpolitik führte (Die Gemeindevertretung oder die Bürgerschaft bezogen zu fast allen wichtigen Ereignissen der westdeutschen Nachkriegspolitik öffentlich Stellung), und daß es der KPD und später der Unabhängigen Wählergemeinschaft gelang, ihre nach 1945 errungene Mehrheit im Gemeinderat bis zum Verbot der UWG durch den hessischen Innenminister Schneider (SPD) zu stabilisieren.

Trotz aller Schwierigkeiten konnten die Kommunisten ihre einflußreiche Stellung in der Gemeinde auch nach dem UWG-Verbot behaupten und stellen bis heute einen wichtigen Faktor im politischen Leben der jetzt zu Reinheim gehörenden Gemeinde dar.

Neben der Politik der KPD, der es hier gelang, eine erfolgreiche Kommunalpolitik im Interesse der Einwohner mit den Aktivitäten in der „großen Politik" zu verbinden, war besonders der im Gemeindeleben entscheidende Arbeitersportverein SG 1919, in dem die Kommunisten fest verankert waren, eine wesentliche Grundlage für die spezifische Entwicklung in dieser Gemeinde. Der in den 50er Jahren noch relativ geringe Einfluß der Massenmedien (Fernsehen war noch nicht verbreitet) und der enge Kontakt, den die Kommunisten durch den Sportverein und Nachbarschaftsbeziehungen zur Bevölkerung in der kleinen Gemeinde halten konnten, machten die Ueberauer weitgehend immun gegenüber der antikommunistischen Hetze des Kalten Krieges.

In Ueberau war die teilweise Vergesellschaftung von Reproduktionsbereichen (Gemeindehilfe bei Wohnraumbeschaffung, Lebensmittelversorgung, Sportplatzerweiterung etc.) nicht mit der sonst verbreiteten Individualisierung verbunden, da neben privaten Formen der Reproduktion formelle und informelle kollektive Formen (Konsumgenossenschaft, Verein, Nachbarschaftshilfe etc.) erhalten blieben und die Kommunisten immer versuchten, das politische und öffentliche Leben in der Gemeinde zu fördern.

Die weitere Vergesellschaftung der Reproduktionstätigkeiten durch den kapitalistischen Markt und die Individualisierung der Freizeit, zunächst durch das Fernsehen, setzte sich in Ueberau erst in den 60er Jahren durch. In den 50er Jahren zunehmende „Freizeit" mußte dazu verwandt werden, die notwendigen Arbeiten am Haus, im Garten, für die Gemeinde oder den Verein zu erledigen.

Ueberau liegt im nordwestlichen Rande des Odenwaldes etwa 15 km südöstlich von Darmstadt und zieht sich langgestreckt am rechten Ufer der Gersprenz hin. Ursprünglich war Ueberau ein reines Bauerndorf. Doch bereits vor der Jahrhundertwende begann sich die Einwohnerstruktur allmählich zu ändern. Durch den Bau der Eisenbahn und die darauf folgende Ansiedlung von kleinen Industriebetrieben in der Umgebung entstanden nichtlandwirtschaftliche Arbeitsplätze. Kleine Bauern und in der Landwirtschaft schlecht bezahlte Tagelöhner und Knechte fanden beim Bahnbau und in den Betrieben Arbeit. Etwa 1905 gründete sich in Ueberau eine Ortsgruppe der Sozialdemokratischen Partei. Ab 1914 vertrat der spätere Bürgermeister Walter (SPD) die Ueberauer Arbeiter im Gemeinderat.

Für die weitere Entwicklung der Ueberauer Arbeiterbewegung war nach dem Ersten Weltkrieg entscheidend, daß die Gemeinde nun zur Arbeiterwohngemeinde wurde. Die Mehrheit der Ueberauer Arbeiter pendelte jetzt täglich mit der Bahn zu ihren Arbeitsstätten in der Industrie und im Handwerk in den benachbarten Städten und Gemeinden aus und hatte so ständigen Kontakt zu den sozialen und politischen Auseinandersetzungen der Zeit.

Darüber hinaus führte die wirtschaftliche Situation um den Ersten Weltkrieg dazu, daß jugendliche Arbeiter wegen Arbeitslosigkeit und Hunger in die industriellen Zentren (Ruhrgebiet und Hamburg) zogen, um dort Arbeit zu finden. Sie machten so Erfahrungen mit der revolutionären Arbeiterbewegung und erlebten das Scheitern der Novemberrevolution 1918/19. Aufgrund dieser Erfahrungen bauten sie gemeinsam mit aus dem Krieg wiederkehrenden Soldaten und anderen Gleichgesinnten zunächst die USPD, dann die KPD in Ueberau auf. Auch an der Gründung und dem Aufbau des Arbeitersportvereins SG 1919 waren sie wesentlich beteiligt. Mit der SG 1919 schuf sich die Arbeiterbewegung in Ueberau ein soziales und organisatorisches Zentrum der Arbeiterkultur, das zu einer entscheidenden Grundlage der Entwicklung und Stabilität der Bewegung wurde.

Ab 1919 hatten die Arbeiterparteien SPD und KPD gemeinsam die Mehrheit bei allen Wahlen in Ueberau. Ab Mitte der 20er Jahre übernahm die KPD die Führung unter den Arbeiterparteien, der Einfluß der SPD sank auf etwa 20%, der der KPD stieg bis nahe 40% der Ueberauer Stimmen. Der 1919 gewählte und im Ort angesehene SPD-Bürgermeister Walter blieb bis zur faschistischen Machtübernahme im Amt, da er ab 1925 von der KPD im Gemeinderat gestützt wurde. Die SG 1919 schwenkte Ende der 20er Jahre geschlossen zum „Rotsport" um, die überwiegende Mehrheit im Verein bestand aus Wählern oder Mitgliedern der KPD.

Seit etwa 1930 begann auch in Ueberau der Einfluß der NSDAP zu steigen. An den Reichstagswahlen 1928 bis 1933 kann man beobachten, daß ihr Gewicht 1928 noch minimal war, dann aber deutlich zunahm. 1930 erreichten die Faschisten bereits 25 %, 1932 dann 41%, bei der letzten Reichstagswahl 1933 steigerten sie sich noch einmal auf 45 %. Bis 1932 war in diesem Prozeß der Wählereinfluß der bürgerlichen Parteien bereits vollständig verschwunden, die NSDAP hatte dieses Potential völlig absorbiert. Die Arbeiterparteien mußten allerdings keine bedeutenden Einbußen hinnehmen. Selbst bei der Reichstagswahl am 5. März 1933, die bereits unter der Herrschaft der Faschisten stattfand, konnten SPD und KPD gemeinsam noch 53 % (SPD 17%, KPD 36%) der Ueberauer Stimmen erreichen.

Da es den Faschisten trotz ihrer Wahlerfolge nicht gelang, den Einfluß der Arbeiterbewegung in Ueberau zurückzudrängen und gegen den Widerstand der KPD und der Antifaschistischen Aktion eigene Organisationen am Ort zu schaffen, mußte der Widerstand nach der Reichstagswahl 1933 mit Gewalt gebrochen werden. Aus dem Umkreis zusammengezogene SA- und SS-Einheiten umstellten die Gemeinde, durchsuchten die Wohnungen von Kommunisten und Sozialdemokraten und terrorisierten die Einwohner. Viele Kommunisten wurden verhaftet, einige kamen für Wochen oder Monate ins Gefängnis oder ins KZ Osthofen. Mitglieder der Antifaschistischen Aktion wurden von der Polizei verhaftet und dann zum Transport ins Gefängnis an die Faschisten ausgeliefert. Bevor sie dort ankamen, schlug man zwei fast tot. An diesen Ausschreitungen waren, soweit bekannt, kaum Faschisten aus Ueberau beteiligt. Die meisten kamen aus dem benachbarten Reinheim, welches als Hochburg der Nazis galt.

Die einzelnen Stationen der faschistischen Machtübernahme in Ueberau und die Ereignisse bis 1945 können hier nicht dargelegt werden. Für die weitere Entwicklung nach 1945 war entscheidend, daß sich die Verhältnisse in der Gemeinde nach den Ausschreitungen 1933 bald wieder relativ beruhigt hatten, da die überwiegende Mehrheit der Bevölkerung und selbst ortsansässige Nazis daran interessiert waren, die bis in die Familien und Nachbarschaftsverhältnisse reichenden Konflikte beizulegen.

Trotz vieler Schikanen durch die Behörden und weiterer Verhaftungen überstanden die Ueberauer Kommunisten und Sozialdemokraten die Zeit bis zum Zusammenbruch des Regimes relativ gut (obwohl einige Kommunisten weiter im Untergrund tätig waren, kam keiner ums Leben), und so konnte nach 1945 wieder mit der politischen Arbeit begonnen werden. Die ersten Jahre nach dem Krieg, bis zur Gemeindewahl 1948, waren vorwiegend durch die wichtigsten Maßnahmen zur Linderung der materiellen Not, den Wiederaufbau der Organisationen der Arbeiterbewegung und die Entnazifizierung geprägt.

Nachdem im Mai 1945 der ehemalige Bürgermeister Walter (SPD) und später der erste Beigeordnete Büdinger (KPD) auf Beschluß der amerikanischen Militärverwaltung wieder in ihre Ämter eingesetzt worden waren, mußten die dringlichsten kommunalpolitischen Probleme gelöst werden. Am wichtigsten war die Beschaffung von Wohnraum und die Versorgung der Flüchtlinge mit Lebensmitteln. Die Bevölkerung war zwischen 1933 und 1946 von 1145 auf 1607 gestiegen, da Ueberau viele Flüchtlinge aufnehmen mußte. Zu den Flüchtlingen gesellten sich Ausgebombte aus den benachbarten Großstädten Darmstadt und Frankfurt. Da es kaum freien Wohnraum in der Gemeinde gab, mußten die Flüchtlinge auf den vorhandenen privaten Wohnraum verteilt werden. Die sich in diesem Zusammenhang ergebenden Schwierigkeiten mit denen, die nicht bereit waren, Fremde aufzunehmen, wurden durch die Gemeindevertretung so gut wie möglich gelöst, und die Flüchtlinge konnten schnell untergebracht werden.

Die Versorgung mit Lebensmitteln war weitgehend gesichert, da die meisten Familien eine Kleinstlandwirtschaft oder zumindest einen Garten für die eigene Versorgung unterhielten. Für die Flüchtlinge und Ausgebombten war die Versorgung zunächst schwierig. Sie wurden aber von der Gemeinde unterstützt und konnten gelegentlich bei den Bauern gegen Naturalien arbeiten. Ab 1946 konnte die Gemeinde zusätzliches Gartenland zur Verfügung stellen, um auch denjenigen, die nichts besaßen, die Möglichkeit zu geben, sich selbst zu versorgen.

Um die Wohnverhältnisse zu verbessern, begann die Gemeinde bereits 1946 mit einem Flüchtlingsnotbauprogramm. Durch gemeinsame Planung, billige auf Kredit ohne Zinsen von der Gemeinde bereitgestellte Grundstücke und materielle Unterstützung durch Baumaterialien und Bürgschaften wurden private Bauvorhaben gefördert. Da die Unterstützung mit der Auflage verbunden war, daß jeweils ein Teil des Hauses an Flüchtlinge vermietet werden mußte, hatten auch die Zugezogenen von den Vorhaben Vorteile. Mit viel Eigenarbeit und Nachbarschaftshilfe, bei der vor allem die Kommunisten, die Überwiegend Facharbeiter und Handwerker waren, eine wesentliche Rolle spielten, konnten 1948/49 die ersten Häuser fertiggestellt werden. Obwohl sich die Wohnsituation in Ueberau im Vergleich zu Nachbargemeinden und zu den Städten relativ günstig entwickelte, blieb die Unterstützung von privaten Bauvorhaben ein wichtiges Thema in der Kommunalpolitik. Erst etwa 1960 hatten sich die Wohnverhältnisse soweit entschärft, daß fast jeder Haushalt eine eigene Wohnung hatte. Kommunaler und kommerzieller Wohnungsbau spielten bei der Lösung des Problems praktisch keine Rolle. Die finanzielle Lage der Gemeinde erlaubte keine größeren öffentlichen Baumaßnahmen, und die im ländlichen Raum geringen Mietpreise machten kommerziellen Wohnungsbau uninteressant.

Obwohl die KPD auf eine Zusammenführung der Arbeiterparteien drängte und es auf Kreisebene bereits gemeinsame Aktivitäten von SPD und KPD gab, kam auch in Ueberau eine organisatorische Annäherung der Parteien nicht zustande. Wie weit die Initiativen zur Vereinheitlichung der Arbeiterparteien in Ueberau kamen und wie sie konkret scheiterten, ist leider nicht bekannt. Ein Kommunist, der nach dem Krieg der KPD beitrat, berichtet, daß sie versucht hätten, die Arbeiterparteien zusammenzubringen, aber schon 1947 „... ist die SPD bei uns in Ueberau rein und hat Plakate geklebt ... Da war der Hitler und der Stalin auf dem Plakat und ein großer Rührkessel; und da hat draufgestanden: Hitler und Stalin rühren in einem Brei ...".[20] Neben der von der SPD-Parteispitze in den Westzonen forcierten Abgrenzung gegenüber den Kommunisten dürfte auch das spannungsreiche Verhältnis zwischen den Arbeiterparteien in Ueberau während der Weimarer Republik eine Rolle gespielt haben. Ein anderer Kommunist berichtet: „Na ja – so gereift war der politisch-ideologische Stand der jungen Organisation nicht (der KPD in den 20er Jahren, d.Verf.), es gab viele Wellen der gefühlsbetonten Inhalte durch soziale Konflikte, durch Arbeitslosigkeit, durch ... Ich weiß von Jungen, die arbeitslos waren, von meinem Paten zum Beispiel, der hat mir mal gesagt: Willi, wir haben eine Arbeit gesucht, ich habe keine Arbeit gekriegt. Und was hat er gesagt, der Walter (der SPD-Bürgermeister in der Weimarer Republik, d. Verf.): Geht nach Moskau, die sollen euch Arbeit geben! Also von der Ebene her ist der dann auch das Problem angegangen."[21] Er berichtet weiter, daß sowohl vor 1933 als auch 1945 die Sozial-Faschismus-These immer wieder eine Rolle in Ueberau gespielt habe, auch wenn führende Kommunisten dagegen angekämpft hätten. Die alltäglichen Erfahrungen hätten bei einem Teil der Genossen immer wieder dazu geführt, daß sie sich in ihrer negativen Haltung gegenüber den Sozialdemokraten bestätigt gefühlt hätten. Auch von sozialdemokratischer Seite wird berichtet, daß es vor allem in der Zeit von 1933 ständig Auseinandersetzungen zwischen dem SPD-Bürgermeister Walter und der in Ueberau starken KPD gegeben habe. „Man hat sich bekämpft".[22]

Bei der ersten Gemeinderatswahl im Januar 1946 erreichte die SPD 60% und die KPD 40% der Ueberauer Stimmen. Bürgerliche Parteien hatten sich im Zusammenhang mit der bevorstehenden Entnazifizierung und der Tatsache, daß fast alle ehemaligen Bürgerlichen in der Gemeinde die Nazis unterstützt hatten, noch nicht konstituiert. Die erste Kommunalwahl gab daher das tatsächliche politische Kräfteverhältnis nicht angemessen wieder. Die wenige Monate später stattfindenden Kreis- und Landtagswahlen, bei denen die CDU kandidierte, zeigten, daß offensichtlich viele bürgerliche Wähler der SPD bei der Gemeindewahl ihre Stimme gegeben hatten. Bei den Kreis- und Landtagswahlen erreichte die SPD nur 31 bzw. 33 %. Die KPD erhielt 43 bzw. 46 %, und auf die CDU entfielen 26 bzw. 21 % der Ueberauer Stimmen. Die Position der Sozialdemokraten wurde 1946 weiter geschwächt, als der langgediente und angesehene Bürgermeister Walter aus Altersgründen zurücktrat und kein gleichwertiger Ersatz gefunden werden konnte (die Ueberauer SPD hatte kaum Nachwuchs, da die jungen Leute in den 20er Jahren zur KPD gegangen waren).

Die Entnazifizierung spielte in Ueberau nur insofern eine bedeutende Rolle, als sie die Konstitution der bürgerlichen Parteien verzögerte. Nachdem unmittelbar nach dem Einmarsch der Amerikaner einige wenige Nazis verhaftet und eingesperrt wurden, kamen später die meisten mit Geldbußen davon. Da sich in Ueberau auch nur wenige Nazis schwerer Verbrechen schuldig gemacht hatten und die Kommunisten nicht an der Verfolgung der kleinen Mitläufer interessiert waren, kam es sogar vor, daß sie sich für die gering Belasteten in den Spruchkammern einsetzten.

Aus den Gemeindewahlen am 25. April 1948 ging die KPD mit 43 % (5 Sitze) als stärkste Fraktion hervor; die SPD erhielt 27 % (3 Sitze); die CDU zog mit 15 % (2 Sitze) erstmals in den Gemeinderat ein. Eine bürgerliche Wählergemeinschaft (FWG) erreichte ebenfalls 15 % und 2 Sitze. Zum Bürgermeister wurde der bisherige erste Beigeordnete Adam Büdinger (KPD) gewählt. Adam Büdinger war auch Vorsitzender der 1945 wiedergegründeten SG 1919. Da es in Ueberau keinen weiteren Verein gegeben hatte, bedeutete die Wiedergründung nicht, wie in anderen Orten, die Zusammenlegung mit bürgerlichen Vereinen. Der Charakter als Arbeitersportverein konnte so erhalten bleiben. Aufgrund guter sportlicher Leistungen und eines breiten sportlichen, kulturellen und geselligen Angebotes erfreute sich die SG 1919 großer Beliebtheit in der Gemeinde. Der Verein führte die wichtigsten „gesellschaftlichen Ereignisse" wie Sommernachtsfest, Karneval etc. durch und stellte das Kommunikationszentrum des Ueberauer Arbeitermilieus dar.

Die Zeit von der Wahl von Bürgermeister Büdinger bis zum Verbot der KPD 1956 war einerseits von kommunalpolitischen Problemen und andererseits von dem starken Engagement der Gemeindevertretung in allgemeinpolitischen Fragen gekennzeichnet. In der Kommunalpolitik hatte die Gemeinde die Probleme zu lösen, die sich aus der äußerst schlechten Finanzsituation ergaben. Als reine Wohngemeinde, die neben der Landwirtschaft kaum nennenswerte Wirtschaftsstruktur besaß, waren die Steuereinnahmen sehr gering. Das Problem verschärfte sich dadurch, daß die Gemeindevertretung unter der Führung der Kommunisten nicht bereit war, die entstehenden Lasten auf die Bevölkerung abzuwälzen. Die Steuer- und Gebührenpolitik sah dann so aus, daß Steuern und Gebühren nur angehoben wurden, wenn es keine andere Möglichkeit mehr gab. Daraus ergab sich nicht nur das Problem, daß man wenig einnahm, es waren so auch keine Zuschüsse von Land und Kreis zu bekommen. Da die Gemeinde nicht den Steuer- und Gebührensatz vergleichbarer Gemeinden erreichte, waren die zuständigen Stellen auch nicht bereit, entsprechende Zuschüsse für Projekte der Gemeinde zu bewilligen. So gut wie möglich versuchte man mit den geringen Mitteln und mit viel Eigenarbeit der Bevölkerung die notwendigen Rekonstruktions- und Infrastrukturmaßnahmen zu bewältigen. Diese kommunalpolitischen Probleme scheinen allerdings nicht so gravierend gewesen zu sein, daß die Bevölkerung eine andere Politik gewünscht hätte. Obwohl die finanziellen Möglichkeiten gering waren, kümmerte sich die Gemeindevertretung um alles und jedes, unterstützte das öffentliche Leben im Verein und verbesserte die öffentlichen Einrichtungen.

Das Ergebnis der Gemeindewahl am 4. Mai 1952 brachte der KPD mit ca. 56 % die absolute Mehrheit. Die SPD erreichte nur noch 19 %, die CDU 8 %. Neben der KPD konnte sich die FWG verbessern, sie erreichte nun 17 %.

Der Charakter der Gemeinde als Arbeiterwohngemeinde der sich in der Weimarer Republik entwickelt hatte, prägte sich in den 50er Jahren weiter aus. Während 1950 etwa 50% der Erwerbstätigen täglich zu ihren Arbeitsstätten auspendelten, waren es 1961 bereits 67%. Da die geringe Zahl an nichtlandwirtschaftlichen Arbeitsplätzen in der Gemeinde bei etwa 130 stagnierte und die landwirtschaftlichen Betriebe drastisch auf etwa die Hälfte zurückgingen (die kleinen Bauern mußten aufgeben und an die Großen verkaufen), suchten sich immer mehr Ueberauer Arbeit in den benachbarten Industriegebieten. Die Zahl der abhängig Beschäftigten stieg zwischen 1950 und 1961 von 64 % auf 75 %. Nach Stellung im Beruf waren von den 717 Erwerbstätigen 1961 11 % Selbständige, 14 % mithelfende Familienangehörige, 54 % Arbeiter und 7 % Lehrlinge.

In den Jahren 1948 bis 1956 konzentrierten sich in Ueberau die Initiativen in der „großen Politik" um die Frage der Remilitarisierung und der Westintegration. Es wurde vor allem die friedliche Wiedervereinigung eines neutralen Deutschlands entsprechend den sowjetischen Vorschlägen gefordert. Die Gemeindevertretung sprach sich in Beschlüssen gegen Westintegration und Remilitarisierung aus, führte Bürgerversammlungen und Abstimmungen zu diesen Fragen durch und wandte sich mit Briefen und Unterschriftenlisten an die Bundestagsabgeordneten. An den Unterschriftaktionen und Abstimmungen beteiligten sich bis zu 60 % der Einwohner. Gegen den Widerstand des DGB-Kreisausschusses Darmstadt faßte der DGB-Ortsausschuß Reinheim/Ueberau auf einer Gewerkschaftsversammlung Beschlüsse, in denen vom DGB „schärfste Maßnahmen" gegen das Inkrafttreten des Generalvertrags gefordert wurden. Ende 1954 verabschiedete der Gemeinderat mit 9 Stimmen bei drei Enthaltungen einen Brief an das Bundesverfassungsgericht, in dem sich die Gemeinde gegen das geplante Verbot der KPD aussprach.

Im August 1956 wurde die KPD verboten. Zu der folgenden Gemeinde- und Kreistagswahl im Oktober 1956 konstituierte sich die Unabhängige Wählergemeinschaft (UWG), die sich aus Kommunisten und Parteilosen zusammensetzte. Die UWG konnte weitgehend an die Erfolge der KPD anknüpfen und erreichte bei der Gemeindewahl etwa 50 %. Die SPD konnte sich auf 24 % verbessern; die CDU erreichte nur wenig über 6 % und erhielt damit kein Mandat mehr. Neben den 7 Sitzen der UWG erhielt die SPD 3 und die bürgerliche Wählergemeinschaft (FWG), bei etwa 20 %, zwei Sitze im Gemeinderat.

Bürgermeister Büdinger wurde daraufhin mit 7 Stimmen ohne Gegenkandidat im Amt bestätigt. Zu den Bundestagswahlen 1957 rief die UWG zur Wahl der SPD auf. Die SPD erhielt daraufhin 67 % der Ueberauer Stimmen gegenüber 27 % bei den vorhergehenden Bundestagswahlen.

In der Kommunalpolitik wurden neben der Fortsetzung der bis 1956 ergriffenen Maßnahmen vor allem der Ausbau und die Verbesserung der Infrastruktur und der öffentlichen Einrichtungen vorangetrieben. In einer Selbstdarstellung der UWG in der UWG-Zeitung „Der Ruf", die die Bürger über kommunal- und allgemeinpolitische Fragen informierte, hob man besonders hervor, daß die Infrastrukturmaßnahmen – im Gegensatz zu anderen Gemeinden – praktisch ohne Belastung der Anwohner verwirklicht werden konnten.

Auf der Ebene der „großen Politik" waren die Aktivitäten der UWG etwas geringer als die der KPD. Die UWG mußte vorsichtiger agieren, da sie ständig unter der Bedrohung stand, als Nachfolgeorganisation der KPD verboten zu werden. Im Vordergrund standen zu dieser Zeit verschiedene Initiativen gegen die atomare Bewaffnung der Bundeswehr. Ab 1958 begann sich das Klima gegen die UWGs, die sich nach dem KPD-Verbot auch in anderen Gemeinden und im Kreis gebildet hatten, zu verschärfen. Im Kreistag und in anderen Gemeinden, in denen die UWG im Gemeinderat vertreten war, kam es zu heftigen Angriffen von CDU und SPD gegen die Abgeordneten der UWGs. Im April 1960 beschimpften SPD-Gemeindevertreter im Gemeinderat von Groß-Zimmern ihre Kollegen von der UWG als Ostagenten.

Um die gleiche Zeit wurde eine Veranstaltung der UWG zu Landwirtschaftsfragen, an der auch Landwirte aus der DDR teilnahmen, auf Weisung des hessischen Innenministers verboten. Am Morgen des 14. Oktober 1960 besetzten ca. 40 Polizeibeamte die Bürgermeisterei in Ueberau und erklärten den Bürgermeister und die zwei Beigeordneten für abgesetzt. Die Kandidaten der UWG wurden dann zur Bürgermeisterei geholt und über ihre Zugehörigkeit zur KPD verhört. Die UWG war nun als angeblich von Ost-Berlin gesteuerte Nachfolgeorganisation der KPD verboten. Die Geschäfte des Gemeindevorstandes wurden bis zur Wahl einen neuen Gemeindevorstandes im Dezember 1960 von einem Staatsbeauftragten ausgeübt.

Ein Sohn des damaligen Bürgermeisters Büdinger berichtet über die Ereignisse: „Da kam also jemand und hat ihm eröffnet: Sie sind abgesetzt, sie können nach Hause gehen ... Wichtiger war eigentlich der ganze Druck, der vorher schon kam und damit natürlich auch anschließend. Wie man versucht hat, die politische Bewegung in Ueberau zu zerschlagen, unseren Einfluß. Das war sehr schwer für diese Leute, die diese Drecksarbeit machen mußten, aber sie haben zumindest erreicht, daß der Großteil der Gemeinde politisch eingeschüchtert wurde. ... Du wirst ja schon erfahren haben – die Leute wurden dann im Haus aufgesucht, sie wurden auf die Bürgermeisterei bestellt, wurden vernommen, und der Antikommunismus hat sich ständig verstärkt, dann auch in Ueberau ... Und die SPD hat man zum größten Teil auf die antikommunistische Linie bringen können, der Verein wurde gespalten ... Außerdem hatten ja viele auch Erfahrungen von 33 bis 45 in Ueberau, wie da verfahren wurde, und da haben sie gesehen, die Partei ist ja wieder verboten – und wissen wir, wie es weitergeht? Und dann versucht man, zwar nicht zu vergessen, aber doch – naja – irgendwelchen Situationen aus dem Wege zu gehen. Das ist eine ganz normale menschliche Regung."[23]

Bei den am 23. Oktober 1960 folgenden Kommunalwahlen gaben ca. 1/3 der Wähler ungültige Stimmzettel ab; von den restlichen 633 Stimmen erreichte die SPD etwa 60 %; die CDU trat zur Wahl nicht an; der BHE tauchte das einzige Mal bei einer Gemeindewahl in Ueberau mit ca. 10 % auf, und die bürgerliche Wählergemeinschaft FWG konnte sich auf 29 % verbessern.

Die Ereignisse vom Oktober 1960 prägten das Gemeindeleben für lange Zeit. Die UWGler warfen den Sozialdemokraten vor, daß sie bei dem Verbot der UWG die „Finger im Spiel" gehabt hätten. „Es gab natürlich Diskussionen, Beschimpfungen gegenseitig – es hat natürlich wieder eine Spaltung gebracht ... da war das wirklich in den Familien, so mit dem Schwager, die waren so verfeindet, die haben sich jahrelang nicht angesehen."[24]

Die bei der Amtsenthebung eingeleiteten Dienststrafverfahren gegen Adam Büdinger und die Beigeordneten (es soll in diesem Zusammenhang eine Rolle gespielt haben, daß in Ueberau am Tag der Deutschen Einheit nicht vorschriftsmäßig geflaggt wurde) wurden bereits Ende 1960 wegen Nichtigkeit eingestellt.

Adam Büdinger wurde allerdings 1962 wegen Staatsgefährdung zu 8 Monaten Gefängnis auf Bewährung verurteilt. UWGler, die vormals auch Mitglieder der KPD gewesen waren, erhielten ebenfalls mehrmonatige Gefängnisstrafen auf Bewährung.

Am 6. Mai 1963 kündigte der neue Gemeinderat dem Arbeitersportverein SG 1919 den Vertrag über die Nutzung des Vereinsgeländes, nachdem es im Verein zu Auseinandersetzungen zwischen Kommunisten und Sozialdemokraten gekommen war. Es sollte ein neuer Sportverein, ohne kommunistischen Einfluß, gegründet werden. Die Auseinandersetzungen um die Sportplatzbenutzung zogen sich, auch vor Gericht, jahrelang hin. Der SG 1919 konnte allerdings trotz aller Anfechtungen seine beherrschende Stellung in der Gemeinde bis heute erhalten. Mit heute über 700 Mitgliedern ist jeder dritte Ueberauer Mitglied im SG 1919.

Gestützt auf ihren Einfluß im Arbeitersportverein überstand die Kommunistische Partei Ueberaus die Zeit der Illegalität. Bei der Bundestagswahl 1961 erreichte die DFU, für die die Vertreter der verbotenen UWG jetzt kandidierten, knapp 30 % der Ueberauer Stimmen. Sie konnte sich bis zur letzten Gemeindewahl in Ueberau 1968, vor der Eingemeindung zu Reinheim 1972, auf 38 % steigern, erreichte allerdings keinen entscheidenden Einfluß in der Ueberauer Gemeindevertretung mehr, da ab 1964 die Sozialdemokraten mit der FWG im Gemeinderat zusammenarbeiten. Nach der Eingemeindung nach Reinheim führten vor allem die Ueberauer kommunistischen Stimmen dazu, daß die DKP in Stadtverordnetenversammlung und Magistrat dieser Stadt vertreten ist.

3) Walldorf/Hessen

Walldorf, ca. 20 km südlich von Frankfurt/Main – in unmittelbarer Nachbarschaft des Flughafen Rhein-Main gelegen – ist eine relativ junge Waldensergemeinde. Bis in die Zeit nach dem Zweiten Weltkrieg galten die Walldörfer als arme Leute – zunächst als Kleinbauern auf schlechten Sand-Böden, dann im Zuge der Industrialisierung – vor allem der Expansion von Frankfurt – als Arbeiter (vorwiegend Bauarbeiter) mit Nebenerwerbslandwirtschaft, die während der Woche von Frauen und Kindern betrieben wurde. Die Einwohnerzahlen stiegen kontinuierlich an: von ca. 1000 (1880) auf ca. 2500 (1910), 4500 (1939) und ca. 6000 (1948). Gleichwohl bleibt Walldorf bis zum Beginn der 50er Jahre eine typische Arbeiterwohngemeinde in Großstadtnähe; denn auch unter den Zugezogenen finden sich viele Arbeiter (meist Facharbeiter) und kleine Angestellte, die in Frankfurt, am Flughafen oder in nahegelegenen Großbetrieben (Opel-Rüsselsheim oder Glanzstoff-Kelsterbach) arbeiten.

Walldorf ist im Unterschied zur Nachbargemeinde Mörfelden (mit der Walldorf 1977 zur Stadt „Mörfelden-Walldorf" – die Stadtbezeichnung „Wallfelden", die zunächst vorgesehen war, scheiterte am erbitterten Widerstand der Betroffenen – zusammengelegt wurde) eine sozialdemokratisch dominierte Gemeinde. In Mörfelden war – vor allem vor 1933, aber auch noch nach 1945 – der Einfluß der KPD weitaus stärker, was diesem Ort auch bei den Walldörfern den Beinamen „Klein-Moskau" eintrug. Die Walldörfer SPD wurde 1906/07 von Bauarbeitern gegründet; 1919 errang sie erstmals bei den Kommunalwahlen die Mehrheit, die sie bis 1933 ausbauen konnte. 1927 wurde der Maurer Adam Jourdan der erste sozialdemokratische Bürgermeister der Gemeinde – ein typischer Walldörfer: aus einer der alten Waldenserfamilien, ein Maurer, der auch als Bürgermeister noch die Kelle zur Hand nahm und der als Sozialdemokrat nicht dem linken Flügel seiner Partei angehörte. Er wurde 1933 entlassen und war dann wieder von 1945 bis 1953 Bürgermeister von Walldorf. Bis 1977 – also bis zur Fusion mit Mörfelden – waren alle 27 Bürgermeister von Walldorf Abkömmlinge der alteingesessenen Waldenserfamilien (mit den französischen Namen: Cezanne, Jourdan, Pons, Coutandin, Zwilling, Reviol, Vinson, Passet, Bonin – noch im Jahre 1950 trugen 1130 Einwohner von Walldorf, ein Sechstel der Gesamtbevölkerung, diese Waldenser-Namen.[25]

Wenn das Projekt systematisch ausgewertet und abgeschlossen wird, ist auch der Frage nachzugehen, warum sich in Walldorf – im Unterschied zu Mörfelden (dessen Sozialstruktur seit dem späten 19. Jahrhundert keine signifikanten Abweichungen erkennen läßt) – diese sozialdemokratische Hegemonie etablierte und dann während der 50er Jahre ausgebaut wurde. Nach dem gegenwärtigen Erkenntnisstand können einige Vermutungen hinsichtlich relevanter Faktoren und ihres Zusammenwirkens festgehalten werden:

1. Die Bedeutung der Waldenser-Tradition für die politische Kultur der Gemeinde; damit zugleich verbunden: ein stärkeres Gewicht der Kirche in der Gemeindegeschichte. Freilich sollte dieser Faktor nicht übergewichtet werden; denn der Einfluß der Kirche bzw. der jeweiligen Pfarrer scheint weniger ein religiöser als vielmehr ein politisch-kultureller zu sein.[26]

2. Der typische Walldorfer Bauarbeiter ist (bis nach dem Zweiten Weltkrieg) Nebenerwerbslandwirt. Das Dorf bleibt „Heimat"; dort hat man/frau persönliches Kleineigentum (Haus, Boden), dessen Bewirtschaftung zusätzliche, harte Arbeit erfordert.[27] Diese objektiven Bedingungen der Reproduktion fördern eher kleinbürgerliche Bewußtseinsformen, die dann noch durch das protestantisch-waldensische Arbeits- und Armutsethos beeinflußt werden. Symptomatisch in diesem Sinne scheint das Vorwort des Pfarrers und des SPD-Bürgermeisters zu einer Ortschronik, die im Jahre 1953 erschien: die Waldenser überlebten durch Fleiß, harte Arbeit, Sparsamkeit, Bescheidenheit und hohen Glauben (das scheint sehr zweifelhaft, s.o. F.D./G.F./S.K.) – so soll es auch in der Zukunft sein![28]

3. Der bereits erwähnte Zuzug (seit der Jahrhundertwende) von „Frankfurtern", die – soweit sie Arbeiter waren – wohl eher der Kategorie der „Arbeiteraristokraten" zuzurechnen sind.

4. Die Vereinstradition mit den Arbeitersportvereinen vor 1933 (auch mit einer kommunistischen Abspaltung „Rot-Sport"), aber zugleich mit einer ausgeprägten Sängertradition (Sängerlust, Frohsinn, Liederzweig, Arbeitergesangsverein „Vorwärts" – später der Volkschor – seit 1906, also dem Jahr der Gründung

der SPD am Ort), die einige Lokalforscher auf das südländische Blut und Temperament der Waldenser zurückführen wollen.

5. Schließlich die traditionelle Lokal-Konkurrenz und -Feindschaft gegen Mörfelden, und, was noch genauer als Faktor zu untersuchen wäre: die Bedeutung von Persönlichkeiten und bestimmten Familien-Clans für die lokale Politik, auch der Organisationen der Arbeiterbewegung.[29]

Welche sind die wichtigsten Veränderungen, die sich in der Gemeinde Walldorf nach 1945 – bis zum Beginn der 60er Jahre (die Periodisierung ist natürlich etwas willkürlich) – vollzogen haben?

1. Das Bevölkerungswachstum. Die Einwohnerzahl erhöht sich von ca. 6000 auf knapp 10 000 (1961) – schließlich auf knapp 16 000 zur Zeit der Fusion mit Mörfelden (dessen Einwohnerzahl seit 1961 übertroffen wird!). Nach dem Kriege siedelten sich zunächst Evakuierte und Flüchtlinge (darunter viele Sudetendeutsche) an. Anfang der 50er Jahre wurden 1300 Flüchtlinge – vorwiegend Katholiken – in Walldorf gezählt.[30] Danach verwandelte sich Walldorf immer mehr in einen Vorort bzw. in eine „Schlafstadt" von Frankfurt bzw. des Flughafens Rhein-Main, dessen Expansion in den 50er und 60er Jahren gewiß die wesentliche Determinante der Gemeindeentwicklung darstellt.

Damit hängt 2. zusammen der „Bauboom" in der Gemeinde, deren bebaute Fläche sich seit Anfang der 50er Jahre mehr als verdoppelt hat. Diese Expansion veränderte die gesamte Struktur der Gemeinde gründlich; sie beherrscht die Kommunalpolitik (zumindest seit den späten 50er Jahren). Einige – auch politisch relevante – Aspekte dieses Strukturwandels seien besonders hervorgehoben:
– Die Integration der Flüchtlinge (und deren mehrheitliche Anbindung an die SPD) vollzieht sich vor allem über den Wohnungsbau. Dabei spielt die Baugenossenschaft „Ried" offenbar eine wichtige Rolle, in deren Leitung auch sozialdemokratische Flüchtlinge vertreten sind.
– In den 60er Jahren wird ein „Prominentenviertel" erschlossen, das – wie versichert wird – sich zur Hauptwählerbasis der erst spät erstarkenden CDU entwickelt.
– Viele alte – einst sehr arme – Walldörfer gelangen durch Grundstücksverkäufe zu Reichtum. Der Altbürgermeister spricht von „Millionären"; in der Gemeinde hat sich der Begriff vom „Parotschen-Baron" eingebürgert (nach der Bezeichnung einer Gemarkung, in der die Alt-Walldörfer ihre Äcker hatten!).

Dabei vollzog sich insgesamt eine Veränderung der Sozialstruktur der Gemeinde, die in einer Untersuchung von Herbert Schüttler wie folgt charakterisiert wird: 'Walldorf ist also nicht mehr wie vor dem Kriege eine Arbeitergemeinde, sondern es erfolgte eine deutliche Umstrukturierung durch gehobene Sozialschichten, was auf eine starke Zuwanderung dieser Gruppe zurückzuführen ist."[31] Ende der 60er Jahre waren von den Erwerbstätigen 39,4 % Arbeiter, 42,9 % Angestellte, 4,5 % Beamte und 7,1 % Selbständige. Die Vergleichszahlen für 1950 liegen leider noch nicht vor. Es kann aber davon ausgegangen werden, daß der relative Rückgang der Arbeiterbevölkerung der bestimmende Trend ist. Dabei verändert sich jedoch auch die Struktur und Lebensweise dieser Arbeiterbevölkerung:
– zum einen geht die Bedeutung der Bauberufe, vor allem auf Kosten der Metallarbeiterberufe, zurück;
– und zum anderen wird die Nebenerwerbslandwirtschaft, die nach 1945 als Subsistenzquelle und bis in die 50er Jahre durch den Spargelanbau noch Bedeutung hatte, fast vollständig aufgegeben.

Diese langfristigen sozialökonomischen Strukturveränderungen übersetzten sich erst (so ist zu vermuten) gegen Ende der 60er Jahre in den Bereich der kommunalen Politik.[32] Allerdings sind schon für die 50er Jahre einige Veränderungen im Vereinsleben zu registrieren, die zweifellos diesen Strukturwandel der Gemeinde und die allgemeinen Trends in der Veränderung der Lebensweise der Arbeiterklasse reflektieren:
– Die Zahl der aktiven Mitglieder der Gesangsvereine geht – so verraten die diversen Festschriften, die aus Anlaß von Vereins-Jubiläen veröffentlicht wurden – stark zurück.

Der Fußballverein Rot-Weiß, der zeitweilig recht erfolgreich spielt, partizipiert an der allgemeinen Aufwertung (und frühen Kommerzialisierung) des Fußballsports in den frühen 50er Jahren.
– Besonders aufschlußreich dürfte in diesem Zusammenhang die Analyse der Entwicklung der Sport- und Kulturvereinigung Walldorf, der SKG, sein. Der Verein wurde nach 1945 zunächst als Einheitsverein gegründet. Nach der Abspaltung der alten Vereine (1947) war die SKG der Verein der linksorientierten Alt-Walldörfer Arbeiter (in der Tradition des ATSB).[33] Im Vorstand des Vereins waren im Untersuchungszeitraum stets auch Kommunisten tätig. Das Vereinslokal war bis 1951 die „Neue Welt"; ein Vorfahre des

Besitzers hatte 1906/07 zu den 12 Gründern der SPD gehört. In Selbsthilfe – nach dem Vorbild der proletarischen Selbsthilfetradition, die ja gerade im Vereinswesen vor 1933 stark verwurzelt war – wird dann ein neues Vereinshaus errichtet. Dennoch beginnt schon in den zweiten Hälte der 50er Jahre ein Prozeß der Transformation, in dessen Verlauf die proletarische Tradition zurücktritt und der Charakter eines Freizeit- und Dienstleistungsvereins immer stärker in den Vordergrund tritt. „Die Jungen wollen von der Arbeitertradition nichts mehr wissen!" – klagen die Älteren.

Bei den Gemeinderatswahlen erreicht die SPD erst ab 1956 die absolute Mehrheit der Sitze (ab 1960 mit 55,4 % auch die absolute Mehrheit der Stimmen). Bis dahin stehen sich zwei etwa gleichstarke „Blöcke" gegenüber: auf der einen Seite der „Arbeiterblock" (SPD und KPD: letztere hatte folgende Anteile: 1948: 12,1 %, 1952: 8,6 %, 1956 hatte die UWW: ca. 6 %).[34] Vor allem über die SPD wird auch ein Teil der Flüchtlinge eingebunden. Auf der anderen Seite steht die kleine CDU und insbesondere der „Bürgerblock" (genauer: der Kleinbürgerblock), der von Lehrern und Gewerbetreibenden geführt wird (und der auch gelegentlich als „Sammelbecken" von „Alt-Nazis" für die Kommunalpolitik bezeichnet wird). Daß die SPD in der zweiten Hälfte der 50er Jahre die absolute Vormachtstellung erringt, läßt freilich erkennen, daß es ihr – vor allem über den Bürgermeister – gelingt, einen großen Teil der Neuzugezogenen, d.h. auch der Angestellten, zu gewinnen.

Diese „Blockbildung" kommt nur selten als kommunalpolitische Konfrontation zum Ausdruck. Lediglich die Wahl eines Schulrektors (1950), bei der der SPD-Kandidat, ein Flüchtling, der vom Katholizismus zum Protestantismus „konvertiert" war, durchgesetzt wurde (gegen einen einheimischen Lehrer, der freilich aus der Nazizeit „vorbelastet" war), scheint hohe Wellen geschlagen zu haben, die auch den Kirchenvorstand in Bewegung versetzten.[35] Offensichtlich spielte dieser Konflikt auch in die Vereine hinein; denn der Alt-Bürgermeister Zwilling bezeichnete im Gespräch den Gesangsverein „Sängerlust", wo die „besseren Leute waren", als ein Zentrum des Widerstands gegen seine Politik. Seine Wahl zum Bürgermeister (1953) wurde nur knapp entschieden – der Abgeordnete der KPD scheint hier den Ausschlag gegeben zu haben.

Zu heftigen Auseinandersetzungen kam es schließlich noch um den Bau der Kanalisation, der 1954 eingeleitet wurde. Stein des Anstoßes war hier die „Straßenanliegerbeitragssatzung" (die besonders die Besitzer von Eckhäusern belastete). Walldorf war nach wie vor eine arme Gemeinde und mußte die Kanalisation auf diese Weise finanzieren. Wie die Wahlergebnisse von 1956 zeigen, hatte diese „Palastrevolution" (Zwilling) allerdings keine negativen Auswirkungen auf die SPD. Die Walldörfer betrachteten sie im Gegenteil als Fortschritt; denn – so der Alt-Bürgermeister – „die Armut war früher grauenhaft".

Ansonsten vermitteln die Interviews und das Quellenstudium (vor allem der Gemeinderatsprotokolle) den Eindruck eines fast durchgängigen kommunalpolitischen Konsensus. Die wichtigsten Entscheidungen im Untersuchungszeitraum fügen sich ein in jene Periodisierung, die im ersten Teil dieses Beitrages vorgenommen wird. Während in den ersten Jahren nach 1945 „Rekonstruktionsaufgaben" im Vordergrund standen, kommt es danach zu verschiedenen, infrastrukturellen Modernisierungsmaßnahmen (die Kanalisation ist nur ein Beispiel dafür), die gleichzeitig auch der Expansion der Gemeinde Rechnung tragen (z.B. die Schulerweiterungsbauten ab 1955). Da Walldorf eine arme Gemeinde ist (d.h. kaum Gewerbebetriebe und nur wenig eigenes Land besitzt), spielen für den Haushalt Landeszuweisungen und Kredite, später auch die Erschließung eines „Gewerbegebietes" eine wichtige Rolle.[36]

Würde die Betrachtung an dieser Stelle abgebrochen, so ließe sich - im Blick auf die Ausgangsfragestellung – eine eindeutige und plausible Schlußfolgerung ziehen: Der „Kalte Krieg" hat in dieser sozialdemokratisch dominierten Arbeitergemeinde nicht stattgefunden. Zwischen der „großen Politik" der Zeit und dem Alltagsleben in der Gemeinde gab es im Grunde keine Vermittlungen. Obwohl anzunehmen ist, daß viele Walldörfer Arbeiter als Mitglieder ihrer Gewerkschaft und als Betriebsräte im Betrieb, in Rüsselsheim und in Frankfurt, an den großen Auseinandersetzungen um das Betriebsverfassungsgesetz (1952) oder am hoch-politisierten hessischen Metallarbeiterstreik von 1951[37] teilgenommen haben, als Mitglieder bzw. als Sympathisanten von SPD und KPD in die Auseinandersetzungen um die Wiedervereinigung und die Remilitarisierung einbezogen waren, so wird in den Interviews von älteren Sozialdemokraten – aber auch von Kommunisten – immer wieder hervorgehoben, daß diese „große Politik" letztlich in der Gemeinde keine bestimmende Rolle gespielt habe. Auch die Gewerkschaft führte im Ort (DGB-Ortskartell) eher ein Schattendasein (Vorbereitung und Durchführung des 1. Mai, bei dem vor allem die nicht-bürgerlichen Gesangs- und Sportvereine in Erscheinung traten, dessen Erfolg aber – so wurde gesagt – in der Regel „vom Wetter" abhing). Diese offensichtliche Spaltung zwischen großer und Gemeinde-Politik, die einhergeht mit der – auch räumlichen – Spaltung zwischen Produktions- und Reproduktionsbereich, wird uns bei der vertieften Analyse unseres Materials gewiß noch intensiver beschäftigen.

Dennoch – das Quellenstudium und einige Interviews (vor allem mit Kommunisten) fördern immer wieder Informationen ans Tageslicht, die die scheinbar plausible These von der Abschottung der Gemeindepolitik von der „großen Politik" als zweifelhaft erscheinen lassen. Solche Zweifel werden noch genährt, wenn der Alt-Bürgermeister im Gespräch emphatisch erklärt, auf dem Felde der „großen Politik" sei in der Gemeinde „gar nichts gelaufen", er selbst aber 1967 in einer kommunistisch orientierten Zeitung ein Interview mit dem Titel gab „Auch um Walldorf macht die 'hohe Politik' keinen Bogen". Noch erstaunlicher: eben jener Bürgermeister produzierte 1957 fast einen (nationalen) politischen Skandal, als er in die DDR reiste (zu einer Jagdpartie, wie es offiziell hieß) und dort in der Presse mit den Worten „Die kommunale Selbstverwaltung (in der BRD) ist nur noch eine Phrase" zitiert wurde. Der BHE Walldorf sah sich damals zu einer öffentlichen Erklärung veranlaßt, in der die „Klärung der Frage der Verfassungsgefährdung bzw. Verunglimpfung der Bundesrepublik durch Herrn Christian Zwilling (als) Aufgabe des Amtes für Verfassungsschutz" bezeichnet wurde. Damit befinden wir uns natürlich schon mitten in jenem politischen Klima, das die Periode des „Kalten Krieges" innenpolitisch charakterisierte. Keinen Erfolg hatte der KPD-Abgeordnete, als er am 24. September 1951 einen (vervielfältigten) Antrag (den die KPD offenbar in ganz Hessen einbrachte) zur Abstimmung vorlegte, in dem das Gemeindeparlament den „Aufruf der Volkskammer der Deutschen Demokratischen Republik an alle Deutschen", also deren Vorschlag zur Wiedervereinigung, begrüßen sollte. Auf Antrag der SPD wurde Nicht-Befassung beschlossen. Im Jahre 1958 – auf dem Höhepunkt der Auseinandersetzungen um die Atombewaffnung der Bundeswehr[38] – stimmte eine Mehrheit des Gemeindeparlaments (SPD und UWW) einem Antrag der SPD zu, der die Gemeinde für „atomwaffenfrei" erklärte und eine „Volksbefragung über atomare Aufrüstung der Bundeswehr" befürwortete (sofern das Bundesverfassungsgericht die Rechtmäßigkeit einer solchen Abstimmung bestätigen würde!).

Schon vorher hatte es eine einstimmige Entschließung gegeben (13. August 1956), in der gegen den „Antrag der amerikanischen Armee, Übungsgelände im Umkreis von Walldorf in Anspruch zu nehmen" Stellung bezogen wurde. Auch ein öffentlicher Aufruf, der 1955 von den DGB-Ortskartellen der Region und u.a. vom Walldörfer Bürgermeister gezeichnet war, protestierte scharf gegen die amerikanische Besatzungsmacht und gegen eine mögliche Erweiterung des Militärflughafens Rhein-Main. Hier mischt sich der Protest gegen die Besatzungsmacht und gegen fortschreitende Militarisierung der Region mit jenen Motiven, die später bei der Auseinandersetzung um die Startbahn West in den Vordergrund treten sollten: die Zerstörung der Lebensqualität der Region durch die Expansion des Flughafens.

Der Einfluß der sogenannten „großen Politik" läßt sich jedoch nicht nur aus den Protokollen der Gemeinderatssitzungen rekonstruieren. Die Interviews und schließlich die (noch nicht abgeschlossene) Auswertung der lokalen Presse sowie der Vereins-Festschriften haben ergeben, daß in den 50er Jahren eine recht rege „gesamtdeutsche Aktivität" stattfand. Die KPD organisierte Anfang der 50er Jahre eine umfangreiche Kinderverschickung in die DDR – „manchmal waren es 100 pro Jahr", wurde berichtet. Durch die Verhaftung einer Kommunistin wurde diese Tätigkeit anscheinend bald unterbrochen, weil kriminalisiert. Interessant scheint in diesem Zusammenhang auch der Hinweis, daß in dieser Zeit vier Walldörfer in die DDR emigrierten.

Einige Vereine, vor allem die SKG, hatten regelmäßige Begegnungen mit Vereinen der DDR. Der führende Kommunist am Ort (Wilhelm Passet), erzählt, daß er um das Jahr 1954 herum mit ca. 200 bis 300 Kollegen eines Frankfurter Betriebes, in dem er zum Betriebsrat gewählt worden war, nach Erfurt zur Feier des 1. Mai und zu einer Arbeiterkonferenz gefahren sei. Noch 1968 kam es im Walldörfer SKG-Heim zu einem – vom DGB-Ortskartell organisierten – „Gesamtdeutschen Gespräch", an dem neben zwei Vertretern des FDGB der DDR ein Vertreter der IG Metall sowie der CDU, FDP und SPD aus Walldorf teilnahmen. Bei all diesen Aktivitäten kann wohl davon ausgegangen werden, daß sich in ihnen ein gewisser – wenn auch rückläufiger – Einfluß der Kommunisten auf das lokale politische Klima widerspiegelt. Diese

„gesamtdeutsche Aktivität von unten", die ja dezidiert im Widerspruch zur offiziellen Bonner Politik dieser Periode stand, bedürfte auf jeden Fall einer eingehenderen Analyse.

Die repressiven Momente der Ära des „Kalten Krieges" kommen schließlich auch im Verbot der „Unabhängigen Wählergemeinschaft Walldorf" (UWW) vor den Kommunalwahlen des Jahres 1960 zum Ausdruck (auch in anderen hessischen Gemeinden, z.B. in Langenselbold, Ueberau und Neustadt). Die Prozeßunterlagen vermitteln ebenso wie Berichte über die Verfolgung, Überwachung, über Verhaftungen und Hausdurchsuchungen bei den kommunistischen Familien ein anschauliches Bild jener Vermittlung von „großer Politik" und Alltagserfahrung, die namentlich von den Betroffenen, die zumeist zwischen 1933 und 1945 schwere Verfolgungen erlitten hatten, mit großer Bitterkeit erlebt wurden.

So stellt sich die Frage, ob aufgrund dieser Erkenntnisse die eingangs formulierte These über die Irrelevanz des „Kalten Krieges" und die Rolle der Arbeiterbewegung in den Gemeinden zu modifizieren ist. Es wäre falsch, zu behaupten, es habe überhaupt keine Vermittlungen zwischen diesen beiden Bereichen gegeben. Vielleicht führt der Hinweis weiter, daß die zuletzt erwähnten Ereignisse von einigen sozialdemokratischen Beteiligten, aber auch im Gespräch mit Kommunisten, mühsam rekonstruiert werden müssen. Der Grund für diese Verdrängung scheint darin zu liegen, daß diese Ereignisse und Erfahrungen nicht geschichtsmäßig wurden. Mit anderen Worten: Sie haben auf die großen Linien der Gemeindeentwicklung bis in die Gegenwart nicht in bestimmender Weise eingewirkt. Daher werden sie in der Erinnerung eher als Randerscheinungen, als Nachhutgefechte gewertet, möglicherweise von subjektiver, aber eben nicht von allgemein politischer Relevanz.

In der Erinnerung der führenden Sozialdemokraten bleibt allemal bestimmend, daß die Gemeinde Walldorf in dieser Periode einen gewaltigen Fortschritt erlebt hat, der sich insbesondere in der qualitativen Verbesserung der kommunalen Infrastruktur und der Dienstleistungen ausdrückte (also: der Wandel vom schrecklich armen Dorf zu einer – wie der Bürgermeister 1967 sagt – der „schönsten Wohngemeinden im Raum Frankfurt"). Es wird gerade als Leistung sozialdemokratischer Politik angesehen, daß sie die Gemeinde vom Odium des „armen Proletendorfs" befreit habe. Gegen dieses Selbstbewußtsein wird wohl kaum eine Kritik Bestand und auch Legitimität haben, die sich auf irgendeine Verklärung früherer Verhältnisse der Armut und Not, der nicht-enden-wollenden Arbeitsbelastung und der durch diese Härte konstituierten Formen des Sozialverhaltens und der Kommunikation in idealisierender Weise bezieht.

Die Bedeutung dieser Politik für die Entwicklung der Arbeiterbewegung und des Arbeiterbewußtseins in dieser Periode kann also nicht nur von ihren unmittelbaren, materiellen Ergebnissen her erschlossen werden. Vielmehr wäre die Frage nach dem spezifischen Politik-Typus zu vertiefen, der sich vermittels der unbestreitbaren Leistungen und Erfolge dieser Kommunalpolitik durchsetzt. Diese flankiert gleichsam die Erfolge der Gewerkschaftspolitik auf dem Gebiet der Lohn- und Arbeitszeitentwicklung, der sozialpolitischen Sicherungen im Rahmen des kapitalistischen „Wohlfahrtsstaates".[39] Aber diese Politik betrifft einen wichtigen – im Hinblick auf die Verkürzung der Arbeitszeit, die Erweiterung der sogenannten „Freizeit" und die Reallohnsteigerungen sogar wichtiger werdenden – Bereich der Reproduktionssphäre und der Lebensweise der Arbeiterklasse. Die Spezifik des Vergesellschaftsprozesses, der sich – wie im ersten Teil ausgeführt – hier realisiert, besteht jedoch darin, daß es sich einmal um Erfolge der sozialdemokratischen Arbeiterbewegung handelt, die nicht nur die Integrität der kapitalistischen Eigentums- und Produktionsverhältnisse, sondern auch deren optimales Wachstum („Wirtschaftswunder") zur Voraussetzung haben. Zum anderen vollzieht sich schrittweise eine „Enteignung" von Selbsttätigkeit – und damit die Auflösung traditioneller, klassenspezifischer Formen der Kooperation, der Kommunikation und der Solidarität in der Lebensweise der Arbeiterklasse in den alten Arbeiterwohngemeinden. Die Leistungen und Erfolge sind ein Ergebnis staatlicher Politik, wie immer auch die Personalisierung der Kommunalpolitik in der Person des Bürgermeisters sich konkretisiert. Es ist – so lautet unsere Hypothese – dieser „Verstaatlichungsprozeß" von Gemeindepolitik, der mit einer fortschreitenden „Individualisierung" der Lebensweise einhergeht, der diese – auch im Bewußtsein der Beteiligten – nicht länger als eine distinkte Klassenpolitik der Arbeiterbewegung erscheinen läßt und der daher auch jene Prozesse der Auflösung von Klassenbewußtsein bzw. der Entpolitisierung des Arbeiterbewußtseins fördert, die die soziologische Forschung für diese Periode konstatiert hat.[40]

Diese Auflösung des klassenspezifischen Charakters der Lebensweise und der politischen Kultur in der

Gemeinde vollzieht sich nicht – wie wir gesehen haben – total und abrupt. Nach wie vor wird – vor allem in den frühen 50er Jahren – von der Mehrheit der Arbeiter sozialdemokratische Politik als „Gegenpolitik" gegen die der „Schwarzen" begriffen. Und auch in der politischen Kultur der Gemeinde erhalten sich „Zonen" und Segmente der proletarischen Kultur der Alteingesessenen (vgl. die Bedeutung der SKG). Gleichwohl fällt gerade hier eine Tendenz zur Ritualisierung und „Abkapselung" auf, die zweifellos auch ein Produkt jener schrittweisen Enteignung von Selbsttätigkeit ist, die wir gerade als bestimmende Tendenz bezeichnet haben. Zu untersuchen wäre auch noch genauer, welche Bedeutung für die Pendler die Erfahrung der Arbeit im Betrieb, d.h. auch die Einbindung in die vom Wohnort getrennte Sphäre der gewerkschaftlichen Interessenvertretung, hat.

IV. Schlußbemerkungen

Erste Überlegungen zur vergleichenden Bewertung der Einzelanalyse lassen schon erkennen, daß unsere Ergebnisse keineswegs ein monolithisches Bild suggerieren. Die Entwicklung Walldorfs z.B. kann nicht als exemplarisch gelten, denn hier handelt es sich um den Prozeß der Transformation einer ehemaligen Arbeiterwohngemeinde in einen Großstadtvorort, dessen Nachbarschaft zum Großflughafen Rhein-Main außergewöhnliche Bedingungen schafft. Die anderen von uns untersuchten Gemeinden[41] weisen (abgesehen vom gemeinsamen Flüchtlingsschub nach 1945) ein sehr viel geringeres Bevölkerungswachstum auf.

Dazu bleibt – zumindest bis zum Beginn der 60er Jahre – der Arbeiteranteil konstant bzw. erhöht sich sogar noch. Das heißt: der Sozialcharakter der Gemeinde bleibt noch relativ intakt, obwohl sich in den typischen Bauarbeitergemeinden ein Wandel hin zu „modernen" Arbeitergruppen – vor allem der Metallarbeiter – vollzieht und gleichzeitig die Bedeutung der Nebenerwerbslandwirtschaft (als solche eine Reproduktionsbasis der Familie) zurückgeht.

Die methodologischen Defizite – dabei u.a. die relativ zufällige Auswahl der Gemeinden und die mangelnde Professionalität bei den empirischen Erhebungen „vor Ort" – werden also auch dort transparent, wo es um Kriterien für die Vergleichbarkeit der Gemeinden und um die Verallgemeinerung der Ergebnisse geht. So fehlt noch eine fundierte Typologie von Arbeiterwohngemeinden, die nicht nur die Besonderheiten der politischen Traditionen, der Sozialstruktur sowie der räumlichen Distanz zu großstädtischen Agglomerationsräumen berücksichtigt, sondern die z.B. auch Arbeiterwohngemeinden einbezieht, in denen die CDU oder die bayrische CSU eine der SPD vergleichbare Hegemonialstellung einnimmt (in vorwiegend katholischen Regionen, was zugleich die Frage nach der kulturellen und politischen Rolle der katholischen Kirche in solchen Gemeinden und ihrer Geschichte aufwirft). Wichtige Hinweise für eine solche Typologie vermittelt die Untersuchung der kleinen Arbeiterwohngemeinde Obereisenhausen: Hier gibt es keine politischen Traditionen der Arbeiterbewegung; die Kommunalpolitik bleibt extrem personalisiert. Nicht Partei – sondern Personenlisten (deren Kandidaten sich bei folgenden Wahlen oftmals austauschen) stehen zur Wahl. Erst Anfang der 60er Jahre wird ein SPD-Ortsverein (mit einem Lehrer als Vorsitzenden) gegründet. In diesen politisch völlig unstrukturierten Raum der Gemeinde fällt – sehr viel heftiger als in anderen Gemeinden, die wir untersucht haben – bei den Bundestagswahlen 1953 die „große Politik" ein, denn die GVP von Gustav Heinemann erhält dort die meisten Stimmen, also eine Partei, die sich vor allem gegen die Adenauersche Politik der Remilitarisierung wandte. Des Rätsels Lösung liegt offenbar im Pfarrhaus (und führt uns zugleich zur Frage nach der Rolle der sogenannten „Dorfintellektuellen" für die Politik); denn der Pfarrer engagierte sich zusammen mit einem Arzt aus einer Nachbargemeinde für die GVP.[42]

Zum Abschluß sollen keine weiteren Details hinzugefügt werden. Vielmehr sei die Aufmerksamkeit auf einige vorläufige Ergebnisse gelenkt, die zugleich hineinführen in die Forschung über die soziale, kulturelle und politische Geschichte der BRD der 50er Jahre. Für H.P. Schwarz steht die Ära Adenauer sozial- und kulturgeschichtlich im Zeichen eines Strukturwandels, den er mit den Begriffen Modernisierung, Nivellierung und Entpolitisierung bezeichnet. „Diese Gesellschaft hatte sich in ihrer großen Mehrheit ganz bewußt von der Politik abgewandt und sich in die Privatheit der Familie oder der weiteren Nachbarschaft zurückgezogen."[43] Diese These werden wir nicht vertreten; denn wir haben doch erstaunliche Segmente der Resistenz proletarischer Lebensweise – gegen den „Modernisierungsschub" – vorgefunden. Im Blick auf die Entwicklung der Arbeiterbewegung werden wir uns gewiß mit der These vom „Ende der Arbeiterbewegung" auseinandersetzen, derzufolge der Arbeiterbewegung – nach der Gewalt des Faschismus – nunmehr in den 50er Jahren zum zweiten Mal – mit einer ganz neuen Mischung von Repression und Integration – „das Rückgrat gebrochen" worden sei.

Diesen beiden Erklärungsmustern kann nicht nur abstrakt die Behauptung vom Fortbestehen der kapitalistischen Klassengesellschaft und des Klassenkampfes gegenübergestellt werden. Die historische Kontinuität eines bestimmten Typs von proletarischer Klassenpolitik, wie er vor 1933 namentlich in den „Klein-Moskaus", also in den Arbeitergemeinden mit kommunistischer Hegemonie (Langenselbold, Mörfelden, Ueberau u.a.) sich konkretisierte, scheint tatsächlich zu zerbrechen, obgleich das „Überleben" starker kommunistischer (auch links-sozialdemokratischer) Positionen für die Kontinuität der demokratischen Bewegungen der 60er Jahre (Ostermarsch, APO-Antinotstandsbewegung)[44] sowie für die Bewahrung klassenautonomer Positionen in den Gewerkschaften nicht übersehen werden darf.

Die Erforschung des Strukturwandels in den Arbeitergemeinden vermittelt dabei wichtige Erkenntnisse über die „Binnenstruktur" der Gesellschaft des „Kalten Krieges" und des „Wirtschaftswunders". Wie immer auch die allgemeinen ideologischen Muster des „Kalten Krieges" (Antikommunismus, Angst vor der Bedrohung aus dem Osten) über die sich zentralisierenden ideologischen Apparate das Bewußtsein beeinflußten, so scheint doch problematisch, bei dieser „ideologischen Vergesellschaftung von oben" stehen zu bleiben. Vielmehr vollzieht sich ein Wandel in der Lebensweise, der auch das Bewußtsein und die politischen Formen – um im Bild zu bleiben – „von unten" strukturiert. Das heißt:

1. Politisierung erfolgt jetzt in der Regel nicht mehr auf der Erfahrungsbasis des Elends und der materiellen Not an der Grenze des Existenzminimums.
2. Kommunalpolitik wirkt weithin als „Enteignung", Verstaatlichung von kollektiver Selbsttätigkeit, beschleunigt damit die Auflösung einer politischen Kultur, die an diese klassenspezifischen, antagonistischen Praxisformen gebunden war.
3. In weiteren Dimensonen betrachtet vollzieht sich ein Vergesellschaftungsprozeß, in dem auf der einen Seite die „abstrakte Vergesellschaftung" schnell voranschreitet (über die Vermittlung von Marktprozessen und Staatsinterventionismus). Diese Zentralisierung und Nivellierung realisiert sich jedoch auf der anderen Seite in der Form einer extremen Individualisierung der Lebensweise (Konsum, Kommunikation, Verkehr, Freizeit, Wohnen usw.).

In späteren Untersuchungen wird der Frage nachzugehen sein, in welcher Weise gerade dieser Strukturwandel – auch auf der Ebene der sozialen und politischen Entwicklung der Gemeinden – jene Politisierungsprozesse beförderte, die dann die Entwicklung der Bundesrepublik seit den späten 60er Jahren bestimmt haben.

Anmerkungen

1 Burkhart Lutz, Der kurze Traum immerwährender Prosperität. Eine Neuinterpretation der industriell-kapitalistischen Entwicklung in Europa des 20. Jahrhunderts, Frankfurt/New York 1984, S. 135 ff.
2 Ralf Dahrendorf, Gesellschaft und Demokratie in Deutschland, München 1965, S. 431 ff.
3 Erhard Lucas, Zwei Formen von Radikalismus in der Arbeiterbewegung, Frankfurt/Main 1976.
4 Klaus Tenfelde, Proletarische Provinz. Radikalisierung und Widerstand in Penzberg/Oberbayern 1900 bis 1945, in: Bayern in der NS-Zeit IV. Herrschaft und Gesellschaft im Konflikt. Teil C. Herausgegeben von Martin Broszat, Elke Fröhlich, Anton Grossmann, München und Wien 1981, S. 1-382.
5 Joachim Althaus und Friedrich Bross, Gertrud Döffinger, Hubert Flaig, Karlheinz Geppert, Wolfgang Kaschuba, Carola Lipp, Karl-Heinz Rueß, Martin Scharfe, Bernd Jürgen Warneken, Da ist nirgends nichts gewesen außer hier. Das „rote Mössingen" im Generalstreik gegen Hitler, Berlin 1982.
6 Zur Kommunalpolitik der Arbeiterbewegung in der Weimarer Periode vgl. Beatrix Herlemann, Kommunalpolitik der KPD im Ruhrgebiet 1924-1933, Wuppertal 1977; Volker Wünderich, Arbeiterbewegung und Selbstverwaltung. KPD und Kommunalpolitik in der Weimarer Republik. Mit dem Beispiel Solingen, Wuppertal 1980; Georg Fülberth, Konzeption und Praxis sozialdemokratischer Kommunalpolitik 1918-1933, Marburg 1984; Ders., Die Beziehungen zwischen SPD und KPD in der Kommunalpolitik der Weimarer Periode 1918/19-1933, Köln 1985.
7 Zu den sozialdemokratischen Oberbürgermeistern in der Weimarer Zeit vgl. Susanne Miller, Sozialdemokratische Oberbürgermeister in der Weimarer Republik, in: Klaus Schwabe (Hrsg.), Oberbürgermeister. Büdinger Forschungen zur Sozialgeschichte 1979, Boppard am Rhein 1981, S. 109-124.
8 Z.B. Lutz Niethammer und Ulrich Borsdorf, Peter Brandt, Arbeiterinitiative 1945. Antifaschistische Ausschüsse und Reorganisation der Arbeiterbewegung in Deutschland, Wuppertal 1976, Anne Weiß-Hartmann, Der Freie Gewerkschaftsbund Hessen 1945-1949, Marburg 1977; Christfried Seifert, Entstehung und Entwicklung des Gewerkschaftsbundes Württemberg-Baden bis zur Gründung des DGB 1945-1949, Marburg 1980.
9 Heinrich Popitz und Hans Paul Bahrdt, Ernst August Jüres, Hanno Kesting, Das Gesellschaftsbild des Arbeiters. Soziologische Untersuchungen in der Hüttenindustrie, Tübingen 1957.
10 Theo Pirker, Die blinde Macht. Gewerkschaftsbewegung in Westdeutschland. 2 Bde., München 1960; Ders., Die SPD nach Hitler. Die Geschichte der sozialdemokratischen Partei Deutschlands 1945-1965, München 1965; Gerhard Stuby, Die SPD nach der Niederlage des Faschismus bis zur Gründung der BRD, in: Jutta von Freyberg u.a., Geschichte der deutschen Sozialdemokratie 1863-1975, Köln 1975, S. 242-306; Ders., Die SPD während der Phase des Kalten Krieges bis zum Godesberger Parteitag (1949-1959), in: ebd., S. 307-363; Heinz-Gerd Hofschen und Erich Ott, Die SPD nach 1959. Wandlungen und innere Differenzierung sozialdemokratischer Politik, in: ebd., S. 364-429; Frank Deppe, Der Deutsche Gewerkschaftsbund (DGB) 1949-1965, in: Frank Deppe, u.a. (Hrsg.), Geschichte der deutschen Gewerkschaftsbewegung. Köln 1977, S. 320-409; Ders. und Käthe Gerstung, Witich Roßmann, Gerhard Weiß, Aktuelle Probleme der Gewerkschaftsbewegung (1966-1976), in: ebd., S. 410-468.
11 Lutz Niethammer (Hrsg.), „Hinterher merkt man, daß es richtig war, daß es schiefgegangen ist". Nachkriegserfahrungen im Ruhrgebiet, Berlin und Bonn 1983.
12 Vgl. Thomas Ellwein und Gisela Zimpel, Wertheim I. Fragen an eine Stadt, München 1969; Thomas Ellwein und Ralf Zoll, Wertheim II. Politik und Machtstruktur einer deutschen Stadt, München 1982; Ralf Zoll unter Mitarbeit von Thomas Ellwein, Horst Haenisch, Klaus Schröter, Wertheim III. Kommunalpolitik und Machtstruktur, München 1974.
13 Karl Dietrich Bracher und Theodor Eschenburg, Joachim C. Fest, Eberhard Jäckel (Hrsg.), Geschichte der Bundesrepublik Deutschland. 5 Bde., Stuttgart und Wiesbaden 1981 ff. Ein Gegenstück hierzu: Wolfgang Benz (Hrsg.), Die Bundesrepublik Deutschland. Geschichte in drei Bänden, Frankfurt/Main 1983.
14 Diesen Begriff benutzt Lutz (s. Anm. 1).
15 Heimatgeschichtliche Literatur zu Neustadt: Neustadt im Odenwald. Darmstadt 1953; 600 Jahre Stadt am Breuberg. Bausteine zu einer Geschichte der Stadt Breuberg. Breuberg 1978; viele Beiträge zu dieser Region enthält die Zeitschrift des Breubergbundes, „Der Odenwald", welche im 33. Jahrgang erscheint. Einige Bemerkungen zu den Ereignissen der fünfziger Jahre finden sich in: Ein Gespräch mit Jürgen Kuczynski über Arbeiterklasse, Alltag, Geschichte und vor allem über Krieg und Frieden, hrsg. von Frank Deppe, Georg Fülberth, Dieter Kramer und Gert Meyer, Marburg 1984, S. 131-134.
16 Hundert Jahre Sport in Neustadt. (Festschrift) Breuberg i.O., 1984.
17 25 Jahre Gummiwerk Odenwald. Neustadt im Odenwald. Werden und Wachsen, Frankfurt/M. 1947.
18 Hessisches Statistisches Landesamt: Hessische Gemeindestatistik 1960/61. Heft 1. Bevölkerung und Erwerbstä-

tigkeit. Ergebnisse der Volks- und Berufszählung am 6. Juni 1961 und der Bundestagswahl am 17. September 1961, Wiesbaden 1964, S. 44.
19 Dieser Abschnitt basiert auf einer Diplomarbeit, die sich mit der Nachkriegsgeschichte der Gemeinde Ueberau befaßt: Stefan Knaab, Ueberau: Die politische und soziokulturelle Entwicklung einer hessischen Arbeiterwohngemeinde nach 1945. Universität Marburg, Fachbereich Gesellschaftswissenschaften und Philosophie (1985). Die wichtigsten Quellen der Arbeit waren:
– 11 Interviews mit Zeitzeugen aus Ueberau und Reinheim
– Das Privatarchiv eines Zeitzeugen: Wilhelm Ruppert, Odenwaldring 20, 6107 Reinheim
– Das Gemeindearchiv der Gemeinde Ueberau (heute in Reinheim)
– hessische Gemeindestatistik; Ergebnisse der Volkszählungen 1950 und 1960/61 und Wohnungs- und Handwerkszählung 1956
– verschiedene Selbstdarstellungen von Organisationen und Parteien in Ueberau
– Wahlergebnisse der Gemeinde Ueberau 1919-1970; Hess. Staatsarchiv Darmstadt
– Polizeiakten des Landkreises Dieburg; Hess. Staatsarchiv Darmstadt
20 Otto Wörtge, Ueberau
21 Wilhelm Ruppert, Reinheim
22 Heinrich Heeren, Reinheim
23 Helmut Büdinger, Brensbach
24 Irma Poth, Ueberau
25 Vgl. Heinz Martin Braun, Walldorf – die Chronik einer Waldensergemeinde, Frankfurt/M.-Walldorf 1953, S. 138: zu den waldensischen Bürgermeistern, vgl. Arbeitsgemeinschaft für Walldorfer Geschichte und Genealogie (1968), Urkunden und Dokumente zur Geschichte Walldorfs, Heft 1/1972, S. 28 ff.
26 In der Kirchenchronik finden sich seit der Mitte des 19. Jahrhunderts massive Klagen der Pfarrer über die Areligiosität der Arbeiter, die nicht mehr zur Kirche gehen. Später wird der Einfluß von „Kommunisten", i.e. Sozialdemokraten und von Freidenkern beklagt. Die Kirchenchronik berichtet über das Revolutionsjahr 1848: „Das Jahr 1848 brachte auch hierher teilweise keinen guten Geist. Die Kirchlichkeit, wodurch sich sonst Walldorf von Nachbargemeinden auszeichnete, nahm ab, die Unordnung und Zügellosigkeit nahm zu. Das Proletariat ging darin voran, während sich unter den alten wohlhabenden Waldenserfamilien noch Nachfahren ihrer Vorfahren fanden, und es nicht wenige Familien gibt, welche sich durch Einfachheit, Sparsamkeit und Heilighaltung des Eigentums auszeichnen." Zitiert nach Hermann Junker, Aus Walldorfs Geschichte. Vom Werden einer Waldensischen Flüchtlingsgemeinde, Walldorf 1936, S. 156. Dieses Buch berichtet auch über den „unseligen" Einfluß des Marxismus und der „Gottlosenbewegung" auf die Walldorfer Arbeiter vor 1933, vgl. ebd., S. 150/151, und S. 160. Für den Pfarrer Junker war der Faschismus eine Art „Erlösung".
Nach dem zweiten Weltkrieg bildeten die Arbeiten zur Renovierung der Kirche und zur 250-Jahr-Feier der Gemeinde (1949) einen Höhepunkt des Zusammenwirkens aller Kräfte in der Gemeinde (Pfarrer, Bürgermeister, Vereine). Es handelte sich dabei um eine typische Form der kommunalen Selbsthilfe, wie aus den zahlreichen Veranstaltungen, Konzerten, Theateraufführungen, Festen etc., bei denen das Geld für die Kirchenrenovierung eingetrieben wurde, deutlich wird.
27 Vgl. Walter Bersch, Arbeiterbewußtsein und Arbeiterbildung auf dem Lande, Marburg 1985, bes. S. 153 ff.
28 Vgl. Braun (s. Anm. 25), S. 6/7. Das Buch des Heimatdichters Heinrich Reviol, Zauber der Erinnerung, Walldorf 1968, vermag diese Mentalität exemplarisch zu verdeutlichen; die „gute alte Zeit", gekennzeichnet durch Armut, harte Arbeit, Gottesfurcht, enge nachbarschaftliche Beziehungen etc. erscheint hier gleichsam „verzaubert", die politische Geschichte der Gemeinde, die Rolle der Arbeiterbewegung wird überhaupt nicht erwähnt, obwohl der Verfasser selbst Arbeiter (Schriftsetzer), Gewerkschaftsmitglied, Betriebsratsvorsitzender in einem Frankfurter Betrieb gewesen ist (vgl. die biographischen Notizen, ebd. S. 493 ff.); selbst die harten Schläge eines – offenkundig pathologischen – Volksschullehrers werden im „Zauber der Erinnerung" verklärt bzw. verharmlost.
29 Vgl. für Mörfelden, DKP-Mörfelden, Die Stadtfarbe ist rot! 1976, S. 55 ff., über den KPD-Bürgermeister Georg Zwilling vor 1933.
30 Vgl. Braun (s. Anm. 25), S. 110.
31 Herbert Schüttler, Walldorf-Mörfelden, Gemeinden im Nahbereich, Frankfurt/M., Teil I: Textband, Bochum 1976 (unveröffentl. Manuskript), S. 68.
32 Diese Entwicklung liegt außerhalb unseres Untersuchungsraumes, leitet freilich schon über in die „Vorgeschichte" der Auseinandersetzung um die berühmt-berüchtigte „Startbahn West", die den Gemeinden Walldorf und Mörfelden eine überregionale Bedeutung und Bekanntheit verliehen hat, vgl. dazu u.a. DKP-Mörfelden-Walldorf (Hrsg.), Oktobertage. Tage des Lernens, o.J. (1981).

33 In Mörfelden dagegen blieb der Einheitsverein (SKG) bis heute relativ intakt. Der SKG-Vorsitzende, der noch in der Tradition des sozialdemokratischen Arbeitersports der 20er Jahre aufgewachsen ist und begeistert von den großen „Arbeiterolympiaden" berichtet, bezeichnet die Mörfelder Vereins-Verhältnisse als vorbildlich. Er beklagt den fortschreitenden Verlust der Traditionen, der Solidarität und des Selbstbewußtseins, der Ideale der Arbeitersportbewegung.
34 Der Begriff „Arbeiterblock" bezieht sich eher auf die Wählerbasis von SPD und KPD, bezeichnet also nicht einen „Block" der Zusammenarbeit.
35 Vgl. dazu die Pfarrchronik der evangelischen Gemeinde, in der der Fall ausführlich dokumentiert wird. Vertreter des „Bürgerblocks" waren offensichtlich im Kirchenvorstand vertreten und wollten den Pfarrer (und die Landeskirche) zu einer Intervention zugunsten ihres Kandidaten veranlassen. Der Pfarrer riet in einem ausführlichen Schreiben von einer solchen Intervention ab. Dabei wird auch deutlich, daß – wie von anderen Pfarrern auch – von einer „unruhigen" (Kirchen-)Gemeinde gesprochen wird, was sich auch im häufigen Wechsel der Pfarrer in den frühen 50er Jahren zu reflektieren scheint.
36 Vgl. dazu Schüttler (s. Anm. 31), bes. S. 31; zur Finanzsituation der Gemeinden und des Kreises Groß-Gerau, in dem Walldorf liegt, vgl. die Dissertation von Erwin Lang, Der Kreis Groß-Gerau. Die kommunalpolitische Situation eines hessischen Landkreises im Ballungsraum „Engeres Untermaingebiet", Mülheim/Main 1965.
37 Vgl. dazu Arnold Bettien, Arbeitskampf im Kalten Krieg – Hessische Metallarbeiter gegen Lohndiktat und Restauration, Marburg 1983.
38 Vgl. dazu Hans-Karl Rupp, Außerparlamentarische Opposition in der Ära Adenauer, Der Kampf gegen die Atombewaffnung in den 50er Jahren, Köln 1980 (2. Aufl.).
39 Vgl. dazu u.a. Göran Therborn, The Prospects of Labour and the Transformation of Advanced Capitalism, in: Socialism in the World (Beograd), 44/1984, S. 50 ff., bes. S. 78 ff.; Frank Deppe, Ende oder Zukunft der Arbeiterbewegung? Gewerkschaftspolitik nach der Wende, Köln 1985 (2. Aufl.), bes. S. 204 ff. Bei der Diskussion dieser Problematik des kapitalistischen „Wohlfahrtsstaates" und seiner gegenwärtigen Krise wird nur zu oft die Bedeutung der Kommunalpolitik vernachlässigt.
40 Vgl. Frank Deppe, Das Bewußtsein der Arbeiter. Studien zur politischen Soziologie des Arbeiterbewußtseins, Köln 1971.
41 Vgl. dazu Wilma Heuken, „Das rote Selbold" – Zur Entwicklung der Arbeitergemeinde Langenselbold nach dem Zweiten Weltkrieg, Soziologische Diplomarbeit, Marburg 1985 (unveröffentl. Manuskript); Uwe Schmidt, Zur sozialen und politischen Entwicklung der Arbeitergemeinde Obereisenhausen in den 50er Jahren, Staatsexamensarbeit, Marburg 1984 (unveröffentl. Manuskript).
42 Vgl. Schmidt (s. Anm. 41).
43 Hans-Peter Schwarz, Die Ära Adenauer, Gründerjahre der Republik. 1949-1957, Stuttgart 1981 (Geschichte der BRD, Bd. 2), S. 379.
44 Vgl. dazu Karl A. Otto, Vom Ostermarsch zur APO. Geschichte der außerparlamentarischen Opposition in der Bundesrepublik 1960-1970, Frankfurt/New York 1977.

VI. Die subjektive Seite der Geschichte

Helmut Paul Fielhauer

„Und in Währing war überhaupt nix los..." Eine lokale Parteigeschichte in volkskundlicher Sicht

Von Zeit zu Zeit bedarf es einer Heimkehr dorthin, wo man hergekommen ist; angesichts ständig neuer Modewellen und Literaturproduktion im Fach, die wichtige Themen scheinbar einfach „abhaken", tut eine eigene lebensgeschichtliche Rückbesinnung, was man war, was man ist und was man will, öfters not; wer sich nicht selbst versteht, versteht auch andere nicht. Daher auch mein scheinbarer Rückzug auf „Heimat", der in Wahrheit nur die Einlösung wissenschaftlicher Versprechen sein sollte, die zur Praxis drängen, oder zumindest zum Nach-Denken.

Aufgrund meiner wahrscheinlich problematischen Erziehung war ich ein gewissermaßen geschichtsloses Kind der „Gebrannten Generation", die voll in die Brüche der Zeit geraten ist, und diese, weitgehend auf sich selbst gestellt, bewältigen mußte. Ich habe daher sehr früh beobachten gelernt, wie andere ihr Leben bewältigen, und das hat mich wohl letztlich auch zu jener eigenartigen Volkskunde geführt, weil meine Vorfahren auch keine „großen" Leute waren. Diese Wissenschaft hat zuallererst etwas mit mir zu tun, mit meinen Erinnerungen und Erfahrungen. Ich bin also auch Währinger, dann erst Wiener, aus einem Bezirk, wo scheinbar nach den Worten eines Befragten „gar nix los war". Diese oft stickige, dann wieder wohltuende „Windstille" interessiert mich ...

In der bekannten, aber gewöhnlich verschwiegenen Einsicht, daß nämlich Sozialisation und Wissenschaft einander eng bedingen, drängte sich eine ganze Reihe für mich grundsätzlicher Fragen auf, deren Erörterung hier zwar wieder einmal wünschenswert, aber gewiß zu weitführend wäre. Da ist zum Beispiel das scheinbar gebrochene Verhältnis vieler Kollegen zur Politik, obwohl sich dieser Begriff, zunächst etymologisch gesehen, etwa grundlegend auf die sittliche Einrichtung der Heimat bezieht und uns – ob wir wollen oder nicht – zu einem tragenden oder ertragenden Teil davon werden läßt. Was soll das borniertre Stänkern gegen „Volksbeglücker"? Wie steht denn diese Seite zur Wissenschaft, zum „Volk", zu Wirtschaft, Gesellschaft und Kultur, und zu den historischen Widersprüchen? Was hält man von Parteilichkeit, zu der ich mich im Ansatz und in den Folgen durchaus bekenne (und nur den Bereich der „intersubjektiv überprüfbaren" Erfahrung der sogenannten Objektivität zuordnen möchte)?

Kehren wir zum persönlichen Ausgangspunkt zurück: In einer hervorragend demokratischen Mittelschule wurde ich schon früh durch einen Geschichtslehrer mit sozialdemokratischen Ideen vertraut. Das ist noch kein wissenschaftliches Problem – höchstens eine Frage der politischen Erziehung. Aber in der gegenwärtigen Tagespolitik kommen mir gelegentlich Zweifel, ob ich diese komplexe Weltanschauung angesichts der realgeschichtlichen Folgen, etwa eines gewissen Substanzverlustes und eines Abtriftens zur verwaschenen „Mitte" usw. noch teilen kann. Das ist zugleich die Frage nach Geschichte und Zukunft einer Organisation. Und das hat meines Erachtens gar wohl mit „Volkskunde" zu tun: Welche Bedingungen hat die „Idee vom neuen Menschen" (man gestatte mir die grobe Vereinfachung) bei dem vorerst betroffenen Proletariat vorgefunden, und inwieweit hat sie gegriffen, d.h. den Lebenszusammenhang tatsächlich im Sinne eines kulturellen Wandels verändert? Kaum ein Vernünftiger möchte heute gewisse soziokulturelle Fortschritte missen, die er gar wohl auch der Arbeiterbewegung verdankt. Ich habe gelernt, nicht zu sehr auf jene zu achten, die einer freiwillig auferlegten sogenannten Wissenschaftlichkeit wegen glauben, vorerst mühsam jenseits der Wirklichkeit die „Begriffe" klären zu müssen und gewöhnlich dabei versacken. Unsere Anwendungsmöglichkeiten sind freilich recht bescheiden und doch wiederum nicht zu unterschätzen, wenn wir an die Geschichte der letzten hundert Jahre denken. Die Berufung auf „Volkskultur" und somit auf „Volkskunde" hat immer wieder auf verschiedenen Seiten im Staate fort- oder rückschrittliches Bewußtsein geschaffen.

So gesehen ist mein Ansatz also – und man verzeihe mir die vielleicht etwas zu lang geratene Einleitung, die im Sinne einer kollegialen Diskussion um Grundsätzliches gedacht war, wenn wir hier schon persönlich zusammenkamen – keineswegs neu; und es bedarf keiner Vorbilder wie etwa des „Roten Mössingen"[1]; schon eher des schwer greifbaren „Arbeitertübingen"[2] und ähnlicher Studien. Ich berufe mich hier einfach auf den viel zu wenig beachteten Will-Erich Peuckert[3], der schon 1930 die Erforschung des Lebenszusammenhanges der Arbeiter fordert, ohne dabei jenen des Kleinbürgertums zu vergessen (wir müßten in meiner Studie sogar die Kultur des absteigenden Adels berücksichtigen, wenn man an die nicht wenigen „Aussteiger" dieser Klasse denkt, oder an den konservativen Widersacher meines Bezirks um die Jahrhundertwende, den „Arbeiter-Prinzen" von und zu Liechtenstein). Peuckert hat jedenfalls zur Genüge auf die Rolle der „Organisation" für das Volksleben seit der 2. Hälfte des vorigen Jahrhunderts hingewiesen.

Es hat freilich noch eine ganze Reihe weiterer Anstöße zu meinem Thema in letzter Zeit gegeben: Wir leben in einem Zeitalter kompensativer, affirmativer, und somit bedenklicher Jubiläumsausstellungen, z.B. über die Erste Republik (in beiden Deutschland die „Weimarer Zeit" genannt), über den Bürgerkrieg in Österreich 1934, die Anfänge der Zweiten Republik nach 1945; und wir erleben die Beteuerung anderer Gesellschaftswissenschaften wie Zeit-, Sozial- und Wirtschaftsgeschichte, sich von der Ereignis-, Personen- und zentralen Organisationsgeschichte dem eigentlich betroffenen „Volk" zuwenden zu müssen. Nicht zuletzt gibt es schon genügend Laien-Geschichtsgruppen, die aufgrund verschiedener Anregungen Ähnliches im Sinne haben. Aber die gelegentlich angedeutete „Ethnologisierung" mag gerade in diesem Zusammenhang nicht recht zu befriedigen. Trotz der Schwierigkeiten, die Industrialisierung als Kulturrevolution in den Griff zu bekommen, scheinen wir doch noch manche bessere Erfahrung im Umgang mit den „kleinen" Leuten zu haben, auch wenn ein „kleines Fach" angesichts der Fülle neuer Fragen oft überfordert und damit leicht überholbar ist. Dazu kommt die herrschende Kulturpolitik, die, um den Titel der letzten Wiener Großausstellung zu gebrauchen[4], die großen „Träume" für attraktiver hält als die „Wirklichkeit in Wien um 1900".[5] Was Wunder, wenn meinem Wunsch nach einem Wiener Werktagsmuseum höherenorts wenig Geschmack abgewonnen wird, es sei denn, es koste nichts und ist bei der Eröffnung als Rechtfertigung vereinnahmbar.

Wenn ich davon absehe, daß meine Partei in zwei und drei Jahren ihr Hundertjahrjubiläum gebührend feiern wird, und ich meiner Bezirksorganisation diese eben erst begonnene Studie zur Rückbesinnung auf ihre Geschichte und Wünsche – nicht zur Bestätigung[6] – widmen will, so kam der letzte Anstoß für mich aus einem Bedürfnis des anregungsreichen Sozial- und Wirtschaftshistorikers Jürgen Kuczynski in einem Festschriftbeitrag für den Volkskundler Wolfgang Jacobeit: „Ich würde gerne den völligen Verlust aller Protokolle eines Parteitages einer Arbeiterpartei in den letzten 100 Jahren hinnehmen, wenn ich dafür erfahren könnte, wie die normalen Ortsgruppensitzungen, Zahlabende, Zellenabende der gleichen Partei in dem Jahr, für das das Protokoll verlorengegangen ist, verlaufen sind. Zumal ich aus der Arbeit der kleinen und kleinsten Unterorganisationen erfahren würde, wie sich die Praxis der Parteiarbeit verändert hat – und wenn sie sich nicht verändert hat, dann gab es entweder keine praxisverändernden Parteitagsbeschlüsse oder sie waren wirkungslos. Natürlich sind Parteitagsbeschlüsse wichtig, wenn sie sich durchsetzen, aber sie sind bedeutungslos, wenn sie im Alltag der organisierten Werktätigen keine Bestätigung finden ... Was sind denn die Hauptereignisse des Alltags der Werktätigen von 1870 vor unserer Zeitrechnung bis 1870 nach unserer Zeitrechnung? Doch Arbeit, Essen und Geschlechtsverkehr. Und wie sahen die aus?"[7]

Man wird den Begriff der „Zelle" – bei uns „Sektion" genannt – nicht zu eng fassen dürfen, gerade dann, wenn heute wohlmeinende Kritiker der „Partei" feststellen: „So stellen sich heute die Sektionen und die als Anachronismus erhalten gebliebenen kulturellen Nebenorganisationen als kleine, meist überalterte Klubs dar, deren politische 'Tätigkeit' sich weitgehend auf das Anhören von Referenten beschränkt und deren Hauptarbeit die Führung der Mitgliederlisten und deren Inkasso ist. Im Schnitt treffen sich 5 bis 20 Genoss(inn)en einmal wöchentlich, um etwas zu tun, was keinen unmittelbaren Bezug zu ihrer Wohn-, Lebens- oder politischen Umgebung hat."[8]

Hier sind also genug Themen angesprochen, die uns aus der Arbeitsteiligkeit der Wissenschaften legitimiert angehen, wobei unser Blickwinkel zweifellos jener der großen, produktiv arbeitenden Mehrheit sein soll, die freilich in der Regel (absurd genug) bislang nicht so sehr die Träger, sondern Ertragenden der Geschichte war. Ich kann hier auch nicht eine ganze lokale Parteigeschichte wiedergeben; erstens sind meine Studien noch im Laufen, zweitens sind manche Erscheinungsformen einer Geschichte der Arbeiterparteien, etwa die Gründungsphasen und insbesondere die Jugendorganisationen in der Ersten Republik, oder die Geschichte des Ersten Mai, aufgrund ihrer internationalen Beziehungen durchaus bekannt. Ich werde also nur versuchen, die wichtigsten Zeitabschnitte lokal zu charakterisieren und den einen oder anderen Schwerpunkt zu setzen. In dieser Referatsfassung sind es vor allem Gespräche über den gescheiterten Bürgerkrieg in Wien 1934 und die sogenannte „Stunde Null" im April 1945 im Bezirk Währing. Hier mag mancher, der besonders gut zu wissen glaubt, was Volkskunde sei, fragen, was denn diese vordergründig politischen Ereignisse mit dem Fach zu tun hätten. Ich kann darauf vorerst nur entgegnen, daß die ältere Volkskunde den Eindruck erweckt, als hätte es in der Volkskultur so etwas wie einen ewigen Frieden in Schönheit und Sicherheit gegeben (mit wenigen Ausnahmen wie den Bauernkriegen); in Wahrheit war die regressive Unkultur des Krieges etwas im Volksleben ständig Präsentes, die Soldateska hat nicht unwesentliche Teile des Volkslebens bis heute geprägt, und nicht zuletzt haben endlich auch einige wenige Volkskundler die Notwendigkeit einer kritischen Kulturgeschichte zur Kriegs- und Friedensforschung erkannt.[9]

Zwei Dinge sind noch anzudeuten: Methode und Ortsgeschichte. Zur Hauptsache bediene ich mich des erzählenden Erinnerungsgespräches, das ich jedoch nicht unbedingt mit „Oral History" gleichsetze, weil ich mich eines Gedächtnisleitfadens bediene, der so etwas wie den „Kanon" beinhaltet, welcher jedoch erst durch den jeweiligen Lebenszusammenhang seine Sinnverklammerung erhält. Daneben ist es selbstverständlich, sich vorhandener wissenschaftlicher und biografischer Literatur sowie sonstiger archivalischer Quellen[10] zu bedienen, um Subjektivierungen gegenzusteuern. Vermittelt wurden mir ältere Gewährsleute vorwiegend durch die Bezirksorganisation selbst, ohne daß ich den befürchteten Eindruck habe, daß mir nur „genehme" Genossen genannt wurden. Der einzige Nachteil schien mir bloß darin begründet zu sein, daß man mir weitgehend Mitglieder aus der Gruppe der Altfunktionäre von kleinen Sektionen und Vereinen bekanntgab, sodaß die eigentliche Basis der Sektionsbesucher vorerst schwer zugänglich blieb.

Der 18. Wiener Gemeindebezirk Währing gilt noch heute in gewissem Maße als „gut bürgerlich". Sein Konservatismus ist in mancher Hinsicht schon naturräumlich angelegt: Die vier Dörfer Währing, Weinhaus, Gersthof und Pötzleinsdorf, die 1892 nebst zahlreichen anderen Vororten nach Wien eingemeindet wurden, bildeten eigentlich (heute kaum mehr erkennbar) eine im Wienerwald endende Talschaft ohne Durchzugsverkehr oder gewichtigere Wasser-Energieader. Daher erhielt sich bis gegen Ende des 19. Jahrhunderts eine bescheiden wohlhabende Acker-Weinbaukultur, als die bürgerliche Stadtflucht dieses nahe „Paradies" entdeckte. Hier wurden zwei „Cottages" nebst zahlreichen Villen und besseren Zinshäusern auf dem grünen Anger errichtet, in denen sich Geschäftsleute, Intellektuelle, Künstler, neureiche Juden, vor allem aber pensionierte Beamte und Militärs niederließen, und die schließlich nach 1918 auch den politischen Charakter des Bezirks gegensätzlich mitbestimmten. Denn ein gutes Drittel des Bezirks, das an die „klassischen" Arbeiterbezirke Hernals und Ottakring anschließt (16. und 17. Neuwiener Bezirk), war schon gleichzeitig durch mittelgroße Hinterhof-Industrie bzw. -gewerbe stark proletarisiert, sodaß sich seit 1918 bis heute Sozialdemokratie und vormals christliches Lager weitgehend die Waage hielten (und schon früher nicht selten die Deutsch-Nationalen das sprichwörtliche Zünglein an der Waage spielten). Denn gerade aus den deprivierten Militärs formierte sich nach dem 1. Weltkrieg hier eine Hochburg des wachsenden Faschismus, während das christliche Lager gegen die Linken seine Bürger- und Heimatschutz-Einheiten schuf.

Aus diesem historisch freilich komplexeren Zusammenhang – neben den nicht wenigen wohlhabenderen Juden wären etwa noch eine starke monarchistische Gruppierung und tschechische Zuwanderer zu nennen – lassen sich durchaus Fäden zur folgenden Parteiengeschichte ziehen, auch wenn wir sie gewissermaßen kulturgeschichtlich betrachten wollen und dabei auch dem Bürgertum endlich mehr Beachtung schenken würden.

Die Anstöße zur Entstehung einer sozialdemokratischen Bewegung kamen freilich – wie schon aus den Andeutungen ersichtlich – aus den benachbarten Arbeiterbezirken und konnten sich hier vorerst nur mühsam durchsetzen. Wie so oft waren es zunächst die noch stark ständisch anmutenden Gewerkschaften der Metaller und Bauarbeiter (verständlich aus dem rapiden suburbanen Wachstum von wenigen tausend Dorfbewohnern zu einem heute rund 60.000 Einwohner zählenden Stadtbezirk), aber auch das zusehends verelendende Gesellentum etwa der Schuster, welche das Vorfeld bildeten. Es bleibt typisch, daß wir aus der recht umfangreichen älteren Heimatkundeliteratur Wiens kaum etwas über die Anfänge der Arbeiterbewegung erfahren, ja nicht einmal die Industrialisierungsgeschichte recht rekonstruieren können. Daß mein Bezirk gar nicht so „gutbürgerlich" gewesen sein mag, ahnte ich aufgrund vertrauter Lokalinserate von Landmaschinen-, Gewehr-, Bier- und Ledererzeugern sowie durch eine Glosse in einer Vorstadtzeitung, die den volkstümlichen Namen „Flohbergl" für eine bestimmte Gegend im Bezirk in der Nachbarschaft einer Ziegelei und Schlachthalle zu deuten versuchte: Hier hätten während der Sommermonate die Ärmsten der Währinger Arbeiter auf entsprechend „vergezieferten" Matratzen im Freien geschlafen ...

Der Kampf um den Ersten Mai, den Achtstundentag, ein gerechtes Wahlsystem, Aufhebung der Verbote und Kontrollen, die Deportation nicht heimatberechtigter Funktionäre und um die Genehmigung eines Lesevereins verlief hier ebenso wie in vielen Städten und Märkten Mitteleuropas. Die Schwerpunkte des Kampfes bleiben am besten an den Parolen der jeweiligen Maifeiern erkennbar, die auch hier gewöhnlich im Wirtshaus bei Blasmusik endeten, bis man sich allmählich durchrang, eigene Parteilokale zu schaffen.

Ein anderer Zustrom zur Sozialdemokratie bleibt aber zumeist vergessen: er stammte vielfach aus liberalem jüdischem Bürgertum im Bezirk und bezog sich einerseits nicht zufällig mit zunehmender Frauenarbeit auf Ansätze einer fortschrittlichen Frauenbewegung, wobei gerade auch in Währing ein Sammelbekken der bürgerlichen Frauenbewegung entstand. Zum anderen tendierten gerade jüdische Studenten, denen der Zugang zu nationalen und christlichen Burschenschaften verwehrt war, zu eigenen, erzwungenermaßen vorwiegend sozialdemokratischen Formationen der Mittelschüler und Hochschulstudenten. Die „Achtzehner"-Mittelschüler sollten sogar in der Ersten Republik aufgrund ihrer radikalen „Theoretisiererei" – der Dichter Jura Soyfer, der im KZ umkam, war einer ihrer wichtigsten Vertreter – überregionale Bedeutung auf Hochschulboden erlangen, nämlich als „Akademische Legion" in den wöchentlichen Raufereien vor der Universität. Sie hatten auch ihre ärgsten Gegner im Bezirk selbst: nämlich in den konservativen und nationalen Studenten der im Bezirk in den siebziger Jahren des vorigen Jahrhunderts ebenfalls auf „grünem Anger" errichteten Hochschule für Bodenkultur.

Ich überfliege die weiteren Zeitläufte, ohne Wandlungen und Brüche zu verkennen, etwa nach der Einführung des allgemeinen Wahlrechtes, die dem Sozialismus zu seinem Recht verhalf, einer Phase, die zugleich aber offenbar jene Gefahren mit sich brachte, auf die der genannte Jürgen Kuczynski verwies: die Entstehung einer straff zentralen Parteibürokratie und einer Art „Arbeiter-Aristokratie"; gerade in diesem „gutbürgerlichen" Bezirk stießen nach den Greueln des Ersten Weltkrieges nicht wenige „gehobene" Familien oder deren Söhne zur Sozialdemokratie (aber freilich auch zum nationalen Lager), sodaß nun letztendlich die Sozialdemokratie (der es auch gelang, den Kommunismus im Bezirk gar nicht erst stärker aufkommen zu lassen) eine dünne Mehrheit in der Bezirksvertretung errang. Immerhin wurden in Währing 1919 anläßlich eines kommunistischen Putschversuches drei Demonstranten erschossen; aber auch die Arbeiterräte im Bezirk hatten offensichtlich keine besonderen Aufträge zu erfüllen: nachdem sie einige Lebensmittel-, Kohlen- und Textilvorräte aus großbürgerlichen Villen vergesellschaftet hatten, verschwanden sie bald aus der Szene der Nachkriegszeit im Bezirk. Denn – ein Verdacht liegt nahe – der neugewählte sozialdemokratische Bezirksvorsteher, vormals ein radikaler Metallarbeiter, verstand es dem Vernehmen nach sehr bald, auch mit den Gewerbetreibenden im Bezirk gutes Einvernehmen herzustellen. Ganz Böse behaupten, daß es ihm auch deshalb gelang, sich nach dem Bürgerkrieg 1934 nach kurzem Aufenthalt im Anhaltelager Wöllersdorf als neutraler Wirt im Bezirk zu etablieren. Anderen Fraktionskollegen wird Ähnliches unterstellt, ohne daß es dafür Beweise gibt.

Ich überfliege auch im Folgenden die fast goldenen Jahre der Sozialdemokratie bis 1927 (dem Brand des Wiener Justizpalastes als Folge einer Demonstration gegen die ungerechten Freisprüche im „Schattendorfer Prozeß" mit 85 Toten – Nazis hatten in einem burgenländischen Dorf auf einen sozialistischen Schutzbundaufmarsch geschossen), weil diese Zeit etwa im Hinblick auf die Jugendorganisationen sowohl in Österreich wie in der BRD schon gut aufgearbeitet ist, wie denn überhaupt die Erste Republik zum Lieblingsthema scheinbar fortschrittlicherer Volkskundestudenten und -absolventen geworden ist. Ich verweise hier etwa auf hervorragende Kataloge Frankfurter Ausstellungen u.a.m. Dennoch muß auf einige regionale Spezifika hingewiesen werden, sowohl ganz Wien wie den Bezirk betreffend. Da ist zunächst die rege Gemeindewohnbautätigkeit des „Roten Wien" anzudeuten, wo sich durchaus für ein paar Jahre sozialistische Volkskultur entfalten konnte, die aber auch in gewisser Hinsicht regional so etwas wie Gettos in bürgerlichem Umfeld schuf. Das sind gar wohl volkskundliche Fragen etwa im Hinblick auf ältere Wohnverhältnisse, Feste, Bildung oder Jugendkultur und desgleichen, die im Zentrum meines Interesses stehen. Es würde zu weit gehen, Einzelaussagen meiner Informanten anzubieten; ich verweise nur auf das breite Spektrum von Feiern und Vereinen, die den Lebenslauf von der Tauffrage bis zur Feuerbestattung begleiten sollten (nicht zufällig war auch der Anteil der Freidenker im Bezirk relativ hoch).

Andererseits haben gerade die zunehmende Jugendarbeitslosigkeit und -emanzipation diese Tendenzen gefördert. „Suppe und Brot sind zu wenig für Jugend in Not" hieß es als Kritik zu den offiziellen Hilfsaktionen; jetzt konnten sich Jugendliche erzwungenermaßen weiter entfalten, was vor allem der Sportbewegung und Körperkultur zugute kam. Regional muß aber auch die Bevorzugung der „Roten Falken" mit ihren neuen Erziehungsvorstellungen gegenüber der Sozialistischen Arbeiterjugend genannt werden, deren Hauptfehler – wie in der gesamten Sozialdemokratie – vor allem der Irrglaube war, daß sich der Sozialismus mehr oder minder von selbst durchsetzen würde.

Aus diesen „Kadetten des Sozialismus" regenerierte sich allerdings auch der 1923 gegründete sozialdemokratische „Schutzbund", der zunächst von Kriegsheimkehrern als bloße Ordner- und Saalschutzgruppe gedacht war. Nach zunehmenden Zusammenstößen mit illegalen nationalsozialistischen Organisationen – fast wöchentlich kam es nach 1927, nicht zuletzt durch die Entwicklung im Deutschen Reich bestärkt, zu oft schweren Raufereien auf der Währinger Hauptstraße. Die Jungnazis im Bezirk erhielten offenbar ihre rechte politische Sozialisation von einem der ältesten Wiener nationalen Turnvereine, nämlich dem vor einem Jahrhundert gegründeten „Turnverein Gersthof". (Ist es Zufall, daß einige der namhaftesten österreichischen Volkskundler wie Karl Haiding-Paganini, Karl von Spieß, Edmund Mudrak und Ilka Peter, aber auch der Mundartkundler Eberhard Kranzmayer und der Urgeschichtler Oswald Menghin in diesem „Grätzl" oder „Kiez" aufwuchsen oder längere Zeit lebten?). Die besten sozialistischen Turner wurden jedenfalls zunehmend in „Wehrsport"-Gruppen zusammengezogen, absolvierten ihre Orientierungsmärsche und Waffenübungen – freilich an Attrappen – im nahen Wienerwald. Sie sollten aber bald ihr Fiasko erleben.

Ich kehre diese Details hervor, weil mich zuallererst, wohl bedingt durch die Gedenkfeiern zum Bürgerkrieg Feber 1934, das Phänomen der Resignation beschäftigt hat. Ich übergehe die weiteren politischen Ereignisse (Auflösung des Parlaments durch die austrofaschistische Regierung Dollfuß, Verbot der Partei etc.), um einige Beispiele des Rohstoffs meiner Arbeit vorzulegen. Der Republikanische Schutzbund war im Bezirk immerhin schon zu einer Stärke von rund 600 Mann angewachsen.

Friedrich Inhofer[10a] wurde 1921, nachdem er 1919 bei einem Bankenkrach seinen ersten Beruf verloren hatte und dann keine Arbeit mehr fand, ins neue Bundesheer aufgenommen, das „aufgefrischt" werden sollte. Er hatte also am 1. Weltkrieg noch nicht teilgenommen, jedoch drei seiner Brüder. Diese waren hierbei, wenngleich aus streng katholischem Haus (der Vater war Anhänger des christlichsozialen Wiener Bürgermeisters Karl Lueger und später sogar Mitglied der austrofaschistischen „Heimwehr"), mit sozialistischen Ideen in Berührung gekommen – ein Familienkonflikt, wie er damals in vielen Wiener Familien gang und gäbe war. 1921 kam unser Gewährsmann zum Pioniereinsatz bei der Übernahme des ehemaligen Deutschwestungarn als neuem Bundesland Burgenland durch „Deutsch-Österreich" und schied 1927 wegen einer schweren Lungenentzündung aus; er war glücklich, eine neue Anstellung bei der Gemeinde Wien zu erhalten, denn: „Das war ja damals nicht so leicht, und hab mich dann als Sozialist dem Schutzbund zur Verfügung gestellt, weil ich Kenntnisse von dem gehabt hab, was der Schutzbund ja eigentlich braucht ... Das war (in Währing) eine Organisation, die nicht so geführt wurde, wie ich mir's vorgestellt hab'. Sondern es waren alte Leut', junge Leut', alles durcheinander; die Alten haben sich nicht so mit den Jungen, die Jungen nicht mit den Alten vertragen. Jetzt hab ich mich zusammengesetzt mit dem seinerzeitigen Kommandanten vom Schutzbund in Währing und hab gesagt: Ich werde die Jungen zusammenziehen, die Arbeitersportler, weil ich zugleich auch Arbeitersportler war, und hab eine Alarm-, das heißt, eine schlagfertige Abteilung gegründet, und hab sie eingekleidet mit Monturen, die wir irgendwie zusammen... (man bat Straßenbahner um abgetragene Uniformen, welche von arbeitslosen Genossen umgemodelt wurden). Hab sie sportlich und militärisch ausgebildet und haben so den Alarmdienst im Bezirk... (geleistet). Waren immer zehn bis zwölf in Alarmbereitschaft im (Czartoryski-)Schlössel. Die Sicherung der Versammlungen; dann, wann die Wahlen waren, der Plakatschutz; bei Sportveranstaltungen mitzuwirken... das war unsere Aufgabe".

Inhofer hatte also mit viel Begeisterung und Einsatz eine schlagkräftige Kerngruppe aufgebaut, die freilich nur dem Selbstschutz der Partei dienen sollte. Dennoch hat ihm das eine unvergessene Kritik des einstigen Generals und Schutzbundkommandanten sowie späteren ersten Bundespräsidenten der 2. Republik Theodor Körner eingebracht, der bekanntlich im Falle einer bewaffneten Auseinandersetzung bloß in der Stadt-Guerillataktik die Widerstandsmöglichkeit sah. Inhofer: „Da kann ich mich erinnern auf eine Aussage von unserem lieben Herrn General Körner ... Es waren zwanzig Mann, die alle Jiu-Kämpfer waren, das hab ich auch durchgesetzt... wir haben ja nichts in der Hand gehabt, weder einen Stecken, noch eine Pistolen, noch was anderes. Das hat's bei uns nicht gegeben. Und da ist der General Körner einmal herausgekommen (nach Währing) zu einer Wählerversammlung; ich hab die Leute antreten lassen, ich habe ihm Meldung erstattet. Und da ist er zu mir gekommen, ganz ruhig, und hat gesagt: 'Dieser verfluchte Militarismus!' Also ich war momentan ganz weg, weil er war ja eigentlich unser oberster Chef vom Schutzbund. Und da hat man gesehen, daß er nicht ganz einverstanden war mit dieser militärischen Formation. Vielleicht hätte er das lieber in Zivil gesehen."

(Die Hauptgegner waren selbstverständlich die Heimwehrler, die aber im Bezirk selbst nicht so sehr in Erscheinung traten, ganz im Gegensatz zu den Nationalsozialisten). „Die Nationalsozialisten, das war eine zweite Art, eine schärfere Gangart. Da kann ich mich erinnern, da haben wir einmal Bereitschaft gehabt ... da sind Leute von der Währingerstraße gekommen: die Nationalsozialisten reißen uns die Parteiabzeichen herunter und stänkern uns an und werden sogar geschlagen. Ich rufe die Leute zusammen, sag ihnen, worum's geht; es war zufällig die Jiu-Abteilung da; wir sind in Stoßtrupps runter, also immer fünf da und fünf da, daß Rückendeckung da war. Haben den nationalsozialistischen Aufmarsch da unten in fünf Minuten erledigt gehabt... Und da hab ich die erste Rüge vom Herrn Bezirksvorsteher gekriegt: wie ich mich unterstehen kann, nach eigenem Willen so etwas ... was da hätte rauskommen können. Ah so, sag ich, da kommen die Leute klagen, es ist niemand da, ... dafür bin ja ich da zur Aufrechterhaltung, zum Schutz der Parteigenossen. Gerade, daß er mich nicht rausgeschmissen hätt'".

Inhofer unterstand eine Schutzbundkompanie von rund 120 Mann, davon etwa 40 Arbeitersportler. Schwerpunkte der Ausbildung waren neben dem Sportlichen (Teilnahme an der Winterolympiade in der Steiermark, Staffettenläufe durch Währing, Veranstaltung von Sportfesten und deren Schutz) freilich auch Exerzieren, Zielmärsche mit Kompaß im Wienerwald, Schifahren, zum Teil die Ausbildung der gleichfalls aus Schutzbündlern bestehenden Rathaus-Gemeindewache und nicht zuletzt Übungen an einem Maschinengewehr, das allerdings von einem geschickten Währinger Tischler nur aus Holz verfertigt war. Kein Wunder, daß es die Aufmerksamkeit der Polizei erregte, wenn es zu Übungen ging: „Hat uns die Polizei aufgehalten, und wir haben gesagt: das ist ja nur aus Holz, eine Attrappen".

Natürlich gab es in Währing auch richtige Waffen, aber davon wußten nur wenige aus der Führung. Inhofer kümmerte sich nicht darum, denn es hieß: „Wenn etwas los ist, werdet ihr's schon kriegen. Man kann ja nicht gegen eine bewaffnete Macht (Polizei und Militär) kämpfen, da nehmen wir gleich einen nassen Fetzen und lassen uns erschießen." Jedoch meint Inhofer rückblickend, daß der Instanzenweg im Notfall – Meldung an die Schutzbundführung und dann an die Parteispitze – zu schleppend gewesen wäre.

Daß das Verteidigungskonzept des Schutzbundes nicht aufging, ist heute Tatsache. Auch Inhofer war am 12. Feber 34 von den Ereignissen überrascht worden, obwohl er aufgrund der Bewegungen von Polizei und Heimwehr eine gewisse „Vorahnung" hatte. Er arbeitete damals im Pflegeheim Am Steinhof. Bald nachdem er in der Früh aus Währing dorthin gekommen war, kam es zu einer Schießerei, der Polizisten zum Opfer fielen. Aber binnen kurzem waren die dortigen Arbeiter verhaftet und wurden in Schubwägen auf das Hietzinger Kommissariat gebracht. Schlimmer war es hingegen für Inhofer in der Rossauer Polizeikaserne: „Da bin ich zum Beispiel hingeführt worden zum Aufnahmeverhör, der Polizist hat mich gefragt: 'Wie heißen Sie?', und schon hab ich mit dem Gummiknüppel drei am Schädel gehabt, weil ich widersprochen hätte. Ich hab nicht widersprochen ... und das ist so 'gangen, bis ich schon ganz benommen war, vom Sessel runtergefallen bin. So eineinhalb Stunden. In Währing (am Kommissariat) war man human ... In einer Zelle cirka zwanzig ... schon fast zwei Tage nichts zu essen ... Einer hat sich Sorgen gemacht um seine Kinder ... Ich hab mir gesagt: Ich hab mich dazu gemeldet, ich weiß, was passieren kann, denn ich war schon bei den Unruhen im siebenundzwanziger Jahr (Brand des Justizpalastes) dabei, und hab auch damit gerechnet. Ich hab mich ganz verlassen auf die Führung ... der Eifler (Schutzbundführer) hat ja eine Ahnung gehabt von den militärischen Dingen. Und daß man einen Einsatzplan nicht ganz freigibt, das ist ja verständlich. Aber man hat in erster Linie den ganzen Kopf gleich weggenommen (verhaftet) ... und die Leut' haben nicht gewußt, was sie machen sollen. Währing, ganze Bezirke haben ausgelassen."

Nach drei Tagen wurde Inhofer nach Hause geschickt. Zwei-, dreimal wurde eine Haussuchung vorgenommen, die Wäsche ausgeräumt, den Ofen draufgehaut... Er verlor aber nicht seine Gemeindeanstellung, wurde nur zur Müllabfuhr versetzt. Schon ab März oder April hatte er wieder Kontakt zu den Revolutionären Sozialisten. Heute meint er, er hätte auch damals nicht recht an einen militärischen Erfolg des Schutzbundes geglaubt. Denn „wenn man eine Masse zusammenzieht, fällt das auf. Das Schlössl war ja andauernd von Polizei umstellt ... Die Heimwehr hat dürfen mit den Gewehren spazieren gehen, wir nicht einmal mit dem Stecken!"[11]

Auch Franz Slawik war Angehöriger der „Alarmabteilung Robert Blum" (benannt nach dem 1848 erschossenen und am Währinger Allgemeinen Friedhof neben Messenhauser als Führer der „Akademischen Legion" und anderen begrabenen Frankfurter Parlamentarier). Als Mittelschüler war er bereits bei der Sozialistischen Jugend; die Sozialistischen Mittelschüler, die über den Bezirk hinaus bekannten „Achtzehner", waren ihm allerdings weniger sympathisch (wobei nicht zuletzt ein leiser Antisemitismus mitschwingt): „Das war eine eigene Clique. Denen waren wir viel zu minder; die waren großbürgerlich angehaucht" ... „Mit 18 Jahren ist man erst nach einer Vorprüfung in die Partei aufgenommen worden, nicht so wie heute, wo man froh ist, wenn einer beitritt." Nach der Lehrerausbildung war er arbeitslos. „Viele sind damals als Protektionskinder der Partei eingestellt worden, ohne daß sie bei der Partei waren ... das waren die, die dann am meisten umgefallen sind, die nachher schön brav bei der Vaterländischen Front und dann bei die Nazi waren, und dann nach 45 wieder eine Rolle gespielt haben... Beim Schutzbund waren wir fast alle arbeitslos. Wir haben unser Heim im Czartoryski-Schlössl gehabt; wir haben uns die Zeit mit lesen, ein bissel Kartenspielen vertrieben, waren auch politisch aktiv... Bei einem Wirt in der Blumengasse haben wir einen Keller gehabt, wo wir Schießübungen mit Kleinkalibergewehren gemacht haben. Wenn Heimwehraufmärsche oder Heimwehrversammlungen waren, sind wir auch hingegangen. Wir waren zum Beispiel auch bei dem großen Heimwehraufmarsch in Kapfenberg (Steiermark), sind wir auch aufmarschiert, hat eine Keilerei gegeben. Wir haben auch für die Arbeiterzeitung geworben, wenn wir in bürgerliche Häuser gekommen sind, sind wir auch oft rausgejagt worden ... Wenn wir in Uniform ausgegangen sind, sind wir manchmal abgefangen worden, da haben wir rennen müssen ... Im Jahre 1932 oder 33 hat es einen großen Zusammenstoß gegeben, und zwar hat die SS jeden Samstag nachmittags einen Bummel gemacht zwischen Gürtelstraße und Aumannplatz. Der Sitz der Nazi war das Brauhaus in der Gentzgasse. Wir haben uns immer im Schlössl gesammelt, um eingreifen zu können ... da kommt unser Schutzbundobmann, der Kern, und sagt, daß sie gerade den Genossen Bezirksrat Papouschek, er war ein bisserl körperlich behindert, tätlich angegriffen haben. Jetzt Buam, ist genug. Wir sollen uns z'sammpacken, jeder mitnehmen, was er gerade in der Hand hat. Wir waren ca. 60, 70 Leut und sind im Sturmschritt runter bis zum Aumannplatz ... Die Geschäftsleut haben gleich die Rollos heruntergerissen. Der Hauptzusammenstoß war beim Schubertpark, dort beim Binder, wo das Geschirrgeschäft ist. Da ist es sehr hart zugegangen. Wir haben drei Verletzte mit Stichwunden gehabt, die Nazi vielleicht noch viel mehr. Am Abend hat dann die Polizei eingegriffen und hat uns getrennt. Wir haben die Nazis zusammengedrängt im Eck und habens ordentlich verdroschen. Am Abend sind's dann vor ihrem Heim g'sessen, verbunden...".

Wie hat Slawik den 12. Feber erlebt?

„Ich war eine Zeit, wie unser Kommandant gesessen ist (eingesperrt war), in die TLW, die Technische Leitung Wien, in der Wienzeile, entsandt worden, dort wo die Strategie für den 12. Feber schon erörtert worden ist, wo die Schutzbundführer der Bezirke zusammengekommen sind und die Lage besprochen haben. Ich war damals Abgesandter von Währing ... ja, unser Schutzbundführer wurde schon drei oder vier Tage früher verhaftet, das war ein Straßenbahner. Das war in allen Bezirken so, darum sind sie ja in einigen Bezirken umgefallen ... Der Schutzbundführer vom 15. Bezirk ist übergelaufen und hat alles verraten. Dadurch haben sie's ja leicht gehabt, die ganzen Sammelplätze zu zernieren ... Das war nicht unerwartet. Das war sicherlich ein Verschulden der Partei... wir haben das in Wien erst am Vormittag des 12. Feber erfahren. Wir waren gerade in einer Sektion in der Weimarerstraße 1, wo wir Schutzbündler auch eine Unterkunft gehabt haben und Hilfsdienste geleistet haben. Wir haben damals 14.000 Mitglieder in Währing gehabt. Wir haben dem Sekretär dort geholfen bei der Kartei. Wie wir das dann gehört haben (was in Linz – erste Schießerei – passierte), sind wir sofort raus aus dem Lokal. Ich habe die Alarmliste gerade noch über dem Türstock im Sekretariat versteckt, damit sie nicht gefunden wird, und die Polizei ist schon aufmarschiert mit dem Bajonett. Wir sind rückwärts raus über den Schubertpark in unser Schlössl, es war Zeit, sich irgendwie zu sammeln, war aber niemand dort. Es war ausgemacht, daß wir uns in der Alseggerstraße in der Schule treffen, dort war unsere Befehlsausgabestelle. Was ich dort selber gemacht hab, möcht ich nicht sagen (später verriet er: er hatte Munition gefaßt, sie aber dann weggeworfen, als die Polizei in die Schule eindrang). Der Schulwart, der mit uns gut war, hat mich hinten rauslassen, ich bin über den Bauplatz in der Erndtgasse zur Währingerstraße runter. Ich hab noch eine Pistole gehabt (es war schon Standrecht) ... Bei uns war das so eingeteilt, daß nicht jeder gewußt hat, wo die Waffen waren ... Wir haben ja nicht viel gehabt, Gewehre. Pistolen haben wir privat gehabt, Maschinengewehr haben wir keines gehabt. No, jetzt waren wir völlig zerrissen. Vom Montag auf Dienstag habe ich bei einem Genossen übernachtet. Zu meinen Eltern bin ich nicht gegangen, dort wär ich ja verhaftet worden. Nächsten Tag in der Früh hab ich versucht, die Leute z'sammzubringen; wir wollten auch was machen. Haben dann versucht, ins Arbeiterheim nach Ottakring zu kommen; wir sind nicht nach Ottakring gekommen, das war so zerniert. Wir wollten nach Margareten, beim Reumannhof. Dort war nichts mehr. Dann sind wir zurück nach Währing, da sind wir einige zusammengekommen. No, was machen wir? Wir sind dann in ein Waffenlager in einer Gärtnerei in der Scheibenbergstraße, der hat sich geweigert, daß er etwas herausgibt. Sind wir wieder zurück zum A., der die Waffen übergehabt hat; haben gerade noch gesehen, wie sie ihn abgeführt haben. Haben ihn so traktiert, daß er verraten hat, wo die Waffen sind. Haben sie dann die Gewehre ausgeräumt in der Alseggerstraße. Wir haben jetzt nichts mehr gehabt. Ist einer gekommen, hat gesagt, er hat gerade Verbindung aufgenommen mit die Döblinger im Karl-Marx-Hof. Die brauchen Munition, wir aber haben nirgend mehr können wo eine Munition auftreiben. Geh ma halt so rüber nach Döbling, sind aber nimmer durchkommen. Sie haben alle Verdächtigen zur Ausweisleistung angehalten. Wir waren ja alle Arbeitslose, hat man uns ang'sehen. Am Mittwoch war das erste Todesurteil. Da hat der S. gesagt, das Beste ist, wir gehen auseinander, da kann man nichts mehr machen. Zu mir haben sie gesagt, ich soll verschwinden, weil sie mich sonst auf der Polizei erschlagen. Bis Freitag habe ich dann noch gewartet, dann bin ich Richtung nach Brünn, man hat schon gesagt, die Schutzbündler sammeln sich in Mähren ... In Brünn war eine Sammelstelle. Da haben wir dann eine Fahrkarte bekommen nach Prag. Dort war eine Sammelstelle von deutschen Sozialdemokraten eingerichtet..." Im Spätsommer 34 fuhr Slawik in die Sowjetunion, kehrte aber enttäuscht im Dezember 1936 nach Österreich zurück; wurde schon an der Grenze verhaftet, in Wien furchtbar verprügelt und eingesperrt. Weihnachten 1936 wurde er amnestiert, aber ausgebürgert.

Auch Ludwig Kramer war bei der Alarmabteilung Robert Blum. „Ich war damals am 12. Feber als Aushilfsarbeiter bei der Eisenbahn arbeitslos. Acht, neun Monat Arbeit, dann habens mich rausgeschmissen, dann habens mich wieder geholt. Und da hat's immer geheißen: 'Wenn das Licht ausgeht und die Straßenbahn steht, dann ist Alarmstufe eins'. Da sollen sich alle Schutzbündler auf ihre Zielpunkte festlegen. Ich bin vormittags munter worden, ich war ja arbeitslos – bumm, steht alles. Bin ich runtergangen zur (Kreuzgassen-) Straßenbahnremise: Da sind die Straßenbahner gestanden. Es hat geheißen, sie müßten alles stehenlassen und sich an ihrem Treffpunkt einfinden; der war schon festgelegt. Die Straßenbahner haben mir ganz ruhig ins Gesicht gesagt: Wir können doch nicht weggehen, wir sind ja Angestellte. Wir bleiben so lange bei unseren Wägen stehen, bis wir wieder fahren. Glauben Sie, daß die weggegangen sind? Und auf die Straßenbahner haben ja viele gerechnet. Ich bin auch zu meiner Bereitschaft gegangen;

der Funktionär hat auch gesagt: 'Schau, ich hab ja einen Beruf, ich bin pragmatisierter Beamter, und es ist kein Auftrag von der obersten Leitung gekommen... Der Treffpunkt war im Schlössl. Mit dem M.V., der war auch bei der Alarmabteilung (der ist zwar auch zu die Nazi dann) ... wollten wir zum Karl-Marx-Hof, sind aber nimmer hinübergekommen. Im Arbeiterheim in der Pokornygasse war die Heimwehr schon drinnen, haben uns gar nicht durchgelassen... Wir sind dann zurückgegangen nach Ottakring. Sie wissen, was dort los war. Da sind wir auch nicht durchgekommen... In den nächsten Tagen haben sie einen nach dem anderen ausgehoben. Mich nicht. Am 13. Feber bin ich allein auf Hernals gegangen und dort ist's schon losgegangen. Das waren keine Schutzbündler, das waren arbeitslose Arbeiter, die haben dort im Rosensteinpark die Bänke aussezaht und damit die (Hernalser) Hauptstraße blockiert und alles anzunden. Dann ist der ganze Trupp im Laufschritt die Rosensteingasse heraufgekommen und haben woll'n zum Schlössl. Sie haben g'schrien: 'Wir brauchen Waffen, wir brauchen Waffen!' Arbeitslose! Von die hohen Funktionäre war kein Mensch da – dafür muß man si' genieren als Währinger, daß am 12. Feber nirgends eingegriffen worden ist."

„Wie's den Schutzbund 1933 aufgelöst haben, sind wir zur Suppen- und Teeanstalt der 'Jugend in Not', ins Schlössl gangen. Ein gewisser Frank von den 'Schwarzen' war dort Heimleiter. Dort hat man eine Suppe und ein Viertel Brot bekommen. Dort haben sich dann so Zellen von den Revolutionären Sozialisten gebildet. Wir haben sich dort zusammengetroffen und Aktionen geplant. Die Revolutionärsten zum Teil in die Heimwehr eingeschleust. Wir haben den L. angespuckt, weil er mit der Heimwehruniform kommen ist, derweil war der eingeschleust und hat uns die Instruktionen bracht". Andererseits gesteht auch Kramer ein, daß in dieser Zeit viele Sozialisten die Front wechselten: „In Währing haben sich am 12. Feber alle abgesetzt, die was eine Arbeit gehabt haben. Es haben nur Arbeitslose gekämpft, die was nichts zu verlieren hatten." So hatte schon Inhofer erzählt, daß sich einzelne der Alarmabteilung weinend bei ihm verabschiedeten, weil ihnen die Heimwehr einen Posten versprach. Selbst jener Bezirkskommandant Taraba, ein „alter Militarist und pensionierter Oberlehrer" sei nach dem „Umschwung" zur Heimwehr gegangen (Kramer).

Wie war die Stimmung in den Partei-Sektionen seit der Ausschaltung des Parlaments 1933? Ludwig Wagner war kein Schutzbündler, sondern Katasterführer in der Sektion 10: „Das war die größte Sektion in Währing mit 1.500 Mitgliedern seinerzeit. Und wenn wir zwei verloren, haben wir wieder zwei geworben, damit wir auf unsere 1.500 bleiben. Das war mein Stolz." Aber: „Es hat sich schon ein Jahr vorher die ganze Sache zugespitzt mit der Heimwehr, den Ostmärkischen Sturmscharen. Wir Genossen waren unter ständigem Druck. Es war auch schon schwer, in den Sektionen durchzukommen; wir wurden schon genötigt, daß wir bei einer Versammlung in den Sektionen Einladungen auf Namen ausgegeben haben, und die Sektionsabende wurden von der Polizei überwacht. Ich erinnere mich noch an den Stadthauptmann Dr. Milesi, der anwesend war im Lindenhof. Beim Eingang stand schon ein Polizist, da mußte man die Einladung auf Namen ausfüllen, sonst hat man gar nicht reindürfen. Es war schon fast eine sogenannte Illegalität; es war schon sehr schwierig, daß man überhaupt noch offen zusammenkommt. Die Heimwehr und die Sturmscharen sind von der Polizei einberufen worden; waren im Haus der Niederösterreichischen Landesregierung. Auf'd Nacht sind die Heimwehrler mit Lastautos und Omnibussen z.B. auf die Kommissariate aufgeteilt worden, wurde die Polizei in Währing verstärkt. Waren auch schon Genossen dabei, die zur Heimwehr übergewechselt haben. Das waren die sogenannten (bezahlten) Fünf-Schilling-Mandeln. Nach zehn (Uhr abends) ist man auf der Gassen perlustriert worden. Da ist ein Wachmann mit zwei Heimwehrlern gegangen. Wir sind dauernd unter Polizeiaufsicht gestanden".

Wagner war von den Ereignissen des 12. Feber völlig überrascht. „Ich bin in meiner Dienststelle im Stadtschulrat überrascht worden. Die Tramway ist gestanden. Da hab ich gewußt, es ist etwas los. Ich bin ins Taxi eingestiegen und zum Czartoryski-Schlössl. Das war ein menschliches Empfinden: Wo geht man hin? Ins Schlössl! Wie ich hingekommen bin, waren schon die Heimwehr und die Sturmscharen dort. Die Kinder (des Kindertagesheims im Schlössl) sind in die Lustkandlgasse geführt worden. Wir haben auch in die Sektion raufgeschaut, aber dort war niemand. Wir haben den Stadtrat Linder gesucht, hat uns keiner aufgemacht, finster war's. Am nächsten Tag haben wir gehört, die Partei ist aufgelöst, alles beschlagnahmt. Da haben wir die ganzen Sachen wie Schreibmaschine, Kataster, aus der Sektion rausgebracht... Am 13. Feber bin ich bei der Polizei vorbeigegangen, da ist gerade das Lastauto gekommen – das sehe ich heute noch: als Erster ist der A. heruntergestoßen worden, der R. P. war auch dabei; der Genosse Kupfinger ist ja in der Zelle dort unten in der Schulgasse verstorben. Ich bin dann noch zu Mittag zu Fuß ins Amt gegangen, weil nachher sind Listen aufgelegt worden, wer nicht da war. Aber unser Kanzleileiter war ein Genosse, der hat mich nicht aufgeschrieben, weil sonst hätte ich meinen Posten verloren... Ich wurde beobachtet, wie ich in der Nacht die Schreibmaschine vom Lindenhof herausgeholt habe, die habe ich zum G. in die Wohnung hinübergetragen. Natürlich wurde ich vom Hausmeister verraten. Die wurden alle unter Druck gesetzt, daß sie die Namen verraten, wer da noch aller aus- und eingegangen ist. Die Schreibmaschine hab ich zur Polizei hinbringen müssen. Das Dienstmädchen vom Bezirksrat Genossen G. wurde auch verhaftet und drei Tage eingesperrt auf der Polizei. Es wurde vernadert, daß sie die Schultasche ihrer Tochter (ebenerdig) beim Fenster rausgehängt hat. Da waren Propagandaschriften (zum Abholen) drinnen..."

Und wie haben eigentlich die Frauen den 12. Feber 34 in Währing erlebt? Eine auch schon fast achtzigjährige Genossin, Gattin eines Schutzbündlers, erzählt: „Eigentlich habe ich nicht viel bemerkt. Ich kann mich erinnern, daß vorher wohl schon bei meinem Mann in der Arbeiterbibliothek in der Weimarerstraße darüber gesprochen wurde, man hat gewartet, was wird kommen? Man war aufgeregt. Man hat gemerkt, daß vieles draußen nicht mehr stimmt. Am 12. Feber selbst war in der Früh noch gar nichts. Mein Mann ist noch in die Arbeit gegangen, mein Bub war damals elf Monate alt... Ich bin noch in den Türkenschanzpark spazieren gegangen, alles war ruhig. Aber wie wir dann nach Haus gekommen sind, haben wir überall Männer mit aufgepflanztem Bajonett gesehen, das Hausl (ein 'Gemeindebau') außen besetzt. Wir sind angehalten worden, konnten dann aber unbehelligt hinaufgehen. Aber heroben hat man uns gesagt: Nicht zum Fenster gehen..." (Es herrschte auch bei der Polizei eine gewisse Nervosität. Ein unbeteiligter Rechtsanwalt, der der Aufforderung zum Stehenbleiben mit seinem Auto nicht Folge leistete, sei in der Max-Emanuel-Straße durch die Windschutzscheibe erschossen worden). Nachmittags waren Hausdurchsuchungen auch bei mir. Habens mir in die Kasten reingeschaut. In einem haben sie einen Ochsenziemer gefunden, den hab ich ganz hinten versteckt gehabt. 'Das ist ja eine Schutzbund-Waffe', haben sie mich angefahren. 'Aber nein', habe ich gesagt, 'den verwende ich zum Teppichklopfen'. Er ist natürlich konfisziert worden... Es war dann auch noch eine Kellerdurchsuchung, und da haben sie von einem Maschinengewehr eine Attrappe gefunden... Gewartet hat man sicherlich, wird was kommen? Aber wie man dann den zweiten Tag von der Weiten Schüsse gehört hat, da hat man dann gewußt: es nützt nichts mehr, es ist aus."

Das war die Resignation; nach der Phase der Zuversicht, welche dem Ersten Weltkrieg folgte, trat eine Verschärfung der Lage als Folge des Justizpalast-Brandes mit seinen nahezu einhundert Toten ein. Die Krisis beginnt sich abzuzeichnen, in dem die Konfrontation mit dem Austrofaschismus sich verschärft; sie gleicht in gewissem Maße dem Marsch der konservativen Provinz auf die Hauptstadt: 1933 schaltet Dollfuß das Parlament aus und verbietet die Sozialdemokratische Arbeiterpartei, alle ihre Suborganisationen und die entsprechende Presse. Der Feber 1934 ist die Konsequenz.

Schon wenige Tage nach dem gescheiterten Aufbegehren sieht man im Bezirk etliche Sozialisten in Heimwehruniform, der eine oder andere schließt sich der illegalen SA an, nachdem sie zum Teil schon „vorgebaut" hatten. Nur ein harter Kern, der sich vor allem aus den Roten Falken rekrutiert, taucht bei den Revolutionären Sozialisten unter. Man nimmt Kontakt mit den wenigen Kommunisten im Bezirk auf. Bislang hatte man sich ja in mancher Hinsicht kaum von ihnen unterschieden: die „Linken" sahen in der Sowjetunion ein gewisses Vorbild, „man sang dieselben Lieder". In der Enge wird aber nun der Unterschied deutlicher. Man wirft ihnen arrogante „Theoretisiererei" vor, sie gelten als unverläßlich, fluktuierend usw. Mancher junge Sozialist hat längere Haftstrafen abzusitzen, vor allem, wenn die Polizei des Ständestaates ihn wiederholt bei Schmier- und Flugblattaktionen antrifft. Die Arbeitslosigkeit bleibt, und das mag der Hauptgrund sein, warum sich die Mehrheit der Berufstätigen doch letztendes den neuen Verhältnissen anpaßt. Das bleibt alles freilich im einzelnen genauer zu untersuchen.

Nur einer ist mir bislang aus dem Bezirk bekannt, der als junger Medizinstudent tatsächlich nach Spanien ging und hier noch ein weiteres Debakel erfuhr, das Ende der dortigen Republik. Die Internierung in

Frankreich nach der Flucht war nur ein Vorspiel zu dem was folgte: das KZ nach der Rückkehr in das bereits von den Nazis okkupierte Österreich.[12]

Ein anderer Jungsozialist ging mit Unterstützung der deutschen Arbeiterhilfe über die Tschechoslowakei in die Sowjetunion und war froh, nach wenigen Jahren wieder dem Stalinismus zu entkommen. Auch er war um eine Illusion ärmer geworden und trotz Verlust der österreichischen Staatsangehörigkeit froh, Arbeit am Land zu bekommen.

Die oft jahrelange Arbeitslosigkeit galt mehrfach als Hauptargument, warum man den Nazis kaum mit Widerstand entgegentrat – „endlich wieder Arbeit haben!" Ein anderes, ebenso öfters vernehmbares Argument war der Irrglaube, daß der „Zauber" der Nationalsozialisten, die sich noch dazu gegenüber Sozialisten als recht „großzügig" in der Erlassung von Vorstrafen etc. zeigten, bald vorüber sein werde. Die Zerstreuung durch Arbeits- und Militärdienst in der Folgezeit des „Einmarsches" 1938 machte weitere Aktivitäten zunichte. Der Widerstand im Bezirk rekrutierte sich nicht zufällig aus einer kleinen, aber nicht unbedeutenden Gruppe engagierter Christen, Liberaler und Monarchisten.[13] (Dafür zeigte sich rasch, daß ein Gutteil der Währinger Exekutive längst „Illegale" waren). Aber der Ehre wegen bleibe erwähnt, daß immerhin ein einstiger Roter Falke, als die rückweichende Front bereits die Slowakei erreichte, couragiert mit seiner ganzen Kompanie zu den Sowjets überlief. Aber auch dieses Unternehmen endete tragisch, weil man sie de facto wie Kriegsgefangene behandelte...

Ich breche hier ab, obwohl ich noch gerne ein anderes Beispiel aus meiner gegenwärtigen „Nebenbei"-Arbeit ausgeführt hätte, aber dafür reichen gegebene Zeit und Raum nicht mehr aus. Die erwähnten Jubiläen haben doch auch ihr gutes, denn man entsinnt sich dabei doch gelegentlich jener fast „legendären" und „vergessenen Schränke" in einer Organisation. So fand sich im Arbeiterheim Währing etwa vor kurzem ein Konvolut von Gemeinderats-, Polizei-, privaten Gedächtnis- und anderen Protokollen aus den Jahren 1945 und 46, die vieles, was den Zeitgeschichtlern im großen und ganzen schon bekannt ist, für den Zeitraum des „Zusammenbruches" und „Wiederaufbaus" in unwesentlich scheinenden Details präzisieren.

Doch darum geht es mir wiederum nicht; mich interessiert, wie eine Gemeinde (die Stadtbezirke haben sich damals vorerst nahezu hermetisch gegenüber anderen abgeriegelt und zerfielen gewissermaßen wieder in „little communities") und gerade das „Volk" den kulturellen Zusammenbruch und die Wiederherstellung erlebte. Auch dazu gibt es schon genügend Vorbilder[14], die jedoch von der Volkskunde bisher m.E. recht unbeholfen im Hinblick auf unsere Aufgabenstellung hinterfragt, geschweige denn verallgemeinert wurden. Ich erinnere nochmals daran: Kriege gehören – bei allem Wandel – seit Jahrtausenden ebenso zu den Regelhaftigkeiten wie Krisen und Konjunkturen. Es soll um kulturelle „Stereotypen" gehen, so grausam sie sein mögen; denn gerade die „kleinen Leute" müssen sie exekutieren und gleichermaßen erleiden: Zerstörung, Plünderung, Einquartierung, Mord, Raub, Vergewaltigung, Hunger und Angst. Wie sehen die Gegenstrategien, Denkwürdigkeiten und Denkmale aus? Das sind gar wohl auch allgemein kulturwissenschaftliche Fragen mit dem Praxisziel des Lernens, den Wahnsinn zu verhindern (und nicht eine neue, aber nach altem Schema verlaufende „Soldaten-Volkskunde" zu schaffen, für die es durchaus schon Ansätze gäbe).

Ich denke hier an ein scheinbar unbedeutendes Beispiel, das die Akten für mich wertvoll macht: Ein kleiner Gärtner meldet, daß er gerade 1945 keine Produkte abliefern könne, weil sowjetische Panzertruppen seine Obstbäume umschnitten und deren Pferde die Keimlinge im Mistbeet zertrampelten. Haben das nicht schon die altgriechischen Stämme bei ihren sommerlichen Feldzügen getan? Die Türken trieben bei den Belagerungen Wiens ihre Streitrosse in Gärten und Weinberge. Die Motive des „geschändeten Baumes" mögen wechseln: hatten sie früher eher wirtschaftliche Gründe, so taten es die „Russen" bloß wie andere Armeen zur Camouflage ihrer Kriegsmaschinerie; aber das Bild der zerstörten Nutznatur bleibt. Die Währinger hatten damals freilich vorrangigere Probleme. Im ersten Gemeinderatsprotokoll ist schlicht zu lesen: Beseitigung der Toten, Versorgung der Verwundeten und Kranken, Registrierung der wenigen noch vorhandenen Lebensmittel, Freimachung der Straßen, Beschaffung von Baumaterial etc. und – dürfen vergewaltigte Frauen abtreiben?

Näheres muß wohl einem anderen Aufsatz vorbehalten bleiben. Für manchen, der eben zu wissen glaubt, was Volkskunde sein müsse, mag ich ohnedies schon eine gefährliche Gratwanderung am Rande der „Fachabgrenzung" versucht haben (die mir eigentlich gleichgültig ist, ich betrachte meine Volkskunde als eine Art „Basislager"). Für die Aufgeschlosseneren bleibt hier aber hoffentlich noch genug zum Nachdenken und Besprechen.

Anmerkungen

1 Hans Joachim Althaus u.a., Da ist nirgends nichts gewesen außer hier. Das „rote Mössingen" im Generalstreik gegen Hitler. Geschichte eines schwäbischen Arbeiterdorfes, Berlin 1982 (Rotbuch 242).
2 Helmut Bogner u.a., hgg. v. DGB Tübingen, Arbeitertübingen. Zur Geschichte der Arbeiterbewegung in einer Universitätsstadt, Tübingen o.J.
3 Will-Erich Peuckert, Volkskunde des Proletariats. I. Aufgang der proletarischen Kultur. Frankfurt a.M. 1931 (Schriften des Volkskundlichen Seminars der Pädagogischen Akademie Breslau Bd. 1).
4 Traum und Wirklichkeit in Wien 1870-1930. 93. Sonderausstellung des Historischen Museums der Stadt Wien. Wiss. Leitung Robert Waissenberger. Wien 1985 (Katalog).
5 Dazu etwa Hubert Christian Ehalt (Hg.), „Glücklich ist, wer vergißt...", Wien 1985.
6 Zur Zeit läuft auch anläßlich des vierzigjährigen Bestehens der 2. Republik seitens der Wiener Zentrale eine Aktion zur Aufarbeitung von Bezirksparteigeschichten. Die ersten Hefte bieten für uns zweifellos manches Interessante, aber kaum Problematisches.
7 Jürgen Kuczynski, Erlebnisse beim Schreiben einer Geschichte des Alltags des deutschen Volkes seit 1600. In: Kultur und Lebensweise. Arbeitsmaterial des ZFA Volkskunde/Kulturgeschichte des Kulturbundes der DDR, Berlin 1981, H.1, S. 19.
8 Michael Häupl und Manfred Matzka, Zum Wandel der politischen Kultur in der österreichischen Sozialdemokratie: Mit uns zieht die neue Zeit? In: Tribüne. Zeitschrift von Sozialisten für Sozialisten, Nr. 68, September (Wien) 1983, S. 10.
9 Dieter Kramer, Kultur und die Fähigkeit zum gesellschaftlichen Überleben. Kulturtheoretische Überlegungen zu Krieg und Frieden. In: Informationsdienst Wissenschaft und Frieden 1/86, S. 5 ff. Siehe auch den Tübinger Kongreß 1986 „Kulturwissenschaftler gegen den Krieg".
10 Es scheint mir hier nicht notwendig zu sein, die reiche zeitgeschichtliche Literatur der letzten Jahre für den Zeitraum Erster Weltkrieg bis etwa die fünfziger Jahre zu zitieren; ich beziehe mich hier bloß bewußt auf einige lokalgeschichtliche Aufsätze. Ein wichtiger Fund zur Frühgeschichte der Sozialdemokratischen Arbeiterpartei in Währing nach weitgehender Vernichtung der Aktenbestände durch den grünen und braunen Faschismus, sowie durch einen gewissen Geschichtsverlust der Partei selbst, war die vervielfältigte Broschüre von Josef Papouschek, Aus vergangenen Tagen. Ein Beitrag zur Geschichte der Sozialdemokratischen Bezirksorganisation Währing, den Vertrauensmännern des Bezirkes gewidmet anläßlich der Eröffnung des Arbeiterheimes am 13. September 1953, Selbstverlag Währing 1953.
10a Namen von mir geändert.
11 Auch das wiederholt genannte „Schlössl" war ein gewisser Symbolbau der Währinger Sozialdemokratie: Erbaut in der Zeit des Wiener Kongresses für Botschafter, verließ es 1918 der letzte Besitzer, ein polnischer Fürst Czartoryski, unter Mitnahme sämtlicher Kunstschätze, Vertäfelungen, Fußböden etc. – der aus mehreren Waggonladungen bestehende Kunsttransport soll übrigens in den Kampfhandlungen an der russischen Front verbrannt sein. Dann stand es einige Jahre leer, bis es die Währinger Sozialdemokraten anfangs der zwanziger Jahre in tausenden freiwilligen Arbeitsstunden zum Kinder- und Jugendheim ausbauten – eine nicht seltene internationale Erscheinung. Demonstrativ wurde es 1938 von der Hitlerjugend besetzt.
12 Dazu jetzt: Österreicher im spanischen Bürgerkrieg. Interbrigadisten berichten über ihre Erlebnisse 1936. Hg. von der Vereinigung österreichischer Freiwilliger in der spanischen Republik 1936 bis 1939 und der Freunde des demokratischen Spaniens, Red. Bruno Furch u.a., Wien 1986.
13 Wolfgang Etschmann, Der geheime Krieg. Eine Widerstandsgruppe in Währing 1938 - 1944. In: Unser Währing. Vierteljahrsschrift des Museumsvereins Währing, 19. Jg. 1984, H. 3.
14 Gerade für den Tagungsort Marburg etwa: Andreas C. Bimmer u.a., Alltagsleben im Krieg. Marburgerinnen erinnern sich an den Zweiten Weltkrieg. Marburg 1985 (Katalog zur Ausstellung = Marburger Stadtschriften zur Geschichte und Kultur 16).

Peter Assion

„Ich seh das noch ewig vor mir"
Zur mündlichen Überlieferung von Arbeitergeschichte – Ein Erfahrungsbericht aus Groß-Zimmern/Südhessen

Zur Geschichte der Arbeiter und der Arbeiterbewegung gibt es – von Sachzeugnissen einmal abgesehen – schriftliche, bildliche und mündliche Quellen, und wenn ein Volkskundler sich um die Ausschöpfung der mündlichen bemüht, dann sollte er dies selbstverständlich nicht aus fachtraditioneller Vorliebe für orale Überlieferung „an sich" tun: angetan von dem Befund, daß sich auch noch das Industrievolk etwas zu erzählen weiß, und gar die trügerische Fährte von Erzählformen aufnehmend, die aus dem zeitgeschichtlichen Kontext nur allzu leicht hinausführt, indem sie auf die Wiederkehr überzeitlich gültiger Leidens-, Kampf- und Heldenmythen zu deuten scheint. Auszugehen ist vielmehr von dem „Eigensinn" jeden Erzählens, und bevor im Rück-und Ausblick auf die eventuelle Traditionsbindung und -stiftung von Arbeitererzählungen der sogenannten „Arbeiterfolklore"[1] etwas hinzugewonnen werden kann, ist die historische Substanz erzählter Arbeitergeschichte zu erfassen, die im übrigen auch nicht einfach als „Überlieferung" zu haben ist, sondern ermittelt, erfragt, dokumentiert werden muß. Für solch praktische Arbeit scheint die Volkskunde – seit langem in der Feldforschung zuhause und mit Gewährsleuten im Kontakt – prädestiniert, und wenn auch oft mit verengtem Blickwinkel ins Forschungsfeld hineingegangen und soziale Wirklichkeit nur ausschnittweise erfaßt wurde, so haben doch die Erprobung modifizierter Konzepte[2] und fachliche Selbstkritik[3] den Anschluß an Nachbarwissenschaften gebracht, vorab an die Sozialgeschichte, die ihrerseits den Zugang zum Bereich gelebter und erinnerter Geschichte gesucht und u.a. mittels der Praxis der Oral History[4] beispielgebend gefunden hat, gerade entlang des Leitthemas „Arbeitergeschichte"[5] und seiner Konkretisierung in der Lebensgeschichte von Arbeitern.

Es sind damit auch differenzierte methodisch-theoretische Positionen gewonnen worden, und bezüglich der Frage, welchen spezifischen wissenschaftlichen Ertrag das Erzählenlassen von (Lebens-)Geschichte zu erbringen vermag, braucht beim derzeitigen Reflexionsstand kaum der Hinweis auf die zweitrangige Bedeutung sogenannter „objektiver Fakten" wiederholt zu werden, sind doch solche Fakten in aller Regel aus anderen Quellen zuverlässiger zu gewinnen als aus dem Mund von Gesprächspartnern, bei denen mit Erinnerungslücken wie mit zeitraffenden Erinnerungskonzentraten gerechnet werden muß. Zwar ist nicht alles, was zum Verständnis historischen Geschehens zu wissen wichtig ist, gleichzeitig auch in irgendeiner Form beurkundet worden, und bei entsprechenden Fehlstellen kann es immerhin möglich sein, Fakten mit Hilfe mündlicher Aussagen zu rekonstruieren. Exzessiv haben dies Werner Fuchs und Bernd Klemm vorgeführt, indem sie Heinrich Galm – Veteran der Offenbacher Arbeiterbewegung – und dessen Frau ihr politisches Leben erzählen ließen und Schrift- und Bildquellen, die sie gleichzeitig sammelten, in den Erklärungszusammenhang der mitgeteilten Erinnerungen stellten.[6] Den Autoren kam es jedoch noch auf mehr an. Heinrich Galm sollte auch „seine Sichtweise von der Offenbacher Arbeiterbewegung und von seiner Arbeit darin" vermitteln und Geschichte so zur Sprache bringen, „wie sie heute in ihm lebt".[7] Und diese Programmatik drückt aus, was die Oral-History-Forschung als ihre besondere Chance begreift: historische Subjektivität neu zum Vorschein bringen zu können[8], zum Nutzen eines differenzierteren Geschichtsverständnisses, dem auch die Werthaltungen, Handlungs- und Erinnerungsmuster all jener eine Erkenntnisquelle sind, die zwar vom Geschichtsverlauf auf einen Objekt-Status hinabgedrückt wurden oder sich überhaupt nie anders denn als Objekte der Geschichte hatten erfahren können, die aber in allen Fällen doch nicht aufhörten, Subjekte zu bleiben. Die nur an objektiven Tatbeständen interessierte Geschichtswissenschaft hat sich zumal letzteres nicht ausreichend bewußt gemacht und so auch vernachlässigt, was die Oral-History-Praxis nun korrigierend in die Geschichtsbetrachtung einzubringen vermag: daß sich Geschichte nicht nur in Meinungen und Erinnerungen spiegelt, sondern sich aus der Bewertung und Tradierung geschichtlicher Erfahrungen auch immer wieder neu mitherangebildet, aus ausnutzbaren resignativen Haltungen sowohl wie aus geschichtlich gestärktem Selbstbewußtsein. Die Oral-History-Forschung spricht diesbezüglich von im Gedächtnis bewahrten „lebensgeschichtlichen Schlüsselerfahrungen" auf den „Schnittlinien zwischen individueller Biographie und kollektiver Geschichte"[9] und fordert teilweise explizit, die Gespräche mit alten Menschen auf die von ihnen selbst für bedeutsam gehaltenen Erfahrungen und Erlebnisse zu konzentrieren. Daß objektive Bedingungen diese Erfahrungen mitbestimmten – und die „Schlüsselerfahrungen" entsprechend genetisch zu entschlüsseln sind –, wird dabei selbstredend nicht bestritten. Hinzuzufügen bleibt, daß es auch für den Rückblick auf Erlebtes Rahmenbedingungen gibt, und zwar nicht nur die Bedingung der interaktionistischen Interview-Situation[10], sondern erst recht wohl diejenige des veränderten historischen Ortes des Berichtenden, dessen zwischenzeitliche Erfahrungen und gegenwärtige Lebenswirklichkeit dazu geführt haben können, daß Geschichte heute anders „in ihm lebt" als zu der Zeit, da sie ihm aktuelles Erlebnis war. Doch wertet dies mündliche Geschichtsüberlieferungen im Grunde nur auf: zur mehrfach befragbaren Quelle, die natürlich ebenso der Quellenkritik und der sondierenden Interpretation unterzogen werden muß wie jedes andere Geschichtszeugnis.[10a] Interpretationshilfen bietet dazu u.a. die Soziologie an, soweit sie sich mit der Interdependenz zwischen sozialer Lage und sozialem Bewußtsein beschäftigt und spezielle Untersuchungen zum Arbeiterbewußtsein und seinen Transformationen vorgelegt hat.[11]

Indessen: nicht alles, was die Oral-History-Forschung leisten könnte, ist auch schon in der Praxis bewiesen. Methodologische und erkenntnistheoretische Überlegungen haben sich teilweise von der Empirie entfernt, und wo mit Gesprächspartnern gearbeitet wurde, blieb es gelegentlich bei der Dokumentation bloßer „Erinnerungsinterviews" bzw. bei Interpretationen, zu denen Lutz Niethammer die Frage aufgeworfen hat, inwieweit ihre Ergebnisse verallgemeinert werden können.[12] Der gleiche hat angemahnt, daß eine Verbindung von Verstehen und Quantifizieren gefunden werden muß, und dies kann bei der primär qualitativen Methode des Erzählenlassens und Auswertens von Erinnerungen doch wohl nur bedeuten, daß mehr Gespräche geführt, mehr Stoff gewonnen, mehr Befunde dazu vorgelegt werden müssen, um über Vergleiche zu allgemeinen Aussagen zu kommen. Die Volkskunde ist entsprechend zur Kooperation mit der Sozialgeschichte eingeladen, aber sie hat gewiß auch ein Eigeninteresse daran, daß die subjektive Seite der Geschichte deutlicher ausgeleuchtet wird, ist doch darin tief verwurzelt bzw. deckungsgleich verortet, was sie als Kultur der einfachen Leute zu ihrem besonderen Forschungsgegenstand gemacht hat und was ihr auch als „politische Kultur" ins wissenschaftliche Blickfeld getreten ist. Zumal die noch junge volkskundliche Arbeiterforschung hat dieses Eigeninteresse deutlich gemacht, wozu Albrecht Lehmanns Untersuchungen zum autobiographischen Erzählen im Arbeitermilieu[13] ebenso anzuführen sind wie die Tübinger Mössingen-Studie, die „ländlichen Wegen zum Sozialismus" nachspürte und u.a. mittels mündlicher Erhebungen ein Stück Arbeiterbewegungsgeschichte exemplarisch erschloß.[14]

Es sei hier dafür plädiert, auf dem gleichen methodischen Weg zielorientiert weiterzugehen und bei „Mössingen" nicht stehen zu bleiben, was entsprechend obiger Darlegungen auch heißen soll: die Zeit nach 1945 nicht zu vernachlässigen und Antworten zu suchen auf die Frage, wie denn die Erinnerung an die alte kämpferische, doch dann dem Faschismus erlegene Arbeiterbewegung heute bei ihren Hauptaktiven fortlebt.[15] Dies ist sicher nur eine der Fragen, die sich die Arbeiterforschung der Oral-History-Richtung vornehmen kann und muß. Was zur Arbeiter-Alltagskultur und ihren Bedingungen erinnert wird und welche Urteile es heute dazu gibt, wäre ebenso erfragenswert.[16] Und auch die mehr oder minder große Distanz zur Arbeiterbewegung im aufgefächerten politischen Spektrum der Arbeiterschaft könnte im Erinnerungsgespräch gewiß lohnend thematisiert und auf Verfestigungen oder qualitative Veränderungen hin überprüft werden, was auch heißen müßte, Gesprächspartner ohne seinerzeit führende Rolle in Parteien und Gewerkschaften zu suchen. Auf einer Tagung jedoch, die sich u.a. vornahm, entlang den Entwicklungslinien politischer Kultur die Formierung proletarischer Interessenvertretung bis hin zum Straßenkampf mit den Nazis nachzuzeichnen, mag der zuerst gestellten Fragen der Vorrang eingeräumt sein. Wir sind ihr im Vorfeld unseres Marburger Treffens nachgegangen, indem wir im „roten Groß-Zimmern" ein Oral-History-Projekt begannen, und dies allerdings auch in der Absicht, zur erfolgreich begonnenen Aufarbeitung südhessischer Arbeiter- und Arbeiterbewegungsgeschichte einen Beitrag zu leisten, im Rhein-Main-Gebiet gesammelte autobiographische Erinnerungen zu ergänzen und so der berechtigten Forderung nach Gewinnung von Vergleichsmaterial für die Oral-History-Forschung zu entsprechen.

Groß-Zimmern ist eine Gemeinde in Südhessen östlich von Darmstadt am nördlichen Rand des Odenwaldes, in der die Nationalsozialisten weder vor noch nach der „Machtergreifung" eine Mehrheit hatten. Vielmehr war der Ort ein ländlicher Vorposten der Arbeiterbewegung mit weit fortgeschrittener Radikalisierung, wo bei allen Wahlen von 1922 bis zum März 1933 – und dann noch einmal in den frühen 50er Jahren – die KPD die relativ meisten Stimmen erhielt und zusammen mit der beträchtlich schwächeren SPD sowohl das katholische Zentrum samt bürgerlich-liberalen Parteien, als dann auch die NSDAP übertrumpfte: mit zuletzt noch immer über 1000 KPD- und 300 SPD-Stimmen gegenüber ca. 700 für die Nazis und ca. 500 für das Zentrum. Als „rotes Groß-Zimmern" war der Ort einst berühmt oder verschrien gewesen, je nach politischem Standort, als „rote Insel", die durch ihre Nachbarschaft zur katholischen Wallfahrts- und Kreisstadt Dieburg (mit allerdings ebenfalls wachsender KP-Wählerschaft) um so auffälliger wirkte und auch dadurch von sich reden machte, daß Bauern und Handwerker – darunter nicht wenige praktizierende Katholiken – die KPD mitwählten: also nicht nur Arbeiter und Hausierer bzw. Protestanten in der sozial differenzierten und konfessionell gemischten Großgemeinde. Wie es dazu kam, müßte im Ausgriff auf hundert Jahre Groß-Zimmerner Sozial- und Politikgeschichte noch genauer beantwortet werden, als dies vorerst – und nur indirekt – das Heimatbuch tut, das 1976 zur 700-Jahrfeier der Gemeinde erschien.[17] Immerhin ist in diesem Buch die chronisch schlechte Wirtschaftslage eines übervölkerten Ortes dokumentiert, dessen Einwohner – sofern sie nicht von der Abschiebung der Groß-Zimmerner Armen 1846 nach Amerika betroffen worden waren – sich mehr und mehr auf den Hausierhandel mit selbstgefertigten Körben, Sieben, Spanschachteln, auch mit Zunderschwämmen, Geflügel usw. verlegten. Wanderarbeit und später das Pendeln in die Industriestädte des Rhein-Main-Gebietes kamen hinzu und vervollständigen das Bild einer Gemeinde mit extrem mobiler Bevölkerung, die früh von auswärtigen Zentren her politisiert und radikalisiert worden zu sein scheint: in dem Maße, indem sie mehrheitlich zugleich verproletarisierte. Wie sich dies dann in Wahlergebnissen ausdrückte und in der Kommunalpolitik umsetzte, ist im Heimatbuch ebenfalls nicht verschwiegen worden[18], und dadurch wurden wir in Marburg überhaupt erst auf Groß-Zimmern aufmerksam. Doch uns interessierte dann zunächst: Wie kam dieses Heimatbuch mit diesen Fakten im heutigen Groß-Zimmern an, wo die politischen Alternativen nur mehr SPD und CDU heißen? Wollte man an die „rote Vergangenheit" überhaupt noch erinnert werden, fand man sie ausreichend und richtig dargestellt? Und: gibt es nach Nazi-Terror, Krieg und schließlich KPD-Verbot 1956 noch eine Geschichtsüberlieferung, wie sie nicht im Heimatbuch steht, und wie hat sie sich – Oral-History-Frage – unter den Bedingungen einer Zeit entwickelt, in der die großen Probleme von einst mit Frieden und Wohlstand gelöst scheinen?

Kommt man heute nach Groß-Zimmern, so erinnert äußerlich nichts mehr an die „rote Vergangenheit". Die Hauptstraße, die noch 1954 „Ernst-Thälmann-Straße" hieß, ist in „Wilhelm-Leuschner-Straße" umbenannt. Der alte Ortskern, wo Bauern, Händler und die Vielzahl auspendelnder Arbeiter gewohnt hatten, ist in der Sanierung begriffen, während sich draußen große Neubauviertel entwickelt haben: für eine Einwohnerschaft, die sich seit 1939 durch Zuzügler, Evakuierte des Rhein-Main-Gebietes und dann vor allem Heimatvertriebene fast verdoppelt hat (1975: 9224 Einwohner). So sind die alten Groß-Zimmerner fast zur Minorität geworden, und ihre Geschichte reduzierte sich zu einer Angelegenheit, von der die Neubürger entweder gar nichts oder nur ein paar staunenswerte, mit Kopfschütteln bedachte Kuriosa wissen. So bezeugte jedenfalls der Bürgermeister im hochmodernen Rathaus-Palast, der auch die Auskunft geben mußte, daß fast alle aktiven Linken von einst nicht mehr am Leben seien. Aber dann stellte sich doch heraus, daß in einem Gartenhaus noch der Verfasser und Drucker jenes Flugblattes wohne, das 1937 wegen seiner Angriffe auf den „Führer" Groß-Zimmern und Umgebung in Aufruhr versetzte[19] und den Hersteller 8 Jahre Zuchthaus, die Gesundheit und seiner heutigen Mitbürger Urteil kostete, „nicht richtig im Kopf" zu sein. Und dann war ebenso zu erfahren, daß auch noch der 86jährige KP-Veteran lebe, der über Jahre weg die Ortspolitik geprägt hatte, und körperlich wie geistig noch auf dem Posten sei: das lebende Gedächtnis Groß-Zimmerns, dessen „Geschichtchen" der Bürgermeister – ein Neffe – schon oft im Familienkreis gehört habe. Dies ein Hinweis darauf, daß in Groß-Zimmern also doch noch gelegentlich über die

Vergangenheit gesprochen wird und „Geschichtchen" darauf warteten, als Ausdruck von Geschichte erfragt und interpretiert zu werden.

Für den Fremden setzte dies letztere freilich voraus, jene Kommunikationsbarriere zu überwinden, an der entlang das Wort „Kommunist" als eine Art Code-Wort fungiert. „Mein Vater war Kommunist!", kam als erste Antwort von der Tochter des in Dachau umgebrachten KP-Landtagsabgeordneten, nachdem sie mit etwas Mühe ausfindet gemacht und um ein Gespräche gebeten worden war. Der Satz war sehr bewußt und mit warnendem Unterton gesprochen, um an der Reaktion offenbar prüfen zu können, ob der Fragesteller es ehrlich genug meine, um weitere Antworten zu verdienen. Nicht anders der 86jährige KP-Veteran. Ein Gespräch mit ihm eröffnete die scheinbar gleich zur Sache kommende Auskunft: „ich war nach dem Krieg hier Bürgermeister – von der kommunistisch' Partei". Auch diesem Satz folgte ein langer prüfender Blick und dann die nachhakende Frage: „un was sinnen Sie?" War ein politisches Bekenntnis fällig? Direkt offenbar nicht, denn als Antwort genügte, sich als „mitdenkenden Zeitgenossen" vorzustellen, und dann schuf – wie auch im zuerst genannten Fall – ein übereinstimmend festgestelltes Interesse daran, nichts von den Lehren der Nazi-Zeit verloren gehen zu lassen, ein so offenes Gesprächsklima, daß weitere Erklärungen überflüssig, ja von einem Mitteilungsdrang – Resultat eines angestauten Mitteilungsbedürfnisses? – geradezu zur Seite gedrückt wurden.

Albert Lienhard – so wollen wir den 86jährigen Gesprächspartner nennen[20] – sprach mit der Kompetenz dessen, den seine Zeitgenossenschaft zum überlegenen, indessen an ein „hörwilliges" Gegenüber gebundenen Erzähler[21] gemacht hat. Zwei Nachmittage lang erzählte er aus seinem Leben und ließ die Mitschrift sowie eine Tonbandaufnahme zu, die Cornelia Köhler noch gesondert auswerten wird. Im folgenden sei versucht, die Strukturen seines Erzählens herauszuarbeiten und dasjenige zu betonen, was uns – bei aller gebotenen Vorsicht – für die Rekonstruktion selbsterlebter politischer Arbeitergeschichte im Hier und Heute exemplarisch zu sein schien, wobei wir davon ausgingen, daß dieses Rekonstruieren durch Reflexion und früheres Erzählen (vgl. die Hinweise des Bürgermeisters) geübt war und daß Erinnerungsmuster abgerufen wurden, die uns als Hörer auch andererseits als zweitranging (und als Größe, die bei der Interpretation vernachlässigt werden konnte) erscheinen ließen. Nachdem unsere „Hörwilligkeit" überprüft war, vertraten wir offensichtlich eine allgemeine Öffentlichkeit, der Lienhard Wichtiges mitzuteilen hatte.

Zunächst zum rein Faktischen, wie es sich aus Lienhards Mitteilungen sowie aus weiteren mündlichen und schriftlichen Quellen ergab: Quellen übrigens, die der Gewährsmann in Form von amtlichen Schreiben, Zeitungsartikeln sowie Fotos selbst mitheranzog, ohne dazu aufgefordert worden zu sein. Denn in der Erzählsituation im häuslichen Bereich ist der Erzähler keineswegs nur auf sein Gedächtnis zurückverwiesen.[22] Aus der Schrankschublade sind auch rasch die Hilfsmittel für genaueres Erinnern oder – wie es in Lienhards Fall schien – für zu führende Beweise gegriffen: Geschichtsquellen, die sogar speziell zum Zweck des beweisenden Herzeigens angefertigt wurden. So verblüffte Lienhard schon beim ersten Treffen mit einem Foto, wie wir es bisher noch nicht gesehen hatten: mit einer heimlich hergestellten und unter gewissen Gefahren durch die Nazi-Zeit gebrachten Aufnahme seines Schwagers nach dessen zeitweiliger Verhaftung 1933. Zu sehen war ein Rückenakt, übersät mit Blutergüssen, verursacht von den Gummiknüppeln prügelnder SA-Horden.

Albert Lienhard war Maurerpolier gewesen und als Sohn eines Maurers und USPD-Gemeinderatsmitglieds in die Groß-Zimmerner Arbeiterbewegung hineingewachsen. In der durch Pendler stark mit Darmstadt und Offenbach verbundenen Gemeinde war seit 1887 aus allen Wahlen die SPD als stärkste Partei hervorgegangen, von der sich 1919 eine zunächst noch schwache USPD abspaltete, die jedoch rasch erstarkte und sich als KPD-Ortsverein neu gründete, um schon bei den Kommunalwahlen 1922 die SPD zu überrunden. Lienhard gehörte zehn Jahre später schon nicht mehr zu den Gründungsvätern der KPD, sondern zu einer Gruppe junger Parteirebellen, die auf Gemeindeebene und darüber hinaus mit radikaleren Forderungen antrat[23] und auch den Abwehrkampf gegen die NSDAP aufnahm, die ab 1930 in Zimmern zwar gewählt wurde, doch keinen Ortsverband zu gründen wagte.[24] Im Zuge turbulenter Ereignisse wurde damals der KP-Patriarch Maierberger – ein Idealist und Pazifist mit katholisch-bürgerlichem Hintergrund, der vom Zentrum über die USPD zur KPD gekommen war – entmachtet. Nicht dieser, sondern Lienhard wurde 1931 zum Beigeordneten der Gemeinde gewählt, doch verblieb Maierberger – wir wer-

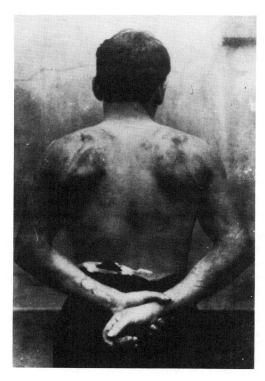

Das Foto als Beweis: Privataufnahme von einem der Opfer, die im März 1933 in Groß-Zimmern verhaftet und in Darmstadt einer „Sonderbehandlung" durch die SA unterzogen worden sind.

den noch von ihm hören – als Mitglied der freigewerkschaftlich orientierten KPD-Opposition um den Offenbacher Anführer der Lederwarenarbeiter Heinrich Galm (vgl. oben) im Darmstädter Landtag.[25] 1933 verfielen Maierberger wie Lienhard dem Zugriff der Nationalsozialisten: im Zuge einer Verhaftungswelle, die die gesamte Groß-Zimmerner Linke traf. Lienhard wurde wieder freigelassen, erneut verhaftet und ins KZ Osthofen[26] eingewiesen, nach Wochen erneut freigelassen. Seine kränkelnde Frau überstand diesen Terror nicht, ihre Beerdigung – mit Gestapo-Spitzeln am offenen Grab, „daß ka kommunistisch' Redde gehalte worn sin" – wurde zur letzten stummen Großdemonstration der Groß-Zimmerner KPD mit hunderten von Teilnehmern. Danach fand Lienhard bei einer Baufirma Unterschlupf, die Bunker errichtete und im Krieg zerbombte Industriewerke wiederaufbaute. Aus Brandenburg fand er nach Kriegsende auf abenteuerlichen Wegen nach Groß-Zimmern zurück und war sofort wieder bei der Neugründung der KPD dabei. Eine KPD-SPD-Koalition wählte ihn 1948 zum Bürgermeister. Trotz erfolgreicher Kommunalpolitik kam es jedoch 1954 nicht zur Wiederwahl, sondern die SPD bildete nun mit der CDU eine Koalition und setzte einen eigenen Mann als Bürgermeister durch. 1956 traf Lienhard das KPD-Verbot. Eine Unabhängige Wählergemeinschaft, der er anschließend angehörte, wurde durch zwei Gerichtsinstanzen hindurch als „kommunistische Tarnorganisation" verfolgt und 1960 ebenfalls verboten. Damit schied Lienhard dann auch aus dem Gemeinderat und aus der aktiven Politik überhaupt aus. Bei den späteren Versuchen, die Deutsche Friedensunion bzw. die DKP in Groß-Zimmern zu etablieren, war er nicht mehr dabei. Begründung: „Was sollt' ich mich mit bald 70 Johr noch verrückt mache. Ich hab gesagt: ich bring mei fuffzich Johr noch erum, und wenn ich se net pack, dann hab ich se net gewollt".

Mit dem gleichen zwiespältigen Trotz – gemischt aus Befriedigung und Enttäuschung – blickte Lienhard auf sein gesamtes Leben zurück. „Wenn ich zurückguck, was war's: nix!" Dieses „nix" meinte jedoch nur die eine Seite: die letztliche Erfolglosigkeit der politischen Sache, der er sich so leidenschaftlich verschrieben hatte, und die permanente Vereitelung eines kleinen privaten Glückes durch den Wehrdienst im Ersten Weltkrieg, die Arbeitslosigkeit danach, die Verfolgung durch die Nazis, die Dienstverpflichtung im

Zweiten Weltkrieg, die Anfeindungen während des Kalten Krieges, der folgte. Durch all die historischen Einschnitte ins private Leben, die sich – zu Szenen der Lokalgeschichte verdichtet – unauslöschlich dem Gedächtnis eingegraben hatte: „Ich seh das noch ewig vor mir" – etwa die ersten Aufmärsche auswärtiger Nazis in Groß-Zimmern oder die brutale Verhaftungsaktion 1933. Die andere Seite von Lienhards Lebensbilanz jedoch ist die, auf der doch die vielen kleinen Erfolge verzeichnet sind: die jahrelange Abwehr der Nazis im Heimatort („Die hawwe sich net hierher getraut!"), der heimliche Widerstand im „Dritten Reich"[27], die gelungene Demonstration kommunistischer Leistungsfähigkeit, als es nach 1945 im Bürgermeisteramt galt, Wohnungsprobleme zu lösen, für einen neuen Schulbau zu sorgen, Groß-Zimmern zu kanalisieren und den Ort den „Pulsschlag vorbildlicher Gemeindearbeit" spüren zu lassen, wie damals selbst das „Darmstädter Tagblatt" zu rühmen fand.[28] Vor allem aber steht auf der Erfolgsseite die niemals wankend gewordene Gesinnungstreue. Lienhard war es wichtig, immer wieder darauf hinzuweisen und seine Standhaftigkeit mit kleinen Geschichten zu unterstreichen. 1933 habe ihm ein zu den Nazis übergeschwenkter Arzt, der vorher den Sozialdemokraten nahegestanden haben soll, also das Gegenprinzip des Opportunismus in Person, 50 Mark geboten, wenn er ebenfalls der NSDAP beiträte. Lienhards Antwort an den Super-Nazi, der „in der Uniform g'schloofe" hat: „für 50 Mark verkauf ich mei Gesinnung net!" Und nach dem Krieg sei ihm von SPD-Seite vorgeschlagen worden: „Komm zu uns, dann kannste Bürgermeister bleibe". Antwort: „Im Dritte Reich bin ich net umgefalle, ich fall ach jetzt net um!" Daß heute das materielle Argument, damit glatt „hunnertdausent Mark weggeschmisse", das heißt auf Gehalt und Pension verzichtet zu haben, die damalige Standfestigkeit gebührend herausstreicht, geht zu Lasten einer Umwelt, die eben in entsprechenden Kategorien denkt, während sie für Lienhard weder damals eine Rolle spielten, noch heute etwa Reue erwecken. Und dies natürlich um so weniger, als der Stolz auf die stets bewahrte Standfestigkeit zusammen mit den kleinen praktischen Erfolgen Bedeutendes leisten muß: nämlich für all die Macht- und Erfolglosigkeit im Großen zu entschädigen und das, was äußerlich nicht zu verwirklichen war, in der inneren Haltung wiederfinden zu können. Subjektive Identitätsbehauptung als Gegenstrategie zur Identitätsdiffusion, die die Gesellschaft gegen die Arbeiterbewegung betrieben hat.

Bemerkenswert, daß diese Identitätsbehauptung auch noch immer eine kollektive Identität miteinschließt: im Rekurs auf das „Wir", auf die ehemalige Solidargemeinschaft, so sehr auch Lienhard deren führender Kopf war. Zur Verdeutlichung sei dem Gemeinten gegenübergestellt, was Daniel und Isabelle Bertaux als inhaltlich-formales Resümee der Memoiren eines bekannten Politikers wiedergegeben haben: „Der Politiker beschreibt sein Leben als eine Folge von Handlungen, deren zentraler Held er gewesen ist, in dem er handelndes Subjekt, aktive und selbst-wollende Person ist. Die Autobiographie wird systematisch deformiert: das 'Ich' ist immer gegenwärtig, als Subjekt. Im realen Leben dagegen ist dieser Mann oft von den Umständen getrieben, vom Zufall gelenkt worden. Mit anderen Worten: beim Erzählen seines Lebens versteht sich dieser Mann nachträglich als Subjekt seines Lebens, während er in Wirklichkeit möglicherweise nie tatsächliches Subjekt (Held, Akteur) irgendeiner Handlung gewesen ist und er zum ersten Mal in seinem Leben beim Schreiben seiner Memoiren wirklich Subjekt von irgend etwas ist. Das ist eine retrospektive Illusion, die auf einer gegenwärtigen Realität gründet."[29]

Vom linearen, ich-gebundenen Erzählen solcher Art unterschied sich das, was wir von Lienhard zu hören bekamen, durch den Wechsel vom „Wir" zum „Ich" und vom „Ich" zum „Wir", und zwar in auffälliger Asymmetrie zum personalen Gehalt des Geschehens, wie es sich in unserer objektiven Sicht darstellte. Aus der Zeit vor 1933, zu der Lienhard amtlich bescheinigt bekam, Bezirksleiter der KPD (was nicht stimmte) und „einer der rührigsten und aktivsten Kommunisten" im Kreis Dieburg gewesen zu sein, waren Sätze zu hören wie: „Mir war'n so e paar junge Kerl ...", „Mir war'n domols in jeder Versammlung ...", „Der ganze Odewald war Hitler ... die einziche, wo stabil dageeche warn, des warn mir un Ueberau". Trotz allen Stolzes auf diese Zeit und die damals vollbrachten Leistungen vermittelte der Erzähler also kein subjektiv zugespitztes Idealbild von sich selbst, sondern nahm sich hinter die Mitaktiven, ja hinter das „rote Groß-Zimmern" insgesamt zurück – so sehr, daß sich Lienhards zweite Ehefrau, die an den Gesprächen beteiligt war und ihren Anteil an der erfolgreichen Lebensbilanz durch Identifizierung mit dem Mann reklamierte, zu korrigierenden Einwürfen veranlaßt sah: „Der konnt' redde, den hot mer üwwer drei Straße weg gehört ...", „Der war hier erum bekannt wie en bunter Hund..." Lob, das der Sache nach nicht bestritten wurde, aber Lienhard doch eher peinlich zu sein schien, so wie er es auch nicht für wichtig hielt, etwas über seinen Werdegang vor dem Betreten der politischen Bühne zu berichten. Daß Lienhard als Soldat 1919 in Berlin noch Rosa Luxemburg und Karl Liebknecht (wie auch Ebert und Scheidemann) persönlich hatte reden hören („do howw' ich mer so ma Bild gemacht"), daß er dabei gesessen hatte, als der Zentrumsmann Maierberger zu seinem Vater kam und sagte: „Mir müsse e neu Partei uffmache", daß er später dann in Frankfurt Kontakt zu Kommunisten hatte und als Pendler im Zug regelmäßig die „Rote Fahne" der KPD und die „Volksstimme" der SPD las: solche für die politische Sozialisation bedeutsamen Details waren erst auf gezielte Nachfrage in Erfahrung zu bringen. Wir werden gleich hören, wie sehr sich dies vom bürgerlichen Wichtignehmen individueller Entwicklung unterscheidet: als für die übergeordnete Sache unwesentliches frühes „Fertigsein", dessen Problematik nicht im Zustandekommen, sondern im lebenslangen Verteidigen bestand.

Dies entspricht den Beobachtungen, die Bernd Jürgen Warneken an den Lebenserinnerungen des Mössinger Arbeiters „Oswald Stein" machen und bei der „Lebenslauf"-Tagung 1981 in Freiburg vortragen konnte[30], wobei freilich im Mössinger Fall mit ins Gewicht fiel, daß es sich um schriftlich niedergelegte Erinnerungen handelte, also um Aufzeichnungen, die mit Zeit für Überlegungen und nachträgliche Korrekturen zu Papier gekommen waren. Beim Erzählen Lienhards schied ein „Nachbessern" aus. Doch mag auch und gerade der spontane Verzicht auf die Darstellung des inneren und äußeren Werdens und auf die Herausstellung eigener Leistungen als Beleg für ein fortwirkendes Denken in Wir-Kategorien genommen werden. Als Werner Fuchs und Bernd Klemm in Offenbach Heinrich Galm um seine Lebensgeschichte baten, wollte dieser sogar völlig vom Erzählen Abstand nehmen, und Fuchs/Klemm kamen – was zur Bestätigung unserer Überlegungen hier mitangeführt sei – zu der Erwägung, ob dies nicht „einem Verständnismuster der alten Arbeiterbewegung" entspreche: „Ein Sozialist solle sein eigenes (Privat-)Leben nicht allzu wichtig nehmen, sondern die politische Bewegung, die Organisation, die Interessen der Arbeiterschaft voranstellen".[31] Lienhard war wohl vor allem deshalb zum Erzählen bereit, weil er (wie zuletzt auch Galm) sein Leben als exemplarisch begriff und über Erzählstrategien verfügte, dies den erlebten Situationen gemäß zu vermitteln. Ein ganz anders geartetes Erzählen – und somit auch eine Bestätigung unserer Folgerungen ex negativo – trafen wir hingegen im Hause Maierberger an, was einen entsprechenden Exkurs rechtfertigen mag.

Maierbergers Spuren gingen wir in Groß-Zimmern nach, um ergänzende Informationen zu erlangen und der Überlieferung der „roten Geschichte" Groß-Zimmerns eventuell weitere Aspekte abzugewinnen. Man erinnert sich: Maierberger war der gegen Ende der 20er Jahre aus seiner Führungsrolle verdrängte KPD-Gründer der Gemeinde, der selbst nicht mehr am Leben ist, weil ihn die Nazis im Zuge der Verhaftungswelle, die dem Hitler-Attentat 1944 folgte, ins KZ Dachau einlieferten und dort umbrachten. An seiner Stelle erzählte uns die schon genannte Tochter, wie es in Groß-Zimmern gewesen war und welche Rolle ihr Vater dabei spielte, eben derselbe, von dem als erstes zu hören war: „Mein Vater war Kommunist!" Dieser Satz, der das Gespräch eröffnete, kam auch deshalb „wie aus der Pistole geschossen", weil er ein Faktum beinhaltet, mit dem Maierbergers Familie bis heute nicht fertig geworden ist und das Maierberger selbst einen inneren Dauerkonflikt auferlegt haben muß. Als objektives Zeugnis dazu kann ein Gruppenfoto der hessischen Landtagsabgeordneten aus den späten 20er Jahren angeführt werden. Maierberger – obwohl immer noch Kommunist – steht darauf bei den Zentrumsabgeordneten, die immer wieder gesagt haben sollen: „Was dust'n du bei de Kommuniste?! Du gehörst doch zu uns!" Tatsächlich war Maierberger bis 1914 Zentrumsmann gewesen, sogar ein aktiver, der 1911 auf dem Katholikentag in Mainz als Delegierter auftrat, um dann als Soldat im Ersten Weltkrieg zum entschiedenen Pazifisten zu werden und nach dem Krieg seine pazifistische Haltung mit der linkssozialistischen und schließlich kommunistischen zu identifizieren: abgestoßen von einer Kirche, deren Groß-Zimmerner Amtsträger zwar 1918/19 den Verlust kirchlichen Vermögens, nicht aber die Blutopfer des Krieges beklagt haben soll.

Von solchen Bekehrungserlebnissen war in den Erzählungen der Tochter viel die Rede, denn anders als im Falle Lienhards enthob hier nicht die Identifizierung mit der übergeordneten großen Sache vom Grübeln über die Vorgeschichte zur Partei- und Zeitgeschichte. Und dies umso weniger, als Maierberger selbst schon in dieser Sache nur bedingt aufgegangen war und als vermögender „Edelkommunist", mit beträchtlichem Haus- und Grundbesitz, zwar engagiert auftrat und den Groß-Zimmerner Mitgenossen manches Gute zukommen ließ, aber auch gewissen Abstand zu ihnen hielt und durch caritative Aktionen diesen Abstand noch ungewollt vergrößerte. Den „Proleten" habe dann der zwar „nicht dumme", aber „ungebildete" und „frechere" Lienhard „besser gefallen", erinnerte sich die Tochter zum Führungswechsel in der Groß-Zimmerner KPD und deutete damit die Identifikationsschwierigkeiten an, die die Genossen mit ihrem örtlichen Führer hatten. Die Kluft, die tatsächlich bestand, hatte sich freilich in der Erinnerung noch um diejenige Distanz vergrößert, die Maierbergers Familie ihrerseits zum „roten Groß-Zimmern" gewonnen hat. Bis zum frühen Tod der Mutter (1925) hatten die Kinder stark unter ihrem Einfluß gestanden: einer Frau aus wohlhabender Dieburger Gastwirtsfamilie, die mit ihrem Mann nie konform gegangen war und es auch geschafft hatte, daß Maierberger Kirchgänger blieb, jedenfalls bis zur Erstkommunion der ältesten Tochter. Druck in der Schule war hinzugekommen, wo tagtäglich erfahren werden mußte, was es hieß, „e Kommunistedochter" zu sein. Und schließlich trug der Terror des „Dritten Reiches" das seine dazu bei, eine politische Identifizierung mit dem Vater zu vereiteln. Stattdessen wurde überstürzt die Anpassung an die neuen Machtverhältnisse vollzogen, wofür als Symbol gewertet werden mag, daß der roten Fahne des Hauses 1933 ein Hakenkreuz aufgenäht wurde, um flaggen zu können, wie es von Volks- statt Parteigenossen nun erwartet wurde.

Maierberger habe die Anpassung an die Nazis geschehen lassen, ja selber seine Kinder dazu angehalten, mit „Heil Hitler" statt mit „Guten Tag" zu grüßen und das Erzählen antinazistischer Witze zu unterlassen: in der sicheren Gewißheit allerdings, daß der „braune Spuk" vorbeigehen werden, denn er sei „viel zu klug" gewesen, um nicht ein katastrophales Ende des Nazismus und zumal des Krieges prognostizieren zu können. Daß nicht eine moralische Empörung Maierbergers erinnert wird – und nichts von irgendeiner antifaschistischen Konspiration und Widerstandsaktion – mag wieder mit der Distanzierung von Maierbergers kommunistischer Vergangenheit zu tun haben, die eben auch politisch-moralische Gegenpositionen zu den Nazis aus dem Blick geraten läßt. Die politische Emanzipation vom Vater entpolitisierte diesen in der Erinnerung mit, und dies wohl stärker, als es die Zeitumstände tatsächlich taten, so daß uns Maierberger heute nur noch als ein gewissermaßen bürgerlicher Held vermittelt wird: als einsamer Kämpfer für eine selbständig als gut erkannte Sache zunächst, dann als Verlierer in einem menschlich-allzumenschlichen Ränkespiel[32] und schließlich als tragisches Opfer, als ihn 1944 seine Vergangenheit einholte. Auch die „innere Einkehr" fehlt zum Schluß nicht, denn es wurde berichtet, daß Maierberger im KZ

Eine Erinnerung an die Groß-Zimmerner Arbeitervereinskultur: Foto vom Arbeiter-Sportverein, gegründet 1925, zwangsweise aufgelöst 1933.

wieder gläubiger Katholik geworden sei und von einem miteingekerkerten Geistlichen ein Gebetbuch verlangt habe, was unsererseits nicht bezweifelt werden soll, aber als lebens- und erinnerungsgeschichtliche Pointe doch auch noch gesondert gewertet werden muß. Und dies auch im Hinblick darauf, daß der im Heimatbuch mit seinen politischen Aktivitäten geschilderte Maierberger als verzeichnet und mit seinen tatsächlichen Leistungen als unzulänglich gewürdigt empfunden wurde, so daß sich die Tochter weigerte, ein solches Buch käuflich zu erwerben.

Bei Lienhard trat die Abstraktion auf das Persönliche erst dann erzählerisch hervor, als von der Verfolgung im „Dritten Reich" zu berichten war: in Asymmetrie zu der Tatsache, daß ja gerade damals die Umstände die Oberhand gewonnen hatten und Lienhard das Kollektivschicksal der entmündigten und in den Krieg getriebenen Nation aufzwangen, also ein von Millionen geteiltes Schicksal. Darauf reflektierte der Erzähler durchaus, und es ehrt ihn, daß er am Heimatbuch die nicht ausreichende Darstellung des nazistischen Massenterrors und der Verfolgung der großen Judengemeinde seines Ortes[33] zu kritisieren fand. Er selber freilich erzählte – vom Los der anderen mehr und mehr absehend – sein Einzelschicksal: so wie er eben auch als einzelner damit hatte fertig werden müssen, des kollektiven Schutzes der Gesinnungsgenossen von einst fast völlig entblößt und schon bei der ersten Verhaftung 1933 nicht mit diesen zusammen eingesperrt, sondern in Einzelhaft gesteckt. Doch dann die Rückkehr zum Erzählen in der Wir-Form, als von der Zeit nach 1945 die Rede war, von damals, als es schien, am Gestern unmittelbar anknüpfen und unter verbesserten Bedingungen nun wirklich etwas leisten zu können, und sei es auch nur auf dem Feld der Kommunalpolitik: „Do howw' ich g'sagt, jetzt müsse *mir* was mache!" Ein „wir", hinter dem freilich auch jetzt wieder maßgeblich Lienhard selber stand, der gewiefte Taktiker und erfolgreiche Nachkriegspolitiker.

Der damalige Optimismus ist indessen nur noch Erinnerung, so sehr auch heute noch zu befriedigen vermag, 1945 von der Geschichte rehabilitiert worden zu sein. In Lienhards Lebensbericht fehlten erwartungsgemäß nicht die zu dramatischen Wortwechseln zugespitzten Abrechnungen mit den Feinden von gestern, so mit dem Super-Nazi, der ihn mit 50 Mark für die NSDAP hatte einkaufen wollen. Das damalige Gespräch – so erzählte unser Gewährsmann – habe er mit der Wendung „später einmal" abgebrochen, deren Sinn er nur selber kannte. Nach dem Krieg habe ihn der Nazi – für zwei Tage aus einem Nazi-Internierungslager beurlaubt – rufen lassen in der Hoffnung, eine entlastende Zeugenaussage von ihm bekommen zu können – wieder eine Zumutung, die aber nun mit der vollen Wucht historisch beglaubigten Wahrheitsbesitzes zurückgewiesen wurde: „Ich würd' mei'm eichene Bruder net helfe, wenn er en Lump gewese wär im dritte Reich! Wisse Se noch: Später einmal … *Den* Tag und *die* Stund' hab ich gemeint!"

Lienhard erzählte uns diese Begebenheit jedoch zweimal, wobei beim zweiten Mal ein bezeichnender Zusatz hinzukam. Der Nazi habe nach dieser verbalen Zurechtweisung zu zittern angefangen, worauf ihm Lienhard gesagt habe: „Reeche se sich net auf, Ihr' Freunde sin' scho widder da un sorche defür, daß ihne nix bassiert!" Wir konnten nicht kontrollieren, ob diese Äußerung damals tatsächlich gefallen ist, als Ausdruck erster Zweifel am Bruch mit dem „Dritten Reich", oder ob sie aus heutiger Sicht in die Lebensgeschichte hineinkomponiert wurde, um einem zwischenzeitlichen Pessimismus in Bezug auf die gesellschaftlich-politischen Verhältnisse die Aura besonderer, langfristiger Klarsicht zu geben.

Ein solcher Pessimismus artikulierte sich deutlicher, wenn Lienhard auf die Gegenwart zu sprechen kam und etwa – aus aktuellem Anlaß – die Aufstellung immer neuer Atomraketen in der BRD kritisierte und dazu die Machtlosigkeit der Friedensbewegung bedachte. Nur beiläufig war hingegen vom Verbot der KPD und aller KP-verdächtigen Ersatzgründungen die Rede, und im Gegensatz zum Ende der Arbeiterbewegung 1933 wurde die politische Unterdrückung der einsetzenden Kalten-Kriegs-Phase nicht mit Geschichten vom Es-besser-gewußt-haben konterkariert, die denen aus der ersten Nachkriegszeit vergleichbar wären. Immerhin hätte sich ein Auftrumpfen am späteren Erstarken einer außerparlamentarischen Opposition, an der Wiederzulassung der DKP, an Fehlern und Skandalen der „Staatsparteien" im Bundestag festmachen können. Doch fügt sich andererseits dies alles in eine Zeitgeschichte ein, die noch im Fluß und ihrem Ende nach offen ist. Entsprechend läßt sich offenbar von der Gegenwart aus nicht abschließend über die Ereignisse der 1950er Jahre urteilen, und dies um so weniger, als nicht – wie 1933/45 – eine ihrer abgründigen Inhumanität überführte Politik nachträglich noch die Humanität der Arbeiterbewegung beglaubigt und deren Niederlage einen Sinn gibt: den Sinn des Beweises einer humanen Alternative und den Sinn des politischen Warnexempels. Zusätzlich will bedacht sein, daß ein Erzähler wie Lienhard desto mehr mit der urteilenden Mitkompetenz seiner Zuhörer rechnen kann und muß, je näher er an die Gegenwart herankommt. Dies entlastet dann auch von der Gesprächssituation her vom Erzählen bedeutungsschwerer „fertiger" Geschichten. Auf das, was zum Teil miterlebt wurde oder als Gefahr neuer Fehlentwicklungen täglich erfahren werden kann, vermag sich jeder selbst einen Reim zu machen, und er kann es dem Träger geschichtlichen Wissens entsprechend ersparen, die undankbare Rolle des ewigen Besserwissers übernehmen zu müssen, zumal noch im hohen Alter.

Doch seien diese zuletzt vorgetragenen Folgerungen wie alle anderen zur Diskussion gestellt. Dazu ist ein abschließendes Resümee nicht nötig. Als Plädoyer für weitere Oral-History-Studien zum Nutzen der Arbeiterforschung sei nur noch einmal unterstrichen: eine Geschichtsüberlieferung aus 60 Jahren Arbeiter- bzw. Arbeiterbewegungsgeschichte ist als verflochtene Lebens-, Familien-, Orts- und Parteigeschichte durchaus noch präsent und begleitet korrigierend die als lückenhaft bis falsch empfundene (und auch nicht mehr die Wissenschaft befriedigende) „offizielle" Geschichtsschreibung. Doch ist die Wahrheit dieser Überlieferung nicht im höheren Objektivitätsgrad ihrer Inhalte zu finden, sondern in der subjektiven Bewahrung und Wertung des Geschehenen, die – wie wir gesehen haben – auch die früheren Zwiespältigkeiten der Arbeiterbewegung reproduzieren, ja potenzieren. Gerade solche Eigenheiten aber machen diese Überlieferung wertvoll, und wenn aus ihr sicher kein Konzentrat letztgültigen Erfahrungswissens der Arbeiterklasse zu gewinnen ist, so durch sie doch wohl die Einsicht in historisch gelebte Subjektivität und in die (auch politisch-klassengebundene) Identitätsbehauptung unter schwierigsten Bedingungen.

Anmerkungen

1 Vgl. dazu den Beitrag von Flemming Hemmersam in vorliegenden Band.
2 Siehe Rolf Wilh. Brednich, Hannjost Lixfeld, Dietz-Rüdiger Moser und Lutz Röhrich (Hg.), Lebenslauf und Lebenszusammenhang. Autobiographische Materialien in der volkskundlichen Forschung. Vorträge der Arbeitstagung der Deutschen Gesellschaft für Volkskunde in Freiburg i.Br. vom 16. bis 18. März 1981, Freiburg i. Br. 1982.
3 Utz Jeggle (Hg.), Feldforschung. Qualitative Methoden in der Kulturanalyse (= Untersuchungen des Ludwig-Uhland-Instituts der Universität Tübingen, 62), Tübingen 1984.
4 Lutz Niethammer (Hg.), Lebenserfahrung und kollektives Gedächtnis. Die Praxis der „Oral History", Frankfurt/Main 1980.
5 Hans Paul Bahrdt, Erzählte Lebensgeschichte von Arbeitern. In: Martin Osterland (Hg.), Arbeitssituation, Lebenslage und Konfliktpotential. Festschrift für E.M. Graf zu Solms-Roedelheim, Frankfurt/Main und Köln 1975, S. 9-37; Martin Osterland, Lebensbilanzen und Lebensperspektiven von Industriearbeitern. In: Martin Kohli (Hg.), Soziologie des Lebenslaufs, Darmstadt und Neuwied 1978, S. 272-290; Werner Fuchs, Arbeiterbewegung: Geschichte und Lebenserfahrungen. In: Hans Karl Rupp (Hg.), Die andere Bundesrepublik. Geschichte und Perspektiven, Marburg 1980, S. 141-156; Wilfried Deppe, Drei Generationen Arbeiterleben. Eine sozio-biographische Darstellung, Frankfurt/Main und New York 1982; Gerhard Botz und Josef Weidenholzer (Hg.), Mündliche Geschichte und Arbeiterbewegung. Eine Einführung in Arbeitsweisen und Themenbereiche der Geschichte „geschichtsloser" Sozialgruppen (= Materialien zur historischen Sozialwissenschaft, 2), Wien und Köln 1984.
6 Ich war halt immer ein Rebell. Politische Erinnerungen von Heinrich und Marie Galm, nach Gesprächen zusammengestellt von Werner Fuchs und Bernd Klemm, Offenbach/Main 1980 (2. Aufl. ebenda 1981).
7 Ebd., Einführung, S. 7. Die Forschung hat freilich die dem Heute entstammende Rekonstruktion von Vergangenheit öfter als „verwässerte" Geschichtsüberlieferung denn als dokumentarische Quelle von eher noch gesteigertem Aussagewert aufgefaßt, so daß sich Werner Fuchs veranlaßt sah, an anderem Ort vor einer negativen Überschätzung des Problems der Retrospektive zu warnen. Siehe dens., Biographische Forschung. Eine Einführung in Praxis und Methoden (= WV studium 127), Opladen 1984, S. 167-170.
8 Vgl. Niethammer (s. Anm. 4), Einführung, S. 7. Siehe auch Fuchs, Biographische Forschung (s. Anm. 7), wo S. 138-150 die Forschungsziele der mit Erinnerungsmaterial arbeitenden Geschichtswissenschaft benannt sind und u.a. auf das Handlungsverständnis und das Handeln innerhalb bzw. unterhalb der Regeln institutioneller Strukturen, auf

basale Orientierungsmuster und Deutungssysteme, auf kollektive Lernprozesse und auf die Gesetzmäßigkeiten persönlicher Rekonstruktion von Geschichte Bezug genommen ist.
9 Lothar Steinbach, Lebenslauf, Sozialisation und „erinnerte Geschichte". In: Niethammer (s. Anm. 4), S. 291-322, hier S. 300 f.
10 Dazu Ronald J. Grele, Ziellose Bewegung. Methodologische und theoretische Probleme der Oral History. In: Niethammer (s. Anm. 4), S. 143-161.
10 a Fuchs (s. Anm. 7), S. 167 f.; Gerhard Botz, Oral History – Wert, Probleme, Möglichkeiten der Mündlichen Geschichte. In: ders. und Josef Weidenholzer (s. Anm. 5), S. 23-37, hier S. 27 f.
11 Dazu Frank Deppe, Das Bewußtsein der Arbeiter. Studien zur politischen Soziologie des Arbeiterbewußtseins (= Kleine Bibliothek, 12), 2. Aufl. Köln 1971.
12 Niethammer (s. Anm. 4), Einführung, S. 18.
13 Albrecht Lehmann, Erzählstruktur und Lebenslauf. Autobiographische Untersuchungen, Frankfurt/Main 1983.
14 Hans-Joachim Althaus u.a., „Da ist nirgends nichts gewesen außer hier". Das „rote Mössingen" im Generalstreik gegen Hitler. Geschichte eines schwäbischen Arbeiterdorfes, Berlin 1982.
15 Im Mössingen-Band (s. Anm. 14) blieb diese Frage vorerst noch offen (vgl. ebd., S. 222), doch wurde eine ergänzende Magisterarbeit angekündigt. Siehe zum Thema auch Lutz Niethammer (Hg.), „Die Jahre weiß man nicht, wo man die heute hinsetzen soll". Faschismus-Erfahrungen im Ruhrgebiet, Berlin und Bonn 1983, bes. S. 67-96.
16 Dazu Harold Garfinkel, Das Alltagswissen über soziale und innerhalb sozialer Strukturen. In: Arbeitsgruppe Bielefelder Soziologen (Hg.), Alltagswissen, Interaktion und gesellschaftliche Wirklichkeit. Bd. 1 (= Symbolischer Interaktionismus und Ethnomethodologie), Reinbek bei Hamburg 1973, S. 189 - 216.
17 Hans H. Weber (Red.), Groß-Zimmern, Klein-Zimmern. Beiträge zur Entwicklung in Vergangenheit und Gegenwart, hg. vom Gemeindevorstand der Gemeinde Groß-Zimmern anläßlich der 700-Jahrfeier 1976, Groß-Zimmern 1976.
18 Walter Thünken, Groß-Zimmern im 19. und 20. Jahrhundert. In: Weber (s. Anm. 17), S. 116-172. Für die Wahlergebnisse des 19. Jahrhunderts im Wahlkreis Offenbach-Dieburg und erweiterte Fragestellungen siehe auch Albrecht Eckhardt, Arbeiterbewegung und Sozialdemokratie im Großherzogtum Hessen 1860-1900. In: Archiv für hessische Geschichte und Altertumskunde, Neue Folge 34 (1976), S. 171-493.
19 Vgl. Thünken (s. Anm. 18), S. 142.
20 Für den vorliegenden Beitrag wurden die Namen aller Groß-Zimmerner geändert.
21 Vgl. Maurice Halbwachs, Das Gedächtnis und seine sozialen Bedingungen, Berlin und Neuwied 1966 (zuerst 1925).
22 Dies sei im Hinblick auf die idealtypischen Abgrenzungen zwischen dem Erzählen und dem Niederschreiben von Erinnerungen hervorgehoben, die Bernd Jürgen Warneken vorgenommen hat in seiner Studie: Zur Interpretation geschriebener Arbeitererinnerungen als Spiegel und Instrument von Arbeiterbewußtsein. Dargestellt an der Autobiographie eines württembergischen Arbeiterbauern. In: Brednich u.a., Lebenslauf und Lebenszusammenhang (s. Anm. 2), S. 182-196, hier S. 184 f. – Zur Funktion von Fotos beim Erzählen vgl. Detlef Hoffmann, Private Fotos als Geschichtsquelle, in: Fotogeschichte, Heft 6, 1982, S. 49-58.
23 Und zwar in Übereinklang mit der offiziellen KPD-Linie, die gegenüber den „rechten" Kräften der Arbeiterbewegung auf schärfere Distanz ging und auch darauf abzielte, „Parteirechte" in den eigenen Reihen zu isolieren. Auf Weisung der Komintern gründete die KPD damals eigene kommunistische Gewerkschaften und schloß Mitglieder, die den Kurswechsel gegen die freien Gewerkschaften nicht mitvollziehen wollten, aus (vgl. Anm. 25). Durch die „Gewerkschaftsfrage" scheinen dann auch die in der Groß-Zimmerner KP latent vorhandenen Spannungen offen zum Ausbruch gekommen zu sein, auch wenn dies im Detail nicht mehr erinnert wurde.
24 Dazu auch Gabriele Müller, Die Machtübernahme 1933 im Landkreis Dieburg. In: Archiv für hessische Geschichte und Altertumskunde, Neue Folge 38 (1980), S. 385-463, hier S. 419 und 424. Erst am 22. Januar 1933 hielt die NSDAP in Groß-Zimmern eine größere Versammlung ab (ebd., S. 423). Harte Wahlkampf-Auseinandersetzungen charakterisierten die Lage bis zum März 1933, wobei NSDAP, KPD und SPD am aktivsten waren, während das Zentrum sich zurückhielt (ebd., S. 451).
25 1928 aus der KPD ausgeschlossen, nahm Galm den Kampf „nicht gegen die Parteigrundsätze, sondern gegen die Korruption in der Parteiführung" auf, wobei er die Mehrzahl der Offenbacher Kommunisten hinter sich scharen konnte. Vgl. dazu „Ich war halt immer ein Rebell" (s. Anm. 6), S. 78-86. Der Groß-Zimmerner KP-Landtagsabgeordnete schloß sich Galms „KPD-Opposition" an und muß spätestens zu diesem Zeitpunkt ebenfalls aus der KPD ausgeschlossen worden sein. Galm nannte ihn ausdrücklich „meinen Freund" (ebd., S. 85).
26 Lager für politische Gefangene, geschaffen auf Anordnung des Staatskommissars für das Polizeiwesen in Hessen vom 1. Mai 1933. Vgl. Müller (s. Anm. 24), S. 438. Siehe auch die Erinnerungen Heinrich Galms an die Zustände in Osthofen in „Ich war halt immer ein Rebell" (s. Anm. 6), S. 121-124. – Schon im April 1933 befanden sich 29 Personen aus Groß-Zimmern in „Schutzhaft", größtenteils KPD-Mitglieder oder zumindest Anhänger dieser Partei, dar-

unter der am 14. März erstmals festgenommene Lienhard. Vgl. Müller (s. Anm. 24), S. 429 und 438. Seit dem 30. März 1934 waren aus dem Landkreis Dieburg offiziell keine Personen mehr in Osthofen, doch wurden die Entlassenen streng überwacht (ebd., S. 439).

27 Er bestand in der Wahrung des Zusammenhalts der Genossen, in Hilfeleistung für Verfolgte, in Mundpropaganda gegen das NS-Regime und bis 1934/35 auch noch im Verteilen kommunistischer Flugblätter und im öffentlichen Anbringen von NS-feindlichen Parolen. Vgl. Müller (s. Anm. 24), S. 441-445.

28 Darmstädter Tagblatt vom 1. Februar 1952, zitiert nach Thünken (s. Anm. 18), S. 149.

29 Daniel Bertaux und Isabelle Bertaux-Wiame, Autobiographische Erinnerungen und kollektives Gedächtnis. In: Niethammer (s. Anm. 4), S. 108-122, hier S. 113 f.

30 Warneken (s. Anm. 22).

31 Ich war halt immer ein Rebell (s. Anm. 6), Einführung, S. 7.

32 Über die politischen Gründe für Maierbergers Anschluß an die „KPD-Opposition" konnte die Gesprächspartnerin auch auf Anfrage keine Angaben machen.

33 Vgl. dazu Paul Arnsberg, Zur Geschichte der jüdischen Gemeinde Groß-Zimmern. In: Weber (s. Anm. 17), S. 194-197. Dort wird schlicht festgestellt, daß etwa die Hälfte der ursprünglich in Groß-Zimmern wohnhaften Juden „umgekommen" ist. Mittels amtlicher Dokumente zeichnet Gabriele Müller (s. Anm. 24), S. 447 f., wenigstens von der Verfolgung, die der Deportation vorausging, ein genaueres Bild.

Gisela Lixfeld

Arbeiter und Arbeiterinnen im Umgang mit ihrer Geschichte – Erfahrungen aus dem Stadtmuseum Schramberg

1. Die Ausgangslage vor Beginn des Museumsaufbaus

Schramberg, eine katholische schwäbische Arbeiterstadt im mittleren Schwarzwald, hat heute rund 19000 Einwohner, von denen die meisten Erwerbstätigen in der örtlichen Industrie beschäftigt sind. Mittelbar abhängig von dieser hauptsächlich feinmechanischen Industrie sind daher rund zwei Drittel der in Schramberg lebenden Familien. Da das Gesicht der Stadt und das Leben der Menschen durch die Industrialisierung geprägt wurden, die Schramberg 1867 zum Stadtrecht verhalf, erschien der Vorschlag, diese im 1979 gegründeten Stadtmuseum in den Mittelpunkt zu rücken, nur konsequent. Niemand hatte etwas dagegen, am Beispiel der Steingutherstellung die Anfänge der Industrialisierung Schrambergs aufzuzeigen, am Beispiel der Schramberger Strohmanufakturen Armenbeschäftigung und Heimarbeit, am Beispiel der Uhrenindustrie die Hochindustrialisierung. Hierbei konnte sich jedoch auch niemand so recht vorstellen, was unter abstrakten Begriffen wie Industrialisierung und Armenbeschäftigung konkret zu fassen war. Daß hier nicht nur Unternehmergeschichte gezeigt werden sollte, vielmehr die Arbeitsbedingungen, unter denen die ausgestellten Produkte entstanden, und die Auswirkungen der Industrialisierung auf die Lebensweise der Menschen, war anfangs der Mehrheit der Bevölkerung nicht klar.

Schramberg besitzt keine Museumstradition. Zwar bestand bereits um die Jahrhundertwende ein privates Firmenmuseum der Uhrenfabrik Junghans – gedacht jedoch als Werbemuseum für die Uhrenindustrie, nicht als Heimatmuseum für die ortsansässige Bevölkerung. Seit 1912 gab es mehrere Anläufe zu einer Museumsgründung, die jedoch immer wieder an den knappen Finanzen scheiterte. Ein Heimatmuseumsgründungsversuch in den 50er Jahren war sogar mit einer Sammelaktion verbunden, die uns einige Prachtstücke hinterließ, an denen wir das Heimatmuseums- wie das Geschichtsverständnis der damaligen Zeit ablesen können. Damals gesammeltes Steingutgeschirr deutet uns an, daß die Initiatoren daran dachten, Produkte der örtlichen Industrie auszustellen, allerdings weniger in ihren Alltags- als in ihren Exklusivexemplaren. Nicht zufällig ist das vor dreißig Jahren zusammengebrachte Geschirr die gefällige biedermeierliche Ware der Zeit vor 1880. Spätere Gegenstände der Steingutindustrie, in den 50er Jahren zweifellos noch in großen Mengen auf den Dachböden vorhanden, erschienen ebenso wenig würdig wie Gegenstände der Strohflechterei, der Armenbeschäftigung des 19. Jahrhunderts, die in Schramberg 1930 aufgegeben wurde, jedoch in den Nachbargemeinden noch bis in die 50er Jahre betrieben wurde. Auch in den seinerzeit angekauften Uhren zeigt sich die Idee des Heimatmuseums als „Schatzkästle": Statt der eigenen heimischen Industrieproduktion der seit 1861 in Schramberg massenhaft hergestellten Alltagsuhr des Industriezeitalters kaufte man die dekorativer erscheinenden, hausindustriell hergestellten Schwarzwalduhren. Noch 1978, ein Jahr vor der Museumsgründung, dokumentierte sich dieses Museumsverständnis ein letztes Mal in aller Deutlichkeit: Gelder einer Erbschaft wurden auf Initiative eines örtlichen Uhrenliebhabers und ehemaligen Chefdesigners der Uhrenfabrik Junghans für den Ankauf einer Schwarzwalduhrensammlung verwendet, die mit der örtlichen Produktion, mit der Geschichte der Bewohner der Stadt nur wenig zu tun hat, dafür aber mit dem Glorienschein des Wertvollen, Altehrwürdigen und damit Sammelwürdigen umgeben ist, wie auch die im Zusammenhang des Ankaufs geführte Korrespondenz klar ausweist: „Es handelt sich um eine Sammlung, beginnend mit Stücken aus dem Dreißigjährigen Krieg ..."

Zwar wurden das Junghans'sche Familienwappen, die Ehrendoktor-Urkunden Arthur Junghans' wie die Bundesverdienstkreuze Helmut Junghans' beim Zusammenbruch der Familien- und Firmendynastie von eifrigen Museumsinteressenten Anfang der 60er Jahre vor der Müllkippe bewahrt, an die Darstellung des eigenen Alltags dachte man jedoch nicht. Kurz: Als die Pläne für ein Stadtmuseum konkreter wurden, war nicht nur fast nichts da, was man hätte ausstellen können, es fehlte auch das Bewußtsein für die eigene Geschichte, was nicht nur die kleine Sammlung spiegelt, sondern auch Aussprüche wie: „Stadtgeschichte wollen Sie ausstellen? Aber Schramberg hat doch gar keine Geschichte!" – eine Meinung, die wir durchaus nicht nur von ortsfremden Lehrern, sondern ebenso von gutinformierten Einheimischen des öfteren zu hören bekamen. In eine ähnliche Richtung gingen die Eingangsrituale so mancher Interviews mit Arbeitern und Arbeiterinnen: „Mich wollen Sie befragen? Aber ich weiß doch nichts von der Geschichte."

Daß die Geschichte, wie sie von der Schule bekannt ist, Auswirkungen auf das Leben der Menschen in einer Kleinstadt hat, daß der ärmliche Alltag der Vorfahren oder gar der eigene berichtenswerte Geschichte sein könnte, daß Gegenstände dieses Alltags – wie etwa die in den Fabriken hergestellten Steingutwaren, Industriewecker, Arbeitsordnungen und sonstige als 'Gelump' abgetane Alltagsgegenstände – vom Museum, in dem sich nach allgemeiner Kenntnis nur 'wertvolle' Sachen finden, als Sachzeugen der eigenen Vergangenheit und Gegenwart angesehen würden, das konnte sich anfangs niemand so recht vorstellen.

2. Die Öffentlichkeitsarbeit des Stadtmuseums in der Aufbauphase – Mitarbeit der Bevölkerung beim Sammeln von Museumsgegenständen zum Arbeiteralltag

Zu Beginn war es beinahe so etwas wie eine Existenzfrage für das Museum: Wie erreichen wir, daß die Einheimischen, vorwiegend Arbeiter und Arbeiterinnen, nicht gerade 'klassische' Museumsbesucher, ihr Museum akzeptieren und mitarbeiten?

Auf eine ungebrochene Arbeiterbewegung und ihrer Geschichte bewußte Arbeiter konnten wir nicht zurückgreifen. Die vor 1933 starke Arbeiterbewegung in Schramberg – noch am 5. März 1933, bei der letzten halbwegs freien Wahl, wählte ein Drittel der Schramberger die beiden Linksparteien KPD und SPD – hat sich von ihrer Zerschlagung durch den Nationalsozialismus bis heute nicht erholt, der für einen Teil der Kommunisten KZ und Tod, für alle die politische Entmachtung durch Entfernung aus den offiziellen Gremien bedeutete und durch das Verbot linker Vereine auch das kulturelle Leben der Arbeiterbewegung weitgehend zerstörte.[1] Zwar gibt es wieder eine SPD-Gemeinderatsfraktion; sie ist jedoch weit schwächer vertreten als vor der Machtergreifung. Zwar hat sich die Schramberger Ortsgruppe der „Naturfreunde" nach dem Krieg wieder zusammengefunden – im Nachbarort Lauterbach steht die Neugründung bis heute aus –, aber andere Vereine der Arbeiterkultur wie der Arbeitergesangverein „Freier Volkschor" wurden nicht wieder gegründet: Sangesfreudige Arbeiter schlossen sich stattdessen in den 50er Jahren den beiden bürgerlichen Gesangvereinen an. Ähnlich erging es dem Arbeitersport: Hatte es vor 1933 vier Arbeitersportvereine gegeben, so gingen die Arbeiter nach Kriegsende in die Sportvereine, die das Dritte Reich gleichgeschaltet überstanden hatten bzw. erst in dieser Zeit gegründet worden waren. Der Nationalsozialismus hat in Schramberg eine Entpolitisierung der Arbeiterschaft bewirkt: Durch Zerstörung der Arbeiterkultur und politische Entmachtung. Der Wirtschaftsaufschwung der 50er Jahre, verbunden mit Wohlstand auch bei der Arbeiterschaft, machte es schwer, die alten Formen der Arbeiterkultur zu neuem Leben zu erwecken.

Entsprechend rar sind die ihrer Geschichte bewußten Arbeiter. Zwar halfen uns einige historisch interessierte Gewerkschafter bei der Materialbeschaffung, arbeiteten auch später bei der Sonderausstellung zur Machtergreifung – „Schramberg 1933" – mit, aber insgesamt erschien es – auch aus der politischen Gesamtsituation, die schon mein Vorgänger Andreas Kuntz in zwei Aufsätzen dargelegt hat[2] – ratsamer, Formen zu finden, die die Mitarbeit der Bevölkerung auf eine breitere Basis stellten. Hätten wir unsere Öffentlichkeitsarbeit ausschließlich auf gewerkschaftlicher Ebene laufen lassen, hätten wir nur einen kleinen Teil der Arbeiter erreicht – die meisten Arbeiter und vor allem Arbeiterinnen sind nicht organisiert.

So versuchten wir es zunächst mit Zeitungsanzeigen, deren abstrakte, papierene Ausdrucksweise wie etwa „Fotos von Arbeitsplätzen gesucht" jedoch kaum jemanden ins Museum trieb. Besseren Erfolg brachte eine provisorische Aufstellung einiger Sammlungsgegenstände, die zu festgesetzten Zeiten in dem damals noch provisorisch untergebrachten Museum besichtigt werden konnten. Die – recht wenigen – Besucher merkten hier erstmals, daß im Museum Sachen gesammelt wurden, die sie selbst zu Hause hatten, und fingen an, sich zu beteiligen. Den Durchbruch brachte schließlich der erste 'Tag der offenen Tür', den wir zusammen mit der im selben Haus untergebrachten Stadtbibliothek und dem Dritte-Welt-Laden veranstalteten, wobei wir gemeinsam zu Kaffee und selbstgebackenem Kuchen einluden, nebenbei die Museumsarbeit erläuterten und uns von den Besuchern über ihre Arbeit erzählen ließen. Die zwanglose Atmosphäre dieses Wochenendes trug wesentlich dazu bei, daß „wir Fremden von der Kultur" als normale, arbeitende Leute angesehen wurden. Eine Menge Spenden von Schramberger Steingut – meist Stücke, wie die Besucher sie bei der provisorischen Aufstellung gesehen hatten – waren die Folge.

Nach dem Umzug ins damals noch im Umbau befindliche Schloß, das Museumsgebäude, dessen Bauschutt uns zunächst von den gerade gewonnenen Museumsinteressenten abzuschneiden drohte, boten wir einmal wöchentlich nachmittags und abends Depotführungen an, um den Schrambergern unsere Arbeit zu zeigen. Bei dieser Gelegenheit verteilten wir ein kostenloses Informationsheft, das in Bild und Text die Museumskonzeption vorstellte und um Mitarbeit warb.[3] Eine „Ausstellung über die künftigen Ausstellungen" mit Fotos, Dokumenten und einigen Museumsobjekten diente dazu, unsere Pläne und das Museumskonzept zu veranschaulichen. Mit Erstaunen betrachteten die Besucher, vorwiegend Hausfrauen, Rentner und Rentnerinnen – ehemalige Arbeiter und Arbeiterinnen der Schramberger Fabriken zumeist – Fotos von Arbeitsplätzen, Belegschaftsfotos, Vereinsfotos. Nachdem sie anfangs nicht recht glauben konnten, daß ein Museum derart Alltägliches sammelte, führte die Mundpropaganda nun immer mehr Arbeiter und Arbeiterinnen ins unfertige Museum, hauptsächlich der Fotos wegen. Die ausgestellten Fotografien regten nicht nur dazu an, sich durch eigene Stücke am Aufbau der Sammlung zu beteiligen, sondern auch mit uns über die Arbeitssituation früher und heute zu reden. Über die Fotos gewannen wir erste Interviewpartner. Über die Fotos kamen die Arbeiter und Arbeiterinnen aber auch untereinander ins Gespräch. Besonders alleinstehende Senioren entdeckten das Museum bald als Kommunikationsort. Diese improvisierte Fotoausstellung wies uns ebenso auf den ungeheueren Bedarf an eigener Geschichte und ihrer Darstellung hin. Viele Besucher zeigten sich begeistert vom Wiedererkennen des eigenen Lebens im Museum – wobei übrigens häufig genug Arbeit mit Leben gleichgesetzt wurde. Viele, die selbst nicht über altes Fotomaterial verfügten, baten um Abzüge. Zigmal haben wir eine Aufnahme nachmachen lassen müssen, die 6-10jährige Kinder teilweise ohne Schuhe und in nicht passender Kleidung zeigt: Quäkerspeisung während der Inflationszeit 1923, für die heute über Siebzigjährigen eine Erinnerung an ihre ärmliche Kindheit, aus der sie nicht immer über sichtbares Erinnerungsmaterial verfügen.

Diese Versuche, die Menschen am Aufbau ihres Museums zu beteiligen, halfen auch, Vorurteile gegenüber uns ortsfremden Museumsmitarbeitern abzubauen. Das Vertrauen wuchs insbesondere dadurch, daß wir unsere Besucher dank ihrer Sachspenden namentlich zu kennen begannen und auch die Wichtigkeit der Spenden unter Beweis zu stellen vermochten, indem wir den Spendern 'ihre' Museumsstücke zeigen konnten.

An der Sammelaktion beteiligten sich insgesamt 68 Frauen und 69 Männer. Bis Dezember 1984 verzeichnete das Eingangsbuch rund 2200 Objekte, davon 44 Prozent als Spenden der Einheimischen. Ein knappes Drittel (28 %) des gespendeten Museumsinventars stammt von ungelernten Arbeitern und Arbeiterinnen, die damit entsprechend ihrem Anteil in der Bevölkerung (29 %) unter den Museumsinteressenten vertreten sind – Frauen (30 %) etwas stärker als Männer (26 %). Unterrepräsentiert sind dagegen die gelernten Fachkräfte mit mittlerem Einkommen. In der Bevölkerung macht diese Gruppe 58 % aus, unter den Museumsspendern ist sie nur mit 43 % vertreten – was allerdings auch damit zusammenhängt, daß neben Facharbeitern kleine bis mittlere Angestellte und Beamte zu dieser Gruppe gehören, die sich aufgrund ihrer anders gearteten Arbeitswelt mit den Sammlungsbereichen weniger identifizieren können. Auffällig ist ferner, daß zu Beginn insbesondere Frauen sich bei der Suche nach Museumsgegenständen beteiligten: Der größte Teil des gespendeten Steingutbestands stammt von Frauen, während Uhren später überwiegend von Männern gebracht wurden, die in der Uhrenindustrie tätig waren oder sind. Die Frauen, die Steingut schenkten, waren dagegen großenteils nicht in der Steingutfabrikation beschäftigt, sondern Hausfrauen – Frauen von Arbeitern, teils selbst in der feinmechanischen Branche tätig –, die ihr abgelegtes Geschirr dem Museum überließen. Es zeigte sich, daß die Art der Museumsspende in deutlichem Zusammenhang zur eigenen Lebenserfahrung des Spenders steht bzw. von seinem engsten Erfahrungsbereich abhängig ist. Daher ist es nicht verwunderlich, daß gerade Rentner und Rentnerinnen sich von der Öffentlichkeitsarbeit des Stadtmuseums angesprochen fühlten. Ihr Anteil in der Bevölkerung liegt zwar nur bei 18,6 %, jedoch kommt fast die Hälfte der Spenden von ihnen. Über die Hälfte der in der Aufbauphase von 1980-1983 gewonnenen Museumsinteressentinnen sind Rentnerinnen, ein gutes Drittel der männlichen Museumsspender Rentner. Besonders hoch ist der Rentneranteil unter den Museumsinteressenten aus der Arbeiterschicht. Zwei Drittel der angelernten Arbeiter und Arbeiterinnen, die ihre Gegenstände dem Museum überließen, sind Rentner und Rentnerinnen.

3. Die Rezeption von Ausstellungen seit Eröffnung des Museums – teilnehmende Beobachtung und Gespräche mit Museumsbesuchern

Die Angebote des Museums werden seit Eröffnung der ersten Abteilung im Sommer 1982 in zunehmendem Maße von der einheimischen Bevölkerung in Anspruch genommen. Kamen 1982 pro Öffnungstag durchschnittlich 53,5 Besucher, so waren es 1983 bereits 63,5 und 1984 sogar 76,3. Die Öffentlichkeitsarbeit in der Aufbauphase brachte dem Museum nicht nur eine Menge Ausstellungsmaterial und zahlreiche Anregungen zur Überarbeitung der Konzeption, sondern sie sicherte auch einen festen Mitarbeiter- und Interessentenstamm aus der Arbeiterschicht, der die Angebote des Museums in Anspruch zu nehmen sich gewöhnt hat oder gar selbst mitarbeitet. Über 20000 Besucher im Jahr in einer Arbeiterstadt mit weniger als 20000 Einwohnern und ohne nennenswerten Tourismus beweist ein starkes Interesse an der eigenen Geschichte, auch in der Arbeiterschaft. Nach Schätzungen der Aufsicht führenden ehrenamtlichen Mitarbeiter – vier ehemalige Arbeiter und eine Arbeiterin, alle Rentner – machen die Feriengäste selbst im Sommer nicht einmal ein Drittel der Besucher aus.

Als Indikator dafür, daß überwiegend Einheimische, Arbeiter und Arbeiterinnen, aber auch andere Bevölkerungsgruppen, das Museum besuchen, kann – eine exaktere Besucherbefragung ist in Planung – vorläufig die Rezeption der Sonderausstellungen dienen. Im Stadtmuseum finden jährlich bis zu zehn Sonderausstellungen statt, darunter in der Regel zwei vom Museum selbst erarbeitete zu stadtgeschichtlichen oder sonstwie für Schramberg spezifischen Themen, eine Ausstellung der Volkshochschule, eine der Staatsgalerie, vier des örtlichen Kunstvereins, je eine von Schülern und Hobbykünstlern.

Im Besuch dieser Sonderausstellungen lassen sich deutliche Differenzierungen nachweisen. Kunstausstellungen, vor allem avantgardistische Kunst, wie sie der Schramberger Kunstverein „Podium Kunst" in den Sonderausstellungsräumen des Stadtmuseums veranstaltet, sind neben den Wanderausstellungen der Staatsgalerie Stuttgart die von Einheimischen am schlechtesten besuchten. Nicht nur mangelnde Didaktik ist daran schuld, sondern auch das Fehlen von Anknüpfungspunkten aus der eigenen Erfahrung. Dagegen sind Ausstellungen mit Gegenständen, die stark zum eigenen Erfahrungsbereich gehören, wie beispielsweise die Präsentation der Ergebnisse von Volkshochschulkursen zu Themen wie Stricken, Nähen, Werken genauso gut besucht wie die vom Museum veranstalteten Ausstellungen zur Stadtgeschichte oder zu sonstigen Schramberg betreffenden Themen. Besonders starkes Interesse bei organisierten Arbeitern fand die Ausstellung „Schramberg 1933" (Nationalsozialistische Machtergreifung), bei der ein Gewerkschafter und ein Naturfreundemitglied mitgearbeitet hatten. Diese zwar übersichtlich gegliederte, dennoch für Besucher eigentlich zähe Leseausstellung, bei der das Auge nur hin und wieder mal auf einem der wenigen dreidimensionalen Stücke ausruhen konnte, zeigte, was Museumsbesucher alles auf sich zu nehmen bereit sind, wenn sie sich für die ausgestellte Information interessieren. Nicht nur die sehr gut lesbaren, stark vergrößerten Leittexte wurden gelesen, auch die weniger leicht lesbaren Originalquellen wurden ausführlich studiert, was sicherlich nur mit einem hohen Motivationsgrad und persönlicher Betroffenheit der Besucher zu erklären ist.

Daß Museumsbesuch, Häufigkeit und Art der Rezeption der Ausstellungen stark von eigenen Lebenserfahrungen der Besucher abhängig sind, erfuhr ich erst kürzlich wieder nach der Eröffnung der von Realschülern erarbeiteten Ausstellung zum 8. Mai 1945 – „Der Einmarsch der Franzosen in Schramberg, Zeitgenossen erinnern sich" –: Eine etwa 70jährige Frau beugt sich über die Vitrine mit der Aufschrift „Nötig –

Wertlos"; ausgestellt sind dort ein Rucksack mit Hamstergeschirr, daneben eine alte Milchkanne, Brotmarken, die Tagesration – 10 g Speck, 16 g Zucker, 5 g Fett, 4 g Käse, 4 g Kaffee-Ersatz, 32 g Reis, 350 g Brot –, rechts davon liegen nun wertlose Sachen wie Parteiabzeichen, Hitlers „Mein Kampf", Munition, ein Hakenkreuz. Eigentlich hatte ich keine Zeit, aber ich konnte dennoch der Versuchung nicht widerstehen, die mir unbekannte Frau anzusprechen: „Können Sie sich noch erinnern ...?" – „Sehr gut. Es war genau so. Das Bild vom Luftschutzkeller. Ich war im Luftschutzkeller der HAU (Hamburg-Amerikanische-Uhrenfabrik), als die Franzosen einmarschierten. Ich habe alles gelesen. Es war genau so. Nur das Brot, das war nicht so, es war heller, es war mit Mais. Und am Anfang war es weniger. Wir haben gehungert. So wenig Wurst, so wenig Fett, ja das war so. Ich kann mich gut erinnern. Wir haben gehamstert, Kartoffeln, manchmal nur ein Stück, im Oberland. In Seedorf bei einer Familie, da haben sie gerade das Tischgebet gesprochen, dann noch für den Opa gebetet, und dann nichts gegeben." Frau R. erzählte mir noch ziemlich viel, was ich im Anschluß an das Gespräch protokollierte. Sie stammt aus dem Badischen, kam als Kriegsdienstverpflichtete nach Schramberg, arbeitete dort 37 Jahre bei Junghans – erst Zünderproduktion, dann Spiralweiser zusammensetzen, dann Federhausmontage bei Damenarmbanduhren. Frau R. schaut jede neue Sonderausstellung an, am liebsten solche wie die zum 8. Mai und Fotoausstellungen. Bei der Krippenausstellung war sie mehrmals. In die Uhrenabteilung geht sie auch immer wieder, meist mit Bekannten, um ihnen zu zeigen, was sie jahrzehntelang gearbeitet hat. Auch mich führt sie zielsicher zur Kleinuhrenvitrine und zeigt auf ein winziges Werk: „Daran habe ich geschafft." Ich lese ihr, in der falschen Annahme, daß sie die Uhrwerksnummer nicht lesen kann, die Ziffern vor. Doch nicht das ganze Uhrwerk interessiert – sie war nicht in der Endmontage, sondern in der Bestandteilmontage tätig. Sie interessiert sich ausschließlich für Teile – die Spiralweiser und die Federhäuser. Das Federhaus liegt unter der Platine, das kann man leider nicht sehen, aber der Spiralweiser ist sichtbar. Sie ruht nicht eher, bis ich weiß, was ein Spiralweiser ist. 1600 Spiralweiser hat sie pro Tag zusammengesetzt, acht Jahre lang – das macht vier Millionen Spiralweiser aus ihrer Hand. Frau R. äußert die Vermutung, daß in einer dieser Uhren ein Spiralweiser von ihr stecken könnte, eigentlich müßte. Nicht das ganze Uhrwerk ist interessant, unter Hunderten von Bestandteilen interessieren nur zwei.

Wir haben durchaus Bestandteile ausgestellt: Teile eines mechanischen und eines Quarzweckers im Vergleich – nicht die einer Armbanduhr. Doch unsere Absicht war eine ganz andere: wir wollten nicht Teile zeigen, die Menschen ihr Leben lang gemacht haben; wir wollten verdeutlichen, wie wenige Teile ein Quarzwecker heute im Vergleich zu einem mechanischen früher hatte, das solide mechanische Stück gegen die billige Plastiktechnik der Quarzuhr, der entsprechende Wandel der Arbeitsplätze, Rationalisierung, Leichtlohngruppen.

Dieses Beispiel soll nur zeigen, wie wirklichkeitsfremd wir zuweilen mit der Darstellung des Lebens der Arbeiter umgehen. Keiner von uns kam auf die Idee, daß jemand, der sich jahrzehntelang mit der arbeitsteiligen Produktion von Uhren beschäftigt hat, nur ein bestimmtes Teil hergestellt hat, sich nur mit diesem Teil identifiziert – und deshalb auch einen Anspruch hat, dieses Teil ohne Mühen im Museum sehen und zeigen zu können. Die Arbeiterin kritisierte die Ausstellung nicht, sie war schon zufrieden damit, daß sie wenigstens das offene Uhrwerk sehen und ihren Spiralweiser zeigen konnte, aber die Mühe, die sie sich machen mußte, um mir anhand der ausgestellten Stücke zu erklären, welchem Teil ihr berechtigtes Interesse galt, war Hinweis genug. Für Frau R. ist der Spiralweiser ein wichtiges Stück ihrer Lebensgeschichte. Und Geschichte ist dann interessant, wenn sie erfahren wird als Teil des eigenen Lebens. Das galt für den Spiralweiser ebenso wie für den 8. Mai 1945.

Wie sehr persönliche Betroffenheit nicht nur zum Museumsbesuch führen, sondern auch daran hindern kann, machte mir ein Ausspruch eines Gewerkschafters klar, mit dem ich viel zusammenarbeite und von dem ich daher annahm, daß er über die Museumsarbeit recht gut informiert ist. Auf meine harmlose Frage, wie ihm denn die Krippenausstellung – unsere mit über 13000 Besuchern in vier Wochen bisher bei weitem erfolgreichste Ausstellung, mit der wir offensichtlich alle Bevölkerungsschichten erreichten – gefallen habe, bekam ich zu hören, daß er derartigen „reaktionären Kruscht" nicht anzuschauen pflege. Daß die Krippen mit dem Leben der überwiegend katholischen Arbeiter sehr viel zu tun haben – unter den 14 ausstellenden Krippenbauern waren immerhin sieben Arbeiter und fünf als Angestellte beschäftigte Handwerker und Facharbeiter – war dem Gewerkschafter klar; er lehnte den Besuch aufgrund seiner Erfahrungen bei der Gewerkschaftsarbeit ab. Seine emotionale Einstellung zum Krippenbau hinderte ihn daran, sich vorstellen zu können, daß auch derartige Ausstellungsobjekte in einen historischen Sachzusammenhang gebracht werden und so Zeugen historischer Prozesse sein können, daß Besucher, die sich zunächst einmal für Krippen interessieren, über dieses Interesse zu Informationen zum historischen Sachzusammenhang geführt werden können. Indem beispielsweise die Entwicklung des Krippenbaus in Schramberg durch Fotos, Dokumente und erläuternde Texte in Beziehung zum geschichtlichen Ablauf gesetzt wird, können die zuvor aus ihrem Kontext gerissenen und daher beschaulich wirkenden Weihnachtskrippen nun zusammen mit Information, die Entsprechungen im Leben des Beschauers findet, Denkanstöße geben.[4] Gerade der zeitgeschichtliche Informationsteil der Krippenausstellung sprach viele Besucher an. Die Art der Kennzeichnung der Zeit mittels privater Fotos erwies sich als gangbarer Weg, das Abstrakte und damit schwer Vorstellbare historischer Zeitabläufe begreifbar zu machen.

Auch ansonsten bestätigte die teilnehmende Beobachtung der Museumsbesucher immer wieder – was wir schon beim Sammeln bemerkt hatten –, daß Objekte des eigenen Lebensbereichs durch den täglichen Umgang eine größere Identifikationsmöglichkeit auch im Museum bieten. Frauen interessieren sich offensichtlich mehr für die Steingutabteilung, hier auch nicht für das 'schöne' alte Geschirr vor der Jahrhundertwende, sondern für das neue, das sie aus eigenem Umgang noch kennen. Speziell die Reaktion auf das sogenannte „Dekor Rita", das Hamstergeschirr der Nachkriegszeit, bestärkte diese Annahme: Kaum eine einheimische Frau, die nicht bei seinem Anblick eine Lebensmittelhamstergeschichte zu erzählen weiß. Männer werden dagegen eher bei längerem Verweilen in der Uhrenabteilung beobachtet, wobei den dort ausgestellten Fotos und aufliegenden Fotoalben weitaus größeres Interesse entgegengebracht wird als den Uhren selbst.

Diese und andere Beobachtungen führten dazu, eine Umfrage auszuarbeiten, um Genaueres darüber zu erfahren, wie insbesondere Arbeiter und Arbeiterinnen auf die Darstellung ihrer Geschichte im Museum reagieren, was sie anders sehen als wir Ausstellungsmacher, womit sie sich identifizieren, was sie für gut, was für falsch halten. Der Fragebogen befindet sich in der Testphase. Der endgültige Fragebogen soll erstmals in der zweiten Junihälfte – sogleich nach Eröffnung der letzten Dauerausstellung – erhoben werden. Es ist geplant, die Umfrage von Zeit zu Zeit zu wiederholen, um langfristige Ergebnisse zu bekommen. Hierbei interessiert uns besonders, ob die Öffentlichkeitsarbeit des Museums und die derzeitige Präsentation einen Wandel des Geschichtsverständnisses bewirkt hat oder nicht.

4. Fazit

Inwieweit sich das Geschichtsverständnis der Museumsbesucher im Sinne von Bewußtwerden der eigenen Alltagsgeschichte durch die Museumsarbeit verändert hat, läßt sich sicher schlüssiger und genauer nach Abschluß der langfristig angelegten Besucherbefragung sagen. Es besteht allerdings kein Zweifel daran, daß für diejenigen, die sich schon in der Aufbauphase durch Sachspenden und Mitarbeit beteiligten, eine Bewußtwerdung der eigenen Geschichte in Gang gesetzt wurde. Das Museumsverständnis hat sich bei vielen verändert: Prunkstücke sind durchaus zugunsten der Alltagsware in den Hintergrund getreten – schon deshalb, weil die Prachtexemplare mit dem Leben der meisten Menschen nichts zu tun haben.

Wenn heute auch Arbeiter und Arbeiterinnen die in den Schramberger Fabriken von ihnen selbst hergestellten Gegenstände wie Uhren, Steingut- und Strohwaren etc. und Dokumente wie Arbeitsordnungen und Fotoalben, die uns Einblick in das alltägliche Leben ermöglichen, ins Museum tragen, sich darüber hinaus verstärkt zu auf Tonband festgehaltenen Interviews bereit erklären, dann ist das ein Ergebnis der Museumsöffentlichkeitsarbeit und der derzeitigen Museumspräsentation.

Da die Präsentation der Alltagsgeschichte vorwiegend an der Industriearbeit festgemacht wurde, gelangten nach Eröffnung des Museums vermehrt entsprechende Exponate in die Sammlung. Das Sehen bzw. Wiedererkennen ähnlicher Dinge löst Assoziationen aus wie: „Das haben wir auch daheim. Wollen Sie das? Das können Sie haben."

Der in der Dauerausstellung weniger ins Blickfeld gerückte private, häusliche Bereich erwies sich als weitaus zäheres Sammelgebiet: Wenn die Küchenuhr ins Museum getragen wird, bedeutet dies noch lange nicht, daß auch der Rührbesen für museumswürdig befunden wird. Opas Arbeitsbuch hat gute Aussichten, die Museumsarchivalien zu bereichern, während Omas Haushaltsbuch – für uns ein mindestens ebenso wichtiges Dokument, das uns viel über die Lebensweise einer Arbeiterfamilie sagen könnte – als 'Gelump' in den Container wandert. Man geniert sich nicht mehr, das minderwertige Kriegsgeschirr ins Museum zu tragen – dort sieht man schließlich so etwas ausgestellt –, auch vor geflickten Stücken schreckt man weniger zurück als noch vor ein paar Jahren, doch noch heute stoßen wir auf Unverständnis, wenn wir – bei Haushaltsauflösungen zumeist – Kochtöpfe älteren wie jüngeren Datums, Waschschüsseln und ähnlichen Hausrat, der weder den Erben noch den Antikhändlern von Interesse erscheint, für die Museumssammlung beanspruchen. Nur ganz 'Aufgeklärte' – meist langjährige ehrenamtliche Mitarbeiter – tragen derartiges unaufgefordert ins Museum.

Das, was die Besucher und Besucherinnen im Museum ausgestellt finden, bringen sie hin. Was nicht ausgestellt ist, hat kaum eine Chance, beachtet zu werden. So zeitigt die Museumspräsentation ihre Wirkung auf ihr Publikum – meßbar durch teilnehmende Besucherbeobachtung, Besucherbefragung und nicht zuletzt durch den Spendenbestand. Uns Mitarbeitern verdeutlichen gerade die Spenden die Mängel unseres Ausstellungskonzeptes, die vornehmlich darin bestehen, daß wir den häuslichen Bereich zu wenig berücksichtigt haben und zu schnell vor den Schwierigkeiten kapitulierten, die das Sammeln von Gegenständen des alltäglichen Lebens jenseits der Fabrikarbeit mit sich bringt.

Anmerkungen

1 Zur Arbeiterbewegung in Schramberg und ihrer Zerschlagung durch den Nationalsozialismus vgl. Gernot Stähle, Rotliegendes. Geschichte der Arbeiterbewegung in Schramberg 1888-1978, hg. vom SPD-Ortsverein Schramberg 1978. – Hans Joachim Losch, Die KZ-Opfer des Nationalsozialismus in Schramberg. Eine Dokumentation, hg. von der Stadt Schramberg 1982. – Schramberg 1933. Eine Dokumentation, Ausstellungsbegleitheft mit Beiträgen von Franz Fehrenbacher, Gisela Lixfeld, Hans-Joachim Losch, Heinrich Petri, Karin Sahr und Gernot Stähle, hg. vom Stadtmuseum Schramberg 1983. – 90 Jahre Industriegewerkschaft Metall Verwaltungsstelle Schramberg, Jubiläumsfestschrift mit Beiträgen von Manfred Dierolf, Hans Uhse und Gernot Stähle, hg. von der Industriegewerkschaft Metall Verwaltungsstelle Schramberg 1984.
2 Andreas Kuntz, Über den Aufbau eines Stadtmuseums Schramberg, Museum für Sozial- und Technikgeschichte. In: Hessische Blätter für Volks- und Kulturforschung, Neue Folge Band 10 (1980), S. 94-98.
Ders., Der Aufbau eines Heimatmuseums, Beispiel II: Schramberg im Schwarzwald. Oder: Das Museum als Lernort für Wissenschaftler. Erfahrungen bei der Aufbauarbeit des Stadtmuseums Schramberg, mit Beiträgen von Heidi Beck, Bärbel Brugger, Walter Dehnert, Ursula Dittrich, Hildegard Grießer, Gisela Lixfeld und Siegfried Wagner. In: Martin Scharfe (Hg.): Museen in der Provinz. Strukturen, Probleme, Tendenzen, Chancen. 5. Arbeitstagung der „Arbeitsgruppe Kulturgeschichtliche Museen" in der DGV vom 5. bis 7.6.1980 in Biberach a.d. Riß (= Untersuchungen des Ludwig-Uhland-Instituts, 54), Tübingen 1982, S. 89-101.
3 Gisela Lixfeld, Das Stadtmuseum Schramberg. Hg. vom Stadtmuseum Schramberg 1981. Dies.: Das Stadtmuseum sammelt, sichtet und stellt aus. In: Einwohnerbuch „Schramberg und Umgebung" 1982. Hg. von der Stadt Schramberg 1982, S. 2-8. Die erweiterte Darstellung des Museums- und Sammlungskonzepts im Einwohnerbuch wurde auch an Besucher des noch nicht eröffneten Museum als Sonderdruck verteilt und löste das provisorische Infoheft als 'Werbemittel' ab. Die im Museumsmagazin abgedruckte Kurzfassung des Museumskonzepts richtet sich dagegen an auswärtige Museumsbesucher: Gisela Lixfeld, Bericht des Stadtmuseums Schramberg. In: Museumsmagazin. Aus Museen und Sammlungen in Baden-Württemberg. Band 2 (1984), S. 146-150.
4 Vgl. Krippenbau im Raum Schramberg. Von Hartschierle bis heute. Ausstellungsbegleitheft mit Beiträgen von Bärbel Krautkrämer, Gisela Lixfeld und Ulrich Scheller. Hg. vom Stadtmuseum Schramberg 1984.

Abb. 1+2: Sammeln von Arbeiterfotos
Die Gruppenaufnahme der Massearbeiter der Steingutfabrik Villeroy und Boch Schramberg (Abb. 1), im Jahre 1893 von der 'Photographie Internationale Paris' im Hof des Fabrikgebäudes aufgenommen, erhielten wir von einer etwa 60jährigen Fotografin, deren Großvater als Massearbeiter abgebildet ist. Aufgrund ihres täglichen Umgangs mit Fotografien und ihrem Aussagewert, konnte die Fotografin unseren Wunsch nach Belegschaftsfotos auch ohne Vorlage ähnlichen Bildmaterials umsetzen.
Andere Museumsbesucher, für die die Auseinandersetzung mit Fotografien gewöhnlich nicht zum Alltag gehört, taten sich mit unseren anfangs zu abstrakt gehaltenen Wünschen schwerer: Zeitungsanzeigen, die wortreich und bildlos nach Fotos von Arbeitsplätzen etc. fahndeten, brachten kaum Erfolg. Erst die provisorische 'Ausstellung über die künftigen Ausstellungen' brachte den Einheimischen ihre Möglichkeiten zur Mitarbeit im Museum näher. Die Visualisierung durch den gesuchten Unterlagen Vergleichbares sowie zahlreiche persönliche Gespräche dienten dazu, die Schramberger davon zu überzeugen, daß u.a. ihre Fotos wichtige Quellen für die Museumsarbeit darstellten. Die ausgestellte Gruppenaufnahme der Massearbeiter – unser zunächst einziges Arbeitergruppenfoto – half vielen, sich an vergleichbares Fotomaterial im eigenen Familienalbum zu erinnern.
Nach der Besichtigung dieser Aufnahme brachte ein damals 90jähriger ehemaliger Angestellter der Hamburg-Amerikanischen-Uhrenfabrik (HAU) die Gruppenaufnahme der Maschinenbauer der HAU (Abb. 2), auf der sein Vater als Betriebsleiter abgebildet ist. Obwohl die im selben Jahr und von demselben Fotografen aufgenommenen Fotografien sich vom Aussagewert deutlich unterscheiden – einerseits die 'industrialisierten' Massearbeiter der zum Aufnahmezeitpunkt bereits über siebzig Jahre bestehenden Steingutfabrik, die eine damals zu den unteren Lohngruppen gehörende, einförmige Arbeit verrichteten, andererseits die 'handwerksstolzen', sich selbstbewußt präsentierenden

Maschinenbauer bzw. Mechaniker der HAU, die zu den qualifizierteren und höher bezahlten Arbeitern dieser damals noch keine zwanzig Jahre bestehenden Fabrik gehörten –, wurden sie von dem 90jährigen gleichermaßen als Arbeitergruppenbilder erinnert. Mit Arbeitern konnte er als früherer Angestellter (seinerzeit als 'Beamte' bezeichnet, die sich deutlich von Arbeitern abgrenzten) sich jedoch nicht identifizieren. Unser anläßlich eines Interviews geäußerter Wunsch nach Arbeiterfotos der HAU stieß so lange auf taube Ohren, bis ihn das Belegschaftsfoto der Massearbeiter an ähnliches Fotomaterial seines Vaters erinnerte und nun auch für ihn selbst an Bedeutung gewann.

Abb. 3+4: Aufnahmen mit hohem Identifikationswert
Der Wiedererkennungseffekt, den Fotos vermitteln, auf denen die Betrachter selbst, Verwandte, Bekannte oder Situationen, in denen sie selbst sich befanden, abgebildet sind, kann als Anstoß dazu dienen, sich mit einer bestimmten Zeit oder Lage näher auseinanderzusetzen. Das Foto 'Quäkerspeisung 1923' (Abb. 3) führte immer wieder zu Diskussionen über Inflationszeit und Wirtschaftskrise und erwies sich als wichtiges Dokument, die 1920er Jahre als 'Geschichte in der eigenen Stadt' faßbarer zu machen. Nachdem sich bei den 'Jahrgängern' (im Falle dieses Fotos den ca. 1913-1917 Geborenen) herumgesprochen hatte, daß dieses Bild im Museum zu sehen ist, kamen viele eigens des Fotos wegen. Immer wieder bestellte Abzüge zeigen uns darüber hinaus die Popularität dieses Bildes, das 6-10jährige Kinder teils ohne Schuhe und in nicht passender Kleidung in Erwartung der Quäkerspeisung zeigt – für viele der heute über 70jährigen die einzige bildlich festgehaltene Erinnerung an ihre ärmliche Kindheit während Nachkriegszeit, Wirtschaftskrise und Arbeitslosigkeit der Eltern. Abb. 4 visualisiert den Alltag zahlreicher Arbeiterinnen in Schramberg: Weckermontage am Fließband in den 1930er Jahren. Ebenfalls eine Aufnahme, auf der Einheimische sich oder andere wiedererkennen, über die sie diskutieren, mit der insbesondere Frauen Erinnerungen verknüpfen: 'Schaffe gehn', Erinnerungen an ein bestimmtes Einzelteil, bestimmte Arbeitsgänge, den Akkord einhalten etc.

Abb. 5: Objekte mit hohem Identifikationswert
'Dekor Rita' (Abb. 5), ein sparsam mit hellblauem Stempeldruck dekoriertes, einfaches, für Nicht-Kenner zunächst nicht sonderlich attraktiv erscheinendes Steingutgeschirr gehört für einheimische Frauen zu den Favoriten der Steingutabteilung. Während der Materialknappheit der 1940er Jahre als beinahe einziges Dekor von der ortsansässigen Schramberger Majolikafabrik produziert, ist es schlechthin *das* Geschirr der Kriegs- und Nachkriegszeit. Wer im Krieg heiratete, richtete damit seinen Hausstand ein: Es gab kaum anderes zu erschwinglichen Preisen. In der Nachkriegszeit benutzten die Frauen es zum Hamstern, um sich und ihre Familien zu ernähren: Daher ist dieses Geschirr für viele Frauen mit einem wichtigen Teil ihres Lebens verbunden, ruft Erinnerungen wach und animiert zum Erzählen über ihre Erfahrungen aus dieser Zeit. Das mit biedermeierlichen Szenen bedruckte Steingut des 19. Jahrhunderts, das Sammler in der Steingutabteilung des Museums zu sehen wünschen, hat für die einheimische Bevölkerung dagegen eine weitaus geringere Bedeutung als die Stücke, die sie mit eigenen Lebensgeschichten verbinden.